皮书系列

皮书系列

广视角·全方位·多品种

皮书系列

皮书系列

皮书系列

皮书系列

皮书系列

皮书系列

皮书系列

权威·前沿·原创

企业蓝皮书

BLUE BOOK OF ENTERPRISES

中国企业竞争力报告（2011）

ANNUAL REPORT ON CHINA'S ENTERPRISES COMPETITIVENESS (2011)

产业变迁与企业竞争力

Industrial Transformation and Enterprises Competitiveness

主　编／金　碚

社会科学文献出版社
SOCIAL SCIENCES ACADEMIC PRESS (CHINA)

本书特别说明

本书是中国社会科学院产业与企业竞争力研究中心研究人员根据中国产业及企业的统计与调查数据所作的学术研究成果。本书内容及附录是对企业竞争力的研究及监测结果，而不是一般意义上的排行榜，也并非投资指南。

企业蓝皮书编撰委员会

主　　编　金　碚

副主编　李　钢

中国社会科学院中国产业与企业竞争力研究中心撰稿专家

（按姓氏笔画排序）

王佳佳　王燕梅　叶文添　田利华　向奕霓
刘　昶　李　钢　李　颖　李桂琴　李鹏飞
杨　帅　杨维富　张其仔　张航燕　陈　志
陈晓东　金　碚　贾知青　原　磊　徐　娟
郭朝先　黄群慧　梁泳梅　韩言铭　廖建辉
颜　培

中国社会科学院中国产业与企业竞争力研究中心数据及资料组

组　　长　杜培枫　李学宾　王伟华

成　　员　钱正培　邓　娴　李雯雯

主编简介

金　碚　经济学博士。中国社会科学院学部委员，工业经济研究所研究员，所长；中国社会科学院研究生院教授，博士生导师。中国经营报社社长。*China Economist*（英文·双月刊）主编，《中国工业经济》及《经济管理》主编。

已出版《宏观筹资与经济发展》、《中国工业化经济分析》、《中国工业国际竞争力——理论、方法与实证研究》、《何去何从——当代中国的国有企业问题》、《中国工业化的道路》、《产业组织经济学》、《国有企业根本改革论》、《报业经济学》、《竞争力经济学》、《新编工业经济学》、《竞争秩序与竞争政策》、*The International Competitiveness of Chinese Industry* 等学术著作30多部。主持编写中国社会科学院工业经济研究所《中国工业发展报告》（年度）、《中国企业竞争力报告》（年度）。科研成果中有18项获全国精神文明“五个一工程”著作奖、中国出版政府奖、中国社会科学院优秀成果奖、中国图书奖、孙冶方经济科学奖等国家级和部级优秀成果奖，并被授予多项个人奖励和荣誉。

兼任中国工业经济学会副会长，中国区域经济学会副会长，国家新闻出版总署报业管理专家顾问，中华人民共和国卫生部管理专家委员会委员。

摘 要

经历了30多年“血拼”式的国际竞争，中国工业发展取得了举世瞩目的成就，将中国推到世界第二大经济体的地位；同时，2011年也是中国加入世界贸易组织第10个年头，加入世界贸易组织，中国既付出了高昂的入世代价，也实现了中国与世界分享繁荣和双赢的目标。现在，中国经济正在走入一个实现阶段性转型升级的历史时期，中国的产业和企业竞争力的源泉正在发生重要转变。在这关键的历史时刻，为了抓住未来10~20年的中国经济发展的战略机遇期，如何看待中国工业化的进程，如何继续提升中国工业的国际竞争力，如何进一步提升中国企业的国际竞争力，关系到中国经济和社会发展的未来方向，更关系到中华民族伟大复兴的历史蓝图的实现。

本书认为，至关重要的是，首先应该对中国的基本国情有一个清醒的认识。中国的基本国情是：尽管中国已经是世界第二大经济体，但是，中国依然是发展中国家，发展是中国的第一要务。本书的研究发现，在未来的10~20年的中国经济发展的战略机遇期内，为了提升中国工业国际竞争力，保持中国制造业的出口能力是中国的不二选择；为了实现中国经济发展的转型升级，工业的发展仍然是未来10年内发展的重点领域，劳动密集型产业仍旧是中国应该大力发展的产业，而且中国国有企业在资本密集型产业领域已经具有了国际比较优势；在中国产业政策措施上，应该鼓励大力发展实体经济，鼓励中国高级人才从事实体经济。从而，在后危机时代，实现中国经济发展的转型升级，提升中国企业的国际竞争力。

根据上市公司2010年年报和2011年上半年报财务数据指标，《中国企业竞争力报告（2011）》对1374家上市公司的竞争力进行了跟踪和监测。就1374家中国上市公司的整体而言，结合近3年的监测结果来看，2008年金融危机过后，我国上市公司的基础竞争力平均水平有所回升；特别是和2010年监测结果相比，中国上市公司的规模竞争力、效率竞争力和增长竞争力水平均有所提高。就中国百强上市公司而言，从最新的监测结果来看，和2010年监测结果相比，2011年百强上市公司基础竞争力平均得分比2010年略有下降；2011年百强上市公司的规模竞争力和效率竞争力平均得分均低于2010年，但相差均不大；2011年百强上市公司的增长竞争力平均得分则较2010年有所提高。这说明2010年随着国际金融危机对我国实体经济的影响逐渐减小，以及国内各产业振兴计划的推出，中国上市公司已逐步走出金融危机的阴影，在企业规模、经营效率和产业结构方面均实现了较好的增长，这也奠定了中国经济发展转型升级的坚实基础。

从综合竞争力百强的行业分布来看，百强上市公司主要集中在机械设备业、石油化学塑胶塑料业、交通运输仓储业、电煤水的生产和供应业以及建筑业。同时，中国区域竞争力出现了不同程度的变化，安徽、北京、福建、甘肃等省份的基础竞争力有所上升，而青海、河南、吉林等省的基础竞争力有所下降。

本书不仅对热点行业的产业竞争力进行了分析，还对徐工集团、远大集团、华锐风电的企业竞争力进行了深度的案例研究。

Abstract

After 30 years of "cut-throat" competitive growth, China's industrial development has scored notable achievement and making China the world's second largest economy. In addition, the year 2011 also coincides with the 10th anniversary of China's accession into WTO, which China paid heavy cost while achieved prosperity and mutual benefit with the world. At the moment, China has entered a historical phase of economic restructuring, during which the origin of enterprises competitiveness is undergone dramatic change. In order to grasp the strategic opportunity in the following decade or two, it is of great significance to rationally evaluate China's industrial process, and to maintain its international competitiveness.

We believe that it is vital to have a clear idea on China's basic national conditions: Despite its status as the world's second largest economy, China remains a developing country, and development tops its agenda. Therefore, in the coming decade or two, China has no other choice but to maintain its advantage in export. In order to achieve its economic restructuring, industrial development remains the top priority in the coming decade, and China should strive to develop its labor-intensive industries. In addition, China's SOEs already gained comparative advantage in capital-intensive industries; regarding industrial policy measures, well-educated personnel should be encouraged to develop real economy so as to achieve transformation and promoting the international competitiveness of Chinese enterprise.

Based on the 2010 Annual Report of Listed Companies and index of the Financial Report of the first half of 2011, Competitiveness Report of the Chinese Enterprises (2011) monitored the competitiveness of 1374 listed companies. In general, the average level of Chinese listed companies' basic competitiveness restored after the 2008 financial crisis.

In particular, Chinese listed companies have improved in terms of scale, efficiency and growth compared with the results of 2010. For China's Top 100 listed companies, average score of basic competitiveness in 2011 is lower than that of 2010. The average score of scale and efficiency competitiveness of Top 100 listed companies in 2011 is higher than that of 2010, while the growth competitiveness is higher than the previous year, suggesting that Chinese listed companies have emerged from the financial crisis as a result of domestic stimulus package. Improvement in scale, efficiency and industrial structure has a solid foundation for China's economic restructuring.

Top 100 listed companies mainly concentrate on mechanical equipment, petrochemical, plastic, transportation, storage, electricity, coal and water generating and construction industry. On the other side, China's regional competitiveness pattern has been changed, basic competitiveness rising in Anhui, Beijing, Fujian and Gansu, while decreasing in Qinghai, Henan and Jilin etc.

In addition to analysis on the industrial competitiveness of popular industry, this book also carried out in-depth case study on the competitiveness of XCMG, Yuan Da Group and SINOVEL.

目 录

𝔹 Ⅰ 总论篇

𝔹 Ⅱ 行业篇

𝔹 Ⅲ 企业篇

BⅣ 专题篇

BⅤ 附录篇

皮书数据库阅读使用指南

CONTENTS

𝔹 I General Remarks

𝔹 II Industry

BⅢ Enterprise

BⅣ Special Topics

BⅤ Appendices

总论篇

General Remarks

B.1

从"血拼"式竞争到高质量增长

——中国企业竞争力提升的路径

金碚 李钢

当前，中国经济正在走入一个实现阶段性转型升级的历史时期。产业和企业竞争力的源泉正在发生重要转变。经历了30多年"血拼"式的竞争，中国工业发展取得了举世瞩目的成就，将中国推到世界第二大经济体的地位，同时也付出了很大的代价，"不平衡、不协调、不可持续"的问题非常突出。在这样的历史时刻，如何看待工业化的进程，如何继续提升中国工业的国际竞争力，关系到中国经济和社会发展的未来方向。对此，我们切不可不甚了了地误判形势，而开错政策"药方"。中国工业化将从"血拼"式增长向高质量增长继续推进，抓住未来10~20年的战略机遇期，实现产业国际竞争力的进一步提升，是现代中华文明实现伟大复兴的战略决战。

一　对中国基本国情的判断

（一）中国仍旧是发展中国家，发展仍旧是第一要务

无论是从自身来看还是从全球来看，中国改革开放30多年来所取得的成绩都是巨大的，人均GDP从1980年的205美元（现价美元），增加到2010年的4282美元，30年间人均GDP增长了近20倍，年均增长率为10.67%（见图1-1）；而美国同期人均GDP仅增长了约2.8倍，年均增长率仅为4.6%。2010年，中国GDP超过日本更是引起了世界的关注。人们似乎已经看到了一个新的发达的巨大经济体出现在东方。

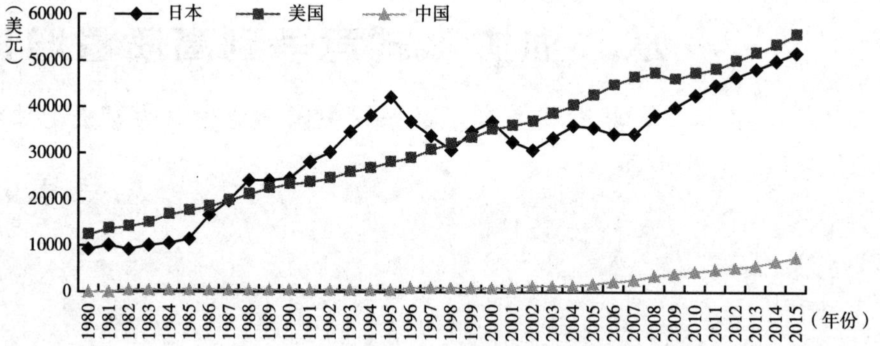

图1-1　中日美三国按现行汇率人均GDP

资料来源：OECD数据库，其中2011~2015年为预测数。

但我们必须清醒地看到，中国目前仍旧是一个发展中国家，在今后相当长的时间内也还是发展中国家，发展仍旧是第一要务。以现行汇率计算，中国1980年人均GDP为美国的1.7%（也就是说美国是中国的60倍，见图1-2）；经过30年人均GDP的快速增长，到2010年虽然中国人均GDP已经提升了近20倍，但仍旧仅为美国的9%（也就是说美国仍旧是中国的11倍）。这表明即使经过30年的快速发展，就人均GDP而言中美两国仍旧不在一个数量级上。即使我们用简单趋势外推来预测中国与美国的人均GDP比例的变化趋势，也可以看到，大约到2053年，中国人均GDP才可能与美国人均GDP相当。

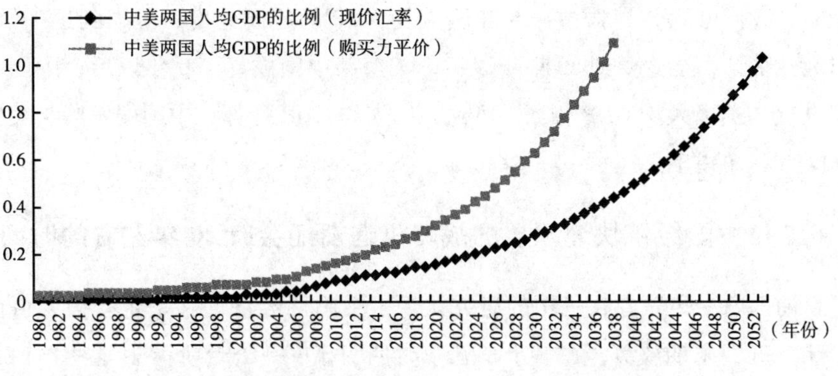

图1-2　中美两国按现行汇率人均 GDP 的比例

资料来源：中经决策支持系统。

图 1-3 是按购买力平价计算的中日美三国人均 GDP，从图中可以看出，即使按购买力平价计算，2010 年中国人均 GDP 也仅为美国的 16%（也就是说美国是中国的 6.3 倍）。我们也用了简单的趋势外推方法根据图 1-3 中的数据来预测中国与美国的人均 GDP 的比例变化趋势（见图1-2），可以看到大约到2037 年，中国人均 GDP 才与美国人均 GDP 相当。

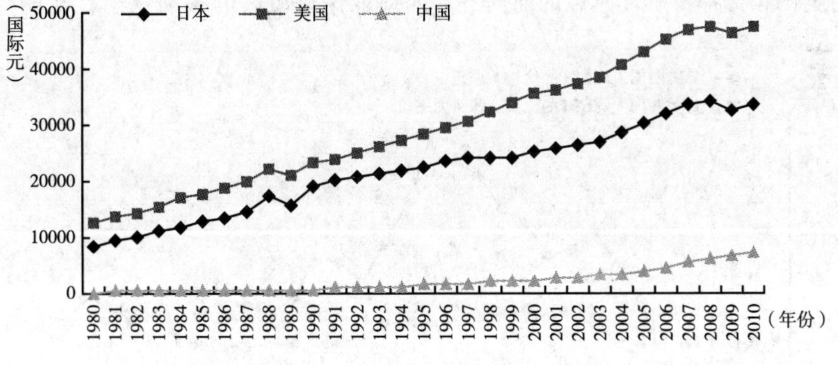

图1-3　中日美三国按购买力平价人均 GDP

资料来源：中经决策支持系统。

必须说明的是，美国过去 30 年的经济增长与其年均 3% 左右的长期增长趋势相当；而中国持续 30 年近 10% 的年均增长速度却是在全世界大型经济体所少有，所以上述速度增长维持 30～50 年的难度极大。也就是说，在进行简单趋势外推时，我们可能会高估中国与美国人均 GDP 的趋同速度；考虑到这一因素，可以大致估计，至少要到 2040 年以后，甚至新中国成立 100 年以后，中国人均 GDP 才会与美国人均 GDP 相当。可见，以人均 GDP 计算，中国的发展与美国还有 30 年以上的差距。

（二）中国经济快速发展的战略机遇期还会有 20 年左右的时间

目前国内一些学者和机构的研究认为，中国“经济增长率将有很大可能性在‘十二五’末期放缓，在‘十三五’时期明显下一个台阶”①。这些国内学者认为，中国经济在今后 10～20 年难以持续快速增长的一个理由是日本从 1990 年左右开始经济停滞不前；而日本也是经历了近 40 年的高速增长开始停滞不前的，当时日本按购买力平价计算的人均 GDP 约为 1.8 万国际元。

尽管这些学者和机构的研究具有一定的合理性，很值得参考，但我们认为中国与日本在 20 世纪 90 年代具有许多不可比性因素，同日本的那个时期相比，中国目前的增长潜力仍旧巨大。为体现这一观察，可以换一种方式进行测算。从图 1－4 中可以看出，按现行汇率计算从 1987 年到 2000 年日本人均 GDP 始终高于美国（1998 年除外）。可以设想，日本作为一个后发大国，在资源禀赋、体制机制与美国相比都没有优越性的前提下，如何能保持更高的劳动效率？从图 1－4

图 1－4　日美两国按现行汇率人均 GDP 的比例

资料来源：中经决策支持系统。

① 刘世锦等：《陷阱还是高墙》，《比较》2011 年第 3 期（总第 54 辑）。

中可以更清楚地看出，1980 年以来，以购买力平价计算的日本与美国人均 GDP 并没有明显的变化。1981 年以购买力平价计算的日本人均 GDP 是美国的 70%，此后的 30 年时而提高，时而降低；最高为 1991 年的 85%，到 2010 年又降为了 72%。从上述数据可以看出，日本经济开始停滞的时点，按现行汇率计算的人均 GDP 已经超过美国，按购买力平价计算的人均 GDP 大约为美国的 70%。如果日本等国家经济发展过程代表了经济发展的客观规律，那么我们认为，当按购买力平价计算的中国人均 GDP 相当于美国的 70% 时，中国经济增长停滞的风险才会变得显著迫切；如果这可以作为一种可行的估算方式，那么，可以估计，中国经济增长率显著下降的时间点应该是在 2032 年左右。也就是说，中国还可以继续保持 20 年左右的较高经济增长速度。

按此推测，中国经济总量在 2020 年前后将超过美国。如果中国能抓住今后 10 年的经济战略机遇期，那么，中华民族的崛起除了我们自己将无人能阻挡；而若我们能抓住今后 20 年的战略机遇期，那么，中华民族的伟大复兴将得以实现。

（三）提升中国工业国际竞争力、保持制造业出口能力是中国的最佳选择

一般而言，人在青壮年时会倾向于更多储蓄，为年老时的消费提供保障；而人在年老时往往是负储蓄。因此，当一个国家进入老龄化社会后，储蓄率将会倾向于降低。在今后 10～20 年内，中国人口平均年龄相当于人的青壮年时，必然具有较高的储蓄率，期望大幅度提高居民消费率来降低储蓄率在短期内难以实现。就宏观经济平衡关系而言，与储蓄相对应的只能有两种因素：一是投资，二是净出口。而投资（在长期决策时可以先不考虑企业存货变化）无非是生产性投资与基础设施及居民的房产投资；生产性投资由企业利润最大化来决定，而基础设施投资大幅提高的可能性不大，居民的房产投资若没有房价的持续上升也难以长期维持。也就是说，要依靠增加投资来吸收中国新增储蓄的可能性不大；中国宏观跨期消费最优决策可能就是在相当长时间内维持大量的净出口。中国进入老龄化社会后，随着中国净储蓄率的下降，净出口可能转为净进口；但由于中国重要战略性资源，例如铁、金、铜、石油、天然气、铝土等，甚至包括煤的储量都低于世界平均人均水平，因而中国进口原材料、出口制成品的格局仍旧

不能有大的变化。因此，保持中国制造业的国际竞争力是中国的最佳选择。实际上，从全球劳动力配置状况和劳动力国际流动受限的国际竞争规则来看，拥有世界1/4劳动人口的中国，不可能不通过制造业产品净出口来实现生产要素的有效配置。

二　产业升级的方向

（一）工业发展仍旧是今后10年发展的重点领域

发展中国家制约经济增长的重要因素之一是基础设施落后。在改革开放初期，这一因素也是中国许多地区影响吸引外资的重要因素，由于实行分税制和地方事权扩大的体制，促进了中国各地区政府所主导的区域经济竞争，各地区的基础设施均有较大水平的提升。但中国人均基础设施水平与美国相比仍旧相差很远。2005年，人均公路长度美国是中国的8.6倍，人均铁路长度美国是中国的15.4倍，人均电力消耗量美国是中国的7.7倍（见表1－1）。需要特别指出的是，中国人口是美国的4.3倍，也就是说，不仅中国人均基础设施水平与美国有较大的差距，而且在总量上与美国也有较大的差距。上述基础设施是与生产直接相关的基础设施，而与人民生活相关的基础设施中美差距更大。以互联网使用人数为例，中国2007年每千人只有16人使用互联网，而美国2007年每千人有729人使用互联网，是中国的45.6倍。基础设施的提高需要使用大量的工业品，特别是重化工业产品（铁铁、水泥、有色金属及能源）；中国工业在相当长时间内仍旧有巨大的需求市场。以钢铁为例，根据联合国环境规划署最近公布的《社会中的金属》① 报告显示：美国的人均钢铁拥有量为11～12吨，中国的人均钢铁拥有量仅为1.5吨左右。中国若要在20年内达到美国的人均钢铁蓄积量，在20年内共需要消费140亿吨左右的钢铁，平均每年至少要消费钢铁7亿吨。考虑到中国制成品出口中有大量的钢铁制成品出口，每年中国钢铁的消费量可能会更大。

---

① 人均钢铁蓄积量的数据转引自丁宁宁《后危机时代的中国财政政策》，国研网。

表1-1　中国两国部分人均基础设施水平比较

单位：米，千瓦时

	人均公路长度			人均铁路长度			人均电力消耗量		
	中国	美国	美国/中国	中国	美国	美国/中国	中国	美国	美国/中国
1980年	900			0.05	1.17	23.4	281.62	9862	35.0
1981年	897	—	—	0.05	1.14	22.8	285.82	9977	34.9
1982年	892	—	—	0.05	1.11	22.2	299.2	9544	31.9
1983年	888	—	—	0.05	1.08	21.6	317.02	9742	30.7
1984年	888	—	—	0.05	1.04	20.8	336.41	10282	30.6
1985年	890	—	—	0.05	0.99	19.8	353.3	10414	29.5
1986年	896	—	—	0.05	0.94	18.8	382.04	10472	27.4
1987年	899	—	—	0.05	0.88	17.6	415.3	10832	26.1
1988年	900	—	—	0.05	0.84	16.8	448.52	11246	25.1
1989年	900	—	—	0.05	0.81	16.2	472.17	11532	24.4
1990年	899	24968	27.8	0.05	0.77	15.4	511.11	11713	22.9
1991年	899	24697	27.5	0.05	0.74	14.8	548.89	12134	22.1
1992年	902	24448	27.1	0.05	0.71	14.2	604.58	12015	19.9
1993年	914	24155	26.4	0.05	0.69	13.8	662.52	12262	18.5
1994年	933	23875	25.6	0.05	0.67	13.4	727	12455	17.1
1995年	955	23629	24.7	0.05	0.66	13.2	770.18	12660	16.4
1996年	969	23400	24.1	—	—	—	820.95	12846	15.6
1997年	992	23269	23.5	0.05	0.60	12.0	852.58	12877	15.1
1998年	1025	22861	22.3	—	—	—	870.09	13168	15.1
1999年	1075	22665	21.1	—	—	—	913.86	13281	14.5
2000年	1107	22524	20.3	0.05	0.57	11.4	993.22	13670	13.8
2001年	1330	22362	16.8	0.05	0.55	11.0	1069.90	13041	12.2
2002年	1374	—	—	0.05	0.56	11.2	1184.90	13287	11.2
2003年	1401	22086	15.8	0.05	0.55	11.0	1379.33	13296	9.6
2004年	1439	21927	15.2	0.05	0.53	10.6	1586.25	13376	8.4
2005年	2558	22100	8.6	0.05	0.77	15.4	1783.17	13692	7.7
2006年	2630	—	—	0.05	0.76	15.2	2040.89	13571	6.7
2007年	2712	—	—	0.05	0.75	15.0	2331.52	13638	5.9
2008年	—	—	—	0.05	0.75	15.0	—	—	—

资料来源：中经决策支持系统。

可以说，一个国家的产业结构时时刻刻都在发生着变化；但另一方面，产业结构又是保持相对稳定的，至少要用5~10年才能发生明显的变化。从历史上各国产业结构演化的横向比较来看，各国的产业结构演化有一定的相似性，特别是欧美日等发达国家（或地区）都出现产业结构轻型化趋势。据此，有些学者认为服务业（第三产业）比工业（第二产业的主体）更高级，是产业发展与升级的方向。我们认为：由于一国工业化的国情与世界经济格局有较大差异，因而并不存在放之四海而皆准的真理，特别是不能盲目地根据发达国家的产业结构而简单地判断产业结构演化的方向，更不能实施超越一国发展状况的产业政策。特别是金融危机后，发达国家在反思“去工业化”对本国经济的影响，纷纷推出“再工业”的政策举措。针对“中国第二产业比例过高，而服务业比例过低”这一提法，中国社会科学院工业经济研究所最近的研究结果显示：利用购买力平价重新计算的中国产业结构显示，我国第二产业的比重并不算高，目前为32.53%，我们判断，中国第二产业比重仍有上升空间，中国仍需要积极发展第二产业。许召元①的研究表明中国从1990年到2005年虽然按现价计算的服务业产值占GDP的比例提高了8.5个百分点，但按不变价计算的比例却下降了5个百分点；而同期按现价计算的中国工业产值占GDP的比例提高了5.5个百分点，但按不变价计算的比例却上升了25.2个百分点。这两项看似矛盾的研究结论都说明中国工业仍旧有很大的发展前景。中国社会科学院工业经济研究所最近利用CGE模型对中国产业结构进行了预测，结果显示如果采取不变价计算2050年第三产业比例仅为46%（2005年不变价），但若考虑价格因素则会提高到62%；也就是说，第三产业比重提高很大程度上是价格因素变化的结果，而不是第三产业以更快速度增长的结果；中国经济的增长仍旧主要依靠第二产业。因此，在相当长一段时期内，中国第二产业仍将以高于第三产业的速度增长，而且第二产业效率（劳动生产率）的提高也将在三个产业中居首，只是在很大程度上由于第三产业的价格上涨而第二产业产品的价格下降，才会在以现价计算的产出比例上表现为第三产业比重的相对提升。

（二）劳动密集型产业在中国仍旧是要大力发展的产业

虽然经过30多年快速的经济发展，中国人均资本存量有了较大提升，中国经济的要素禀赋在不断发生量变，中国劳动密集型产业的比较优势在相对下降，而资本密集型产业的比较优势在上升；但到目前为止，中国要素禀赋的质变尚未

① 许召元：《中国产业结构变化的因素分解及国际比较》，国务院发展研究中心，2010。

发生。表1－2是中美两国新增固定资产的比较。从中可看出，虽然我们经常说美国储蓄率低，中国投资率过高，但到2009年，美国的新增固定资产总量仍旧为中国的1.3倍；2009年美国每年人均新增固定资产为中国的5.8倍。在经济体系中，发挥作用的是固定资产的存量，而不是当年的新增固定资产；表1－2中最后一行是从1995年到2009年15年累计的固定资产，可以看出，这15年美国新增固定资产总量为中国的4.2倍，而人均固定资产是中国的18.7倍。① 虽然改革开放30多年，中国人均固定资产提升速度很快，但与以美国为代表的发达国家的差距仍旧很大；甚至可以判断这种差距在短期内也不会消失，中国在世界竞争格局中劳动力的比较优势仍旧会长期存在。特别是考虑到中国存在大量的低端劳动力，劳动密集型产业在中国仍旧有巨大的发展空间。中国在现阶段，任何抑制劳动密集型产业的作为，实际上都是在砸中国巨大规模劳动人口的“饭碗”！

表1－2　中美两国新增固定资产比较

单位：亿美元，美元

	每年新增固定资产			每年人均新增固定资产		
	中国	美国	美国/中国	中国	美国	美国/中国
1995年	1209	13455	11.1	100	5050	50.5
1996年	1576	14537	9.2	129	5392	41.8
1997年	1809	15700	8.7	146	5755	39.4
1998年	2065	17099	8.3	166	6195	37.3
1999年	2259	18681	8.3	180	6691	37.2
2000年	2500	20220	8.1	197	7163	36.4
2001年	2622	20223	7.7	205	7090	34.6
2002年	2996	19784	6.6	233	6869	29.5
2003年	3467	20691	6.0	268	7117	26.6
2004年	4192	22760	5.4	323	7758	24.0
2005年	5516	25143	4.6	422	8491	20.1
2006年	7061	26923	3.8	537	9006	16.8
2007年	8859	27226	3.1	670	9018	13.5
2008年	12160	26334	2.2	916	8642	9.4
2009年	16674	22198	1.3	1249	7222	5.8
总计	74965	310974	4.2	5741	107459	18.7

资料来源：中经决策支持系统。

① 更严格的计算可采取永续盘存法。由于建筑物折旧年限及通货膨胀因素，因而本文算法会低估中美两国固定资产的差异。

（三）国有企业在资本密集型产业具有国际比较优势

中国目前表面上是统一的要素市场，但实际上国有企业与非国有企业的要素成本有很大的差别。中国虽然是一个资金相对不足的国家，但中国正规银行体系的利率并不高，甚至在很长时间内要低于美国的利率，而很多中小企业却融资渠道单一，融资成本很高。而与此同时，国有企业劳动力成本会高于非国有企业。2009 年经济普查数据显示，2008 年全国工业年人均工资为 2.65 万元，而国有企业的年人均工资为 3.97 万元，国有企业职工收入是全国平均职工收入的 1.5 倍（比 2004 年的比例还有所提高）；另外，国有企业的员工不仅有货币工资，而且还有较高的隐性福利收入，因而国有企业员工的实际收入要远高于非国有企业的员工。从“国有企业的资金成本低于非国有企业，而国有企业的劳动力成本高于非国有企业”的结论，我们能得出的推论就是，一般来说，国有企业在资本密集型产业有比较优势，而非国有企业在劳动密集型产业有比较优势。图 1－5 是产业的资本密集型程度与该行业国有经济比例的关系。从中可以看出，一个行业内国有经济的比例确实与一个行业资本密集程度高度正相关，也就是说，在资本密集型产业中国有经济的比重高，从而表明国有企业在资本密集型产业具有比较优势，而非国有企业在劳动密集型产业具有比较优势。

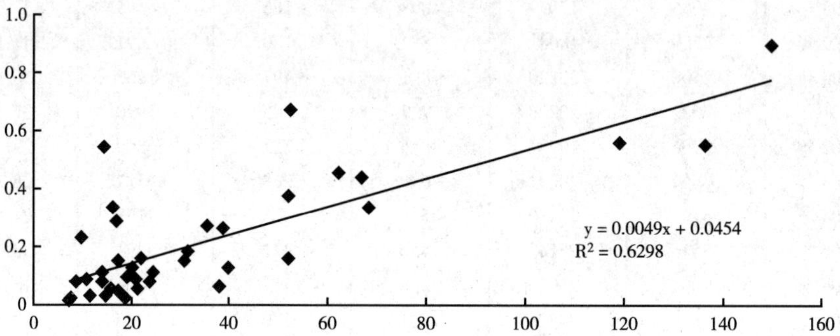

图 1－5　资本密集程度与该行业国有经济比例的关系

也许有些学者会提出非国有企业在资本密集型产业所占比例较少是由存在对非国有企业的行政性进入壁垒造成的。但我们认为，目前这些行业对非国有企业的进入壁垒远小于 20 世纪 80～90 年代工业领域改革初期劳动密集型产业对非国有企业的进入壁垒，但 20 世纪 80～90 年代非国有企业在劳动密集型产业快速发展的事实说明这些壁垒不足以解释目前非国有企业在资本密集型产业较低的比例。以民航业为例，在2004年以前，民营资本难以进入民航业，当时很多人对此诟病。2004年，中国民航业开始向民营公司开放；由于注册资金仅需要8000万元，在2004年6月成立第一家鹰联航空有限公司后继而有15家航空公司成立。但2008年金融危机后，有多家民营航空，例如鹰联航空有限公司、东星航空公司被国有航空公司收购。虽然每家民营航空公司在管理上都有自身的不足，但我们认为个案失败独特原因的背后其共性就是企业资金实力不足；一旦市场不好，企业就不能抵抗市场风险，资金链断裂，只能在被动的情况下被其他企业收购。在资本密集型的航空业，即使是湖北首富兰世立所能调动的资金与资源也不能在这个行业占有一席之地，结果由于涉足这个资本密集型的行业而最后破产。从2006年5月14日东星航空迎来了属于自己的第一架空客A320客机到2009年3月14日民航中南局终止东星航空的运营许可，尚不到3年。民营企业在航空业的失败说明在资金密集型的行业民营企业没有比较优势；这些行业放松管制后，对进入的民营企业而言是风险大于机遇。

从全球来看，中国具有比较优势的产业是劳动密集型产业，但由于中国特殊的经济制度安排，使不同所有制的产业在国内有不同的比较优势；更进一步说，可能使某些国有比例较高的资金密集型产业在全球开始具有了竞争优势。将不同所有制企业比较优势分开观察，可以在很大程度上解释为什么在劳动力比较优势还很明显的时期，我国的一些资本密集型的行业（例如钢铁）已经开始具有了全球的竞争优势。中国高铁的发展就是一个典型的案例。高铁行业无疑是资金与技术密集型的行业，按比较优势理论，在这样的行业中国难以取得竞争优势。例如，仅京沪高铁投入就达2200多亿元，2009年、2010年中国铁路总投入都超过1万亿元。而2010年美国总统奥巴马宣布启动自艾森豪威尔政府以来最大规模的交通投资，准备在未来数年内投资130亿美元加速美国高速铁路建设；该项目投资按汇率折算仅相当于京沪高铁总额的38%。可以说，中国高铁行业利用巨大的市场规模（本质是巨大的资金）推动了中国高铁产业链的快速发展，从而使中国在具有比较劣势的高铁行业具有了竞争优势①。这看似不符合比较优势理

① GE公司2010年12月7日宣布，与中国南车股份有限公司签订一个合作框架协议，在美国建立合资公司来共同促进高速铁路及其他轨道交通技术在美国市场的推广发展。这意味着中国高铁或将迎来技术输出的市场机会。具体内容可见 http：//finance. sina. com. cn/leadership/mroll/20110120/23409287532. shtml。

论，但实质是符合比较优势理论的；就是因为中国国情，使某些国有比例较高的资本密集型产业在全球开始具有了竞争优势。

（四）不同地区的比较优势也会有不同，东部发达地区与西部地区比较优势也有了差异

中国社会科学院工业经济研究所于2010年8月对1386家企业进行了问卷调查。这些企业在全国各个行业和区域都有分布，因而具有较强的代表性。根据调查数据，我们利用马尔科夫转移矩阵法对中国东中西部产业结构进行了预测。从预测结果来看，到2024年中国制造业中劳动密集型产业的发展速度要快于资本密集型产业；2009～2024年中国工业劳动密集型指数将从100提高到118。中国不同地区经济发展水平有较大差距，东部地区的人均收入高于中西部地区；我们可以预计中西部劳动密集型产业会发展得更快。从分地区的预测结果来看，由于不同地区的比较优势不同，劳动密集型产业发展速度的确表现出了差异。2009年，东部地区劳动密集型产业占东部工业的比例为34%（下同）（见图1－6），中部地区为25%，西部地区为18%，东部地区的劳动密集型的程度高于中部，中部高于西部；到2024年东部地区劳动密集型产业占工业的比例为39%，中部地区为45%，西部地区为62%，虽然东、中、西部劳动密集型产业比例均有所提高，但西部提高最多（提高了44个百分点），中部次之（提高了20个百分点），东部提高得最少（仅提高了5个百分点）。这表明，中国东、中、西部比较优势开始有了进一步的分化；东部发达地区已经开始有条件向资本与技术密集

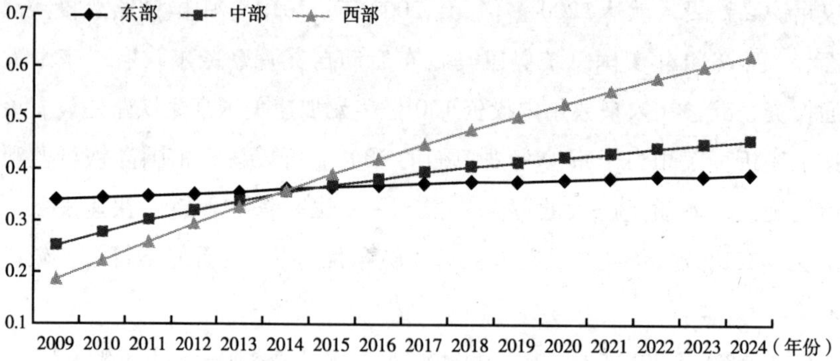

图1－6　中国东、中、西部地区劳动密集型产业所占的比例

资料来源：作者计算。

型的产业升级，而中西部产业发展的主要方向仍旧是劳动密集型产业。这种区域错位发展的态势，一方面为东部企业向外转移与产业升级提供了可能性，另一方面也表明中国劳动密集型产业（在中西部）仍旧有巨大的发展空间。

三　产业升级内容与政策

（一）中国目前的产业政策仍应鼓励实体经济，而不是虚拟经济

实体经济性质决定了实体经济销售利润率往往不会很高，但会取得较为稳定的利润与收入；同时实体经济也能解决较多的就业，有利于低端劳动力参与工业化进程从而分享工业化的成果。有些学者往往认为中国工业销售利润率过低，从而认为中国工业应向价值链的高端攀升。但实际上，中国工业近些年销售利润率总体不断提升，从2000年的3.8%提高到2009年的5.95%（见图1－7）；而美国的销售利润率有较大幅度的波动，最低年份（2001年）销售利润率不足1%，而最高年份为8.1%。总体而言，中国工业销售利润率与美国的差距不断缩小，甚至在2009年已经超过了美国。

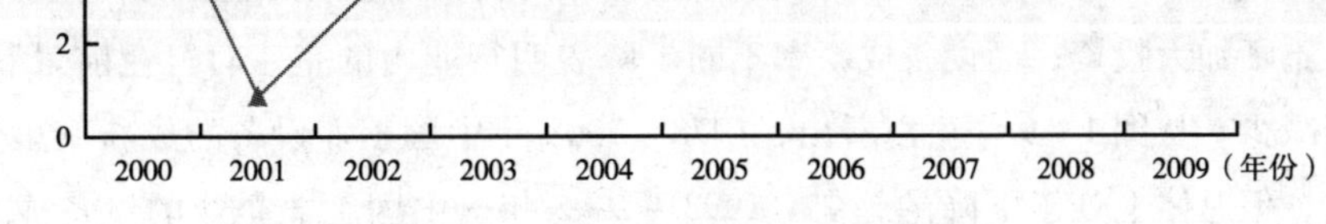

图1－7　中美工业销售利润率比较

资料来源：参见梁泳梅《中国劳动力素质提升对产业升级的促进作用分析》，博士后出站报告（2011）。

必须要说明的是，一个项目对企业是否有吸引力不仅要看这个项目的销售利润率，更要看对净资产收益率的影响。处于相同价值链不同位置的企业，由于存货周转率的不同，毛利率低的企业的赢利水平（以净资产收益率来衡量）可能并

不低于毛利率高的企业。因而判断企业是否实现产业升级的最核心的指标应是企业的赢利能力是否有“可持续”的提升。中国工业企业的净资产利润率从1998年以来总体上不断提升，从1998年的3.7%提高到2009年的16.6%（见图1-8）。结合销售利润率与净资产利润率的数据可以看出，虽然2009年中国工业的销售利润率仅有5.95%，但由于资产周转速度较快，净资产利润率为16.6%。另外，虽然2009年比2007年销售利润率要高，但由于金融危机等原因导致资产周转速度下降，从而净资产收益率却低于2007年。这也说明向增加值率高的环节进行转移并不能完全代表产业升级的方向，也不一定有利于企业持续赢利能力的提升。

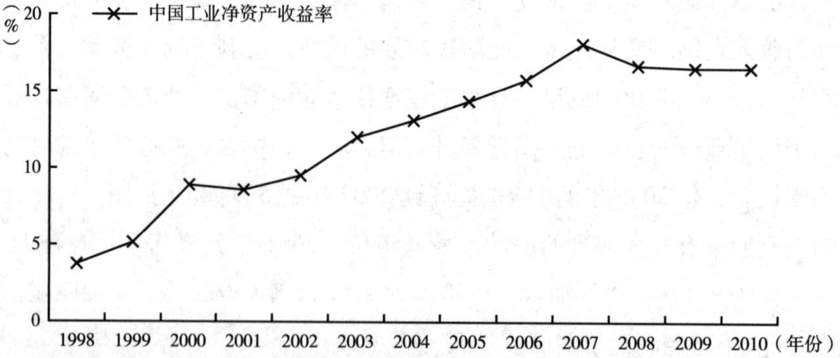

图1-8　中国工业净资产收益率变化

资料来源：中国统计决策数据库。

以上的数据说明，中国工业赢利能力实际上并不低，但中国工业企业对自身行业的“忠诚度”却并不高。企业设备的成新率①能综合反映工业企业对本行业持续投资的情况；若行业的设备成新率不断提高表明行业内的企业对行业前景看好，不断加大投资；而设备成新率不断下降表明行业内的企业对行业前景看淡，投资减少。从图1-9中可以看出，1978~2008年中国工业设备的成新率虽然有波动，但总体上处于下降的趋势。1993~2005年，中国工业企业的设备成新率快速下降。而此时正好经历了中国1992年至1993年6月第一次“房地产热”；

① 成新率是反映机器设备新旧程度的指标，是资产评估中所使用的概念。影响设备成新率的因素较多，在确定设备成新率时基本上以设备的物质寿命为基础，同时考虑其使用年限在经济、技术上的合理性。在资产评估中设备成新率要根据每台设备的情况进行确定。本文的研究中借用了设备成新率的概念，从宏观上衡量一个产业的设备成新率。设备成新率=固定资产净值/固定资产原值。

1992 年全国房地产开发投资 732 亿元，比 1991 年增长 117%，1993 年上半年“房地产热”继续升温，房地产业继续保持高速增长的势头。大量资金涌入房地产业，影响了实体经济的投资。1993 年，开始进行对房地产业进行调控。1998 年以后，中国工业的吸引力又开始有所下降，2008 年工业企业的设备成新率下降为 62%。很多工业企业特别是制造业企业之所以要进入并非是“更先进”而是“更赚钱”的产业，主要不是工业企业没有赢利空间，而是有“更容易更轻松赚钱”的行业。奇瑞生产一辆车的净利润只有 132 元，而其投资鄂尔多斯的煤矿挖 1 吨煤的利润就有数百元。一名上海制造业企业家说，他们公司运营 10 年的利润总额尚没有超过他们公司为建厂区所买土地的增值收益。在这种情况下如何能让追求利润最大化的企业安心于“更慢更辛苦赚钱”的行业？但对于国家的产业政策而言，若长期出现上述情况是让人担忧的。① 就目前中国工业化所处的阶段，仍应鼓励企业在工业（特别是制造业）行业进行生产和不断升级，以实现更高质量的增长。对于主要依靠行政垄断或价格扭曲所导致的“暴利”行业必须进行调控，利用资源税调整采矿业的利润等提高全社会的资金价格，从而使主要依靠低资金成本推动的房地产回归常态。只有“更慢更辛苦赚钱”的行业成为常态，才能让资金回归制造业，也才能扎扎实实地推动企业竞争力的提升。

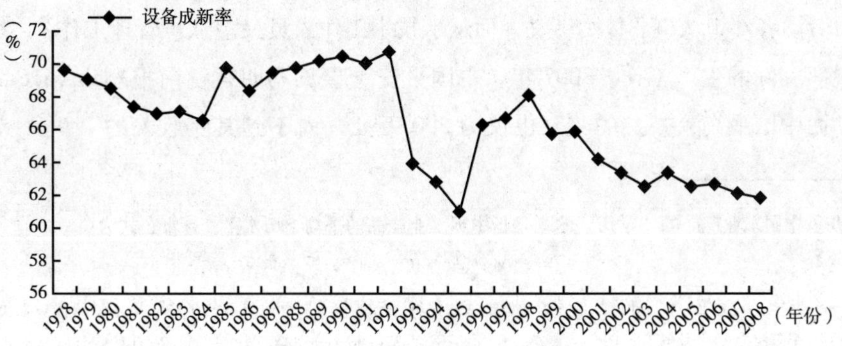

图 1-9　中国工业设备成新率

资料来源：中国统计决策数据库。

① 2007 年开始股市大跌时，一名企业高级管理者对笔者说太好了。我问他为什么，他说股市疯狂上涨时，他企业有很多员工每天把主要精力投入到炒股上，甚至影响到了企业的正常运营；股市大跌后，员工又开始理性对待工作。一个企业内部管理上是这样，一个国家的产业政策也如此。若有“更容易更轻松赚钱”的行业，难以要求企业安心于“更慢更辛苦赚钱”的行业。

（二）社会导向上应鼓励高级人才从事实体经济

改革开放以来，特别是2000年以后，中国高等教育快速发展。1949～1978年，普通高等学校毕业生总计为323.4万人；而2008年一年高校毕业的人数就为511.9万人，比新中国成立后的前30年的总和还多得多。1964年，小学文化劳动者与大学文化劳动者的比例是64∶1，1982年是57∶1，2005年是6∶1，2009年大致为5.5∶1。如果这样，中国产业的比较优势应从低端的劳动密集型行业转变为中高端的劳动密集型产业。但实际上，中国产业并没有随中国劳动力升级而升级。我们计算了中国工业产品的“学历”水平①，从图1－10中可能看出中国工业产品的“学历”水平并没有大幅提高。原因是多方面的，但中国工业难以吸引到高级人才从而推动产业升级是重要的原因。由于“虚拟行业”的暴利可以支付高额的薪酬，工业行业就难以吸引一流人才进入该行业。美国的有识之士早就指出，华尔街的高工资将一流人才吸引到金融业是美国制造业衰落的重要原因；但美国尚可通过吸引其他国家的一流人才服务于工业，中国的挑战将更大。中国的传统文化中“劳心者治人，劳力者治于人”、“君子动口不动手”与当前管理人员工资高于从事技术工作的脑力劳动者，而从事技术工作的脑力劳动者收入又高于体力劳动者分配现实相互作用，使体力劳动者都想从事非体力劳动，而从事技术工作人员又想从事管理工作②，都想要脱离实际的生产工作。2007年，中国平安董事长马明哲税前报酬为4616.1万元，而中国最高科技奖的奖金也仅为500万元，尚不到其年收入的1/9。③ 对于

---

① 中国工业产品的“学历”水平是指中国工业产品的平均学历水平。计算公式为：

$$中国工业产品“学历”水平 = \sum \frac{n}{i=1}\alpha \times E_i$$

其中，α_i 为第 i 个行业增加值占工业增加值的比例，E_i 为第 i 个行业员工的平均学历水平。在对学历的五个等级（初中及以下、高中、大专、本科、研究生及以上）分别给予1、3、5、7、9的赋值，从而可以算出每个行业员工的平均学历水平。

② 在美国、日本等高校教授都不太愿意从事行政管理工作，大部分从事管理工作（当系主任或院长）的教授往往出发点都是出于给系或学院作贡献。而中国高校却往往能听到为争当系主任或院长而进行争斗的事情发生，甚至在北大、清华这样的一流高校也经常能听到这种传言。无论事实如何，这至少说明在中国最强调学术能力、“官本位”最弱的群体中，仍旧认为管理岗位是一个有吸引力的岗位。

③ 2011年9月美国纽约爆发的“占领华尔街”抗议不断向其他城市蔓延，此次抗议矛头主要指向华尔街“贪婪”、金融系统弊病和政府监管不力，这说明即使在美国这个历来强调个人英雄主义与市场调节的国家对金融领域高管如此高的收入也不能接受。

刚进入社会的青年才俊，如此大的反差下如何让第一流的人才从事具体的创造财富的工作？中国教育体制和人力资源制度必须改变“办教育和培养人才的目的实际上就是让高级人力资源脱离开实体生产领域”的状况。

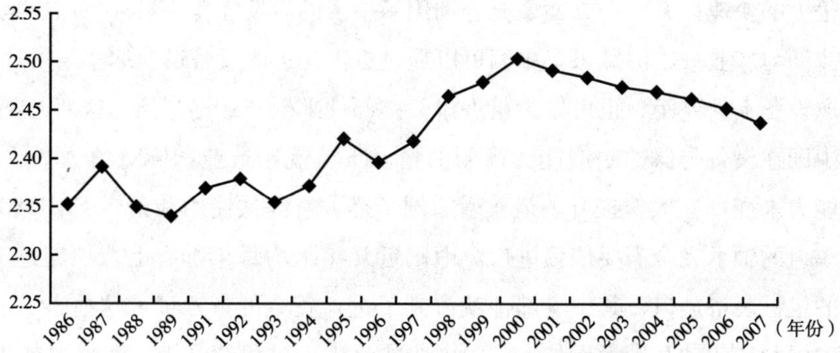

图 1－10　中国工业产品的“学历”水平

资料来源：中国统计决策数据库。

（三）中国工业升级的主要内容是夯实制造业基础

目前国内很多学者都在研究产业升级，但究竟什么是产业升级？以 Gereffi（1999）研究为基础，Humphrey and Schmitz（2002）提出以企业为中心，将产业升级分为四类，如表 1－3 所示。具体而言，企业产业升级的标志是企业的赢利水平（最重要的指标是企业净资产收益率）是否得到了提升。

表 1－3　产业升级四层次的实践与表现

单位：%

升级类型	升级的实践	升级的内容
过程升级	过程更加有效率	通过降低成本、增进传输体系，引进新的组织方式，获取更多的价值
产品升级	比对手更快进行产品研发	通过新产品市场份额扩充，新品牌市场份额增大，改进商品市场份额增加，获取更多的价值
功能升级	在价值链位置的改变	通过提升在价值链中的地位，专注于价值量高的环节，而把低价值的活动外包，获取更多的价值
链条升级	移向新的、价值高的价值链	通过涉足高收益的相关产业领域、相异产业领域，获取更多的价值

资料来源：Humphrey J. and H. Schmitz，“Upgrading in Industrial Cluster How does Insertion in Global Value Chain's Affect.” *Regional Studies*，36（2002）：1017－1027，转引自王发明《全球价值链下的产业升级研究：以我国光伏产业发展为例》，《经济管理》2009 年第 11 期。

对于中国企业而言，产业升级的方向与路径是多样的，不同所有制的企业、不同地区的企业可能会有不同的升级方向。但对于中国典型的制造业企业而言，过程升级可能是应付出更多精力的升级方向。改革开放30余年，中国制造业国际竞争力的快速提升，一方面是充分利用了中国的后发优势，另一方面也是国际要素流动与产业分工的结果。中国可以通过进口先进的设备迅速缩小与发达国家在生产设备上的差距，也可以大量进口关键部件来生产最终产品。这两条路径都能使中国在设备与器件制造能力尚弱的情况下实现制造业国际竞争力（主要以出口能力来衡量）大幅提升。最典型的例子是沪杭高铁使用和谐号CRH380A高速动车组的轴承完全需要依赖进口。中国近几年平均每年都有七八项超过10亿美元的机械装备进口，其中零部件就占到了进口资金的近八成。这些事例表明，目前中国制造业的基础尚不扎实，中国应注重生产过程的升级，实现“能生产”到“高质量生产”。目前中国工业门类齐全，一个能把“天宫一号”送上天的国家是很难说不能生产什么的，但中国产品的精致化程度与制造业强国（美、日、德）相比仍旧有十分大的差距。可以说每个行业都仍旧有十分大的提升空间，因而从这个意义上讲，虽然对于个别企业而言产业升级的四种类型都有可能，但对于目前民族整体而言最重要的是企业实现工艺升级，把整个民族工业的基础打牢。

四　从“血拼”式竞争到高质量增长

中国持续30余年的高速增长被称为奇迹，但我们必须清醒地看到，中国是一个发展中国家，在今后相当长时间内仍旧是发展中国家，发展仍旧是第一要务；而且中国快速发展的难度在加大，所面临的挑战在加大，全社会又难以取得加快发展的共识，在这种情况下需要全党全国特别是领导层投入在发展上的精力不是要减少，而是要增加。小平同志的判断“党的基本路线要管100年”目前来看仍旧如此具有远见。

改革开放30余年，特别是1992年中国转向市场经济道路以后，中国的竞争可以用“血拼式竞争”概括。“血拼”式竞争的积极意义在于对计划经济的彻底否定，实现了自主竞争，调动了社会各方面的积极性，极大地释放了经济增长的潜力。但“血拼”式竞争代价也是巨大的，这些代价包括国家税收减少、土地资源日益紧缺、劳动者权益保障不力、环境成本加大、市场开放对我国市场经济的冲击等。因此，中国的市场经济必须要转到科学发展观指导下的“高质量增长”；高质量增长更加关注社会公正与平等，更加关注人与自然的和谐，更加关注当代与后代的可持续发展，更加关注物质文明与精神文明的协调，更加关注个体的幸福感。但高质量增长不是不增长，在中国社会的基本矛盾没有发生质变的条件下，高质量增长第一要务仍旧是增长；只是不再是不计成本的增长，不再是依靠“血拼”式竞争来“超常”利用自己的比较优势；而是一方面“科学地”利用自己的比较优势，另一方面关注中国持续竞争力的提升。

从1840年第一次鸦片战争后，一个古老的东方文明开始第一次认识到尚有一个可以与之竞争的文明形态；50年后，1894年中日甲午战争使这个古老东方文明的整个精英阶层达成共识，自己的文明必须要调整；100年后，1949年这个古老东方文明终于找到了一条与自己文明核心相融合的道路，虽然在这条道路上的探索还会有许多曲折、许多岔路甚至歧途；140年后，1978年这个文明开始具有了与西方世界交流共舞的能力；170年后，2011年这个东方文明开始对自己所选择的道路、自己的文明有了更强的自信心。我们相信，200年后，也就是这个民族找到复兴道路的100年后，这个民族的复兴一定能完成。

本文主要参考文献

金碚：《中国工业转型升级》，《中国工业经济》2011年第7期。

金碚、吕铁、邓洲：《中国工业结构转型升级：进展、问题与趋势》，《中国工业经济》2011年第2期。

金碚、吕铁、李晓华：《关于产业结构调整几个问题的探讨》，《经济学动态》2010年第8期。

张其仔：《比较优势的演化与中国产业升级路径的选择》，《中国工业经济》2008年第9期。

李钢：《新二元经济结构下的中国工业升级路线》，《经济体制改革》2009年第5期。

李钢、沈可挺、郭朝先：《中国劳动密集型产业竞争力提升出路何在?》，《中国工业经济》2009年第10期。

李钢、廖建辉：《中国省域工业结构的聚类与时空演化研究》，《经济管理》2011年第7期。

B.2

企业竞争力监测结果分析总报告

黄群慧　颜　培

2010 年，中国社会科学院中国产业与企业竞争力研究中心企业竞争力检测体系对 1374 家上市公司的规模竞争力、效率竞争力、增长竞争力进行了跟踪与监测，并采用了动态指数作为参数对上市公司的基础竞争力进行了调整，得到综合竞争力。本文对 1374 家上市公司的竞争力状况进行了总体分析，并在此基础上对中国区域竞争力状况和行业竞争力状况进行总结和评述。

一　上市公司竞争力总体状况

（一）上市公司基础竞争力分析

2010 年竞争力监测结果显示，基础竞争力最高得分华锐风电科技（集团）股份有限公司（1.4719 分）、徐工集团工程机械股份有限公司（1.4252 分）、中国长城计算机深圳股份有限公司（1.3510 分）的基础竞争力得分遥遥领先，三家公司平均得分 1.4160 分。从第 4 名山煤国际能源集团股份有限公司

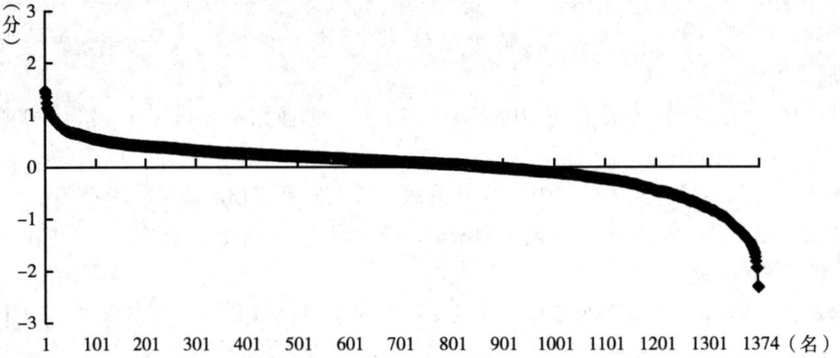

图 2－1　1374 家上市公司的基础竞争力得分曲线

（1.2363分）到第11名三普药业股份有限公司（1.0260分）的8家公司基础竞争力得分都在1分以上，其基础竞争力平均得分为1.0987分。从第12名上海汽车集团股份有限公司（0.9766分）到第100名上海国际港务（集团）股份有限公司（0.5332分）共有89家上市公司，基础竞争力平均得分为0.6872分。第101名冀中能源股份有限公司（0.5321分）到第848名山东浪潮齐鲁软件产业股份有限公司（0.0007分）的基础竞争力得分都在0分以上，共748家上市公司，平均得分为0.2273分。第849名浙江钱江摩托股份有限公司（-0.0003分）到第1374名华夏建通科技开发股份有限公司（-2.3163分）的526家上市公司的基础竞争力得分均在0分及以下的区间内。根据对1374家上市公司基础竞争力得分进行特征分析，可以将其划分为五个集团，如表2-1所示。

表2-1　五集团划分

单位：分

集　团	第一集团	第二集团	第三集团	第四集团	第五集团
分类标准	第1~3名	第4~11名	第12~100名	第101~848名	第849~1374名
平均得分	1.4160	1.0987	0.6872	0.2273	-0.4405
最高得分	1.4719	1.2363	0.9766	0.5321	-0.0003
最低得分	1.3510	1.0260	0.5332	0.0007	-2.3163

资料来源：中国产业与企业竞争力研究中心数据库。

第一集团包括华锐风电科技（集团）股份有限公司、徐工集团工程机械股份有限公司、中国长城计算机深圳股份有限公司3家上市公司（见图2-2）。华锐风电的规模竞争力、效率竞争力和增长竞争力在1374家上市公司中分别排在第62位、第9位和第10位，在机械设备行业内分别排在第26位、第1位和第3位。徐工机械的规模竞争力、效率竞争力和增长竞争力在1374家上市公司中分别排在第50位、第153位和第1位，在机械设备行业内分别排在第20位、第22位和第1位。长城计算机的规模竞争力、效率竞争力和增长竞争力在1374家上市公司中分别排在第89位、第10位和第13位，在信息技术行业内分别排在第3位、第1位和第1位。

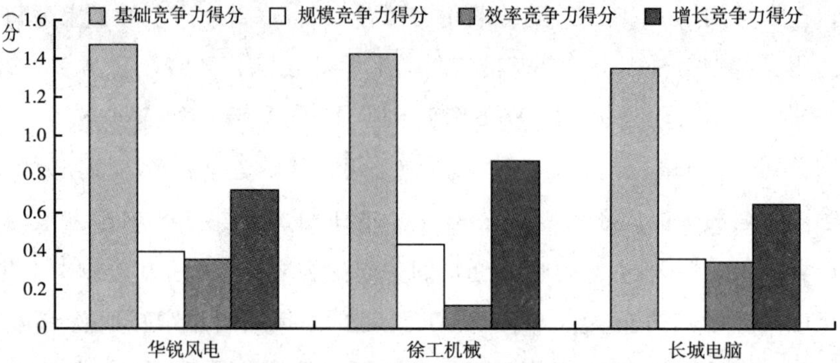

图 2-2　第一集团上市公司竞争力得分

第二集团共包括 8 家上市公司，依次是山煤国际能源集团股份有限公司、梅花生物科技集团股份有限公司、中国东方航空股份有限公司、中国石油化工股份有限公司、三一重工股份有限公司、中国国际航空股份有限公司、华映科技（集团）股份有限公司、三普药业股份有限公司（见图 2-3）。从规模竞争力来看，东方航空、中国石化、三一重工和中国国航的规模竞争力均位于 1374 家上市公司前 50 强以内，但是山煤国际、梅花集团、华映科技和三普药业的规模竞争力都排在 200 名以外。从效率竞争力来看，山煤国际、东方航空、中国石化、三一重工、中国国航的效率竞争力都位列前 50 强以内，华映科技的效率竞争力排名位于百强之列，但是梅花集团和三普药业的效率竞争力排名在 200 名以外。从增长竞争力来看，山煤国际、梅花集团、华映科技和三普药业的增长竞争力都在前 10 名之内，分列第 2 位、第 4 位、第 9 位和第 5 位，但东方航空、中国石

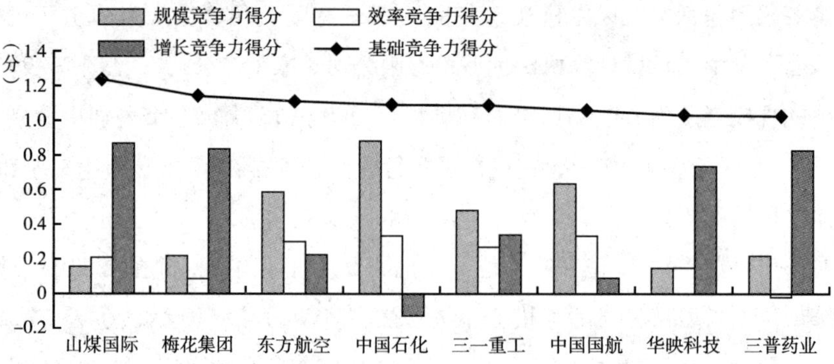

图 2-3　第二集团上市公司竞争力得分

化和中国国航的增长竞争力排名均在百名之后，而中国石化的增长竞争力排名更是排在1000名以外。

第三集团包括从第12名上海汽车集团股份有限公司到第100名上海国际港务（集团）股份有限公司的89家上市公司。由图2-4可以看出，第三集团内上市公司的规模竞争力、效率竞争力和增长竞争力的起伏波动较大。具体来看，第三集团中有46家上市公司的规模竞争力位于规模百强之内，占到了第三集团的半数以上；有23家上市公司位于效率百强之内，占第三集团上市公司总数的25.84%；有38家上市公司位于增长百强之内，占第三集团上市公司总数的42.70%。整体上看，第三集团内上市公司的规模竞争力优势比较明显，但也有规模竞争力排名比较落后，依靠效率竞争力和增长竞争力提升基础竞争力的上市公司，较为典型的如广发证券股份有限公司、中山公用事业集团股份有限公司、陕西延长石油化建股份有限公司的规模竞争力排名均在1000名之后，但增长竞争力都在前10名；北京城建投资发展股份有限公司、北京电子城投资开发股份有限公司、阳光城集团股份有限公司、方大锦化化工科技股份有限公司的规模竞争力排名比较落后，但是效率竞争力均在前50强。图2-4描绘了第三集团上市公司按照基础竞争力得分排序的规模竞争力、效率竞争力和增长竞争力的得分趋势。

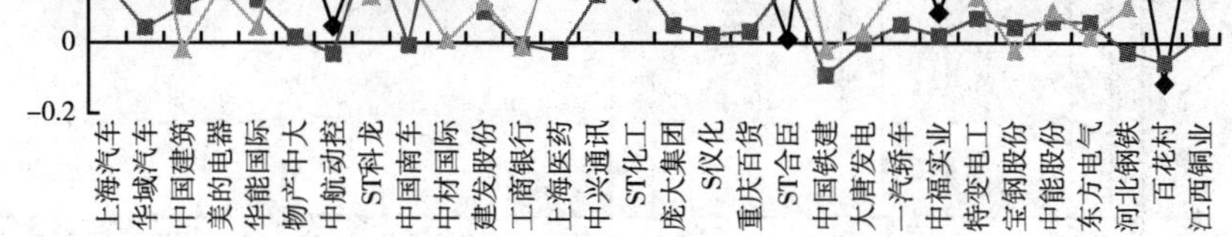

图2-4　第三集团上市公司竞争力得分趋势

第四集团包括从第101名冀中能源股份有限公司到第848名山东浪潮齐鲁软件产业股份有限公司，共748家上市公司，基础竞争力得分在0分到0.5321分之间，总体竞争力比较落后。其中只有47家上市公司的规模竞争力位于规模百强之内，占第四集团上市公司总数的6.28%；有56家上市公司的效率竞争力位于效率百强之内，占第四集团上市公司总数的7.49%；有53家上市公司的增长竞争力位于增长百强之内，占第四集团上市公司总数的7.09%。

第五集团包括从第849名浙江钱江摩托股份有限公司到第1374名华夏建通科技开发股份有限公司的526家上市公司。这526家上市公司总体上规模落后，增长动力不足。第五集团的上市公司规模竞争力排名都在百强之后；有13家上市公司的效率竞争力排在效率百强之内，分别是安信信托投资股份有限公司、北方国际合作股份有限公司、中垦农业资源开发股份有限公司、焦作鑫安科技股份有限公司、广东锦龙发展股份有限公司、上海联华合纤股份有限公司、深圳中华自行车（集团）股份有限公司、北亚实业（集团）股份有限公司、宁波韵升股份有限公司、山东金岭矿业股份有限公司、四川西部资源控股股份有限公司、上海申通地铁股份有限公司、厦门华侨电子股份有限公司；仅青海贤成矿业股份有限公司1家上市公司的增长竞争力排在增长百强之内。

五大集团基础竞争力平均得分如图2－5所示。其中第一集团、第二集团和第三集团是1374家上市公司中的百强企业，在规模竞争力、效率竞争力和增长竞争力三大指标方面均有不俗表现，是上市公司中的佼佼者。相较之下，第四集团和第五集团的基础竞争力排名落后，在企业规模、经营效率和增长能力方面都需要上市公司作进一步改进，从而提升公司竞争力。

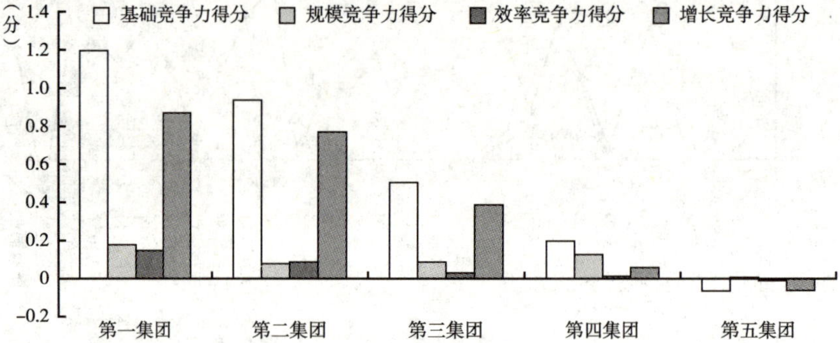

图2－5　五大集团竞争力得分比较

而从近3年的检测结果来看，金融危机过后，我国上市公司的基础竞争力平均水平有所回升，2011年不仅从2010年的负得分转正，而且还超过了2009年的得分，如表2－2所示。具体来看，和2010年监测结果相比，上市公司的规模竞争力、效率竞争力和增长竞争力水平均有所提高。这说明2010年随着国际金融危机对我国实体经济的影响逐渐减小，以及国内各产业振兴计划的推出，中国上市公司已逐步走出金融危机的阴影，在企业规模、经营效率和产业结构方面均实现了较好的增长。

表2－2　上市公司整体竞争力平均得分比较

单位：分

年份	规模竞争力平均得分	效率竞争力平均得分	增长竞争力平均得分	基础竞争力平均得分
2011	0.0170	－0.0045	－0.0034	0.0091
2010	0.0102	－0.0056	－0.0081	－0.0035
2009	0.0080	－0.0031	－0.0023	0.0026

（二）上市公司基础竞争力百强分析

基础竞争力排名的百强公司均是各自行业中的龙头企业，是中国上市公司的核心及代表，因此其基础竞争力水平均位于前列。基础竞争力百强公司中，有机械设备业上市公司29家、石油化学塑料塑胶业上市公司9家、电煤水的生产和供应业上市公司8家、交通运输仓储业上市公司8家、建筑业上市公司6家、批发和零售贸易业上市公司5家、金融保险业上市公司5家、房地产业上市公司5家、采掘业上市公司4家、金属非金属业上市公司4家、食品饮料业上市公司3家、医药生物制品业上市公司3家、信息技术业上市公司3家、社会服务业上市公司2家、传播文化业上市公司2家、综合类上市公司2家、农林牧渔业上市公司1家、电子业上市公司1家。纺织服装业、木材家具业、造纸印刷业和其他制造业没有上市公司进入基础竞争力百强之中。

基础竞争力排名的百强公司中，有53家上市公司的规模竞争力同时位于1374家上市公司规模百强之内，占百强公司总数的半数以上，其中较为典型的上市公司包括中国石油天然气股份有限公司、中国石油化工股份有限公司、中国建筑股份有限公司、中国中铁股份有限公司、中国铁建股份有限公司、中国工商银行股份有限公司、华能国际电力股份有限公司、中国建设银行股份有限公司、中国银行股份有限公司、中国国际航空股份有限公司、中国远洋控股股份有限公司、中国南方航空股份有限公司、上海汽车集团股份有限公司、中国神华能源股份有限公司、大唐国际发电股份有限公司、中国东方航空股份有限公司和广东美的电器股份有限公司，这 17 家上市公司就分占了规模百强的前 19 强；有 31 家上市公司的效率竞争力同时位于 1374 家上市公司效率百强之内，其中较为典型的包括中国中材国际工程股份有限公司、北京城建投资发展股份有限公司、华锐风电科技（集团）股份有限公司和中国长城计算机深圳股份有限公司，这 4 家上市公司的效率竞争力得分位于 1374 家上市公司的前 10 强之内；有 46 家上市公司的增长竞争力位于 1374 家上市公司百强之内，其中较为典型的包括山煤国际能源集团股份有限公司、徐工集团工程机械股份有限公司、广发证券股份有限公司、梅花生物科技集团股份有限公司、三普药业股份有限公司、中航动力控制股份有限公司、中山公用事业集团股份有限公司、陕西延长石油化建股份有限公司、华映科技（集团）股份有限公司和华锐风电科技（集团）股份有限公司，这 10 家上市公司的增长竞争力分占 1374 家上市公司前 10 强。

和 2010 年监测结果相比，2011 年百强公司基础竞争力平均得分比 2010 年略有下降，如表 2－3 所示。百强公司规模竞争力和效率竞争力平均得分均低于 2010 年，但相差均不大，而增长竞争力平均得分相较 2010 年有所提高。也正因为这样，2011 年百强公司中出现了一些典型的规模不大或是效率不高但是增长势头强劲的上市公司，如广发证券股份有限公司、中山公用事业集团股份有限公司和陕西延长石油化建股份有限公司的规模竞争力排名均在 1000 名左右，但它们的增长竞争力得分位列 1374 家上市公司的前 10 强之内；新疆百花村股份有限公司、西安飞机国际航空制造股份有限公司、河南豫能控股股份有限公司和中天城投集团股份有限公司 4 家上市公司的效率竞争力排名都在 500 名之后，但它们的增长竞争力则位于上市公司的前 50 强之内。

表 2－3　上市公司百强竞争力平均得分比较

单位：分

年份	规模竞争力平均得分	效率竞争力平均得分	增长竞争力平均得分	基础竞争力平均得分
2011	0.3560	0.1013	0.2848	0.7420
2010	0.3922	0.1217	0.2477	0.7615
2009	0.4129	0.1097	0.2309	0.7535

二 上市公司竞争力区域视角分析

（一）区域竞争力总体分析

2011 年检测结果显示，31 个省（直辖市、自治区，以下简称省份）上市公司基础竞争力平均得分排名依次为贵州、北京、安徽、福建、江西、江苏、浙江、湖南、河南、湖北、河北、广东、上海、青海、山东、新疆、内蒙古、黑龙江、云南、天津、海南、辽宁、陕西、甘肃、四川、广西、西藏、山西、吉林、重庆、宁夏。其中前 14 个省份上市公司基础竞争力平均得分均为正，而后 17 个省份上市公司的基础竞争力平均得分均为负。贵州、北京和安徽位列区域基础竞争力平均得分前 3 位。贵州的 14 家上市公司中，有 1 家上市公司（中天城投集团股份有限公司）位于基础竞争力百强之内，4 家上市公司位于基础竞争力 300 强之内。北京的 119 家上市公司中，有 21 家上市公司位于基础竞争力百强之内，41 家上市公司位于基础竞争力 300 强之内。各省份基础竞争力平均得分如图 2－6所示。

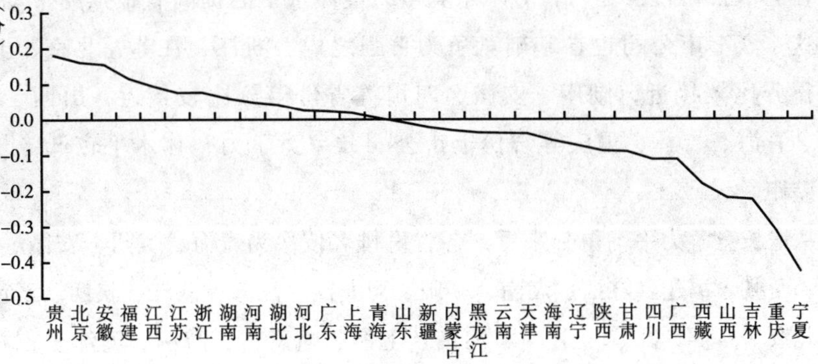

图 2－6 各省份基础竞争力平均得分

从规模竞争力平均得分来看，各省份排名依次为北京、贵州、江西、河南、安徽、江苏、福建、浙江、上海、湖南、天津、内蒙古、山东、湖北、广东、河北、云南、辽宁、海南、新疆、黑龙江、甘肃、四川、陕西、广西、山西、吉林、青海、西藏、重庆、宁夏。其中前 15 个省份上市公司规模竞争力平均得分均为正，而后16个省份上市公司规模竞争力平均得分均为负。其中北京的规模竞争力平均得分排在第1位，为0.1605分，比排名第2位的贵州规模竞争力平均得分高出61.14%。贵州、江西、河南、安徽的规模竞争力平均得分分别为0.0996分、0.0759分、0.0742分、0.0733分，也远高于其他省份。吉林、青海、西藏、重庆、宁夏规模竞争力平均得分较低，尤其是宁夏的得分与其他省份差距较大。

从效率竞争力平均得分来看，各省份排名依次为福建、广东、浙江、江苏、北京、上海、湖南、安徽、四川、河南、辽宁、山东、江西、陕西、海南、广西、湖北、新疆、河北、贵州、甘肃、内蒙古、云南、黑龙江、天津、山西、宁夏、西藏、青海、吉林、重庆。其中前8个省份的上市公司效率竞争力平均得分均为正，而后23个省份上市公司的效率竞争力平均得分均为负。福建的效率竞争力平均得分排名第1位，华映科技（集团）股份有限公司、冠城大通股份有限公司、阳光城集团股份有限公司的效率竞争力都在上市公司百强之内，为福建提升了区域竞争力。广东的效率竞争力平均得分与福建接近，排名第2位，中国长城计算机深圳股份有限公司、中山公用事业集团股份有限公司、广东美的电器股份有限公司、海信科龙电器股份有限公司的效率竞争力都在上市公司百强之内，对广东竞争力整体水平的提高有很强的带动作用，因此这4家上市公司也在基础竞争力百强之内。浙江、江苏、北京、上海等省份得分比较接近，湖南、安徽、四川等省份得分比较接近，山西、宁夏、西藏、青海、吉林、重庆等省份上市公司效率竞争力整体水平较低，与其他省份差距较大。

从增长竞争力平均得分来看，各省份排名依次为青海、贵州、安徽、河北、湖北、西藏、福建、江西、湖南、新疆、黑龙江、江苏、浙江、陕西、云南、广东、北京、广西、山东、甘肃、河南、上海、内蒙古、海南、天津、吉林、四川、辽宁、重庆、山西、宁夏。其中前13个省份上市公司增长竞争力平均得分均为正，而后18个省份上市公司增长竞争力平均得分均为负。青海的效率竞争力平均得分排在第1位，为0.1920分，远高于其他省份。各省份上市公司竞争力平均得分和排名如表2-4所示。

与2010年监测结果相比，各省份竞争力平均得分均出现了不同程度的变化。从基础竞争力来看，有18个省份的基础竞争力平均得分有所上升，分别是安徽、

表 2－4　各省份竞争力平均得分和排名

单位：分

区域	规模竞争力		效率竞争力		增长竞争力		基础竞争力	
	得分	排序	得分	排序	得分	排序	得分	排序
贵州	0.0996	2	－0.0222	20	0.1036	2	0.1809	1
北京	0.1605	1	0.0111	5	－0.0102	17	0.1614	2
安徽	0.0733	5	0.0001	8	0.0816	3	0.1551	3
福建	0.0509	7	0.0287	1	0.0384	7	0.1180	4
江西	0.0759	3	－0.0131	13	0.0326	8	0.0954	5
江苏	0.0524	6	0.0123	4	0.0127	12	0.0774	6
浙江	0.0496	8	0.0156	3	0.0114	13	0.0766	7
湖南	0.0321	10	0.0057	7	0.0230	9	0.0607	8
河南	0.0742	4	－0.0065	10	－0.0190	21	0.0487	9
湖北	0.0121	14	－0.0192	17	0.0481	5	0.0410	10
河北	－0.0018	16	－0.0218	19	0.0506	4	0.0270	11
广东	0.0105	15	0.0225	2	－0.0096	16	0.0234	12
上海	0.0366	9	0.0097	6	－0.0271	22	0.0192	13
青海	－0.1192	28	－0.0680	29	0.1920	1	0.0048	14
山东	0.0140	13	－0.0075	12	－0.0139	19	－0.0074	15
新疆	－0.0220	20	－0.0192	18	0.0198	10	－0.0214	16
内蒙古	0.0214	12	－0.0238	22	－0.0271	23	－0.0295	17
黑龙江	－0.0241	21	－0.0301	24	0.0179	11	－0.0363	18
云南	－0.0030	17	－0.0268	23	－0.0083	15	－0.0380	19
天津	0.0312	11	－0.0353	25	－0.0359	25	－0.0400	20
海南	－0.0130	19	－0.0160	15	－0.0292	24	－0.0581	21
辽宁	－0.0044	18	－0.0070	11	－0.0598	28	－0.0712	22
陕西	－0.0726	24	－0.0132	14	－0.0014	14	－0.0872	23
甘肃	－0.0543	22	－0.0225	21	－0.0143	20	－0.0911	24
四川	－0.0683	23	－0.0020	9	－0.0421	27	－0.1124	25
广西	－0.0840	25	－0.0164	16	－0.0124	18	－0.1128	26
西藏	－0.1663	29	－0.0590	28	0.0435	6	－0.1818	27
山西	－0.0914	26	－0.0532	26	－0.0752	30	－0.2198	28
吉林	－0.1118	27	－0.0743	30	－0.0390	26	－0.2251	29
重庆	－0.1727	30	－0.0794	31	－0.0598	29	－0.3119	30
宁夏	－0.2351	31	－0.0558	27	－0.1332	31	－0.4241	31

北京、福建、甘肃、广东、广西、海南、河北、黑龙江、湖北、湖南、辽宁、青海、陕西、上海、天津、西藏、新疆；有 13 个省份的基础竞争力平均得分有所

下降，分别是贵州、河南、吉林、江苏、江西、内蒙古、宁夏、山东、山西、四川、云南、浙江和重庆。各省份竞争力平均得分变化如表2-5所示。

表2-5 各省份竞争力平均得分变化情况

省份	规模竞争力平均得分	效率竞争力平均得分	增长竞争力平均得分	基础竞争力平均得分
安徽	上升	下降	上升	上升
北京	下降	上升	下降	上升
福建	上升	下降	上升	上升
甘肃	下降	上升	下降	上升
广东	上升	上升	上升	上升
广西	上升	上升	上升	上升
贵州	下降	下降	上升	下降
海南	上升	上升	上升	上升
河北	上升	上升	上升	上升
河南	下降	下降	下降	下降
黑龙江	上升	上升	上升	上升
湖北	上升	上升	上升	上升
湖南	上升	上升	下降	上升
吉林	上升	下降	下降	下降
江苏	下降	下降	不变	下降
江西	下降	下降	下降	下降
辽宁	上升	上升	上升	上升
内蒙古	下降	上升	下降	下降
宁夏	下降	下降	下降	下降
青海	上升	下降	上升	上升
山东	下降	下降	下降	下降
山西	下降	下降	下降	下降
陕西	上升	下降	下降	上升
上海	下降	上升	上升	上升
四川	下降	上升	下降	下降
天津	上升	上升	上升	上升
西藏	上升	下降	上升	上升
新疆	下降	上升	上升	上升
云南	下降	上升	下降	下降
浙江	上升	下降	下降	下降
重庆	下降	下降	下降	下降

（二）上市公司竞争力百强区域分布分析

在31个省份中，上海、广东和北京的上市公司数量最多，分别为145家、142家和119家，其后依次是江苏90家、福建81家、山东76家、浙江59家、湖北59家、安徽46家、辽宁46家、湖南46家、陕西42家、江西32家、河南30家、河北30家、山西30家、新疆29家、广西28家、四川28家、吉林27家、重庆25家、黑龙江23家、天津23家、海南21家、内蒙古21家、贵州18家、青海17家、西藏14家、云南11家、甘肃8家、宁夏8家。

从基础竞争力百强的区域分布来看，北京、上海和广东排在前列，分别有21家、12家、10家上市公司位列基础竞争力百强之内。江苏、福建各有6家，山东有4家，浙江、湖北、安徽、辽宁、湖南、陕西、江西各有3家，河南、河北、山西、新疆、广西各有2家，四川、吉林、重庆、黑龙江、天津、海南、内蒙古、贵州、青海、西藏各有1家，云南、甘肃和宁夏则没有上市公司入围基础竞争力百强。上市公司竞争力百强区域分布如表2－6所示。

从规模竞争力百强的区域分布来看，北京、上海和广东位居前3位，分别有26家、17家、14家上市公司位列规模竞争力百强之内。其后依次是湖南4家，山东、安徽、辽宁、河北、四川各有3家，江苏、福建、江西、山西、广西、海南、甘肃各有2家，浙江、湖北、陕西、新疆、吉林、重庆、黑龙江、天津、内蒙古各有1家，贵州、青海、西藏、云南、宁夏没有上市公司进入规模竞争力百强。

从效率竞争力百强的区域分布来看，上海、广东、北京排在前3位，分别有17家、17家和14家上市公司进入效率竞争力百强行列。其后依次是江苏9家，浙江6家，福建5家，山东、辽宁各4家，安徽、湖南、四川、黑龙江各3家，山西、天津各2家，湖北、江西、河南、河北、重庆、海南、云南、甘肃各1家，陕西、新疆、广西、吉林、内蒙古、贵州、青海、西藏、宁夏没有上市公司进入效率竞争力百强之列。

从增长竞争力百强的区域分布来看，广东排名第1位，有14家上市公司进入增长竞争力百强行列。其后依次是上海、湖北各7家，山东、安徽各6家，福建、浙江、湖南各5家，江苏、黑龙江各4家，江西、河南、广西、青海各3家，北京、辽宁、河北、新疆、重庆、天津、内蒙古、贵州各2家，山西、四川、海南、西藏、云南、甘肃各1家，吉林、宁夏没有上市公司入围增长竞争力百强。

表 2-6 各省份竞争力百强比较

单位：家，%

区域	公司总数	规模竞争力百强		效率竞争力百强		增长竞争力百强		基础竞争力百强	
		数量	比例	数量	比例	数量	比例	数量	比例
北京	145	26	17.93	14	9.66	2	1.38	21	14.48
上海	142	17	11.97	17	11.97	7	4.93	12	8.45
广东	119	14	11.76	17	14.29	14	11.76	10	8.40
江苏	90	2	2.22	9	10.00	4	4.44	6	6.67
福建	81	2	2.47	5	6.17	5	6.17	6	7.41
山东	76	3	3.95	4	5.26	6	7.89	4	5.26
浙江	59	1	1.69	6	10.17	5	8.47	3	5.08
湖北	59	1	1.69	1	1.69	7	11.86	3	5.08
安徽	46	3	6.52	3	6.52	6	13.04	3	6.52
辽宁	46	3	6.52	4	8.70	2	4.35	3	6.52
湖南	46	4	8.70	3	6.52	5	10.87	3	6.52
陕西	42	1	2.38	0	0.00	3	7.14	3	7.14
江西	32	2	6.25	1	3.13	3	9.38	3	9.38
河南	30	1	3.33	1	3.33	3	10.00	2	6.67
河北	30	3	10.00	1	3.33	2	6.67	2	6.67
山西	30	2	6.67	2	6.67	1	3.33	2	6.67
新疆	29	1	3.45	0	0.00	2	6.90	2	6.90
广西	28	2	7.14	0	0.00	3	10.71	2	7.14
四川	28	3	10.71	3	10.71	1	3.57	1	3.57
吉林	27	1	3.70	0	0.00	0	0.00	1	3.70
重庆	25	1	4.00	1	4.00	2	8.00	1	4.00
黑龙江	23	1	4.35	3	13.04	4	17.39	1	4.35
天津	23	1	4.35	2	8.70	2	8.70	1	4.35
海南	21	2	9.52	1	4.76	1	4.76	1	4.76
内蒙古	21	1	4.76	0	0.00	2	9.52	1	4.76
贵州	18	0	0.00	0	0.00	2	11.11	1	5.56
青海	17	0	0.00	0	0.00	3	17.65	1	5.88
西藏	14	0	0.00	0	0.00	1	7.14	1	7.14
云南	11	0	0.00	1	9.09	1	9.09	0	0.00
甘肃	8	2	25.00	1	12.50	1	12.50	0	0.00
宁夏	8	0	0.00	0	0.00	0	0.00	0	0.00

（三）区域竞争力百强变化分析

2011年各省份上市公司入围竞争力百强的公司数量与2010年相比均有不同程度的变化。从各省份进入基础竞争力百强的上市公司数量来看，与2010年检测结果相比，北京、福建、江西、辽宁、陕西、河北、广西、江苏、河南、新疆、重庆、海南、西藏入围基础竞争力百强的上市公司数量有所增加，其中北京增加6家，位居第一，福建、江西各增加3家，辽宁、陕西、河北、广西各增加2家，江苏、河南、新疆、重庆、海南、西藏各增加1家。湖北、湖南、山西、贵州、青海、甘肃和宁夏入围基础竞争力百强的上市公司数量没有变化，其他各省份则都出现了减少。从入围基础竞争力百强上市公司占本省份上市公司的比例来看，江西、广西、西藏、河北、海南、重庆、辽宁、陕西、新疆、河南、浙江、江苏各省份基础竞争力百强公司比例有所提高，甘肃、宁夏没有变化，其他省份则出现了不同程度的下降。各省份入围基础竞争力百强上市公司占本省市上市公司的比例变化情况如图2－7所示。

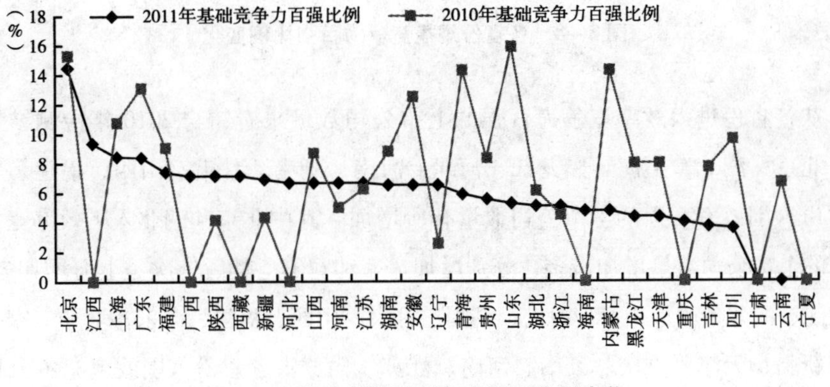

图2－7　各省份基础竞争力百强比例变化

从各省份进入规模竞争力百强的上市公司数量来看，与2010年检测结果相比，河北、江西、辽宁、广西、海南、湖南、甘肃、安徽、北京、陕西、新疆、山西、天津入围规模竞争力百强的公司数量有所增加。其中河北增加最多，2011年有3家公司入围规模竞争力百强，实现了从无到有的突破。江西、辽宁、广西、海南、湖南、甘肃、安徽各增加2家，北京、陕西、新疆、山西、天津各增加1家。重庆、西藏、湖北、宁夏、云南、上海各省份入围规模百强的上市公司数量没有变化，其他省份则出现不同程度的下降。从入围规模竞争力百强上市公司占本省份上市公司的比例来看，甘肃进入规模百强的上市公司占比提高最多，其后依次是河北、海南、广西、江西、天津、安徽、辽宁、新疆、四川、湖南、陕西、山西。西藏、重庆、宁夏、云南各省份没有变化，其余各省份则出现了不同程度的下降。各省份入围规模竞争力百强上市公司占本省市上市公司的比例变化情况如图2-8所示。

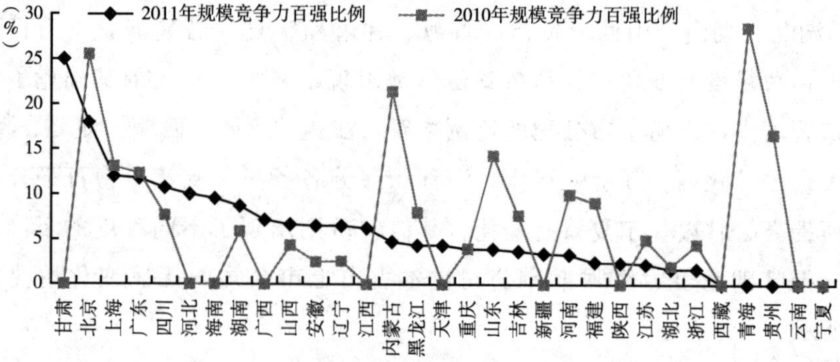

图2-8　各省份规模竞争力百强比例变化

从各省份进入效率竞争力百强的上市公司数量来看，与2010年检测结果相比，北京、湖北、上海、黑龙江、河北、海南、湖南、甘肃、山西、福建、广东各省份入围效率百强的上市公司数量有所增加。其中北京和湖北入围效率竞争力百强的上市公司数量增加最多，分别增加7家和6家，其后依次是上海增加3家，黑龙江、河北各增加2家，海南、湖南、甘肃、山西、福建、广东各增加1家。广西、新疆、天津、重庆、云南、河南、江苏、内蒙古各省份入围效率竞争力百强的上市公司数量没有变化，其他省份则有不同程度的减少。从入围效率竞争力百强上市公司占本省份上市公司的比例来看，甘肃、湖北和黑龙江各省份均有较大提高，海南、河北、四川、北京、云南、山西、上海、广东、天津、湖南各省份也有所提高，广西、新疆、重庆和内蒙古没有变化，其他各省份则出现了不同程度的下降。各省份入围效率竞争力百强上市公司占本省市上市公司的比例变化情况如图2-9所示。

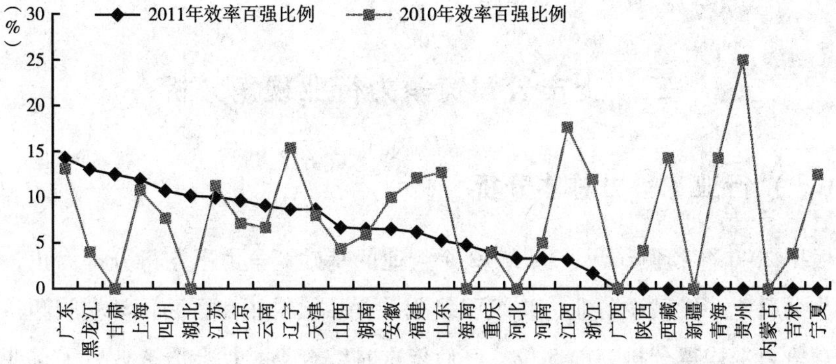

图 2 －9　各省份效率竞争力百强比例变化

从各省份进入增长竞争力百强的上市公司数量来看，与 2010 年检测结果相比，黑龙江、广东、广西、青海、福建、河南、海南、甘肃、新疆、天津、西藏、江西和贵州等省份入围增长百强的公司数量有所提高。其中黑龙江、广东、广西和青海提高最多，比 2010 年各增加 3 家，福建和河南各增加 2 家，海南、甘肃、新疆、天津、西藏、江西和贵州各增加 1 家。河北、山西、云南、内蒙古和安徽没有变化，其他省份则出现不同程度的减少。从入围增长竞争力百强上市公司占本省份上市公司的比例来看，青海、黑龙江、甘肃和广西提高最多，其后依次是西藏、河南、海南、天津、贵州、广东、新疆、云南，其他省份则出现不同程度的降低。各省份入围增长竞争力百强上市公司占本省市上市公司的比例变化情况如图 2 －10 所示。

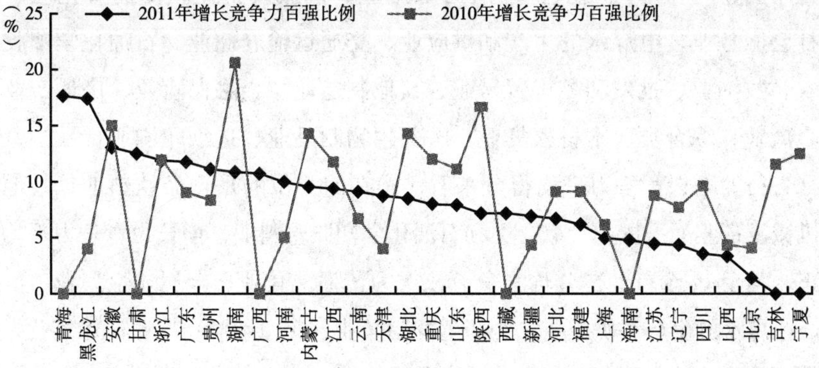

图 2 －10　各省份增长竞争力百强比例变化

三　上市公司竞争力行业视角分析

（一）行业竞争力总体分析

根据2011年检测结果，共有12个行业的基础竞争力平均得分都为正，其中金属非金属业、机械设备业、纺织服装业、食品饮料业和石油化学塑胶塑料业的基础竞争力平均得分排在前5位，其后依次是综合类、社会服务业、采掘业、信息技术业、交通运输仓储业、电煤水的生产和供应业、批发和零售贸易业。农林牧渔业、传播文化业、其他制造业、建筑业、房地产业、电子业、金融保险业、医药生物制品业、造纸印刷业和木材家具业这10个行业基础竞争力平均得分都为负。

从各行业规模竞争力平均得分来看，共有14个行业的规模竞争力平均得分为正，其中金属非金属业、机械设备业、综合类、社会服务业、纺织服装业排在前5位，其后依次为石油化学塑胶塑料业、交通运输仓储业、农林牧渔业、批发和零售贸易业、电煤水的生产和供应业、信息技术业、采掘业、房地产业、传播文化业。建筑业、食品饮料业、金融保险业、其他制造业、造纸印刷业、电子业、医药生物制品业、木材家具业等8个行业的规模竞争力平均得分为负。

从各行业效率竞争力平均得分来看，仅有4个行业的效率竞争力平均得分为正，依次是纺织服装业、电子业、食品饮料业和信息技术业，其余18个行业的效率竞争力平均得分均为负，依次为采掘业、机械设备业、传播文化业、建筑业、社会服务业、电煤水的生产和供应业、交通运输仓储业、石油化学塑胶塑料业、农林牧渔业、批发和零售贸易业、其他制造业、金融保险业、房地产业、金属非金属业、综合类、木材家具业、医药生物制品业、造纸印刷业。

从各行业增长竞争力平均得分来看，排在前6位的是食品饮料业、其他制造业、机械设备业、采掘业、综合类和石油化学塑胶塑料业，增长力竞争力平均得分均为正，其余16个行业得分均为负，依次为传播文化业、金属非金属业、信息技术业、电煤水的生产和供应业、医药生物制品业、交通运输仓储业、建筑业、批发和零售贸易业、社会服务业、农林牧渔业、房地产业、金融保险业、电子业、纺织服装业、造纸印刷业、木材家具业。各行业竞争力平均得分如表2－7所示。

表2-7 各行业竞争力平均得分

单位：分

行　业	基础竞争力平均得分	规模竞争力平均得分	效率竞争力平均得分	增长竞争力平均得分
金属非金属业	0.0853	0.1012	-0.0149	-0.0010
机械设备业	0.0591	0.0407	-0.0019	0.0203
纺织服装业	0.0293	0.0253	0.0467	-0.0428
食品饮料业	0.0178	-0.0085	0.0037	0.0226
石油化学塑胶塑料业	0.0162	0.0209	-0.0057	0.0009
综合类	0.0143	0.0274	-0.0177	0.0046
社会服务业	0.0140	0.0264	-0.0031	-0.0093
采掘业	0.0112	0.0048	-0.0008	0.0071
信息技术业	0.0069	0.0094	0.0000	-0.0024
交通运输仓储业	0.0064	0.0172	-0.0052	-0.0056
电煤水的生产和供应业	0.0026	0.0121	-0.0045	-0.0050
批发和零售贸易业	0.0009	0.0168	-0.0081	-0.0078
农林牧渔业	-0.0017	0.0169	-0.0058	-0.0128
传播文化业	-0.0027	0.0000	-0.0023	-0.0003
其他制造业	-0.0040	-0.0176	-0.0084	0.0220
建筑业	-0.0135	-0.0038	-0.0028	-0.0069
房地产业	-0.0259	0.0028	-0.0137	-0.0151
电子业	-0.0382	-0.0343	0.0366	-0.0406
金融保险业	-0.0452	-0.0172	-0.0092	-0.0188
医药生物制品业	-0.0626	-0.0368	-0.0206	-0.0053
造纸印刷业	-0.1189	-0.0270	-0.0459	-0.0460
木材家具业	-0.2222	-0.1082	-0.0200	-0.0940

（二）上市公司竞争力百强行业分布分析

22个行业中，各行业上市公司总数依次是机械设备业200家、石油化学塑胶塑料业129家、房地产业116家、金属非金属业104家、批发和零售贸易业96家、医药生物制品业85家、信息技术业78家、电煤水的生产和供应业70家、其交通运输仓储业69家、综合类58家、食品饮料业56家、电子业49家、纺织服装业45家、采掘业40家、社会服务业39家、金融保险业36家、农林牧渔业

30 家、建筑业 28 家、造纸印刷业 19 家、传播文化业 14 家、其他制造业 8 家、木材家具业 5 家。

从各行业进入基础竞争力百强的上市公司数量来看，机械设备业排在首位，共有 29 家机械设备类上市公司进入基础竞争力百强，其后依次是石油化学塑胶塑料业 9 家，交通运输仓储业和电煤水的生产和供应业各 8 家，建筑业 6 家，金融保险业、房地产业、批发和零售贸易业各 5 家，采掘业和金属非金属业各 4 家，信息技术业、食品饮料业、医药生物制品业各 3 家，社会服务业、传播文化业、综合类各 2 家，农林牧渔业和电子业各 1 家。其他制造业、木材家具业、纺织服装业、造纸印刷业没有上市公司进入基础竞争力百强。

从各行业进入规模竞争力百强的上市公司数量来看，机械设备业和金属非金属业排在前列，分别有 21 家和 20 家上市公司入围规模竞争力百强，其后依次是电煤水的生产和供应业 10 家，交通运输仓储业、批发和零售贸易业各 8 家，金融保险业 7 家，建筑业、房地产业，采掘业各 4 家，信息技术业 3 家，社会服务业、传播文化业、农林牧渔业、电子业各 2 家，石油化学塑胶塑料业、食品饮料业、医药生物制品业各 1 家。综合类、其他制造业、木材家具业、纺织服装业、造纸印刷业没有上市公司进入规模竞争力百强。

从各行业进入效率竞争力百强的上市公司数量来看，机械设备业居第 1 位，有 15 家机械设备类上市公司进入效率竞争力百强行列，其后依次是交通运输仓储业、批发和零售贸易业各 11 家，电煤水的生产和供应业 8 家，信息技术业和石油化学塑胶塑料业各 7 家，房地产业、采掘业、农林牧渔业、纺织服装业各 6 家，建筑业 4 家，金融保险业、社会服务业、电子业各 3 家，综合类 2 家，食品饮料业和医药生物制品业各 1 家。金属非金属业、传播文化业、其他制造业、木材家具业、造纸印刷业没有上市公司进入效率竞争力百强。

从各行业进入增长竞争力百强的上市公司数量来看，机械设备业、石油化学塑胶塑料业和房地产业位居前列，分别有 18 家、14 家和 10 家上市公司入围增长竞争力百强行列，其后依次是批发和零售贸易业 7 家，综合类 6 家，电煤水的生产和供应业、信息技术业、采掘业、食品饮料业各 5 家，交通运输仓储业、医药生物制品业、金属非金属业各 4 家，电子业 3 家，建筑业、社会服务业、传播文化业各 2 家，农林牧渔业、金融保险业、其他制造业、造纸印刷业各 1 家。纺织服装业和木材家具业没有上市公司进入增长竞争力百强。

表 2-8　各行业竞争力百强比较

单位：家，%

行　业	公司总数	规模百强		效率百强		增长百强		基础百强	
		数量	比例	数量	比例	数量	比例	数量	比例
机械设备业	200	21	10.50	15	7.50	18	9.00	29	14.50
石油化学塑胶塑料业	129	1	0.78	7	5.43	14	10.85	9	6.98
交通运输仓储业	69	8	11.59	11	15.94	4	5.80	8	11.59
电煤水的生产和供应业	70	10	14.29	8	11.43	5	7.14	8	11.43
建筑业	28	4	14.29	4	14.29	2	7.14	6	21.43
金融保险业	36	7	19.44	3	8.33	1	2.78	5	13.89
房地产业	116	4	3.45	6	5.17	10	8.62	5	4.31
批发和零售贸易业	96	8	8.33	11	11.46	7	7.29	5	5.21
采掘业	40	4	10.00	6	15.00	5	12.50	4	10.00
金属非金属业	104	20	19.23	0	0.00	4	3.85	4	3.85
信息技术业	78	3	3.85	7	8.97	5	6.41	3	3.85
食品饮料业	56	1	1.79	1	1.79	5	8.93	3	5.36
医药生物制品业	85	1	1.18	1	1.18	4	4.71	3	3.53
社会服务业	39	2	5.13	3	7.69	2	5.13	2	5.13
传播文化业	14	2	14.29	0	0.00	2	14.29	2	14.29
综合类	58	0	0.00	2	3.45	6	10.34	2	3.45
农林牧渔业	30	2	6.67	6	20.00	1	3.33	1	3.33
电子业	49	2	4.08	3	6.12	3	6.12	1	2.04
其他制造业	8	0	0.00	0	0.00	1	12.50	0	0.00
木材家具业	5	0	0.00	0	0.00	0	0.00	0	0.00
纺织服装业	45	0	0.00	6	13.33	0	0.00	0	0.00
造纸印刷业	19	0	0.00	0	0.00	1	5.26	0	0.00

四　小结

通过将 1374 家上市公司按照基础竞争力水平划分为五大集团，以及对上市公司的竞争力水平进行区域和行业视角的分析，可以看出：一方面，在过去的一年中，由于中国经济正逐步走出国际金融危机的阴影，中国上市公司竞争力整体水平有明显回升。经过危机的洗礼，规模庞大的传统领先上市公司的竞争力不再显著，大批效率高、增长能力强的中小企业敏锐地把握了危机带来的机遇，迅速提升自身竞争力水平，在市场中脱颖而出。另一方面，北京、上海、广东等发达省份的上市公司保持了较高的竞争力水平，广西、海南、河北、黑龙江、湖北、辽宁、天津等省份的竞争力有明显提高，贵州、河南、江苏、江西、宁夏、山东、山西、重庆等省份的竞争力水平则有所降低。此外，行业竞争力水平依然参差不齐，机械设备业、石油化学塑胶塑料业、交通运输仓储业、电煤水的生产和供应业等传统优势行业保持较强竞争力，百强公司也主要集中在这几个行业。

当前，世界经济环境还充满不确定性，国际金融危机效应还在继续发酵，我国经济发展方式亟待转变，我国上市公司面临着原材料成本攀高、劳动力短缺、人民币升值等多重挑战。在这种情况下，中国上市公司需要审时度势，适应经济发展方式转变的需要，积极推进企业战略转型，这包括：一要促进企业竞争战略从“低成本”向“差异化”转型。与低成本快速工业化战略相适应，中国企业的国际竞争力主要来源于低成本优势，如低廉的劳动力、支付相对较低的环境和能源成本等。但这种竞争战略是不可持续的，随着工业化进程的推进，劳动力成本必然逐渐提高，企业必须为环境和能源付出更多的代价。企业为了可持续发展，必须逐步形成和实施“差异化竞争战略”。企业的技术创新需要从重视技术引进到重视自主设计、集成创新的转变，通过自主创新，提高自己的技术水准，培养自己的核心能力，为顾客提供高附加值、差异化的产品和服务。二要促进企业生产战略从“规模扩张”向“质量提升”转型。一直以来，做大企业、进入世界500强，是中国许多企业追求的目标，组建大型企业集团、迅速扩大企业规模的呼声日高。政府也出台了相关政策鼓励大型企业集团的组建和扩张。有些地方甚至采用行政手段把一些企业硬捆绑在一起形成企业集团。从提高规模经济、促进产业集中等方面看，努力扩大生产规模是有一定道理的。但是，对于企业健康持续发展而言，产品质量是一个更为基本和重要的要求。对于中国企业来说，在当前大背景下，不仅要重视产业升级问题，还要重视产品质量升级换代的问题。三是促进企业成长战略从“跨越式发展”向“可持续发展”转型。与中国经济高速增长的背景相适应，这些年一些企业家心态浮躁，不安于采取逐步积累滚动、渐进式的发展战略，梦寐以求自己的企业能够超常规、跨越式发展。但是，这种跨越式发展的企业，由于企业内部经营管理能力难以与其跨越式发展的规模相匹配，因而抵抗风险能力很差，一旦遇到环境的风吹草动，企业就可能走向衰败。这样的案例已经不胜枚举。企业要想持久发展，一定要立足自身，练好内功，为未来实现企业稳定持久的发展打下坚实的基础。

B.3
企业竞争力监测的理论与方法

金碚　李钢

从 2003 年起，以中国社会科学院工业经济研究所专家以及以其为主体的中国社会科学院产业与企业竞争力研究中心与中国经营报社共同开始进行企业竞争力监测项目，目前，已经对中国企业竞争力进行了连续 9 年的监测。通过对企业竞争力的监测，发现中国企业竞争力的现状和变化趋势，以及同企业竞争力相关的重要现象和问题，发布了企业竞争力项目的研究成果，从而能更好帮助企业提升竞争力。今年（2011 年，下同）是第 9 次发表研究报告。本年度的中国企业竞争力报告以 2010 年企业竞争力监测结果为背景，专注于产业变迁背景下中国企业竞争力的提升之道。

企业竞争力研究主要集中于两个方面，即企业竞争力表现的测评与企业竞争力源泉的探求。当然，这两个方面不是完全独立的，在监测过程中可能会发现一些新的问题，从而促进我们进一步研究企业竞争力来源及其变化趋势；对企业竞争力来源进行研究，也有助于我们对竞争力的概念及表现形成更深入的理解，从而推进企业竞争力研究的理论进展和形成更科学的监测方法。

一　竞争力的概念、源泉与表现

在我们的研究中将企业竞争力定义为：在竞争性市场中，一个企业所具有的能够持续地比其他企业更有效地向市场提供产品或服务，并获得赢利和自身发展的综合素质和条件。企业竞争力是企业生存和发展的长期决定因素。当然，企业经营的成败也不是唯一地由其竞争力所决定，例如，市场条件（特别是市场的非经济性垄断和封闭）和机遇、外部环境的偶然性变动、企业决策的不确定性后果等也会对一个企业经营的成败产生重大的甚至是决定性的影响。但是，从科学的意义上说，竞争力是决定企业经营成败和命运的所有因果关系中最基本和最关键的因素。

竞争力是一个非常复杂的现象，竞争力可以不同的假设条件为前提，从不同层面进行分析和研究。那么，在理论上如何解释为什么一些企业能够长期地比另一些企业拥有更高的市场占有率和盈利率呢？经典的主流经济学所进行的研究和分析是以假定“企业同质”为基本逻辑前提的，即假定企业都是具有经济人理性的、精于计算的，并按微观经济学的原理和方法进行决策和行动。但竞争力研究的目的却是要解释“企业异质”，即为什么有些企业竞争力强，有些企业竞争力弱；或者，什么样的企业能够具有长久的竞争力，什么样的企业一定不会有竞争力。在经济学领域内，竞争力的实质就是经济效益或者生产率的差异，对竞争力的经济学研究主要集中于：成本—价格和差异化现象。如果引入不确定性则可以延伸到对“企业家”的创新和承担风险能力的研究。如果将竞争力研究深入到企业内部，进入管理经济学和企业经济学的领域，则形成了经济学同管理学相结合的研究范式。而当深入到对竞争力的一些原生性因素的研究，即探讨企业“核心能力”时，则是将经典经济学所不涉及的因素——理念、价值观、文化等非理性因素引入了竞争力研究的领域。

企业竞争力监测则是试图以数量化的方法，对企业竞争力的总体及分类状况进行全景式的观察和分析。考虑到数据的来源和质量，起先我们的监测以国内上市公司为起点和基础，希望通过对上市公司竞争力的监测分析，获得对中国企业竞争力管中窥豹的影像，进而将分析研究的视野逐步扩大到更广的范围。从 2006 年起，我们企业竞争力监测已经不再局限于国内上市公司，也包括部分非上市企业；从 2007 年起，我们的研究范围进一步扩大，即把监测范围逐步扩大到海外上市公司。这将使得企业竞争力研究建立在更广泛的企业竞争力监测的数据基础之上。

用数字说话，即用数字来反映企业竞争力状况，是人们对竞争力分析和评价的一个普遍期望，因为人们相信：数字胜于强辩，没有数字就没有说服力。从连续四年的中国企业竞争力监测成果可以看到，对企业竞争力状况进行持续的量化观察，从数字分析入手，进行全景式研究，进而发现具有重要意义的倾向性现象和问题，引导进一步的深入研究，是一条非常有价值的竞争力研究路线。但企业竞争力监测的目的不仅是监测出企业竞争力的强弱，更重要的是分析出企业竞争力强弱的原因。因而我们不仅利用显示性指标对企业的竞争力进行监测，还希望能探求不同企业竞争力差距存在的原因，从而帮助企业提升竞争力。在前三年对企业竞争力进行监测的过程中我们积累了大量企业竞争力的数据与资料，也不断完善了我们的监测方法；从2006年起企业竞争力项目开始更加注重研究竞争力来源，每年针对一个问题进行深入而全面的研究。2011年企业竞争力专注于讨论产业变迁对企业竞争力的影响。中国改革开放后，无论是产业的技术条件、企业与政府的关系、企业所面对的市场条件，还是产业组织关系都发生了巨大的变化。中国企业已经开始从“血拼”式竞争向“高质量增长”背景下的竞争方式转变，可以说企业竞争开始从无序向有序转变。在此背景下探讨产业变迁对企业竞争力的影响，是意义是十分重大的。

二　竞争力监测的理论与方法

（一）竞争力监测基本逻辑

企业竞争力测评或监测的基本逻辑是：首先要尽可能地用比较综合性的测评指标，特别是具有显示性的指标，把企业在市场竞争中的业绩即竞争力的结果表现出来，这是企业竞争力强弱的最终显示性的表现。就跟比赛打球一样，得分多少是运动员或者球队竞争力的显示性表现。你打赢了，得了更多的分，就是你竞争力的显示性指标，可以直接地说明你有较强的竞争力。

在各种能够为社会提供产品或服务的组织中，企业是一种能够在高效率地提供产品或服务的过程中持续地创造赢利的组织。企业使用有限资源生产出尽可能多的产品或服务，并且还能够获得利润，反映了企业组织的高效率性，而竞争力的本质就是效率。所以，在企业竞争力评估中，基本的竞争力显示性指标主要有两类：一是市场占有率，二是赢利率。前者反映企业所生产的产品或服务在多大程度上为市场所接受，后者反映了企业长期发展的基本条件和经济目标的实现程度。而从长期来看，这两个指标具有一致性或者同一性。因为，只有为市场所接受，即长期拥有较高的市场占有率的企业才能长期保持较高的赢利率；反之，只有拥有长期赢利能力的企业才能持续地保持较高的市场占有率。

企业竞争力监测中除了可以直接计量的显示性指标外，还有另一类是难以直接计量的因素，比如说企业家的精神、企业的理念、管理水平、品牌价值等等。这些不能直接量化的因素，我们就希望用一些间接计量的指标来反映。这种间接计量的方法，一般是通过对一些特殊人群的问卷调查来实现。也就是说，我们承认竞争力因素中有一部分能够直接量化，也有一部分不能直接量化，而只能间接地量化。

当然，得分多少只能说明当前的输赢，从而在相当程度上反映竞争力的强弱，却未必能百分之百地表明竞争力的实际状况，这也像足球比赛，也许巴西队是公认最强的球队（竞争力最强），但不见得每次都得冠军。一个最有实力的运动员，也未必在每次比赛中都是优胜者。所以，还需要有另一类指标，即分析性指标来更详细具体地反映企业的实际竞争力状况。这些指标可以解释企业为什么有竞争力，或者为什么缺乏竞争力。换句话说，测评指标特别是其中的显示性测评指标所反映的是竞争的结果或者竞争力的最终表现，而分析性指标所反映的是竞争力的原因或者决定因素。因此，与测评指标不同，分析性指标是一个为数较多的多角度、多层次的指标体系。

（二）跨行业企业竞争力的监测

竞争力监测的一个重要问题是不同行业之间的企业是否能比较其竞争力。基于以下理由，我们对不同行业企业进行了监测，并比较了他们的竞争力强弱。

第一，企业之间不仅在产品市场竞争，而且在要素市场也有竞争；不同行业的企业之间虽然在产品市场上不构成竞争关系，但在要素市场上却存在竞争。所以，企业竞争力是要素市场竞争力与产品市场竞争力的综合体现。产品市场的竞争力是企业竞争力测量的基础，而要素市场的竞争力是企业竞争力的重要源泉。要素市场的竞争力在很大程度上决定产品市场的竞争力；同时，产品市场的竞争力又会反过来影响要素市场竞争力。可以说，企业之间存在竞争是绝对的，而没有竞争却是相对的。

第二，竞争关系存在与否与竞争力是否能进行比较是两个不同的概念。例如，IBM 与蓝田股份公司产品并没有竞争关系，但人们都会承认 IBM 的竞争力强于蓝田股份公司。这表明，没有直接竞争关系的企业之间的相对竞争力也是可以间接地进行比较的。

第三，通过测量企业在本行业中的位势，可以比较不同行业间企业的相对竞争力状况，也就是以产品市场的企业群体为基础测量出各行业中企业的相对竞争优势。具体方法是：先在同一行业内测量企业的竞争力，然后将不同行业的企业按相对竞争力进行排序，测量出企业在全部监测对象中竞争力的强弱。详细内容参见“数据处理说明”部分。

基于上述的理解，我们从2003年就开始对不同行业企业竞争力进行监测，经过几年的努力，不断完善监测和分析方法，理论界和企业界对我们的监测方式及结果表示了高度的认同。

（三）竞争力监测指标选择与分类

由于企业竞争力是一种综合因素，可以进行多方面的分析比较，因而可以用众多指标从不同的方面来评测企业的竞争力。无论选择哪些指标以及各指标的权重如何确定，都多少含有一定的主观判断因素。我们对指标的选择及其权重的确定是在中国社会科学院重大课题“产业与企业竞争力研究”（金碚研究员主持）的基础上，经过多次修正而确定的。我们的企业竞争力监测指标选择遵循了以下原则：

（1）至少在理论上，指标与企业竞争力密切相关；

（2）“硬指标”，即基础数据指标易于取得，并且比较客观、真实；

（3）指标要从不同侧面反映企业的竞争力；

（4）指标的数量尽可能控制在一定范围内，尽可能选取综合性较强的指标；

（5）避免选取需要依赖于人的专业经验才能判断优劣的指标，例如，资产负债率；

（6）各指标之间要有一定的制衡关系。

选取指标和确定指标权重的步骤见图1－1。

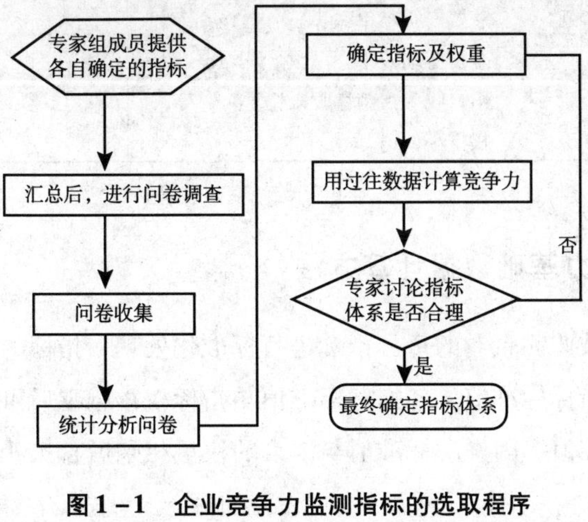

图1－1　企业竞争力监测指标的选取程序

经过如图 1－1 所示的流程，中国社会科学院产业与企业竞争力研究中心企业竞争力监测的指标体系由两大类因素构成，即基础数据与动态指数。每年根据监测的需要确定是否采用动态指数，2011 年企业竞争力监测时只采用了基础数据。

三　数据处理说明

（一）竞争力监测基础数据指标的权重

中国社会科学院产业与企业竞争力研究中心企业竞争力监测体系的指标权重如表 1－1 所示。

表 1－1　深沪两市上市公司竞争力监测体系的指标权重

因　素	指　标	权　重
规模因素	销售收入	19
	净资产	10
	净利润	15
	权重小计	44
增长因素	近三年销售收入增长率	16
	近三年净利润增长率	13
	权重小计	29
效率因素	净资产利润率	8
	总资产贡献率	8
	全员劳动效率	6
	出口收入占销售收入比重	5
	权重小计	27

（二）竞争力基础数据计算方法

我们首先将被监测企业的每一指标进行标准化处理，指标的原始数据经过标准化处理后称为指标标准值。各指标标准值与指标权重相乘后可以直接相加，从而得出因素的标准值。因素的标准值与因素的权重相乘后直接相加得到竞争力标准值。

数据的标准化处理按以下步骤进行：

（1）对规模类指标（包括销售收入、净资产、净利润）取自然对数；

（2）计算某一行业（假设为A行业）的监测企业数（设A行业共有N个企业）；

（3）计算A行业所有监测企业某一指标（以净利润为例）的平均值，设为 $\overline{Q} = \frac{\sum_{i=1} Q_i}{N}$；

（4）计算A行业所有监测企业净利润的标准差 $S = \sqrt{\frac{\sum_{i=1}^{N}(Q_i - \overline{Q})^2}{N}}$；

（5）计算A行业某一监测企业（假设为企业X）净利润的标准值 $D_i = \frac{Q_i - \overline{Q}}{S}$，如果 D_i 小于 -3 则令其为 -3，如果 D_i 大于3则令其为3；

（6）重复第4步计算A行业所有监测企业净利润的标准值；

（7）重复2到5步计算A行业所有监测企业其他指标（包括销售收入、总资产贡献率、净资产利润率、净资产、近三年净利润增长率、全员劳动效率、近三年销售收入增长率、出口收入占销售收入比重等）的标准值；

（8）将企业各指标的标准值乘以该指标权重后相加，得到每个企业的竞争力基础数据的标准值。

由于是分行业计算出各指标的标准值，因而因素、竞争力的标准值等均带有了行业信息的标准值，即都是经过行业平均值调整后的数值，反映了企业相对竞争优势的强弱。因此，将所有企业的竞争力标准值直接进行排序具有科学的比较意义。特别需要强调的是，对指标原始数据进行标准化处理是在行业内部进行的，而标准化后的数值是在不同行业之间进行比较，所以，企业竞争力的比较反映的是各企业在各自行业中的相对竞争力位势。基于这样的理解，我们不仅可以直接依据各企业竞争力标准值对企业竞争力进行全行业比较；同样，也可以根据各因素及指标的标准值对全行业企业进行比较。特别要说明的是，由于2011年企业竞争力监测没有使用动态指标，因而竞争力基础数据的结果就是今年竞争力的监测结果。

行　业　篇

Industry

B.4
黑色金属行业企业竞争力分析

徐娟　张其仔

根据《上市公司行业分类指引》，黑色金属行业属于采掘业和制造业的交叉行业，包括黑色金属矿采选业、黑色金属矿采选服务业及黑色金属冶炼及压延工业。其中，黑色金属矿采选业包括铁矿采选和其他黑色金属矿采选（锰和铬），黑色金属冶炼及压延工业包括炼铁、炼钢、钢压延加工和铁合金冶炼。钢铁工业是国民经济的支柱产业，是资源、能源消耗高的基础原材料工业，近年来钢铁工业的快速发展带来阶段性、结构性产能过剩，钢铁行业中小企业多、赢利水平低，淘汰落后任务重。

2010年，国家大力推进产业结构调整和经济发展方式转变，进一步加大了钢铁行业节能减排、淘汰落后产能工作力度。通过企业间兼并重组，钢铁行业集中度有所提高。一方面，在国家稳定的宏观经济及下游需求支撑下，钢铁行业产量规模稳定增长、出口销量逐步恢复，全年粗钢产量达到6.27亿吨，同比增长9.26%；出口钢材4256万吨，同比增长73.1%。另一方面，我国钢铁行业整体产能过剩、行业集中度较低的格局没有根本改变。

一　2010年及2011年上半年我国黑色金属行业经济运行特点

（一）生产保持增长，但增速先回落后缓慢回升

2010年，我国粗钢产量为62665.4万吨，同比增长10.36%；生铁产量为59021.8万吨，同比增长8.55%；钢材产量为79627.4万吨，同比增长15%（表3-1）。2010年，钢铁行业产量增幅明显放缓，生铁、粗钢、钢材增幅较2009年的15.9%、13.50%和18.50%分别回落7.35、3.14和3.5个百分点。进入2011年，钢铁产量增幅保持波动中缓慢回升。6月，生铁和粗钢产量增幅较2010年末分别上涨1.0和0.3个百分点，钢材产量增幅较2010年末下降1.9个百分点，2011年6月生铁和粗钢产量的月增幅达到近一年最高位，而钢材产量的月增幅最高位出现在2011年2月（表3-2）。2010年10月以来，除个别月份，生铁和粗钢的月累计增幅已从十位数下降至个位数，在2010年的8~9月连续三个月更是跌至负增长。究其原因，从2010年4月上旬开始，政府出台了一系列严厉的房地产调控政策，而国内生产的近50%的建筑钢材，都是用于房地产市场，由图3-1可以看出，4月作为2010年钢铁产量的第一个转折点，产量增速急剧放缓。另一方面，2010年是落实“十一五”节能减排目标的决战年，年度减排目标要实现全年下降5.2%，而钢铁行业占我国能源消费的1/6~1/5，为确保节能减排目标，从8月底开始，河北、江苏和浙江等地相继对地区内高耗能钢铁企业进行限电限产，并逐步向全国蔓延。

表3-1　2009年和2010年我国黑色金属产量对比

单位：万吨，%

产　品	2010年	2009年	比上年同期		2009年增长
			增减量	增长	
粗　钢	62665.40	56784.00	5881.40	10.36	13.50
生　铁	59021.80	54375.00	4646.80	8.55	15.90
钢　材	79627.40	69244.00	10383.40	15.00	18.50
焦　炭	38757.10	35513.80	3243.30	9.13	12.39
铁矿石	107155.50	88017.14	19138.36	21.74	8.93
铁合金	2435.50	2209.37	226.13	10.24	20.36

资料来源：钢铁工业协会，中经网整理。

表 3 - 2　2010 年以来我国钢铁月度产量及增长变化情况

单位：万吨，%

时　　间	生　铁			粗　钢			钢　材		
	月产量	月增速	月累计增速	月产量	月增速	月累计增速	月产量	月增速	月累计增速
2010 年 2 月	4750.1	17.2	22.3	5035.7	22.5	25.4	5559.2	18.1	27.7
2010 年 3 月	5215.9	19.6	21.7	5496.8	22.5	24.5	6824.2	28.1	28.6
2010 年 4 月	5162.3	23	22.2	5540.3	27	25.4	6910.7	31.5	29.3
2010 年 5 月	5226.3	14.3	20.6	5614.3	20.7	23.8	7121.8	23.6	27.5
2010 年 6 月	4976.6	4.8	17	5376.6	9	21.1	7143.6	15.9	26.1
2010 年 7 月	4976.6	4.8	17	5376.6	9	21.1	7143.6	15.9	26.1
2010 年 8 月	4884.1	-0.9	12.6	5163.6	-1.1	15.3	6968.3	11.5	21.4
2010 年 9 月	4570.1	-6	10.1	4794.5	-5.9	12.7	6542.6	4.5	19
2010 年 10 月	4681.9	-7	8.3	5030.4	-3.8	10.7	6529.3	4.1	17.2
2010 年 11 月	4692.3	3	8	5017.3	4.8	10.1	6589.3	4.6	15.7
2010 年 12 月	4664.9	2.3	7.4	5152.4	6.3	9.3	6784.3	3.5	14.7
2011 年 2 月	5051.3	10	8.9	5430.7	9.7	12.6	6353.6	17.4	14.5
2011 年 3 月	5474.7	5.6	7	5941.8	9	8.7	7602.2	13.7	13.7
2011 年 4 月	5496.5	7.7	7.3	5903.2	7.1	8.3	7315.3	8.3	12.6
2011 年 5 月	5457.3	6.4	7.3	6024.5	7.8	8.5	7637.3	10.6	12.3
2011 年 6 月	5488.5	11.6	8.4	5993.2	11.9	9.6	7872.7	14.8	12.8

资料来源：钢铁工业协会，中经网整理。

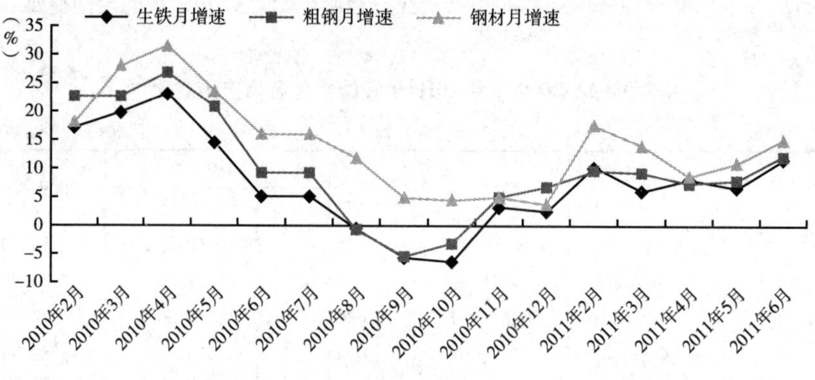

图 3 - 1　2010 年 2 月至 2011 年 6 月生铁、粗钢、钢材产量月增速

资料来源：钢铁工业协会，中经网整理。

（二）固定资产投资有所增加，但增速先减后缓慢增加

2010年，我国黑色金属矿采选业固定投资增速虽比较平稳，但远远低于2009年（见表3－3，见图3－2）。2010年1～8月黑色金属冶炼及压延业投资增

表3－3　2009年以来黑色金属行业固定资产投资情况

单位：亿元，%

时　　间	黑色金属矿采选业		黑色金属冶炼及压延	
	自年初累计	比去年同期增长	自年初累计	比去年同期增长
2009年2月	32.14	101.8	183.83	-10.8
2009年3月	80.5324	60.6	422.6716	-6.4
2009年4月	130.5389	38.3	687.7331	0.1
2009年5月	223.8597	50.6	967.9397	0.2
2009年6月	363.7786	44.1	1405.467	4.6
2009年7月	443.1171	40.2	1724.721	3.3
2009年8月	506.6129	32.6	2027.099	6.7
2009年9月	603.902	32.4	2341.187	4
2009年10月	678.4811	26.5	2600.82	3.8
2009年11月	755.4466	23.2	2879.296	0.7
2009年12月	841.3885	23.9	3206.123	-1.3
2010年2月	26.3561	-18	235.7646	28.3
2010年3月	102.0437	26.7	515.5725	22
2010年4月	154.6478	18.5	766.9299	11.5
2010年5月	268.4471	19.9	1087.692	12.4
2010年6月	414.9249	14.1	1538.279	9.4
2010年7月	517.0292	16.7	1752.616	1.6
2010年8月	613.4401	21.1	1991.262	-1.8
2010年9月	721.0994	19.4	2348.176	0.3
2010年10月	819.8782	20.8	2641.705	1.6
2010年11月	819.8782	20.8	2641.705	1.6
2010年12月	1066.224	26.4	3465.024	6.1
2011年2月	36.3512	35.4	247.1692	10.7
2011年3月	116.9059	2.9	541.457	10.6
2011年4月	205.8181	18.9	818.6079	6.6
2011年5月	336.6085	13.6	1188.778	7.1
2011年6月	512.908	18.6	1662.745	14.8

资料来源：钢铁工业协会，中经网整理。

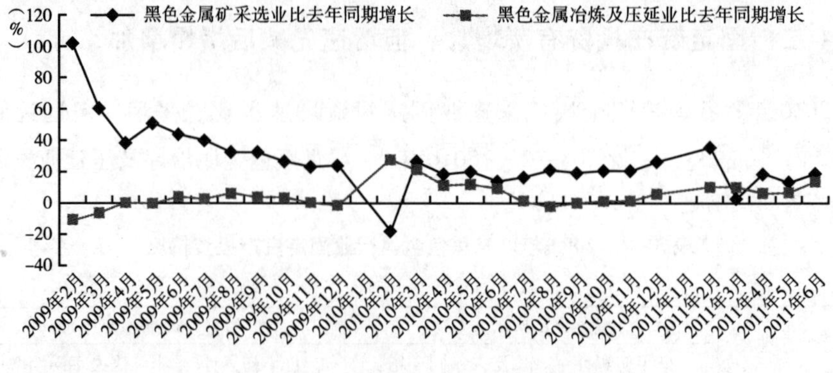

图 3-2　2009 年以来黑色金属行业投资总额月增速

资料来源：钢铁工业协会，中经网整理。

速逐步回落，8 月份跌至 -1.8% 的负增长。随着钢铁行业节能减排任务逐步完成，钢铁价格逐渐上升，钢企投资积极性开始回升，行业累计投资从 9 月开始转入正增长，此后增速呈逐步增加趋势。2010 年全年钢铁行业累计完成投资 3465.02 亿元，同比增长 6.1%。2010 年，黑色金属冶炼及压延业投资增速较 2009 年的 -1.3% 加快了 7.4 个百分点。2011 年 1~6 月份钢铁行业（黑色金属矿采选、冶炼及压延加工业）固定资产投资 1525 亿元，同比增长 8.5%，比去年同期增速回落 5.3 个百分点。其中，黑色金属矿采选业投资额约为 513 亿元，同比增长 18.6%；黑色金属冶炼及压延加工业累计投资额约为 1663 亿元，同比增长 14.8%，均比上年同期增速有所提高。

（三）价格指数出现波动，总体水平高于上年

据钢协钢材价格指数（CSPI）监测，2010 年钢材价格总体处于较低水平，价格走势显示出震荡频繁、震荡幅度收窄的态势。年内钢材价格综合指数最低 108.7 点，年末攀升至全年最高的 128.3 点，但仍比 2008 年金融危机前的高价位低 20% 左右。其中长材（包括线材、螺纹、圆钢、型钢）比年初上涨了 23.1%，板材（包括热轧板卷、冷轧板卷、镀锌板、中厚板）上涨了 13.8%。2010 年，钢材价格虽经几次上下波动，但最高与最低的综合价格指数仅相差 19.6 点，是近几年震荡幅度最小的一年，总体看，属市场的正常波动。从全年情况看，2010 年钢材综合价格平均指数为 118.99 点，同比上升 15.79%。

（四）出口有所增长，进口相对平稳

2010年钢材全年出口4256万吨，同比增长73.1%。6月份出口钢材达到年内最高的562万吨，之后受国际市场钢材价格由升转降、需求放缓和出口调控政策的影响，我国钢材出口迅速回落，8月至年末，月度出口量维持在300万吨左右。2011年2月创下2010年以来出口248万吨的新低，随后3月份钢材出口强劲反弹至490.6万吨，之后逐月回落。从上半年看，累计出口钢材2433万吨，同比增长3.2%（图3-3）。2010年，我国钢材进口相对平稳，共计进口1645万吨，同比下降6.9%。进出口相抵，全年净出口钢材2611万吨，比上年增长2.76倍。2011年上半年，累计进口钢材803万吨，比2009年减少4.9%。同时，受进口矿价格涨幅过高和国内矿增幅较大影响，2010年全年进口铁矿石6.2亿吨，同比下降1.4%，铁矿石对外依存度也由上年的69%下降到63%左右。

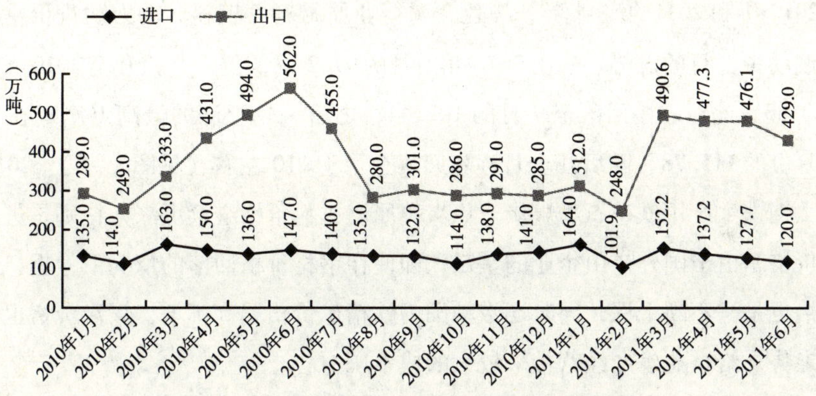

图3-3　2010年以来钢材进出口量各月变化情况

资料来源：钢铁工业协会，中经网整理。

（五）钢材库存处于高位，市场表现供大于求

2010年，钢材平均库存水平942.48万吨，比2009年752.20万吨的平均水平增加25.3%。随着钢材价格的不断上涨，进入2011年，钢材库存也呈现了逐月上升的局面，市场供大于求矛盾逐渐显现，特别是2011年1~2月份，由于产能释放较快，2月末钢材库存达到近几年的最高位，3月份随着钢材价格的回落，钢材库存开始呈现逐渐下降态势（见图3-4）。

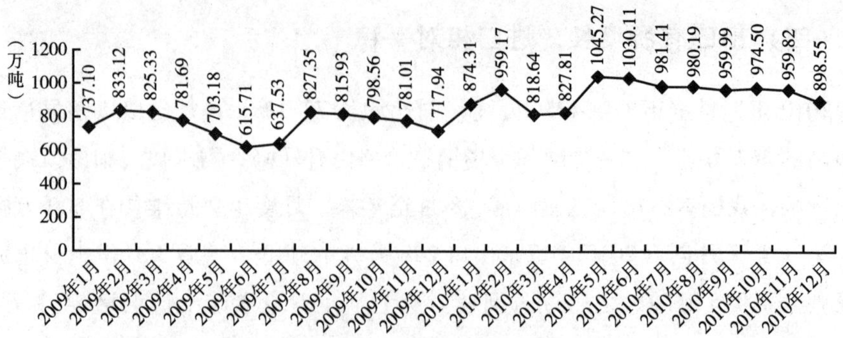

图 3-4　2009 年以来各月钢材期末库存

资料来源：钢铁工业协会，中经网整理。

（六）原燃材料价格持续上涨，企业成本压力大

2010 年和 2011 年上半年，黑色金属行业原材料、燃料、动力购进价格指数呈现波动中上行的态势。先由 2010 年 1 月的 97.2 的低位一路飙升至 2010 年 5 月的 110.86，此后缓慢回落至 9 月的 107.44，之后一轮上涨的最高点出现在 2011 年 2 月份的 115.78，随后几个月逐步回落企稳于 110 左右（见图 3-5）。2010 年以来，钢铁生产用铁矿石、煤炭、焦炭等原燃材料价格继续上涨，特别是进口铁矿石价格，由于国外矿山企业的垄断，即使在钢材价格回落的情况下，进口铁矿石价格也是呈不断上涨，同时还带动国内铁精矿价格居高不下，煤炭价格也是呈上涨走势，给企业生产经营带来较大的成本压力。

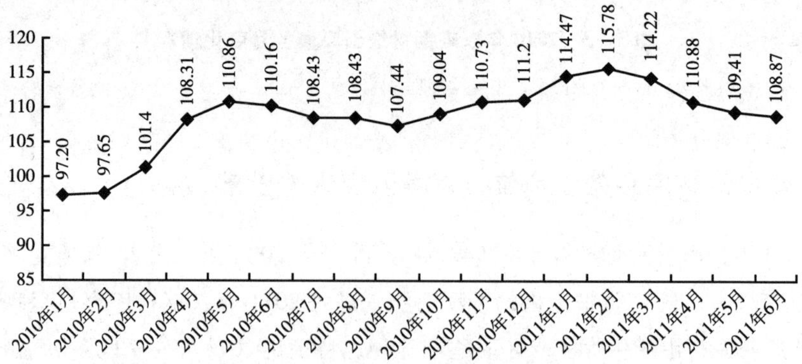

图 3-5　2010 年以来黑色金属行业原燃材料价格指数月度情况

资料来源：钢铁工业协会，中经网整理。

（七）节能减排、淘汰落后、兼并重组工作取得较大进展

2010 年，重点统计钢铁企业吨钢综合能耗达到 604.60 千克标煤的新低，比 2009 年下降 13.66 千克标煤，降幅 2.21%。烧结、焦化、炼铁、炼钢、钢加工等主要工序的能耗均有所下降。其中，转炉炼钢工序能耗下降 105.76%。吨钢耗新水量下降到 4.11 立方米/吨，比 2009 年减少 0.32 立方米/吨，下降 7.22%，水重复利用率达到 97.20%，比 2009 年提高 0.26 个百分点。重点统计钢铁企业外排废水总量下降 7.41%。废水、废气中的主要污染物排放量均有较大幅度下降（表 3-4）。

表 3-4　重点钢铁企业能耗情况

单位：千克标煤/吨

	吨钢综合	吨钢可比	吨钢新水（m3/t）	焦化	烧结	球团	高炉	转炉	电炉	轧钢
2009	618.26	595.80	4.43	113.97	54.52	29.89	410.55	2.78	73.44	61.9
2010	604.6	581.14	4.11	105.89	52.65	29.39	407.76	-0.16	73.98	61.69
增减	-13.66	-14.66	-0.32	-8.08	-1.87	-0.5	-2.79	-2.94	0.54	-0.21

资料来源：《钢铁工业年鉴》。

2010 年，黑色金属行业通过技术改造、淘汰落后，在节能减排方面取得了新进展。钢铁行业全年淘汰落后炼铁能力 3524 万吨、炼钢能力 876 万吨，“十一五”累计完成淘汰落后炼铁、炼钢产能预定目标的 117% 和 126%。

2010 年，企业兼并重组也取得了新进展，鞍钢与攀钢实现联合重组，本钢兼并了北台钢铁，首钢兼并了通钢，天津四家钢铁企业联合成立了天津渤海钢铁有限公司，河北钢铁集团对省内 12 家民营钢铁企业进行重组等。跨区域整合是 2010 年钢铁行业重组的一大特色，最具代表性的就是鞍钢和攀钢的重组，重组后新成立鞍钢集团公司作为母公司，鞍钢与攀钢均作为鞍钢集团公司的全资子公司，而鞍钢集团也由此成为国内第一大钢企。跨所有制的整合是 2011 年兼并重组的另一大特点，有代表性的就是河北钢铁并购河北敬业、唐山松汀、邢台龙海、永洋钢铁、吉泰特钢等 12 家民营企业的项目。通过联合重组，产业集中度有较大提高，粗钢产量排名前 10 位的钢铁企业产量占全国比重的 48.6%，比 2009 年提高了 5.1 个百分点。

（八）行业收入增速先增后缓慢下降，赢利水平仍然偏低

2010 年黑色金属矿采选业累计销售收入 4953.86 亿元，同比增长 62.14%，增幅较上年同期回落 4 个百分点。2011 年 1～5 月份，黑色金属矿采选业累计销售收入 2612.07 亿元，同比增长 50.9%。

由于近几年原料价格大幅上涨，而钢材价格的上涨要低于原料价格的上涨，导致钢铁行业赢利水平不断下降。特别是 2010 年 5 月以来，受矿石等原料价格上涨、钢材市场供大于求、钢材价格持续低位震荡等因素的影响，企业赢利水平逐月下降。2010 年，黑色金属矿采选业累计利润 897 亿元，其中实现利润前 20 名企业的利润占 83% 左右，宝钢一家利润就占 26% 左右，而大多数企业处于微利或亏损状态，行业赢利水平总体不容乐观。2011 年 1～5 月份，黑色金属矿采选业累计利润 324.61 亿元，同比增长 54.92%。

表 3－5　2009 年以来黑色金属矿采选业累计销售收入及累计利润

单位：千元

时　　间	销售收入累计值	利润累计值	时　　间	销售收入累计值	利润累计值
2009 年 2 月	28175759	2340857	2010 年 11 月	495386152	60307354
2009 年 5 月	96419877	6893554	2011 年 2 月	81255008	11168798
2009 年 8 月	197799694	17024646	2011 年 3 月	141107778	17358258
2009 年 11 月	305530909	28403618	2011 年 4 月	199324490	24095314
2010 年 2 月	47168835	5181284	2011 年 5 月	261206577	32461052
2010 年 5 月	173100559	20952577	2011 年 6 月	346472893	44338582
2010 年 8 月	328640977	40212940			

资料来源：ACMR 北京华通人商用信息有限公司。

表 3－6　2010 年以来黑色金属矿采选业销售收入、利润累计及其累计增速

单位：千元，%

时　　间	销售收入累计值	同比增长	利润累计值	同比增长
2010 年 2 月	47168835	67.41	5181284	121.34
2010 年 5 月	173100559	79.53	20952577	203.94
2010 年 8 月	328640977	66.15	40212940	136.20
2010 年 11 月	495386152	62.14	60307354	112.32
2011 年 2 月	81255008	72.26	11168798	115.56
2011 年 5 月	261206577	50.90	32461052	54.92

资料来源：ACMR 北京华通人商用信息有限公司。

二 黑色金属行业上市企业竞争力分析

（一）黑色金属行业上市公司基础竞争力得分分布

上市公司的竞争力包括规模竞争力、效率竞争力和增长竞争力三部分。其中，规模竞争力由销售收入、净资产和净利润决定，效率竞争力由净资产利润率、总资产贡献率、全员劳动效率及出口收入占销售收入比例综合反映，增长竞争力由近三年销售收入增长率及净利润增长率来衡量。上市公司基础竞争力得分是规模竞争力、效率竞争力和增长竞争力得分加总。

根据中国社会科学院中国产业与企业竞争力研究中心（CBCM）监测数据确定，2010 年黑色金属行业上市公司共 31 家。在全行业排名中，居于前 200 名的有 6 家，201～400 名的有 12 家，401～600 名的有 5 家，601～800 名的有 3 家，801～1000 名和 1001～1200 名的各 1 家，1201～1332 名的有 3 家。根据各上市公司基础竞争力得分在全行业的排名，以每组 200 名的方式可以把 31 家黑色金属企业划分为七组，具体分组情况见表 3－7 和图 3－6、3－7。

表 3－7 2010 年 31 家黑色金属上市企业基础竞争力在全行业的分布

单位：家

组 别	排名区间	企业数	平均基础竞争力得分	企业名称
第一组	1～200 名	6	0.4805	宝山钢铁（第 84 名）、河北钢铁（93）、青海金瑞（118）、鞍钢股份（157）、攀钢集团（171）、甘肃酒钢（194）
第二组	201～400 名	12	0.3340	柳州钢铁（212）、本钢板材（223）、新疆八一（230）、武汉钢铁（232）、太钢不锈钢（239）、马鞍山钢铁（260）、南京钢铁（275）、凌源钢铁（304）、大冶特殊钢（347）、杭州钢铁（360）、内蒙古包钢（369）、北京首钢（375）
第三组	401～600 名	5	0.17758	莱芜钢铁（413）、济南钢铁（560）、安阳钢铁（565）、鲁银投资（591）、西宁特殊钢（599）
第四组	601～800 名	3	0.1072	广东韶钢（645）、重庆钢铁（673）、抚顺特殊钢（717）
第五组	801～1000 名	1	－0.0864	山东金岭矿业（951）
第六组	1001～1200 名	1	－0.3915	湖南华菱钢铁（1154）
第七组	1201～1332 名	3	－0.8756	广州钢铁（1241）、东新电碳（1274）、西藏矿业（1332）

资料来源：中国社会科学院中国产业与企业竞争力研究中心监测数据。

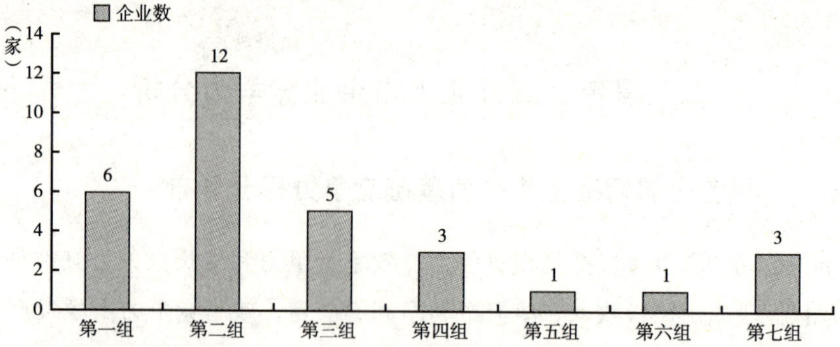

图3-6 黑色金属行业企业竞争力排名分布

资料来源：中国社会科学院中国产业与企业竞争力研究中心监测数据。

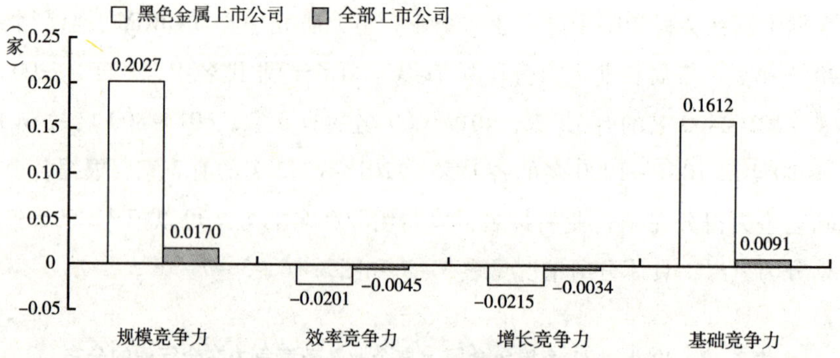

图3-7 2010年黑色金属行业上市公司与全部上市公司竞争力得分平均值

资料来源：中国社会科学院中国产业与企业竞争力研究中心监测数据。

总体而言，这31家企业规模竞争力优势十分突出，平均得分0.2027，远远高出全部主板上市公司平均水平，是全部主板上市公司平均值的近12倍。规模竞争力综合反映上市公司销售收入、净资产、净利润，这说明，黑色金属行业的规模普遍很大，这是因为黑色金属行业属资本密集型行业，固定资产投资规模巨大。其中仅6家上市企业得分小于零，其余25家规模竞争力得分均在全部上市公司平均得分之上。

效率竞争力综合反映上市公司全员劳动效率、净资产利润率、总资产利润率的情况。黑色金属31家企业效率竞争力劣势明显，平均得分-0.0201，比全部主板上市公司平均得分-0.0045低了77.6%。31家企业中，7成以上得分小于零。说明整体上黑色金属行业缺乏效率竞争力，这严重阻碍了行业总体竞争力的提升。相对而言，效率得分遥遥领先的企业是金岭矿业，得分 0.1668，比排名第二的宝钢（0.0444）高出近3倍。

增长竞争力是对上市公司销售收入及净利润增长的综合衡量。这 31 家上市企业增长竞争力劣势十分明显，平均得分 -0.0215，低于全部上市公司的增长竞争力平均值 -0.0034。31 家企业中有 21 家企业得分小于零。说明整体上黑色金属行业增长方面优势不足、劣势明显，从而影响了该行业综合竞争力的表现。相对而言，增长竞争力得分突出的是黑马金瑞矿业，得分 0.6104。

基础竞争力是规模竞争力、效率竞争力和增长竞争力得分的加总，综合反映上市企业的竞争力表现。由于规模竞争力的绝对优势，黑色金属行业基础竞争力 0.1612 的平均得分远高出全部上市公司的基础竞争力 0.0091 的平均得分。仅 5 家企业得分小于零，并且得分低于全行业。这说明整体上黑色金属行业基础竞争力优势明显，但在全行业范围内，排名进行 50 强的黑色金属企业没有，排名进入前 100 强的仅有宝钢和河北钢铁两家。

综上所述，我国黑色金属行业基础竞争力优势明显，这主要得益于规模竞争力优势，但在全行业中，基础竞争力排名靠前的黑色金属企业寥寥无几，挤进前 100 强的只有区区两家。原因是企业的效率和增长两方面的表现均不足，这与钢铁行业规模大、结构性产能过剩和进入 2010 年企业生产成本持续上涨有一定关系。

（二）黑色金属行业上市公司各组别基础竞争力分析

1. 第一组的特点

第一组的企业有宝山钢铁、河北钢铁、金瑞矿业、鞍钢股份、攀钢集团和甘肃酒钢，共 6 家。它们在全部主板上市公司中排名为 84 ~ 194 位（见图 3 - 8），基础竞争力得分区间为 0.5791 ~ 0.4025，其中规模竞争力得分区间为 -0.0733 ~ 0.5574，效率竞争力得分区间为 -0.0421 ~ 0.0444，增长竞争力得分区间为 -0.0305 ~ 0.6104，平均基础竞争力得分为 0.4805，平均规模竞争力、效率竞争力、增长竞争力得分分别为 0.3612、-0.0124、0.1317，对基础竞争力的贡献率分别为 75%、-2%、27%。从图 3 - 8 可以看出，这 6 家企业中除了金瑞矿业外，综合优势主要来源于规模。值得一提的是，金瑞矿业突出的基础竞争力主要来源于增长，而其规模竞争力和效率竞争力得分均为负值 -0.0733 和 -0.0421。

金瑞矿业 2010 年实现营业收入同比增长 25.97%，实现营业利润同比增长 33.59%。除业绩已经连续两年实现扭亏并稳中有升以外，ST 金瑞已于 2011 年 5 月摘帽更名金瑞矿业。6 家企业中规模竞争力、效率竞争力和增长竞争力得分为负的企业数分别为 1 家、4 家和 2 家。最具规模优势的当属宝钢，尽管其增长竞争力得分为负，但其以绝对规模优势占据基础竞争力行业榜首。河北钢铁和鞍钢规模优势紧随其后，攀钢和酒钢的规模竞争力次之。即使排名第一组的企业，效率竞争力得分极低，增长竞争力次之，说明黑色金属全行业排名整体较差的原因关键在于不济的效率和较弱的增长。

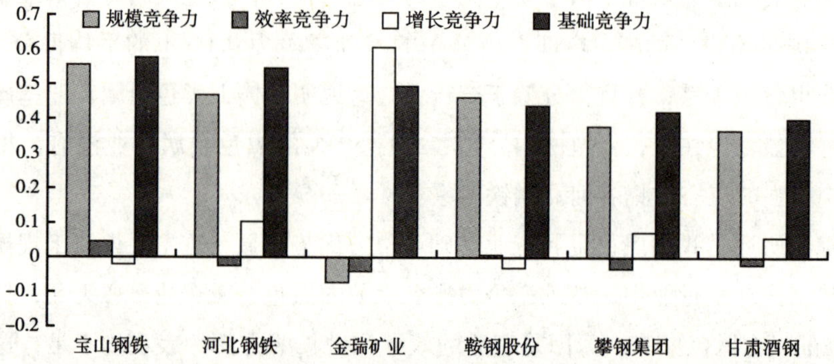

图 3-8　第一组公司竞争力

资料来源：中国社会科学院中国产业与企业竞争力研究中心监测数据。

宝钢 2010 年销售商品坯材 2526.1 万吨，实现营业总收入 2024.1 亿元、利润总额 170.8 亿元，是行业内最具规模优势和基础竞争力排名第一的企业，公司以成本改善的精品制造为基础，以领先对手的产品差异化和服务差异化赢得了竞争优势。公司确保铁钢产能最大化、推进品种结构优化、优化资源流向并积极固化成本改善成果，汽车板销售量取得历史最好成绩，公司效益同比大幅提升。

河北钢铁 2010 年全年实现营业收入 1169 亿元，利润总额 16.6 亿元，同比分别增长 34.1% 和 50.3%。其规模和增长竞争力都十分突出，这主要源于：第一，2010 年钢铁主业 3 家上市公司成功实现国内跨交易所重大无先例重组，主业资产整体上市稳步推进；第二，不断完善管控体制，有效实现降本增效。产供销协调机制、销售管理体制和新产品、品种钢销售模式不断完善；品种规格、区域市场、客户结构得到统筹优化；通过六大类原材料集中采购和不断优化库存，有效降低成本。正是由于在焦炭、煤炭等主要钢铁原料保持高位，钢铁企业成本持续上升的环境中不断改革创新，克服成本上涨不利因素，抓住机遇，才使得公司能快速提升其竞争力。

2. 第二组的特点

第二组企业数量最多，为 12 家，占企业总数近四成。这 12 家企业在全部主板上市公司中排名 212 ~ 375 位（见图 3 - 9），基础竞争力得分区间为 0. 3905 ~ 0. 2656，其中规模竞争力得分区间为 0. 2200 ~ 0. 4427，效率竞争力得分区间为 - 0. 0433 ~ 0. 0243，增长竞争力得分区间为 - 0. 0612 ~ 0. 0647，平均基础竞争力得分为 0. 3340，低于第一组 0. 1465；平均规模竞争力、效率竞争力、增长竞争力得分分别为 0. 3438、 - 0. 0077、 - 0. 0021。对基础竞争力的贡献率分别为 103%、 - 2%、 - 1%。可以说，平均来讲第二组企业的基础竞争力完全来源于规模，而效率和增长对基础竞争力起着微乎其微的负效应。

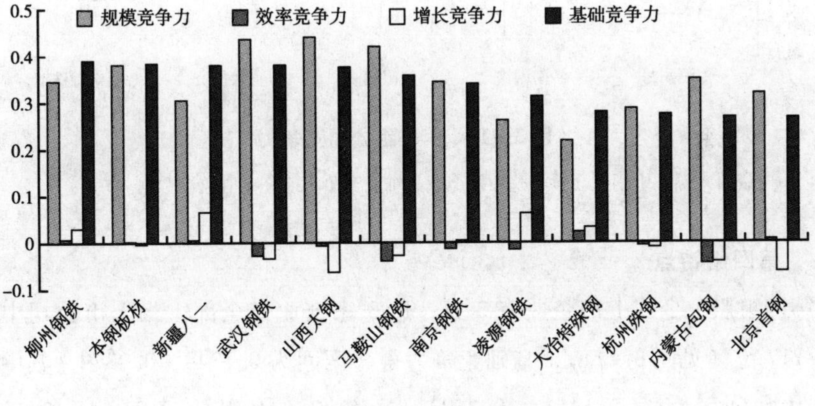

图 3 - 9　第二组公司竞争力

资料来源：中国社会科学院中国产业与企业竞争力研究中心监测数据。

3. 第三组特点

第三组黑色金属上市企业有 5 家，这 5 家企业在全部主板上市公司中排名 413 ~ 599 位（见图 3 - 10），基础竞争力得分区间为 0. 1484 ~ 0. 2478，其中规模竞争力得分区间为 0. 1338 ~ 0. 3445，效率竞争力得分区间为 - 0. 0470 ~ - 0. 0163，增长竞争力得分区间为 -0.1175 ~0.0455，平均基础竞争力得分为0.1776，低于第二组 0.1564；平均规模竞争力、效率竞争力、增长竞争力得分分别为 0.2590、 -0.0308、-0.0506。对基础竞争力的贡献率分别为 146%、-17%、-29%。该组 5 家企业的规模竞争力全部为正，效率竞争力全部为负，增长竞争力除鲁银投资（0.0455）外全部为负，平均来讲第三组企业的基础竞争力全部来源于规模，而效率和增长对基础竞争力起着比较明显的负效应。鲁银投资全年累计实现销售收入42.94 亿元，利润总额 11361 万元。主营业务除了生产带钢100.13 万吨外，还涉及汽车结构件、纺织、房地产行业，是钢铁企业多元化发展的典范。

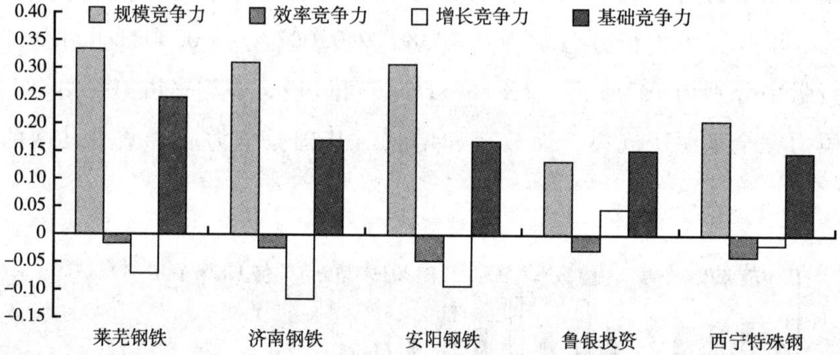

图 3-10　第三组公司竞争力

资料来源：中国社会科学院中国产业与企业竞争力研究中心监测数据。

4. 第四组特点

第四组黑色金属上市企业有 3 家，这 3 家企业在全部主板上市公司中排名645 ~717 位（见图 3-11），基础竞争力得分区间为 0.1248 ~0.0879，其中规模竞争力得分区间为 0.1451 ~ 0.2523，效率竞争力得分区间为 -0.0509 ~ -0.0376，增长竞争力得分区间为 -0.0900 ~0.0062，平均基础竞争力得分为0.1072，低于第三组 0.0704；平均规模竞争力、效率竞争力、增长竞争力得分分别为 0.2100、 -0.0443、 -0.0585。对基础竞争力的贡献率分别为 196%、-41%、-55%。该组 3 家企业的规模竞争力全部为正，效率竞争力和增长竞争力全部为负。平均来讲，第四组企业对基础竞争力接近 200% 的贡献来源于规模，而效率和增长对基础竞争力起着将近 100% 的负效应。

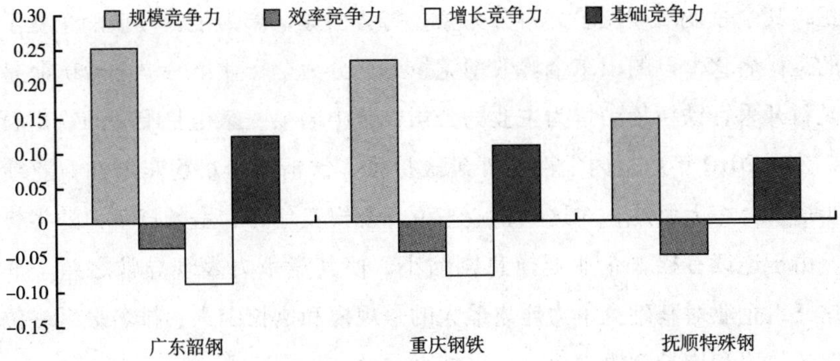

图 3－11　第四组公司竞争力

资料来源：中国社会科学院中国产业与企业竞争力研究中心监测数据。

5. 第五组、第六组、第七组特点

第五组、第六组和第七组黑色金属上市企业共 5 家，其中第七组的企业数 3 家，其余组别各 1 家。这 5 家企业在全部主板上市公司中排名 951～1332 位（见图 3－12），基础竞争力得分区间为－0.0864～－1.1868，其中规模竞争力得分区间为－0.6388～－0.1246，效率竞争力得分区间为－0.2710～0.1668，增长竞争力得分区间为－0.3222～－0.0211，平均基础竞争力得分为－0.6210，低于第四组 0.7282；平均规模竞争力、效率竞争力、增长竞争力得分分别为－0.3866、－0.0339、－0.2005。对基础竞争力的负贡献率为 62%、6%、32%。该组 5 家企业的规模竞争力和增长竞争力得分全部为负，山东金岭和广州钢铁的效率竞争

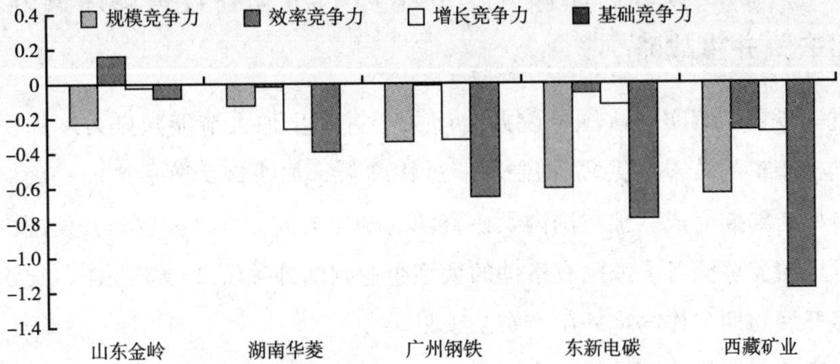

图 3－12　第五、六、七组公司竞争力

资料来源：中国社会科学院中国产业与企业竞争力研究中心监测数据。

力为正，其余企业效率竞争力得分为负，劣势明显，多为经营亏损的企业。值得注意的是排名951位的山东金岭效率竞争力得分为全行业第一。金岭矿业是一家以铁矿石开采、铁精粉销售为主业的公司，是中国第一家也是唯一的铁矿石上市企业，公司2010年通过内生性和外延式扩张，铁精粉产量稳步增加，业绩保持了稳步增长。综上所述，对这些企业来说，规模竞争力和增长竞争力的劣势最为明显，由于连续亏损，企业规模急剧缩小，使其竞争力表现异常之差。平均而言，这三组企业对基础竞争力连累最大的是规模和增长因素，排名最后一位的西藏矿业的效率和增长竞争力得分几乎持平。

三　钢铁行业应对产业升级提高竞争力的若干建议

"十二五"时期，我国将大力推动需求结构、产业结构、生产要素投入结构、城乡结构、区域经济结构等全方位的战略性调整，实现经济与产业转型升级。我国黑色金属行业发展的外部环境和条件，特别是市场需求结构必将随着国家经济转型而出现较大的改变。"十二五"时期将意味着中国钢铁工业进入了一个产量低速增长、品种质量结构进一步优化、节能减排成效更加显著、钢铁上下游产业链延伸建设得到进一步加强、市场优胜劣汰的竞争机制进一步完善、企业创新能力进一步增强的历史发展新阶段。根据这种现状和政策取向，钢铁工业发展战略应该考虑以下几点。

（一）做好资源、能源开发和节约利用工作，实施国内开发和"走出去"并重战略

进一步贯彻落实好《国务院办公厅关于进一步加大节能减排力度加快钢铁工业结构调整的若干意见》，抑制产能过快增长，加快淘汰落后产能，确保节能减排目标的如期完成。加大国内铁矿资源的勘探力度，合理配置与开发国内铁矿资源，增加资源储备。鼓励有条件的大型企业到国外独资或合资办矿，组织实施好已经开展前期工作的境外矿产资源项目。

国家已把二氧化碳排放强度列入约束性指标，5年要减少17%。从实际情况看，除水泥等少数行业生产过程直接排放二氧化碳外，其他行业都是通过消耗能源产生的。因此，钢铁行业减少二氧化碳排放的重点应该放在节能上，通过推进

节能降耗减少二氧化碳排放。同时，开发钢铁工业低碳技术。

随着2010年以来世界经济企稳回暖，钢铁业信心也开始回升。全球钢铁及相关企业关注的焦点从企业内部成本和现金流转向了较大规模的战略并购。同时，随着2010年铁矿石和炼焦煤定价机制的改变以及价格的飙升，全球争夺原料资源的竞争加剧。中国、日本、印度和韩国成为原料资源最大的买家，尤其是钢铁企业的资源并购备受关注。2010年2月，中国武钢完成收购巴西MMX公司的股权交割，收购MMX21.52%的股份，成为其第二大股东，获得约6亿吨资源权益。

（二）加快兼并重组、淘汰落后，打造具有市场竞争力的大企业、大集团

2010年，前10家钢铁企业集中度由45%提高到48%，但钢铁冶炼企业500多家，其中粗钢产量100万吨以上的约有70家，产业集中度低。黑色金属企业集中度偏低是我国黑色金属行业发展中的一个突出难题。我国是个人口大国，区域发展不平衡，决定了我国的集中度不可能也不宜像韩国、日本和欧洲一些国家的集中度那样提得太高。企业之间的兼并重组要按照市场化运作、企业平等自愿、政府引导的原则，淘汰落后，控制总量，减少企业数量，提高装备水平。支持优势大型钢铁企业开展跨地区、跨所有制兼并重组，形成3~5家具有国际竞争力的大型企业集团，通过兼并重组，大幅度减少钢铁企业的数量。建议在国家层面上推进这项工作，在项目审批、土地供应、信贷、直接融资等方面给予跨地区兼并重组更大的支持力度。

我国2010年钢铁行业兼并重组表现不俗。唐钢股份换股吸收合并邯郸钢铁和承德钒钛，变更为河北钢铁股份有限公司，标志着河北钢铁集团上市公司整合顺利完成；鞍钢集团与攀钢集团进行重组合并；本钢集团合并北台钢铁，重组为本钢集团有限公司；天津冶金集团、天钢、天津钢管、天铁联合重组为天津渤海钢铁集团；首钢集团合并重组通化钢铁公司正式签约；以陕西钢铁集团有限公司揭牌成立为标志，陕西已基本完成对省内钢铁产业的整合。2010年6月，国务院发布的《关于进一步加大节能减排力度加快钢铁工业结构调整的若干意见》中，提出力争到2015年，国内排名前10位的钢铁企业集团钢产量占全国产量的比例从2009年的44%提高到60%以上（见表3-8）。因此，未来数年，中国钢铁行业联合重组的步伐将不会减缓。

表3-8　2010年钢铁行业相关政策

发布时间	发布单位	政策名称	主要内容
2010年4月6日	国务院	关于进一步加强淘汰落后产能工作的通知	要求各地区、各部门要突破重点、难点,加快淘汰落后产能,大力推进产业结构调整和优化升级
2010年5月4日	国务院	关于进一步加大工作力度确保实现"十一五"节能减排目标的通知	我国钢铁工业必须充分利用市场形成的倒逼机制,综合运用经济、技术、法律和必要的行政手段,切实加大节能减排力度,加快结构调整步伐,促进钢铁工业的全面、协调和可持续健康发展
2010年6月4日	国务院	关于进一步加大节能减排力度加快钢铁工业结构调整的若干意见	力争到2015年,国内排名前10位的钢铁企业集团钢产量占全国产量的比例从2009年的44%提高到60%以上,推动钢铁工业结构调整迈上一个新的台阶
2010年7月12日	工信部	钢铁行业生产经营规范条件	目标是将800余家钢企经过重组后减少到约200家;针对中国钢铁业产能增长过快和管理不完善的情况,工信部对钢企在环保、能耗、生产规模等方面作了一系列准入规定
2010年6月22日	财政部、国家税务总局	调整税收相关政策	自2010年7月15日起取消48种钢铁产品原有9%的出口退税
2010年8月8日	工信部	公布18个工业行业的淘汰落后产能企业名单	要求这些企业的落后产能必须在2010年9月底前关闭。其中,涉及落后炼铁能力3524.6万吨、落后炼钢能力876.4万吨
2010年9月6日	国务院	国务院关于促进企业兼并重组的意见	着重提出要以汽车、钢铁、水泥、机械制造、电解铝、稀土等六大行业为重点,推动企业实施强强联合、跨地区兼并重组、境外并购和投资合作
2010年10月29日	发改委、国土部、环保部	关于清理钢铁项目的通知	进一步加大淘汰落后产能、清理整顿违规建设项目的力度
2010年12月8日	工信部	"十一五"淘汰落后产能完成情况	"十一五"钢铁行业超额完成淘汰落后产能任务;"十一五"的5年间,我国累计分别淘汰落后钢铁能力11700万吨、炼钢能力6900万吨,分别完成"十一五"预期目标任务的117%、126%

资料来源:作者整理。

在2011年《财富》世界500强排行榜中,宝钢集团、河北钢铁集团、首钢集团、武钢集团和沙钢集团等5家中国钢铁生产企业进入排行榜。此前,宝钢集团已连续8年入围世界500强,而首钢集团为首次入围。这些大型集团将更加深化地融入全球竞争并将对我国钢铁工业的整体实力以及国民经济的发展产生深远的影响,成为支撑我国产业发展和城市化进程的重要力量。

（三）以满足国内市场多元化需求为目标，以技术创新、产品创新提高市场竞争力

大多数钢铁企业要将提升钢铁产品质量和性能作为产品结构调整的重中之重。从设计规范、建设、制造等标准入手，提高建筑、机械、轻工、家电、造船等行业用钢材的产品档次及稳定性。结合发展保障性住房和水利工程建设，促进建筑钢材的升级换代。鼓励少数有实力企业发展高精尖品种，如满足新能源汽车、智能电网、新型建材等建设用钢。支持部分具有技术、装备和市场优势的企业开发国内短缺的高端钢材品种，重点发展高速铁路用钢、高牌号无取向硅钢、高磁感取向硅钢、高强度机械用钢等关键钢材品种，满足重大工程、重大装备需求。通过抓住世界科技创新、新技术革命的历史机遇，为产业升级、消费升级和新兴产业提供支撑。

最后，钢铁企业要加快转变发展方式，扎实有效地做好节能减排、结构调整、资源保障，在努力实现行业的可持续发展过程中，要处理好淘汰落后、兼并重组、技术创新三者关系。按照中央提出的在发展中促转变、在转变中谋发展的要求，还是要以发展为首要任务，主要方面就是技术改造与创新。如果没有技术创新，其他的就很难推动。淘汰落后是行业健康发展的前提，是节能减排、产业升级、转变发展方式的必然选择。兼并重组是钢铁行业增强综合竞争力的方法和渠道，是发展方式的选择。技术创新则是前两者的支撑点，是最关键的要素。淘汰落后现实的出路是依靠技术改造与创新的支撑，使设备大型化、现代化。虽然这样一来，会在局部上增加产能，但是，如果和兼并重组结合起来，比如一个地区中，5 家企业有 2 家的产能增加了，另外 3 家的落后产能都关掉了，就达到了预期效果。因此，只有把淘汰落后、兼并重组、技术创新与改造这三项措施结合起来，才能有效推动产业结构调整与升级。

B.5

有色金属产业企业竞争力分析

郭朝先

有色金属是铁、锰、铬以外的所有金属的统称，故又称非铁金属。有色金属产业是重要的基础原材料产业，产品种类多、应用领域广、产业关联度高，在经济建设、国防建设、社会发展以及稳定就业等方面发挥着重要作用。依据《国民经济行业分类》（GB/T4754－2002），有色金属产业包括有色金属矿采选业、有色金属冶炼和压延加工业两个行业大类。本文对2011年有色金属产业企业竞争力进行分析：首先对2010年和2011年上半年有色金属产业运行状况进行分析，然后对有色金属产业上市企业竞争力进行重点分析，第三部分对《有色金属产业调整和振兴规划》实施状况，以及对有色金属企业竞争力影响进行分析，最后，结合国家“十二五”规划，对未来有色金属产业政策进行展望。

一 2010年以来有色金属产业运行状况

（一）基本情况

1. 产品产量较快增长

2010年，10种有色金属（指铜、铝、铅、锌、镍、锡、锑、汞、镁、钛10种常用金属）产量3135万吨，比上年增长20.4%。其中，精炼铜457.3万吨、原铝1619.4万吨、铅419.9万吨、锌516.4万吨，分别比上年增长11.3%、26.1%、13.3%和18.5%。“十一五”期间，10种有色金属产量年均增长13.8%，其中，精炼铜、原铝、铅、锌分别增长12.0%、15.7%、11.9%和13.2%。2010年，我国生产黄金340.88吨，与上年同期相比，增产26.90吨，同比增长8.57%。其中矿产金280.04吨，同比增长7.27%；有色副产金60.84

吨，同比增长14.95%。

2011年1~6月，10种有色金属产量1655.26万吨，同比增长7.27%，比上年同期增幅回落27.5个百分点，因为2009年上半年受金融危机的影响产量下降，2010年上半年有色金属产量增幅很高，因此2011年增幅比上年同期回落较为明显。其中，精炼铜251.94万吨，同比增长11.54%；原铝868.63万吨，同比增长4.40%；铅219.71万吨，同比增长23.50%；锌252.92万吨，同比增长2.14%；镍8.61万吨，同比增长4.08%；锡7.66万吨，同比增长6.89%；锑8.91万吨，同比下降0.35%；镁33.70万吨，同比增长3.85%；海绵钛3.12万吨，同比增长11.59%。2011年1~6月份，全国共生产黄金164.416吨，同比增长3.25%。其中，黄金矿产金完成137.033吨，比上年同期增长4.23%；有色副产金完成27.382吨，比上年同期下降1.40%。

2. 企业经济效益大幅度增长

2010年1~11月，规模以上有色金属工业企业（不包括独立黄金企业）实现主营业务收入27122.4亿元，同比增长45.1%；实现利润1145.5亿元，同比增长89.15%。有色金属工业企业资产总额达到21004.6亿元。2010年，规模以上有色金属工业企业实现主营业务收入3万亿元左右，实现利润约1300亿元。2010年，全国黄金企业实现工业总产值2292.88亿元，同比增长66.72%；实现利润248.74亿元，同比增长78.19%。

2011年1~5月，规模以上有色金属工业企业（不包括独立黄金企业）实现主营业务收入14467.1亿元，同比增长37.1%；实现利润654.2亿元，同比增长42.4%，增幅比同期全国规模以上工业企业实现利润增幅高14.5个百分点。2011年1~6月份，全国黄金企业累计实现工业总产值1195.388亿元，同比增长23.37%；实现利润137.568亿元，同比增长34.19%。

3. 进出口贸易高速增长

2010年我国有色金属进出口贸易总额达到1203.42亿美元，比2009年增长43.72%，贸易总量和增速创历史新高。其中：进口额920.83亿美元，比2009年增长38.52%；出口额282.59亿美元，比2009年增长63.72%。2010年进出口贸易逆差额为638.24亿美元，同比增长29.68%。2010年主要金属品种未锻轧铜、铝、铅、锌等累计进口量下降，未锻轧铝、铅、锌出口量则呈增长态势；

铜、铝材累计出口量增长；镍矿实物量（主要是红土矿）进口继续保持增长趋势；部分小品种金属和金属制品（锑、钨、钼、镁等）出口量保持平稳增长。“十一五”期间，有色金属进出口贸易总额年均增长20.8%。其中，进口额年均增长24.9%，出口额年均增长11.4%。

2011年上半年，有色金属产业进出口贸易总额760.85亿美元，比上年同期增加165.16亿美元，同比增长27.73%。其中：进口额547.7亿美元，比上年同期增加83.04亿美元，同比增长17.87%；出口额213.15亿美元，比上年同期增加82.12亿美元，同比增长62.67%。上半年进出口贸易逆差额为334.55亿美元，与上年同期大致持平。

4. 固定资产投资居高不下

2010年，有色金属工业（不包括独立黄金企业）完成固定资产投资3627.9亿元，比上年增长33.5%，增幅比上年回升了17个百分点。“十一五”期间，有色金属工业完成固定资产投资年均增长32.7%，占全国城镇固定资产投资比重由1.17%增加到1.50%。

2011年1~6月，有色金属工业（不包括独立黄金企业）累计完成固定资产投资1947.2亿元，比上年同期增长28.2%。其中，有色金属矿采选完成固定资产投资351.9亿元，同比增长15.0%，占18.1%；有色金属冶炼完成固定资产投资865.2亿元，同比增长33.7%，占44.4%；有色金属压延加工完成固定资产投资730.1亿元，同比增长29.0%，占37.5%。有色金属工业完成固定资产投资占全国固定资产投资（不含农户）总额的比例为1.56%，增幅比全国固定资产投资高2.6个百分点。

5. 节能减排力度较大

2010年，铝锭综合交流电耗为13979千瓦时/吨，同比下降192千瓦时/吨，相当于节电31亿千瓦时；氧化铝综合能耗为632.4千克标煤/吨，同比下降3.7%；铜冶炼综合能耗为360.3千克标煤/吨，同比下降2.4%；铅冶炼综合能耗降到453.5千克标煤/吨，同比下降4.4%；电锌综合能耗为946.6千克标煤/吨，同比下降1.1%。

6. 兼并重组有新进展

2010年，中国五矿集团与湖南有色集团战略重组后，又与郴州市签署了战略合作框架协议。中铝公司与江西、青海、新疆维吾尔自治区，中国有色矿业集团与太钢集团，云南冶金集团与宝钢集团资源有限公司，白银有色集团与甘肃有色地勘局、西藏工布江达县洪城矿业等分别签订了战略合作协议。

7. 境外资源开发取得新突破

2010年，中国铝业公司与力拓集团联合开发力拓持有的储量超过50亿吨的几内亚西芒杜铁矿。中国有色矿业集团投资建设的赞比亚中国经济贸易合作区取得新进展，成功收购赞比亚、澳大利亚、英国的3家矿业公司。铜陵有色集团与中国铁路建设股份公司共同投资设立的中铁建铜冠投资有限公司，收购了加拿大科里安特资源公司96.9%的股份。华东有色地勘局收购巴西木星铁矿正式签订意向协议。“十一五”时期，我国境外资源开发取得重大突破，特别是在获取国内短缺的矿产资源方面取得重要进展。

（二）有色金属产业运行面临新的形势

1. 企业运行成本上升较快，经营压力增大

2010年下半年开始，煤电油运及原材料价格的上涨，导致有色金属企业成本上升幅度大于收入上升幅度，有色金属企业赢利空间被进一步压缩。同时，有色金属行业的利润向拥有资源、能源的企业集中的态势进一步显现。另外，随着国家实施抑制通货膨胀的金融政策，国内银行银根紧缩，企业流动资金紧张，经营压力逐步增大。

2. 电解铝行业成本上升尤其明显，利润明显下降

2011年1~6月，国内电解铝产能过剩，属于净出口产品，与国内短缺铜、镍等金属相比，电解铝价格持续在较低位运行，价格涨幅明显低于其他有色金属品种，而且主要是受成本上升的推动。随着国内电力价格上调，电解铝成本不断上升。初步测算，2011年6月份国内15个省的电价上调后，电价平均上涨0.02元/千瓦时，再加上碳素制品价格上涨，电解铝的制造成本上升300元/吨以上，电解铝企业赢利空间进一步被压缩。目前，中国中东部地区以及四川、广西、贵州等省份企业处于亏损或微利状态，产业的利润向拥有煤—电—铝一体化企业集中的态势进一步显现。

3. 新开工项目增速下滑，投资向西部转移趋势明显

2011年二季度降幅比一季度放缓，有色金属行业新开工项目投资额呈下降趋势。2011年上半年，有色金属工业项目投资向西部倾斜的态势明显，其中西部12个省区新开工项目投资额为1269.7亿元，占全国有色金属业新开工项目投资的51.4%。新疆占全国有色金属业新开工项目投资的比重达到16.7%，青海占全国有色金属业新开工项目投资额的15.2%，内蒙古占全国有色金属业新开工项目投资额的5.1%，广西占全国有色金属业新开工项目投资额的4.9%。

4. 不同产品价格分化明显，未来走势呈现不确定性

2010年，国际氧化铝及原铝价格震荡上行，2010年末伦敦金属交易所现货月铝价和三个月期货铝价分别收于2468美元/吨和2459美元/吨，比上年底分别上涨了11.8%和9.7%。2010年伦敦金属交易所铝现货月平均价为2173美元/吨，同比增加30.5%；三个月期货铝价为2198美元/吨，同比增加29.4%。2010年末氧化铝价格达到365美元/吨，较年初的335美元/吨上涨了9%。国内铝价与国际铝价涨幅并不完全一致。2010年底，上海期货交易所现货月铝价和三个月期货铝价分别收于16430元/吨和16790元/吨，较上年底分别下降了1.6%和1.7%。2010年上海期货交易所铝现货月平均价为15791元/吨，同比上涨16%；三个月期货铝价为16104元/吨，同比上涨19.7%。

2010年，国际铜价涨势迅猛。2010年末伦敦金属交易所当月和三个月期货铜平均价为7534美元/吨和7550美元/吨，同比分别上涨46.3%和46%；年末报收9660美元/吨，与2009年12月31日收盘价相比，上涨31%。2010年伦敦金属交易所三个月期货铜价最低点是6月7日的6038美元/吨，最高点是12月31日创下的9687美元/吨。

2011年1~6月，全球有色金属价格整体呈现较强的区间震荡运行特征，国内市场价格走势总体弱于国际市场，第二季度国内外市场价格比第一季度出现小幅回落。一季度铜价创历史纪录，二季度呈震荡下行的态势。有色金属各金属品种的价格变化趋势及影响价格的因素出现分歧。铜、镍等我国短缺金属品种价格上涨，我国陆续出台的控制通胀措施，在一定程度上影响铜价进一步上涨；电解铝的涨幅明显低于其他金属品种价格的涨幅，而且主要是受成本上升推动；钨、钼、锡、锑、稀土等稀有金属品种价格大幅上涨，是受我国陆续出台合理开发利用优势资源的政策影响。受全球经济复苏乏力、美国量化宽松政策的实施造成美元持续走低、美国及日本信用评级下调等多种因素的影响，2010 年以来黄金价格持续走高。伦敦黄金价格一度超过 1600 美元/盎司。

5. 部分政策开始反向操作

国际金融危机爆发后，为应对危机和促进我国企业出口，我国曾连续 7 次大幅度提高出口退税率，但是，到了 2010 年，鉴于国内外经济环境的变化和中国节能减排的需要，我国对于“两高一资”产品继续采取从严控制出口政策，因此，金融危机后部分“两高一资”产品享受的提高出口退税率政策也走到了尽头。2010 年 6 月 22 日，财政部、国税总局联合公布，经国务院批准，自 2010 年 7 月 15 日起取消部分钢材、医药、化工产品、有色金属加工材料等商品的出口退税，总数达 406 种，其中共有 58 个有色金属产品被取消了 5% 的出口退税。

二　有色金属产业上市企业竞争力分析

（一）企业竞争力得分及排名情况

根据中国社会科学院中国产业与企业竞争力研究中心监测数据库统计，截至 2011 年 5 月 30 日，有色金属产业沪、深两市上市企业共 55 家，其中，主板上市企业 35 家（沪市 24 家，深市 11 家），中小板 19 家，创业板 1 家。2011 年有色金属产业上市公司竞争力得分及排名情况如表 4 - 1 所示。

1. 主板市场情况

由于基础竞争力指数及其三个分量（规模、效率、增长竞争力指数）的分值是依据全部上市公司数据经标准化处理而得到，等于 0 表示与全体上市公司平均竞争力相当，大于 0 表示高于平均水平，小于 0 表示低于平均竞争力。表 4 - 1 显示，总体而言，有色金属企业具有较强的竞争力。在主板市场 35 家有色金属产业中，基础竞争力大于 0 的有 23 家（占比约 2/3），小于 0 的仅为 12 家（占比约 1/3）。从图 4 - 1 显示看，与主板市场企业平均水平相比较，2011 年有色金属产业基础竞争力好于全部公司平均水平，其来源主要是在规模竞争力具有优势，而在增长竞争力上则处于劣势。

表 4-1　2011 年有色金属产业上市公司竞争力得分及排名情况

公司代码	上市公司完整名称	规模竞争力	效率竞争力	增长竞争力	基础竞争力	行业内排名	市场内总排名	备　注
600362. SH	江西铜业股份有限公司	0. 4552	0. 0166	0. 0621	0. 5340	1	99	主板市场，共 1374 家企业
600547. SH	山东黄金矿业股份有限公司	0. 1345	0. 2041	0. 1530	0. 4917	2	120	
600673. SH	广东东阳光铝业股份有限公司	0. 1582	0. 0462	0. 2717	0. 4762	3	132	
600111. SH	内蒙古包钢稀土(集团)高科技股份有限公司	0. 2077	0. 0446	0. 1395	0. 3919	4	210	
601600. SH	中国铝业股份有限公司	0. 4745	-0. 0453	-0. 0393	0. 3898	5	215	
000630. SZ	铜陵有色金属集团股份有限公司	0. 3852	-0. 0093	0. 0044	0. 3804	6	234	
601899. SH	紫金矿业集团股份有限公司	0. 2578	0. 1210	-0. 0728	0. 3061	7	312	
600549. SH	厦门钨业股份有限公司	0. 1980	0. 0593	0. 0185	0. 2757	8	353	
600595. SH	河南中孚实业股份有限公司	0. 2355	-0. 0189	0. 0466	0. 2631	9	380	
600219. SH	山东南山铝业股份有限公司	0. 2621	-0. 0099	0. 0011	0. 2533	10	400	
000878. SZ	云南铜业股份有限公司	0. 3355	-0. 0212	-0. 0617	0. 2526	11	403	
000060. SZ	深圳市中金岭南有色金属股份有限公司	0. 2522	0. 0100	-0. 0190	0. 2432	12	417	
000962. SZ	宁夏东方钽业股份有限公司	0. 0655	0. 1112	0. 0569	0. 2337	13	433	
600531. SH	河南豫光金铅股份有限公司	0. 2019	0. 0435	-0. 0125	0. 2329	14	434	
600489. SH	中金黄金股份有限公司	0. 1181	0. 0902	-0. 0119	0. 1964	15	511	
000960. SZ	云南锡业股份有限公司	0. 2340	-0. 0069	-0. 0374	0. 1898	16	523	
600888. SH	新疆众和股份有限公司	0. 0880	0. 0059	0. 0707	0. 1646	17	577	
601137. SH	宁波博威合金材料股份有限公司	0. 0700	0. 0584	0. 0322	0. 1605	18	582	
600961. SH	株洲冶炼集团股份有限公司	0. 2073	-0. 0102	-0. 0899	0. 1072	19	679	
600459. SH	贵研铂业股份有限公司	0. 0629	0. 0038	0. 0104	0. 0772	20	735	
000807. SZ	云南铝业股份有限公司	0. 1888	-0. 0270	-0. 0958	0. 0660	21	758	
000612. SZ	焦作万方铝业股份有限公司	0. 1697	-0. 0381	-0. 0769	0. 0547	22	778	
600255. SH	安徽鑫科新材料股份有限公司	0. 1206	-0. 0120	-0. 0596	0. 0490	23	792	
600432. SH	吉林吉恩镍业股份有限公司	0. 1037	-0. 0117	-0. 1197	-0. 0277	24	892	
600456. SH	宝鸡钛业股份有限公司	0. 0882	-0. 0307	-0. 1075	-0. 0501	25	919	
601168. SH	西部矿业股份有限公司	0. 0803	-0. 0436	-0. 0962	-0. 0595	26	928	
601958. SH	金堆城钼业股份有限公司	-0. 0227	0. 0311	-0. 2555	-0. 2471	27	1089	
000657. SZ	中钨高新材料股份有限公司	-0. 0099	-0. 0506	-0. 2308	-0. 2913	28	1117	

续表

公司代码	上市公司完整名称	规模竞争力	效率竞争力	增长竞争力	基础竞争力	行业内排名	市场内总排名	备注
600139. SH	四川西部资源控股股份有限公司	-0. 5350	0. 1577	0. 0552	-0. 3221	29	1130	主板市场，共1374家企业
600259. SH	广晟有色金属股份有限公司	-0. 4440	-0. 0477	0. 1665	-0. 3252	30	1133	
000751. SZ	葫芦岛锌业股份有限公司	-0. 3114	-0. 0465	-0. 0173	-0. 3753	31	1149	
000758. SZ	中国有色金属建设股份有限公司	-0. 1289	-0. 1221	-0. 2640	-0. 5150	32	1206	
600497. SH	云南驰宏锌锗股份有限公司	-0. 1163	-0. 1412	-0. 3326	-0. 5900	33	1227	
000831. SZ	山西关铝股份有限公司	-0. 4477	-0. 0616	-0. 2666	-0. 7759	34	1271	
600338. SH	西藏珠峰工业股份有限公司	-0. 7395	-0. 0468	-0. 0596	-0. 8460	35	1286	
002237. SZ	山东恒邦冶炼股份有限公司	0. 4280	0. 0024	0. 3432	0. 7736	1	31	中小板，共581家企业
002082. SZ	浙江栋梁新材股份有限公司	0. 4689	0. 2607	0. 0256	0. 7552	2	33	
002203. SZ	浙江海亮股份有限公司	0. 5703	0. 0066	-0. 1003	0. 4766	3	82	
002155. SZ	湖南辰州矿业股份有限公司	0. 3738	0. 0019	0. 0391	0. 4148	4	101	
002501. SZ	吉林利源铝业股份有限公司	0. 0748	0. 0062	0. 2291	0. 3102	5	135	
002149. SZ	西部金属材料股份有限公司	0. 0939	-0. 0402	0. 0891	0. 1427	6	216	
002295. SZ	广东精艺金属股份有限公司	0. 2089	0. 0521	-0. 1376	0. 1234	7	227	
002540. SZ	江苏亚太轻合金科技股份有限公司	0. 0119	0. 1123	-0. 0097	0. 1145	8	229	
002182. SZ	南京云海特种金属股份有限公司	0. 2301	-0. 0196	-0. 1001	0. 1103	9	234	
002171. SZ	安徽精诚铜业股份有限公司	0. 2157	0. 0377	-0. 1659	0. 0876	10	244	
002378. SZ	崇义章源钨业股份有限公司	0. 1584	-0. 0059	-0. 0715	0. 0810	11	252	
002340. SZ	深圳市格林美高新技术股份有限公司	-0. 0531	-0. 0507	0. 1838	0. 0800	12	253	
002160. SZ	江苏常铝铝业股份有限公司	0. 1101	0. 0610	-0. 1678	0. 0032	13	294	
002333. SZ	苏州罗普斯金铝业股份有限公司	0. 0582	-0. 0541	-0. 1333	-0. 1292	14	360	
002379. SZ	山东鲁丰铝箔股份有限公司	0. 0126	-0. 0350	-0. 1392	-0. 1616	15	383	
002460. SZ	江西赣锋锂业股份有限公司	-0. 2129	-0. 0355	-0. 0144	-0. 2628	16	437	
002578. SZ	福建省闽发铝业股份有限公司	-0. 2417	0. 0633	-0. 2129	-0. 3913	17	499	
002428. SZ	云南临沧鑫圆锗业股份有限公司	-0. 2660	-0. 0457	-0. 1888	-0. 5006	18	525	
002114. SZ	云南罗平锌电股份有限公司	-0. 4793	-0. 0824	-0. 5749	-1. 1366	19	572	
300034. SZ	北京钢研高纳科技股份有限公司	0. 0011	-0. 1287	-0. 2278	-0. 3554	1	164	创业板221家

资料来源：CBCM 竞争力监测数据。

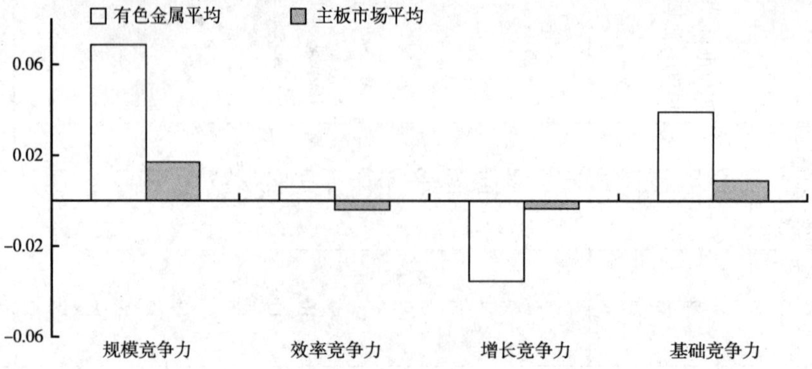

图 4－1　有色金属企业与全部公司竞争力指数均值比较（主板市场）

从变异系数看（变异系数＝均值/标准差），有色金属产业效率竞争力指数最平稳，变化幅度最小，规模竞争力和增长竞争力指数变化幅度大体相当。由于规模竞争力所赋予的权重最大（0.44），且变异系数大，显然，规模竞争力对基础竞争力和企业竞争力排名的贡献是最大的。由于效率竞争力分值比较平稳，加上所赋予的权重在三者中也是最低的（0.27），因此效率竞争力对基础竞争力的贡献是最小的。考虑到有色金属产品价格在过去的一年多时间内总体呈现单边上扬态势（当然不同品种涨幅不一样），因此，有色金属企业普遍受惠，其效益竞争力指数分值变异系数就小。但是，未来有色金属产品价格是否继续上涨，存在不确定性（价格越高，风险越大），因此，未来有色金属企业效益竞争力指数变异系数有可能增大，对企业竞争力得分和排名将产生更大的影响。

2. 中小板市场情况

与主板市场情况非常类似，在中小板市场 19 家有色金属产业中，基础竞争力大于 0 的有 13 家（占比约 2/3），小于 0 的仅为 6 家（占比约 1/3）。图 4－2 显示，与中小板企业平均水平相比较，有色金属企业基础竞争力好于全部上市公司均值，其来源主要是在规模竞争力上具有优势，而在增长竞争力上则处于劣势。

3. 创业板市场情况

目前，在创业板上市的有色金属企业仅有 1 家，即北京钢研高纳科技股份有

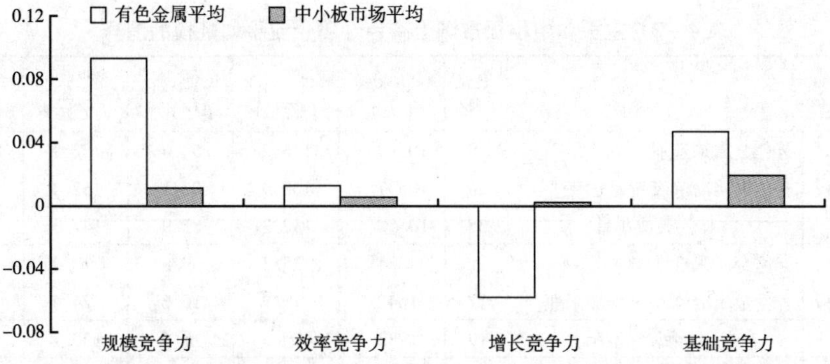

图 4-2　有色金属企业与全部公司竞争力指数均值比较（中小板市场）

限公司（代码：300034. SZ），从其排名看，在创业板中处于中下位置（在 221 家创业板企业中排名 164 位）。从其分项指标看，除了规模竞争力高于平均水平外，效率竞争力和增长竞争力都低于平均水平。从发展趋势看，未来在创业板上市的有色金属企业将增多，因为，有色金属与新材料产业发展（战略性新兴产业之一）是紧密联系的，且有色金属产品价格存在较大的波动性，因此，企业运营的风险也较大，这都符合创业板的一些特征。

（二）基础数据分析

为探寻有色金属企业竞争力来源，这里进一步对上市公司相关基础数据进行分析。

1. 不同板块上市的有色金属企业差别主要体现在规模上，而在经济效益上差别不明显

由于创业板市场上仅有一家有色金属企业，这里暂不考虑，只比较主板市场和中小板市场上有色金属企业的差异。从表 4-2 中可以看出，主板市场上的有色金属企业平均规模是中小板市场的 5~8 倍（取决于采用何种指标度量，具体见表格中的指标和数据）。主板/中小板（倍数）栏（包括有色金属冶炼及压延加工业和小计部分）在员工人数、资产总计、负债合计、营业收入、净利润等指标方面数值差别不大（有色金属采选业差别稍大一些，但其企业数量很少，不具有统计意义），说明主板市场上有色金属企业经济效益和中小板市场上的大体相当。

表 4-2 主板和中小板市场上有色金属企业平均规模的差异

		企业数量	员工总数（人）	资产总计（亿元）	负债合计（亿元）	营业收入（亿元）	净利润（亿元）
主板	有色金属采选业	9	10590	133.2	53.4	132.7	12.7
	有色金属冶炼及压延加工业	26	10537	158.9	93.1	152.4	4.8
	有色产业小计	35	10550	152.3	82.9	147.3	6.9
中小板	有色金属采选业	2	4874	25.3	9.8	17.2	1.4
	有色金属冶炼及压延加工业	17	1642	19.9	10.6	24.4	0.9
	有色金属产业小计	19	1982	20.5	10.5	23.7	0.9
主板/中小板（倍数）	有色金属采选业	—	2.2	5.3	5.4	7.7	9.1
	有色金属冶炼及压延加工业	—	6.4	8.0	8.8	6.2	5.3
	有色金属产业小计	—	5.3	7.4	7.9	6.2	7.7

2. 在主板市场上，有色金属采选业企业经济效益好于有色金属冶炼及压延加工业

由于中小板市场上有色金属采选业企业只有两家，数量太少，难以说明问题，这里只能以主板市场上有色金属产业的两个亚类进行比较。在主板市场上，在平均资产利润率方面，有色金属采选业企业为9.6%，有色金属冶炼及压延加工业仅为3.0%；在人均创造净利润方面，有色金属采选业企业为12.04万元/人，有色金属冶炼及压延加工业仅为4.57万元/人。这说明，有色金属采选业企业经济效益好于有色金属冶炼及压延加工业。一个合理的解释是，有色金属采掘企业因拥有矿产资源，具有垄断性（自然垄断），因而具有较好的经济效益。

3. 在主板市场上，有色金属采选业经济效益略好于采掘业平均水平，有色金属冶炼及压延加工业则显著低于制造业平均水平

我们知道，有色金属采选业属于采掘业，有色金属冶炼及压延加工业属于制造业。据2011CBCM监测数据统计，在企业规模上，有色金属采选业属于采掘业中规模较小的分支部门，而有色金属冶炼及压延加工业则属于制造业中规模较大的分支部门（另外，在上市企业中，采掘业企业平均规模远大于制造业企业）。在主板市场中，采掘业企业经济效益好于制造业企业，采掘业企业平均资产利润率为9.0%，制造业平均资产利润率为5.1%。有色金属采选业企业平均资产利润率为9.6%，有色金属冶炼及压延加工业平均资产利润率仅为3.0%。可见，有色金属采掘业企业经济效益略好于采掘业的平均水平，而有色金属冶炼及压延加工业则显著低于制造企业的平均水平。

三 《有色金属产业调整和振兴规划》实施与有色金属企业的发展

为应对国际金融危机的影响，落实党中央、国务院关于保增长、扩内需、调结构的总体要求，确保有色金属产业平稳运行，加快产业结构调整，推动产业升级，国务院于2009年2月25日出台了《有色金属产业调整和振兴规划》（以下简称《规划》），作为有色金属产业2009～2011年综合性应对措施的行动方案。《规划》出台对于促进有色金属产业有效应对国际金融危机的冲击将产生十分重要的积极作用，并对有色金属企业今后发展提出了更高的要求。2011年是《规划》实施的最后一年，本节在此简要回顾《规划》实施过程，并对《规划》实施对有色金属企业发展和竞争力影响进行概要分析。

（一）《规划》政策落实情况

《规划》的总体目标是："力争有色金属产业2009年保持稳定运行，到2011年步入良性发展轨道，产业结构进一步优化，增长方式明显转变，技术创新能力显著提高，为实现有色金属产业可持续发展奠定基础。"概括地说，《规划》的主要内容是6个目标、7项任务和12项政策措施（详见《规划》文本），这些政策措施实际上是针对有色金属产业长期存在问题而提出来的。总之，《规划》不仅着眼于"保增长、扩内需"上，而且把着力点放在了"调结构"和促进经济增长方式转变上。

为加快《有色金属产业调整和振兴规划》落实，相关各方先后出台了配套政策、实施细则或行动方案。主要的配套政策、实施细则或行动方案见表4－3。总体而言，较早出台的如"适当提高出口退税率"、"部分有色金属收储"、"直购点试点工作"等政策具有明显的"保增长"导向性质。较晚出台的如关于企业兼并重组、淘汰落后产能等政策具有"调结构"和转变发展方式导向性质。由此可见，《规划》提出的"保增长"导向政策落实较快，而"调结构"导向政策落实相对较慢。

表 4-3 相关配套政策、实施细则或行动计划

类 型	政策目录	年份
专项类	发改委、工信部、财政部“部分有色金属收储”（多次）	2009
	财政部、税务总局“适当提高部分产品出口退税率”（多次）	2009
	商务部等“启动有色金属产业损害预警机制”	2009
	电监会《关于扎实做好电解铝企业直购电试点工作的通知》	2009
	工信部等《关于开展电解铝企业直购电试点工作的通知》	2009
	工信部等《金属尾矿综合利用专项规划（2010～2015）》	2010
	工信部《铜冶炼企业准入公告管理暂行办法》	2010
	工信部《铅锌冶炼企业准入公告管理暂行办法》	2010
	工信部《钨锡锑冶炼企业准入公告管理暂行办法》	2010
	工信部《镁行业准入条件》	2011
	工信部等《再生有色金属产业发展推进计划》	2011
综合类	国务院关于《2009 节能减排工作安排》的通知	2009
	财政部等《关于公布取消和停止征收 100 项行政事业性项目收费通知》	2009
	商务部《境外投资管理办法》	2009
	环保部《关于当前经济形势下做好环境影响评价审批工作的通知》	2009
	国务院《关于抑制部分行业产能过剩和重复建设引导产业健康发展的若干意见》	2009
	工信部《促进中部地区原材料工业结构调整和优化升级方案》	2009
	工信部《关于分解落实 2009 年淘汰落后产能任务通知》	2009
	标准委等《关于贯彻落实十大重点产业调整和振兴规划进一步加强标准化工作的意见》	2009
	国务院《关于促进企业兼并重组的意见》	2010
	工信部《关于加强工业固定资产投资项目节能评估和审查工作的通知》	2010
	国务院《关于进一步加强淘汰落后产能工作的通知》	2010
	国务院《关于进一步加大工作力度确保实现“十一五”节能减排目标的通知》	2010
	国家发改委等《关于清理对高耗能企业优惠电价等问题的通知》	2010
	工信部《2010 年工业行业淘汰落后产能企业名单》	2010
	工信部《部分工业行业淘汰落后生产工艺装备和产品指导目录（2010 年本）》	2010

据调查，对有色金属产业发展影响较大、效果直接的政策主要有：一是有色金属收储政策。这对稳定当时市场信心和帮助部分企业脱困产生了直接影响。二是调整出口税收政策。通过连续多次提高出口退税率，使得有色金属进出口企业很快获得了赢利。但是这项政策在 2010 年 7 月发生了逆转。三是直购电试点工作。参加实行直购电试点工作的企业效益明显好转。但是，由于直购电试点工作涉及一些部门的具体利益，导致推进难度较大，试点范围较小。四是淘汰落后产能的政策。比如，2010 年 8 月 5 日工信部正式发布了 18 个工业行业淘汰落后产

能的企业名单，共涉及2087家企业，并要求被列入名单企业的落后产能在9月底前关停。在这份关停名单中，涉及电解铝、铜、铅、锌有色金属企业93家，共淘汰落后产能107.54万吨。

据调查，实施难度大、效果不明显，或者实施过程中遇到较大障碍的政策主要有：一是落实直购电试点政策难度大，一些地区有色企业生产受完成节能减排的目标影响较大。二是淘汰落后、企业兼并重组工作开展难、进展慢。三是有色金属产品出口形势严峻，贸易摩擦加剧。四是作为“两高一资”产业，电解铝等产业再融资受限。比如，自2010年10月以来，包括电解铝等在内的九大受限行业的企业再融资，在上报证监会之前，需要事先征求发改委的意见。

（二）《规划》实施帮助企业摆脱金融危机的不利影响

主要表现为：第一，有色金属企业生产企稳回升，不断向好。从2009年10月开始，10种有色金属产品累计产量摆脱了负增长的状况，出现正增长。2009年11月开始，10种有色金属产品当月产量创历史最好水平。从工业增加值来看，有色金属矿采选业和有色金属冶炼及压延加工业扭转了2009年1～2月同比低速增长和负增长状态，3月以来，增长速度不断加快，在2010年6月之前，有色金属矿采选业发展速度基本保持高于工业平均增速的水平。

第二，有色金属产品价格持续震荡上行。《规划》的出台，彻底扭转了2008年下半年有色金属产品价格直线式下滑状态，2009年3月以来，有色金属产品价格一路攀升。铝价和锌价、铜价分别在2010年1月中旬和2月中旬达到峰值，此时铜价和锌价均比低谷时上涨了近一倍，铝价涨幅较低，但也比低谷时价格涨了30%。2010年10月中旬，铜价和铝价几乎上涨到前期历史高点水平。

第三，有色金属企业总体赢利能力逐步增强。

第四，有色金属工业进出口量价回升。由于金融危机的影响，一段时期内有色金属矿采选业、冶炼及压延加工业的出口和进口在数量、价格和价值方面均出现快速下跌。但是，在有色金属产业振兴规划等政策的作用下，自2009年3月份开始，有色金属矿采选业、冶炼及压延加工业的进出口数量指数、价格指数，以及价值指数出现了逐步回升的趋势，到2009年12月，除出口价格指数外，其他指数都超过100，特别是进口价值指数超过200。这些指数的上涨，表明我国有色金属产品进出口活跃，反映了国内有色金属产业发展呈现良好的发展态势。

（三）《规划》对企业发展提出了更高的要求，有利于提升有色金属企业竞争力

着眼于有色金属产业长远发展，《规划》明确提出了淘汰落后产能、企业兼并重组、节能减排和自主创新等方面的要求。

从《规划》实施效果看，有色金属产业部分过剩产能被淘汰，产业集中度有所上升。据统计，2009 年 5 月，有色金属矿采选业企业数为 2498 家，有色金属冶炼及压延加工业企业数 7874 家，分别比 2008 年底减少 41 家和 326 家，而这些减少的企业或者被关闭，或者被兼并。

结构调整取得一定进展，一体化趋势加快。比如，新建电解铝产能具有大型化、规模化和向能源（特别是水电资源）丰富区域集中等特点，而且全部采用 400 千安培及以上大型预焙槽，多利用水电等可再生能源，全部集中在青海、新疆、内蒙古、宁夏、云南、贵州等西部能源丰富地区，中东部地区没有在建或拟建工程。

有色金属企业节能降耗取得新成效。2009 年，我国铝冶炼企业能耗逐月下降，2009 年氧化铝综合能耗为 656.69 千克标准煤/吨，比 2008 年降低了近 160 千克标准煤/吨。电解铝平均综合交流电耗 14171 千瓦时/吨，比 2008 年下降 152 千瓦时/吨；最优指标为 13443 千瓦时/吨，比 2008 年降低 513 千瓦时/吨。其中，被纳入统计的 66 家铝冶炼企业中低于全国平均综合交流电耗的企业有 20 家。2009 年 1 ~ 9 月，铜冶炼综合能耗为 363.9 千克标准煤/吨，同比下降 5.97%；铅冶炼综合能耗降到 457.0 千克标准煤/吨，同比下降 4.57%；电锌综合能耗为 949.8 千克标准煤/吨，同比下降 4.3%。

自主创新能力进一步增强，技术进步加快。比如，迪拜塔表面玻璃幕墙全部采用我国广东兴发公司生产的铝材；高速列车线路从车体铝型材、输电网弯臂铝管到车站装修装饰铝材已全部国产化；开发的钢铝复合材料不仅填补了国内空白，而且各项技术性能指标全部达到德国标准，并签订了第一单 3000 吨的出口合同。

四　有色金属产业政策展望

2011 年是实施国家“十二五”规划的第一年。国家“十二五”规划明确指

出，有色金属产业今后发展方向是：重点发展航空航天、电子信息等领域所需关键材料；支持冶炼前沿技术及短流程、连续化工艺技术和节能减排技术推广应用，鼓励再生资源循环利用和低品位矿、共伴生矿、难选冶矿、尾矿和废渣资源综合利用。这些为我国有色金属企业今后5年的发展指明了方向。在此对今后有色金属产业部分政策进行展望，为有色金属企业提高竞争力提供参考。

（一）淘汰落后产能和优化产业组织

“十二五”期间，将进一步淘汰落后产能和加大实施兼并重组的力度，进一步优化产业组织结构。首先要完成《有色金属产业调整和振兴规划》、国务院《关于进一步加强淘汰落后产能工作的通知》中确定的2011年底前淘汰落后产能的任务。将进一步实行包括严格产业准入条件；调整出口退税、征收出口关税、削减出口配额、禁止或限制加工贸易等措施，控制高能耗、高污染、资源性有色金属产品出口；加大差别电价等措施的实施力度，严格土地、环保审批等行政措施，禁止违规建设电解铝、铅冶炼等高能耗、高污染项目；等等。按照《有色金属产业调整和振兴规划》，到2011年，国内排名前10位的铜、铝、铅、锌企业的产量占全国总产量的比重将分别提高到90%、70%、60%、60%。根据有色金属产业“十二五”规划建议稿，到2015年，铜、铝、铅、锌排名前10位企业产量占全国总产量比例将分别达到90%、90%、70%和70%。

大力推进铝工业结构调整。对国家已明确规定的落后电解铝工艺装备，做到按期淘汰，严格执行限制类和淘汰类电价加价政策。中央财政对淘汰落后产能企业按《淘汰落后产能中央财政奖励资金管理办法》相关规定给予资金支持，帮助企业解决职工安置和企业转产等问题。鼓励铝生产企业积极发展深加工及铝制品，延伸产业链，提高产品附加值，加快铝工业发展方式转变，促进电解铝行业结构调整和健康发展。

（二）控制原生金属产量，大力发展再生产品

根据有色金属工业“十二五”规划建议稿，鼓励有色金属工业上游获取资源、下游实现技术突破，但限制中游冶炼盲目扩张。“十二五”期间，我国将对有色金属原生产品产量进行总量控制，计划到2015年，总产能控制在4100万吨以内，其中，粗铜冶炼控制在500万吨以内，电解铜控制在650万~700万吨之

间；铅冶炼控制在550万吨以内；锌冶炼控制在670万吨以内；等等。照此测算，“十二五”期间有色金属原生产品产量增长速度大致相当于“十一五”时期增长速度的一半。这说明，出于资源、环境约束的考虑，同时为形成合理的采掘—冶炼—加工比例关系，“十二五”期间我国为有色金属原生产品产量设置了“天花板”。

有色金属具有良好的循环再生利用性能，这是有色金属推进节能减排工作的一个优势，是其今后发展的重要趋势。根据《再生有色金属产业发展推进计划》，到2015年，我国主要再生有色金属产量将达到1200万吨，其中再生铜、再生铝、再生铅占当年铜、铝、铅产量的比例分别达到40%、30%、40%左右；再生有色金属产业的预处理拆解、熔炼、节能环保技术装备水平大幅提升，产业布局和产品结构进一步优化，节能减排和综合利用水平显著提高。

（三）鼓励自主创新，促进科技进步

“十二五”期间，将以有色金属工业发展对资源、能源、环境和高端产品的技术和装备需求为重点，加快行业重大、共性、关键性技术与装备研发，不断提高有色金属工业整体技术装备水平，提升有色金属产业自主创新能力。根据《有色金属工业“十二五”科技发展规划（初稿）》，到2015年，重点企业将普遍建立技术中心，完善技术创新体系，技术创新能力得到进一步增强；主要产品的核心技术、重点装备接近或达到国际先进水平；矿产资源利用率从目前的55%~60%提高3~5个百分点；氧化铝综合能耗降到800千克标准煤/吨以下；电解铝综合交流电耗降到1400千瓦时/吨以下；重点铜、铅、锌冶炼企业单位产品综合能耗接近或达到世界先进水平；强化企业科技投入主体地位，研究与开发投入占规模以上企业销售收入的1.5%以上。

（四）发展清洁生产，重视资源综合利用

2011年3月，工信部就推进清洁生产技术应用下发《铜冶炼等5个行业清洁生产技术推行方案》（工信部节〔2011〕113号），要求在铜冶炼企业中推广应用密闭电解槽防酸雾技术、永久阴极电解工艺，在铅冶炼企业中推广应用氧气底吹—液态高铅渣直接还原铅冶炼技术、铅锌冶炼废水分质回用集成技术，以及锌冶炼企业中推广应用富氧直接浸出湿法炼锌技术，从源头预防和减少污染物产

生。根据工信部、科技部、国土资源部、国家安监总局等部门发布的《金属尾矿综合利用专项规划（2010～2015）》，将有色金属尾矿、黄金尾矿与铁金属尾矿一道，列为尾矿综合利用的三大重点领域。可以预见，在多项政策的作用下，“十二五”期间，我国尾矿利用率将有一个明显提升，到2015年全国有色金属尾矿综合利用率有望达到20%。

（五）促进稀土行业持续健康发展

对于稀土行业，要贯彻《国务院关于促进稀土行业持续健康发展的若干意见》（国发〔2011〕12号）。根据发展目标，用1～2年时间，建立起规范有序的稀土资源开发、冶炼分离和市场流通秩序，资源无序开采、生态环境恶化、生产盲目扩张和出口走私猖獗的状况得到有效遏制；基本形成以大型企业为主导的稀土行业格局，南方离子型稀土行业排名前3位的企业集团产业集中度达到80%以上。我们认为，要达到这个目标，除了坚持不懈地提高行业准入门槛，对稀土生产和贸易企业实施指令性计划和实施出口控制等措施外，重点和难点是推进稀土行业兼并重组，支持大企业以资本为纽带，通过联合、兼并、重组等方式，大力推进资源整合，大幅度减少稀土开采和冶炼分离企业数量，提高产业集中度。推进稀土行业兼并重组要坚持统筹规划、政策引导、市场化运作，兼顾中央、地方和企业利益，妥善处理好不同区域和上下游产业的关系。

（六）统筹国内国外发展

在矿产资源开发上，正视国内大宗有色金属矿产资源相对不足的现实，一方面加大国内地质勘探、矿山建设的投资力度，提高铜、铝、铅、锌等主要有色金属原料的国内保障能力；另一方面，加强国际合作，通过风险探矿、投资办矿、承包建设等多种方式，积极利用境外资源，建立稳定的境外资源供应渠道。根据有色金属产业“十二五”规划，通过国内开发和国外矿产资源合作，争取到2015年我国铜、铝、锌矿产原料国内保障能力分别达到40%、80%和50%。

在进出口贸易上，我国将继续鼓励进口国内紧缺的有色金属产品、矿产品，以及可回收利用再生金属的废品废料，同时，对于其出口将严格依据“两高一资”产品管理办法，保持从紧的政策。对于我国优势矿种如钨、钼、锡、锑和稀土的生产与出口将继续实行限制政策，出口实行配额和许可证管理，确保国家利益和资源可持续开发利用。

在技术开发上，一方面，依靠自己技术力量、立足国内市场需要，推进有色金属产业技术自主创新，同时，注重吸收发达国家在资源勘探开发、金属冶炼、资源综合利用、产品精深加工及新材料开发等方面的先进技术；另一方面，将我国具有自主知识产权的先进技术及其装备输出到海外，赢得竞争优势。

本文主要参考文献

工信部原材料工业司：《2010 年有色金属行业运行情况》，2011 年 2 月 17 日工信部网站（www. miit. gov. cn）。

工信部原材料工业司：《2011 年上半年电解铝行业运行情况》，2011 年 8 月 3 日工信部网站（www. miit. gov. cn）。

工信部原材料工业司：《2011 年上半年黄金行业运行情况》，2011 年 8 月 5 日工信部网站（www. miit. gov. cn）。

工信部原材料工业司：《2011 年上半年有色金属工业保持平稳运行》，2011 年 8 月 2 日工信部网站（www. miit. gov. cn）。

龙金光、李蓓：《十大有色金属总产量将设“天花板”》，2010 年 12 月 7 日《南方都市报》。

中国社会科学院工业经济研究所：《十大产业调整和振兴规划评估报告》，内部报告，2011。

中国有色金属工业协会：《2010 年我国有色金属工业发展情况》，2011 年 2 月 23 日中国有色金属工业协会网站（www. chinania. org. cn）。

中国有色金属工业协会：《2010 年我国有色金属进出口情况综述》，2011 年 3 月 11 日中国有色金属工业协会网站（www. chinania. org. cn）。

中国有色金属工业协会：《2011 年上半年有色金属工业运行情况分析》，2011 年 8 月 3 日中国有色金属工业协会网站（www. chinania. org. cn）。

中国有色金属工业协会：《中国有色金属工业年鉴》，2006 ~ 2010 年（历年）。

B.6
能源产业企业竞争力分析

李鹏飞　杨 帅

国际金融危机的爆发已经过去3年左右的时间，最初受到较大影响的能源工业部门目前已经进入平稳较快增长阶段。2010年以来，能源工业在国家政策利好、国内外经济增长环境良好、行业需求稳步回升等因素拉动下继续了2009年以来的稳步回升态势。但是，随着国外环境的逐渐转变和国内经济增速的逐渐回稳，我国能源工业从快速增长调整至平稳较快增长。我国能源工业已经支撑了整个经济迅速走出金融危机的冲击，在经济的平稳较快增长阶段，其将继续发挥重要的支撑和带动作用。

一　2010年和2011年上半年能源行业运行态势

随着我国整体经济增速的调整，2010年以来我国能源工业也进行了相应的调整。煤炭、石油、电力、天然气等能源工业产品产量在继续了2009年增长态势之后，逐渐完成了增速放缓、低位整盘和再次走强的发展阶段，总体上呈现"U"形增长态势。同时，价格指数也同样出现转折，且波动幅度显著趋于平稳，企业亏损面继续呈现缩小趋势。但是，行业固定资产投资增速依然延续了2009年以来的下降趋势，企业亏损额出现小幅增长，各类能源产品出口波幅增大，受到国际市场环境变化的影响较大，要实现行业的稳定发展需要进一步夯实行业发展的基础。

（一）生产增速波动显著，大体呈"U"形态势

2010年以来，我国经济形势进入危机强力复苏之后的稳定快速增长阶段，占能源消耗主要比重的工业经济先从年初的快速增长逐渐回调，2011年初以来增速又开始反弹，形成一个较为平坦的"U"形变化趋势。与整个经济形势和工

业发展态势相对应，我国主要能源的生产也呈现“U”形变化趋势。其中，煤炭、电力和天然气的生产增速变化趋势比较相近，且三个产业的增速均有较大波动，在整个区间内呈现微弱的先降后升趋势。其中，煤炭产业中洗煤产量增速从2010年1月的42.53%逐渐下调至2010年4月至2011年3月15%～25%的增长区间，而自2011年4月开始呈现增速逐月提高的趋势，到2011年7月已经提高到25.2%；发电量从2011年1月的42.4%逐月下降至2010年12月的5.1%，之后呈现上升趋势，到2011年7月上升至13.2%；天然气产量在能源总产量和消费量中的比重均比较小，生产量增速相对比较稳定，其受到消费市场季节性因素的影响较为明显，在2011年1月前后增速出现较大波动，从2011年4月开始增速逐月回升，到2011年7月已经提高至10%。总的来看，煤炭和电力为我国整个经济提供了最主要的能源来源，这两个产业生产增速的变化趋势与全国经济增长形势密切相关。

原油产量受到国内市场需求持续扩大、国内价格随国际油价调高等因素的显著影响，自2010年1月以来原油产量在国内价格高企的背景下继续了2009年以来的增产态势，从2010年1月的5.75%逐月上升至2010年11月的11.8%。但是这一趋势从2010年12月开始出现转折，原油产量增速呈显著下降趋势，在全球石油产量开始下行后国内原油产量增速进一步加速下行，到2011年7月同比增速已下降至0.4%（见图5－1）。

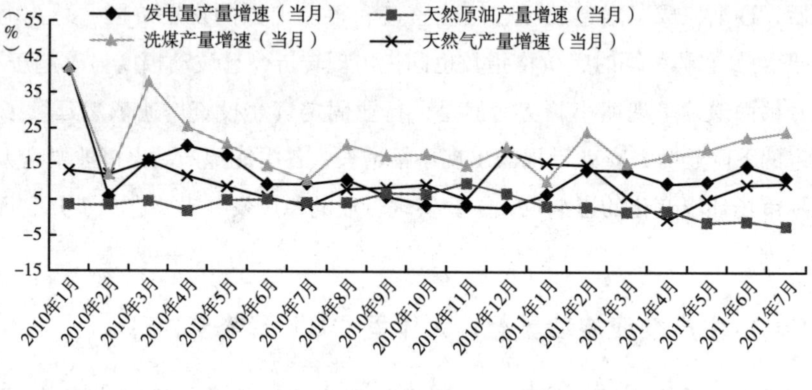

图5－1 能源工业品当月同比产量增速

说明：原煤产量增速数据不可得，此处用洗煤产量增速替代。

资料来源：中经网统计数据库。

（二）价格指数出现转折，并逐渐趋于平稳

经过危机后经济复苏阶段的能源需求扩张，目前我国能源需求扩张趋势已有所放缓，能源价格指数自2010年以来也逐渐趋于平稳。我国能源生产结构以煤炭为主，但能源消费中对石油和天然气的需求却不断增长，以至于在经济波动过程中石油和天然气生产行业的产品价格波动最为显著。在2010年和2011年上半年间，煤炭开采和洗选业工业品出厂价格指数呈现先上升后下降的倒“U”形波动态势。先从2010年1月的104.99逐月上升至2010年11月的115.36，此后又逐月下降至2011年7月的109.88，接近2010年初的水平。受国际油气价格变化的影响，国内石油和天然气开采业工业品出厂价格指数出现较大幅度的波动。我国石油和天然气开采业工业品出厂价格指数先是从2010年2月的最高点181.76开始，迅速下降至2010年9月的107.74，此后直到2011年1月都处于较低水平的波动状态。但是，从2011年2月开始，又呈现新一轮的上升态势，逐渐提高至2011年7月的130.75。作为典型的公共物品，电力价格和供热价格一直受到我国政府的强力管制，因此电力、热力的生产和供应业工业品出厂价格指数依然没有多少变化，从其变化的小趋势来看，自2010年以来呈现“N”形的走势（见图5-2）。

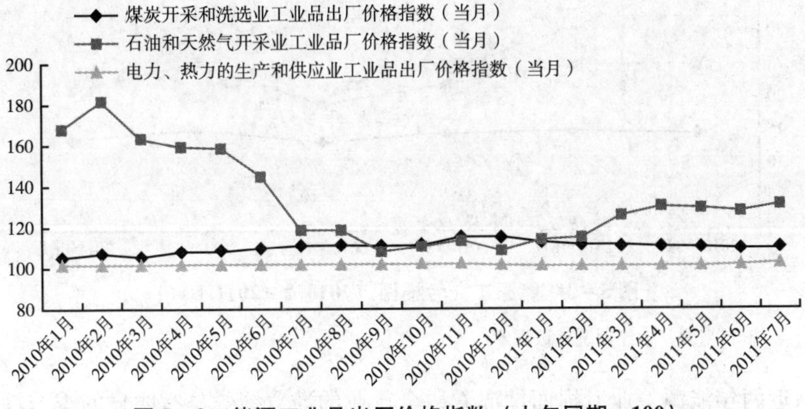

图5-2　能源工业品出厂价格指数（上年同期=100）

资料来源：中经网统计数据库。

（三）亏损面有所缩小，但亏损额小幅增长

2010年以来，虽然能源行业市场需求和产品价格均出现显著波动，但整体上

仍然处于高位运行区间，致使行业亏损面（行业亏损企业数/行业企业单位数）继续了上年缩小的态势。煤炭开采和洗选业亏损面最小，首先从2010年2月的14.26%缩小至2010年11月13.30%的低点，随后虽然小幅反弹至2011年3月的15.15%，但到2011年6月又回落至13.59%。2011年前6个月，煤炭开采和洗选业亏损企业亏损额累计达50.66亿元，接近2010年前8个月（51.80亿元）的亏损总额。石油和天然气开采业的亏损面居中，先从2010年2月的24.84%逐月降低至2010年11月的18.92%，之后反弹至2011年3月的25.45%，随后又大幅回落至2011年6月的21.09%，2011年前6个月亏损企业亏损额累计37.51亿元，同样接近2010年前8个月（38.15亿元）的亏损总额。电力生产和供应业亏损面最高，且波动幅度最大。2010年2月电力生产和供应业亏损面达到37.28%，此后一度下降至2010年11月的21.94%，但2011年3月亏损面又大幅反弹至32.10%的高位。2011年6月，行业的亏损面又回调至28.78%（见图5－3），但依然显著高于其他两个行业，前6个月亏损企业亏损额累计高达308.83亿元。其中，前6个月电力生产行业的亏损额高达277.73亿元，比上年前8个月累计亏损额高出16.09亿元。

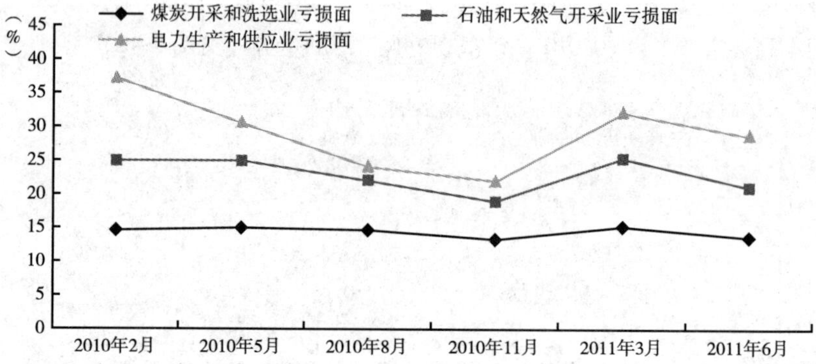

图5－3　能源工业亏损面（2010.2～2011.6）

资料来源：中经网统计数据库。

从近两年能源工业亏损面情况看，全行业的经营绩效具有明显的季节性，其中电力行业表现最为显著。总体来看，2010年以来能源工业企业的亏损面依然处于持续缩小的态势，但是亏损总额有所增长，全行业扭亏的压力依然很大。

（四）固定资产投资呈互补性大幅波动特征

总体上看，我国经济回升态势良好，但基础并不稳固。随着国际经济环境的显著波动，国内外市场需求预期存在较大不确定性，能源工业固定资产投资增速出现较大幅度的波动。此外，行业间的投资增速变化趋势并不平衡，煤炭开采和洗选业投资增速基本延续了2009年以来的持续回落态势，但从2011年开始又呈现快速回升的趋势；石油和天然气开采业，以及电力、热力的生产和供应业的投资波动幅度相对较小，且趋势相似，整体上均呈现倒“U”形的变化趋势。

具体来看，煤矿开采和洗选业在山西等产煤大省推行煤矿整合之后，行业大幅投资需求显著降低，且在煤电价格尚未理顺的背景下，行业市场预期存在较大不确定性，促使该行业固定资产投资增速延续了2009年以来持续走低的趋势。2010年3月，该行业累计投资同比增速为29.9%，此后持续下跌，到2011年3月已降至8.4%的低谷。但是，此后由于国内多省因出现严重的电力短缺而刺激新上小火电项目，进而拉动煤炭行业投资增速持续走高，到2011年7月同比增速已回升至22%。石油和天然气开采业，以及电力、热力的生产和供应业固定资产投资增速分别从2010年3月的1.7%和4%，逐月上升至2010年8月的10.3%和7.9%的顶峰，此后逐渐波动下滑至2011年7月的0.8%和2.2%（见图5-4）。

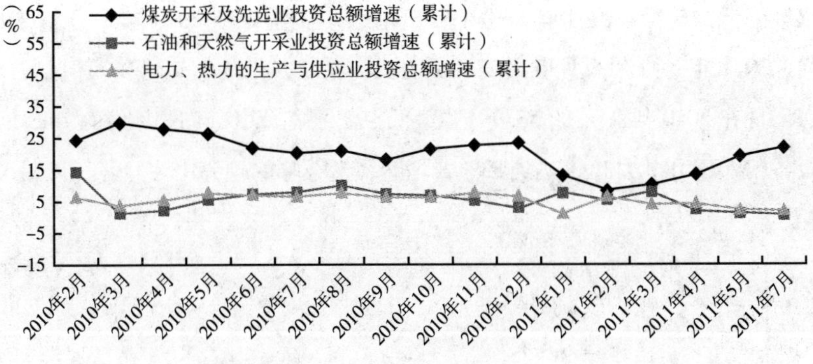

图5-4　能源工业固定资产投资总额增速（2010.2～2011.7）

资料来源：中经网统计数据库。

（五）出口额增速和波动幅度均有扩大趋势

煤炭和原油国际化程度较高，都能同时在国际国内两大市场上销售，因此出口额增速是衡量这两个行业发展状况的重要指标之一。受国际经济环境波动的影响，以及国内外能源价格形势的刺激，2010年以来煤炭和原油出口增速总体上有所上扬，但波动幅度显著扩大。

煤炭出口额当月同比增速在2010年以来波动幅度有增无减，整体上走出一个“M”形的路径，先是从1月份的-68.71%，迅速上升至7月份的71.51%，然后又快速下跌至10月的-8.67%，在2011年3月份陡然冲高至139.28%，之后又猛然下跌到同比增长的负区间，2011年7月份的同比增速为-3.73%。

原油出口额当月同比增速基本呈现增长态势，但出口增速的波动幅度显著增强。由于国际油价市场的变化与国家发改委对国内油价调整的不一致性影响，国内原油出口额当月同比增速随着该价格差的变化而调整。2010年增速从1月的-57.89%快速攀升至3月的-7.96%，随后逐月下调至7月的-59.02%。从8月开始，同比增速出现反弹，且波动幅度逐月扩大，2011年2月同比增速达到最低值，为-69.13%，2011年6月达到最高值，为162.81%。虽然原油出口额当月同比增速呈弱增长态势，但大部分月份增速依然处于负增长状态。

比较而言，电力、热力出口交货值当月同比增速波动幅度较小，这与电能输送和消费的特征，以及电力输入国电力需求波动等因素密切相关。2010年以来，电力、热力出口交货值增速有所提高，扭转了大部分月份出现负增长的趋势，但是增速有逐渐降低的趋势。在所有月份中，负增长主要集中在2010年8月至2011年1月之间，2011年5月和6月也出现了负增长，其余月份均为正增长。但是，增速的最高点出现在2010年2月的53.9%，最低点出现在2010年11月份的-45.5%，此后的最高点2011年3月也仅达到33%，增速缓慢下降的趋势比较显著（见图5-5）。

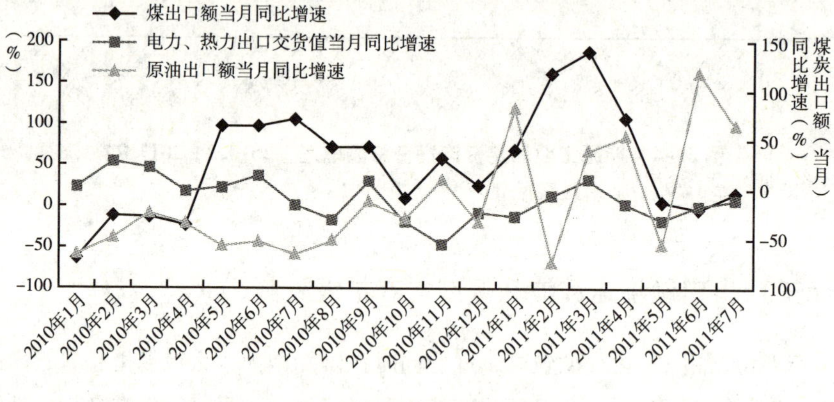

图5-5 能源工业品出口额当月同比增速（2010.1~2011.7）

资料来源：煤出口额和原油出口额数据取自中经网统计数据库，电力、热力出口交货值取自每月《中国经济景气月报》。

二　能源行业上市公司竞争力分析

根据中国社会科学院中国产业与企业竞争力研究中心（CMCB）的监测，截止到2011年6月30日，中国沪、深两市主板能源行业上市公司共80家，与上年相比没有变化。其中煤炭开采和洗选企业18家，石油和天然气开采企业4家，电力、热力生产和供应企业58家；中小企业板能源行业上市公司共4家，其中煤炭企业1家，石油天然气企业2家，电力企业1家。

（一）2010年主板上市能源企业竞争力分析

CBCM根据2010年的业绩数据计算了主板1374家上市公司规模竞争力、效率竞争力和增长竞争力，然后将此三个指标值相加，得到基础竞争力指标值。能源行业主板上市公司各项竞争力得分及排名情况参见附表。以该表为基础，可以发现能源企业竞争力状况具有以下主要特征。

第一，规模竞争力优势较高，但有所下降。在全部80家能源行业主板上市公司中，有46家能源企业的规模竞争力得分大于零，34家企业得分小于零。其中，能源行业平均得分为0.0503，显著高于全部主板上市公司0.017的平均水平（见图5－6）；能源行业企业中得分超过主板上市公司平均水平的企业有44家，占到全国能源主板上市公司的55%。这说明，在销售收入、净资产、净利润等方面，有一半以上的能源企业表现超过了全部主板上市公司的平均水平，能源行

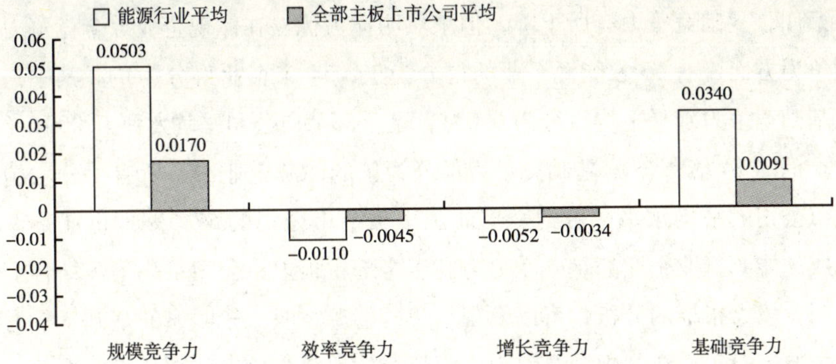

图5－6　2010年能源行业上市公司与全部上市公司竞争力得分平均值

资料来源：CBCM竞争力监测数据。

业主板上市公司的规模普遍偏大。但是，比较来看，2010 年能源行业平均得分仅为全部主板上市公司平均得分的 2.96 倍，显著低于前两年超过 4 倍的水平，表明能源行业企业平均规模竞争力有所下降。

第二，效率竞争力有所降低。有 33 家能源企业的效率竞争力得分是正数，47 家企业得分为负。其中，能源行业平均得分为 -0.011，显著低于全部主板上市公司 -0.0045 的平均水平（见图 5-6）；能源行业企业中得分超过主板上市公司平均水平的企业有 34 家，占到全国能源主板上市公司的 42.5%。这表明，在能源行业主板上市公司中，有近六成企业的效率竞争力低于全部主板上市公司。换言之，只有约 42.5% 的能源企业在全员劳动效率、净资产利润率和总资产利润率等方面的表现超过全部上市公司的平均水平。能源企业效率竞争力既在“数量”上处于劣势，也在“质量”上处于劣势，这与前两年总有一项优势的状况相比有所恶化，行业个体和整体效率竞争力均有所下降。

第三，增长竞争力整体偏弱。有 38 家能源企业的增长竞争力得分大于零，42 家企业得分小于零。其中，能源行业增长竞争力水平平均得分为 -0.0052，低于全部上市公司的 -0.0034 平均水平（见图 5-6）；能源行业企业中得分超过主板上市公司平均水平的企业有 40 家，刚好占到全部能源主板上市公司的一半。也即，在销售收入增长和净利润增长等方面，刚好有一半的能源企业比全部上市公司表现得更好。与上年能源企业增长竞争力普遍较强的情况相比，可以看出，在整体经济形势放缓趋稳的情况下，能源企业增长竞争力有所下降，但依然强于前一年的水平。

第四，基础竞争力有所下降，但依然明显占优。在体现企业综合竞争力的基础竞争力方面，有 46 家能源企业的得分为正，34 家企业得分为负。其中，能源行业基础竞争力水平平均得分为 0.034，是全部上市公司平均水平 0.0091（见图 5-6）的 3.74 倍；46 家基础竞争力得分为正的能源企业中，所有得分均超过主板上市公司的平均水平，占到全部能源主板上市公司的 57.5%。也就是说，有近六成的能源行业企业的基础竞争力高于全部主板上市公司平均值。结合上述对各分项竞争力指标的分析，可以发现，我国能源企业比较明显的基础竞争力优势依然主要来源于行业的规模竞争力，而行业的效率竞争力和增长竞争力并没有得到改善，甚至反而有所下降。这在一定程度上说明，我国能源行业企业的竞争力主要依靠垄断性的规模优势，而企业自身的运行效率较低，增长依然乏力。

第五，子行业间竞争力差距依然较大，且略有扩大。分行业看，电力、煤炭、石油和天然气四大行业的四类竞争力测算排序结果与前两年基本没有变化。其中，石油行业上市公司竞争力依旧最强，且有进一步提高的趋势，天然气行业居于其次，煤炭行业竞争力又次之，电力行业依然居于末尾。2 家石油企业的规模竞争力、效率竞争力、增长竞争力和基础竞争力得分平均值分别为 0. 9016、0. 2516、－0. 1216 和 1. 0316；18 家煤炭企业的规模竞争力、效率竞争力、增长竞争力和基础竞争力得分平均值分别为 0. 0551、－0. 0117、0. 0620 和 0. 1054；58 家电力企业的规模竞争力、效率竞争力、增长竞争力和基础竞争力得分平均值分别为 0. 0175、－0. 0226、－0. 0209 和－0. 0260；2 家天然气企业的规模竞争力、效率竞争力、增长竞争力和基础竞争力得分平均值分别为 0. 1056、0. 0683、－0. 0409 和 0. 1330（见图 5－7）。四个行业中，2 家石油行业企业凭借其庞大的规模竞争力优势在综合竞争力方面赢得了绝对的优势，但是其增长竞争力则比其他三个行业都低；天然气行业的基础竞争力居于其次，但不到石油行业的 1/5，其竞争优势主要来源于规模竞争力和效率竞争力；煤炭行业基础竞争力位居第三，其增长竞争力是四个行业中最高的，但规模竞争力和效率竞争力均较低；电力行业的四项竞争力均位于四个行业末尾，效率竞争力和增长竞争力均为负值。四个行业中，除了电力行业企业综合竞争力低于全部上市公司的平均值外，其他三个行业均明显高于全部上市公司的平均值。

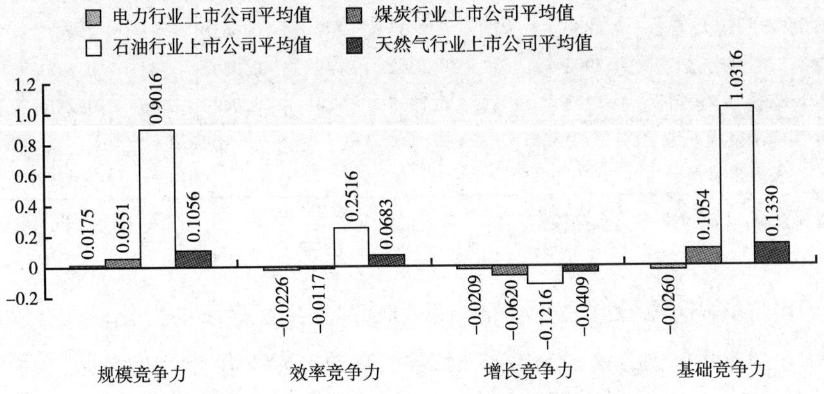

图 5－7　2010 年电力、煤炭、石油和天然气行业上市公司竞争力得分平均值

资料来源：CBCM 竞争力监测数据。

石油、煤炭、电力和天然气行业上市公司之间竞争力差异较大的主要原因依然是市场结构和价格管理体制两个方面。例如，石油行业依靠国家赋予的垄断经营权利，使得企业规模远远大于其他行业企业；煤炭行业在近两年由于国家强力推进行业的结构调整，显著提高了行业企业的平均规模，也在一定程度上提高了行业的效率竞争力，但企业数量依然较多，规模竞争力没有太显著的提升；电力行业上市公司主要是处于竞争环节的发电领域，其规模相对较小，且又因国家对电价的严格管制，致使其生产和经营效率难以随市场的变动而调整；能源行业中的2家天然气上市企业均具有典型的垄断性质，垄断经营一个区域城市的天然气供应，由此带来较高的规模竞争力和效率竞争力。

（二）2010年中小板上市能源企业竞争力分析

CBCM根据2010年的业绩数据计算了中小板581家上市公司规模竞争力、效率竞争力和增长竞争力，并由此得出了基础竞争力指标值。能源行业中小板上市公司各项竞争力得分及排名情况见表5-1。

表5-1　2010年能源行业中小板上市公司竞争力状况

单位：%

股票代码	股票简称	规模竞争力		效率竞争力		增长竞争力		基础竞争力	
		得分	排名	得分	排名	得分	排名	得分	排名
002039. SZ	黔源电力	0. 6495	16	0. 2248	16	0. 1540	103	1. 0283	14
002128. SZ	露天煤业	0. 2809	91	0. 0335	147	0. 6628	3	0. 9772	15
002267. SZ	陕天然气	0. 3902	64	0. 1362	49	-0. 0342	338	0. 4921	77
002221. SZ	东华能源	0. 1277	191	0. 1335	54	-0. 0499	365	0. 2114	176
中小板能源企业平均		0. 3621		0. 1320		0. 1832		0. 6772	
全部中小板上市公司平均		0. 0114		0. 0056		0. 0019		0. 0190	

资料来源：CBCM竞争力监测数据。

2010年，中小板上市能源企业竞争力状况发生了显著的变化，具有以下特点：①在规模竞争力方面，上年位次较低的黔源电力2010年上升至第16位，而上年排位靠前的露天煤业和陕天然气2010年分别下滑至第91位和第64位，东华能源的位次最低，但在全部中小板上市公司中依然位居中上，在581家企业中位居第191位。其中，露天煤业的规模竞争力得分显著降低，而黔源电力得分则不仅由负转正，且跃居中小板能源企业的第 1 位。4 家企业的规模竞争力平均值为 0. 3621，较上年的 0. 2277 有明显提高，远高于全部中小板上市公司规模竞争力平均值（0. 0114）。②在效率竞争力方面，4 家能源企业的得分均为正，平均得分为 0. 1320，较上年的 0. 2979 有明显下降，但依然显著高于全部中小板上市公司平均值（0. 0056）。③在增长竞争力方面，4 家能源企业中正负对半平分，平均得分为 0. 1832，远高于全部中小板上市公司平均值（0. 0019）。其中，露天煤业的贡献最大，其增长竞争力得分为 0. 6628，在 581 家中小板上市企业中居第 3 位。④在基础竞争力方面，4 家企业得分都为正。与全部中小板上市公司平均值（0. 0190）相比，能源企业基础竞争力平均值（0. 6772）要高出很多。综合来看，中小板上市能源企业在规模、效率和增长竞争力方面的平均得分均高于中小板全部上市企业的平均值，但是整体来看行业的增长竞争力最弱，除露天煤业外的其他 3 家企业排名均靠后。

三　我国能源行业企业经营环境与产业变迁

在过去一年多的时间里，能源行业上市公司竞争力出现一定的下降。主要原因在于，2010 年以来国内整个经济运行逐渐从强力复苏转变为平稳增长，经济增速有所放缓，行业运行的外部环境有所恶化，致使行业的效率竞争力和增长竞争力均出现下降。此外，国家加快了能源行业发展方式的转变，如推进煤炭企业的整合、积极发展新能源、加强节能减排实践等。总之，2010 年以来能源行业竞争力的变化是多种因素共同作用的结果，主要体现在煤电矛盾日益突出、电力紧缺形势严峻，加快清洁能源开发、核电建设标准趋严，继续推行企业兼并重组、调整优化产业结构，整体经济增长速度趋缓、能源市场需求降低。

（一）煤电矛盾日益突出、电力紧缺形势严峻

2011 年以来，我国电煤价格节节攀升，管制电价促使火电企业亏损面不断扩大，电厂储煤量持续下降，缺煤停机问题突出，煤电矛盾成为能源行业最为突出的问题。自 2004 年以来，“煤电联动”政策仅实施了 4 次，但这种通过行政手段推动的“计划”合同履约率逐次下降，推行难度越来越大。2011 年以来，电煤价格的持续上涨促使重启“煤电联动”政策成为业界关注的焦点。但是，在

“市场煤”与“计划电”的大背景下，协调煤电之间的矛盾难度极大，在电力价格体制未变的情况下“煤电联动”机制难以顺利推行。

在煤电矛盾日益突出的背景下，电力企业不愿大量储煤，在煤炭价格高于其成本承受能力时，停机成为企业的必然选择。加之电力需求的季节性特征，使得我国电力供给在面临夏季需求高峰时紧缺形势严峻，电力缺口总量日趋扩大，全国10余个省市出现电力供给紧张局面。虽然电力紧缺形势严峻，但是在电价受到严格管制的背景下，煤电企业依然无法化解电煤价格不断上涨的成本压力。如果“煤电联动”政策能够切实推行，并较好地解决合同履约率的问题，那么必将对煤电企业产生积极的影响，对缓解我国大面积的“电荒”问题具有十分重要的作用。但是，在中长期来看，电价体制改革才是扭转我国多年以来电力紧缺局面的根本出路。

（二）加快清洁能源开发、核电建设标准趋严

环境污染和气候变化已经成为全社会关注的核心问题之一，我国在国际社会中已经作了到2020年减排40%～45%的承诺，且煤炭开采、火电厂的运营中均产生大量的污染气体，造成了严重的大气污染。作为推进节能减排和缓解能源安全问题的重要渠道，近年来国家大力支持新能源和清洁能源的开发，并在政策上给予了一系列的支持。但是，由于日本福岛核电站受到地震冲击而产生严重的核辐射问题，使得国际社会对核电站建设和运行的安全性产生普遍的质疑，我国正处于快速发展期的核电站建设受到一定的影响。

2010年，全国电源工程建设完成投资3641亿元，其中，作为清洁能源的水电、核电和风电分别完成791亿元、629亿元和891亿元，清洁能源建设投资占电源建设总投资的比重达到63.5%，同比提高了4.8个百分点。至2010年底，清洁能源装机比重合计占26.5%，同比提高1.1个百分点，累计发电量达7862亿千瓦时。清洁能源的快速发展，使得传统化石能源行业的投资被分流，行业市场份额也有所流失，在一定程度上影响行业企业的经营绩效。此处需要重点提及的是，2011年3月日本地震后福岛核电站发生爆炸并产生放射性物质泄漏，这对全世界的核电站建设都产生了震荡作用，我国也不例外。但是，经过我国国家相关部门对运行中和在建的核电站进行严格检查后，认为我国核电站均符合安全标准。经过福岛核电站事故之后，我国核电站建设将在原来的基础上考虑更高的防震级别，并引入防氢爆措施等，进一步提高我国核电站的安全性能。但总的来

看，受到我国能源需求快速增长、节能减排压力持续加大等因素的影响，我国中长期核电站建设的步伐不会下降。

（三）推行企业兼并重组、调整优化产业结构

在我国能源行业中，石油行业基本被中石油、中石化和中海油三家大型国有企业所控制，市场集中度最高，电力行业中的发电环节和煤炭开采行业的企业区域布局分散，市场集中度均较低。为了解决煤炭行业安全生产问题，以及煤电价格问题，国家大力推进行业的兼并重组，不断调整优化行业产业结构。

2010 年以来，国家稳步推进大型煤炭基地建设，鼓励开发、建设大型现代化煤矿，严格限制新建小煤矿。到 2010 年 7 月底，山西省矿井个数由 2598 处减少到 1053 处，内蒙古和宁夏联手打造了宁东—上海庙国家级能源化工基地，形成了神华、中煤、同煤、山西焦煤和陕西煤化 5 家亿吨级特大型煤炭生产企业，淮南矿业等 9 家年产量在 5000 万吨以上的企业，千万吨以上煤炭企业集团超过 50 家，产量达到 17.3 亿吨。在已经取得的成效基础上，2010 年 10 月，国务院印发了《关于加快推进煤矿企业兼并重组的若干意见》（国办发〔2010〕46 号），提出继续推进煤炭企业的兼并重组，打破地域、行业和所有制限制，鼓励各类所有制煤矿企业以产权为纽带、以股份制为主要形式进行兼并重组。此外，电力行业结构也加快调整。到 2010 年，全年全国共关闭小煤矿 1693 处，淘汰落后产能 1.55 亿吨，关停小火电 1100 万千瓦。

（四）经济增长速度趋缓、能源市场需求降低

能源行业的运行情况与整个经济增速的高低紧密相关。2010 年以前，在我国各种经济政策的刺激下，整体经济形势处于金融危机冲击后的快速复苏阶段，工业生产和销售均逐月提升。在此背景下，我国能源经济形势也随之好转，能源需求逐渐增长，市场价格逐月提升，企业经营绩效有显著改善。但是，2010 年以来，我国经济增速逐渐放缓，以重工业为典型的工业生产增速显著下降，直接影响全社会的能源消费需求，能源行业企业经营环境发生转变。

工业是能源消费的主力。以工业行业增速为例，轻重工业的同比增长速度分别从 2009 年 4 月的 8.2% 和 6.9% 提高至 2010 年 3 月的 13.4% 和 20%，同期累计增长速度则分别从 7% 和 4.9% 提高至 14.1% 和 22.1%，增长幅度较大。从

2010年4月开始，四个指标均呈现明显的下降趋势，分别下降至2011年7月的12.8%、14.5%、13.1%和14.7%，分别下降0.6、5.3、1.0和7.4个百分点。工业行业增速的逐渐放缓，导致全社会对能源消费的需求出现下降，能源价格也有所下滑，企业经营绩效受到影响。

四 进一步提高能源企业竞争力的方向与路径

（一）提高石油企业竞争力的方向与路径

我国是能源消费大国，作为工业“润滑油”的石油的消费量逐年快速增长。虽然我国三大石油企业规模庞大，但在国际市场上并未拥有石油产品价格的制定权。随着国内石油储量开采的加快，三大企业都将面临资源约束的问题。面对未来我国不断增长的石油消费需求，以及更好地参与国际市场竞争，我国石油企业必须不断加快资源的海外勘探步伐，开展国际合作寻求更多的石油储备资源，增强企业的增长竞争力。同时，必须转变我国石油企业产业覆盖面大的现状，不断做大、做强、做精企业的核心业务，提高企业的管理水平，增加企业产品生产的科技含量。此外，我国三大石油企业在对外业务中必须要以国内广阔的市场需求为基础，形成战略联盟，开展强有力的国际战略谈判，力争在国外能源资源产品的价格形成中发挥应有的作用。

（二）提高电力企业竞争力的方向与路径

电力产品具有高度的同质化特征，因此电力企业之间的竞争主要集中在相同价格之下的成本竞争上。目前，在我国电价受到严格管制的情况下，电力企业提高竞争力的途径主要有三条：一是通过技术改造、人员效率控制等来不断降低企业的生产成本，但是企业成本的降低最终都会面临一个无形的极限，该路径在短期内较为有效。二是开展企业电力开发的多元化战略，积极开展新能源和清洁能源的研究开发，提高企业新能源的比重。在开展能源结构调整的同时，积极申请加入CDM项目，将新增清洁能源电力的减排量转变为企业的资金流。三是拓展企业的产业链，向上游延伸至燃料开发环节，通过纵向一体化战略节约燃料采购中的交易成本，同时可以更好地控制燃料成本。

（三）提高煤炭企业竞争力的方向与路径

我国能源消费以煤炭为主，但煤炭同时也是碳排放的主要来源。在温室气体减排压力逐渐加大的背景下，煤炭行业提高竞争力的主要出路就是实现高碳能源的低碳化利用。这一发展路径，要求我国煤炭企业改变目前数量多、规模小的特点，通过强强联合和兼并重组来增强企业的资金、技术实力，不断加大产品深加工投入，形成多元化的产品特色。例如，在煤炭脱硫的同时形成高纯度的工业用硫酸产品，利用洗煤之后的煤矸石等废料直接生产新型建材等。

（四）提高天然气企业竞争力的方向与路径

我国天然气资源较少，在整个能源消费结构中所占比重也很低，但是城市化进程的加速使得天然气需求增长迅速。天然气企业要提高竞争力，首先必须占有充分的资源量，在加快我国天然气资源勘探和开发的同时，应与煤炭企业加强合作，利用自身的技术优势合作开发煤层气资源，促进产品的多元化来源。其次是要走纵向一体化的道路，形成天然气资源生产与供应的一体化模式，并不断扩大天然气供应的覆盖范围，提升企业的规模水平。

附表　2010 年能源行业主板上市公司竞争力状况

公司代码	股票简称	规模竞争力		效率竞争力		增长竞争力		基础竞争力	
		得分	排名	得分	排名	得分	排名	得分	排名
600546. SH	山煤国际	0. 1571	392	0. 2092	41	0. 8700	1	1. 2363	4
600028. SH	中国石化	0. 8841	2	0. 3347	11	-0. 1272	1120	1. 0915	7
601857. SH	中国石油	0. 9191	1	0. 1684	69	-0. 1159	1097	0. 9716	14
600011. SH	华能国际	0. 6686	8	0. 1232	142	0. 0450	481	0. 8368	24
600900. SH	长江电力	0. 4720	38	0. 0990	196	0. 1491	182	0. 7201	38
601088. SH	中国神华	0. 5918	16	0. 1296	128	-0. 0720	988	0. 6495	58
600795. SH	国电电力	0. 5315	27	-0. 0221	707	0. 1178	244	0. 6271	68
601991. SH	大唐发电	0. 5874	17	-0. 0011	547	0. 0302	553	0. 6165	72
001896. SZ	豫能控股	0. 0946	610	-0. 0397	891	0. 5553	20	0. 6102	73
600642. SH	申能股份	0. 4147	56	0. 0609	288	0. 0905	304	0. 5662	87
000937. SZ	冀中能源	0. 1922	307	0. 0120	464	0. 3278	62	0. 5321	101
000027. SZ	深圳能源	0. 3486	97	0. 2344	32	-0. 0754	999	0. 5076	114
000939. SZ	凯迪电力	0. 1252	510	0. 2803	20	0. 0613	397	0. 4667	140
600886. SH	国投电力	0. 3757	78	-0. 0604	1065	0. 1206	236	0. 4360	158

续表

公司代码	股票简称	规模竞争力		效率竞争力		增长竞争力		基础竞争力	
		得分	排名	得分	排名	得分	排名	得分	排名
600188. SH	兖州煤业	0. 3141	121	0. 0866	228	0. 0000	703	0. 4007	201
600027. SH	华电国际	0. 4913	31	-0. 1091	1253	0. 0000	704	0. 3822	228
600348. SH	阳泉煤业	0. 1816	337	0. 0770	244	0. 1016	272	0. 3602	256
601139. SH	深圳燃气	0. 2085	263	0. 1837	57	-0. 0465	913	0. 3457	267
600021. SH	上海电力	0. 3508	92	-0. 0500	991	0. 0422	493	0. 3430	271
600121. SH	郑州煤电	0. 2406	210	-0. 0296	783	0. 1251	228	0. 3361	282
600863. SH	内蒙华电	0. 2440	204	0. 1014	192	-0. 0407	899	0. 3046	314
000690. SZ	宝新能源	0. 1093	552	0. 0663	268	0. 1130	251	0. 2886	333
600674. SH	川投能源	-0. 0151	923	-0. 0056	580	0. 3046	73	0. 2839	340
600098. SH	广州控股	0. 2912	144	0. 0642	275	-0. 0724	990	0. 2829	342
600236. SH	桂冠电力	0. 1709	365	0. 1272	135	-0. 0239	830	0. 2741	361
000539. SZ	粤电力 A	0. 3367	105	-0. 0161	662	-0. 0662	971	0. 2544	397
601699. SH	潞安环能	0. 1812	338	0. 0607	289	0. 0072	666	0. 2491	410
600310. SH	桂东电力	0. 0276	812	0. 0914	218	0. 1083	258	0. 2273	447
600971. SH	恒源煤电	-0. 0273	951	-0. 0694	1116	0. 3137	67	0. 2171	463
601898. SH	中煤能源	0. 3814	74	-0. 0884	1196	-0. 0769	1002	0. 2160	467
600744. SH	华银电力	0. 1912	310	-0. 0767	1151	0. 0970	282	0. 2114	479
600395. SH	盘江股份	-0. 0237	943	0. 0707	255	0. 1571	168	0. 2040	494
000531. SZ	穗恒运 A	0. 0986	594	0. 0739	249	0. 0149	623	0. 1874	531
600505. SH	西昌电力	-0. 1705	1141	0. 2520	28	0. 0659	380	0. 1474	601
000983. SZ	西山煤电	0. 1474	418	0. 0001	541	-0. 0102	769	0. 1373	620
600644. SH	乐山电力	-0. 0051	907	-0. 0265	754	0. 1523	176	0. 1207	655
601001. SH	大同煤业	0. 0790	661	0. 0201	425	-0. 0020	717	0. 0971	697
600578. SH	京能热电	0. 0852	640	-0. 0183	681	0. 0199	590	0. 0868	719
600726. SH	华电能源	0. 1881	317	-0. 1127	1261	0. 0072	664	0. 0826	726
601666. SH	平煤股份	0. 1400	446	-0. 0235	719	-0. 0495	920	0. 0670	757
600995. SH	文山电力	-0. 0358	968	0. 1000	195	-0. 0051	736	0. 0590	769
000543. SZ	皖能电力	0. 1381	450	-0. 1017	1237	-0. 0017	713	0. 0347	810
600509. SH	天富热电	0. 0255	817	-0. 0399	896	0. 0481	467	0. 0336	811
600508. SH	上海能源	0. 0219	830	0. 0847	231	-0. 0738	994	0. 0327	813
600292. SH	九龙电力	0. 0731	677	0. 0131	459	-0. 0690	978	0. 0172	830
600864. SH	哈投股份	-0. 0815	1039	0. 1215	148	-0. 0258	840	0. 0141	835
600969. SH	郴电国际	-0. 0054	908	0. 0398	357	-0. 0445	908	-0. 0102	864
600101. SH	明星电力	-0. 0911	1050	0. 0461	333	0. 0344	522	-0. 0106	866
000993. SZ	闽东电力	-0. 1598	1133	-0. 0149	653	0. 1609	164	-0. 0138	871

续表

公司代码	股票简称	规模竞争力		效率竞争力		增长竞争力		基础竞争力	
		得分	排名	得分	排名	得分	排名	得分	排名
600997. SH	开滦股份	0. 0433	766	-0. 0817	1171	0. 0178	605	-0. 0206	879
601101. SH	昊华能源	-0. 0828	1041	0. 1291	132	-0. 0892	1034	-0. 0429	905
600982. SH	宁波热电	-0. 1108	1080	0. 1178	158	-0. 0566	941	-0. 0497	918
000875. SZ	吉电股份	0. 0505	737	-0. 1367	1296	0. 0132	630	-0. 0729	938
000600. SZ	建投能源	0. 1611	386	-0. 0729	1133	-0. 1615	1173	-0. 0733	940
000780. SZ	平庄能源	-0. 1345	1112	-0. 0169	670	0. 0720	356	-0. 0794	944
600333. SH	长春燃气	0. 0027	883	-0. 0471	962	-0. 0353	881	-0. 0796	945
600979. SH	广安爱众	-0. 1196	1091	-0. 0645	1088	0. 0944	293	-0. 0897	956
601918. SH	国投新集	-0. 0040	903	-0. 0821	1173	-0. 0301	860	-0. 1162	984
000692. SZ	ST 惠天	-0. 0533	991	-0. 0843	1182	0. 0192	595	-0. 1185	988
000933. SZ	神火股份	0. 0628	702	-0. 0911	1204	-0. 0916	1040	-0. 1200	989
600123. SH	兰花科创	-0. 0224	937	-0. 0349	834	-0. 0891	1033	-0. 1464	1018
000601. SZ	韶能股份	0. 0390	779	-0. 0798	1162	-0. 1089	1081	-0. 1497	1019
600116. SH	三峡水利	-0. 1258	1099	-0. 0442	927	-0. 0043	728	-0. 1743	1036
600131. SH	岷江水电	-0. 1653	1136	0. 1416	106	-0. 1799	1191	-0. 2036	1056
000695. SZ	滨海能源	-0. 1871	1155	-0. 0803	1163	0. 0360	513	-0. 2315	1078
600780. SH	通宝能源	0. 0161	846	-0. 0965	1225	-0. 1804	1192	-0. 2607	1100
600396. SH	金山股份	-0. 0393	972	-0. 1084	1251	-0. 1872	1195	-0. 3348	1137
600719. SH	大连热电	-0. 1658	1137	-0. 0804	1164	-0. 1054	1075	-0. 3516	1143
000958. SZ	东方热电	-0. 3514	1234	-0. 0745	1144	0. 0153	620	-0. 4106	1161
600758. SH	红阳能源	-0. 3361	1227	-0. 0394	887	-0. 0948	1049	-0. 4704	1181
000552. SZ	靖远煤电	-0. 4762	1274	-0. 0759	1150	-0. 0052	738	-0. 5573	1217
000968. SZ	煤气化	-0. 1776	1146	-0. 1711	1327	-0. 2333	1226	-0. 5820	1223
000720. SZ	*ST 能山	-0. 4082	1252	-0. 1108	1254	-0. 0884	1029	-0. 6074	1232
000899. SZ	赣能股份	-0. 4436	1263	-0. 1059	1244	-0. 0994	1065	-0. 6489	1240
000966. SZ	长源电力	-0. 2956	1205	-0. 2394	1354	-0. 3937	1323	-0. 9287	1300
600381. SH	ST 贤成	-0. 9931	1364	-0. 3706	1367	0. 2815	84	-1. 0822	1321
000767. SZ	漳泽电力	-0. 3708	1241	-0. 4118	1369	-0. 4091	1330	-1. 1917	1334
000037. SZ	深南电 A	-0. 4863	1278	-0. 1768	1331	-0. 5820	1367	-1. 2451	1340
000426. SZ	富龙热电	-0. 6713	1326	-0. 2113	1346	-0. 5773	1366	-1. 4599	1358
600452. SH	涪陵电力	-0. 5979	1306	-0. 5080	1373	-0. 4082	1328	-1. 5141	1361
能源行业平均		0. 0503		-0. 0110		-0. 0052		0. 0340	
全部主板上市公司平均		0. 017		-0. 0045		-0. 0034		0. 0091	

资料来源：CBCM 竞争力监测数据。

B.7

纺织行业企业竞争力分析

梁泳梅

国际金融危机发生以来，企业的经营环境日趋复杂。为了更好地生存与发展，许多企业都加快了产业变迁和多元化经营的步伐，以获得更大的竞争优势。纺织工业就是典型例子之一。本文根据中国社会科学院工业经济研究所与中国经营报社的监测数据，结合上市企业 2010 年的披露情况，对纺织服装行业上市公司的竞争力及其变化进行了分析。

本文分为两部分。第一部分，分析了纺织工业的总体运行态势，这是分析企业竞争力的宏观产业背景。第二部分，以中国社会科学院工业经济研究所与中国经营报社监测和计算的竞争力指数为基础，具体分析各纺织服装上市公司的竞争力状况。

一　纺织工业的总体运行态势

2010 年以来，中国宏观经济更趋复杂，为纺织工业[①]的生产经营带来了巨大压力。从国内环境来看，随着 CPI 的不断走高，以及棉花等原料价格大幅快速上涨、劳动力和能源等价格持续上升，纺织工业的生产经营成本迅速提高；与此同时，央行为稳定物价而进行的多次提高存款准备金率和提高存贷款利息率，又进一步加大了纺织企业的融资难度。从国际来看，世界金融危机后，欧美等发达经济体的复苏依然缓慢从而导致欧美市场需求难有大幅度提升；中东、北非、东南亚等

① 根据中国国家统计局的行业分类标准，纺织工业是指纺织业，纺织服装、鞋、帽制造业，化学纤维制造业，服装和皮革工业专用设备制造业等。其中，纺织业包括棉、化纤纺织及印染精加工、毛纺织和染整精加工、麻纺织、丝绢纺织及精加工、纺织制成品制造、针织品、编织品及其制品的制造；纺织服装、鞋、帽制造业包括纺织服装制造、纺织面料鞋的制造和制帽；化学纤维制造业包括纤维素纤维原料及纤维制造、合成纤维制造。

部分发展中国家局势动荡，加大了中国纺织业的出口风险；人民币持续升值进一步削弱了中国纺织品的低价优势，对纺织行业的利润空间形成较大压力。种种因素导致 2010 年以来中国纺织行业的生产有所放缓，但是，出口增长速度依然在提升。

（一）纺织工业整体运行情况

1. 产量保持增长但增速趋缓

在国内外种种不利因素的影响下，中国纺织服装行业的产销量虽然仍在增长，但是出现了增速趋缓的势头。

从纺织服装行业的主要产品产量来看，纱、布、服装等产品的产量，在 2010 年都表现出增长平缓并从 2011 年初开始呈现增速下降的趋势（见图 6 - 1 和表 6 - 1）。其中，纱的产量从 2010 年年中开始，便经历了较长时期的增速下降的过程，其同比增长速度从 2010 年 4 月的 17% 一直下降至 12 月的 8%，2011 年初出现大幅波动，2011 年 4 月增速再次下降至 7%。布的产量增长情况分为三大阶段，2010 年上半年增长相对缓慢；下半年的增长则较为喜人，尤其是第四季度的产量增速均在 20% 以上；2011 年开始，服装产量也出现了明显的增速下滑趋势。但是，总体来看，布的生产情况在纺织行业中一直是相对较好的。服装的产量增长情况也可大致划分为两个阶段，2010 年上半年，其产量增长一直维持在相对高位，其中 2010 年 5 月份同比增速甚至达到了 38%；但从 2010 年下半年开始，产量增速提升相对停滞，2011 年上半年更是出现较大幅度的下滑。

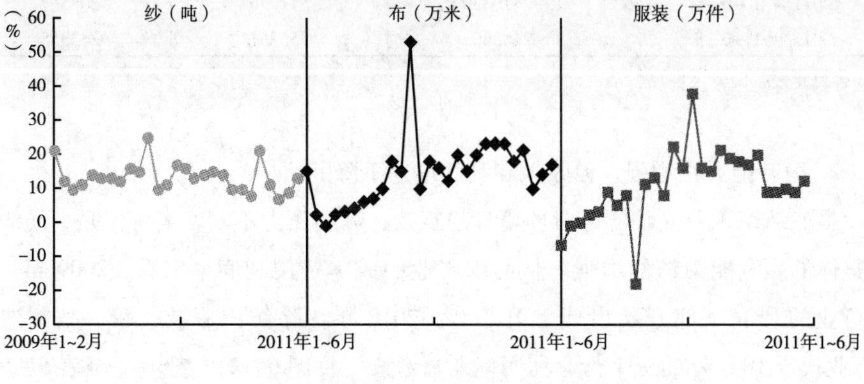

图 6 - 1　纺织服装行业主要产品产量的同比增长情况

资料来源：国家统计局。

表 6-1 纺织服装行业主要产品的产量

	纱(吨)	布(万米)	服装(万件)
2009 年 1~2 月	1503674	377400	206150
2009 年 1~3 月	1953535	462204	188455
2009 年 1~4 月	1953498	451027	180310
2009 年 1~5 月	2047241	476089	184771
2009 年 1~6 月	2213790	515308	214487
2009 年 1~7 月	2046552	480369	206426
2009 年 1~8 月	2067221	500013	203289
2009 年 1~9 月	2126279	520132	217628
2009 年 1~10 月	2176100	517085	211223
2009 年 1~11 月	2212680	531379	214473
2009 年 1~12 月	2355390	553822	249857
2010 年 1~2 月	1628613	550070	167811
2010 年 1~3 月	2166028	498909	242159
2010 年 1~4 月	2255767	529720	311164
2010 年 1~5 月	2335284	542588	262651
2010 年 1~6 月	2439772	581834	253206
2010 年 1~7 月	2305088	570599	239799
2010 年 1~8 月	2468279	563115	250067
2010 年 1~9 月	2441178	614374	262615
2010 年 1~10 月	2404187	626472	259013
2010 年 1~11 月	2467615	635481	269383
2010 年 1~12 月	2521685	648698	283288
2011 年 1~2 月	1886384	380969	233862
2011 年 1~3 月	2310164	502413	194314
2011 年 1~4 月	2303506	487066	200701
2011 年 1~5 月	2410330	511776	208537
2011 年 1~6 月	2608402	555761	232358

资料来源：国家统计局。

2. 盈利能力在增强，但收入和利润增速下降

虽然纺织工业面临的经营环境日趋复杂，赢利压力不断增大，但是，纺织工业整体的赢利能力依然增强。从纺织工业的成本费用利润率来看，2009 年，四个行业的利润率都开始出现上升趋势，2010 年，除纺织服装、鞋、帽制造业（行业代码 18）外的三个行业利润率大幅增长（见图 6-2，表 6-2 至表 6-5）。纺织业（行业代码 17）和纺织服装和皮革工业专用设备制造业（行业代码 365）两个行业还将这种增长势头一直保持到了 2011 年；虽然纺织服装、鞋、帽制造业（行业代码 18）和化学纤维制造业（行业代码 28）两个行业的利润率在 2011 年有所回落，但依然保持在了较高的水平上。

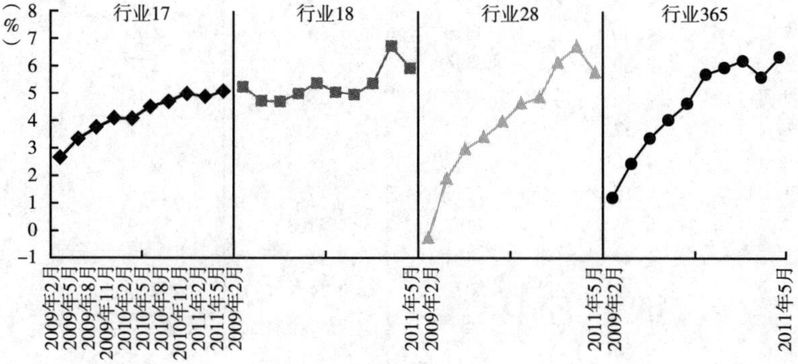

图 6－2　纺织工业四大行业的成本费用利润率

资料来源：国家统计局。

表 6－2　纺织业（行业代码 17）的利润及销售收入增长情况

	成本费用利润率(%)	产品销售收入累计值(亿元)	产品销售收入累计增长(%)	利润总额累计值(亿元)	利润总额累计增长(%)
2007 年 5 月	3.56	6476	22.6	220	33.1
2007 年 8 月	3.83	11252	21.9	412	30.2
2007 年 11 月	3.99	16259	22.1	619	33.1
2008 年 2 月	3.09	2553	17.1	76	23.6
2008 年 5 月	3.5	7627	17.8	257	16.7
2008 年 8 月	3.71	13105	16.5	468	13.7
2008 年 11 月	3.79	18562	14.2	675	9.1
2009 年 2 月	2.69	2561	0.3	67	−11.8
2009 年 5 月	3.35	7813	2.4	249	−3.1
2009 年 8 月	3.77	13768	5.1	493	5.2
2009 年 11 月	4.1	20056	8.0	777	15.1
2010 年 2 月	4.1	3238	26.4	125	88.3
2010 年 5 月	4.53	9815	25.6	418	67.6
2010 年 8 月	4.74	17167	24.7	764	55.1
2010 年 11 月	5.02	25252	25.9	1187	52.7
2011 年 2 月	4.91	4019	24.1	185	47.5
2011 年 5 月	5.12	11872	21.0	567	35.6

资料来源：利润总额累计值、产品销售收入累计值和成本费用利润率均为国家统计局公布数据，利润总额累计增长、产品销售收入累计增长为作者根据现价利润总额累计值、产品销售收入累计值计算而得。

表 6-3　纺织服装、鞋、帽制造业（行业代码 18）的利润及销售收入增长情况

	成本费用利润率(%)	产品销售收入累计值(亿元)	产品销售收入累计增长(%)	利润总额累计值(亿元)	利润总额累计增长(%)
2007 年 5 月	4.53	2528	23.7	108	27.9
2007 年 8 月	4.56	4419	24.8	190	29.5
2007 年 11 月	4.59	6416	24.7	277	26.6
2008 年 2 月	4.56	1071	19.8	46	17.8
2008 年 5 月	4.32	3024	19.6	124	14.3
2008 年 8 月	4.26	5232	18.4	211	11.0
2008 年 11 月	4.45	7537	17.5	317	14.3
2009 年 2 月	5.26	1192	11.3	59	27.8
2009 年 5 月	4.74	3422	13.2	152	23.0
2009 年 8 月	4.71	6077	16.1	269	27.4
2009 年 11 月	5	8885	17.9	416	31.2
2010 年 2 月	5.39	1471	23.4	74	26.1
2010 年 5 月	5.06	4282	25.1	202	32.5
2010 年 8 月	4.97	7433	22.3	345	28.3
2010 年 11 月	5.37	11134	25.3	558	34.2
2011 年 2 月	6.74	1623	10.3	101	36.1
2011 年 5 月	5.93	4626	8.1	254	25.6

资料来源：利润总额累计值、产品销售收入累计值和成本费用利润率均为国家统计局公布数据，利润总额累计增长、产品销售收入累计增长为作者根据现价利润总额累计值、产品销售收入累计值计算而得。

表 6-4　化学纤维制造业（行业代码 28）的利润及销售收入增长情况

	成本费用利润率(%)	产品销售收入累计值(亿元)	产品销售收入累计增长(%)	利润总额累计值(亿元)	利润总额累计增长(%)
2007 年 5 月	3.55	1492	28.9	51	163.8
2007 年 8 月	3.6	2526	27.1	88	107.0
2007 年 11 月	4	3612	28.4	139	118.0
2008 年 2 月	2.05	568	13.6	11	-5.5
2008 年 5 月	2.35	1615	8.2	37	-27.3
2008 年 8 月	1.81	2650	4.9	47	-46.2
2008 年 11 月	0.95	3639	0.8	34	-75.5
2009 年 2 月	-0.29	426	-25.1	-1	-111.1
2009 年 5 月	1.87	1371	-15.1	25	-31.7
2009 年 8 月	2.94	2415	-8.9	69	46.8
2009 年 11 月	3.41	3447	-5.3	114	234.9
2010 年 2 月	3.96	617	45.1	24	1952.8
2010 年 5 月	4.6	1825	33.1	81	217.6
2010 年 8 月	4.87	3065	26.9	143	106.4
2010 年 11 月	6.12	4476	29.9	259	127.5
2011 年 2 月	6.68	854	38.3	54	128.8
2011 年 5 月	5.75	2427	33.0	132	64.0

资料来源：利润总额累计值、产品销售收入累计值和成本费用利润率均为国家统计局公布数据，利润总额累计增长、产品销售收入累计增长为作者根据现价利润总额累计值、产品销售收入累计值计算而得。

表6－5　纺织服装和皮革工业专用设备制造业（行业代码365）的利润及销售收入增长情况

	成本费用利润率(%)	产品销售收入累计值(亿元)	产品销售收入累计增长(%)	利润总额累计值(亿元)	利润总额累计增长(%)
2007年5月	6.14	342	22.3	20	32.2
2007年8月	6.17	562	19.3	33	32.6
2007年11月	5.93	778	17.8	44	26.8
2008年2月	3.99	119	3.7	4	-25.6
2008年5月	4.28	338	-1.0	14	-29.5
2008年8月	3.59	546	-2.8	19	-42.3
2008年11月	3.15	724	-7.0	22	-49.3
2009年2月	1.23	102	-14.1	1	-72.5
2009年5月	2.46	321	-5.3	8	-45.1
2009年8月	3.39	562	2.9	18	-2.9
2009年11月	4.06	833	15.0	32	46.2
2010年2月	4.67	157	53.7	7	464.9
2010年5月	5.75	480	49.6	26	237.2
2010年8月	5.98	834	48.3	47	155.5
2010年11月	6.23	1193	43.2	70	115.1
2011年2月	5.64	192	22.5	10	43.3
2011年5月	6.38	560	16.8	33	29.0

资料来源：利润总额累计值、产品销售收入累计值和成本费用利润率均为国家统计局公布数据，利润总额累计增长、产品销售收入累计增长为作者根据现价利润总额累计值、产品销售收入累计值计算而得。

与纺织行业主要产品产量增速趋缓相对应的，是纺织工业销售收入累计同比增长速度的下降和利润总额累计同比增长速度的下降（见图6－3，表6－2至表6－5）。

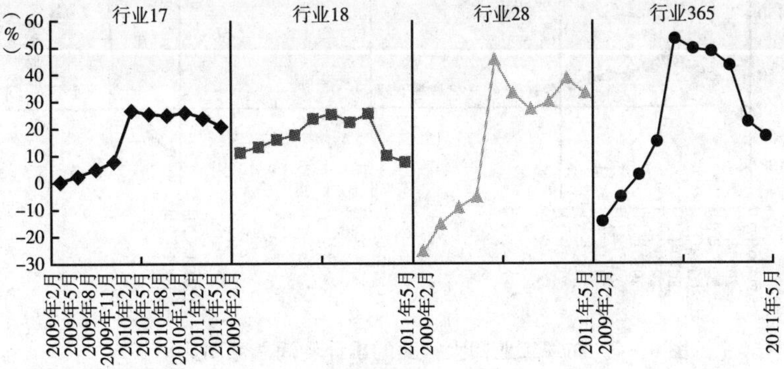

图6－3　纺织工业四大行业的销售收入累计同比增长率

资料来源：根据国家统计局公布的数据计算而得。

从销售收入累计同比增长情况来看，纺织业（行业代码17）的销售收入增长比较稳定，2010年比2009年有了大幅提高，从2010年至今其销售收入累计增速均保持在21%以上；虽然在2011年上半年也出现了增速变缓的趋势，但是这种增速下降的幅度较微小。纺织服装、鞋、帽制造业（行业代码18）的产品销售收入累计同比增速在2010年全年均有稳定提升，但是进入2011年后开始明显下降。化学纤维制造业（行业代码28）和纺织服装和皮革工业专用设备制造业（行业代码365）的产品销售收入累计同比增速波动很大。两个行业在2010年都改变了2009年负增长的情况，出现累计同比增速大幅增长。但是，这种趋势在2011年都有所放缓，尤其是纺织服装和皮革工业专用设备制造业，2011年的同比增速陡然大幅下降。

从利润总额的累计同比增长情况来看，纺织工业四大行业的情况也类似于销售收入累计同比增长情况，只是其波动更为明显（见图6-4，表6-2至表6-5）。其中，纺织服装、鞋、帽制造业（行业代码18）的利润总额同比增长相对较为稳定，从2009年至今，其同比增速基本稳定在23%~36%的区间内。其余三个行业的波动较大，基本遵循了2010年增速加快，但从2010年底2011年初便出现增速放缓的趋势。其中，化学纤维制造业（行业代码28）和纺织服装和皮革工业专用设备制造业（行业代码365）的利润总额累计同比增速波动幅度尤其大。

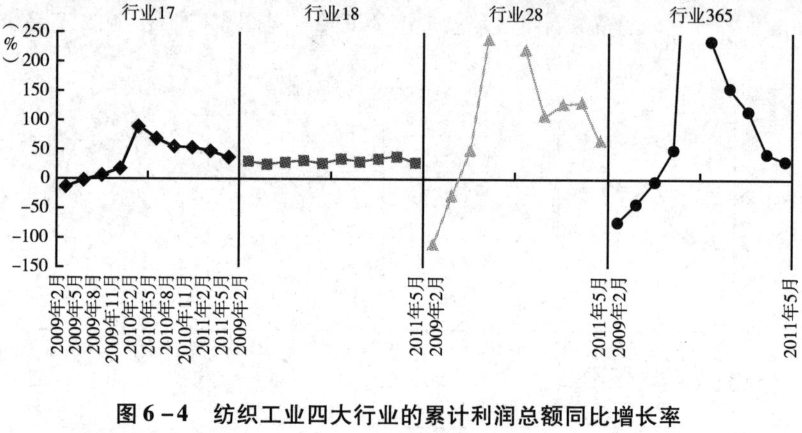

图6-4 纺织工业四大行业的累计利润总额同比增长率

注：为了便于各行业的比较，该图删除了个别极端值。其中，2010年2月，化学纤维制造业的同比增长率为1952.8%，纺织、服装和皮革工业专用设备制造业为464.9%。这两个极端值未在图上表现出来。

这说明，纺织服装、鞋、帽制造业的发展较为成熟，能够较好地应对各种宏观环境的变化而保持稳定的持续增长的赢利能力。化学纤维制造业、纺织服装和皮革工业专用设备制造业受市场变化的影响较大，利润总额的增长常有巨幅波动，表现出这些行业核心竞争力的缺失，因此不能很好地应对宏观环境的变化。

对比利润总额和销售收入的增长，可以发现，2010 年以来，纺织工业总体的利润增长速度要高于销售收入的增长速度。其中，纺织服装、鞋、帽制造业的利润总额和销售收入的增长速度差异最小，化学纤维制造业、纺织服装和皮革工业专用设备制造业的利润总额和销售收入增长速度差异最大。这说明，化学纤维制造业、纺织服装和皮革工业专用设备制造业所获得的产品附加值正在不断提高，利润在收入中所占的比重不断增大，因此，利润率的增长速度才能远远快于销售收入的增长速度。

但是，也要注意到，在纺织服装行业中，实现了产业升级、获得丰厚利润的企业，只是其中较小的一部分。据中国纺织工业协会的测算和统计，目前，纺织服装行业的大部分企业仍然是以定牌、贴牌生产为主，只有 10% 左右的企业拥有自主品牌。当企业拥有了自主品牌，并将其生产链条延伸至产品设计和营销环节时，企业获得的产品附加值就相对较多，其体现的利润也更为丰富。与此佐证的是，目前，在达到规模以上的约 5 万家纺织服装企业中，10% 的规模以上企业贡献了整体利润的 90% 。[①] 同时，那些拥有自主品牌的企业，往往能够获得更强的定价能力，能够在国际市场上表现出更强的竞争力。

3. 纺织品服装出口持续增长但增速变缓

从出口来看，虽然对外贸易环境依然不容乐观，但是，中国的纺织品及服装出口却仍然表现良好。

2010 年，纺织品服装的出口恢复了良好的增长，2010 年出口额达到 2065.3 亿美元，首次超过两千亿元大关，远好于世界金融危机前的状态（见图 6-5）；2010 年比 2009 年同比增长 23.6%，也快于 2007～2009 年各年的同比增长速度。

---

① 武文娟：《纺织服装出口产品价格增长 21%》，http://www.caijing.com.cn/2011-08-02/110797104.html。

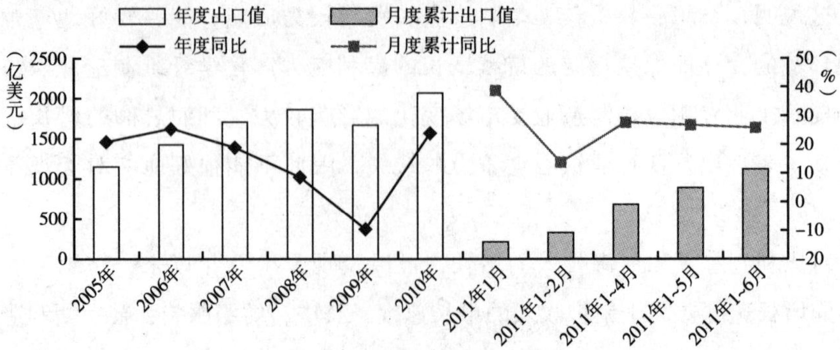

图 6－5　全国纺织品服装出口额及同比增长情况

资料来源：中国海关总署。

2011 年，纺织品和服装的出口仍然持续增长。从整体来看，各月的累计同比增长速度还是比较快的，除了 2 月份的同比增速有较大波动，回落至 13.8% 以外，其余各月份的增速都在 25% 以上。总体而言，纺织服装出口的增长要高于产量的同比增速，可见，纺织服装行业的主要市场仍然是在国外，国外市场的增长仍然是该行业的主要推动力量。

但是，从 2011 年各月出口的趋势来看，增长速度有所放缓，5 月和 6 月的累计同比增速分别比上一个月下降了 0.94 和 0.86 个百分点。

（二）纺织工业的竞争力状况

虽然由于发达国家的经济未迅速恢复而使国际贸易市场环境压力巨大，但是，中国纺织工业的竞争力依然在不断增强，主要表现在以下两个方面。

第一，在国际市场的占有率不断提升。据中国纺织工业协会统计中心测算，2011 年 1～5 月份，中国纺织品服装出口数量增长26%。[①] 与此相对应的，是中国纺织服装在国际市场占有率的不断提升。以“纺织、织物、制成品及有关产品”为例（按 SITC 分类），从 1999 年开始，中国内地超过了德国、中国香港，成为全球最大的纺织品出口国，并在此后一直保持较大的出口量，在全球市场的份额逐年增长。2010 年，中国内地出口的纺织、织物、制成品

① 武文娟：《纺织服装出口产品价格增长 21%》，http：//www.caijing.com.cn/2011－08－02/110797104.html。

及有关产品价值又创新高，达768.7亿元，占当年全球出口总额的38.8%，远远高于第二至第五大出口国或地区（德国，6.7%；意大利，6.5%；美国，6.1%；中国香港，5.7%）。该比例较2009年提高了5.9个百分点。纺织服装国际市场份额的提高，是中国大陆纺织业国际竞争力不断增强的突出表现（见图6-6）。

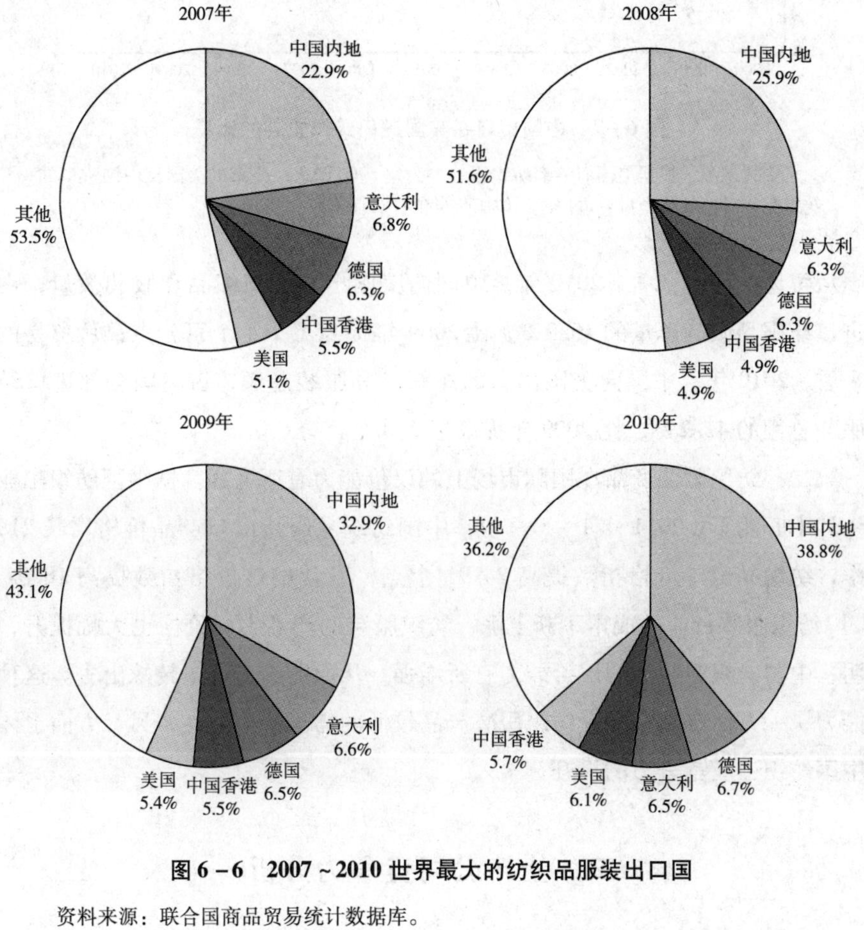

图6-6　2007~2010世界最大的纺织品服装出口国

资料来源：联合国商品贸易统计数据库。

以美国为例具体分析中国纺织品服装的出口变化情况。美国是世界最大的纺织品服装进口国，同时也是中国最大的纺织品服装出口对象。多年以来，中国一直是美国纺织品和服装的最大进口来源国，而且中国的纺织品和服装在美国市场所占的比例在不断提高（见图6-7）。

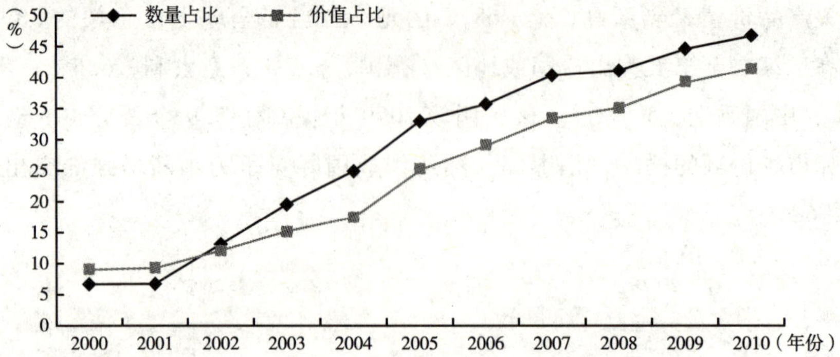

图 6-7 中国出口在美国进口纺织服装的比重

资料来源：根据美国商务部纺织服装办公室（OTEXA）公布的美国从中国进口的纺织服装量值及从全世界进口的纺织服装量值计算而得。

从贸易的数量来看，2010 年，中国向美国出口的纺织品和服装数量，占美国进口纺织品服装总量的 46.9%，比 2009 年提高了 2.4 个百分点；从贸易的价值来看，2010 年，中国向美国出口的纺织品和服装总额，占美国全部进口纺织品服装总额的 41.2%，比 2009 年提高了 2.0 个百分点。

第二，纺织服装商品在国际市场上的议价能力有所增强。据中国纺织工业协会统计中心测算，2011 年 1～5 月份，中国纺织品服装出口产品价格增长 21%；其中，纺织品出口价格指数提高 24.91 个点，服装出口价格指数提高 18.91 个点。[①] 纺织服装行业的成本不断上涨，纺织服装的产品出口价格也大幅提升，这说明，中国纺织服装品的议价能力有所增强，从而能够把成本转嫁出去。这种议价能力，一方面自然是基于纺织服装产品较低的需求价格弹性，另一方面也体现了中国纺织工业竞争力的提升。

二 上市公司竞争力分析

根据中国社会科学院中国产业与企业竞争力研究中心的监测，截止到 2011 年 6 月 30 日，中国沪、深两市主板纺织服装类的上市公司共 46 家。其中，应该

① 武文娟：《纺织服装出口产品价格增长 21%》，http://www.caijing.com.cn/2011-08-02/110797104.html。

剔除主业已经变更的 3 家：东方金钰（600086）、九龙山（600555）、ST 远东（000681），本文只考察 43 家。另外，在中小板块里，纺织服装类上市公司有 29 家。创业板块中没有纺织服装类上市公司。

对上市公司竞争力指标的考察分为三个方面：第一方面是对规模竞争力的考量，包括销售收入、净资产、净利润三项指标；第二个方面是对增长竞争力的考量，包括销售收入的增长指标和净利润的增长指标；第三个方面是对效率竞争力的考量，包括全员劳动效率、净资产利润率和总资产利润率三项指标。由此计算出来的竞争力监测值，值越高表明竞争力越强；值为正表示该公司的竞争力高于全部上市公司的平均水平；值为负表示公司的竞争力低于全部上市公司的平均水平。

（一）纺织服装上市公司的竞争力得分不断提高

考察主板市场中纺织服装行业 43 家公司的竞争力情况可以发现：

首先，从总体来看，2010 年纺织行业上市公司的竞争力有了进一步提升。

从图 6－8 可见，从 2008 年到 2010 年，纺织服装上市公司的基础竞争力以及其中的规模竞争力和效率竞争力两个子方面都出现了明显提升的态势。2008 年，纺织业上市公司的基础竞争力还为负值，该行业的竞争力仍然低于全部上市公司的平均水平；从 2009 年起，纺织服装上市公司的竞争力有了大幅提升，2010 年其基础竞争力平均值达到了 0. 0548，已经具备了较明显的竞争优势。从规模竞争力和效率竞争力这两个子方面来考察，竞争力均有提升。其中，效率竞争力的提升尤其明显，从 2008 年和 2009 年的负值提升到了 2010 年的正值，即由低于全部上市公司的平均水平提升到了大幅高于全部上市公司的平均水平，说

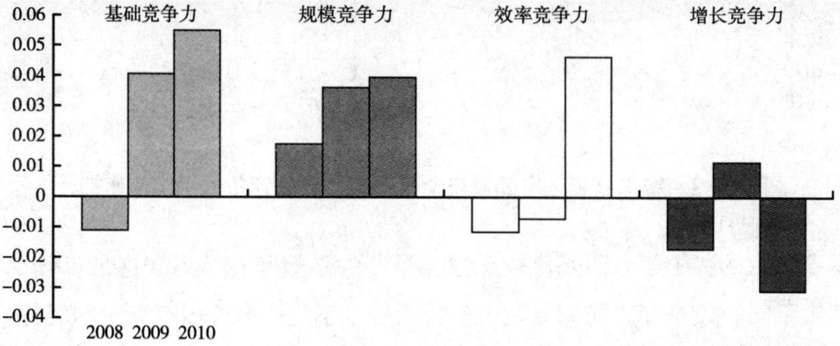

图 6－8 纺织服装上市公司竞争力的均值变化

明纺织服装上市公司的效率竞争力在2010年有了非常明显的质变。但是，在增长竞争力方面，却出现了下降的势头，其状况甚至要差于2009年和2008年。2009年相对于2008年的快速增长，可能是由于国家对于纺织服装行业的刺激政策，但是2010年却出现了更大的下降。

其次，纺织服装上市公司与全部上市公司相比，竞争优势较为明显。

2010年，纺织服装上市公司的基础竞争力监测值区间为（-0.8117，0.4152），而全部上市公司的基础竞争力监测值区间为（-2.3163，1.4719）；纺织行业上市公司基础竞争力的平均值为0.0548，高于全部上市公司基础竞争力的平均值（0.0091）。在纺织企业上市公司中，有30家企业的基础竞争力监测值为正，13家企业的值为负。

进一步来看，无论是规模竞争力还是效率竞争力，纺织服装上市公司的平均值都高于全部上市公司的平均值（见图6-9），均在全部上市公司中处于相对较高的水平。这与上年及前年相比有了很大提升。2008年和2009年，纺织服装行业上市公司的效率竞争力均值都低于全部上市公司的平均水平，可见，纺织行业企业的效率竞争力正在不断突出。但是，从增长竞争力来看，纺织服装上市公司的平均值则低于全部上市公司的平均值，这种情况要逊色于2009年。

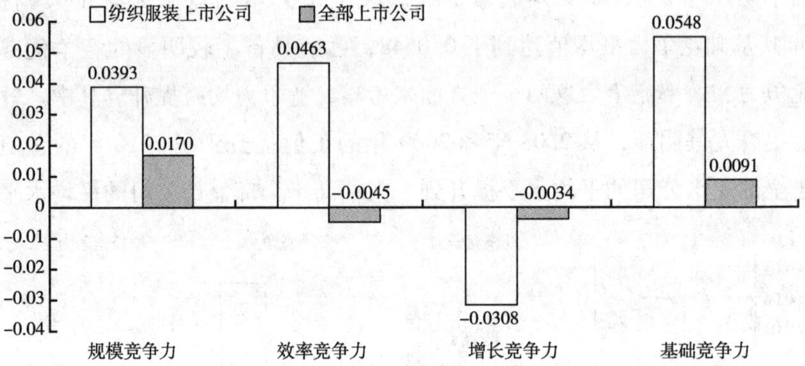

图6-9 纺织服装上市公司与全部上市公司的竞争力平均值比较

从竞争力的各个子方面来比较，情况最好的是效率竞争力，这与2009年的情况有很大不同。2009年，纺织服装上市公司的效率竞争力并没有突出的优势。2010年，纺织服装上市公司的效率竞争力均值为0.0463，既高于上年的均值-0.0072，也远远高于2010年全部行业上市公司规模竞争力均值-0.0045，效率竞争优势明显，且有大幅提升。不过，这种效率竞争优势主要体现在少数纺织服装企业上，效率竞争力得分较高的是ST源发、时代万恒、航天通信、申达股份和上海三毛，其在全部主板上市公司效率竞争力排名中分别位居第6、23、56、65和90位。这些企业一定程度上拉高了纺织服装行业企业的效率竞争力平均得分。

值得注意的是，这些效率较高的企业，并不是规模最大的企业，除了申达股份和航天通信以外，其他企业的规模排名并不十分靠前，例如，最具效率竞争力的上海华源企业发展股份有限公司（ST源发），其规模竞争力仅居全部纺织服装上市公司的倒数第二位。这说明，目前，纺织服装上市公司的效率与规模联系并不密切。

纺织服装上市公司的规模竞争力也相对较好，其均值为0.0393，高于全部上市公司的均值0.0170。而且，纺织服装上市公司2011年的规模竞争力高于上年的平均水平（上年为0.0361）。其中，规模竞争力得分较高的是雅戈尔、际华集团、鄂尔多斯、鲁泰A和申达股份等，在全部主板上市公司增长竞争力排名中分别位居第126、151、160、293和332位。

根据这些规模竞争力突出的企业的主营业务，可以将其划分为两大类：第一类是主营业务除了与纺织服装相关外，还大量涉及其他领域（而且是与纺织服装并无甚大相关性的领域）的企业。其典型代表是雅戈尔集团股份有限公司和内蒙古鄂尔多斯羊绒制品股份有限公司。其中，雅戈尔的品牌服装业务与地产开发业务并驾齐驱，2010年其营业收入占主营业务收入的比例分别为41.61%和47.15%。鄂尔多斯的主营业务除了生产及销售羊绒制品外，还大量涉足发电、供电、供热、铁合金、硅铁、硅锰、硅铝、金属镁、工业硅、多晶硅的生产及销售等业务，而且其在电冶方面的业务收入比例非常大。第二类是主营业务专注于纺织服装相关的企业，如际华集团、鲁泰A和申达股份等。这些企业纯粹从事纺织及服装行业，并未涉及其他领域的生产与经营。

在规模竞争力最突出的企业群中，存在这两类主营业务方式不同的情况，恰恰说明了纺织服装行业的复杂性和发展性。一方面，这说明纺织服装行业的竞争非常激烈，其赢利能力相对有限，因此，即便是该行业的龙头企业也在不断寻找新的行业和领域，以期发现新的赢利点，来保持企业的增长和收益。例如，地产开发和电冶行业，就是近期内利润率相对较高的行业。另一方面，部分只专注于纺织服装行业的企业，其规模竞争力也非常突出，这说明了纺织服装行业正在快速发展，能够为企业提供越来越多的赢利和增长空间。

纺织服装上市公司的增长竞争力没有突出的优势，反而有所下降。其得分均值为－0.0308，低于全部上市公司的均值－0.0034，而且，也低于上年的增长竞争力情况。其中，增长竞争力得分较高的是中银绒业、ST源发、际华集团、雅戈尔和浙江富润，在全部上市公司的增长竞争力排名中分别为226、294、317、335和346位。

纺织服装上市公司的竞争力状况差异较大，尤其是排名前几位的公司与排名后几位的公司之间差距尤其明显。就规模竞争力、效率竞争力和增长竞争力相对分布看（见表6－6），规模竞争力的差异最大，其标准差达0.1328；效率竞争力的差异最小，标准差仅为0.0944。但无论是规模竞争力还是效率竞争力，其差异与上年相比都有缩小的趋势。

表6－6　主板市场纺织行业43家公司的竞争力值的简单统计描述

单位：%

	基础竞争力	规模竞争力	效率竞争力	增长竞争力
区间	（－0.8117，0.4152）	（－0.4029，0.3113）	（－0.0568，0.3921）	（－0.3961，0.1253）
均值	0.0548	0.0393	0.0463	－0.0308
标准差	0.2414	0.1328	0.0944	0.1171

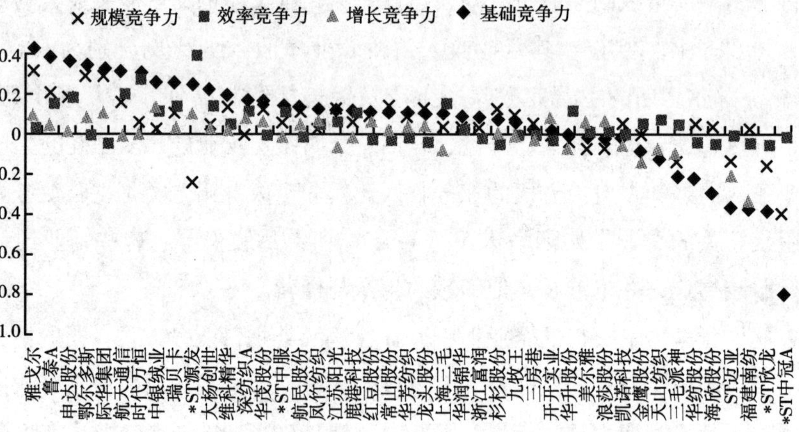

图6－10　主板市场纺织行业46家公司的竞争力值分布

（二）从竞争力排名来看，大部分纺织服装上市公司排名下降

虽然纺织服装上市公司的竞争力得分在提高，但是，从竞争力排名的角度来

看，大部分纺织服装上市公司却出现了排名位次的较大下降。

2010 年，纺织服装类上市公司能够进入全行业 300 强的只有 5 家，比 2009 年减少了 6 家。而且，动态来看，大部分纺织服装类上市公司在全部行业中的基础竞争力排名都出现了较大幅度的下降。龙头企业雅戈尔在 2010 年的排名为 184 位，远远低于 2009 年和 2008 年的位次，甚至也低于 2007 年的排名水平。与 2009 年相比，鲁泰 A、鄂尔多斯等龙头企业以及大部分普通的纺织服装类上市公司都无可避免地出现了排名下降。在这个行业中，竞争力排名有所提升的上市公司仅有 6 家，中银绒业、＊ST 源发、＊ST 中服、华芳纺织、天山纺织和华纺股份（见表 6－7）。

表 6－7　纺织服装行业上市公司基础竞争力排名变化情况（主板）

股票简称	在主板全部行业中的排名			
	2010 年	2009 年	2008 年	2007 年
雅戈尔	184	9	31	119
鲁泰 A	236	48	91	135
申达股份	259	124	149	260
鄂尔多斯	273	52	25	105
际华集团	294	—	—	—
航天通信	303	—	—	—
时代万恒	309	208	949	236
中银绒业	395	462	658	529
瑞贝卡	407	119	109	209
＊ST 源发	418	1087	1169	680
大杨创世	493	148	283	281
维科精华	536	405	973	321
深纺织 A	572	350	633	698
华茂股份	576	381	386	435
＊ST 中服	633	988	1083	320
航民股份	642	182	247	354
凤竹纺织	652	501	757	538
江苏阳光	661	211	115	216
鹿港科技	662	—	—	—
红豆股份	683	592	663	605
常山股份	686	263	289	445
华芳纺织	687	1001	507	221
龙头股份	692	688	666	599

续表

股票简称	在主板全部行业中的排名			
	2010 年	2009 年	2008 年	2007 年
上海三毛	693	577	214	357
华润锦华	715	436	621	495
浙江富润	724	287	816	561
杉杉股份	741	300	280	267
九牧王	785	—	—	—
三房巷	833	545	771	498
开开实业	837	702	304	979
华升股份	863	432	888	724
美尔雅	878	571	753	930
浪莎股份	885	282	706	407
凯诺科技	886	483	603	463
金鹰股份	958	824	1090	531
天山纺织	998	1083	791	872
三毛派神	1064	834	966	940
华纺股份	1073	1090	637	1009
海欣股份	1120	717	1186	1060
ST 迈亚	1148	—	—	—
福建南纺	1151	468	677	1063
*ST 欣龙	1156	—	—	—
*ST 中冠 A	1280	984	1230	1247

纺织服装上市公司的竞争力得分提高，与大部分纺织服装上市公司竞争力排名下降，这两者之间并不矛盾；反而恰恰显示出整个宏观经济的复杂性和企业经营环境变化所带来的严峻挑战。纺织服装上市公司的竞争力得分提高，是纺织服装上市公司本身与往年的情况进行对比，以及与全部上市公司的平均情况进行对比以后得出的结论。它表明纺织服装上市公司的竞争力要略好于全部上市公司的平均状况，说明该行业上市公司的竞争力提升是确实存在的。但从另一个方面来看，企业竞争力排名则是一个相对比较的过程。大部分纺织服装上市公司竞争力排名下降，说明有一部分其他行业的企业，更能适应经营环境的变化，或者是由于当前阶段经营环境的变化对这部分企业的影响相对较小，或者是这部分企业更好地利用了当前阶段经营环境的变化，因此其竞争力提升的速度更快，要远远快于纺织服装上市公司的竞争力提升程度，因此其排名大幅前进，而纺织服装上市公司的排名则出现下降。

(三) 主板上市公司的竞争力分组分析

根据各上市公司基础竞争力的差异性，按照各上市公司基础竞争力得分在本行业的排名，可以把主板市场的43家纺织类公司划分为5组。各组竞争力的基本概况见表6-8、6-9。

表6-8 主板市场纺织行业公司竞争力排名分组情况

组别	股票简称	基础竞争力在全部行业的排名	纺织服装行业内的排名			
			基础竞争力	规模竞争力	效率竞争力	增长竞争力
1	雅戈尔	184	1	1	21	4
	鲁泰A	236	2	4	6	16
	申达股份	259	3	5	4	23
	鄂尔多斯	273	4	3	29	6
	际华集团	294	5	2	41	3
2	航天通信	303	6	6	3	29
	时代万恒	309	7	18	2	25
	中银绒业	395	8	28	11	1
	瑞贝卡	407	9	14	8	20
	*ST源发	418	10	42	1	2
	大杨创世	493	11	24	7	19
	维科精华	536	12	8	19	21
	深纺织A	572	13	34	10	7
	华茂股份	576	14	12	27	10
	*ST中服	633	15	19	12	26
3	航民股份	642	16	13	33	14
	凤竹纺织	652	17	31	17	9
	江苏阳光	661	18	10	15	31
	鹿港科技	662	19	20	13	27.5
	红豆股份	683	20	15	36	11
	常山股份	686	21	7	35	22
	华芳纺织	687	22	17	32	15
	龙头股份	692	23	11	37	18
	上海三毛	693	24	26	5	34
	华润锦华	715	25	27	20	17

续表

组别	股票简称	基础竞争力在全部行业的排名	纺织服装行业内的排名			
			基础竞争力	规模竞争力	效率竞争力	增长竞争力
4	浙江富润	724	26	29	31	5
	杉杉股份	741	27	9	40	24
	九牧王	785	28	16	26	27.5
	三房巷	833	29	22	24	30
	开开实业	837	30	33	34	8
	华升股份	863	31	35	9	33
	美尔雅	878	32	36	22	13
	浪莎股份	885	33	37	23	12
	凯诺科技	886	34	23	25	32
	金鹰股份	958	35	32	16	37
5	天山纺织	998	36	38	14	35
	三毛派神	1064	37	40	18	36
	华纺股份	1073	38	21	38	40
	海欣股份	1120	39	25	39	41
	ST 迈亚	1148	40	39	28	39
	福建南纺	1151	41	30	42	42
	*ST 欣龙	1156	42	41	43	38
	*ST 中冠 A	1280	43	43	30	43

表 6-9　主板市场纺织行业公司各组竞争力值的简单统计描述

组别	公司数量	基础竞争力值区间		组内均值			
		最小值	最大值	基础竞争力	规模竞争力	效率竞争力	增长竞争力
1	5	0.3192	0.4152	0.3628	0.2514	0.0577	0.0537
2	10	0.1318	0.3130	0.2224	0.0409	0.1481	0.0334
3	10	0.0896	0.1264	0.1074	0.0778	0.0239	0.0057
4	10	-0.0917	0.0836	0.0071	0.0110	0.0098	-0.0137
5	8	-0.8117	-0.1316	-0.3535	-0.1083	-0.0144	-0.2308

1. 第一组的特点

第一组企业是在纺织服装行业内基础竞争力排名前5位的企业，是纺织服装业的龙头企业。这5家企业在全部上市公司的排名中位列第184～294位之间，都进入了前300强。5家企业的基础竞争力监测平均值为0.3628，规模竞争力、效率竞争力和增长竞争力的均值分别为0.2514、0.0577和0.0537。这三个因素相比较而言，规模竞争力要远高于效率竞争力和增长竞争力，说明纺织服装龙头企业的竞争力主要来自规模因素。规模优势突出是其能够进入第一组的主要原因。

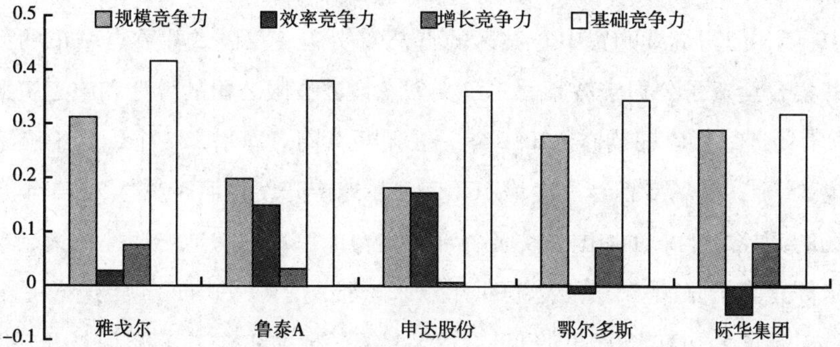

图 6-11　第一组公司的竞争力值

（1）规模与效率的选择：两种模式

对比 5 家企业的各项竞争力得分，尤其是规模与效率之间的组合，可以发现取得较强竞争力存在着两种模式。

第一种模式：以规模取胜。规模效应在企业的生产经营中具有十分重要的意义，一旦企业在适当的时候迅速扩大规模，达到一定程度后，就能有效减少成本，占据较大市场份额。然而，在一定的时期内，企业的资源和投入总是有限的。当某个企业在某个阶段内选定了以扩张规模为主的目标后，往往很难同时兼顾效率问题，其在精细而严格的成本控制、持续的生产技术研发方面，或者在灵活个性化而有利于创新的管理模式方面就会有所忽略，因此，相对来说，企业效率就会相对较差。但是，在规模扩张的初期，由规模扩大所带来的减少成本等一系列好处，仍然能够弥补效率损失，从而使企业获得较强的竞争力。

在第一组企业中，雅戈尔集团股份有限公司、内蒙古鄂尔多斯羊绒制品股份有限公司、际华集团股份有限公司就是典型的例子。雅戈尔、际华集团和鄂尔多斯的规模竞争力都非常突出，规模竞争力在行业内排名前 3 位；然而，这些企业的效率竞争力却相对较弱，效率竞争力排名在行业内分别位于第 21、41 和 29 位。际华集团和鄂尔多斯的效率竞争力甚至落后于全部上市公司的平均水平。但是，这并不影响其获得综合竞争力。

例如，雅戈尔在 2010 年也仍然继续其一贯的扩张规模的路径。在品牌服装方面，除了原有的主导品牌 YOUNGOR 之外，还进一步针对细分市场推出了 MAYOR、GY、Hart Schaffner Marx、CEO 和 HANP 等五个品牌，并为各品牌成立了独立的工作室，确定了推广区域。此外，公司还进一步扩张营销网络和渠道。在 2010 年，公司继续购置中心城区的自营专卖店，积极进驻重点城市的大型商场，并集合全资子公司宁波雅戈尔汉文创意设计有限公司的设计和施工资源，对 686 家卖场进行了店铺装修。2010 年，公司经营网点净增 187 个，其中自营专卖店净增 33 个，商场专柜专厅净增 168 个。在地产开发方面，虽然 2010 年是房地产市场的调控之年，面临国务院及各部委出台的一系列房地产调控政策，雅戈尔依然未停止其扩张的步伐，从 2004 年以来，雅戈尔以平均每 3 年进入一个城市的速度，推进公司在长三角的布局。2004 年，雅戈尔进入苏州市场。2007 年，雅戈尔进入杭州市场，并在 2010 年竞得杭政储出 53、56 号地块，新增规划建筑面积 134972 平方米。2010 年，雅戈尔又进入上海市场，通过竞价获得上海普陀区长风生态商务区 8 号东地块。通过不断的规模扩张，雅戈尔实现了可观的销售收入和利润。2010 年，公司的品牌服装业务实现营业收入 609861 万元，较上年同期增长 9.05%，实现净利润 70501 万元；地产开发业务实现营业收入 685291 万元，较上年同期增长 31.90%，实现净利润 67922 万元。通过较强的规模竞争力，雅戈尔再次保持了其在纺织服装行业具有最强竞争力的龙头企业的地位。

第二种模式：效率与规模并重。规模的扩张容易受到资本等因素的限制，因此，部分企业选择在获得了一定规模的基础上，依靠不断提高经营效率来获取竞争力。通过专注于精细化的管理来减少成本、提高劳动效率，或者通过不断的技术创新和产品创新，获得更高的产品附加值，以提高利润率，取得较强的竞争力。

在第一组企业中，鲁泰纺织股份有限公司和上海申达股份有限公司就是典型的例子。鲁泰 A 和申达股份的规模和效率比较匹配，其规模竞争力在行业内分别排名第 4 位、第 5 位，效率竞争力则排名第 6 位和第 4 位。通过规模和效率的双重支持，保证了公司能够获得稳定而持久的竞争力。

例如，鲁泰纺织股份有限公司就一直非常注重通过持续的技术创新和产品创新来稳定市场份额，保持企业的竞争力。鲁泰公司的产品 80% 以上用于出口，其主要的市场是日本、韩国、美国、英国、意大利等国家和地区。在金融危机使全球经济疲软、消费需求有所下降，以及 2010 年中国的棉花等原材料价格大幅飙升、劳动力成本持续上涨等压力下，鲁泰公司仍然取得了相对较好的生产经营业绩，根本原因就在于该公司对新产品研发、新技术推广和新成果转化的重视。在2010年，该公司又完成新产品开发9项，课题攻关项目58项，技术革新305项，授权专利27项；并获得国家重大科技成果转化项目1项，山东省科技进步一等奖1项，国家重点新产品1项，并有4项新产品、新技术通过省科技成果鉴定，其中2项达到国际先进水平。以先进技术为核心的、功能和面料丰富的产品体系，为鲁泰带来了可观的收益。2010年，公司实现营业收入502562.41万元，营业利润90781.80万元，分别比上年同期增长24.51%和39.17%；公司的净利润增长率和净资产收益率分别达到了29.61%和16.78%，高于2009年的11.16%和14.55%。当然，在注重经营效率的同时，鲁泰公司也依然保持着一定的规模扩张的速度。从2008年开始，公司就通过A股市场实施了再融资，用于建设多个生产项目。2010年，“1000万米高档大提花女装面料生产线项目”投产，“品牌与销售网络建设项目”不断推进，使公司在国内大中城市的高档商场设立的专卖店和专柜增加到36家，实体营销网络进一步扩大，公司还成立了“鲁泰在线”开展网络销售。较高的规模竞争力和效率竞争力，使鲁泰多年来一直维持着行业龙头企业的地位。

从长期来看，以效率提升作为支撑基础的规模扩张，会更具有可持续性，竞争力提升的空间应该会更高。

（2）产业变迁：复杂的经济环境及多元化的选择

中国作为一个正在快速发展且已迈进改革深化期的发展中大国，由此而产生复杂的宏观经济环境、轮番推进的产业政策，由于各个领域的改革而引起各种生产要素供求和价格的变化，以及由此引致的各种消费需求的产生和衰微，一方面为广大企业提供了丰富的机会，另一方面也给企业带来了巨大的挑战。复杂的经济环境带来了产业环境的变化，在一定程度上导致部分企业很难持续在某一个产业或领域里进行长期持续的深耕，而是不断寻找和涉足新的具有更高利润率的产业和领域。企业所推进和涉及的产业变迁，在当前已经成为一个现实，并在纺织服装企业中有了明显的表现。

以第一组企业，即纺织服装行业上市公司的龙头企业为例，5家企业全都不同程度地涉及了纺织服装产业以外的领域，甚至有的企业，其主营业务构成中很大比例已经不是纺织服装业。还有的企业已经不是单纯的制造业企业，而成为了投资型企业。

这尤其以内蒙古鄂尔多斯羊绒制品股份有限公司最为明显。鄂尔多斯已经从服装产业跨入了能源化工产业，其经营重点也从轻工业转化至重化工业。除了服装生产和原有的煤炭开采和洗选、发电、冶金外，同时还运行了多晶硅和氯碱化工项目。2010年，鄂尔多斯在电冶领域的营业收入为923221万元，占全部营业收入的78.69%，其中原煤开采近500万吨，洗选450万吨，发电108亿千瓦时，生产硅铁64万吨、硅锰12万吨、电石58万吨、多晶硅2吨。鄂尔多斯在服装行业的营业收入为232698万元，仅占全部营业收入的19.83%。

雅戈尔的业务也涉及三大产业，其中，2010年在品牌服装的营业收入为603850万元，占全部营业收入的41.61%；在房地产领域的营业收入为684283万元，占全部营业收入的47.15%。以外，雅戈尔还涉及了金融投资业务，其通过金融投资业务实现的净利润达124541万元，远高于通过服装业务实现的净利润70501万元和通过房地产业务实现的净利润67922万元。从这个角度来看，雅戈尔已经不是纯粹的制造业企业，而是转化成为了投资型企业。

际华集团股份有限公司以职业装和职业鞋靴的生产制造为主，但是也依然涉及了药品等其他领域的生产经营。2010年，际华集团在其他行业的营业收入达189360万元，占全部营业收入的11.88%。

鲁泰A一直专注于纺织行业，2010年，纺织产品为企业带来的营业收入是439005万元，占全部营业收入的87.35%。但是，鲁泰A也依然涉及了其他与纺织服装关系不大的行业，如其在热电生产方面的营业收入为10634万元，占全部营业收入的2.12%；在中成药制造方面的收入为684万元，占全部营业收入的0.14%。

上海申达股份有限公司较专注于与纺织品相关的业务，其主营业务包括以纺织品为主的外贸业务、纺织新材料业务、汽车配套纺织品业务等。但是，申达股份同时也涉及了房产业务，其营业收入为1435万元，虽然仅占全部营业收入的0.24%，但是，申达股份有限公司已经在试探性地参与房地产开发项目，并对该领域未来的拓展有了进一步的规划。

纺织服装行业的龙头上市公司，全部都不同程度地进行了产业多元化的选择，这也许从一个侧面反映了，在产业环境多变和宏观经济环境较复杂的情况下，企业涉及多个领域的生产经营和投资，正如“把鸡蛋装在多个篮子里”的道理一样，有利于分散风险，寻找利润最大化，是一种较理性的选择。

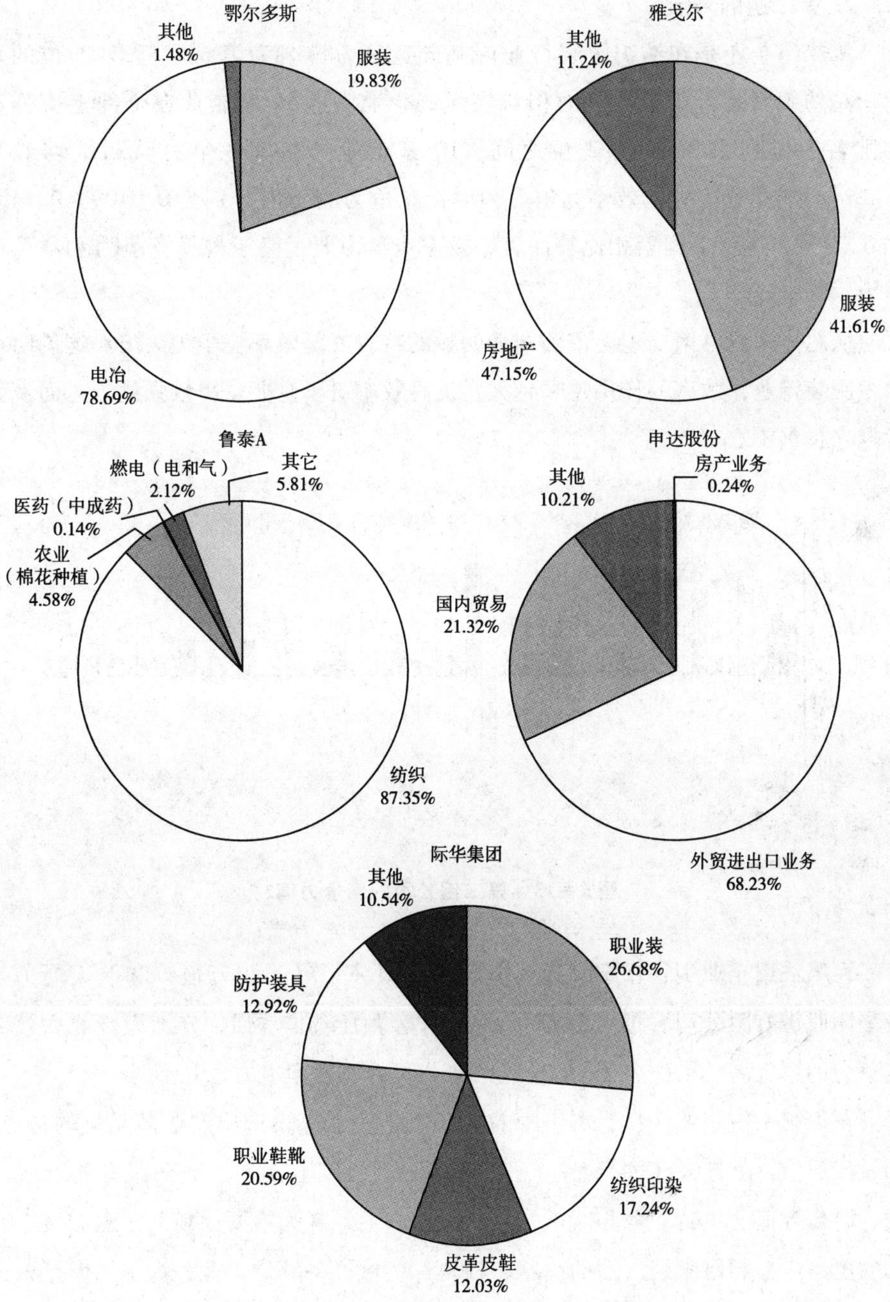

图6-12　企业在各个行业的营业收入占其全部营业收入的比重（2010年）

资料来源：作者根据各企业年报公布数据计算而得。

2. 第二组的特点

第二组企业是在纺织服装行业内基础竞争力排名为第 6 位至第 15 位的企业，是纺织服装行业中竞争力相对较强的企业。这 10 家企业在全部上市公司的排名中位列第 303 ~ 633 位之间。10 家企业的基础竞争力监测平均值为 0. 2224，规模竞争力、效率竞争力和增长竞争力的均值分别为 0. 0409、0. 1481 和 0. 0334。这三个因素相比较而言，效率竞争力要远高于规模竞争力和增长竞争力。

从总体来看，第二组上市公司最明显的特点就是效率竞争力突出。这说明在纺织服装行业，效率的作用越来越大，提高效率对于企业获得较强竞争力而言显得越来越重要。

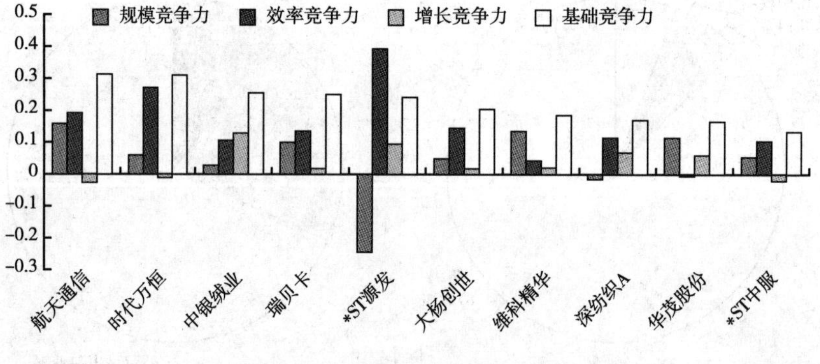

图 6 - 13　第二组公司的竞争力值

在第二组企业中，辽宁时代万恒股份有限公司（时代万恒）和航天通信控股集团股份有限公司（航天通信）的效率竞争力都非常强，分别为行业内效率竞争力的第 2 名、第 3 名,① 而且这两家公司的规模竞争力也并不弱。

正如第一组企业一样，本组中的大多数企业也都表现出产业多元化的特点。如航天通信，就涉及了军品制造、物业管理、纺织业制造、通信服务等众多领域。时代万恒的主营业务相对单一，是以棉、毛、麻为主要面料的梭织服装、服饰的出口业务和以服装所需的面料、辅料、机械设备等进口业务为主，但是该公

① 上海华源企业发展股份有限公司的效率竞争力排名第一，但其中有公司破产重组的影响，因此不作分析。

司也涉及了房地产业务，2010 年在房地产领域的营业收入占到了全部营业收入的 22.77%。

3. 第三组的特点

第三组企业是在纺织服装行业内基础竞争力排名为第 16 位至第 25 位的企业，在纺织服装行业中并没有很明显的竞争力。这 10 家企业在全部上市公司的排名中位列第 642 ~ 715 位之间。10 家企业的基础竞争力监测平均值为 0.1074，规模竞争力、效率竞争力和增长竞争力的均值分别为 0.0778、0.0239 和 0.0057。在竞争力的三个方面都不突出，相对而言，规模竞争力相对较强，增长竞争力则明显偏弱。

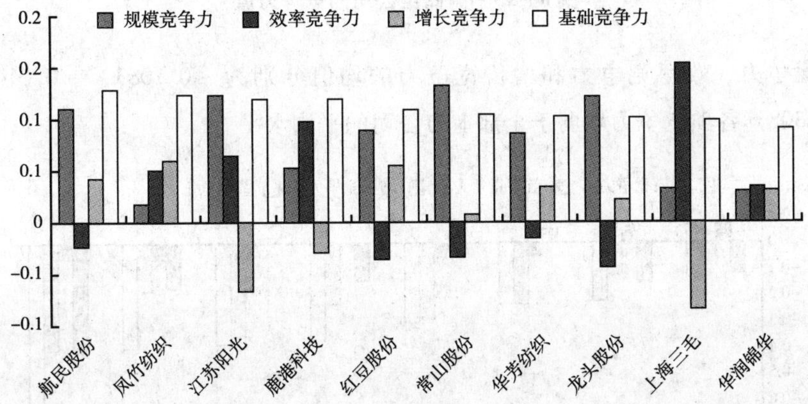

图 6-14　第三组公司的竞争力值

4. 第四组的特点

第四组企业是在纺织服装行业内基础竞争力排名为第 26 位至第 35 位的企业，其在纺织服装行业中竞争力相对较弱。这 10 家企业在全部上市公司的排名中位列第 724 ~ 958 位之间。10 家企业的基础竞争力监测平均值为 0.0071，规模竞争力、效率竞争力和增长竞争力的均值分别为 0.0110、0.0098 和 -0.0137。

5. 第五组的特点

第五组企业是在纺织服装行业内基础竞争力排名为第 36 位至第 43 位的企业，是在纺织服装行业中没有什么竞争力的企业。这 8 家企业在全部上市公司的排名中位列第 998 ~ 1280 位之间。8 家企业的基础竞争力监测平均值为 -0.3535，

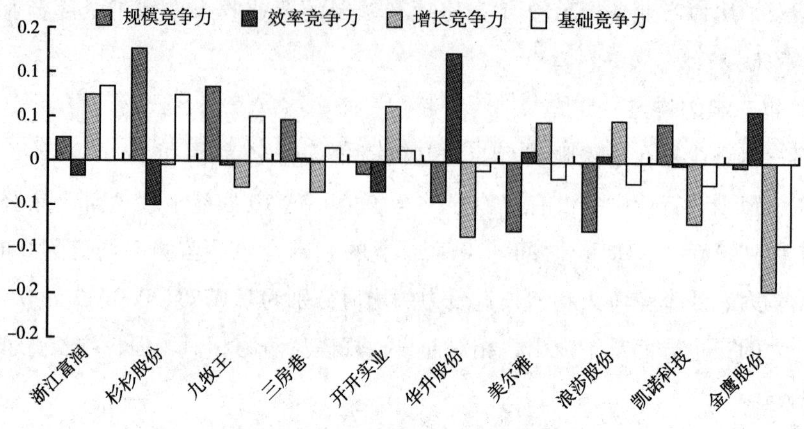

图 6-15　第四组公司的竞争力值

规模竞争力、效率竞争力和增长竞争力的均值分别为 -0.1083、-0.0144 和 -0.2308。各项竞争力均弱于全部上市公司的平均水平。

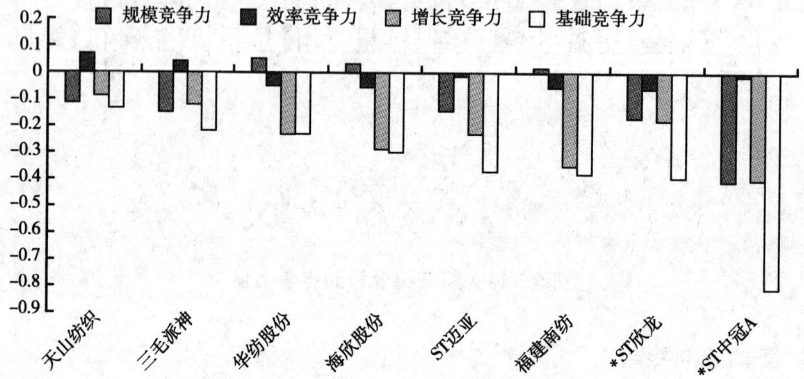

图 6-16　第五组公司的竞争力值

（四）中小企业板块上市公司的特点

在中小企业板的 581 家监测企业中，纺织服装行业共占 29 家。从图 6-17 和表 6-10 可以看到，中小企业板块纺织服装上市公司的竞争力非常强，整体竞争力要远远高于全行业平均水平。例如，纺织服装上市公司的基础竞争力均值为 0.3567，高于全行业平均水平 0.0190。其中，增长竞争力得分平均值为 0.0914，高于全行业均值 0.0019，也高于上年中小纺织企业的水平；效率竞争力均值为

0.0263，高于全行业均值0.0056；规模竞争力均值为0.2390，高于全行业均值0.0114。中小企业板块纺织服装上市公司的竞争力主要来自规模竞争力和增长竞争力（虽然中小板块企业的规模相对较小），效率竞争力有所增长但目前还不是增加企业竞争力的最关键因素。中小企业还应该更多地注重提升自身的效率水平。

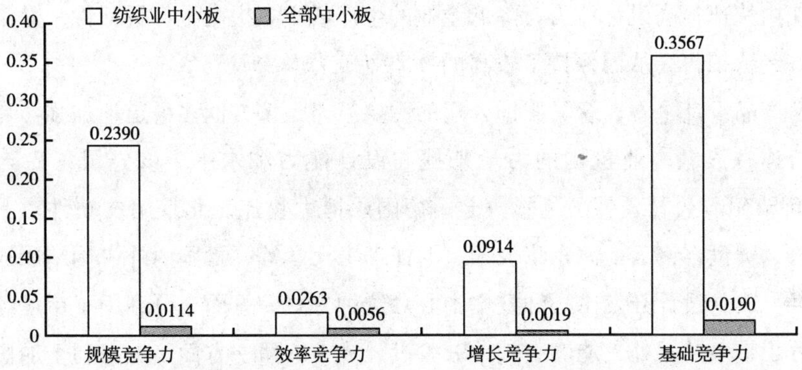

图6-17　中小板块纺织服装上市公司与全行业上市公司竞争力得分平均值

表6-10　在中小板块中排名前100位的纺织服装上市公司

股票代码	公司名称	2010年排名	2009年排名
002563.SZ	浙江森马服饰股份有限公司	5	—
002269.SZ	上海美特斯邦威服饰股份有限公司	20	14
002503.SZ	东莞市搜于特服装股份有限公司	43	—
002042.SZ	华孚色纺股份有限公司	55	28
002029.SZ	福建七匹狼实业股份有限公司	64	19
002293.SZ	罗莱家纺股份有限公司	87	52
002154.SZ	浙江报喜鸟服饰股份有限公司	89	60

在中小企业板块中，2010年竞争力位列前百强的纺织服装上市公司有7家，比2009年减少了1家。从两年的排名来看，2010年中小纺织服装上市公司的竞争力排位有所下降。在百强中小企业中，我们特别关注浙江森马服饰股份有限公司。

浙江森马服饰股份有限公司是中小纺织服装上市公司中竞争力最强的企业，其效率竞争力最为突出，在整个中小板块上市公司中排名第一。其规模竞争力和增长竞争力在中小纺织服装上市公司中均排名第2位。可见，对于浙江森马服饰股份有限公司而言，高效是其获得强大竞争力的主要来源。因此，分析森马效率竞争力的形成，对于其他的纺织服装企业具有重要借鉴意义。

对于服装生产企业而言，最重要的生产经营环节有三个部分，分别为产品设计、产品生产，以及产品销售。森马服饰在这三个环节的组织处理，能够有利于在短期内快速提高设计能力，降低企业的生产成本、提高生产灵活性，并集中精力做好经营销售，从而保持了较高的效率竞争力。

从产品设计来看，森马服饰公司的主要策略是多方面多渠道地加强与专业机构的合作，依靠专业机构的力量来提高设计能力和水平。该公司先后与法国PROMOSTYLE公司、韩国色彩协会、德国永恒力物流、北京用友软件、上海奥美广告、美世咨询、上海东华大学、浙江理工大学等一批国内外机构结成战略合作伙伴，成立设计开发中心和技术中心。这种方式一方面充分利用了市场经济下专业分工带来的好处，能够有效地减少设计成本；另一方面，也有利于加快企业自身设计队伍的培养速度。

从产品生产来看，森马服饰公司采用的订单化生产方式，也有利于减少企业的生产成本，保证生产的灵活性。森马服饰采用虚拟生产的策略，在珠三角、长三角两大区域以及山东、湖北等地整合了160多家生产能力较大、技术力量较雄厚、产品质量较好的专业生产厂家，实行订单化的生产方式。这种供应链体系，能够根据市场需求灵活安排生产。在非需求旺盛的时期，这种供应链体系能够有效减小库存，减少生产资金的积压，降低成本，提高资金的使用效率。

从经营销售来看，这是目前森马服饰集中精力专注做的一个环节。一方面，森马持续加大品牌推广力度，通过电视宣传片、网络互动、儿童嘉年华等方式推广品牌理念；另一方面，扩大销售渠道，通过新拓、整合、扩店等方式来提升门店数量和质量，并不断推进直营和加盟体系的建设，保持企业的销售终端的控制力。

可见，浙江森马服饰股份有限公司获得较强效率竞争力的方式是：在不同的生产经营环节，有所为有所不为，发挥比较优势，集中精力于自己专长的环节，通过合作等方式让渡出部分环节，从而降低成本，提高效率。这对于众多的纺织服装企业而言，是值得思考和借鉴的。

表 6-11　中小企业板块纺织服装上市公司的竞争力分值与排名情况

上市公司	股票代码	竞争力值				全行业排名				行业内基础竞争力排名
		规模竞争力	效率竞争力	增长竞争力	基础竞争力	规模竞争力	效率竞争力	增长竞争力	基础竞争力	
浙江森马服饰股份有限公司	002563	0. 5707	0. 3904	0. 4432	1. 4042	23	1	14	5	1
上海美特斯邦威服饰股份有限公司	002269	0. 6637	0. 1351	0. 1401	0. 9390	14	52	110	20	2
东莞市搜于特服装股份有限公司	002503	0. 0304	-0. 0143	0. 6850	0. 7011	267	288	2	43	3
华孚色纺股份有限公司	002042	0. 5253	-0. 0146	0. 0900	0. 6007	31	290	147	55	4
福建七匹狼实业股份有限公司	002029	0. 3054	0. 0491	0. 1965	0. 5510	84	123	81	64	5
罗莱家纺股份有限公司	002293	0. 2412	0. 0500	0. 1649	0. 4561	113	122	97	87	6
浙江报喜鸟服饰股份有限公司	002154	0. 2055	0. 0205	0. 2259	0. 4518	134	180	64	89	7
江苏联发纺织股份有限公司	002394	0. 3189	0. 0350	0. 0342	0. 3881	82	145	231	106	8
孚日集团股份有限公司	002083	0. 4865	-0. 0538	-0. 0710	0. 3617	36	489	385	116	9
浙江华峰氨纶股份有限公司	002064	0. 2489	0. 1386	-0. 1906	0. 1969	109	48	501	186	10
河南新野纺织股份有限公司	002087	0. 2903	-0. 0598	-0. 0389	0. 1915	88	509	351	187	11
江苏新民纺织科技股份有限公司	002127	0. 2066	0. 0171	-0. 0328	0. 1909	133	188	334	188	12
福建众和股份有限公司	002070	0. 0732	0. 0068	0. 1104	0. 1903	226	223	128	189	13
深圳市富安娜家居用品股份有限公司	002327	0. 0890	-0. 0039	0. 0473	0. 1324	217	250	212	222	14
佛山星期六鞋业股份有限公司	002291	0. 1306	-0. 0397	-0. 0005	0. 0904	189	414	276	241	15
湖南梦洁家纺股份有限公司	002397	0. 0250	-0. 0258	0. 0178	0. 0171	273	339	255	287	16
希努尔男装股份有限公司	002485	0. 1460	-0. 0382	-0. 1105	-0. 0027	180	411	436	295	17
上海嘉麟杰纺织品股份有限公司	002486	-0. 0456	-0. 0312	0. 0505	-0. 0262	324	372	205	309	18
江苏霞客环保色纺股份有限公司	002015	0. 0294	-0. 0614	-0. 0253	-0. 0572	268	515	321	328	19
浙江嘉欣丝绸股份有限公司	002404	0. 1723	-0. 0169	-0. 2177	-0. 0623	157	298	530	332	20
凯撒(中国)股份有限公司	002425	-0. 1643	-0. 0272	-0. 0224	-0. 2139	410	351	317	404	21
浙江美欣达印染集团股份有限公司	002034	-0. 0312	-0. 0733	-0. 1939	-0. 2984	319	538	504	450	22
宏达高科控股股份有限公司	002144	-0. 1942	-0. 0421	-0. 1072	-0. 3436	433	428	433	473	23
山东济宁如意毛纺织股份有限公司	002193	-0. 1522	-0. 0526	-0. 2019	-0. 4067	396	484	506	505	24
江苏三友集团股份有限公司	002044	-0. 2376	-0. 0413	-0. 2271	-0. 5061	467	422	534	527	25
宁波宜科科技实业股份有限公司	002036	-0. 2928	-0. 0813	-0. 2256	-0. 5997	509	555	533	549	26
山东德棉股份有限公司	002072	-0. 2115	-0. 0743	-0. 3374	-0. 6232	446	545	564	550	27
梅花伞业股份有限公司	002174	-0. 4023	-0. 0796	-0. 2059	-0. 6878	556	554	511	556	28
江苏金飞达服装股份有限公司	002239	-0. 2620	-0. 1000	-0. 4730	-0. 8351	487	568	569	564	29

三　结语

从2010年至2011年中期纺织工业的发展状况和2010年纺织服装上市公司的竞争力分析来看，中国的纺织服装行业仍然表现出了较好的竞争力。但是，面对复杂的经济环境，本行业产量、收入、利润等增长速度的下降，为其竞争力的保持带来了巨大压力。为此，越来越多的企业通过产业变迁和多元化经营的方式来探索获取竞争优势的途径。在困难和压力下寻找机会，显然仍是纺织服装企业提升竞争力的必经之路。

B.8
机械行业企业竞争力分析

王燕梅

2011年4月，中国证监会制订并发布了《上市公司行业分类指引》，该《指引》以国家统计局《国民经济行业分类与代码》（国家标准GB/T4754－94）为主要依据。《指引》中，机械设备仪表（C7）作为制造业中的一个次类，包括普通机械制造业（C71）、专用设备制造业（C73）、交通运输设备制造业（C75）、电器机械及器材制造业（C76）、仪器仪表及文化、办公用机械制造业（C78）5个大类。而机械工业联合会则将机械工业分为农机、内燃机、工程机械、仪器仪表、文化办公、石化通用、重型矿山、机床、电工电器、基础件、食品包装、汽车、其他民用机械等13个行业。在下文的行业分析中，我们采用机械工业联合会的统计口径和统计数据；而在上市公司竞争力分析中，也同时部分借鉴了机械工业联合会的行业划分方法。与上年的机械行业企业竞争力报告相一致，本报告中同样删去了其中属于汽车及其配件行业的企业，但增加了家用电器行业企业。

一 2010年和2011年上半年机械行业的运行情况

2010年，是中国机械工业在国际金融危机之后的高速增长之年。机械工业不仅出口额超过了危机之前的历史最高水平，而且产销高速增长，经济效益也创出了历史新高，在全国工业各行业中处于首位。但是，随着金融危机后由国家经济刺激措施所带来的投资高峰的过去，为抑制通胀、保持经济平稳较快发展所采取的逐步收紧的货币政策的实施，宏观经济形势的转变及政策的转换也对2011年上半年的机械工业运行产生了深刻影响。

（一）机械产品出口达到历史最高水平，贸易逆差显现

由表7－1可见，自2010年3月，机械工业出口已经基本摆脱了国际金融危

机的阴影，开始持续增长，下半年的月度出口额明显高于上半年，据海关统计，2010 年机械工业出口 2584.83 亿美元，同比增长 32%，已经超过了历史最高水平的 2008 年。2011 年 1～5 月，机械工业累计实现出口 1222.19 亿美元，增长 27.79%，增速有所回落。

表 7－1　2008 年以来机械工业进出口情况

	进出口总额（亿美元）	出口额（亿美元）	进口额（亿美元）	贸易顺差（亿美元）	贸易竞争力指数	占全部货物进出口总额比重(%)
2008	4373.00	2425.00	1948.00	477.00	1.1091	17.06
2009	3767.00	1958.00	1809.00	149.00	1.0396	17.06
2010	5138.30	2584.83	2553.47	31.36	1.0061	17.28
2011.1～5	2470.30	1222.19	1248.11	－25.92	0.9895	17.62

资料来源：根据机械工业联合会统计数据整理和计算。

与出口额的再创新高相逆，由于进口额以更高的速度增长，2010 年贸易顺差大幅下降，仅为 31.36 亿美元；2011 年 1～5 月，出现了 25.92 亿美元的贸易逆差，贸易竞争力指数自 2006 年以来首次降低到 1 以下。

（二）机械行业生产及效益由高速增长转向平稳增长

2010 年，机械工业生产全面高速增长。由表 7－2 可见，虽然机械工业增加值、工业总产值和利润总额的同比增长幅度逐月下降，但均高于同期全国工业平均 增速几个百分点，位居工业各行业之首。2010年，机械工业累计完成工业总

表 7－2　2010 年及 2011 年 1～5 月机械工业主要指标同比增速

单位：%

		2010.1～2	2010.1～5	2010.1～8	2010.1～11	2011.1～2	2011.1～5
机械工业	工业增加值	—	24.4	—	21.2①	18.1	16.2②
	工业总产值	45.49	38.93	35.31	33.76	29.07	26.95
	利润总额	—	86.13	63.59	52.74	—	22.41
全部工业	工业增加值	20.7	18.5	16.6	15.8	14.1	14
	工业总产值	37.3	34.9	31.4	30.4	28.9	28.8
	利润总额	119.69	81.64	55.01	49.35	34.28	27.91

注：① 2010 年 1～12 月数据；② 2011 年 1～6 月数据。

资料来源：机械工业数据来自机械工业联合会统计数据，全部工业数据来自中经网统计数据库。

产值14.38万亿元，同比增长33.93%；工业增加值同比增长21.2%。进入2011年，前5个月产销增速逐月回落，工业总产值和利润总额增速已经低于同期全国工业水平，进入平稳增长阶段。其中利润总额增速下降幅度相对较大，表明企业赢利能力与前期相比有所降低。

（三）机械产品出厂价格指数回升缓慢

2010年，机械产品出厂价格指数从1月份的99.3%逐步缓慢回升到100%以上，2010年4月开始，机械工业部门工业品出厂价格进入持续提高阶段。但与工业品价格指数相比，机械产品价格指数回升幅度较低。在工业品出厂价格指数在106%～107%的水平高位运行时，机械工业总体价格指数始终未超过102%（见图7－1）。这一状况显示，在激烈的产品竞争市场中，机械工业企业将成本上升的压力转嫁到产品价格上的能力有限。

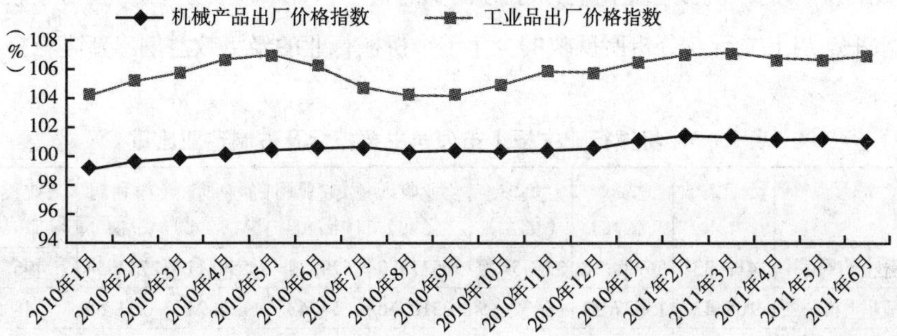

图7－1　2010年1月至2011年6月机械工业品价格指数

资料来源：中国统计数据应用支持系统。

（四）受宏观经济及政策影响，增长热点出现转换

2010年，工程机械行业成为增长的热点。据机械工业联合会统计，除汽车业以外，机械工业各分行业中，从总产值同比增长速度看，工程机械增速最高，为50.3%；机床、基础件、内燃机次之，为40%左右。从实现利润同比增长速度看：工程机械最高，均超过90%；机床、仪表、基础件、内燃机次之，为60%～75%。①

① 蔡惟慈：《机械工业2010年运行态势简析及2011年展望》，2010年11月25日中华机械网。

2010年上半年，工程机械主要品种增速虽有明显回落，但也保持了30%左右的增长，数控金属切削机床增长44.99%，发电设备增长22.03%。①

二 机械行业主板上市公司基础数据分析

根据中国社会科学院中国产业与企业竞争力研究中心的监测数据，截至2011年5月30日，中国沪、深两市主板上市公司中机械行业上市公司（不含汽车及其配件）有157家。

157家上市公司的财务数据显示，截至2010年底，机械行业主板上市公司拥有总资产13637.31亿元、员工105.45万人，当年实现营业收入10310.56亿元、净利润704.65亿元，分别占全部制造业主板上市公司的23.93%、25.15%，以及20.40%、25.79%（见表7-3）。机械行业在主板上市的制造业公司中占较大比重。与其他行业相比，机械行业企业以相对较少的资产占用和员工人数，获得了较高的利润水平，与上文行业分析所反映的全年整个机械行业的经济效益创出新高相一致。

表7-3 机械行业主板上市公司主要指标及占制造业比重

项目	员工人数（万人）	总资产（亿元）	负债（亿元）	营业收入（亿元）	财务费用（亿元）	企业所得税（亿元）	净利润（亿元）	营业税金及附加（亿元）
制造业上市公司	419.33	56998.38	33645.90	50537.80	529.34	559.11	2732.54	495.15
机械行业上市公司	105.45	13637.31	8432.15	10310.56	54.42	122.21	704.65	48.23
机械行业上市公司比重（%）	25.15	23.93	25.06	20.40	10.28	21.86	25.79	9.74

说明：机械行业上市公司比重为占全部制造业上市公司比重。

资料来源：根据中国社会科学院中国产业与企业竞争力研究中心的监测数据计算。

从机械行业上市公司户均指标及制造业上市公司户均指标比较来看，机械行业上市公司的户均规模仍高于全部制造业上市公司的平均水平。机械行业上市公司户均总资产和员工人数分别为制造业上市公司户均水平的1.10倍和1.15倍，但户均净利润为制造业上市公司户均水平的1.18倍。这表明机械行业上市公司具有较强的赢利能力（见表7-4）。

① 《2011年上半年我国机械工业增幅趋稳》，2011年8月5日中国投资咨询网。

表7－4 机械行业上市公司户均指标及制造业上市公司户均指标比较

项目	员工人数（万人）	总资产（亿元）	负债（亿元）	营业收入（亿元）	财务费用（亿元）	企业所得税（亿元）	净利润（亿元）	营业税金及附加（亿元）
制造业上市公司	0.58	79.27	46.80	70.29	0.74	0.78	3.80	0.69
机械行业上市公司	0.67	86.86	53.71	65.67	0.35	0.78	4.49	0.31
机械行业/制造业	1.15	1.10	1.15	0.93	0.47	1.00	1.18	0.45

资料来源：中国社会科学院中国产业与企业竞争力研究中心的监测数据计算。

三 机械行业主板上市公司基础竞争力

2011年上市公司的基础竞争力是根据各上市公司2010年上报数据得出的，由规模竞争力、效率竞争力和增长竞争力三部分组成。

（一）机械行业主板上市公司基础竞争力得分分布

根据中国社会科学院中国产业与企业竞争力研究中心的测算，2010年，全部主板上市公司的基础竞争力得分区间为（1.4719，－2.3163），得分为零表示该上市公司基础竞争力刚好处于本行业内上市公司的平均水平，得分为正值表示该上市公司基础竞争力高于行业平均水平，得分为负值表示该上市公司基础竞争力低于行业平均水平。其中，机械行业主板上市公司157家基础竞争力得分区间为（1.4719，－2.3163），与全部主板上市公司的基础竞争力得分区间恰好一致，在全部主板上市公司的基础竞争力得分排名中，第1名（601558.SH，华锐风电）和第2名（000425.SZ，徐工机械），以及最后一名（600149.SH，华夏建通）都为机械行业企业。机械行业主板上市公司中，87家得分为正值，70家得分为负值（见图7－2）。

（二）主要分行业基础竞争力得分分布

从所涉及的行业来看，157家上市公司主要集中在以下几个行业：电气设备39家，工程机械13家，航空航天制造11家，基础件、家电、内燃机各10家，仪器仪表和摩托车、自行车及配件各6家，机床、纺织机械、船舶及港口机械各5家，矿山设备4家，压缩机、铁路运输设备、冶金设备、医疗器械各3家，其他行业21家。

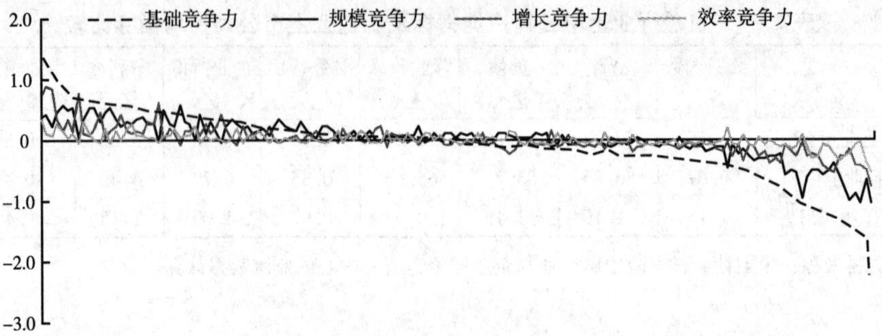

图 7-2　机械行业主板 157 家上市公司基础竞争力得分分布

从各分行业的户均基础竞争力得分来看，电气设备、工程机械、航空航天制造、家电、机床、船舶及港口机械、矿山设备、压缩机、铁路运输设备、冶金设备等高于机械行业平均水平，而基础件、内燃机、仪器仪表、摩托车自行车及配件、纺织机械、医疗器械低于机械行业平均水平。

表 7-5　机械行业上市公司主要分行业基础竞争力得分

	公司数量	基础竞争力得分区间	户均基础竞争力得分	户均规模竞争力得分	户均效率竞争力得分	户均增长竞争力得分
电气设备	39	(-1.3542,1.4719)	0.0239	0.0250	0.0108	-0.0119
工程机械	13	(-0.9917,1.4252)	0.3815	0.1723	0.0596	0.1495
航空航天制造	11	(-0.8990,0.7981)	0.1920	0.0313	-0.0334	0.1941
基础件	10	(-1.5444,0.4180)	-0.2681	-0.1363	-0.0422	-0.0897
家电	10	(-1.0241,0.8831)	0.3658	0.2356	0.0685	0.0618
内燃机	10	(-1.3704,0.5435)	-0.0141	-0.0168	-0.0053	0.0080
仪器仪表	6	(-1.0637,0.1680)	-0.2729	-0.1459	-0.0282	-0.0988
摩托车、自行车及配件	6	(-0.3227,0.2892)	-0.3972	-0.1950	-0.0150	-0.1873
机床	5	(-0.1975,0.1903)	0.0365	0.0549	-0.0389	0.0205
纺织机械	5	(-1.2295,0.1889)	-0.3574	-0.1446	-0.0457	-0.1671
船舶及港口机械	5	(-0.4151,0.6907)	0.1998	0.1984	0.0815	-0.0801
矿山设备	4	(0.0210,0.5753)	0.3875	0.2072	0.0374	0.1429
压缩机	3	(0.2306,0.2410)	0.2341	0.1890	0.0209	0.0242
铁路运输设备	3	(0.0094,0.1883)	0.4682	0.3807	-0.0347	0.1221
冶金设备	3	(-0.1342,0.2058)	0.0648	0.1534	-0.0465	-0.0421
医疗器械	3	(-0.7405,0.1724)	-0.2543	-0.2210	-0.0539	0.0206

资料来源：根据中国社会科学院中国产业与企业竞争力研究中心的监测数据计算。

从主要分行业企业的竞争力得分分布，也可以大致看出行业之间的基础竞争力差异。以基础竞争力得分大于零的企业比重来衡量，矿山设备、压缩机、家电、工程机械、铁路设备、冶金设备、航空航天、电气设备、内燃机、船舶及港口机械、机床等行业的企业总体上具有较强的竞争力，而纺织机械、摩托车和自行车、基础件行业的企业竞争力较弱（见图7－3）。与上年相比，行业之间的强弱格局没有发生大的转变。

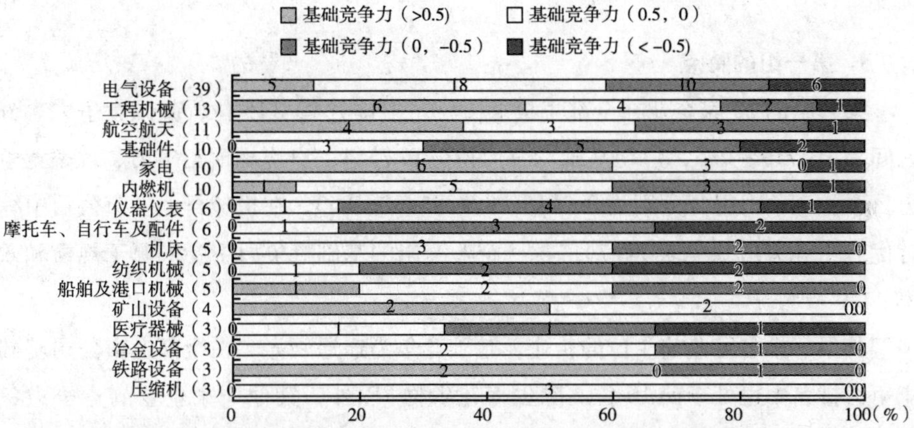

图7－3　机械行业主板上市公司主要分行业基础竞争力得分分布

注：图中数字为该得分区间的企业数。

资料来源：根据中国社会科学院中国产业与企业竞争力研究中心的监测数据计算。

（三）机械行业主板上市公司各组别基础竞争力得分分析

由于机械行业主板上市公司较多，这里仍然根据基础竞争力得分的4个区间，(1.4719，0.5)、(0.5，0)、(0，－0.5)、(－0.5，－2.3163)将机械行业主板上市公司分为4组进行分析。基础竞争力最强的组别有28家，最弱的组别23家，企业数都相对较少；较强的组别59家，较弱的组别企业47家，相对较多（见表7－6）。与上年情况相比，两极分化进一步明显，即强者愈强，弱者愈弱。其中，基础竞争力最强的组别，由于效率和增长方面有较大提升，户均基础竞争力大幅提高；而基础竞争力最弱的组别，也是由于效率和增长方面下滑较大，而导致户均基础竞争力大幅下降。

表7-6　机械行业157家主板上市公司各组别竞争力得分

组　别	公司数量	基础竞争力得分区间	户均基础竞争力得分	户均规模竞争力得分	户均效率竞争力得分	户均增长竞争力得分
第一组	28	1.4719~0.5	0.7514	0.3615	0.1045	0.2853
第二组	59	0.5~0	0.2022	0.1250	0.0278	0.0494
第三组	47	0~-0.5	-0.1623	-0.0572	-0.0228	-0.0823
第四组	23	-0.5~-2.3163	-1.0573	-0.5826	-0.1608	-0.3138

资料来源：根据中国社会科学院中国产业与企业竞争力研究中心的监测数据计算。

1. 第一组的特点

第一组的28家企业在全部主板上市公司中排名1~115位，基础竞争力得分区间为1.4719~0.5，户均基础竞争力得分0.7514，户均规模竞争力、效率竞争力、增长竞争力得分分别为0.3615、0.1045、0.2853，在机械行业上市公司中综合优势十分突出（见表7-7）。这些企业突出的基础竞争力主要来源于规模和效率。

其中，排名行业前4位的企业，基础竞争力遥遥领先，在全部上市公司基础竞争力排名中也处于前10位。除去梅花生物①以外，其他3家企业的竞争力各组成部分均处于较强水平。排名第1位的华锐风电为2011年新上市企业，其增长竞争力和效率竞争力均处于行业前列；排名第2位的徐工机械延续了上年的优势，其效率竞争力仍处于行业第1位并保持了较强的规模竞争力；排名第4位的三一重工，2010年增长竞争力上升到行业第3位，规模竞争力和效率竞争力也大幅提升。

基础竞争力得分在（0.5，1）区间的24家企业中，主要以规模取胜的包括：排名第5位的美的电器，第7位的青岛海尔，第10位的格力电器，第11位的中国南车，以及第14位的中国北车，第19位的柳工，第20位的特变电工，第24位的东方电气，第27位的上海电气，第28位的厦工股份；主要以增长速度取胜的包括：排名第8位的中航动控，第12位的西飞国际，第16位的航空动力，第21~23位的美菱电器、郑煤机和航天科技；主要以效率取胜的包括：排名第9

① 梅花生物是重组概念公司，2010年行业分类仍属于机械行业（2011年才变更了行业分类），故此次竞争力评价中没有做调整。但从其年报可以看到，2010年已经没有机械产品生产，主营产品为味精及谷氨酸。

表 7－7 机械行业主板上市公司第一组别竞争力得分及排名

股票简称	规模竞争力		增长竞争力		效率竞争力		基础竞争力		
	得分	行业内排名	得分	行业内排名	得分	行业内排名	得分	行业内排名	全部主板上市公司中排名
华锐风电	0.3970	13	0.3562	1	0.7188	4	1.4719	1	1
徐工机械	0.4363	11	0.1189	23	0.8700	1	1.4252	2	2
梅花生物	0.2182	39	0.0870	34	0.8374	2	1.1426	3	5
三一重工	0.4805	9	0.2689	3	0.3393	9	1.0887	4	8
美的电器	0.5709	1	0.1545	14	0.1577	27	0.8831	5	21
中联重科	0.4832	7	0.0459	51	0.3313	10	0.8604	6	22
青岛海尔	0.5337	6	0.1301	20	0.1597	26	0.8236	7	26
中航动控	0.0477	76	-0.0313	89	0.7817	3	0.7981	8	30
ST 科 龙	0.3347	18	0.2905	2	0.1334	34	0.7585	9	33
格力电器	0.5450	5	0.1182	24	0.0811	43	0.7442	10	35
中国南车	0.5576	3	-0.0069	74	0.1883	22	0.7390	11	36
西飞国际	0.3051	20	-0.0496	113	0.4526	6	0.7080	12	41
中国船舶	0.4603	10	0.2111	6	0.0193	58	0.6907	13	43
中国北车	0.5466	4	-0.0310	88	0.1688	25	0.6844	14	46
山推股份	0.3327	19	0.1357	17	0.2146	19	0.6830	15	47
航空动力	0.2199	38	0.0016	66	0.4397	7	0.6612	16	53
小 天 鹅	0.3026	21	0.1991	8	0.1405	32	0.6423	17	61
冠城大通	0.2638	27	0.2596	4	0.0992	40	0.6226	18	70
柳 工	0.3651	15	0.0919	33	0.1353	33	0.5923	19	79
特变电工	0.3890	14	0.0706	38	0.1302	36	0.5898	20	81
美菱电器	0.2548	29	0.0231	58	0.3066	11	0.5846	21	82
郑 煤 机	0.2549	28	0.0557	44	0.2647	13	0.5753	22	85
航天科技	-0.0265	103	-0.0238	84	0.6246	5	0.5743	23	86
东方电气	0.4825	8	0.0591	43	0.0165	59	0.5581	24	90
天地科技	0.2811	25	0.0960	30	0.1788	24	0.5559	25	91
威孚高科	0.2317	35	0.1792	10	0.1327	35	0.5435	26	95
上海电气	0.5626	2	0.0425	52	-0.0743	109	0.5307	27	102
厦工股份	0.2922	24	0.0737	36	0.1409	31	0.5068	28	115

资料来源：根据中国社会科学院中国产业与企业竞争力研究中心的监测数据计算。

位的 ST 科龙，第 17 位小天鹅，第 18 位的冠城大通，第 26 位的威孚高科。而排名第 15 位和 25 位的山推股份和天地科技在竞争力三个方面都比较均衡，排名第

6 位的中联重科在规模竞争力和效率竞争力方面均处于较高水平，排名第 13 位的中国船舶则在规模竞争力和增长竞争力两方面较强。

从所涉及的行业来看，基础竞争力最为突出的 28 家上市公司主要集中在以下几个行业：工程机械 6 家（徐工机械、三一重工、中联重科、山推股份、柳工、厦工股份），家电 6 家（美的电器、青岛海尔、ST 科龙、格力电器、小天鹅、美菱电器），电气设备 5 家（华锐风电、冠城大通、特变电工、东方电气、上海电气），航空航天制造 4 家（中航动控、西飞国际、航空动力、航天科技），铁路运输设备 2 家（中国南车、中国北车），矿山设备 2 家（郑煤机、天地科技），内燃机 1 家（威孚高科），船舶及港口机械 1 家（中国船舶）。

结合各企业所处行业来看，除了三一重工和山推股份以外，工程机械行业的突出优势大多体现为规模竞争力，与上年相比，效率竞争力方面的优势不再明显；铁路运输设备的 2 家仍是胜在突出的规模竞争力；而航空航天设备的 4 家企业则全都具有显著的增长竞争力。

2. 第二组的特点

第二组的 59 家企业在全部主板上市公司中排名第 130 ~ 847 位，基础竞争力得分区间为 0.5 ~ 0，户均基础竞争力得分 0.2022，户均规模竞争力、效率竞争力、增长竞争力得分分别为 0.1250、0.0278、0.0494。这一组的企业数最多，汇集了机械行业上市公司中综合优势不太突出，但仍高于行业平均水平的众多企业。

从所涉及的行业来看，基础竞争力较强的 59 家上市公司主要集中在以下几个行业：电气设备 18 家，占全部电气设备企业（39 家）的 46%；工程机械 4 家，占全部工程机械企业（13 家）的 31%；航空航天制造 3 家，占全部航空航天制造企业（11 家）的 27%；基础件 3 家，占全部基础件企业（10 家）的 30%；家电 3 家，占全部家电企业（10 家）的 30%；内燃机 5 家，占全部内燃机企业（10 家）的 50%；机床 3 家，占全部（5 家）的 60%；船舶及港口机械 2 家，占全部（5 家）的 40%；矿山设备 2 家，占全部矿山设备企业（4 家）的 50%；压缩机 3 家，占全部压缩机企业（3 家）的 100%；冶金设备 2 家，占全部冶金设备企业（3 家）的 67%。

这一组企业的突出优势较为分散。其中，以规模竞争力取胜的企业 25 家，以效率竞争力取胜的企业 16 家，以增长竞争力取胜的企业 18 家。有部分企业在某一方面的竞争力十分突出，但另外两方面差距较大，导致反映综合情况的基础竞争力排名居后。

表 7-8　机械行业主板上市公司第二组别竞争力得分及排名

股票简称	规模竞争力		增长竞争力		效率竞争力		基础竞争力		
	得分	行业内排名	得分	行业内排名	得分	行业内排名	得分	行业内排名	全部主板上市公司中排名
天威保变	0.2650	26	0.0618	41	0.1511	29	0.4780	29	130
德赛电池	-0.0099	99	0.2234	5	0.2479	14	0.4613	30	142
中国重工	0.4142	12	-0.0460	106	0.0794	44	0.4476	31	152
潍柴重机	0.1019	60	0.0614	42	0.2701	12	0.4334	32	161
太原重工	0.2928	23	-0.0020	69	0.1280	37	0.4188	33	178
晋亿实业	0.1301	51	0.0414	53	0.2465	15	0.4180	34	180
众合机电	-0.0308	104	0.0152	61	0.4227	8	0.4072	35	190
湘电股份	0.2293	36	-0.0472	107	0.2106	20	0.3928	36	209
上海机电	0.3412	17	0.0479	49	0.0009	66	0.3900	37	214
广船国际	0.2515	30	0.2028	7	-0.0706	105	0.3837	38	224
中航重机	0.1765	43	-0.0483	110	0.2382	16	0.3664	39	248
正泰电器	0.2417	31	0.0691	39	0.0332	53	0.3440	40	269
卧龙电气	0.1294	52	0.0515	47	0.1130	38	0.2939	41	329
宗申动力	0.1678	46	0.1372	16	-0.0159	80	0.2892	42	332
安徽合力	0.2011	41	0.0732	37	0.0072	62	0.2814	43	343
全柴动力	0.0930	63	-0.0334	91	0.2154	18	0.2750	44	357
精达股份	0.2226	37	0.0495	48	-0.0072	73	0.2649	45	376
中国西电	0.3420	16	-0.0425	101	-0.0459	89	0.2536	46	399
海立股份	0.2163	40	0.0403	54	-0.0157	79	0.2410	47	423
陕鼓动力	0.1993	42	0.0016	65	0.0298	55	0.2307	48	441
华意压缩	0.1515	48	0.0206	60	0.0585	49	0.2306	49	443
中国一重	0.2992	22	-0.0399	98	-0.0535	95	0.2058	50	490
上柴股份	0.1730	44	-0.0473	108	0.0739	46	0.1996	51	505
科达机电	0.0838	68	0.0470	50	0.0663	47	0.1972	52	509
华仪电气	0.0436	79	-0.0020	70	0.1490	30	0.1905	53	521
沈阳机床	0.2322	34	-0.0452	105	0.0033	64	0.1903	54	522
经纬纺织	0.2376	33	-0.0432	102	-0.0055	70	0.1889	55	525
龙净环保	0.1418	49	0.0213	59	0.0232	56	0.1863	56	533
置信电气	0.0509	75	0.1460	15	-0.0223	83	0.1746	57	551

续表

股票简称	规模竞争力		增长竞争力		效率竞争力		基础竞争力		
	得分	行业内排名	得分	行业内排名	得分	行业内排名	得分	行业内排名	全部主板上市公司中排名
新华医疗	0.0040	93	-0.0359	94	0.2043	21	0.1724	58	553
常林股份	0.0844	67	0.0984	29	-0.0126	75	0.1702	59	561
双良节能	0.1711	45	-0.0012	68	0.0001	67	0.1700	60	562
凤凰光学	0.0174	89	0.1643	13	-0.0137	77	0.1680	61	570
江淮动力	0.0853	65	0.1100	25	-0.0299	84	0.1655	62	574
许继电气	0.1634	47	-0.0334	90	0.0330	54	0.1631	63	580
南通科技	0.0122	92	-0.0338	92	0.1795	23	0.1580	64	583
银星能源	-0.0393	106	-0.0506	116	0.2351	17	0.1451	65	604
吉鑫科技	0.0760	72	0.1657	12	-0.0966	117	0.1451	66	605
中兵光电	0.0707	74	-0.0308	87	0.1017	39	0.1416	67	611
北方股份	0.0443	78	0.0324	56	0.0588	48	0.1355	68	624
国电南自	0.0938	62	-0.0484	111	0.0886	42	0.1340	69	629
佛山照明	0.0863	64	0.0985	28	-0.0510	93	0.1338	70	630
杭齿前进	0.0850	66	-0.0049	71	0.0533	51	0.1333	71	631
二重重装	0.2405	32	-0.0548	119	-0.0630	98	0.1227	72	648
成发科技	-0.0219	101	0.1222	22	0.0221	57	0.1223	73	651
广电电气	-0.0001	95	0.1318	19	-0.0134	76	0.1183	74	660
泰豪科技	0.1136	57	-0.0164	79	-0.0060	71	0.0911	75	709
烟台冰轮	-0.0003	96	0.0751	35	-0.0066	72	0.0682	76	755
华光股份	0.1237	54	-0.0061	73	-0.0581	96	0.0595	77	768
澳 柯 玛	0.1172	55	0.0137	62	-0.0763	111	0.0545	78	779
秦川发展	0.0232	86	-0.0212	80	0.0522	52	0.0543	79	780
航天电子	0.1284	53	-0.0722	131	-0.0033	69	0.0529	80	783
创元科技	0.0825	69	-0.0123	75	-0.0198	82	0.0503	81	789
苏 常 柴	0.1146	56	-0.0387	97	-0.0301	85	0.0458	82	797
汇通能源	-0.0264	102	0.1012	27	-0.0359	87	0.0389	83	807
安源股份	-0.0157	100	-0.0452	104	0.0992	41	0.0383	84	808
飞乐音响	0.0289	84	0.0528	46	-0.0602	97	0.0215	85	824
江钻股份	0.0185	88	0.0531	45	-0.0506	92	0.0210	86	825
万 家 乐	0.1045	59	0.0115	63	-0.1150	124	0.0010	87	847

资料来源：根据中国社会科学院中国产业与企业竞争力研究中心的监测数据计算。

3. 第三组的特点

第三组的47家企业在全部主板上市公司中排名第849～1172位，基础竞争力得分区间为0～-0.5，户均基础竞争力得分-0.1623，户均规模竞争力、效率竞争力、增长竞争力得分分别为 -0.0572、-0.0228、-0.0823。这一组的企业数占全部企业数（157 家）的 30%，是企业数次多的一组，是机械行业上市公司中综合优势较差、低于行业平均水平的企业集合。

从所涉及的行业来看，基础竞争力较弱的 47 家上市公司主要集中在以下几个行业：电气设备 10 家，占全部电气设备企业（39 家）的 26%；工程机械 2 家，占全部工程机械企业（13 家）的 15%；航空航天制造 3 家，占全部航空航天制造企业（11 家）的 27%；基础件 5 家，占全部基础件企业（10 家）的 50%；内燃机 3 家，占全部内燃机企业（10 家）的 30%；仪器仪表 4 家，占全部仪器仪表企业（6 家）的 67%；摩托车、自行车及配件 3 家，占全部摩托车、自行车及配件企业（6 家）的 50%；机床 2 家，占全部（5 家）的 40%；纺织机械 2 家，占全部（5 家）的 40%；船舶及港口机械 2 家，占全部（5 家）的 40%。

这一组企业中，规模竞争力、效率竞争力和增长竞争力都处于较低水平，总体来看，规模竞争力的排名位次要低于增长竞争力和效率竞争力。

表 7-9 机械行业主板上市公司第三组别竞争力得分及排名

股票简称	规模竞争力		增长竞争力		效率竞争力		基础竞争力		
	得分	行业内排名	得分	行业内排名	得分	行业内排名	得分	行业内排名	全部主板上市公司中排名
钱江摩托	0.1312	50	0.0092	64	-0.1408	128	-0.0003	88	849
宁波韵升	0.0770	71	0.1674	11	-0.2453	139	-0.0009	89	853
上工申贝	0.0257	85	0.1332	18	-0.1610	132	-0.0020	90	854
四方股份	0.0338	83	-0.0500	114	0.0086	61	-0.0077	91	862
晋西车轴	0.0380	80	-0.0661	126	0.0094	60	-0.0187	92	877
昆明机床	0.0466	77	-0.0056	72	-0.0635	99	-0.0224	93	880
云内动力	0.0971	61	-0.0580	122	-0.0681	103	-0.0290	94	893
哈飞股份	0.0824	70	-0.0423	100	-0.0744	110	-0.0343	95	896
风帆股份	0.1086	58	-0.0683	127	-0.0783	112	-0.0380	96	900
*ST 建机	-0.1344	127	-0.0627	123	0.1545	28	-0.0426	97	904
广东明珠	-0.0702	112	0.1235	21	-0.0979	119	-0.0446	98	908
洪都航空	0.0708	73	-0.0281	86	-0.0949	116	-0.0523	99	921
襄阳轴承	-0.0769	114	-0.0506	115	0.0744	45	-0.0531	100	923

续表

股票简称	规模竞争力		增长竞争力		效率竞争力		基础竞争力		
	得分	行业内排名	得分	行业内排名	得分	行业内排名	得分	行业内排名	全部主板上市公司中排名
龙溪股份	-0.0648	109	0.0354	55	-0.0641	100	-0.0935	101	964
菲达环保	-0.0072	98	-0.0214	81	-0.0716	106	-0.1002	102	970
哈空调	0.0185	87	-0.0226	82	-0.1010	121	-0.1051	103	972
中船股份	0.0126	91	-0.0530	118	-0.0675	102	-0.1079	104	979
上风高科	0.0037	94	-0.0162	78	-0.0982	120	-0.1106	105	982
金马股份	-0.0544	108	-0.0696	129	0.0071	63	-0.1169	106	985
思达高科	-0.0787	115	0.1022	26	-0.1446	129	-0.1210	107	990
宝光股份	-0.1197	125	-0.0630	124	0.0549	50	-0.1277	108	995
金自天正	-0.0795	116	-0.0449	103	-0.0098	74	-0.1342	109	1003
石油济柴	-0.0062	97	-0.0549	120	-0.0738	108	-0.1349	110	1004
河北宣工	-0.0879	117	-0.0378	96	-0.0141	78	-0.1397	111	1010
标准股份	-0.0351	105	0.0944	31	-0.1993	137	-0.1399	112	1011
大冷股份	0.0365	82	-0.0487	112	-0.1298	127	-0.1420	113	1014
长城电工	0.0150	90	-0.0578	121	-0.1105	123	-0.1532	114	1021
鑫茂科技	-0.0693	111	-0.0943	141	-0.0174	81	-0.1810	115	1039
航天动力	-0.0926	120	-0.0925	139	-0.0005	68	-0.1856	116	1041
万东医疗	-0.0985	121	-0.0481	109	-0.0483	90	-0.1949	117	1049
青海华鼎	-0.0398	107	-0.0885	138	-0.0691	104	-0.1975	118	1050
中核科技	-0.0907	119	-0.0359	95	-0.0736	107	-0.2003	119	1051
京山轻机	-0.1088	123	0.0009	67	-0.1030	122	-0.2109	120	1061
平高电气	0.0370	81	-0.1067	145	-0.1501	131	-0.2198	121	1067
长征电气	-0.1303	126	-0.0422	99	-0.0654	101	-0.2378	122	1083
时代科技	-0.1619	130	-0.0279	85	-0.0512	94	-0.2410	123	1084
ST 北人	-0.0692	110	-0.0706	130	-0.1191	125	-0.2588	124	1099
自仪股份	-0.0885	118	-0.0510	117	-0.1234	126	-0.2630	125	1102
江南红箭	-0.1872	131	-0.0847	135	0.0028	65	-0.2691	126	1106
大橡塑	-0.1434	128	-0.0808	133	-0.0485	91	-0.2728	127	1108
百利电气	-0.1058	122	-0.0346	93	-0.1700	133	-0.3104	128	1126
中路股份	-0.1094	124	-0.0160	77	-0.1926	134	-0.3180	129	1128
*ST 中华 A	-0.4766	141	0.1920	9	-0.0381	88	-0.3227	130	1131
铜峰电子	-0.0730	113	-0.0687	128	-0.2640	142	-0.4056	131	1158
洪城股份	-0.2299	133	-0.0932	140	-0.0881	113	-0.4112	132	1162
振华重工	-0.1468	129	0.0926	32	-0.3609	148	-0.4151	133	1165
天一科技	-0.2877	136	-0.0645	125	-0.0883	114	-0.4405	134	1172

资料来源：根据中国社会科学院中国产业与企业竞争力研究中心的监测数据计算。

4. 第四组的特点

第四组的23家企业在全部主板上市公司中排名第1208～1374位，基础竞争力得分区间为－0.5～－2.3163，户均基础竞争力得分－1.0573，户均规模竞争力、效率竞争力、增长竞争力得分分别为－0.5826、－0.1608、－0.3138。这一组的企业数占全部企业数（157家）的15%，是企业数最少的一组，是机械行业上市公司中综合竞争力最差的企业集合。

从所涉及的行业来看，基础竞争力最弱的23家上市公司主要集中在以下几个行业：电气设备6家，占全部电气设备企业（39家）的15%；工程机械1家，占全部工程机械企业（13家）的8%；航空航天制造1家，占全部航空航天制造企业（11家）的9%；基础件2家，占全部基础件企业（10家）的20%；家电1家，占全部家电企业（10家）的10%；内燃机1家，占全部内燃机企业（10家）的10%；仪器仪表1家，占全部仪器仪表企业（6家）的17%；纺织机械2家，占全部纺织机械企业（5家）的40%；摩托车、自行车及配件2家，占全部摩托车、自行车及配件企业（6家）的33%；医疗企业1家，占全部医疗器械企业（3家）的33%。

这一组企业中，大部分为ST企业，由于2010年继续亏损，2011年又有其中的3家（西北轴承、华智控股、鼎盛天工）被实施退市风险警示特别处理，即简称变更为*ST西轴、*ST华控、*ST盛工，而ST二纺、ST泰复被实施退市风险警示特别处理。这些企业不仅生产经营规模较小、处于连续亏损状态，而且一些企业没有稳定的主营业务，甚至主业已经转移到机械行业以外的其他行业，如东方银星主业转向房地产，*ST建通转向租赁业，ST泰复主业转向贸易。

表7－10　机械行业主板上市公司第四组别竞争力得分及排名

股票简称	规模竞争力		增长竞争力		效率竞争力		基础竞争力		
	得分	行业内排名	得分	行业内排名	得分	行业内排名	得分	行业内排名	全部主板上市公司中排名
*ST阿继	－0.3358	139	－0.0969	143	－0.0971	118	－0.5298	135	1208
SST华新	－0.3197	137	0.0323	57	－0.2579	141	－0.5453	136	1212
SST中纺	－0.3259	138	－0.0833	134	－0.1951	136	－0.6043	137	1231
三佳科技	－0.2508	135	－0.0157	76	－0.3676	149	－0.6342	138	1237
ST国祥	－0.2502	134	－0.0856	136	－0.3207	147	－0.6565	139	1242
东北电气	－0.2210	132	－0.1078	146	－0.3686	150	－0.6974	140	1254

续表

股票简称	规模竞争力		增长竞争力		效率竞争力		基础竞争力		
	得分	行业内排名	得分	行业内排名	得分	行业内排名	得分	行业内排名	全部主板上市公司中排名
*ST 威达	-0.5684	147	-0.0778	132	-0.0943	115	-0.7405	141	1263
ST 轻骑	-0.4950	142	-0.1643	149	-0.1926	135	-0.8520	142	1290
航天长峰	-0.5455	146	-0.1031	144	-0.2503	140	-0.8990	143	1296
ST 宝诚	-0.9763	154	0.0623	40	-0.0356	86	-0.9497	144	1305
鼎工天工	-0.5982	149	-0.1110	147	-0.2824	146	-0.9917	145	1312
ST 春兰	-0.5032	143	-0.2962	154	-0.2247	138	-1.0241	146	1315
华智控股	-0.5096	145	-0.2873	153	-0.2669	143	-1.0637	147	1320
东方银星	-0.5907	148	-0.0947	142	-0.4189	152	-1.1043	148	1324
银河科技	-0.5055	144	-0.1295	148	-0.5126	155	-1.1476	149	1327
中国嘉陵	-0.3879	140	-0.2480	151	-0.5437	156	-1.1797	150	1330
ST 二纺	-0.6254	150	-0.3294	155	-0.2747	145	-1.2295	151	1338
ST 渝万里	-0.8076	152	-0.2797	152	-0.2669	144	-1.3542	152	1348
ST 泰复	-0.9828	155	-0.2389	150	-0.1480	130	-1.3698	153	1349
*ST 方向	-0.8710	153	-0.0865	137	-0.4128	151	-1.3704	154	1350
S*ST 恒立	-1.0473	157	-0.0235	83	-0.4420	153	-1.5128	155	1360
西北轴承	-0.6527	151	-0.3991	156	-0.4925	154	-1.5444	156	1362
*ST 建通	-1.0298	156	-0.5353	157	-0.7512	157	-2.3163	157	1374

资料来源：根据中国社会科学院中国产业与企业竞争力研究中心的监测数据计算。

四　机械行业主板上市公司基础竞争力变动情况分析

2009～2010 年是中国机械企业经受国际金融危机巨大冲击以及迅速走出危机阴影的两年，从行业整体情况来看，是跌宕起伏的两年，这两年间企业相对竞争力的变化在 2010 年和 2011 年的企业竞争力年报中得到了充分体现。2009 年受国际金融危机影响，机械行业一些上市公司的生产经营环境发生了剧烈变化，对经营业绩形成了巨大冲击；2010 年，获益于一系列经济刺激政策，机械行业运行迅速恢复并实现了全年的高速增长。但是受冲击程度和恢复情况在不同行业和不同企业之间会存在较大差异，这种外在表现出的绩效差异，既受到对宏观经济敏感程度和政策等行业因素的强烈作用，也同时来源于企业间的个性化因素，并且综合反映到了基础竞争力变化方向和变化规模的差异上。即本文的基础竞争力研究以行业平均水平为参照系，过滤掉了行业整体情况变化，而反映的是企业相对竞争力的变化。

（一）企业竞争力变动分布

图7－4给出了机械行业2010～2011年间的企业竞争力变动分布。在进行2010年和2011年基础竞争力比较的136家机械行业主板上市企业中，有57家竞争力提升，79家竞争力下降，但竞争力水平提高的企业的户均增幅要高于竞争力水平降低的企业。

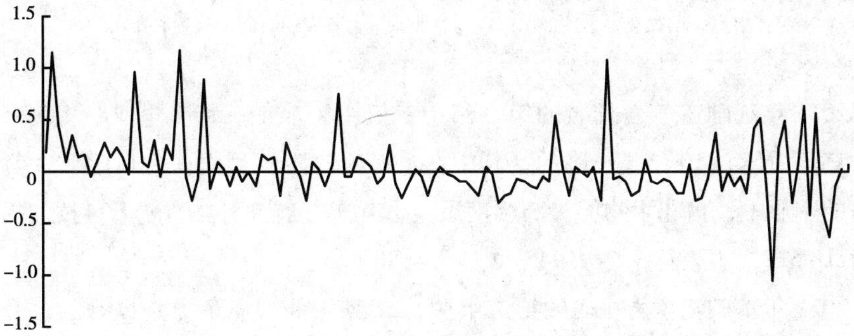

图7－4 机械行业（不含汽车及配件）主板136家上市公司竞争力变动分布

说明：① 这里的竞争力变动＝2011年基础竞争力－2010年基础竞争力。②这里只有136家企业进行年度竞争力变化比较是因为，中国社会科学院中国产业与企业竞争力研究中心2011年监测的157家机械行业主板上市公司中，有10家家电企业2010年未进入机械行业的竞争力测算，无法进行竞争力变化比较；还有11家2011年新上市企业或者由于其他原因而没有测算2010年竞争力的企业，也无法进行竞争力变化比较。

资料来源：根据中国社会科学院中国产业与企业竞争力研究中心的监测数据计算。

机械行业2010～2011年间的企业竞争力变动标准差为0.3745。由图7－4可以直观地看出，大部分企业的竞争力变动都不是很大。有113家企业（占136家的83%）处于正负一个标准差的变动区间之内；在该区间之外，有13家企业的竞争力提升幅度超过一个标准差，10家企业的竞争力下降幅度超过一个标准差。

（二）各组别竞争力得分变动情况

由表7－11可以看出，从基础竞争力的各组别来看，基础竞争力高于行业平均水平的企业（第一组、第二组），户均竞争力得分是上升的；而基础竞争力低于行业平均水平的企业（第三组、第四组），户均竞争力则是下降的。机械行业企业竞争力分布进一步走向两极分化。

表 7-11 机械行业主板上市公司各组别竞争力变动情况

2011 年基础竞争力组别	测算竞争力变动的公司数	2011 年户均基础竞争力得分	2010 年户均基础竞争力得分	竞争力提高的公司数	竞争力下降的公司数
第一组	20	0.7278	0.4795	17	3
第二组	52	0.2147	0.1955	22	30
第三组	44	-0.1660	-0.1195	11	33
第四组	20	-1.0573	-0.7569	6	14

说明：竞争力变动=2011 年基础竞争力-2010 年基础竞争力。

资料来源：根据中国社会科学院中国产业与企业竞争力研究中心的监测数据计算。

2011 年基础竞争力排名的第一组中，仅中国船舶、特变电工、上海电气 3 家的竞争力较 2010 年是下降的，其中，上海电气降幅最大，为 0.0449。竞争力提高的企业中，梅花生物的提高幅度最大，其次是航天科技。航天科技的提高幅度为 0.9627，主板总排名从 945 位上升到 86 位。

2011 年基础竞争力排名的第二组中，22 家企业的竞争力是提升的，升幅最大的 3 家企业分别是德赛电池、晋亿实业和经纬纺机，其他企业的升幅都远低于这 3 家。德赛电池升幅为 1.1639，主板总排名从 1023 位上升到 142 位；晋亿实业升幅为 0.8921，主板总排名从 967 位上升到 180 位；经纬纺机升幅为 0.7419，主板总排名从 986 位上升到 525 位。降幅最大的万家乐为 0.3034，主板总排名从 296 位下降到 847 位；其次是潍柴重机 0.2903，主板总排名从 42 位下降到 161 位；再次是中国一重 0.2718，主板总排名从 145 位下降到 490 位。

2011 年基础竞争力排名的第三组中，竞争力下降的企业远远多于提升的企业。竞争力提升的企业中，上风高科表现最为突出，升幅为 1.0732，主板总排名从 1113 位上升到 982 位；其次是 *ST 建机和铜峰电子。竞争力下降的企业中，振华重工降幅最大，为 1.0654，主板总排名从 63 位下降到 1165 位，从竞争力行业排名最强的一组降到了落后于行业平均水平的第三组，其次是中船股份和平高电气。

2011 年基础竞争力排名的第四组中，6 家企业的竞争力是提升的，其中升幅最大的三佳科技为 0.6223，其次是 *ST 威达和 *ST 阿继；14 家的竞争力是下降的，降幅最大的是 *ST 建通，为 1.5425，其次是中国嘉陵和 ST 渝万里。

（三）主要分行业企业竞争力得分变动情况

从主要分行业来看，2011 年，工程机械、基础件、机床、纺织机械、航空航天制造、压缩机、铁路运输设备和医疗器械等分行业的竞争力水平较2010年有所提升，电气设备行业变化不大，而内燃机，仪器仪表，摩托车、自行车及配件，船舶及港口机械，矿山设备，冶金设备等行业的竞争力水平是下降的（见表7－12）。

表7－12　机械行业主板上市公司各主要分行业竞争力变动情况

分行业	测算竞争力变动的公司数	2011年户均基础竞争力得分	2010年户均基础竞争力得分	竞争力提高的公司数	竞争力下降的公司数
电气设备	39	0.0239	0.0239	10	29
工程机械	13	0.3815	0.2279	11	2
航空航天制造	11	0.1920	0.1420	5	6
基础件	8	－0.3699	－0.4945	4	4
内燃机	10	－0.0141	0.1065	3	7
仪器仪表	5	－0.3033	－0.1359	1	4
摩托车、自行车及配件	6	－0.3972	－0.1265	1	5
机床	4	0.0950	0.0604	2	2
纺织机械	5	－0.3574	－0.4497	3	2
船舶及港口机械	5	0.1998	0.5190	0	5
矿山设备	3	0.3319	0.3469	1	2
压缩机	3	0.2341	0.1322	2	1
铁路运输设备	3	0.4682	0.4194	2	1
冶金设备	3	0.0648	0.2718	0	3
医疗器械	3	－0.2543	－0.4188	2	1

注：①竞争力变动＝2011年基础竞争力－2010年基础竞争力。②有11家企业由于2011年新上市或者其他原因而没有测算2010年企业竞争力，故部分行业竞争力提高和竞争力下降公司数之和小于公司总数。

资料来源：根据中国社会科学院中国产业与企业竞争力研究中心的监测数据计算。

电气设备行业中，10家企业的竞争力是提升的，平均升幅0.3951；29家企业的竞争力是下降的，平均降幅0.1913。竞争力升幅最大的3家企业都是2010年基础竞争力处于最差一组的，升幅最大的德赛电池，基础竞争力从2010年的－0.7026上升到2011年的0.4613，主板总排名从1023位上升到142位；其次是上风高科和铜峰电子，基础竞争力分别从－1.1839和－0.9163上升到－0.1106和－0.4056。基础竞争力降幅最大的3家企业都是原本在第三组的，但2011年竞争力都出现了大幅下滑并跌入第四组，其中 ST 渝万里降幅最大为 0.9221，其次是银河科技 0.9040，再次是东北电气 0.4183。

工程机械行业是企业竞争力增幅最大的行业，13 家主板上市公司中有 11 家竞争力上升，平均升幅 0.2053；2 家企业的竞争力下降，平均降幅 0.1306。升幅较大的除了 * ST 建机以外，均为竞争力较强的企业，其中三一重工的基础竞争力从 0.6540 上升到 1.0887。降幅最大的是河北宣工，基础竞争力从 0.0393 下降到 -0.1397。

航空航天制造行业中，5 家企业的竞争力是提升的，平均升幅 0.3309；6 家企业的竞争力是下降的，平均降幅 0.2171。行业总体竞争力是上升的。竞争力提升幅度最大的企业是航天科技和中航动控（原名 ST 宇航），分别从 2010 年的 -0.3885和 0.4492 上升到 2011 年的 0.5743 和 0.7981。降幅最大的 3 家企业是航天长峰和洪都航空。其中，航天长峰 2010 年的基础竞争力（-0.2775）原本就低于机械行业平均水平，2011 年进一步降低到 -0.8990；洪都航空则从高于行业平均水平的 0.1800、0.5261，下降到行业平均之下的 0.0523。

基础件行业中，4 家企业的竞争力是提升的，平均升幅 0.4455；4 家企业的竞争力是下降的，平均降幅 0.1963。行业总体竞争力略有提升。其中，升幅最大的两个企业 2010 年都是基础竞争力低于行业平均水平的，晋亿实业从 2010 年的 -0.4741 上升到 2011 年的 0.4180，三佳科技从 -1.2565 上升到 -0.6342。降幅最大的企业是西北轴承，从 -1.1120 进一步下降到 -1.5444。

内燃机行业中，3 家企业的竞争力是提升的，平均升幅 0.1723；7 家企业的竞争力是下降的，平均降幅 0.2852。行业总体竞争力下降。其中，升幅最大的 2 个企业是，威孚高科从 0.2342 上升到 0.5435，全柴动力从 0.1531 上升到 0.2750。降幅最大的是 * ST 方向，从 -0.6320 下降到 -1.3704。

仪器仪表行业中，仅有 1 家企业的竞争力是提升的，升幅 0.0387；4 家企业的竞争力是下降的，平均降幅 0.2190。行业总体竞争力大幅下降。竞争力提升的企业是凤凰光学，从 0.1293 上升到 0.1680。降幅最大的企业是华智控股，这家企业基础竞争力原本就处于最低组别中，2011 年进一步从 -0.5085 降低到 -1.0637。

摩托车、自行车及配件行业中，仅有 1 家企业的竞争力是提升的，升幅 0.4188；5 家企业的竞争力是下降的，平均降幅 0.4087。行业总体竞争力大幅下降。竞争力提升的企业是 * ST 中华 A，这家企业基础竞争力原本处于最低组别中，2011 年从 -0.7415 上升到了 -0.3227。降幅最大的是中国嘉陵，从 -0.0495骤降到 -1.1797。

机床行业中，2 家企业的竞争力是提升的，平均升幅 0.1653；2 家企业的竞争力是下降的，平均降幅 0.0961。行业总体竞争力上升。竞争力提升的企业是沈阳机床和南通科技，分别从 0.1243 和 -0.1067 提升到 0.1902 和 0.1580。竞争力下降的企业是昆明机床和秦川发展，分别从 0.1282 和 0.0959 下降到 -0.0223 和 0.0543。

纺织机械行业中，3 家企业的竞争力是提升的，平均升幅 0.3021；2 家企业的竞争力是下降的，平均降幅 0.2225。行业总体竞争力略有上升。竞争力升幅最大的企业是经纬纺机，从 -0.5529 提升到 0.1889。竞争力下降的 2 家企业是 ST 二纺和上工申贝，分别从 -0.8655 和 0.0790，下降到 -1.2295 和 -0.0020。

船舶及港口机械行业中，5 家企业的竞争力全部是下降的，平均降幅 0.3192。行业总体竞争力下降。降幅最大的企业是振华重工，从 2010 年的 0.6503，大幅下降到 2011 年的 -0.4151。

矿山设备行业中，1 家企业竞争力上升，另外 2 家企业竞争力下降，但变动幅度都不大。天地科技的基础竞争力从 2010 年的 0.5050 上升到 2011 年的 0.5559；而太原重工从 0.4919 下降到 0.4183，江钻股份从 0.0436 下降到 0.0210。

压缩机行业中，2 家企业竞争力上升，1 家企业竞争力下降。其中，海立股份升幅较大，其 2010 年的基础竞争力低于行业平均水平，2011 年上升到 0.2410；陕鼓动力从 0.1570 上升到了 0.2307；华意压缩从 0.2836 下降到 0.2306。

铁路运输设备行业中，2 家企业的竞争力是提升的，1 家企业竞争力下降。竞争力提升的企业是中国南车和中国北车，这两家企业两年的竞争力表现和变动大致相同，中国南车从 0.5931 上升到了 0.7390，中国北车从 0.5822 上升到了 0.6844；竞争力下降的是晋西车轴，但降幅不大。

冶金设备行业中，3 家企业的竞争力都是下降的，包括处于竞争力第二组的中国一重和二中重装，以及处于第三组的金自天正。其中，中国一重和二重重装降幅较大，基础竞争力分别从 0.4776 和 0.3669 下降到 0.2058 和 0.1227；金自天正则从 -0.0291 下降到 -0.1342。

医疗器械行业中，2 家企业竞争力上升，1 家竞争力下降。其中，＊ST 威达增幅最大，从 -1.2996 上升到 -0.7405。另外 2 家企业，新华医疗和万东医疗 2010 年的基础竞争力都大致处于行业平均水平，2011 年出现了分化，新华医疗从 0.0381 上升到 0.1742，万东医疗则从 0.0049 下降到 -0.1949。

（四）相对竞争力变动较大企业情况

表 7-13 所示为与 2010 年相比，2011 年基础竞争力升幅最大的 13 家机械行业企业。这 13 家企业，除了三一重工以外，2010 年基础竞争力均处于行业平均水平及以下。当企业竞争力处于较低水平时，也意味着有较大的提升空间，而当竞争力已经处于高位时，进一步大幅提升的难度就很大。由此可见，三一重工的竞争力表现十分突出。这 13 家企业可以分为以下几类。

表 7-13 竞争力升幅前 13 位企业情况

	公司名称	所处细分行业	(1)2009 年基础竞争力	(2)2010 年基础竞争力	(3)2011 年基础竞争力	(3)-(2)
1	德赛电池	电池	-0.5578	-0.7026	0.4613	1.1639
2	梅花生物	味精	-0.0427	0.0031	1.1426	1.1395
3	上风高科	电工器械	-0.0115	-1.1839	-0.1106	1.0733
4	航天科技	汽车仪表、航天产品	-1.1050	-0.3885	0.5743	0.9628
5	晋亿实业	紧固件	0.1873	-0.4741	0.4180	0.8921
6	经纬纺机	纺织机械	0.0923	-0.5529	0.1889	0.7418
7	三佳科技	精密模具	-0.2269	-1.2565	-0.6342	0.6223
8	*ST 威达	综合	-0.3968	-1.2996	-0.7405	0.5591
9	*ST 建机	工程机械	-0.6370	-0.5840	-0.0426	0.5414
10	铜峰电子	电子元器件	-0.1187	-0.9163	-0.4056	0.5107
11	*ST 阿继	输配电设备	-0.8486	-1.0263	-0.5298	0.4965
12	三一重工	工程机械	0.6943	0.6540	1.0887	0.4347
13	*ST 中华	电动及自行车	-1.2828	-0.7415	-0.3227	0.4188

注：公司名称、所处细分行业以 2010 年情况为准。

资料来源：根据中国社会科学院中国产业与企业竞争力研究中心的监测数据计算。

一是主营业务发生重大变动导致竞争力大幅提升的企业。这类企业只有梅花生物 1 家。该企业原名五洲明珠，属于电气设备行业，2009 年和 2010 年基础竞争力都处于行业平均水平上下，2011 年突然竞争力大幅提升到行业第 3 位。从其年报可以看到，2010 年该企业已经不生产机械产品，由于被借壳，主营产品已经转为味精及谷氨酸。这实际上已经不能算是机械行业企业的竞争力了，只是由于行业分类没有变动，暂时还没有调整。

二是竞争力从低水平大幅提升的企业。包括德赛电池、航天科技、*ST建机、*ST阿继和*ST中华。这5家企业2009年竞争力都处于最低的一组，国际金融危机对大部分企业形成较大冲击时，这5家企业的相对竞争力或略有下降或反而有所上升，而2011年实现了大幅的提升。其中，德赛电池2010年营业收入比上年增长47%，利润总额增长517%；航天科技的主营业务是航天产品和汽车电子仪表，受益于国家振兴汽车行业的政策措施，2010年营业收入较上年增长38%；*ST建机也得益于国家宏观政策的作用，在营业收入与上年基本持平情况下，由于利润较高的工程机械产品销售收入显著增加而使赢利大幅提高。

三是经济形势好转导致竞争力恢复的企业。包括2011年基础竞争力尚未恢复到危机前水平的上风高科、三佳科技和*ST威达，以及已经超出经济危机前竞争力水平的晋亿实业、经纬纺机和三一重工。前3家危机前的竞争力水平就处于行业平均之下，而后3家危机前处于行业平均水平之上，在危机之后的2010年，主营业务收入都较上年实现了70%以上的增幅，利润也大幅增长。

表7－14所示为与2010年相比，2011年基础竞争力降幅最大的10家机械行业企业。这10家企业可以分为以下几类。

表7－14　竞争力降幅前10位企业情况

	公司名称	所处细分行业	(1)2008年基础竞争力	(2)2009年基础竞争力	(3)2010年基础竞争力	(3)－(2)
1	*ST建通	商业房屋租赁	-1.0608	-0.7738	-2.3163	-1.54253
2	中国嘉陵	摩托车	0.1840	-0.0495	-1.1797	-1.13016
3	振华重工	集装箱起重机	0.7080	0.6503	-0.4151	-1.06539
4	ST渝万里	蓄电池	-1.0237	-0.4321	-1.3542	-0.92208
5	银河科技	输配电设备	-0.0956	-0.2436	-1.1476	-0.90403
6	*ST方向	柴油机	-0.4355	-0.6320	-1.3704	-0.73842
7	航天长峰	航天电子、医疗器械	-0.7731	-0.2775	-0.8990	-0.62145
8	华智控股	仪器仪表	0.1430	-0.5085	-1.0637	-0.55518
9	西北轴承	滚动轴承	-0.1126	-1.1120	-1.5444	-0.43236
10	东北电气	输变电及控制设备	-0.8685	-0.2791	-0.6974	-0.41833

注：公司名称、所处细分行业以2010年情况为准。

资料来源：根据中国社会科学院中国产业与企业竞争力研究中心的监测数据计算。

一是竞争力一直处于较低水平的企业。包括＊ST建通、ST渝万里、航天长峰和东北电气。前3家企业在国际金融危机前后一直处于规模小、业绩差的状态。东北电气曾经在2009年实现了扭亏为盈，但2010年由于电力行业投资同比大幅下降，供需矛盾日益突出，以及原材料、能源等要素成本呈上涨趋势，导致公司主营业务收入同比下降，主营业务利润空间被严重挤压，2011年基础竞争力大幅下降。

二是竞争力从较高水平持续下滑的企业。包括中国嘉陵、振华重工和华智控股。这3家企业2009年基础竞争力都处于行业平均水平之上，2010年有所下降，2011年进一步大幅下降。这3家企业2010年度都面临更为严峻的市场形势，中国嘉陵源于国家实施了更严格的国Ⅲ排放政策，使得摩托车生产成本明显上升的同时，摩托车国内市场需求出现大幅萎缩；振华重工受到金融危机的持续滞后影响致使市场需求不振、传统港机订单数量和单价大幅下降，公司销售收入减少、生产任务不足；华智控股在2010年度，受原材料价格上涨及国家电网招标改革等因素影响，仪器仪表主营业务利润较上年同期有所下降。

三是竞争力从较低水平持续下滑的企业。包括银河科技、＊ST方向和西北轴承。这3家企业2009年基础竞争力都处于行业平均水平之下，其后的两年连续大幅下降。银河科技受国家加大宏观调控、推进节能减排政策的影响，高耗能的主要传统行业客户对公司产品的需求严重萎缩，同期输配电设备主材价格又呈不断上涨趋势，这些因素都导致了公司承接的合同订单减少，主要产品毛利率下降。＊ST方向的机械产品生产正常。由于公司债务负担沉重，2010年利润总额再次转负。2010年12月7日，公司正式进入破产重整程序。西北轴承2010年度营业收入较上年有所恢复，但由于主导产品石油机械轴承订单大幅减少、原材料不断上涨等原因，亏损额进一步增大。

B.9

汽车行业企业竞争力分析

刘昶 原磊

我国汽车市场在世界汽车市场大幅萎缩的2009年快速复苏并持续较快地发展，成为世界最大的汽车生产国和新车消费市场，2010年我国国产汽车产销量稳居世界第一。随着国家宏观货币政策收紧、通货膨胀加剧、促进汽车消费政策的退出、油价上涨、部分大城市限购等因素影响，2011年汽车消费量回落，国内乘用车市场增速下降，自主品牌乘用车市场占有率下降。

一 汽车工业运行状况

受汽车消费促进政策逐步退出的影响，我国汽车产销在经历2009年快速增长以后，增速明显回落，甚至出现负增长。随着国际市场形势的好转，出口保持了较高增速，逐步恢复到国际金融危机前的水平。企业经营困难，效益明显下滑。

（一）汽车产销和消费量增速放缓

为应对国际金融危机，国家出台了减征小排量乘用车车辆购置税、鼓励"汽车摩托车下乡"、鼓励汽车以旧换新、鼓励新能源汽车发展等一系列政策，有效地促进了汽车消费，稳定了汽车市场。2009年，我国汽车产销量分别为1379万辆和1364万辆，同比分别增长48%和46%，提前两年完成规划目标。从汽车的产量（见图8－1）和当月同比增速（见图8－2）可以看出，汽车产量从2009年1月到2010年3月持续增长，而且同比增长速度不断加快，这主要是由刺激消费的一系列政策导致的汽车市场复苏。

2010年购置税减征税率上调，从2010年4月起汽车产销量逐月回落。2010年4～8月，产量逐月下降，增长速度放缓。汽车产量从2010年9～12月再次快速增长，这主要是由于优惠政策在2010年末即将结束，而且北京等大城市为缓

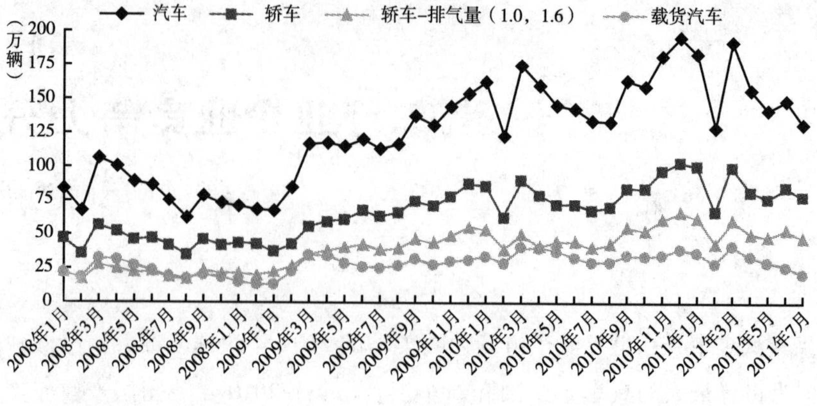

图 8-1　汽车月产量

资料来源：中经数据库。

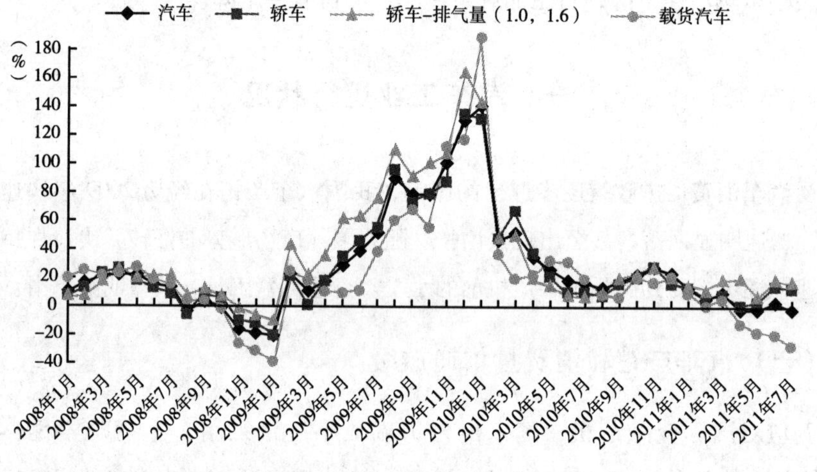

图 8-2　汽车产量当月同比增速

资料来源：中经数据库。

解交通拥堵将限发汽车牌照，消费者将 2011 年的消费提前在 2010 年实现，而且秋季也是汽车消费的传统旺季。据中国汽车工业协会的统计数据，2010 年全国汽车产量和销量分别为 1826. 5 万辆和 1806. 2 万辆，分别同比增长 32. 4% 和 32. 4%，产销量创新高，稳居全球产销第一，但产销的同比增长率较 2009 年分别下降了 15. 9 和 13. 8 个百分点。

汽车消费持续两年高速增长，汽车消费需求得到了提前释放。2011 年，购置税减征等优惠政策退出，宏观经济政策向遏制通货膨胀调整，燃油价格持续上涨，运输车辆燃油消耗量准入管理政策、部分城市为治理交通拥堵实施限购政策实施，这些因素使得汽车消费增速的放缓更加明显。2011 年 1 ~ 7 月，汽车产销量分别为 1046.24 万辆和 1060.18 万辆，分别同比增长 2.3% 和 3.2%，增幅较上年同期大幅回落，分别回落 41 和 39 个百分点。汽车产量在 1 月和 3 月仍处于较高水平，4 ~ 7 月快速下降，7 月环比下降 11%，7 月的产量已低于 2010 年 8 月的水平（见图 8 - 1），其中也有 7 月是汽车市场传统淡季的原因。油耗准入政策的实施影响了运输车的需求，半挂牵引车作为运输车辆的主要产品，受到的冲击最大，从 4 月起，其产量快速下降，同比、环比均为负增长，还有进一步下降的趋势。由于汽车的产量和销量通常很接近，产销率在 1 附近，所以产量可以代表市场的状况。

消费量比产量更能直接反映市场的好坏，从消费量来看，批发零售贸易业汽车类商品零售总额也呈现与产量相同的趋势（见图 8 - 3），2009 年高速增长，最高增速出现在 2009 年 11 ~ 12 月，分别达到 61.5%、57.7%，2010 年上半年增速回落至 30% 的水平，下半年反弹，12 月达到 37%。2011 年大幅回落。根据国家统计局的数据，2011 年 7 月，汽车消费总额达 1638 亿元，同比增长 11.9%，增速较 6 月收窄 5 个百分点。

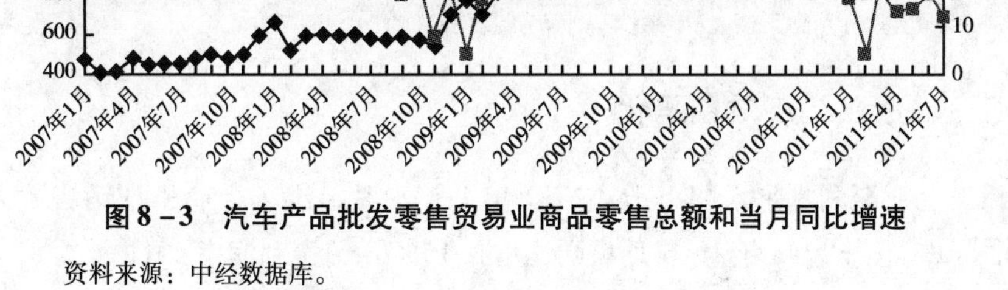

图 8 - 3 汽车产品批发零售贸易业商品零售总额和当月同比增速

资料来源：中经数据库。

（二）进出口稳定增长

汽车出口 2010 年增长了 53%，但还没有回到危机前水平。2011 年上半年，汽车商品进出口总体较快增长，汽车整车出口量在2011年6月创出7.77万辆的历史次高，7月有所回落。2011年1～7月，出口45.4万辆，比上年同期增长57.3%。出口前3名的整车制造企业分别为奇瑞、长安、江淮。

分品种来看，在主要的出口产品中小轿车（包括整套散件）和汽车零件的出口恢复较快，货车恢复较慢，出口额在2010年的同比增速分别为44.1%、58.9%和14%。小轿车（包括整套散件）出口在2011年仍保持高速增长，上半年的同比增速为92%。汽车零件的出口额累计增速在2011年上半年下降到23%。在主要的进口产品中，小轿车（包括整套散件）的进口额在2010年相比金融危机下的2009年高速增长，年末达到15亿美元的高水平，2011年继续保持在15亿～17亿美元的水平。这说明国内汽车市场对国外产品的需求旺盛。

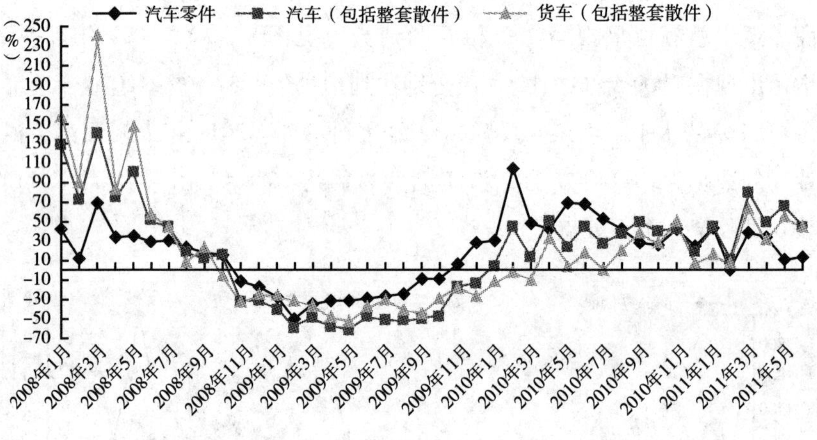

图8－4　汽车主要产品当月出口额同比增速

资料来源：中经数据库。

（三）企业经济效益恶化

汽车企业赢利水平大幅下滑。2010年1～11月，汽车企业累计销售收入同比增长40%，而2011年1～6月只同比增长15%。销售利润率2011年约8.3%，比2010年的8.6%有所降低（见图8－5）。

产成品资金占用的同比增长率上升，2010年应收账款净额和流动资产年平均余额同比增长率下降。产成品资金占用同比增长率在2011年6月下降到30%，应收账款净额、流动资产年平均余额的同比增长率分别继续下降到23%、24%

(见图 8-6)。2011 年上半年，汽车工业重点企业主要经济指标增幅同比回落较大，工业经济效益低于上年同期，产出指标增速减缓，增幅逐月回落，利润总额增速明显减缓，增幅回落较大，应收账款增幅上升，产成品库存资金增幅下降。17 家重点企业中有 8 家企业利润为负增长。

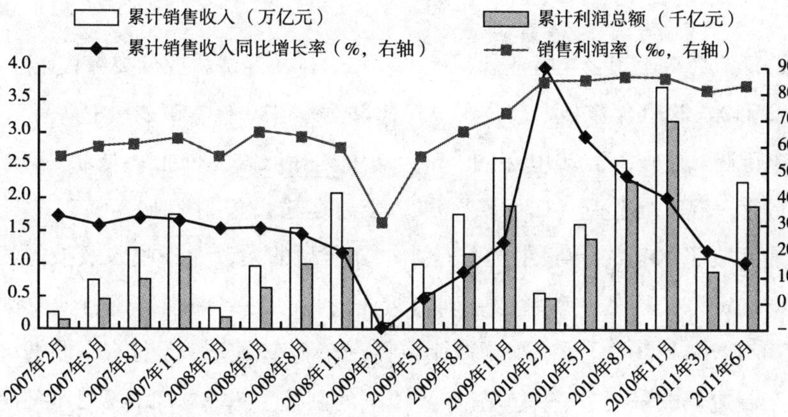

图 8-5　汽车制造业累计销售收入、利润总额、累计销售收入同比增长率、销售利润率

资料来源：中经数据库。

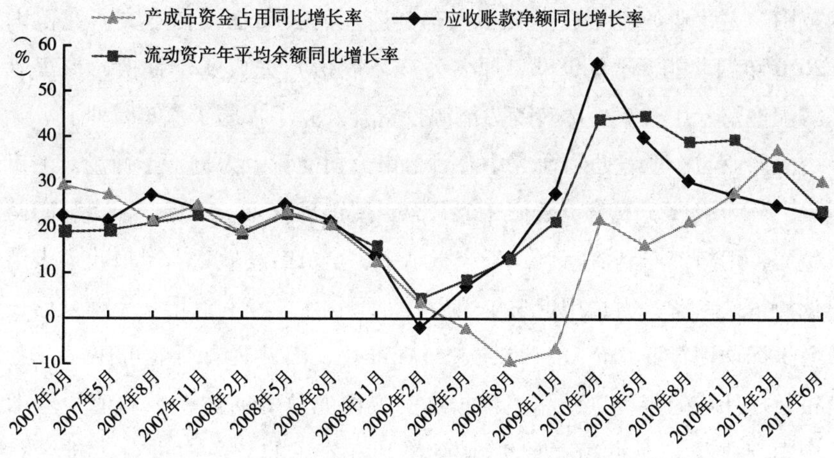

图 8-6　汽车制造业产成品资金占用、应收账款净额、流动资产年平均余额同比增长率

资料来源：中经数据库。

二　上市公司竞争力和财务状况分析

（一）上市公司竞争力

按照证监会《上市公司行业分类指引》和《国民经济行业分类与代码》（GB/T4754－2011），2010年主板上市公司中共有38家，中小板上市公司中共有16家应归于汽车行业。首先，从2010年的上市公司中选择证监会行业分类为“交通运输设备制造业—汽车制造业（C7505）”和“交通运输设备制造业（C75）”的上市公司。然后按照2010年年报中的分行业、分产品的主营业务收入及披露的主营业务核对确定该公司的主营业务，确定行业的标准为《国民经济行业分类与代码》（GB/T4754－2011），汽车制造业包括汽车整车制造、改装汽车制造、低速载货汽车制造、电车制造、汽车车身及挂车的制造、汽车零部件及配件制造共6类。与2002年版相比，《国民经济行业分类与代码》（GB/T4754－2011）删减了汽车修理类，添加了低速载货汽车制造类。这一改变不影响本文研究的上市公司的行业分类。汽车工业的产业链很长，涉及上下游多个行业，本文只研究了制造汽车核心部件的上市公司。汽车轮胎制造业虽与汽车业高度相关，但不在本文研究的范围。主营业务变更后不属于汽车制造业的公司也不在本文研究范围。例如，2010年湖北能源（000883，原名为三环股份）完成资产置换，主营业务从汽车零配件及专用汽车生产转变为能源投资开发，不再属于汽车行业。

中国产业与企业竞争力研究中心对上市公司的竞争力进行了衡量。上市公司的竞争力分为规模、效率、增长三个方面。用销售收入、净资产、净利润衡量规模竞争力，用净资产利润率、总资产贡献率、全员劳动效率、出口收入占销售收入比例衡量效率竞争力，用近3年销售收入增长率、净利润增长率衡量增长竞争力。各指标均用行业均值和标准差进行标准化，因此具有行业可比性。用2010年年报数据计算的规模、效率、增长这三方面竞争力的加权平均值为基础竞争力。中国产业与企业竞争力研究中心对上市公司的竞争力进行了排名，根据2010年年报计算的基础竞争力包含有1374家主板上市公司的数据。表8－1将汽车行业主板上市公司竞争力在全部主板上市公司内进行了排名，排名为相对位置的百分比，即在所有公司内的名次除以总样本数量。在38家汽车行业主板上市

表 8-1　2010 年汽车行业主板上市公司竞争力排名

单位：%

股票代码	股票简称	行业类别	全行业竞争力相对位置				上年竞争力相对位置			
			规模	效率	增长	综合	规模	效率	增长	综合
600104	上海汽车	ZC	1	5	9	1	1	3	2	0
600741	华域汽车	LBJ	4	25	2	1	6	21	1	1
000800	一汽轿车	ZC	6	23	11	5	6	6	8	3
000338	潍柴动力	ZC	3	36	15	6	3	13	4	2
600166	福田汽车	ZC	5	46	14	8	4	16	6	3
000625	长安汽车	ZC	6	43	12	8	6	28	20	9
600418	江淮汽车	ZC	7	40	14	9	9	31	31	14
600742	一汽富维	LBJ	20	43	8	12	29	22	2	7
000550	江铃汽车	ZC	10	39	21	15	13	11	38	12
000951	中国重汽	ZC	8	35	37	17				
600081	东风科技	LBJ	44	51	6	18	53	22	6	23
600066	宇通客车	ZC	12	30	25	18	17	15	27	14
600760	中航黑豹	ZC	40	65	7	20	54	67	87	71
600375	星马汽车	ZC	32	33	11	21	39	19	27	29
600006	东风汽车	ZC	10	55	42	23	11	57	54	29
600686	金龙汽车	ZC	12	38	50	25	14	36	59	29
600303	曙光股份	ZC	23	28	29	25	30	33	54	38
000868	安凯客车	ZC	41	57	11	27	46	59	54	56
000559	万向钱潮	LBJ	17	63	28	30	22	46	38	33
600523	贵航股份	LBJ	43	59	14	34	44	17	14	24
000927	一汽夏利	ZC	16	56	47	34	17	51	64	37
000572	海马汽车	ZC	14	61	61	38	70	70	90	78
600565	迪马股份	ZC	49	29	23	39	62	77	65	69
600609	ST 金杯	ZC	30	64	30	41	78	89	87	83
600991	广汽长丰	ZC	24	47	51	41				
600501	航天晨光	GZC	43	64	25	45	45	65	36	51
600960	渤海活塞	LBJ	50	56	26	48	54	50	29	50
000700	模塑科技	LBJ	50	64	25	49	48	58	33	51
601799	星宇股份	LBJ	63	48	19	51				
000957	中通客车	ZC	51	41	38	51	55	66	35	57
600178	东安动力	ZC	41	72	53	57	39	58	43	48
600148	长春一东	LBJ	69	68	24	61	86	76	90	87
000678	襄阳轴承	LBJ	75	72	25	67	69	70	41	67
600213	亚星客车	ZC	73	70	52	71	87	90	92	90
000760	*ST 博盈	LBJ	75	71	73	77	85	73	78	83
000710	天兴仪表	LBJ	77	68	82	80	75	62	10	58
600988	*ST 宝龙	ZC	94	37	16	84	99	76	64	96
600715	*ST 松辽	LBJ	99	93	100	100	97	93	99	99

说明：行业 ZC、LBJ、GZC 分别代表汽车整车制造、汽车零部件及配件制造、改装汽车制造。

资料来源：中国产业与企业竞争力研究中心的监测数据。

公司中，上海汽车、华域汽车、一汽轿车的基础竞争力排在前3名，在1374个主板上市公司中分别排在第12、15、75名，而上年（指基于2009年年报及2010年中报数据的排名结果，下同）前3名的上海汽车、华域汽车、潍柴动力，分别排在第3、17、23名。华域汽车（600741）是上汽集团旗下的零部件企业，2009年被剥离借壳巴士股份上市。2010年营业收入、净利润比2009年分别增长79%、64%，其中包括合并范围变化的影响。占主营业务收入80%的内外饰件类产品的营业利润率为16%，比2009年下降0.7个百分点。一汽轿车（000800）在2011年上半年实现营业总收入190.8亿元，同比增长6.5%，净利润8亿元，同比下降40%，业绩下滑明显。为了拓宽产品线，提高自主品牌开发能力，该公司在2011年8月提出总投资额达35亿元的6项工程建设计划。

在38家汽车行业主板上市公司中，汽车行业基础竞争力排名平均为491名，相对位置为35.7%，有28家竞争力排名在全部上市公司的前50%。规模、效率、增长竞争力排名的相对位置平均分别为35%、50%、30%，均好于上年的41%、46%、41%。结果表明大部分汽车企业竞争力优于上市公司的平均水平，而且这一相对优势还有所增强。与上年相比，中航黑豹（600760）、ST金杯（600609）、海马汽车（000572）、迪马股份（600565）的排名都有较大的提升。中航黑豹（600760）在全部上市公司中的竞争力相对位置从上年的71%到2010年末的20%，竞争力的飞跃主要源于增长竞争力（包括近3年销售收入增长率、近3年净利润增长率两个因素），其相对位置从87%提高到了7%，而反映资金利用率的效率竞争力变化不大。该公司购买了金城集团和中航投资持有的专用车、特种车的相关经营性资产，2009年资产重组启动，2010年9月末完成。2010年末公司的营业收入比2009年增长了96%，主营业务收入源于专用车、农用汽车、商品车，分别占主营业务总收入的38%、18%和16%，农用汽车为新增的业务，专用车和商品车比2009年增长了69%、57%，这是资产重组导致的收入规模的增长。从利润率来看，占营业收入约3/4的专用车及零部件的营业利润率为3.4%，比2009年减少了12.6个百分点，反映了汽车行业整体业绩的下降。中航黑豹的竞争力提升主要依靠资产重组导致的收入规模的扩张，但资金运用效率的变化不大。海马汽车（000572）的实际控制人为个人，2010年营业收入同比大幅增长，比上年增长62.5%，归属于上市公司股东的扣除非经常性损益的净利润为1.3亿元，扭亏为盈（2009年为-3亿元）。2010年年报叙述的主要原因包括新车型陆续推出使整车销量增长，新车型的毛利率较高，海口基地自主动力使赢利水平提高，取得2.59亿元政府补贴，政府补助收入较上年大幅增加。报告期内无重大收购、出售资产事项，无以前年度已全额或大比例计提坏账准备、又全额或部分收回的应收账款。公司主营业务的89%为汽车制造和汽车配件及用品收入，这两部分的毛利率分别为9%和25%，汽车制造的毛利率有明显提高。

ST金杯（600609）的竞争力提升则主要是会计处理上的原因。该公司在2008年、2009年连续两年亏损，上海证券交易所于2010年5月对公司股票交易实行退市风险警示，根据《上海证券交易所股票上市规则》的有关规定，如果公司2010年度继续亏损，股票在2010年年度报告公告之日起将被实施暂停上市。2010年，公司实现归属于上市公司股东的净利润2.8亿元，扣除非经常性损益后的净利润为9265万元，并被出具了标准无保留意见的审计报告，因此股票交易退市风险警示被撤销，实行其他特别处理，股票简称由“＊ST金杯”变更为“ST金杯”。虽然年度赢利，但扣除非经常性损益后的净利润中包含收回金杯工业公司所欠款项冲回往年已计提的坏账准备7367万余元，如果扣除坏账冲回，扣除非经常性损益的净利润将降低到1898万元，坏账冲回对正利润的贡献为80%。而且2010年度前三季度扣除非经常性损益后的净利润均为亏损，其2010年的盈余质量和稳定性较差，竞争力的提升可能具有短期性。2011年中报归属于上市公司股东的扣除非经常性损益的净利润为1845万元。

竞争力位置有所后退的是天兴仪表（000710）。该公司的主营业务是仪器仪表等车用物品。2010年的营业收入增长了13.5%，营业利润增长了12%，而净利润却下降了23%，营业收入和营业利润增加主要由于销售订单增加，净利润减少主要是所得税增加。所得税费用比上年同期增加1016%，主要原因是销售回款增加，计提的坏账准备减少。

还有一些汽车企业成功地进行了转型。湖北能源（000883）的实际控制人湖北省国资委在2009年开始筹划资产重组，向能源行业转型，在2010年完成资产重组后，上市公司的主营业务从汽车零配件及专用汽车生产变为发电、天然气、房地产、煤炭销售、专用汽车、汽车零配件等业务，资产质量、赢利能力大幅提升。2010年末的排名比上年有明显提升，相对位置从上年的31%提高到2010年末的1%，规模、效率、增长的竞争力都有显著提高。迪马股份（600565）的主营业务是专用汽车制造及房地产开发。在2010年这两部分营业收入的增长率分别为26%

和387%，分别占营业收入的42%和58%，可见公司业绩增长主要依靠房地产投资，汽车业务已退居第二位。2010年年报的合并范围发生了变化，通过收购新纳入合并范围的子公司中有5家房地产企业、1家专用车制造企业。2010年营业收入、利润总额、归属于上市公司股东的净利润、归属于上市公司股东的扣除非经常性损益的净利润比2009年分别增长121%、137%、96%、-57%。年报中叙述的营业收入增加的主要原因是地产业务收入增加，营业外收入增加是合并收益。

除了在主板上市的企业，中国产业与企业竞争力研究中心还对581家中小板上市公司的竞争力进行了排名，其中有16家汽车行业企业的主营业务均为汽车零部件制造。表8-2为将16家汽车行业中小板上市公司的基础竞争力在全部中小板上市公司内排名的结果，排名为相对位置的百分比。上年的排名是2009年末的11家汽车企业在437家中小板上市公司内排名的结果。16家汽车企业中有9家的竞争力排在全行业前50%，宁波华翔、天润曲轴、远东传动排在行业前3名，均为民营企业。宁波华翔（002048）主要从事汽车内外饰件的开发、生产和销售，占2009年主营业务收入20%的改装车产品没有出现在2010年年报中。2010年主营业务毛利率为22.9%，比上年增加1.3个百分点，营业收入比上年增长18%。天润曲轴（002283）的主要产品为发动机曲轴、锻钢曲轴、球墨铸铁曲轴、连杆，重型发动机曲轴是最具优势的核心产品。主营业务收入较2009年增长80%，利润总额增长94%，年报中解释的原因是高速公路、高速铁路、城市轨道交通等大规模基础设施建设使得重型汽车、工程机械车辆需求旺盛，带动重型发动机曲轴销售旺盛，配套客户配套比例持续提高。远东传动（002406）主营业务为非等速传动轴及相关零部件的研发生产与销售，是国内最大的非等速传动轴生产企业，拥有独立完整的研发、采购、生产、销售体系，不依赖于股东或其他关联方。主营业务收入较2009年增长63%，利润总额增长42%，年报中的解释是商用车和工程机械主机制造商对公司传动轴产品的需求旺盛，以及新增加客户和主要配套客户配套比例的提高。趁着汽车行业的高速发展，很多汽车零部件企业抓紧上市。2009年有2家，2010年有7家，截至2011年7月已有5家。零部件企业大量上市反映了行业的景气，但随着市场状况的改变，已上市企业的利润率都出现下降。美晨科技（300237）于2011年6月在创业板上市，而上市后的首份财务报告即“变脸”。监管部门对上市申请的审核也更加严格。2011年上半年，盛瑞传动、联名机械、保隆汽车3家企业的上市申请被否定，八菱科技因询价机构不足导致上市失败。

表 8-2　2010 年汽车行业中小板上市公司竞争力排名

单位：%

股票代码	股票简称	行业类别	全行业竞争力相对位置				上年竞争力相对位置			
			规模	效率	增长	综合	规模	效率	增长	综合
002048	宁波华翔	LBJ	6	20	63	14	9	21	8	4
002283	天润曲轴	LBJ	21	29	29	23	30	11	94	31
002406	远东传动	LBJ	30	35	27	28	50	12	34	40
002454	松芝股份	LBJ	23	21	52	28				
002284	亚太股份	LBJ	27	45	33	29	19	49	73	24
002126	银轮股份	LBJ	37	31	22	30	49	43	88	65
002085	万丰奥威	LBJ	23	22	73	37	19	95	65	35
002355	兴民钢圈	LBJ	32	52	45	38	37	18	14	24
002434	万 里 扬	LBJ	35	59	40	40	48	13	31	38
002536	西泵股份	LBJ	62	27	37	52				
002488	金固股份	LBJ	60	67	25	53				
002448	中原内配	LBJ	51	37	66	57				
002363	隆基机械	LBJ	50	78	71	62	52	60	23	52
002013	中航精机	LBJ	75	63	41	69	88	41	63	81
002555	顺荣股份	LBJ	96	16	21	71				
002213	特 尔 佳	LBJ	96	24	39	80	89	57	49	82

说明：行业 LBJ 代表汽车零部件及配件制造。

资料来源：根据中国产业与企业竞争力研究中心的监测数据。

（二）上市公司财务状况

本文对 2010 年以前上市的 37 家主板和 14 家中小板汽车行业上市公司的财务状况进行进一步分析。用净资产收益率、营业利润率、营业毛利率、营业收入占净资产的比例衡量赢利能力，用流动比率衡量资产的流动性，用应收账款比例、存货比例衡量流动资产的结构。具体的计算方法如下。

净资产收益率(%)＝净利润/股东权益期末余额×100

营业利润率(%)＝营业利润/营业收入×100

营业毛利率(%)＝(营业收入－营业成本)/营业收入×100

营业收入占净资产的比例(%)＝营业收入/股东权益期末余额×100

流动比率(%)＝(流动资产期末余额/流动负债期末余额－1)×100

应收账款比例(%)＝应收账款期末净额/流动资产期末余额×100

存货比例(%)＝存货期末净额/流动资产期末余额×100

各个指标要求分母为正。收入、成本、利润等流量指标均为单季度流量数值，而非当年累计值。由于样本数量少于50个，样本的均值受到异常值影响较大，因此使用中位数作为行业代表值。结果见表8－3。

表8－3　汽车行业上市公司财务状况

单位：%

财务报告时间	净资产收益率	营业利润率	营业毛利率	收入/净资产	流动比率	存货比例	应收账款比例
2007/3/31	1.4	3.4	13.6	51.4	9.3	30.0	34.4
2007/6/30	2.5	3.8	15.9	56.4	10.3	27.8	33.4
2007/9/30	1.8	3.6	13.9	57.4	13.5	28.7	33.8
2007/12/31	2.0	4.5	15.3	64.7	9.3	30.5	33.0
2008/3/31	2.0	3.8	15.9	56.8	9.3	28.6	34.6
2008/6/30	2.2	4.0	13.9	69.6	6.2	26.3	37.5
2008/9/30	0.8	1.6	13.0	58.5	4.8	27.6	36.8
2008/12/31	0.1	−1.0	14.0	54.3	1.5	28.9	32.8
2009/3/31	0.8	2.2	13.8	46.2	4.7	27.3	34.4
2009/6/30	2.7	4.1	15.5	65.9	7.9	22.4	36.9
2009/9/30	3.3	4.3	16.6	67.8	11.6	22.1	39.3
2009/12/31	2.8	4.5	16.5	73.0	18.3	22.7	37.2
2010/3/31	3.1	6.4	17.7	72.7	17.9	21.8	39.3
2010/6/30	3.4	6.3	17.0	79.3	30.4	19.7	39.8
2010/9/30	2.7	6.6	17.4	60.4	32.4	19.1	37.4
2010/12/31	2.5	4.5	17.2	76.4	31.6	22.9	37.0
2011/3/31	2.9	7.2	17.9	58.9	41.9	21.8	40.6

资料来源：上市公司财务数据。

可以看出，上市公司的赢利能力和资产的流动性在逐步提高。营业利润率和营业毛利率从2009年下半年起持续增长，2011年一季度分别为7.2%和17.9%，高于2007年4个季度平均的3.9%和14.7%。净资产收益率在2009年下半年到2010年上半年最高，约为3.1%，2010年下半年有所下降，约2.7%，仍远好于2007年的约1.9%。这说明得益于近两年国内市场的快速增长，汽车行业恢复并超过了金融危机前的水平。流动比率经历2008～2009年的下降后持续上升，2011年一季度达到41.9%的水平，远高于2007年初的9.3%，说明企业的流动性大幅提升。从流动资产的结构来看，应收账款的比例有所上升，存货比例持续下降。应收账款占流动资产的比例从2007年的约34%，波动上升到2010年的约38%，上升最快的是2009年前3个季度。存货占流动资产的比例从2007年的约29%，下降到2010年的约21%，最明显的是2009年上半年。这反映了2009年刺激性政策使得销售增长和存货下降，资产的流动性提高。随着刺激政策的减弱和退出，营业收入在2010年下半年有比较明显的下降，营业收入占净资产的比例从2010年第二季度的79.3%下降到2011年第一季度的58.9%。由政策导致的高速增长是短期的，营业收入会下降到合理范围，竞争的逐渐激烈将导致利润率的下降。

三　国际金融危机后的汽车行业竞争力

（一）自主品牌乘用车的市场份额呈下降趋势

购置税减征的优惠政策是针对小排量汽车，而在小排量市场中自主品牌的占有率较高，因此受政策变化的影响较大。2009年、2010年自主品牌乘用车成为国家刺激政策的受益者，自主品牌市场占有率在2009年不断上升。随着购置税减征等政策力度减弱，从2010年3月起自主品牌乘用车市场占有率开始环比下降。从2010年8月到2011年初又有所上升，这可能是由消费者在政策退出前提前消费导致的。刺激政策是将消费者购买汽车的需求提前了，这种在时间上的转移造成的影响只能是短期的，并不能使汽车企业的竞争力增强。企业竞争力的提升需要持续的研发投资、技术和流程的创新及生产效率的提高。政府的产业政策起不到这一作用，反而可能会扭曲资源的价格，造成资源的无效率配置，使效率低下的汽车企业存活、落后技术的产能过剩。

自主品牌乘用车销售量受2011年优惠政策退出、治堵限购政策的影响较大，乘用车自主品牌的市场占有率从2011年初开始不断下降，2011年7月为近年来最低水平。根据汽车工业协会的数据，2011年7月，自主品牌乘用车共销售36.56万辆，环比、同比分别下降18%、3%，占有率环比、同比均下降约4个百分点。其中，自主品牌轿车的占有率较上月下降3.6个百分点，被日系轿车超过，比位列第3名的德系轿车的领先优势也很小。相比之下，日系乘用车在6月到7月较快增长，市场份额提高了4.5个百分点（见图8－7）。日本大地震后，由于零部件短缺造成日本汽车减产，产销量大幅下滑，日本汽车的市场份额在2011年4月和5月有所降低。在美国，丰田退居第4位，本田退居第6位。从6月起，日本汽车生产普遍恢复正常，且复产效率惊人。

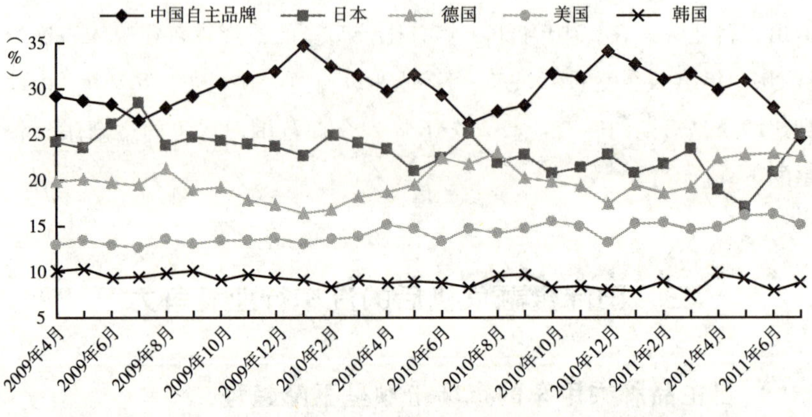

图8-7　自主品牌和日、德、美、韩轿车当月销售量占轿车总销售量的比例

资料来源：中国汽车工业协会。

自主品牌乘用车受政策影响较大的现象也可以从消费者构成的角度来解释。愿意购买小排量汽车从而享受政策优惠的通常是收入不太高的消费者，他们看重减征的优惠，愿意为此而提前消费，因此小排量汽车的消费在2011年前后剧烈波动。如果优惠的对象是大排量汽车，购买这类奢侈品的消费者是高收入阶层，他们不会在意购置税的优惠，其消费时间受政策的影响就不大。

（二）国际贸易竞争力没有明显提升

用汽车产品出口额占世界的比例来衡量汽车产品的国际市场占有率。从图8-8可以看出，我国汽车产品的国际市场占有率在2009年有所上升，但幅度远小于2007~2008年。2009年，我国汽车产品出口额占世界的2.34%，比2008年仅提高了0.05个百分点，说明中国汽车在国际市场的需求增长缓慢。德国、日本、美国、法国分别占18.7%、12.2%、8.6%、5.4%，仍有绝对优势。德国的国际市场份额比2008年提高0.05个百分点，优势进一步扩大，而日本、美国则分别下降了1.5、0.4个百分点。

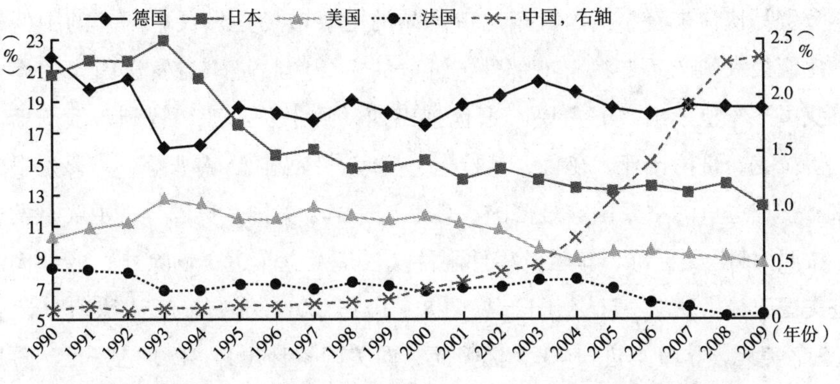

图 8－8　世界前四大出口国和中国的汽车产品出口额占世界出口总额的比例

资料来源：世界贸易组织。

用净出口额占本国进出口总额的比例衡量贸易竞争力。图 8－9 显示，从进口和出口的差额来看，20 世纪 90 年代初我国的汽车产品以进口为主，差额在 2008 年前逐年缩小，2008 年进出口额相当，而 2009 年进口与出口的差距再次扩大，净出口占进出口总额的比例从 2008 年的－0.75%一下降低到－21.7%，相当于 2004～2005 年的水平。日本、德国净出口占进出口总额的比例有小幅下降，但仍分别在 82%、33%左右，一直保持着贸易优势。从出口额占世界的比例和净出口占本国进出口总额的比例来看，中国在 2009 年的国际贸易竞争力并没有提升。由于人民币加速升值，未来净进口量将进一步扩大。

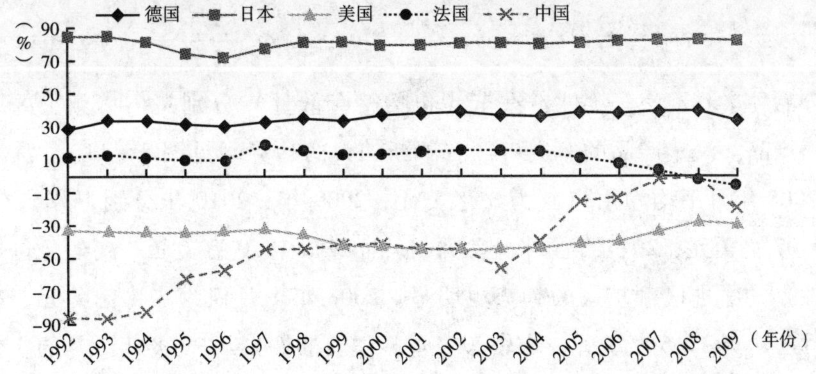

图 8－9　世界前四大出口国和中国的汽车产品净出口额占进出口总额的比例

资料来源：世界贸易组织。

分贸易伙伴来看，我国汽车出口产品的主要市场是发展中国家的中低端市场，比例最大的产品是汽车零部件，进口的主要产品是来自发达国家的汽车整车。我国汽车整车出口的主要国家包括巴西、阿尔及利亚、智利、俄罗斯、伊朗、伊拉克、哥伦比亚、秘鲁、乌拉圭、越南、乌克兰、南非等，主要是发展中国家。整车进口的主要国家是德国、日本、韩国、美国、英国等，主要是发达国家。按照 HS 分类标准，车辆及零件附件（铁道及电车道车辆除外）的最大出口国是美国，最大进口国是德国（见图 8－10）。2011 年上半年从德国累计进口 109.5 亿美元，从日本进口 73.7 亿美元，向美国累计出口 41.3 亿美元，向日本出口 14.9 亿美元。从金额上，进口额远超过出口额。

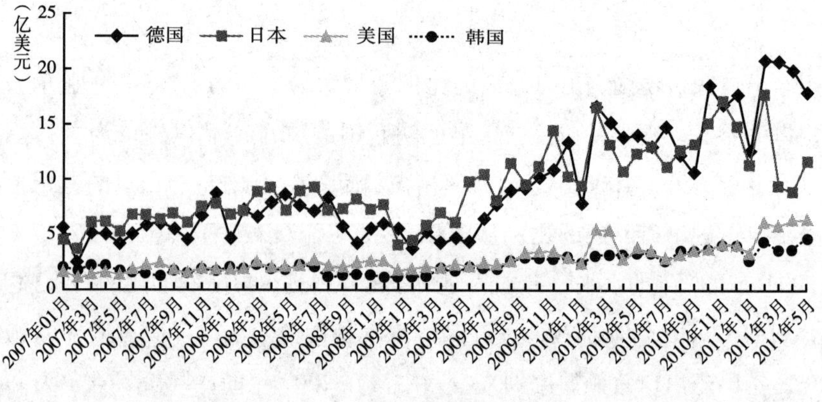

图 8－10　车辆及零件附件（铁道及电车道车辆除外）（HS）当月进口总值

资料来源：中经数据库。

分品种来看，汽车零件、汽车（包括整套散件）分别是出口额、进口额最大的产品。汽车产品的净进口额有不断加大的趋势（见图 8－11）。汽车零件在 2008 年月平均净出口额为 3 亿美元，2009 年、2010 年分别下降到 0.14 亿、0.07 亿美元，2011 年上半年为月平均净进口 1550 万美元。汽车（包括整套散件）的净进口额扩大的趋势更明显。2008 年 1 月仅为 3.3 亿美元，2011 年 6 月已达到 25.5 亿美元。小轿车（包括整套散件）从 2008 年 3 月的 3.9 亿美元上升到 2011 年 6 月的 12.6 亿美元。结果说明，我国汽车的国际竞争力并没有提升。

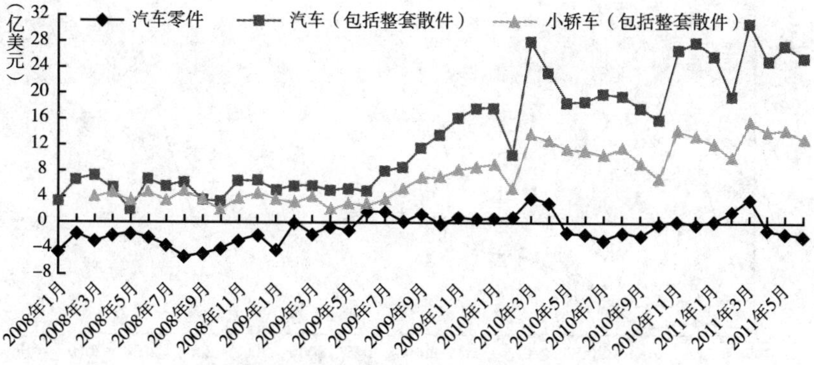

图 8－11　汽车主要产品当月净进口额

资料来源：中经数据库。

（三）自主品牌的国际地位有所下降

根据国际汽车制造商协会（OICA）的统计，中国汽车企业自主生产的汽车产量在2010年比2009年有所下滑，2010年长安（第17名）、一汽（第19名）、浙江吉利（第20名）、奇瑞（第21名）、东风（第23名）、北汽（第24名）、比亚迪（第26名）、安徽江淮（第28名）、华晨（第29名）、长城（第30名）共10个中国企业进入世界产量前30名，2009年进入前30名的也是10个，但2009年中国产量前3名企业长安、北汽、东风分别排在第13、18、20名，2010年的前3名长安、一汽、浙江吉利分别排在第17、19、20名，有所后退。与世界前3名的产量相比，前3个产量最大的中国汽车企业在2010年的产量增长速度比2009年降低了，中国前3名占世界前3名的比例在数年增长并在2009年跃升至14%之后，在2010年又回落到11.5%，但仍高于2008年的7%（见图8－12）。2010年中国企业占比回落的原因是丰田、通用、大众等汽车企业业绩复苏，中国市场刺激需求的政策减弱。由于2011年政策退出，预计2011年这一数字还将进一步下降。中国的汽车企业多是与外商合资进行生产，包含合资产品的总产销量不能准确反映自主品牌的竞争力，因此国际汽车制造商协会（OICA）在统计制造商的产量时，剔除了合资产品。为了避免重复计算，产量数字只按照其国家计算1次。由于中国的很多汽车企业是合资的，中国企业的总产量包含自主生产的和合营生产的，因此包含合营的数字要比自主生产的数字高很多。

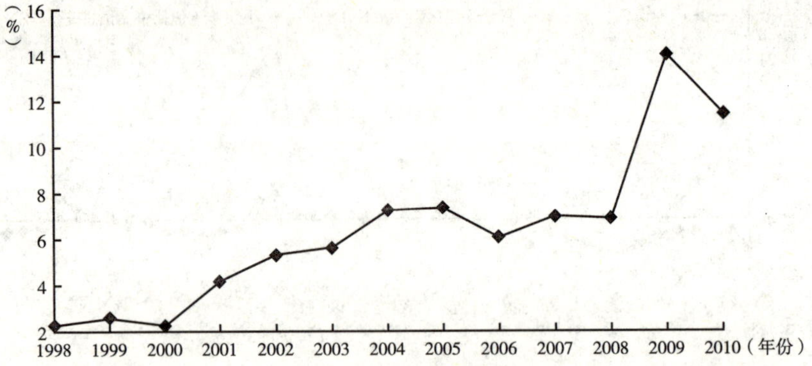

图 8－12　中国前三大汽车厂商产量占世界前三大汽车厂商产量的比例

资料来源：国际汽车制造商联合会。

值得注意的是，中国自主品牌奇瑞汽车正在快速成长，产量从 2005 年的 18.6 万辆、第 29 名，逐渐上升到 2009 年的 50.8 万辆、第 22 名，2010 年的 69.2 万辆、第 21 名，即使在政策减弱的市场中仍然保持增长，2010 年出口 9.2 万辆，同比增长 93.2%，2011 年 1～7 月出口整车 8.88 万辆，出口量居国内第一，比上年同期增长 89%。一些中国企业抓住国际金融危机的机遇收购外资资产和技术，取得了良好的业绩。民营企业浙江吉利在 2010 年收购了沃尔沃轿车公司的股权，吉利的产量从 2009 年的 33 万辆，排世界第 27 名、中国第 9 名，上升到 2010 年的 80 万辆，排世界第 20 名、中国第 3 名。

四　节能汽车将成为未来发展趋势

近年来我国汽车行业经历了高速增长，2010 年我国民用汽车保有量超过 8000 万辆。汽车保有量急剧增长带来的能源短缺、环境污染、交通拥堵等社会问题日益突出。汽车的发展已给国家能源安全造成了较大压力。我国的车用汽柴油消费已占全国汽柴油消费的 65%，每年新增石油消费量的 70% 被新增汽车所消耗，每年因汽车增加而增加的石油消费量达 3000 万吨。我国的石油对外依存度也在逐年增加，2010 年达到 55.2%，进口石油 2.4 亿吨。汽车尾气排放严重污染城市的空气。部分大城市因交通严重拥堵被迫出台限制牌照数量的政策，经济增长受到影响，例如北京的汽车限购政策导致 2011 年上半年经济增幅至少下降1%。能源、环境、交通都制约汽车行业的发展，汽车行业不可能继续高速增长，未来发展节能与新能源汽车是趋势。

节能与新能源汽车已受到各国政府的普遍重视。近年来，我国政府高度关注并大力推广节能和新能源汽车，各种扶持培育政策频出，营造了良好的政策环境。我国节能汽车推广政策已取得了显著的效果。“节能产品惠民工程”节能汽车推广政策从2010年6月开始实施，取得了显著效果，节能汽车全面推广，汽车产品升级换代速度加快，促进了节能与新能源汽车的技术进步和产品的结构调整。节能汽车市场占有率不断提高。截至2011年6月，发展改革委、工业和信息化部、财政部联合发布了6批节能汽车推广目录，共有41家企业427个车型被列入推广目录，节能汽车车型较推广前增加了3倍多。截至2011年6月末，节能汽车共生产419.15万辆，占同期1.6升及以下排量乘用车产量的42.5%，占有率提高了35个百分点。2011年6月节能汽车生产38.49万辆，占1.6升及以下乘用车产量的56.9%，较2010年6月22%的市场占有率提高了34.9个百分点。2010年，新能源汽车行业中产业联盟涌现，国内主要汽车企业也加大了对新能源汽车研发和生产的投入力度。2010年，公共服务领域节能与新能源汽车示范推广城市从2009年的13个城市扩大到25个城市，6个城市启动私人购买新能源汽车补贴试点工作。汽车产品燃料消耗量公示制度全面建立，《电动汽车传导充电用连接装置》、《电动汽车动力蓄电池结构型式及尺寸》等一批重要标准通过审查或发布，促进了电动汽车的应用及充电基础设施建设，完善了新能源汽车技术标准。

未来新能源汽车将快速发展。目前，国家相关部委已决定继续执行节能汽车补贴，并提高节能汽车指标门槛，推进节能与新能源汽车规划出台，促进汽车行业的节能减排。已经进入征求意见阶段的《国家战略性新兴产业发展“十二五”规划》将从产业链发展定向、行业标准制定以及保有量规模等方面大力推进新能源汽车的发展，大幅提高纯电动汽车、插电式混合动力汽车的产销量。由工信部牵头制定的《节能与新能源汽车产业发展规划（2011~2020年）》也提出，到2015年，新能源汽车累计产销量超过50万辆；2020年，新能源汽车累计产销量达到500万辆，中/重度混合动力乘用车占乘用车年产销量的50%以上。

电动汽车的核心部件动力电池将受到重点扶持。汽车规划提出，未来5年，形成支撑电动汽车大规模产业化的关键零部件产业体系。实现动力电池关键材料和生产装备的国产化；形成关键零部件大型企业集团，其中动力电池、电机等关键零部件分别形成3~5家骨干企业，产业集中度超过60%。而到2020年，产业集中度将达到80%以上。

尽管新能源汽车产业在行业标准、产业联盟、企业布局、技术研发等方面取得了明显进展，我国在新能源汽车的部分领域目前处于相对领先的地位，但相比国外大企业集团，中国企业在新能源汽车研发和布局方面的投入仍有较大差距。新能源汽车目前主要应用于市政交通领域，进入私人消费领域的规模和数量有限。各地方政府对新能源汽车的投资热情很高，政府应重点支持自主研发关键技术和零部件，在核心技术尚未成熟、主流设计模式尚未确定时，避免由盲目投资造成的产能过剩和资金浪费。

B.10

电子信息产业企业竞争力分析

陈　志

进入“十二五”崭新的发展阶段，全球信息技术产业面临转型，各种新技术、新产品、新平台和新模式将成为产业发展的核心动力。同时，电子信息技术加速向应用领域渗透，信息技术将逐步渗透到社会生产生活中的各个领域，加速与工业、服务业融合，将带来国民经济持续高速的增长。目前，我国已经明确了加快包括新一代信息技术在内的战略性新兴产业的发展，各种创新资源、政策资源正逐渐聚焦，这为我国电子信息企业提供了更加广阔的市场空间，同时也面临着更加激烈的国内外资源、市场和政策的竞争。

一　电子信息产业企业竞争力得分

根据中国社会科学院产业竞争力研究中心的监测，截止到2010年底，中国沪、深两市电子信息类上市公司（主板，不包括中小板企业，下同）共77家，与2009年的73家相比，增加了4家。

从总体的竞争力表现来看，电子信息产业整体竞争力在所有行业中的位置比较平稳，但是竞争力得分的分布发生了明显变化。优势企业的基础竞争力得分在所有行业总排名的位次已经得到进一步巩固，长城电脑、中兴通讯、同方股份、中天科技等企业仍然保持领先。从2010年电子信息各个企业的基础竞争力及各项得分来看（见图9-1），企业分化依然十分明显。从规模竞争力、效率竞争力、增长竞争力的得分分布来看，竞争力得分靠前的公司一般规模竞争力、效率竞争力较强。竞争力得分靠后的企业在所有行业中的地位较上年进一步降低，呈现“强者恒强，弱者更弱”的态势。一些重点企业，如长城电脑、中兴通讯等仍然保持非常强的增长势头，使其基础竞争力得分在所有行业总排名中同样保持领先。

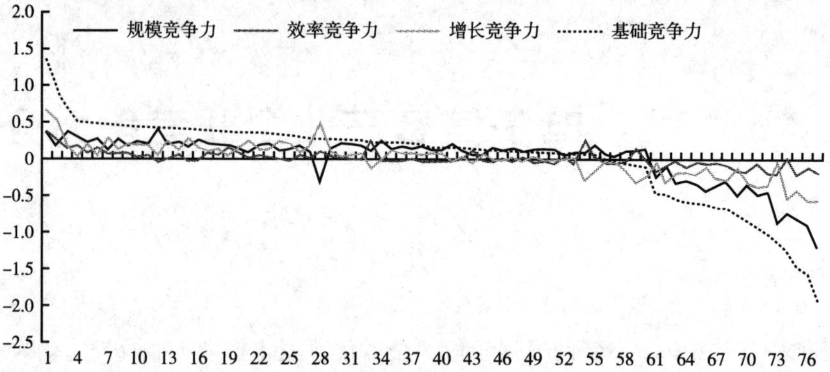

图 9-1　2010 年电子信息业 77 家上市公司基础竞争力得分分布

行业整体竞争力的这种分化趋势还体现在电子信息产业在所有行业基础竞争力得分总排名位次的分布上（见图 9-2）。与前两年比较，电子信息产业整体分布态势与 2009 年有一些区别，排名进入所有行业前 600 名的电子信息企业已经达到 41 家，占本行业总数的 53%。但是所有行业基础竞争力得分总排名第 1100 名以后的企业，电子信息产业的上市公司已经有 17 家，而 2009 年只有 3 家。

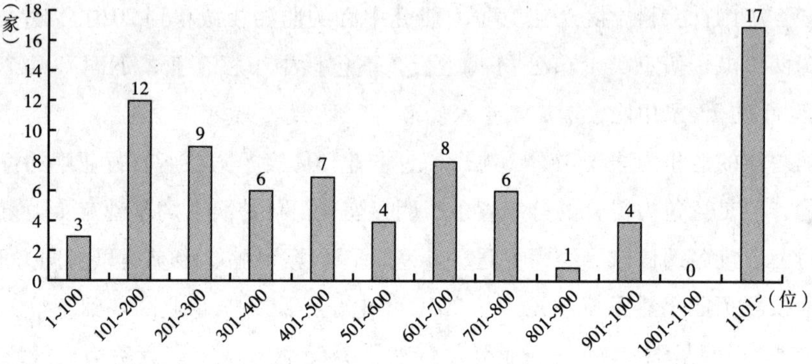

图 9-2　2010 年电子信息类全行业基础竞争力名次分布

2010 年基础竞争力得分进入所有行业总排名前 100 位的有 3 家电子信息企业，比 2009 年减少 4 家：长城电脑（所有行业基础竞争力排名第 3 位，2009 年排名首位），电子城（排名第 16 位），中兴通讯（排名第 51 位，2009 年第 18

位）。中国联通、中天科技、鹏博士、同方股份、宏图高科等2009年排名位居所有行业基础竞争力得分前100名的企业都出现了下滑。

进入第101～200位的电子信息企业有12家，比2009年增加6家：同方股份（排名第117位，2009年排名第80位），中天科技（排名第125位，2009年排名第67位），长城开发（排名第129位，2009年排名第128位），大智慧（排名第133位），航天信息（排名第141位，2009年排名第116位），永鼎股份（排名第154位，2009年排名467位），烽火通信（排名第156位，2009年排名第142位），国电南瑞（排名第159位，2009年排名第258位），中国联通（排名第164位，2009年排名第34位），东方红（排名第176位），东软集团（排名第187位，2009年排名第125位），高鸿股份（排名第200位，2009年排名第212位）。其中永鼎股份、国电南瑞两家公司体现了较强的增长性，排名大幅上升，而同方股份、中国联通等企业由于增长乏力的原因，虽然在行业内的地位变化不大，但是在所有行业竞争力排名中出现了一定的退步。

进入第201～300名的企业有9家，与上年持平：宏图高科（排名第226位，2009年排名第88位），华胜天成（排名第233位，2009年排名第256位），大唐电信（排名第242位，2009年排名第637位），紫光股份（排名第255位，2009年排名220位），实达集团（排名第266位，2009年排名第470位），信雅达（排名第277位，2009年排名第492位），亨通光电（排名第280位，2009年排名第255位），用友软件（排名第297位，2009年排名第173位），四创电子（排名第299位，2009年排名第477位）。值得关注的是，大唐电信受益于近两年移动互联、物联网等新兴产业的发展，体现出较强的增长竞争力，但是它的效益并没有多大提高，主业的竞争力也不是特别突出。信雅达、四创电子两家企业也同样由于较快的增长、规模的适度扩充，基础竞争力的得分在所有行业中的排名得到了较大幅度的提升。

进入第301～400名的企业有6家，比2009年增加3家：特发信息（排名第302位），宝信软件（排名第323位，2009年排名第295位），数源科技（排名第345位，2009年排名第443位），ST太光（排名第373位，2009年排名1085位），恒生电子（排名第379位，2009年排名第272位），宝胜股份（排名第385位，2009年排名第332位）。

进入第401～500名的有7家，比2009年减少1家：大恒科技（排名第

411位，2009年排名第434位），中国软件（排名第424位，2009年排名第995位），新太科技（排名第459位），方正科技（排名第464位，2009年排名第421位），长江通信（排名第469位，2009年排名第668位），南天信息（排名第471位，2009年排名第423位），金证股份（排名第485位，2009年排名第579位）。

除了基础竞争力得分排名全行业500强的企业外，2010年电子信息产业的一个显著的特点是排名位居所有行业竞争力得分总排名第1100位以后的企业大大增多，比2009年增加了14家：上海科技（排名第1190位），ST兰光（排名第1194位，2009年排名第987位），中卫国脉（排名第1215位，2009年排名第888位），ST金马（排名第1226位，2009年排名第1126位），交大博通（排名第1230位，2009年排名第994位），ST科健（排名第1235位，2009年排名第1141位），S前锋（排名第1244位，2009年排名第883位），上海普天（排名第1249位，2009年排名第832位），ST华光（排名第1272位，2009年排名第1101位），太工天成（排名第1289位，2009年排名第866位），＊ST商务（排名第1304位，2009年排名第1131位），领先科技（排名第1314位，2009年排名第1014位），＊ST星美（排名第1326位），ST长信（排名第1342位），＊ST炎黄（排名第1359位），＊ST创智（排名第1364位），＊ST朝华（排名第1372位）。这些企业基本都处于亏损的状态，不少公司已经存在退市的威胁。

表9－1　2010年77家电子信息产业上市公司基础竞争力指数在所有行业总排名中的位次分布

单位：家

全行业名次	公司数量	公司排名（全行业排名）
1～100	3	长城电脑（所有行业竞争力得分第3名），电子城（16），中兴通讯（51）
101～200	12	同方股份（117），中天科技（125），长城开发（129），大智慧（133），航天信息（141），永鼎股份（154），烽火通信（156），国电南瑞（159），中国联通（164），东方红（176），东软集团（187），高鸿股份（200）。
201～300	9	宏图高科（226），华胜天成（233），大唐电信（242），紫光股份（255），实达集团（266），信雅达（277），亨通光电（280），用友软件（297），四创电子（299）
301～400	6	特发信息（302），宝信软件（323），数源科技（345），ST太光（373），恒生电子（379），宝胜股份（385）
401～500	7	大恒科技（411），中国软件（424），新太科技（459），方正科技（464），长江通信（469），南天信息（471），金证股份（485）

续表

全行业名次	公司数量	公司排名(全行业排名)
501～600	4	鹏博士(535),浪潮信息(585),东方电子(587),浙大网新(588)
601～700	8	华东电脑(613),百科集团(649),中创信测(657),上海金陵(659),烽火电子(671),亿阳信通(680),工大首创(698),长城信息(700)
701～800	6	新大陆(720),南京熊猫(748),大有能源(761),闽福发 A(776),汇源通信(787),东方通信(798)
801～900	1	浪潮软件(848)
901～1000	4	湘邮科技(907),中电广通(932),波导股份(935),飞乐股份(974)
1101～	17	上海科技(1190),ST 兰光(1194),中卫国脉(1215),ST 金马(1226),交大博通(1230),ST 科健(1235),S 前锋(1244),上海普天(1249),ST 华光(1272),太工天成(1289),＊ST 商务(1304),领先科技(1314),＊ST 星美(1326),ST 长信(1342),＊ST 炎黄(1359),＊ST 创智(1364),＊ST 朝华(1372)

资料来源：根据中国社会科学院中国产业与企业竞争力研究中心数据库处理，括号内数字为该企业基础竞争力得分在所有行业竞争力得分排名中的位次。

二 各组别上市公司的竞争力得分分析

为了更详尽地分析各电子信息产业上市公司竞争力差异的表现和成因，我们根据基础竞争力得分在所有行业全部企业得分的排名，把本次监测的电子信息产业77家上市公司划分为10个组。第1～100名为第一组，第101～200名为第二组，第201～300名为第三组，依次类推，其中第801～1000名合为一组，第1000名以后为一组。具体情况见表9－2。接下来，我们将对每一组上市公司竞争力得分和分布进行进一步的分析，以比较规模竞争力、增长竞争力和效率竞争力对不同组别上市公司竞争力的影响。

（一）第一组的特点

排名进入第一组的公司有3家，基础竞争力得分在所有行业竞争力得分排名位于第3～51位之间。第一组企业的规模竞争力、效率竞争力和增长竞争力各项得分都高于本行业平均水平甚多，综合优势十分突出。其中长城电脑自上年异军突起后，2010年仍然保持非常好的发展态势，已经成为我国最大的计算机及零

表9－2　电子信息产业77家上市公司基础竞争力得分与分组情况

	股票简称	全行业总排名	规模竞争力	效率竞争力	增长竞争力	基础竞争力
第一组	长城电脑	3	0.3605	0.3443	0.6462	1.3510
	电子城	16	0.1624	0.2530	0.5214	0.9368
	中兴通讯	51	0.3769	0.1386	0.1494	0.6650
第二组	同方股份	117	0.2931	0.1804	0.0293	0.5029
	中天科技	125	0.2169	0.0663	0.2015	0.4847
	长城开发	129	0.2853	0.1530	0.0425	0.4808
	大智慧	133	0.1119	0.0689	0.2940	0.4748
	航天信息	141	0.2670	0.0634	0.1334	0.4637
	永鼎股份	154	0.1845	0.0703	0.1894	0.4442
	烽火通信	156	0.2334	0.0119	0.1937	0.4391
	国电南瑞	159	0.1945	0.0524	0.1881	0.4350
	中国联通	164	0.4333	-0.0553	0.0508	0.4287
	东方红	176	0.1932	0.0015	0.2250	0.4197
	东软集团	187	0.2297	0.0615	0.1179	0.4092
	高鸿股份	200	0.1547	-0.0377	0.2842	0.4011
第三组	宏图高科	226	0.2562	-0.0240	0.1510	0.3833
	华胜天成	233	0.2048	0.0748	0.1008	0.3804
	大唐电信	242	0.1917	0.0480	0.1332	0.3729
	紫光股份	255	0.1809	0.1487	0.0333	0.3629
	实达集团	266	0.1351	0.0652	0.1462	0.3465
	信雅达	277	0.0955	0.0025	0.2415	0.3395
	亨通光电	280	0.1741	0.0346	0.1291	0.3378
	用友软件	297	0.1994	-0.0030	0.1202	0.3167
	四创电子	299	0.0978	-0.0042	0.2223	0.3158
第四组	特发信息	302	0.1276	-0.0118	0.1988	0.3146
	宝信软件	323	0.1819	0.0455	0.0713	0.2988
	数源科技	345	0.1046	0.0032	0.1730	0.2807
	ST太光	373	-0.3332	0.1066	0.4924	0.2658
	恒生电子	379	0.1357	0.0435	0.0848	0.2640
	宝胜股份	385	0.2044	0.0152	0.0417	0.2613
第五组	大恒科技	411	0.1998	0.0037	0.0451	0.2486
	中国软件	424	0.1850	-0.0183	0.0730	0.2398
	新太科技	459	0.1062	0.2469	-0.1335	0.2197
	方正科技	464	0.2411	-0.0277	0.0033	0.2167
	长江通信	469	0.1249	-0.0220	0.1125	0.2154
	南天信息	471	0.1654	-0.0316	0.0812	0.2150
	金证股份	485	0.1368	-0.0102	0.0824	0.2090
第六组	鹏博士	535	0.1730	-0.0365	0.0483	0.1847
	浪潮信息	585	0.1229	-0.0447	0.0780	0.1562
	东方电子	587	0.1243	-0.0339	0.0631	0.1534
	浙大网新	588	0.2044	-0.0249	-0.0263	0.1532

续表

	股票简称	全行业总排名	规模竞争力	效率竞争力	增长竞争力	基础竞争力
第七组	华东电脑	613	0. 1263	-0. 0167	0. 0310	0. 1405
	百科集团	649	0. 0548	0. 1327	-0. 0649	0. 1225
	中创信测	657	0. 0614	-0. 0110	0. 0700	0. 1205
	上海金陵	659	0. 1484	-0. 0227	-0. 0071	0. 1186
	烽火电子	671	0. 1222	-0. 0046	-0. 0063	0. 1113
	亿阳信通	680	0. 1359	-0. 0388	0. 0101	0. 1072
	工大首创	698	0. 1040	0. 0185	-0. 0266	0. 0959
	长城信息	700	0. 1240	-0. 0524	0. 0231	0. 0947
第八组	新大陆	720	0. 1242	-0. 0275	-0. 0100	0. 0866
	南京熊猫	748	0. 1262	-0. 0603	0. 0039	0. 0698
	大有能源	761	0. 0352	0. 0346	-0. 0077	0. 0621
	闽福发 A	776	0. 0928	-0. 0504	0. 0126	0. 0550
	汇源通信	787	0. 0727	0. 2639	-0. 2856	0. 0510
	东方通信	798	0. 1876	0. 0268	-0. 1688	0. 0456
第九组	浪潮软件	848	0. 0817	-0. 0486	-0. 0324	0. 0007
	湘邮科技	907	0. 0367	-0. 0541	-0. 0261	-0. 0435
	中电广通	932	0. 1052	-0. 0215	-0. 1463	-0. 0626
	波导股份	935	0. 1192	0. 1421	-0. 3324	-0. 0712
	飞乐股份	974	0. 1403	0. 0094	-0. 2562	-0. 1065
第十组	上海科技	1190	-0. 2535	-0. 1749	-0. 0523	-0. 4807
	ST 兰光	1194	-0. 0894	-0. 0712	-0. 3294	-0. 4901
	中卫国脉	1215	-0. 3220	-0. 0321	-0. 1985	-0. 5526
	ST 金马	1226	-0. 2866	-0. 1155	-0. 1878	-0. 5899
	交大博通	1230	-0. 3355	-0. 0532	-0. 2152	-0. 6038
	ST 科健	1235	-0. 4288	-0. 0797	-0. 1154	-0. 6239
	ST 前锋	1244	-0. 3428	-0. 0599	-0. 2605	-0. 6632
	上海普天	1249	-0. 3014	-0. 0884	-0. 2856	-0. 6753
	ST 华光	1272	-0. 4914	-0. 1640	-0. 1252	-0. 7807
	太工天成	1289	-0. 3470	-0. 1769	-0. 3279	-0. 8518
	*ST 商务	1304	-0. 4962	-0. 0661	-0. 3822	-0. 9444
	领先科技	1314	-0. 4400	-0. 2104	-0. 3661	-1. 0165
	*ST 星美	1326	-0. 8770	-0. 2203	-0. 0431	-1. 1404
	ST 长信	1342	-0. 7363	0. 0014	-0. 5281	-1. 2629
	*ST 炎黄	1359	-0. 7996	-0. 2302	-0. 4355	-1. 4653
	*ST 创智	1364	-0. 8864	-0. 1176	-0. 5693	-1. 5732
	*ST 朝华	1372	-1. 2037	-0. 1875	-0. 5608	-1. 9520

部件制造商和出口创汇最多的 IT 企业，具有国内最完备 IT 产业链制造能力，为全球 1/5 的电脑用户提供产品和服务，并开始积极进军移动互联网领域。而中兴通讯的表现也比较抢眼，从它的竞争力得分来看，依然凭借其规模优势获得较强的竞争力表现。2010 年以来，中兴通讯继续进行大规模的扩张，但是它的业绩并不尽如人意（见图 9－3）。

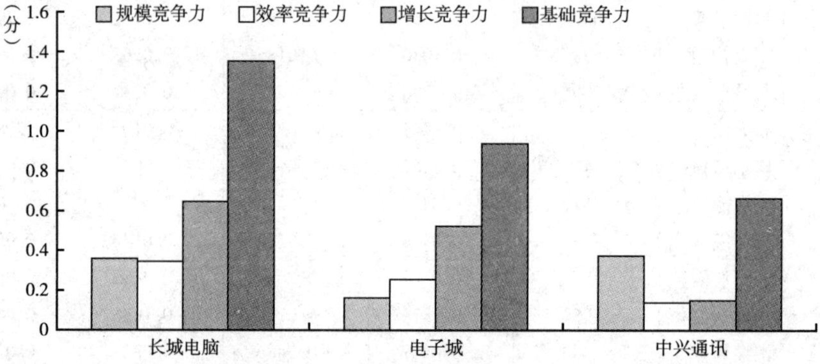

图 9－3　第一组的竞争力得分构成和分布

（二）第二组的特点

进入第二组的企业有 12 家，基础竞争力得分位于所有行业总排名的第 117～200 位。该组企业的规模竞争力、效率竞争力和增长竞争力得分同样高于本行业平均水平，这三个指标的平均得分分别是 0.23 分、0.05 分和 0.16 分，优势幅度都比第一组弱，和上年基本类似。从本组 12 家公司总体得分结构看，与第一组非常相似，规模竞争力和增长竞争力仍然最具有优势。本组值得关注的企业是永鼎股份、国电南瑞、同方股份和中国联通。其中永鼎股份在 2010 年体现了较好的增长性，受益于三大运营商、广电、国家电网宽带建设的加速，企业光缆需求订单处于满产状态。目前，该企业正致力于产品的升级，由原来常规低端产品向特种、高端产品发展，积极向新能源、航空航天、国防装备等领域及其关键配套附件拓展。而同方股份 2010 年的基础竞争力得分与 2009 年相比变化不大，规模优势突出，特别是企业在新兴领域仍然在不断扩充势力范围（见图 9－4）。

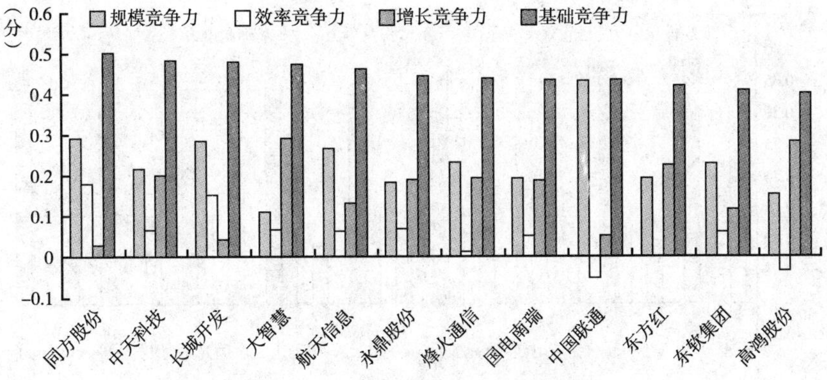

图 9-4　第二组的竞争力得分构成和分布

（三）第三组的特点

进入第三组的 9 家公司基础竞争力得分位于所有行业总排名的第 226 ~299 位之间。与第二组的企业相比，规模竞争力的差距决定了该组企业总体位次的后移，效率竞争力和增长竞争力平均得分并没有多大下降，规模竞争力、效率竞争力和增长竞争力平均得分分别是 0.17 分、0.04 分和 0.14 分。与前两组相同的是，在本组企业三个子因素中，规模竞争力和增长竞争力最具有优势。从代表性企业来看，大唐电信自 2005 年、2006 年巨亏后，这两年作出了重大战略调整，将发展重点由核心网向用户端转移。在管理模式上，为了发挥每一个经营实体的积极性，实行了“放权”管理。通过这些调整，公司主营业务利润从 2005 年的 2.1 亿元上升到 2010 年的 7.34 亿元，增长 249%，年均增长 50%，创造了大唐电信历史上的最好成绩。虽然它的业绩仍显低迷，但是大唐电信未来的布局可能会继续提升其竞争力，前景看好，2010 年它的基础竞争力得分排名已经攀升至行业第 18 位。另外值得关注的企业还有实达集团和信雅达，2010 年的基础竞争力排名较 2009 年都有较大幅度的跃升（见图 9-5）。

（四）第四组的特点

第四组的企业共 6 家，排名位于所有行业总排名的第 302 ~385 位。在这组企业中，基础竞争力得分没有多大的波动，规模竞争力、效率竞争力和增长竞争力平均得分分别是 0.07 分、0.03 分和 0.18 分，与上年相比，增长的表现有很大

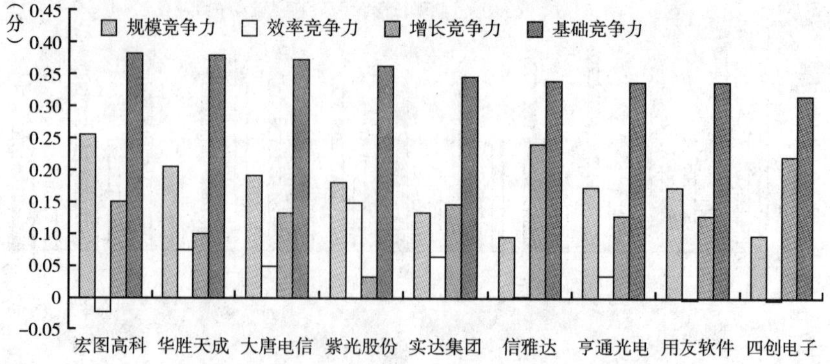

图9-5　第三组的竞争力得分构成和分布

改善。从代表性企业看，特发信息主营光纤、光缆、数字通信、电子元器件等相关产品，是国内最早涉足光纤、光缆、光通信设备的开发与生产的高科技企业，由于目前IPv6和3G技术发展速度极快，光通信产品的需求也逐年旺盛，使得特发信息未来潜力较大。ST太光虽然一直亏损，但由于近期财务上应收账款逐渐回笼，导致其竞争力得分从2009年所有行业第1085位上升到2010年的373位，但其未来的发展前景仍不明朗（见图9-6）。

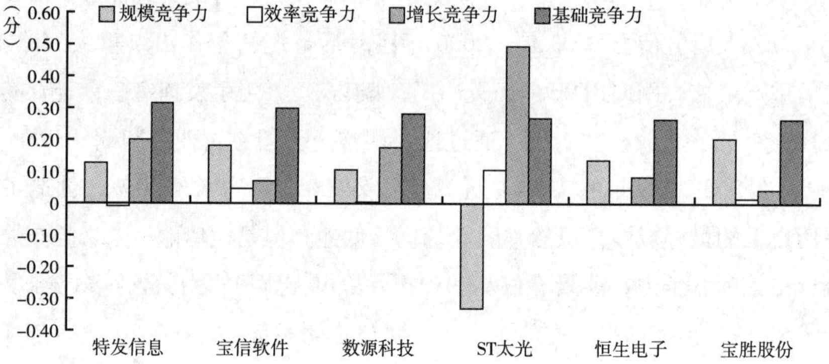

图9-6　第四组的竞争力得分构成和分布

（五）第五组的特点

第五组的企业有7家，排名位于所有行业总排名的第411~485名，规模竞争力、效率竞争力和增长竞争力平均得分分别是0.17分、0.02分和0.04分，普遍规模较大，但竞争乏力。从代表性企业看，中国软件的竞争力排名飞速上升，从2009年所有行业基础竞争力得分排名的1000名开外上升到2010年第424位。根据其2011年上半年度报告，公司上半年实现营业收入8.87亿元，归属于上市公司股东的净利润8024.16万元，同比增长3584.74%；每股收益0.36元，同比增长3584.74%。企业业绩的提升主要得益于国家战略下软件产业整体发展的带动（见图9-7）。

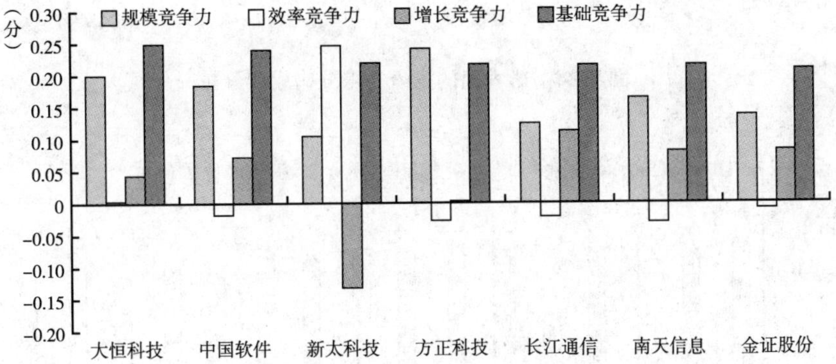

图9-7 第五组的竞争力得分构成和分布

（六）第六组、第七组的特点

第六组和第七组的企业共有12家，排名位于所有行业基础竞争力总排名的第535~700位。这两个组规模竞争力处于行业平均水平，但是效率竞争力、增长竞争力的得分都比较低。第六组企业规模竞争力、效率竞争力和增长竞争力平均得分分别是0.16分、-0.04分和0.04分，由于相对较强的规模竞争力，才弥补了其他两项的不足。第七组企业规模竞争力、效率竞争力和增长竞争力平均得分分别是0.11分、0.0006分和0.004分。从代表性企业看，由于云计算在“十二五”期间日益受到重视，浪潮信息凭借国资背景、多年的政府和军队资源优势，可能在其中获益匪浅。烽火通信受运营商加大光纤宽带投资力度的刺激，2011年上半年公司通信系统设备销售收入同比上升30.34%，光纤、线缆以及数据网络产品销售收入同比基本持平，预期明年它的竞争力得分可能会小幅攀升（见图9-8、图9-9）。

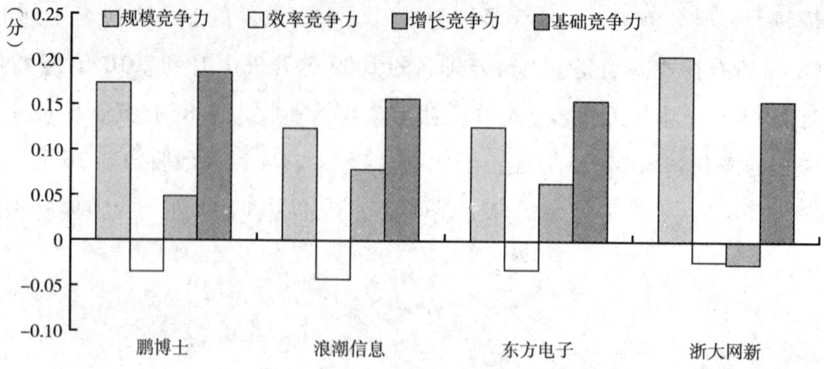

图 9-8　第六组的竞争力得分构成和分布

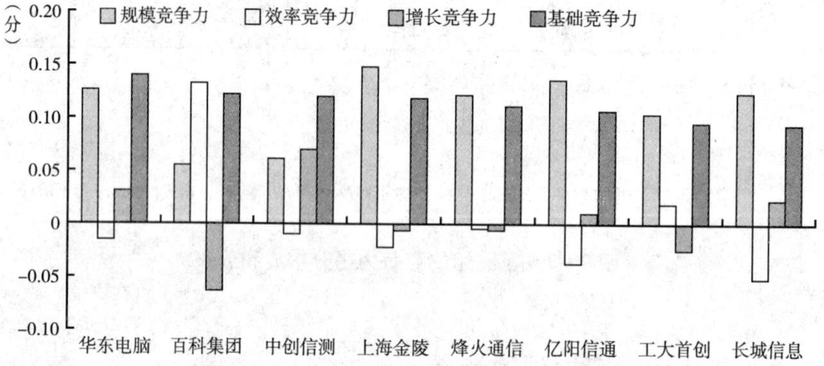

图 9-9　第七组的竞争力得分构成和分布

（七）第八组、第九组的特点

第八组和第九组的企业共有 11 家，排名位于所有行业基础竞争力得分总排名的第 720 ~974 位。这两个组的规模竞争力得分快速下降。第八组企业规模竞争力、效率竞争力和增长竞争力平均得分分别是 0.11 分、0.03 分和 -0.14 分，同样由于相对较强的规模竞争力，弥补了其他两项的不足。第九组是一个分水岭，基础竞争力开始出现负数，企业规模竞争力、效率竞争力和增长竞争力平均得分分别是 0.04 分、-0.02 分和 -0.14 分。代表性企业汇源通信在 2010 年增长竞争力得分非常差，但是效率竞争力得分为 0.26 分，大大高于行业平均水平。2011 年公司业绩继续好转，原因是 2011 年上半年三网融合、智能电网建设等外部市场因素使行业环境继续向好，公司电力光缆、光器件及通信工程建设服务业务需求增加，公司的产品销售规模扩大、收入增加，总体赢利能力增强，该企业已经顺利摘掉“ST”的帽子（见图9－10、图9－11）。

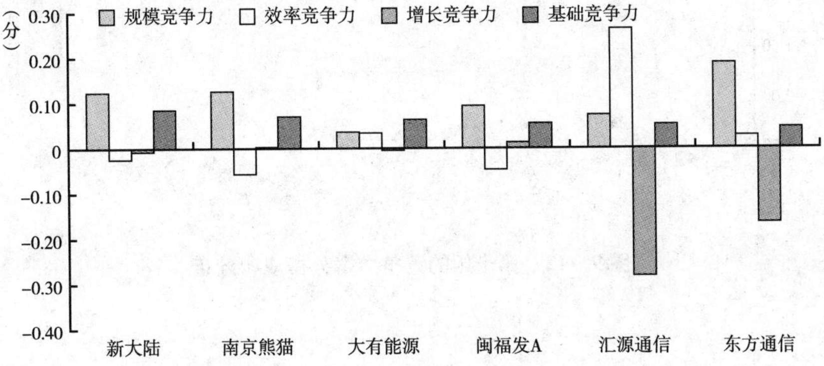

图9－10　第八组的竞争力得分构成和分布

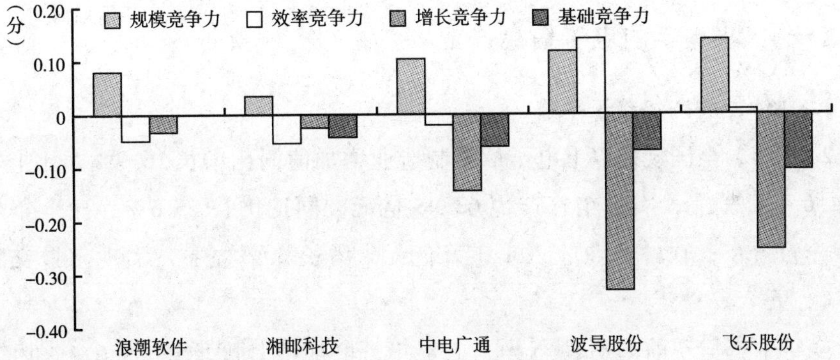

图9－11　第九组的竞争力得分构成和分布

（八）第十组的特点

第十组的公司有17家上市公司，基础竞争力得分处于所有行业总排名的第1190～1372位。这一组是历次竞争力观测中整体表现最差的一次，这一组所有的上市公司基础竞争力得分都为负数。规模竞争力、效率竞争力和增长竞争力平均得分分别是－0.51分、－0.12分和－0.29分，所有得分比上年该组别的得分下降甚多，本组众多企业面临退市的危险。

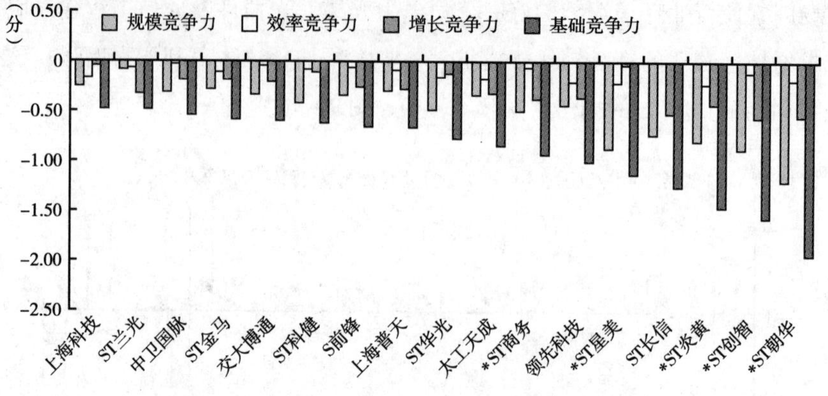

图9-12　第十组的竞争力得分构成和分布

三　迈向发展新阶段的中国电子信息产业

（一）2010年的电子信息产业

1. 总体发展态势趋于平稳

2010年，全国规模以上电子信息制造业增加值同比增长16.9%，比上年加快11.6个百分点；实现销售产值63395亿元，同比增长25.5%，比上年加快22.4个百分点；软件产业收入1.3万亿元，增长30%左右，实现出口交货值36661亿元。

全年生产呈现前高后稳态势。上半年，增加值月度增速从26.4%回落到15%左右，进入下半年，增速保持在12%~15%区间，趋稳态势逐步明朗。销售产值四个季度分别增长33.3%、26.5%、21.8%和23%，增速总体呈下降趋势。

2. 经济效益全面回升

2010年，规模以上电子信息制造业实现主营业务收入63645亿元，同比增长24.1%；实现利润2825亿元，同比增长57.7%。全行业销售利润率从一季度的2.7%提高到4.4%，高出上年（3.5%）近1个百分点。全行业亏损企业3940个，同比下降19.1%；企业亏损面（18.8%）比上年同期（26.1%）减少7.3个百分点，亏损企业亏损额同比下降42.5%。

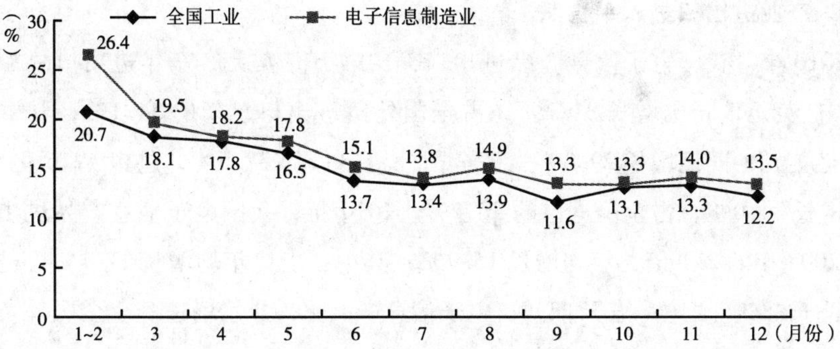

图 9－13　2010 年规模以上电子信息制造业与全国工业增加值月增速对比

资料来源：国家统计局、工业和信息化部。

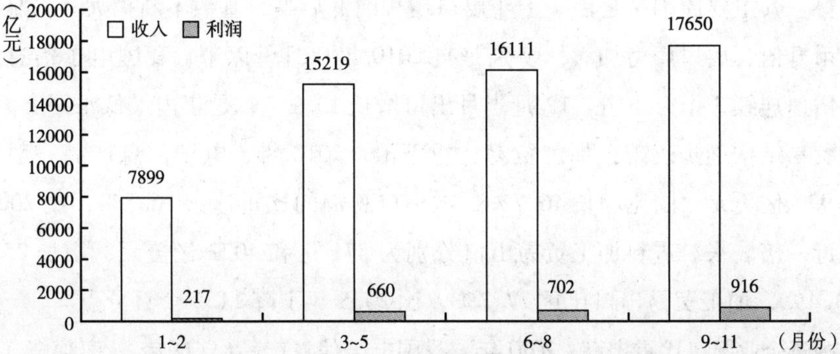

图 9－14　2010 年各季度规模以上电子信息制造业收入、利润完成情况对比

资料来源：国家统计局、工业和信息化部。

3. 行业结构调整加快

2010 年电子元件、器件行业销售产值较 2009 年分别增长 29.4% 和 39%，出口交货值增长 26.2% 和 41.7%，利润增长 61% 和 207.4%，成为拉动全行业增长的主要力量；软件产业保持 31% 的速度增长，占电子信息产业的比重达到 18%。产业链不断向上延伸，多条 12 英寸集成电路生产线建成投产，与发达国家差距逐步缩小；多条液晶面板生产线已投产，弥补了高世代生产线的空白。整机产品升级加快，平板化、网络化、智能化、绿色化趋势明显。液晶电视占彩电比重达 75.5%，其中 LED 电视超过 20%，3D 电视成为市场热点。笔记本电脑占微机比重达 75.6%，平板电脑、台式一体机销售量增速超过 30%。3G 手机增长 60%，智能手机比重超过 20%。

4. 产业进出口进入平稳期

2010年，我国电子信息产品进出口额突破万亿美元，全年进出口总额达到10128亿美元，同比增长31.2%，占全国外贸进出口总额的34.1%；其中出口5912亿美元，同比增长29.3%，占全国外贸出口的37.5%；进口4216亿美元，同比增长34.0%，占全国进口的30.2%。2010年，我国电子信息产品进出口总额是2005年的2.1倍，年均增长15.7%；其中，出口年均增长17.1%，进口年均增长13.8%。“十一五”期间，电子信息产品出口年均增速高于全国外贸出口1.4个百分点，所占比重比2005年提高2.5个百分点。

出口增速逐季回落，前高后低态势明显。分季度看，2010年一至四季度我国电子信息产品出口分别增长36.4%、40.8%、28.0%和18.2%，呈现前高后低态势。其主要原因一是由于上年出口增长前低后高，基数不断扩大；二是由于人民币升值，出口压力加大，特别是自2010年9月份以来，我国电子信息产品出口增速连续3个月下滑，12月当月出口增长13.9%，是年内最低水平。

贸易结构逐步改善，加工贸易比重下滑。2010年，电子信息产品一般贸易出口977亿美元，同比增长46.7%，占出口总额的比重达到16.5%，比2005年提高近一倍。来、进料加工贸易出口分别为571亿和4022亿美元，增长25.0%和24.4%，加工贸易出口比重77.7%，比2005年下降11.5个百分点。

内资企业出口比重提高。2010年，我国电子信息产品出口中，外商独资、中外合资及中外合作分别出口3823亿、970亿和57亿美元，分别增长26.8%、29.8%和13.0%，三资企业出口占比82.1%。民营企业和国有企业分别出口521亿和401亿美元，同比增长57.8%和31.2%，高于行业平均水平28.5和1.9个百分点。内资企业出口占比达到17.9%，比上年提高1.3个百分点，比2005年提高5.2个百分点。

新兴市场快速增长。2010年，我国电子信息产品出口前10位国家和地区的出口额达到4295亿美元，占出口总额的72.6%，比2005年下降9.1个百分点。2010年，我国电子信息产品对俄罗斯、南非、巴西、印尼、墨西哥等新兴市场出口分别增长102.1%、61.6%、56.4%、45.7%和40.2%，“十一五”期间，对上述国家和地区年均出口增速超过20%。

5. 投资仍然高涨

作为我国的支柱产业，2010年，电子信息产业投资持续增长，增速创近年新高，投资结构不断调整，投资主体、区域布局出现新的变化。

投资增速创近年新高，全年呈前低后高趋势。2010 年，全行业 500 万元以上项目实现固定资产投资 5993 亿元，同比增长 44.5%，比上年提高 27 个百分点，比工业投资增速高 21.7 个百分点。分季度来看，一至四季度分别完成投资额 789 亿、1573 亿、1634 亿和 1997 亿元，增速为 28.8%、48%、44.3% 和 49%，投资额和增速呈上升态势。截至 2010 年 12 月底，全行业形成新增固定资产 3345.8 亿元，同比增长 27.6%。

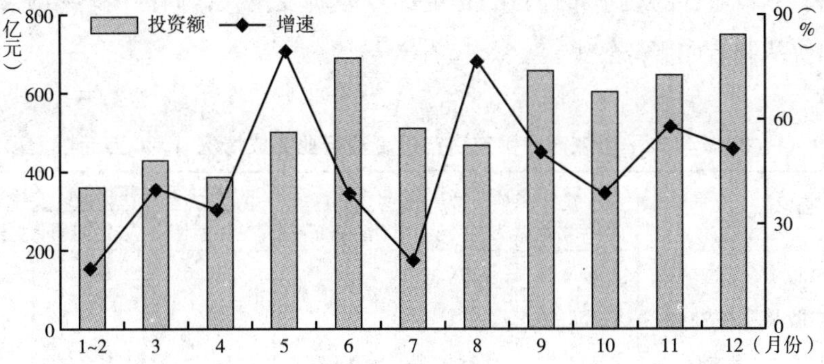

图 9－15　2010 年电子信息产业固定资产投资分月情况

投资结构出现调整，光电器件成为投资热点。2010 年，由于显示技术加快更新换代，国内多条高世代液晶面板生产线开始建设，LED 行业投资势头迅猛，推动电子器件投资快速增长，全年完成投资 1661 亿元，同比增长 57.5%，增速比上年提高 54.7 个百分点，其中光电器件、电光源增速达 75.5% 和 67.1%。计算机行业外向度高，受外需回暖影响，企业投资热情大增，全年完成投资 575 亿元，同比增长 101.7%，增速比上年提高 96 个百分点，其中外部设备和整机投资增长 119.3% 和 89.8%。通信设备行业受电信业投资下滑影响，全年投资增长 16.9%，低于上年 19.6 个百分点。家用视听、电子元件行业投资增速分别由上年 －4.1%、3.9% 转为增长 31.9% 和 29.8%。电子材料行业投资增速由上年的 54.2% 降至 18%。

表 9－3　2009～2010 年部分行业完成投资增速

单位：%

	全行业	电子器件	电子元件	电子计算机	家用视听	通信设备
2009	17.5	2.8	3.9	5.7	－4.1	36.5
2010	44.5	57.5	29.8	101.7	31.9	16.9

内资与港澳台企业投资增长较快，外资企业投资呈现新特点。2010 年，内资企业投资占比持续攀升，共完成投资 4139.3 亿元，同比增长 57.6%，占全行业比重（69%）比上年提高 5.7 个百分点。港澳台企业呈恢复性增长，完成投资 779 亿元，增速由上年下降 11.2% 转为增长 40.4%。外资企业投资总额增长明显放缓，全年完成投资 1074 亿元，同比增长 11.3%，低于全行业增速 33.2 个百分点，投资呈现一些新趋向：一是从整机转向基础行业，通过投资并购加快集成电路、显示器件的在华布局；二是更加专注研发投入，向国内转移研发机构；三是加快从制造向服务转型。

表 9－4　2010 年电子信息产业固定资产投资分行业完成情况（500 万元以上项目）

项　　目	本年累计完成投资(亿元)			本年新增固定资产(亿元)		
	本年累计	去年同期	增减(%)	本年累计	去年同期	增减(%)
其中:通信设备制造	438.3	374.8	16.9	244.6	184.7	32.4
广播电视设备制造	58.1	31.8	82.7	23.1	16.7	38.3
电子计算机制造	574.7	284.9	101.7	477.4	195.0	144.8
家用视听设备制造	145.0	109.9	31.9	71.4	44.4	60.8
电子器件制造	1661.1	1054.5	57.5	673.4	710.2	-5.2
电子元件制造	1075.9	829.1	29.8	733.6	641.3	14.4
测量仪器行业	157.8	114.3	38.1	138.1	45.8	201.5
电子工业专用设备	588.9	442.1	33.2	283.8	239.3	18.6
电子信息机电行业	1009.0	670.9	50.4	465.9	416.6	11.8
其他电子信息行业	284.2	234.3	21.3	234.6	127.1	84.6
其中:内资企业	4139.3	2625.8	57.6	2181.4	1457.9	49.6
三资企业	1853.7	1520.8	21.9	1164.5	1163.2	0.1
合　　计	5993.0	4146.6	44.5	3345.8	2621.1	27.7

（二）“十二五”的机遇与挑战

“十一五”期间，我国电子信息产业取得了长足的进步，规模以上电子信息制造业收入、从业人员占全国工业比重达 9.1%、9.7%，电子信息产品出口占全国出口的比重达 37.5%，产业的规模已经位居世界前列，国民经济支柱性产业地位日趋突出。

与此同时，“十一五”以来，中国电子信息产业取得了一系列创新成果，在计算机、软件、网络与通信、数字音视频、集成电路、电子元器件等领域涌现出一大批具有自主知识产权的信息产品和技术，特别是在科技重大专项等各类国家重大科技创新计划的支持下，集成电路装备、软件等核心技术取得重大突破，第三代移动通信系统开发取得较大进展，中国自主3G标准的TD－SCDMA系统研发与产业化取得重大突破，产业链不断完善。

从“十二五”面临的内外部环境看，继全球电子信息产业第三次产业转移之后，出现了第四次产业转移——即从中国沿海地区向中国内陆和新兴市场转移。但事实上，国内产业的梯度转移力度还不够强，一些跨国公司已经开始往中国的周边地区或者中南美洲、其他的新兴市场转移。这直接增加了中国电子信息产业的竞争压力。但另一方面，全球电子信息产业的变化也为国内电子信息产业的技术突破带来了机遇。

从国内看，信息化与工业化融合为产业发展提供了巨大的发展空间。传统的工业化道路，在经济快速发展的同时，也付出了过量消耗资源、破坏生态环境的代价。而信息技术的勃兴、渗透和催化，信息技术在国民经济各个领域的普遍应用，能极大地提高劳动生产率，降低资源消耗和生产成本，减少环境污染。随着信息化和工业化融合，信息基础设施和信息技术产业将获得更快发展，电子信息产业在国民经济中的比重有望进一步得到提高。

更加重要的是，“十二五”期间电子信息产业中热点不断，国家已经明确提出要把握电子信息产业演进换代的机遇，积极培育电子信息产业的新业态，加快产业由大到强的转变。可能有以下若干领域需要着重把握，国家发改委、工信部、科技部等部门也将有一系列的举措强有力地推动电子信息产业内部的转型升级。

一是下一代信息网络。国家将进一步提升宽带网络的覆盖深度与接入能力，推进城镇光纤到楼、到户，城市和农村家庭将实现平均20M和4M以上的接入能力，这将极大地拉动设备、光纤等子行业的发展。在移动通信方面，依托良好的创新和产业基础，政府将和产业界一起推进TD－LTE整体产业链发展和4G技术研发。在物联网方面，无论是技术研发还是产业化，政策的意图也非常明显，物联网在未来的经济、社会和城市管理等各个领域将得到更加广泛的应用。在下一代互联网方面，商用部署将进一步扩大，网络装备产业的规模和创新能力必将得到极大的促进。

二是电子信息产业的基础产业。在“十一五”期间，以“核高基”科技重大专项为代表的重大项目已经取得了令人瞩目的成果。到2015年末，芯片制造大生产技术有望达到45纳米，集成电路制造装备与材料将形成配套能力。TFT-LCD、PDP等新型显示器件产业链需要进一步完善，LED在普通照明领域的应用将大大拓展。

三是信息服务业。包括搜索引擎、移动互联网、云计算等已经不再只是概念，相关产品的研发和产业化将快速改变原有诸多产业的面貌。当然，在这些领域，国家还必须辅之以市场开放、准入等方面的改革。

当然，面对这些诸多机遇，如果把握不住反而可能变成中国电子信息产业的噩梦，中国电子信息产业未来的发展还面临着各种各样的挑战。

一是如何打破原有行业的寡头垄断局面。中国电子信息企业面临的是与全球IT跨国公司同台竞争的局面。无论是在通信、计算机、数字视听等整机领域，还是在集成电路、新型显示器件等基础电子领域，跨国公司的布局已经成形，给后发国家的企业进入国际市场带来了空前的竞争压力。同时，跨国公司还在进行跨领域的整合，不断增强市场势力。例如前不久发生的谷歌收购摩托罗拉移动事件，为我国相关电子信息企业下一步的发展带来高度的不确定性。在高端通用芯片领域，“十二五”规划中，国家提出重点发展面向市场的高性能服务器CPU、高性能移动信息终端SoC、高性能IP核工具集、EPA工具集等。但是在这个领域，Intel一家独大，占据80%以上的市场份额；AMD与Intel进行全面竞争，占有20%左右的市场份额，处于第二梯队；VIA（威盛）和Transmeta占有很小的市场份额，处于第三梯队。从产品数量来看，2010年中国CPU市场中，Intel拥有近300款主流产品，AMD方面拥有150余款。在产品数量方面，Intel占有较大优势。从产品的制作工艺来看，Intel方面开始进入32纳米时代，AMD在进行45纳米产品的普及，Intel在工艺方面继续保持优势。面对这种态势，我国的国产CPU在技术水平上与Intel、AMD还有相当大的差距。即使在单一性能上能够拉近距离，但整体集成应用水平差距仍很大。面对这样的产业组织结构和随之而来的竞争压力，中国的电子信息企业的转型升级之路必然面对重重的困难，需要制定进一步的切实可行的战略。

表 9-5 高端通用芯片发展竞争情况

类别	CPU		SoC	IP 与 EDA
重点领域	千万亿次计算机用高端多核 CPU	安全适用计算机 CPU	个人移动通讯终端 SoC 芯片 存储控制 SoC 与移动存储芯片 数字电视 SoC 芯片	自主适用 IP 核 自主适用 EDA 工具
在位竞争对手	Intel AMD IBM Apple SUN	Intel AMD Apple VIA Transmeta	Motorola	Foundry ARM MIPS Synopsys
潜在进入者	三星			
我国机构	中科院计算所 国防大学	中科院计算所 龙芯	展讯	

二是如何通过公私合作进一步提高技术创新和产业化的能力。在电子信息产业，任何战略的核心肯定包括技术创新的因素。电子信息产业的技术创新不仅是先进技术对传统技术的持续替代，而且是一个由共性技术、专有技术等组成的产业体系建设问题，同时这些技术还需要众多竞争技术、配套技术的集体突破，才能根本改变产业的面貌，而这些问题肯定不是产业界单独能够完成的。目前，中国电子信息企业包括行业龙头企业作为重大产品的研发主体的地位还没有得到充分发挥，跟随的意愿还比较强。在产业化方面，由于电子信息的技术路线多样，有一些产品和服务还受到管制的影响而无法得到规模示范和应用，这也阻碍了中国电子信息企业抢占市场先机，以及进一步提高技术和产品的稳定性。而从发达国家看，产业管制的环境相对宽松，例如全球都在积极推进的 4G 无线通信产业，美国已经基本完成商业应用的布局，全球产业链也基本形成。2010 年 12 月 5 日，美国最大移动运营商 Verizon 无线（Verizon Wireless）正式推出 4G/LTE 商用服务。由于 Verizon 无线在全球移动通信领域的领先地位，这个事件成为 LTE 商用进程中的关键点。Verizon 无线在纽约、旧金山、波士顿、华盛顿、迈阿密、休斯敦、费城、凤凰城和圣路易斯等美国 38 个主要城市开始 LTE 商用，到 2013 年“向当前所有提供 3G 服务的地区提供 LTE 服务”，覆盖超过 1.1 亿人口。其 LTE 网络上下行速率将分别达到 2～5Mbps 和 5～12Mbps，号称“10 倍于 3G”。所以，作为战略性产业，在鼓励和引导电子信息产业练好内功的同时，政府还要

付出系统的努力才能取得成效，达到战略目的。

三是如何推动商业模式的创新。现在令人担忧是，中国电子信息企业不仅仅是技术跟随，连商业模式都急于模仿苹果等主导企业。当然，这样做并不是完全没有好处，中国企业可以直接从主导企业手中夺取一定的市场份额。但是从未来趋势看，商业模式创新已经成为产业发展的新引擎，例如云计算就可能促成未来电子信息产业最重要商业模式的形成。如果仅仅是简单的跟随的话，就很难打破主导厂商商业模式中的网络体系，失去基于终端、网络、软件、内容、服务等的整合能力，难以通过重构产业链体系获得产业的主导权。

所以，中国电子信息产业的企业必须有战略远见，进行有效决策支持技术创新，改变或者完善原有的商业模式，克服企业的惰性，协调商业模式各个组成部分的关系，统筹安排内外部各种资源，协调与消费者、供应商等之间的关系，方能真正实现产业的转型升级。

B.11

房地产业企业竞争力分析

陈晓东　田利华

一　2010 年全国房地产市场及企业运行情况

2010 年年初，全国房地产市场延续了 2009 年的快速增长趋势，继续保持较快增长。但受房地产调控政策的影响，各主要指标出现一定程度回落，尤其是房屋销售价格指数自 4 月份起逐月下降。但是到了 8 ~ 9 月份，市场出现反弹，房屋价格再现抬头迹象，政府再次密集出台了第二轮调控政策，包括提高首付金比例、调整住房相关税费优惠政策、停止发放第三套房贷，央行也两次上调存贷款基准利率，四季度房屋销售价格出现缓慢回落。

（一）全国住宅供地总量有所突破

2010 年，全国实际供应住宅用地达到 125381.85 公顷，同比增长 64.1%，住宅供应土地量有大幅度提升。按容积率 2.0 计算，2010 年供给住宅用地能建成住房 25.1 亿平方米，基本相当于 2010 年住宅销量的 2.5 倍左右。虽然住宅用地供应不一定能够实际成交或通过其他方式进入市场，但是，供应同实际进入市场的住房供给具有较强的相关性，住宅用地供应量有较大幅度的增加，未来住宅市场整体供应有所保证。

（二）商品房销售额增速前高后低

2010 年，全国商品房销售面积 10.43 亿平方米，比上年增长 10.1%，增幅比 1 ~ 11 月提高 0.3 个百分点。其中，商品住宅销售面积增长 8.0%，办公楼增长 21.9%，商业营业用房增长 29.9%。2010 年，商品房销售额 5.25 万亿元，尽管受调控影响，但商品房销售额同比增速仍达到 18.3%。由于价格的持续上涨、需求的持续释放及流动性等各因素的强力推动，2010 年全年销售面积及销售额显著高于 2010 年初市场对于政策影响的过于悲观的预期。另外，商业及办公楼由于不受调控影响，增速高于住宅销售额增速。由于此次调控主要针对住宅市场，且商业地产及写字楼等物业市场相对稳定，商业地产及写字楼物业销售额增速高于住宅。

（三）房价大幅上涨，开发商利润较高

由于房价大幅上涨，进入结算的项目土地获取较早，成本较低，近 3 年，房地产开发的毛利、净利润率均维持较高水平。2010 年，上市公司毛利率比 2009 年上升 2 个百分点，至 37.11%，为 5 年来新高。由于 2010 年重点城市房价上涨幅度在 25% 以上，因此 2011 年结算毛利仍将持续走高；净利率基本与 2009 年年报持平，为 15.65%，主要原因在于税费增加。随着房价上涨受到抑制、土地成本上升及建安成本上升，房地产企业赢利水平可能趋平或略有所下降。此外，近几年来开发企业存货周转率持续下降，从 2004 年的 0.71 下降到 2010 年的 0.31，近 3 年存货周转率维持在 0.33 的水平左右。存货周转率下降的一个重要原因是近几年开发企业拿地迅速，存货增加。受政策影响，企业不得不收缩拿地行为，同时，政府商品房用地供给更多的是考虑保障房的土地供应，企业可以获取的土地项目尤其是商品房项目将减少，存货增速可能会明显下降，从而存货周转率有回升的可能。

（四）行业进入稳健增长期

上市房地产企业在 2006 年、2007 年和 2009 年业绩均处于高成长期；2008 年由于系统风险，成长速度位于最低点；而 2010 年，公司业绩相对处于稳定增长期，其中营业收入增长 26.35%，净利润增长 25.4%。在调控压力、老龄化进程加速前提下，行业进入稳健增长期，上市公司业绩将维持平均 20% ~25% 的增长。

（五）行业集中度逐步提升

2010 年行业集中度持续提升，在被统计的 115 家上市房企中，收入位列前 10 名的公司其收入之和占总收入比重提升了 0.39%（见图 10－1）。随着行业

调控加剧，融资渠道的受阻，行业的两极分化会进一步加剧，行业集中度将继续上升。

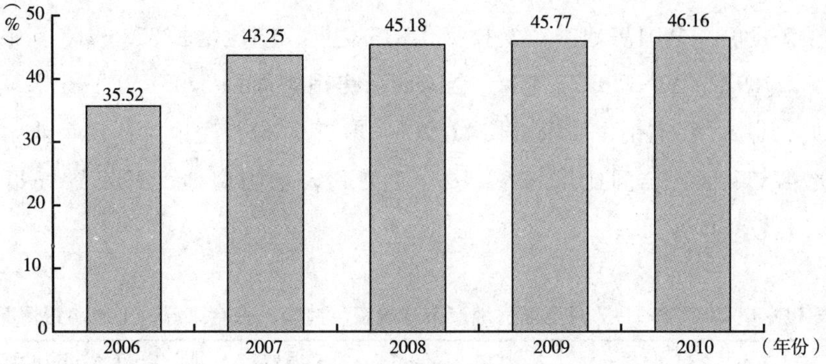

图 10-1　2010 年 115 家上市房企收入位列前 10 名公司的收入之和占总收入比重

资料来源：根据各公司数据整理。

（六）房企预售账款大幅增加，负债率迅速提升，经营性现金流由正转负

房地产上市公司资产负债率继续攀升至 70.5% 的历史高位。2010 年房企的平均负债率为 69.96%，比 2009 年提升了 5 个百分点，创近 5 年新高。资产负债率上升的一个原因是预售账款的普遍提升，近两年由于销售十分火爆，大量货币资金以预售账款的形式体现在资产负债表中。如万科 A 预售账款占总负债的 52%，保利地产占 45%，招商地产占 32%。但由于预收账款丰富，债务结构较好，预收账款占总负债的比例为 29.26%，比 2009 年提高了 1.78 个百分点，因此债务结构仍较健康。除 2009 年外，近几年房地产上市公司经营性现金流整体为负。2009 年，强烈的政策刺激，使得商品房销售异常火爆，销售款大量流入使得经营性现金流表现为正；楼市火爆直接刺激开发商投资热情，大量公司获取土地项目的热情高涨，而与此同时，抑制需求的调控政策相继出台，使得销售增速下滑，经营性现金流转正为负。税费增加也是一个重要原因。此外，2010 年上市房企管控能力进一步提升，其间费用率行业加权平均为 9.02%，达到了 5 年来新低。

二 2011年1~7月全国房地产市场情况分析

1~7月份，全国房地产开发投资31873亿元，同比增长33.6%。其中，住宅投资22789亿元，增长36.4%。全国商品房销售面积52037万平方米，增长13.6%。其中，住宅销售面积增长12.9%。1~7月份，房地产开发企业本年资金来源47852亿元，同比增长23.1%。7月份，全国房地产开发景气指数为101.50（见表10-1）。

表10-1 2011年1~7月全国房地产市场投资、销售、资金来源、土地购置情况

	累　计	同比增速(%)		单月数		同比增速(%)	环比增速(%)
	1~7月	1~7月	1~6月	7月	6月	2011年7月	2011年7月
投资(亿元)							
房地产开发投资	31873	33.6	32.9	5623	7513	36.5	-25.2
住宅开发投资	22789	36.4	36.1	4148	5350	37.5	-22.5
开工建设(万平方米)							
商品房施工面积	424195	30.8	31.6	18457	28222	16.6	-34.6
商品房新开工面积	115169	24.9	23.6	15726	23324	34.0	-32.6
商品房竣工面积	32445	13.4	12.8	4887	5938	16.9	-17.7
销售(万平方米)							
商品房销售面积	52037	13.6	12.9	7618	11487	17.8	-33.7
商品房销售金额(亿元)	28852	26.1	24.1	4263	5969	39.0	-28.6
住宅销售面积	46559	12.9	12.1	6754	10263	18.0	-34.2
住宅销售金额(亿元)	24144	24.5	22.3	3487	4992	39.3	-30.2
资金来源(亿元)							
房地产开发资金来源	47852	23.1	21.6	6861	8651	33.0	-20.7
国内贷款	8018	6.4	6.9	995	1220	3.0	-18.4
利用外资	500	65.8	75.3	61.58	172.28	19.1	-64.3
自筹资金	19293	34.0	32.7	2830	3977	42.6	-28.8
其他资金	20040	20.4	17.8	2973	3282	38.0	-9.4
定金及预收款	12080	29.1	26.9	1844	1977	42.8	-6.7
个人按揭贷款	4869	-5.1	-7.9	688	738	16.0	-6.8
土地购置面积(1~6月)							
	1~6月	1~6月	1~5月	6月	5月	2011年6月	2011年6月
土地购置面积(万平方米)	21910	18.4	28.6	5272	4668	-5.17	12.92

资料来源：国家统计局。

（一）开发投资增长速度较快

房地产开发投资增速在6月呈现缓慢现象，但7月反弹较快，1～7月累计开发投资31873亿元，同比增长33.6%；其中，住宅投资22789亿元，增长36.4%。7月单月开发投资5623亿元，同比增长36.5%，环比下降25.2%。主要原因有：①2010年7月基数较小，同比上升较快；②6月各地保障房加快开工，投资增加；③季节性因素影响。7月开始进入传统销售淡季，由于行业调控、资金逐渐收紧及销售下滑影响了开发企业投资意愿。就全年来看，房地产开发投资增速将出现前高后低走势。

（二）房地产销售7月明显下滑

7月单月商品房销售面积0.76亿平方米，同比增长17.8%，环比下滑33.7%；7月单月商品房销售额4263亿元，同比增长39.0%，环比下滑28.16%。1～7月，全国商品房销售面积5.2亿平方米，同比增长13.6%，增幅比1～6月上升0.7个百分点。其中，商品住宅销售面积增长12.9%，办公楼销售面积增长9.9%，商业营业用房销售面积增长19.3%。1～7月，商品房销售额2.89万亿元，同比增长26.1%。其中，商品住宅销售额增长24.5%，办公楼和商业营业用房销售额分别增长27.4%和37.8%。

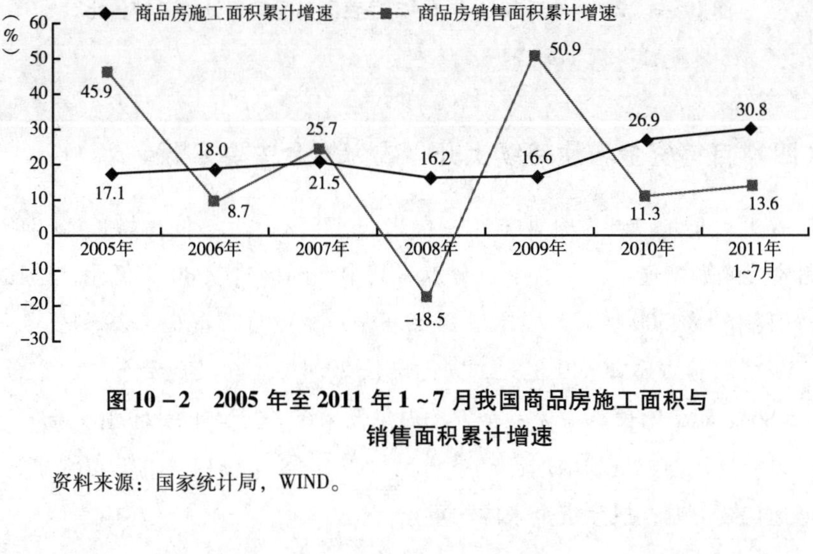

图10－2　2005年至2011年1～7月我国商品房施工面积与销售面积累计增速

资料来源：国家统计局，WIND。

（三）新开工面积有所增加，未来发展速度放缓

7 月单月新开工面积 1.57 亿平方米，同比增长 34.0%，环比下滑 32.6%。1~7月商品房新开工面积 11.52 亿平方米，同比增长 24.9%，比 1~6 月开工增速上升 1.3 个百分点。2010 年新开工面积增速前 7 月保持平稳，但与上一年平均增速相比有大幅下滑，预计随着行业调控的深入，调控效果将逐渐显现，资金进一步紧张，房地产开发企业投资意愿下滑，投资进度将会放缓，也将影响到房屋新开工面积的增速，下半年增速将继续放缓。

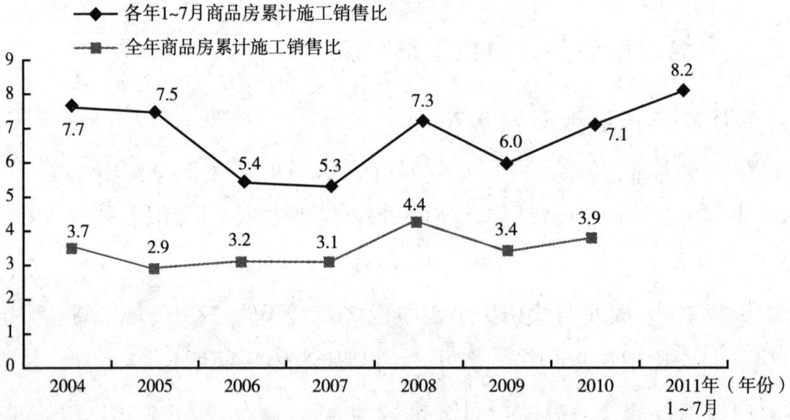

图 10-3　2004 年至 2011 年 1~7 月我国商品房累计施工销售比

资料来源：国家统计局，WIND。

（四）自筹资金增速持续上升，成为资金主要来源

1~7 月，房地产开发企业本年资金来源 47852 亿元，同比增长 23.1%，比 1~6月资金来源增速上升 1.5 个百分点。其中，国内贷款 8018 亿元，同比增长 6.4%；利用外资 500 亿元，同比增长 65.8%；企业自筹资金 19293 亿元，同比增长 34%；其他资金 20040 亿元，同比增长 20.4%。在其他资金中，定金及预收款 12080 亿元，增长 29.1%；个人按揭贷款 4869 亿元，同比下滑 5.1%。信贷调控效果明显，国内贷款增速已经下滑至接近 2008 年调控时的低点水平，自筹资金增速持续上升，成为资金来源的重点。

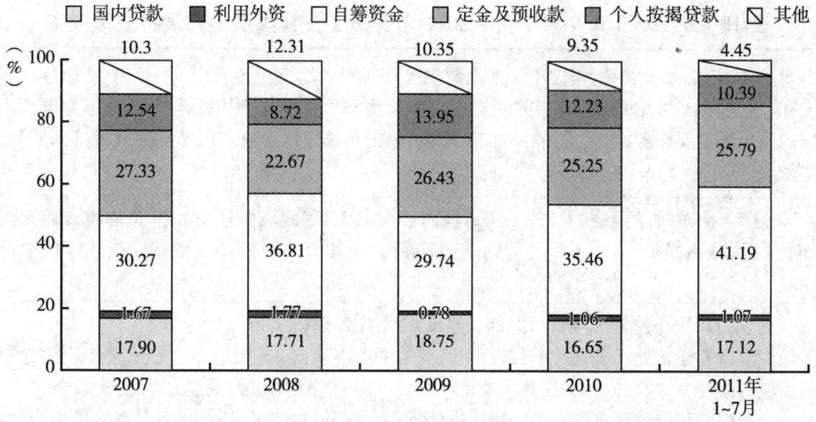

图 11-4　2007 年至 2011 年 1~7 月房地产各项资金来源构成变化

资料来源：WIND。

三　房地产行业调控政策分析

7 月 12 日，由国务院总理温家宝主持召开的国务院常务会议指出，2011 年以来，各地区、各有关部门认真贯彻落实国务院关于房地产市场调控的各项政策措施，着力推进保障性安居工程建设，取得初步成效。多数城市房价涨幅明显趋缓，投机投资性购房需求得到有效抑制，部分房价过高城市出现稳中有降态势。会议认为，当前房地产市场调控正处于关键时期，必须坚持调控方向不动摇、调控力度不放松，坚定不移地抓好各项政策措施的落实，不断巩固和加强调控效果。对已经实施住房限购措施的城市要继续严格执行相关政策（见表 10-2），房价上涨过快的二、三线城市也要采取必要的限购措施。未来房地产调控政策主要是两个方向：一是严格执行已有政策，严格落实以限购、限贷、限外“三限”为主的调控政策，已实施住房限购措施的城市要严格执行；二是上涨过快的二、三线城市（见表 10-3）要出台限购政策。这意味着，部分上涨过快而未出台限购政策的二、三线城市将成为重点治理对象。

7 月 27 日，外管局下发的《关于核定境内银行 2011 年度融资性对外担保余额指标有关问题的通知》明确指出，暂不受理境内房地产企业为其境外子公司在境外发行债券提供对外担保的申请。来华直接投资行业主要集中于制造业与房

表 10 - 2　2010 年 9 月 1 日 ~ 2011 年 9 月 1 日我国房地产调控政策一览

2011 年 9 月 1 日,温家宝强调,坚定不移地把调控政策落到实处,确保见到实效 温家宝在《求是》杂志发表的《关于当前的宏观经济形势和经济工作》中强调指出,稳定物价总水平仍然是宏观调控的首要任务,宏观调控的取向不能变,坚定不移地把房地产市场调控政策落到实处,确保见到实效。
2011 年 7 月 27 日,外管局下发了《关于核定境内银行 2011 年度融资性对外担保余额指标有关问题的通知》,《通知》明确指出,暂不受理境内房地产企业为其境外子公司在境外发行债券提供对外担保的申请。
2011 年 7 月 12 日,国务院常务会议研究部署继续加强调控工作 当前房地产市场调控正处于关键时期,必须坚持调控方向不动摇、调控力度不放松,坚定不移地抓好各项政策措施的落实,不断巩固和加强调控效果。房价过高的地区要加大调控力度,着力改善供求关系,促进房价合理回归。继续严格实施差别化住房信贷、税收政策和住房限购措施,遏制投机投资性购房,合理引导住房需求。已实施住房限购措施的城市要继续严格执行相关政策,房价上涨过快的二、三线城市也要采取必要的限购措施。
2011 年 6 月 22 日,发改委:支持发行企业债券进行保障房融资 《关于利用债券融资支持保障性住房建设有关问题的通知》:支持符合条件的地方政府投融资平台公司和其他企业,通过发行企业债券进行保障性住房融资。
2011 年 5 月 30 日,国土部:地价监控已经扩大到县级城市 国土资源部下发《关于严格落实异常交易地块上报制度有关问题的函》,要求全国所有县级及以上城市及时上报招拍挂出让中溢价率超过 50%、成交总价或单价创历史新高的异常交易地块。
2011 年 5 月 1 日,温家宝:三个坚定不移 中央要保持房地产价格基本稳定,促进房地产业健康发展,这个决心坚定不移;要把一些地区过高的房价降下来,使它回到合理水平,这个决心也坚定不移;要特别关注困难群体、中低收入家庭,使他们住得起房子,租得起房子,这个决心也是坚定不移的。
2011 年 3 月 18 日,央行 2011 年第三次上调存款准备金率 从 2011 年 3 月 25 日起,上调存款类金融机构人民币存款准备金率 0.5 个百分点。
2011 年 3 月 15 日,温家宝:三管齐下控房价 第一,还是要控制货币的流动性。也就是说消除房价、物价上涨的货币基础。第二,运用财政、税收和金融的手段来调节市场的需求。第三,加强地方政府的责任,无论是物价还是房价,地方都要切实负起责任来。也就是说"米袋子"省长负责制,"菜篮子"市长负责制,房价也由地方来负主要责任。
2011 年 2 月 18 日,央行 2011 年第二次提高存款准备金率 从 2011 年 2 月 24 日起,上调存款类金融机构人民币存款准备金率 0.5 个百分点。
2011 年 2 月 9 日,住房和城乡建设部发布《关于调整住房公积金存贷款利率的通知》 通知要求从 2011 年 2 月 9 日起,上调个人住房公积金贷款利率。五年期以上个人住房公积金贷款利率上调 0.20 个百分点,五年期以下(含五年)个人住房公积金贷款利率上调 0.25 个百分点。
2011 年 2 月 8 日,央行 2010 年来第三次加息 自 2011 年 2 月 9 日起上调金融机构人民币存贷款基准利率。金融机构一年期存贷款基准利率分别上调 0.25 个百分点,其他各档次存贷款基准利率相应调整。

续表

2011 年 1 月 28 日至 3 月 31 日,"国八条"地方细则 北京等 40 个城市相继出台以限购令为主的"国八条",608 个城市公布年度新建住房价格控制目标。
2011 年 2 月 8 日,中国人民银行决定,自 2011 年 2 月 9 日起上调金融机构人民币存贷款基准利率 0.25 个百分点。
2011 年 1 月 28 日,上海和重庆正式实施房产税,深圳宣布成为第三个房产税试点城市。
2011 年 1 月 27 日,财政部公布了《关于调整个人住房转让营业税政策的通知》,规定个人将购买不足 5 年的住房对外销售的,将全部征收营业税。
2011 年 1 月 26 日,国务院办公厅发布《国务院办公厅关于进一步做好房地产市场调控工作的有关问题的通知》,要求将第二套房的房贷首付比例从原来的不低于 50% 改为不低于 60%。同时要求各直辖市、计划单列市、省会城市和房价过高、上涨过快的城市,在一定时期内,要从严制定和执行住房限购措施。截至 2 月 22 日晚,已有北京、上海、天津、青岛、南京、成都、南宁、太原、贵阳、哈尔滨、石家庄、武汉等 16 个城市出台了相关细则。
2011 年 1 月 25 日,住房和城乡建设部等部门联合出台的《房地产经纪管理办法》落实国务院关于加强房地产市场调控的重要举措,整顿房地产市场秩序,规范房地产经纪行为,保护房地产交易及经纪活动当事人的合法权益。
2011 年 1 月 14 日,中国人民银行决定,从 2011 年 1 月 20 日起,上调存款类金融机构人民币存款准备金率 0.5 个百分点。
2010 年 12 月 25 日,住房和城乡建设部宣布,于 26 日起,五年期以下(含五年)及五年期以上个人住房公积金贷款利率均上调 0.25 个百分点。
2010 年 11 月 15 日,住房和城乡建设部和国家外汇管理局发布通知,进一步规范境外机构和个人购房管理,要求境外个人在境内只能购买一套用于自住的住房。根据通知,在境内设立分支、代表机构的境外机构只能在注册城市购买办公所需的非住宅房屋。法律法规另有规定的除外。
2010 年 11 月 3 日,住房和城乡建设部、财政部、中国人民银行、银监会联合印发《关于规范住房公积金个人住房贷款政策有关问题的通知》。公积金新政强调,第二套住房公积金个人住房贷款利率不得低于同期首套住房公积金个人住房贷款利率的 1.1 倍,首付款比例不得低于 50%,严禁使用住房公积金个人住房贷款进行投机性购房,并停止向购买第三套及以上住房的缴存职工家庭发放住房公积金个人住房贷款。
2010 年 10 月 19 日,中国人民银行宣布,自 20 日起,金融机构一年期存款基准利率上调 0.25 个百分点,由现行的 2.25% 提高到 2.50%;一年期贷款基准利率上调 0.25 个百分点,由现行的 5.31% 提高到 5.56%;其他各档次存贷款基准利率据此相应调整。
2010 年 9 月 29 日,国家有关部委要求在房价过高、上涨过快、供应紧张的城市,要在一定时间内限定居民家庭购房套数,完善差别化的住房信贷政策,对贷款购买商品住房的,首付款比例调整到 30% 及以上;各商业银行暂停发放居民家庭购买第三套及以上住房贷款,要加强对消费性贷款的管理,禁止用于购买住房;切实增加住房有效供给。
2010 年 9 月 27 日,中国国土资源部称,将严格土地竞买人资格审查,土地闲置一年以上的竞买人及其控股股东将被禁止拿地。

资料来源:作者整理。

表 10-3　不同类别城市 2011 年 1~6 月房地产主要指标

名称 \ 城市分类指标	2011.1~6				同比增长(%)			
	一线	二线	三、四线	全国	一线	二线	三、四线	全国
商品房在建面积(万平方米)	29128	155629	220980	405738	15.00	28.10	36.80	31.60
其中:住宅	18011	116562	176223	310795	14.20	26.20	34.60	30.00
商品房新开工面积(万平方米)	4840	31016	63586	99443	23.50	20.10	25.40	23.60
其中:住宅	3063	22926	50877	76866	10.50	14.80	24.30	20.70
商品房竣工面积(万平方米)	1850	9403	16305	27558	-7.20	7.40	19.30	12.80
其中:住宅	1153	7368	13538	22059	-13.80	8.70	17.40	12.30
商品房销售面积(万平方米)	2156	14191	28073	44419	-10.10	8.30	17.70	12.90
其中:住宅	1733	12583	25489	39805	-10.00	6.70	17.10	12.10
土地购置面积(万平方米)	537	5664	15709	21910	-0.40	-0.20	27.90	18.40
房地产开发投资额(亿元)	2830	11073	12348	26250	6.50	32.60	41.20	32.90
其中:住宅	1683	7696	9262	18641	18.00	33.40	42.60	36.10
商品房销售额(亿元)	3380	9647	11562	24589	-8.40	23.00	39.50	24.10
其中:住宅	2538	8140	9979	20657	-11.20	19.20	38.50	22.30
商品房销售价格(元/平方米)	15678	6798	4119	5536	1.90	13.60	18.50	9.90
其中:住宅	14651	6469	3915	5190	-1.30	11.80	18.30	9.00
资金来源合计(亿元)	5379	17820	17791	40991	0.30	19.60	32.20	21.60
其中:国内贷款	1334	3506	2182	7023	-2.90	8.30	11.20	6.80
利用外资	46	293	100	438	20.00	120.00	26.60	75.50
自筹资金	1683	6224	8556	16463	3.50	31.40	41.50	32.70
其他资金	2316	7797	6953	17067	-0.30	14.70	29.50	17.80

资料来源：CRED，中国国际金融有限公司。

地产业，尤其是近年来房地产行业外资流入增速较快。据商务部统计，从 2001 年至 2010 年，房地产业的来华直接投资占外资流入总量的比例基本保持在 10% 以上，2006 年以后占比逐步提高，2010 年达到 23%。外管局的这一规定，一方面堵住了国际热钱通过房地产直接投资进入国内的渠道，另一方面也是配合国家对房地产市场的调控。在目前银行开发贷款紧张、A 股融资渠道没有放开、信托利率居高不下的情况下，房地产企业可以选择的融资渠道极为匮乏，行业内整体资金面将更为吃紧。

对于调控房地产价格的政策宜采取短期政策为主，例如信贷政策、货币政策、土地供应量等；而用长期政策（制度），例如强烈地变动税收制度、产权制度以及政府管制政策等方式应对短期价格波动，其效果难以预料。只有可预期的长期制度和长期政策得以施行，才会有稳定的市场秩序和行为，形成和保持健康的市场表现。

四　我国房地产行业上市公司竞争力分析

2011年监测的主板上市公司房地产板块共有111家企业，房地产板块基础竞争力前10强的基础竞争力得分为0.8317～0.4533，与2010年基本相当，排名第1位的上海外高桥保税区得分是0.8317，比较上年基础竞争力排名第1位的云南城投（得分是0.8288）略高，第10位海南正和得分比上年第10位的荣安地产（得分是0.4683）略少，而排名第20位的阳光新业则比2010年排名第20位的陆家嘴略高。作为规模竞争力排名第1位的企业3年均为万科A，2011年与前两年相比有所下降；效率竞争力排名第1位的企业（中弘地产、荣安地产）两年相差0.0259；增长竞争力排名第1位的企业（荣安地产、云南城投）两年相差0.1532（见表10－4、表10－5）。

表10－4　2011年房地产上市公司基础竞争力前20强企业

上市公司完整名称(非简称)	规模竞争力	效率竞争力	增长竞争力	基础竞争力	行业内排名
上海外高桥保税区开发股份有限公司	0.2716	0.1692	0.3909	0.8317	1
华远地产股份有限公司	0.1313	0.0531	0.4809	0.6653	2
阳光城集团股份有限公司	0.1819	0.2264	0.2095	0.6177	3
荣安地产股份有限公司	0.0934	－0.0276	0.5348	0.6006	4
深圳大通实业股份有限公司	－0.0881	0.1038	0.5098	0.5255	5
保利房地产(集团)股份有限公司	0.4406	－0.0138	0.0950	0.5219	6
中茵股份有限公司	0.0108	－0.0277	0.5225	0.5056	7
万科企业股份有限公司	0.4835	－0.0039	－0.0055	0.4740	8
鲁商置业股份有限公司	0.1577	0.0464	0.2696	0.4737	9
海南正和实业集团股份有限公司	0.0678	－0.0069	0.3924	0.4533	10
金地(集团)股份有限公司	0.3795	－0.0036	0.0430	0.4189	11
上海实业发展股份有限公司	0.1877	0.1954	0.0358	0.4188	12
中弘地产股份有限公司	0.1918	0.3886	－0.1645	0.4160	13
新湖中宝股份有限公司	0.2904	0.0423	0.0723	0.4050	14
天津松江股份有限公司	0.1059	－0.0065	0.3056	0.4050	15
招商局地产控股股份有限公司	0.3503	－0.0198	0.0523	0.3829	16
卧龙地产集团股份有限公司	0.1387	0.1832	0.0598	0.3816	17
沙河实业股份有限公司	0.0128	0.0796	0.2807	0.3732	18
上海世茂股份有限公司	0.2421	－0.0120	0.1295	0.3596	19
阳光新业地产股份有限公司	0.1753	0.1286	0.0341	0.3380	20

资料来源：中国企业竞争力研究院。

表 10－5　2010 年房地产上市公司基础竞争力前 20 强企业

名　称	规模竞争力	效率竞争力	增长竞争力	基础竞争力	行业内排名
云南城投	0. 1763	－0. 0355	0. 6880	0. 8288	1
嘉 凯 城	0. 3484	0. 2299	0. 2454	0. 8238	2
外 高 桥	0. 3221	0. 1317	0. 3413	0. 7952	3
万 科 A	0. 6376	0. 0101	0. 0250	0. 6727	4
保利地产	0. 5350	0. 0091	0. 1201	0. 6642	5
华远地产	0. 1042	0. 0637	0. 4826	0. 6506	6
中润投资	0. 0613	0. 1471	0. 3356	0. 5440	7
万通地产	0. 1952	0. 0974	0. 2175	0. 5101	8
中天城投	0. 1405	0. 1567	0. 1920	0. 4892	9
荣安地产	0. 1810	0. 3627	－0. 0755	0. 4683	10
金地集团	0. 4390	－0. 0327	0. 0597	0. 4660	11
信达地产	0. 2782	0. 0187	0. 1608	0. 4577	12
新湖中宝	0. 3420	0. 0522	0. 0617	0. 4559	13
招商地产	0. 4189	－0. 0373	0. 0566	0. 4381	14
苏宁环球	0. 2281	0. 1350	0. 0746	0. 4378	15
中华企业	0. 2754	0. 0924	0. 0001	0. 3679	16
华发股份	0. 2739	－0. 0125	0. 1017	0. 3631	17
中 关 村	0. 1200	－0. 0827	0. 3136	0. 3509	18
中国武夷	0. 1736	0. 1830	－0. 0087	0. 3479	19
陆 家 嘴	0. 2976	0. 0768	－0. 0419	0. 3325	20

资料来源：中国企业竞争力研究院。

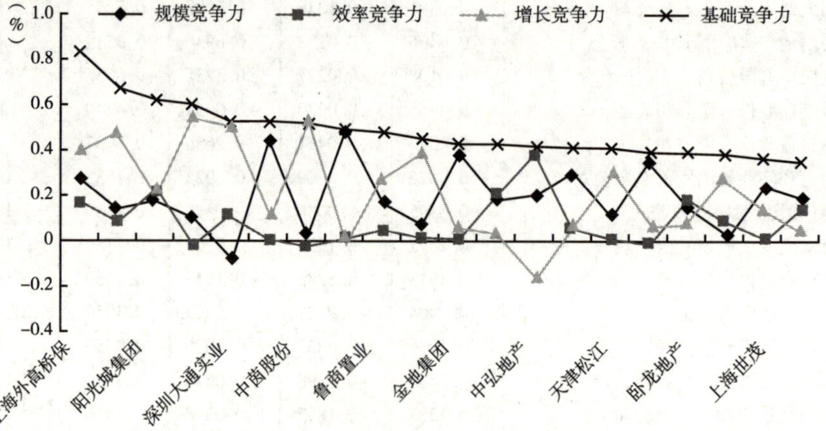

图 10－5　2010 年至 2011 年 8 月我国房地产行业竞争力排名前 20 名企业竞争力情况

资料来源：作者根据中国企业竞争力研究院数据整理绘制。

截至2011年8月31日，上半年136家房地产上市公司营业总收入1578.42亿元，同比增长8.48%；利润总额341.13亿元，同比增长12.57%，归属母公司的净利润233.15亿元，同比增长14.19%。实现每股收益0.1781元，同比增长5.95%。从监测结果来看，我国房地产行业竞争力排名前20名的企业，在金融危机与国内房地产调控政策双重影响下，房地产上市企业的效率竞争力下降较多，而规模竞争力与增长竞争力有较多的反向走势，说明许多房企对规模竞争力有相当的依赖程度，而恰恰是这种情况在遇到有政策变化与调控出现的时候，往往也是企业发展波动比较大的时期。一些企业规模竞争力与效率竞争力、增长竞争力呈反向变动趋势，说明一部分靠规模起家的房地产企业正面临着经济环境和政策环境的双重挤压，而另外一部分依靠效率和增长竞争力的企业正面临一次发展机遇，我国房地产行业正在经历着重新洗牌的过程。

（一）行业经营明显转弱

截至2011年6月，房地产上市公司经营状况转弱更趋明显。存货周转率和总资产周转率继续在下降，分别为0.0957和0.0959，且同比加速分别下降了26.21%和18.10%，而年初时只是同比下降7.58%和4.51%。2011年上半年房地产上市公司三项费用相比上年同期出现较大上升并接近2009年的水平，单位营业总收入的财务费用增长最多，上升到了2.49万元，同比增长26.40%；单位营业总收入的管理费用和营业费用也有较大上升，上半年分别为5.51万元和3.64万元，分别上升了11.09%和23.39%。调控下企业分化已经出现，房地产开发企业的经营明显转弱，销售增长受限、资金和管理等成本不断加大。销售量增长和价格的增长出现回落已无法避免。上半年这些企业的资产负债率达到了71.28%，同比增长了5.23%。不少中小房地产企业已面临很大的经营困难，房地产市场重分天下已在展开，保持着较好增长强势的企业将成为房地产的未来。

（二）销售收入增长创新低

2011年上半年房地产行业在调控中销售收入增长出现明显下降，创2006年以来的新低。据Wind资讯数据统计，136家房地产上市公司实现总营业收入1578.42亿元，同比增长8.48%；利润总额341.13亿元，同比增长12.57%，归属母公司的净利润233.15亿元，同比增长14.19%。上述三项同比增长率均比

2010年同期出现近半的下降，并创2006年以来新低。上半年实现每股收益0.1781元，同比增长5.95%。每股收益增长较上年的16.09%下降10.14个百分点，但仍略好于2009年同期4.55%的增长水平。上半年销售毛利率39.81%，净利率15.98%，较2010年有所上升；销售毛利率上升3.09个百分点，达39.81%，仍创近10年新高。由于限购等政策的实行，房地产市场增长趋向平缓。上半年136家房地产上市公司销售收入增长也表现出大幅的下降，但不少结算项目是上年实现的销售，目前毛利率仍比较高。从资金方面看，现金流量经历2009年由负转正后又开始净流出。上半年136家房地产上市每股经营活动产生的现金流量净额为-0.2802元，开发投资流出的资金仍大于销售现金的回收。在销售增长没有明显提高的情况下，房地产开发企业面临的资金困难将迎来近10年最困难的时期。136家上市公司的每股净资产仍有所提高，由2010年的3.14元上升到3.33元，同比增长6.05%。下半年销售增长仍不会出现大的上升，销售的毛利率也将出现下降。

表10-6　2011年1~6月国内各大房地产开发商的合同销售额

	2011年上半年合同销售额（百万元）	2011年1~5月合同销售额（百万元）	2011年前5个月月均销售额（百万元）	2011年6月合同销售额（百万元）	2011年全年销售目标（百万元）	2011年销售目标完成比例（%）
中国海外发展	43500	33836	6767	9664	—	—
华润置地	13500	9000	1800	4500	30000	45
龙湖地产	19200	16030	3206	3170	40000	48
雅居乐地产	15700	13500	2700	2200	37000	42.4
保利香港	8020	5600	1120	2420	18000	44.6
远洋地产	12000	9200	1840	2800	30000	40
富力地产	13411	10862	2172	2549	40000	33.5
恒大地产	42320	33730	6746	8590	70000	60.5
绿城中国	18600	15600	3120	3000	55000	33.8
碧桂园	21500	17800	3560	3700	43000	50
世茂房地产	14200	11048	2210	3152	36000	39.4
恒盛地产	7103	5093	1019	2010	15000	47.4
合景泰富	6540	5530	1106	1010	15000	43.6
首创置地	5090	4010	802	1080	15700	32.4

资料来源：根据各公司公布数据整理。

（三）企业间增长分化严重

上半年136家房地产上市公司的预收款达4036亿元，是上半年营业收入的2.56倍，比年初增加906亿元，因此下半年房地产上市公司整体的结算能力强。上半年净利润增长分化明显，136家公司的55家净利润为负增长，占总数的40.44%。房地产上市公司净利润增长已出现两极分化，而且增长和减少分化严重（表10－7）。行业增长减缓短期已无法扭转，强势企业突破已在显现。

表10－7　2011年上半年我国房地产上市公司净利润增长情况

单位：%

公　　司	净利润同比增减	公　　司	净利润同比增减
华丽家族	8829.55	天津松江	－2975
京能置业	8113.33	凤凰股份	－550
天伦置业	1700	园城股份	－540
中航地产	1625.68	中汇医药	－412.5
刚泰控股	981.84	鑫茂科技	－392.65
深天健	826.72	ST兴业	－308.08
数源科技	700	津滨发展	－306.88
光华控股	549.26	东方银星	－225
科学城	414	ST海鸟	－200
绵世股份	373.22	金宇车城	－200
中弘地产	357.14	万泽股份	－152.89
深鸿基	273.13	泛海建设	－140.54
云南旅游	269.31	ST珠江	－133.33
世纪星源	266.67	中茵股份	－103.7
珠江实业	262.5	嘉凯城	－98.4
万通地产	156.52	阳光股份	－98.28
北辰实业	150	沙河股份	－94.08
金融街	147.06	张江高科	－93.37
云南城投	141.83	海德股份	－87.57
深物业A	136.44	高新发展	－86.67
天地源	126.85	道博股份	－83.43
天保基建	120	金山开发	－79.37
创兴置业	120	天业股份	－73.81
新潮实业	111.11	中华企业	－70.97
深长城	108.53	首开股份	－68.42

资料来源：WIND。

五　房地产行业发展问题与前景

（一）保障性住房的投资问题

2011 年 8 月 11 日，搜狐焦点报道称，政府计划 2012 年开工建设保障房 800 万套，较原计划的开工 1000 万套下调 20%。① 中国未来 5 年保障房建设计划或因资金压力调整节奏。2012 年保障房开工计划将较原计划下调 20%，为 800 万套。按照此前计划，2010 ~ 2015 年保障房累计建设计划是 3600 万套，其中 2011 年 1000 万套、2012 年 1000 万套、2013 ~ 2015 年累计 1600 万套。如果 2012 年改为 800 万套，按照 2011 年 1000 万套对应 1.3 万亿元投资来测算的话，2012 年保障房投资将下降到 1 万亿元左右。如果下调，对地产行业可能是个好消息。保障房投资的下降部分将需要由商品房投资弥补，因而商品房市场的政策调控有望在 2012 年适度放松；即使是 800 万套的开工量，对应的资金需求也在 5000 亿元以上，地方政府在目前的财政状况下仍难承担，因此保障房计划的实施主要将依赖“政府 + 开发商”的模式实现，有利于有实力的开发商通过参与保障房建设获得土地和资金的支持；市场之前担心保障房冲击商品房市场，如果政府下调开工计划，意味着保障房对商品房市场的冲击将减弱。截至 6 月底，全国保障性住房新开工超过 500 万套，超过全年目标任务的 50%，在建保障性住房预计年内建成 400 万套以上。会议提出“要严格落实地方政府住房保障职责，要完善相关政策措施，加大政府投入和贷款支持力度，确保今年 1000 万套保障性住房 11 月底前全部开工建设”。这意味着保障房的支持力度将继续加大。

（二）保障性住房的供地问题

在住宅供地量中，廉租房和经适房合计占总供地量的 12.7%；棚改房用地占总供地量的 11.7%；中小套型用地占总供地量的 51.9%。三项用地合计占总供地量的 76.3%，占总供地量的绝对多数。保障性住房供地的激增，为未来完成中央制定的保障性住房任务奠定了坚实的基础。从保障性住房结构上看，廉租房供给量

① http://sjz.focus.cn/news/2011-08-11/1428974.html.

达到3509.1万公顷，经济适用房土地供给量达到12440.8万公顷，未来保障性住房还将以经济适用房为主要形式。从区域上看，北京、上海和天津以租为形式的保障性住房（廉租和公租）用地比例都相对较少，北京（廉租20公顷/公租45公顷）、天津（廉租0公顷/公租0公顷）、上海（廉租0公顷/公租0公顷）。而率先提出保障房建设以租代售模式的重庆，以租为保障房用地供给的比例则较多（廉租136.50公顷/公租0公顷），较四川的租赁住房供地量略低（廉租172.74公顷/公租5.34公顷），说明重庆未来的租赁模式住房供应量将会有较大的实质性提升。此外，从保障性住房区域分布看，也能够看出在房价相对较高的区域保障性住房用地量相对较少，并且多以销售为主要模式。这主要有两点原因，其一，房价越高说明地方政府对于土地财政的依赖程度越高，而保障性住房削弱了土地财政，因此地方政府的积极性不高；其二，土地稀缺性很大程度上决定土地价格，高地价和高房价正相关，而保障性住房的绝对供应量和土地总可供量息息相关。

表10-8　22个省、市保障房开工情况

省　份	截止日期	任务（万套）	开工（万套）	开工率（%）
陕　西	7月底	47.43	47.9	101
辽　宁	6月底	33.79	32.1	94
宁　夏	7月底	7.54	6.8	90.2
山　西	6月底	30.04	26.58	88.5
安　徽	7月底	38.13	32.13	84.3
山　东	7月底	33.2	26.77	80.6
甘　肃	7月底	17.77	14.05	79.06
贵　州	7月底	19.1	14.46	76
黑龙江	7月25日	83	60	72.4
北　京	7月底	20	14.2	71
河　南	7月底	42.09	29.4	69.9
江　西	7月14日	33.1	22.8	68.8
江　苏	6月底	45	29.7	66
河　北	6月底	44.7	29.2	65.3
云　南	7月底	31	19.436	62.6
重　庆	6月底	21	11.9	56.67
新　疆	6月底	26	16	61.5
内蒙古	6月底	44.54	27.4	61.5
福　建	6月底	16.91	9.8357	58.16
广　东	7月底	31	17.41	56.2
上　海	6月底	27.27	13.68	50.17
湖　南	6月底	44.72	16	36.49

资料来源：2011年8月5日《人民日报》。

（三）商品房的价格问题

目前房地产行业的投资依然维持在高位，房价还在上涨，短期内调控政策要退出难度很大，但随着三季度末开始供应增加，房价将随着供应释放而缓慢调整，开发投资则将呈持续缓慢下降趋势，而新开工、土地购置将随着三、四线城市市场销售放缓而逐步走低，全年的住宅价格将实现稳中有降，预计投资和销售9月份以后有望逐步回落。与全行业26%销售额增速相比，目前已经公布销售数据的公司，其销售额同比增幅50%以上的有：万科（64%）、中国海外（82%）、华润置地（74%）、龙湖（67%）、宝龙地产（86%），龙头公司市场占有率持续提升，行业集中度也将有所提升。

（四）地方政府融资平台的风险问题

在此番严厉的调控政策之下，龙头房企防御心态日渐浓厚，万科、金地、恒大等龙头企业销售金额与购地金额比值快速提升：万科2010年销售额与购地额比值为1.3，而2011年1～4月飙升至2.5；金地2010年该比值为2.46，2011年1～4月飙升至11.6；恒大则由2010年的3.74飙升至2011年1～4月的4.91。开发商的战略防御导致全国各地土地出让金大幅减少，2011年1～5月，全国土地出让金同比下降15.6%，典型城市下降幅度更大：北京、上海、天津、重庆、青岛、海口土地出让金合计值同比下降57%；与2010年下半年最后5个月的总金额比较：全国下降46%，6个典型城市合计值下降58%。受土地出让金收入大幅下降影响，地方政府融资平台风险逐渐显现，如云南省公路建设及上海城投等地方融资平台出现偿债困难，通过政府干涉和延长贷款期限；北京土地出让金收入同比下滑60%，全年高达数百亿级别的地方债务还本付息将面临考验。如果土地市场继续维持冷清局面，地方政府融资平台的偿债问题将有进一步扩大的可能。而且，近期国家发改委下发了《关于利用债券融资支持保障性住房建设有关问题的通知》，明确允许投融资平台公司申请发行企业债券筹措资金。在地方政府融资平台问题频出的背景下，新增债务如何顺利发行？发行后谁来埋单？无偿划拨国有土地用于保障房建设挤占商品住房用地的供应，若商品住房用地再流拍，地方财政收入的减少如何弥补？因此，在出台房地产调控政策的同时，必须配套有经济增长和财政增收的有效实施方案，以及要确保保障性住房建设资金来源的多渠道，而不是现在这种基本依靠新增债务来解决问题。

（五）地方政府的角色问题

政府应成为房地产市场利益中性的“裁判员”，而不能成为逐利者。由于在中国迅速向财富社会转变的过程中，政府，主要是地方政府，也成为房地产财富红利的竞争者，而且具有强大的市场垄断势力，所以，很容易忘记了规范市场秩序和调控供求价格的责任，异化为“赚红了眼”的牟利者。尽管政府可以“取之于民，用之于民”，但过度追求高收益，总是会导致市场秩序的扭曲。而一个没有坚持利益中性的政府（即以全社会的整体利益为目标）所管理的房地产市场，是难以保持有序、健康和稳定增长的。所以，必须从法律上和制度上明确各级政府在房地产市场中的角色定位，明确什么可以做，什么不可以做，承担什么责任，受谁的约束和监督。

（六）土地的价格问题

中国土地价格的基本状况是：经济发展以大量土地开发供应为基础；总体上的土地低价格和弱产权；高价格的城市商品房用地并推动房价攀高。其经济实质是：中国城市用地大部分是行政性定价（低价或零价格），只有商品房用地等少量土地是由垄断性市场发现价格。我国城市用地规划的基本格局是：一方面是大量的低价或免费供地，另一方面必然是数量有限的高价商品房供地。即大量土地的低价格出让和软约束划拨，必须要以商品房用地的高价格作为补偿。也就是说，大量低价格供地的成本必然主要由商品房用地的出让收入来承担，而在前者的挤压下，住宅商品房用地面积的相对份额又很少，这样的供求结构必然导致其单位价格畸高。否则，如何筹集土地开发和城市基础设施建设的资金？因此，包括低价和无偿用地在内的所有土地开发成本，都必须在相当大程度上由数量非常有限的住宅商品房用地的收入来承担。由于整个土地市场是在缺乏有效的价格发现机制的条件下形成的，所以，行政性低价和垄断性高价导致了土地价格“冰火两重天”格局，成为房地产市场一切乱象与腐败的根源。

B.12

金融行业企业竞争力分析

王佳佳　贾知青

2011 年是我国“十二五”规划的开局之年。2011 年上半年，全球经济整体复苏步伐趋缓，不平衡复苏格局延续。欧美主权债务问题对全球经济复苏形成拖累，能源价格飙升加大全球经济滞胀风险。从各区域情况看，美国经济受高失业率、巨额公共债务和疲弱房地产市场影响，增长低于预期，标普下调美国主权信用评级；欧债危机仍然有进一步恶化趋势；日本经济受地震、海啸及核泄漏事故影响出现萎缩；新兴经济体因通胀压力上升及持续紧缩政策，经济增速小幅放缓。从国内来看，2010 年第四季度以来，物价持续攀升，特别是食品价格水平一路飙升，给经济发展带来巨大的通胀压力，央行多次提高存款准备金率，我国经济有放缓趋势。面对错综复杂的国际国内经济金融环境，我国金融业在改革和调整中成功经受住了一系列严峻的考验，抗风险能力有所增强，金融行业整体实力不断提升。

2011 年，我国银行业信贷投放平稳有序，赢利能力明显恢复，抗风险能力持续增长，主要经营指标表现良好，展示出稳健的发展势头。在整个经济金融大环境起伏波动之下，证券行业营业收入、净利润依然实现了同比增长，2011 年上半年 17 家上市券商实现合计营业收入 352.08 亿元，同比增长 4.41%，证券行业整体表现了良好的成长性。保险行业整体业绩稳定，不断调整业务结构，转变发展方式，取得了较好成效。我国金融业不断加大结构调整力度，在战略调整与产品创新中稳步发展，实现效益与规模、质量与速度的同步增长，综合竞争力进一步提升。

一　金融企业竞争力监测结果

（一）金融企业竞争力监测范围

2011 年，中国产业与企业竞争力研究中心对 1374 家上市企业的竞争力进行了跟踪和监测，其中包括了35家金融行业上市公司，较上一年增加了3家，新增金融企业为2010年上市的农业银行、光大银行、兴业证券。此次金融企业竞争力监测范围涵盖银行、证券、保险和信托四个子行业，涉及15家银行、14家证券公司、3家保险公司、3家金融信托公司（具体名单见表11－1）。

表11－1　2011年金融企业竞争力监测名单

序号	公司代码	股票简称	上市公司全称	子行业
1	000776. SZ	广发证券	广发证券股份有限公司	证券业
2	601988. SH	中国银行	中国银行股份有限公司	银行业
3	601398. SH	工商银行	中国工商银行股份有限公司	银行业
4	601628. SH	中国人寿	中国人寿保险股份有限公司	保险业
5	601939. SH	建设银行	中国建设银行股份有限公司	银行业
6	601288. SH	农业银行	中国农业银行股份有限公司	银行业
7	601328. SH	交通银行	交通银行股份有限公司	银行业
8	600036. SH	招商银行	招商银行股份有限公司	银行业
9	600030. SH	中信证券	中信证券股份有限公司	证券业
10	601998. SH	中信银行	中信银行股份有限公司	银行业
11	600016. SH	民生银行	中国民生银行股份有限公司	银行业
12	601166. SH	兴业银行	兴业银行股份有限公司	银行业
13	601318. SH	中国平安	中国平安保险(集团)股份有限公司	银行业
14	600000. SH	浦发银行	上海浦东发展银行股份有限公司	银行业
15	601601. SH	中国太保	中国太平洋保险(集团)股份有限公司	保险业
16	601818. SH	光大银行	中国光大银行股份有限公司	银行业
17	601169. SH	北京银行	北京银行股份有限公司	银行业
18	600015. SH	华夏银行	华夏银行股份有限公司	银行业
19	000001. SZ	深发展A	深圳发展银行股份有限公司	银行业
20	600837. SH	海通证券	海通证券股份有限公司	证券业
21	601009. SH	南京银行	南京银行股份有限公司	证券业
22	600999. SH	招商证券	招商证券股份有限公司	证券业
23	601688. SH	华泰证券	华泰证券股份有限公司	证券业
24	000562. SZ	宏源证券	宏源证券股份有限公司	证券业
25	601788. SH	光大证券	光大证券股份有限公司	证券业

续表

序号	公司代码	股票简称	上市公司全称	子行业
26	000783. SZ	长江证券	长江证券股份有限公司	证券业
27	600369. SH	西南证券	西南证券股份有限公司	证券业
28	000728. SZ	国元证券	国元证券股份有限公司	证券业
29	600816. SH	安信信托	安信信托投资股份有限公司	信托业
30	601377. SH	兴业证券	兴业证券股份有限公司	证券业
31	600109. SH	国金证券	国金证券股份有限公司	证券业
32	000686. SZ	东北证券	东北证券股份有限公司	证券业
33	000563. SZ	陕国投 A	陕西省国际信托股份有限公司	信托业
34	601099. SH	太平洋	太平洋证券股份有限公司	证券业
35	600643. SH	爱建股份	上海爱建股份有限公司	信托业

资料来源：根据中国产业与企业竞争力研究中心监测数据整理。

（二）金融企业竞争力监测结果

2011 年全行业基础竞争力排名监测结果显示，35 家金融企业竞争力在全行业中排名位于第 17 ~ 1310 名之间（具体见表 11 – 2）。

表 11 – 2　2011 年金融企业竞争力监测排名

股票简称	规模竞争力	效率竞争力	增长竞争力	基础竞争力	行业内排名	总排名
广发证券	-0.0598	0.1149	0.8700	0.9250	1	17
中国银行	0.6378	0.0878	-0.0160	0.7096	2	40
工商银行	0.7048	-0.0042	-0.0118	0.6889	3	45
中国人寿	0.5213	0.1599	-0.0398	0.6414	4	62
建设银行	0.6679	-0.0136	-0.0147	0.6396	5	65
农业银行	0.6201	-0.0912	-0.0025	0.5263	6	103
交通银行	0.4238	-0.0323	-0.0060	0.3855	7	221
招商银行	0.3352	0.0408	-0.0077	0.3682	8	246
中信证券	0.1682	0.2589	-0.0803	0.3467	9	265
中信银行	0.2984	0.0098	0.0241	0.3322	10	284
民生银行	0.2731	0.0032	0.0339	0.3102	11	308
兴业银行	0.2500	0.0387	0.0133	0.3020	12	316

续表

股票简称	规模竞争力	效率竞争力	增长竞争力	基础竞争力	行业内排名	总排名
中国平安	0. 3844	-0. 0299	-0. 0549	0. 2996	13	322
浦发银行	0. 2792	-0. 0193	0. 0354	0. 2953	14	327
中国太保	0. 2886	-0. 0633	-0. 0314	0. 1939	15	515
光大银行	0. 1999	-0. 0337	0. 0122	0. 1784	16	547
北京银行	0. 0514	0. 0504	0. 0139	0. 1158	17	664
华夏银行	0. 0707	-0. 0097	0. 0153	0. 0764	18	737
深发展 A	0. 0454	0. 0092	0. 0040	0. 0585	19	770
海通证券	-0. 0256	-0. 0424	-0. 0911	-0. 1592	20	1029
南京银行	-0. 1594	-0. 0733	0. 0514	-0. 1813	21	1040
招商证券	-0. 1064	0. 0128	-0. 1118	-0. 2054	22	1057
华泰证券	-0. 0574	-0. 1219	-0. 1125	-0. 2918	23	1118
宏源证券	-0. 2901	0. 0686	-0. 1032	-0. 3247	24	1132
光大证券	-0. 1555	-0. 1391	-0. 1332	-0. 4278	25	1170
长江证券	-0. 2804	-0. 0970	-0. 1169	-0. 4944	26	1197
西南证券	-0. 3486	-0. 1979	0. 0093	-0. 5372	27	1210
国元证券	-0. 3108	-0. 1115	-0. 1344	-0. 5566	28	1216
安信信托	-0. 9715	0. 3945	0. 0129	-0. 5642	29	1218
兴业证券	-0. 3218	-0. 1203	-0. 1297	-0. 5719	30	1219
国金证券	-0. 4735	-0. 0329	-0. 0811	-0. 5874	31	1225
东北证券	-0. 4502	-0. 0964	-0. 1188	-0. 6654	32	1247
陕国投 A	-0. 8374	0. 0475	-0. 0101	-0. 8000	33	1278
太平洋	-0. 6265	-0. 1324	-0. 1302	-0. 8891	34	1295
爱建股份	-0. 7449	-0. 0916	-0. 1380	-0. 9745	35	1310

资料来源：根据中国产业与企业竞争力研究中心监测数据整理。

1. 金融行业整体竞争力排名情况

从金融行业整体分布情况来看，本次监测显示有 5 家金融企业跻身 100 强，相较 2010 年金融行业跻身全行业竞争力 100 强企业数量为零的状况有了相当大的改观；全行业排名位于前 300 名的金融企业数量为 10 家，明显多于 2010 年的 5 家；全行业排名位于第 301 ~ 700 名的金融企业数量为 7 家，较 2010 年的 17 家下降较为明显；全行业排名位于第 701 名以后的企业数量为 18 家，2010 年为 10 家（见图 11 - 1）。总体而言，金融企业竞争力水平在不断提升，整体竞争力排名表现出良好的上升势头。

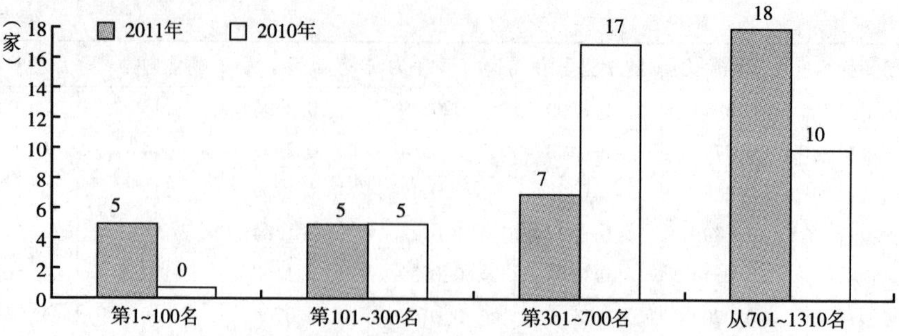

图 11-1　2010 年和 2011 年金融企业基础竞争力排名分布

资料来源：根据中国产业与企业竞争力研究中心监测数据整理。

2. 金融业子行业竞争力分布情况

从子行业分布情况来看，金融业四个子行业竞争力排名差异较大。银行业整体竞争实力显著高于非银行类金融企业，15 家银行在金融行业内部排名分布在第 2~21 名之间，表现出各上市银行实力相当，整体竞争力较为出色。证券行业中各证券公司竞争力差距较大，体现出两极分化的趋势，广发证券以全行业总排名第 1 名的优势，力压银行业排头兵中国银行和工商银行，中信证券也以第 9 名的成绩跻身金融行业竞争力前 10 位，而兴业证券、国金证券、东北证券、太平洋证券在金融业内部排名中分别位列第 30、31、32、34 名。这在一定程度上反映出，虽然券商整体经营业绩向好，但是经济基本面和券商的经营理念对各券商的竞争力产生了不可忽视的影响，从而直接拉大券商之间的业绩差距，形成证券业竞争力两极分化的状态。保险业三家企业中国人寿、中国平安和中国太保在金融业内部的排名分别为第 4 名、第 13 名和第 15 名，体现出保险企业具备一定的基础竞争力。信托业企业整体排名靠后，3 家上市公司安信信托、陕国投 A 和爱建股份在金融业内部排名分列第 29 名、第 33 名和第 35 名，全行业排名均位于 1200 名以后的现状也说明了一定的问题，反映出信托业在整个金融行业中的竞争力最为薄弱。

3. 金融业各项竞争力指标的情况

从各竞争力指标来看，规模竞争力指标得分位居前 4 名的分别是工、建、中、农四大国有银行，其规模竞争力得分依次为 0.7048、0.6679、0.6378、0.6201；得分位居后 3 名的分别是爱建股份、陕国投 A、安信信托，其规模竞争

力得分依次为 -0.7449、-0.8374、-0.9715。反映出银行规模实力较强，而信托业行业整体在规模上不占优势。各子行业效率竞争力指标得分较为分散，位居得分前 3 名的分别是安信信托、中信证券、中国人寿，得分最低的 8 家企业均来自于证券行业。增长竞争力得分排名首位的是广发证券，以 0.8700 的得分力压南京银行和浦发银行，得分最低的是信托业企业爱建股份。总的来说，银行业增长竞争力得分排名集中在前半部分，证券业除广发证券和西南证券外集中分布在后半部分。这在一定程度上说明，相对于证券业而言，银行业整体增长性更好。

4. 各子行业内部排名变动情况

从各子行业内部来看，剔除 2010 年上市的两家银行和一家证券公司，2010 年与 2011 年金融业基础竞争力排名动态比较显示，11 家上市金融公司排名上升、17 家公司排名下滑、4 家公司排名未发生变化（见表 11-3）。从各子行业内部看，2011 年排名上升、下降及不发生变化的银行分别为 9 家、2 家、2 家，基本面上呈现良好的上升势头；13 家券商中只有 1 家券商排名上升，有 10 家排名下降，另外 2 家排名未发生变化，整体排名下滑；3 家保险公司无一例外排名下滑；3 家信托公司则是 1 家排名上升，其余 2 家排名下降。需要指出的是，2011 年上半年，央行先后两次提高金融机构存贷款基准利率，6 次提高金融机构人民币法定存款准备金率，银行业采取审慎经营策略，加快结构调整步伐，资产质量良好稳定。2010 年与 2011 年子行业的基础竞争力排名变化也从一定程度上显示出银行业在过去的一年中竞争力有所提升，经营业绩斐然。证券行业整体排名呈现下滑趋势，这与经济环境、行业特点及券商运营理念都有较大关联。

表 11-3　2011 年金融业子行业基础竞争力同比 2010 年变化

单位：家

子行业	上升	下降	不变	总计
银　行	9	2	2	13
证　券	1	10	2	13
保　险	0	3	0	3
信　托	1	2	0	3
总　计	11	17	4	32

资料来源：根据中国产业与企业竞争力研究中心监测数据整理。

二　典型企业分析

2011年，广发证券和中国银行的基础竞争力排名都有显著提高，特别是广发证券从行业内最后一名跃居榜首，表现相当抢眼；工商银行和中国人寿排名微弱下降，但是仍然保持住了基础竞争力金融行业前4名的绝对优势地位，稳定性值得赞许。在综合考虑竞争力排名、行业发展规模、行业影响力等因素之后，我们选取这4家具有行业代表性的公司进行深入分析，以期找到它们的竞争优势所在。

表11-4　四家典型金融企业2011年竞争力得分及与2010年行业排名

股票简称	规模竞争力	效率竞争力	增长竞争力	基础竞争力	行业内排名	
					2010年	2011年
广发证券	-0.0598	0.1149	0.8700	0.9250	32	1
中国银行	0.6378	0.0878	-0.0160	0.7096	18	2
工商银行	0.7048	-0.0042	-0.0118	0.6889	4	3
中国人寿	0.5213	0.1599	-0.0398	0.6414	1	4

资料来源：根据中国产业与企业竞争力研究中心监测数据整理。

（一）广发证券

广发证券成立于1991年，其前身是广东发展银行证券部，成立伊始仅经营单一的证券交易业务，20年间，从一家规模很小的银行证券营业部发展到经营证券、基金、期货、股权投资等全方位证券业务的大型上市券商。截至2010年末，广发证券总资产为959.47亿元，净资产为194亿元，营业收入102.19亿元，仅次于中信证券，同时也是仅有的两家营业收入破百亿元的券商之一；净利润41.98亿元，净资产收益率22%，总资产贡献率6%，资本实力及赢利能力在国内证券行业持续领先。2010年，受益于投行业务的快速增长，广发证券营业收入增长较快，全年投行业务收入9.22亿元，同比增长221%；承销业务净收入7.97亿元，同比增长255%；承销规模325亿元，同比增长186%；市场占有率达到2.17%，同比增长120%。从增速来看，远超行业一般水平。此外，通过对营业部的适度放权、降低佣金、多部门协同支持和银行网点拓展，其经纪业务市场份额同比提升，市场份额绝对值位居全行业第6位。

在2011年中国企业竞争力监测结果中，广发证券在金融行业的竞争力排名荣升首位，在全部1374家上市公司中的总排名为第17位，在整个证券行业中一枝独秀，其基础竞争力得分0.9250，主要来源于增长竞争力得分0.8700，远远高出增长竞争力第2名南京银行0.0514的得分水平。从计算竞争力总得分中所用到9个指标的标准得分绘制成的雷达图中可以看出（见图11－2），由于近3年来业务增长迅速，广发证券营业收入从2007年的0.72亿元猛增到2010年的102.19亿元，净利润从2007年的0.11亿元猛增到2010年的41.98亿元（见图11－3），其营业收入年均复合增长率高达5.5倍，远高于中国银行年均复合60%的水平，净利润年均复合增长率也达近6.85倍，远高于工商银行年均复合79%的水平，这直接导致其增长竞争力水平大幅提升，使得其竞争力地位跃居金融行业首位。

作为创新类A级大型券商，广发证券通过大量市场化收购形成了由证券、期货、基金、PE、香港子公司组成的金融多业态构架，构建了经纪、自营、投行、资管等盈利能力强、结构较均衡的业务组合，总体业务规模和赢利能力处于行业前列，凸显其较强的市场化竞争力。同时，2010年公司成功实现上市和解决同业竞争问题之后，经营环境的改善对公司长远持续发展奠定了良好的基础。

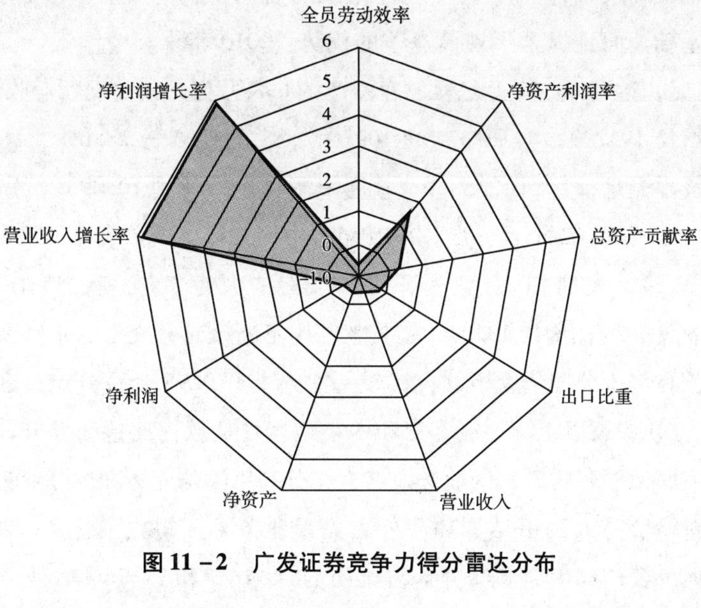

图11－2　广发证券竞争力得分雷达分布

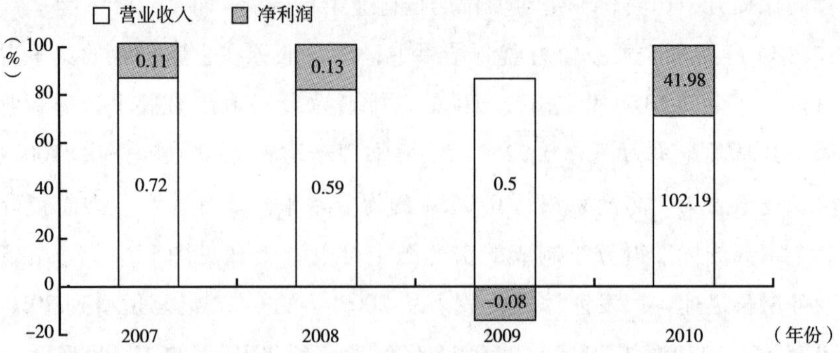

图 11－3　广发证券营业收入和净利润变化图

但与其他证券公司相比，广发证券在传统业务领域仍然存在业务结构雷同、经营高度同质化、抵御市场波动的能力弱等特征。在直接投资、融资融券等新兴业务领域，广发证券目前整体规模和业绩贡献都还比较小，公司的规模竞争力和效率竞争力都有待进一步提高。

（二）中国银行

2010 年，中国银行完成 400 亿元 A 股可转债发行及 600 亿元 A＋H 供股计划，资本金得到及时有效的补充，不仅满足了监管机构的要求，为业务发展奠定了坚实的基础，而且提升了规模竞争的优势。2010 年末，中国银行资产总额突破 10 万亿元，达到 10.46 万亿元，净资产约 6.8 万亿元，实现营业收入 2768 亿元，同比增长 19.2%；实现净利润 1097 亿元，同比增长 28.6%，高于市场预期；年末资本充足率达到 12.58%，核心资本充足率达到 10.09%，分别比 2009 年末提升 1.44 和 1.02 个百分点。2010 年，中国银行不断扩大存贷款规模，不断深化结构调整，大力拓展客户基础，持续扩大存款规模，年末存款总额 74832.54 亿元，同比增加 13.03%；贷款结构不断改善，交通、水利及电力等重点行业贷款在境内公司贷款中的占比较上年末上升 0.95 个百分点；客户结构进一步改善，BB 级及以上高评级客户和中小型客户贷款占比持续提升。中国银行紧紧抓住人民币国际化带来的业务机会，充分利用海外业务和国际业务上的竞争优势，在跨境贸易人民币结算和海外人民币业务上取得先发优势。2010 年末，中国银行海外资产和税后利润分别占集团的 21.46% 和 21.76%，业务范围覆盖中国香港、澳门、台湾以及31个国家和地区。无论海外资产占比还是利润贡献度、机构数量还是国家覆盖率均领先于国内同业，市场领先优势明显。

在2011年中国企业竞争力监测结果中，中国银行在金融行业的竞争力排名第2位，在全部1374家上市公司中的总排名为第40位，位居银行业首位，其基础竞争力得分0.7096，与第3名工商银行（0.6889）非常接近，中国银行竞争力提升的主要原因来自规模竞争力的提升，其规模竞争力得分0.6378。从计算竞争力总得分中所用到9个指标的标准得分绘制成的雷达图中可以看出（见图11-4），中国银行净资产规模较高，2010年净资产达6762亿元，而且海外业务的稳步发展，2010年中国银行港澳台及其他国家和地区实现税后利润238.71亿元，大幅提升了其营业收入和净利润。所以，2010年中国银行营业收入达2768亿元，同比增长19.2%，净利润达1097亿元，同比增长28.6%（见图11-5）。上述因素使得中国银行基础竞争力较强。

由于成功补充资本金1000亿元，2010年中国银行的规模竞争优势得到了巩固，同时也实现了业务规模和赢利水平的快速发展，但目前该行仍然面临需要加强稳定增长的问题，2010年其增长竞争力指数为-0.016，效率竞争力指数为0.0878，说明中国银行需要进一步提升其经营稳健性和持续增长的能力，同时也需要提升其总资产和净资产贡献率，实现规模和效益增长性的同步提升。

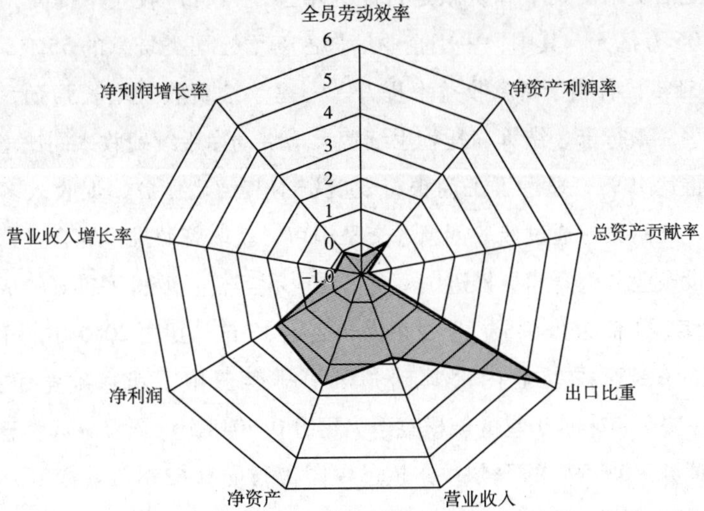

图11-4　中国银行竞争力得分雷达分布

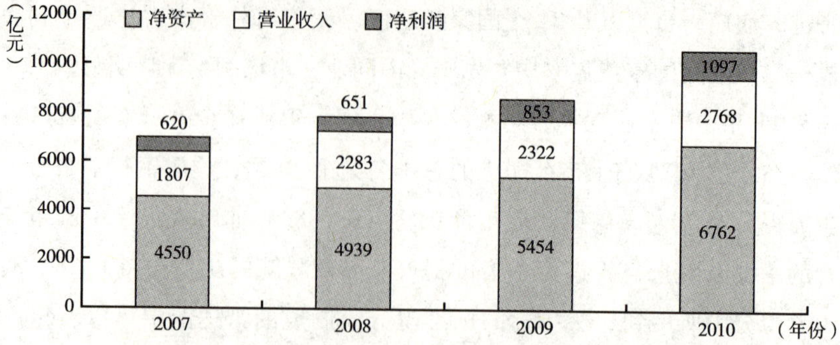

图 11-5 中国银行净资产、营业收入和净利润变化

(三) 工商银行

2010 年，工商银行实现净利润 1660.25 亿元，继续蝉联“中国最赚钱公司”称号。2010 年 8 月，工商银行成功发行 250 亿元 A 股可转债，用于补充附属资本，提升了规模竞争的优势。2010 年末，工商银行总资产达到 13.42 万亿元，同比增长 13.86%，其营业收入和净利润增长较快的主要原因在于：一是息差回升、手续费收入高增使得业绩高于预期，由于息差环比回升 6 个基点（1 个基点为万分之一）至 2.44%，净手续费收入同比增 32%，工商银行 2010 年赢利指标优异。二是信贷结构调整和贷款定价能力增强使得资产收益率提高，2010 年新增贷款 1.06 万亿元，其中，中小企业信贷占新增公司类贷款的 55%，小企业贷款增幅达 51%，有利于贷款收益率提升。三是手续费收入增长强劲，综合化经营稳步推进。银行卡、结算、托管手续费大增带动净手续费收入同比增长，占营业收入比重达 19%，显示了工商银行发展资本节约型业务、促收入多元化的策略；同时，工商银行通过业务创新、交叉销售、获取牌照推进综合经营，通过加大网点铺设及业务整合积极推进国际化、综合化经营，取得了良好的成效。

2011 年，工商银行在全行业竞争力排名第 45 位，比之 2010 年的第 199 位攀升较多，亦跻身金融行业内部基础竞争力排名三甲，其基础竞争力得分为 0.6889，主要贡献来自于它的规模竞争力得分 0.7048，这个得分远胜于金融业领头羊广发证券 -0.0598 的得分，亦超过中国银行的 0.6378，其竞争力得分雷达图如图 11-6 所示。2010 年，工商银行净资产超过 8200 亿元，高于中国银行 6762 亿元的净资产额；实现净利润 1660 亿元，净利润同比增长 28.4%，上涨幅度可观，高于中国银行 1097 亿元和中国人寿 338.11 亿元的净利润总额，更远非金融业竞争力排头兵广发证券的 41.98 亿元所能比拟；营业收入 3808 亿元，增长 23.0%，主要得益于生息资产规模持续增长和净利息收益率进一步回升的带动，这个业绩仅次于中国人寿 3887.91 亿元的营业收入额，中国银行与广发证券却是无法望其项背（见图 11－7）。

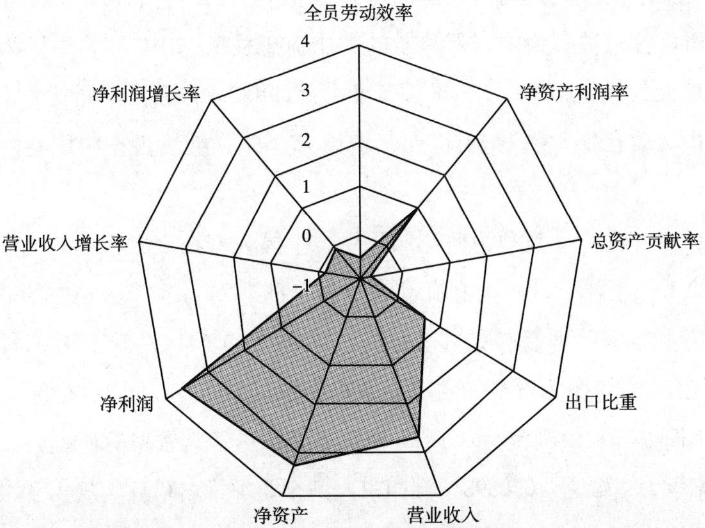

图 11－6　工商银行竞争力得分雷达分布

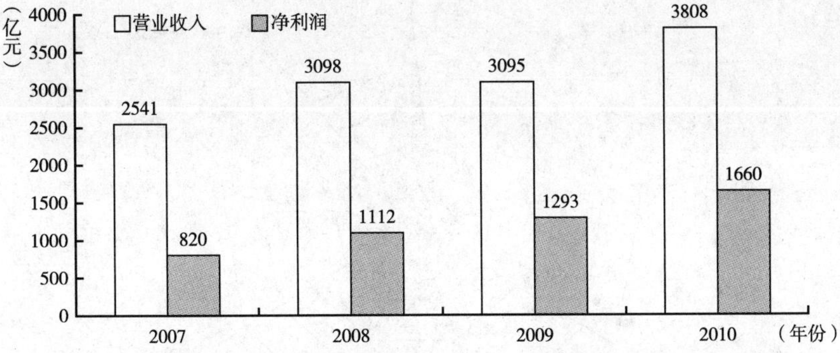

图 11－7　工商银行营业收入和净利润变化

尽管 2010 年工商银行依然取得了不俗的业绩，但其 2010 年增长竞争力指数为－0.0118，而效率竞争力指数为－0.0042，说明工行需要进一步提升经营效率和持续增长的稳定性。受制于紧缩环境及资本约束，工商银行应继续推进经营转型，以实现未来赢利增长的可持续性。

（四）中国人寿

中国人寿是国内最大的专业寿险公司，始终占据国内保险市场领导者的地位，总资产及净资产规模均占据国内寿险行业半壁江山，总市值更是位居全球上市寿险公司榜首，被誉为中国保险业的“中流砥柱”。2010 年，中国人寿总资产 14105.79 亿元，同比增长 15.0%；营业收入 3887.91 亿元，同比增长 13.7%；2010 年中国人寿已赚保费 3181 亿元，增长 15.6%，继续占据中国寿险市场主导地位。

在 2011 年中国企业竞争力监测结果中，中国人寿在金融行业的竞争力排名从 2010 年的第 1 位下降至 2011 年的第 4 位，在全部 1374 家上市公司中的总排名为第 62 位，但仍位居保险业首位，其基础竞争力指数 0.6414，低于第 3 名工商银行 0.0475，中国人寿竞争力下滑的主要原因在于其规模竞争力提升缓慢，为 0.5213，分别低于工商银行和中国银行 0.1835 和 0.1165，尽管其效率有所提升，但增长乏力，增长竞争力指数为 -0.0398，在四家典型企业中排名最后，规模和增长的因素成为其竞争力排名下降的主要原因。其竞争力得分雷达图如图 11 -8 所示。

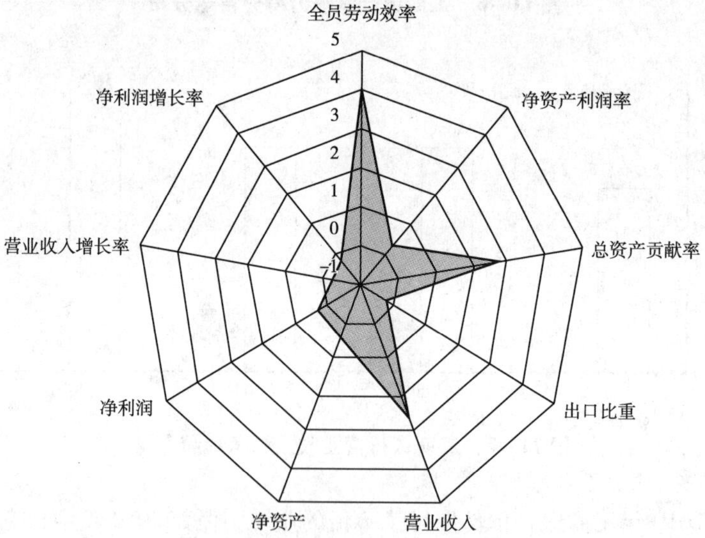

图 11 -8　中国人寿竞争力得分雷达分布

中国人寿代理人规模下降以及业务改善乏力导致保费收入放缓，2010 年，中国人寿营销员数量下降 9%，其个险渠道保单缴费期限普遍缩短，保费价值贡献缩水；而边际利润率较低的银保渠道仅贡献了 77.1% 的新保保费，同时银保总保费仅增长 3.5%，在量价均未能有所提升的情况下，导致其价值提升较慢，新业务价值增长仅为 5.5%。中国人寿近几年的净利润增长率和营业收入增长率下降较大，在保费结构调整中不如中国太保力度大，在首期保费增幅上也远落后于平安和太保。个人代理人数量持续减少，产能提升不尽合理，在激烈的市场竞争中尽管仍然保持市场领头者的位置，但市场份额在逐渐减少，规模竞争力的优势在逐渐缩减，中国人寿需要进一步巩固规模竞争力的优势，改善经营效率，提高赢利能力，实现稳健增长。

三　危机后的金融业发展与结构调整

从国际环境看，经济全球化深入发展，科技创新孕育新突破，国际金融危机影响深远，世界经济增长速度减缓，国际货币体系和金融监管面临改革与重构，国际金融监管合作将持续加强，我国作为新兴金融大国可以寻求更多发展和参与的机会。从国内环境看，我国仍处于可以大有作为的重要战略机遇期，工业化、信息化、城镇化、市场化、国际化深入发展，经济发展活力不断增强，中国经济将在较长时间内继续保持平稳快速发展态势。上述形势都将为中国金融业的发展和结构调整提供坚实的基础。

（一）全球经济与国际监管变革中的金融业发展

1. 全球经济金融形势走向

近年来，全球金融体系遭受了一系列冲击，先后呈现由私人债务危机、银行业危机、主权危机到政治危机的多元化演进（见表 11－5）。在过去几个月里，全球金融稳定风险大幅上升，疲软的增长前景、紧张的公共财政，以及捉襟见肘的财政及货币政策措施使欧洲主权债务危机进一步发展到一个更具政治风险的阶段。

在此背景下，金融动荡和财政紧缩两大途径已经对全球经济形成了双重冲击。世界经济下行风险加剧，欧债危机短期难有好转迹象。2011 年上半年，全球

表 11－5　近年来危机发展的主要阶段

危机类型	发展情况
私人债务危机	• 次贷危机爆发于美国金融业
银行业危机	• 系统性银行危机由美国传递至欧洲
主权危机	• 欧元区边缘国家的主权债务问题 • 核心发达经济体的中期债务负担
政治危机	• 在财政整顿和调整方面难以达成政治共识

资料来源：IMF《全球金融稳定报告》，2011 年 9 月。

经济增速明显放缓，美国、日本和欧元区的波动较大；中国、印度和巴西等新兴经济体的增速也逐步降温，但表现相对稳定（见表 11－6）。近期，欧元区外围国家出现新的市场动荡，美国的主权信用遭降级，欧元区各主要成员国经济增长放缓，经济下行压力增加，全球经济有诸多减速迹象。考虑到私营部门需求疲软、主权债务和银行业危机、日本大地震灾难以及中东的动乱给世界经济带来的不利影响，2011 年 9 月，国际货币基金组织（IMF）大幅调减了对世界经济增长前景的预期，将其对 2011 年和 2012 年全球经济增速的预期减至 4.0%，并认为全球经济已经进入“一个危险的新时期”，复苏速度较几个月前的预期要缓慢得多，西方经济体可能再度陷入衰退状态，这将严重冲击世界其他国家。与此同时，全球通胀压力持续上行，下半年也难以有效减小。而且由于政治风险的严重干扰，欧洲债务危机和美国财政政策前景产生了很大的不确定性，从而导致市场信心的骤降和二次探底风险有所上升。

表 11－6　全球主要经济体 GDP 增速

单位：%

	2010 年	2011 年 Q1	2011 年 Q2
全　球	5.0		
美　国	3.0	0.4	1.3
欧元区	1.8	2.4	1.6
日　本	3.9	－3.6	－2.1
中　国	10.4	9.7	9.5
印　度	10.4	7.8	7.7
巴　西	7.5	4.2	3.1

资料来源：IMF，2011 年 9 月。

2. 主权债务危机对欧美银行业的冲击

主权压力可能重新引发银行体系与实体经济之间的负反馈循环。2011 年 8 月份以来，在主权债务危机持续恶化的影响下，欧洲乃至全球金融市场剧烈无序波动，接近“次贷危机”级别。股市方面，截至 2011 年 9 月 28 日，欧洲道琼斯 50 指数、英国 FTSE100 指数、法国巴黎 CAC40 指数和德国法兰克福 DAX 指数相对于 7 月的收益率分别为 -17%、-14%、-25% 和 -25%，其中银行业市值损失 20% ~50%。欧洲银行业流动性匮乏形势严峻，但整体风险目前低于“次贷危机”时期，2011 年 8 月以来，欧元区的 LIBOR - OIS 利差直线飙升，显示银行间拆借的意愿急剧恶化，2011 年 9 月欧元区 LIBOR - OIS 平均利差为 79.1 个基点，最高接近 90 个基点，而 2011 年 1 ~7 月欧元区 LIBOR - OIS 的平均利差为 25.5 个基点。市场实际利率明显上升，虽然尚未导致全面的信贷紧缩，但存在信贷紧缩趋势。欧洲银行业是对美国和亚洲借贷额最大的外资银行。如果欧洲发生严重的信贷紧缩，美国和亚洲所受的影响将不可忽视。目前，欧洲银行业需要大规模增资，否则欧洲债务危机可能会向欧元区核心国家扩散，甚至引发“流动性危机”。根据 IMF 测算，欧洲银行业需增资 2000 亿欧元（约合 2778 亿美元），而债务是否具有可持续性的问题已经扩散到了意大利、西班牙甚至是法国这些核心国家，法国和西班牙等国家未来评级调降的风险增加，欧洲经济衰退和债务危机恶化的风险加剧，法国一些金融机构经营状况存在进一步衰退的风险，未来风险值得密切关注。

3. 国际金融监管改革及其对金融业的影响

近年来，国际金融监管体系出现重大调整，统一监管、宏观趋广、微观从严的趋势日渐明显。金融监管改革对金融业的影响主要体现在以下几方面：首先，巴塞尔协议Ⅲ的实施，提高了对全球银行业资本充足率的要求。瑞银预测显示，2012 年全球银行业的资本充足率将下降约 1.7 个百分点，日本、欧洲、美国银行业的资本充足率下降幅度最大，分别为 3.0%、2.3% 和 1.9%（见图 11 -9）。巴克莱银行的分析认为欧洲和美国银行业受到的冲击最大，资本充足率约下降 3% ~6%，日本银行业的资本充足率将下降 1.6% ~2.8%。总体而言，资本充足率监管新规对欧洲、美国和日本银行业的影响最大，而对新兴市场国家的影响较小。其次，资本充足率新规、大量债务等因素导致了全球银行业融资需求明显上升。根据瑞银（2010）估算，在核心一级资本充足率为 6% 的前提下，2012 年底，全球银行业需补充1292亿美元资本，其中，欧洲、日本、美国和新兴市场国家分别需补充645亿、624亿、12亿和10亿美元资本。与此同时，全球银行业资产负债规模快速扩张和融资较多依赖短期批发融资市场，也推动了银行业的再融资需求。穆迪统计显示，2005～2009年期间，全球银行业平均债务期限从7.2年缩短到4.7年，2009～2015年，全球银行业到期债务规模达9.5万亿美元，其中，欧元区4.3万亿美元，美国2万亿美元，英国0.8万亿美元（见表11－7）。而融资模式从依赖短期批发融资向发行长期债券融资和吸收存款转变，以及主权债务不断恶化引发市场对银行业的担忧，都将推高银行的融资成本。再次，具有系统重要性的大银行是此次监管改革的焦点。以美国为例，新法案要求

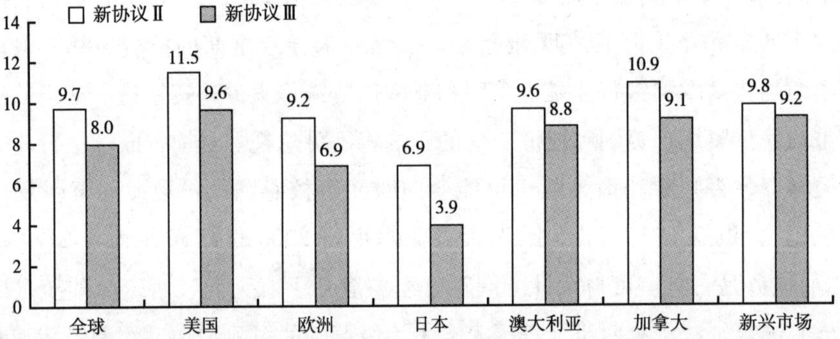

图11－9　巴塞尔协议Ⅲ前后各国银行业核心资本充足率变化

资料来源：瑞银报告，2010年。

表11－7　2009～2015年银行业债务到期规模

单位：亿美元

	美国	英国	欧元区	其他	全球
2009	4730	1403	7821	3563	17517
2010	3330	1470	8775	4257	17832
2011	3470	1926	7716	4551	17663
2012	3550	1694	7144	3077	15465
2013	1910	861	4170	2530	9471
2014	1900	753	4192	2322	9167
2015	1150	366	3374	1246	6136
总计	20040	8473	43192	21546	95231

资料来源：穆迪数据，2010年。

美联储应对受其监管的、且表资产大于500亿美元的银行控股公司和非银行金融机构制定一套审慎监管标准，根据预测，上述改革措施可能导致美国大型银行2013年利润缩水5%~20%。此外，监管改革也重点对影子金融系统加强监管，并对银行涉入影子金融系统的深度予以限制。综上所述，新的监管要求在强化银行经营稳定性和风险抵御能力的同时，也对银行赢利能力和发展潜力提出了挑战，其推动银行向传统业务回归的同时，也迫使银行从外延扩张转向内涵增长，使资本节约的中间业务和拥有稳定资金来源的存款业务成为新的争夺焦点。

（二）中国金融业竞争力发展与结构调整

1. 中国金融竞争力在全球分布格局中的结构调整

从中国金融竞争力情况看，中国金融竞争力日益提升，中国对国际金融市场的参与程度不断提升。第一，中国国内债券市场余额在全球国内债券市场位居第五，占比有所提高。截至2010年6月末，中国国内债券市场余额为2.8万亿美元，较2009年末增长10.8%，占全球国内债券市场余额的4.5%，较2009年末上升0.5个百分点。第二，中国股票市场融资规模的全球占比明显提高。沪深证券交易所总市值为4.03万亿美元，占全球股票市场市值的7.3%；股票成交金额为8.07万亿美元，占2010年全球证券交易所股票成交金额的12.8%。2010年，中国A股市场合计融资1.03万亿元，融资额约占全球股票市场融资额的14.9%，同比提高7.2个百分点。第三，中国期货市场一些品种的交易量全球排名居于前列。2010年，上海期货交易所锌、橡胶期货的交易量位居世界第一，铜、铝期货的成交量继续位居世界第二；大连商品交易所豆油期货的成交量继续位居世界第一；郑州商品交易所白糖期货的成交量保持世界第一，棉花和早籼稻期货的成交量世界第一，小麦期货的成交量位居世界第三。第四，2010年上海黄金交易所黄金的日均成交量相当于伦敦金银市场协会的4.4%，上海期货交易所黄金期货累计成交3397吨，成交量位居世界第四。从金融市场角度来看，中国国际金融中心的竞争力也在不断增强。根据全球首份国际金融中心发展指数的排名，纽约位居全球之首，香港居第4位，上海则凭借成长发展要素等指标位列第8位。

从货币国际化角度看，人民币的国际化进程明显提速：一是推动人民币跨境结算，2010年跨境人民币结算额达4000多亿元，2011年上半年，银行累计办理跨境贸易人民币结算9575.7亿元，同比增长13.3倍。二是拓宽人民币回流渠道，截至2011年4月末，境外人民币债券发行总额已达700亿元，2010年8月，我国允许相关境外机构进入中国银行间债券市场投资试点，以其开展央行货币合作、跨境贸易和投资人民币业务获得的人民币资金投资银行间债券市场。三是逐步放开人民币与新兴市场货币的自由兑换，银行间外汇市场开办人民币对马来西亚林吉特交易，俄罗斯卢布也已在国内外汇市场正式挂牌。四是加快香港人民币离岸中心建设，2010年，香港办理的跨境人民币贸易结算额占跨境人民币贸易结算总额的73%；2011年上半年，香港跨境人民币贸易结算占比进一步提升至84%。截至2011年6月，香港人民币存款总额达到5536亿元，比2010年初增长近6倍。

2. 银行业经营结构显著改善，整体实力稳步提升

近年来，中国商业银行的业务范围不断延伸，经营结构显著改善，整体实力稳步提升。中国银行业建立了集约型、可持续的赢利增长模式，从2003年到2010年，中国银行业以年均19.5%的资产增长和18.3%的贷款增长实现了72.9%的利润增长。2011年上半年，16家上市银行共计实现归属于母公司净利润4611亿元，同比增长34.3%。2010年度入围英国《银行家》杂志榜单的中资银行的一级资本仅占世界1000家大银行总额的8.9%，但税前利润占比高达25%。在收入结构方面，非利息收入占营业收入的比重稳步提高，2011年上半年，16家上市银行共计实现手续费及佣金收入2187亿元，贡献了净利润增长的1/3。

在业务结构方面，2011年，受利率上调、资金与信贷收紧、房地产市场调控、中央企业增缴利润和企业赢利增速趋缓等因素影响，银行的传统存贷业务在2011年名义稳健实际从紧的货币政策下并没有太多的发挥空间，信贷业务温和增长，2011年6月末，16家上市银行贷款总额达到36.2万亿元，较2010年末增长8.6%，贷款增速同比回落；各家银行在上半年都明显加大了吸存的力度，存款增速快于贷款增速；理财产品蓬勃发展，对存款增长形成了良好的补充，6月末理财产品资金余额为3.57万亿元，相当于同期存款余额78.6万亿元的4.5%。

在国际化、综合化经营方面，到2010年底，5家大型银行在亚洲、欧洲、美洲、非洲和大洋洲共设有89家一级境外营业机构，收购或参股10家境外机构；6 家股份制银行在境外设立 5 家分行、5 家代表处；2 家城市商业银行在境外设立了 2 家代表处，业务范围涵盖商业银行、投资银行、保险等多种金融服务领域，我国银行业利用境内外两个市场、两种资源的能力进一步提升。与此同时，商业银行投资基金公司、金融租赁公司、信托公司、保险公司相继开闸。尽管到目前为止，我国金融市场中间接融资比例仍然占据着绝对优势，但是随着多层次资本市场的发展，直接融资渠道的进一步拓宽，可以预见企业直接融资比例必将不断提升。商业银行必须顺应银行客户“脱媒”的大趋势，依托自身的客户和资金优势，拓展横跨商业银行与资本市场两个领域的业务，实现客户“脱媒”不“脱行”，通过综合经营实现更大的发展。

3. 保险业以调整业务结构为主线，偿付能力不断提高

调整业务结构、转变发展方式，是近年来我国保险业面临的重要课题。2010 年，全国保险业保费收入达到 1.45 万亿元，是 2005 年的 2.7 倍，总资产突破 5 万亿元，是 2005 年的 3.2 倍。保险业成为我国国民经济发展最快的行业之一，我国成为全球最重要的新兴保险大国。保监会披露的数据显示，2011 年上半年，全国实现保费收入 8056.6 亿元，同比增长 13%。其中，财产险业务保费收入 2359.6 亿元，同比增长 16.9%；人身险业务保费收入 5697 亿元，同比增长 11.4%。保险公司赔付支出 1959 亿元，同比增长 33%。截至 6 月末，保险公司总资产 5.75 万亿元，较年初增长 7.1%。业务结构出现积极变化。从产品看，财产险业务中，在车险业务增速明显放缓的情况下，非车险继续保持均衡较快发展态势，增速比车险业务高 11 个百分点，占财产险业务比重提高 1.8 个百分点。人身险业务中，受结构调整政策导向和新会计准则统计口径变化的影响，万能险和投连险业务占比由上年同期的 10.7% 下降至 0.8%。新单 10 年期期交保费收入同比增长 18.7%，增速高出人身险业务 7.3 个百分点。从渠道看，主要人身险公司普遍出现了个险渠道发展速度快于银保渠道、对保费增量贡献大于银保渠道的现象。个人代理业务占比 43%，同比上升 2.7 个百分点。电话销售、网络销售、相互代理等新型渠道发展较快，在形成一定保费规模的同时，业务质量稳步提升。从区域看，中西部地区保险业务发展明显加快。目前，保险业全行业偿付能力总体保持充足，行业整体偿付能力水平明显提升，财务状况总体保持稳健。新华人寿增资 140 亿元，偿付能力多年不达标问题得到解决。华安产险发行 8 亿元次级债，偿付能力重新达标。截至一季度末，偿付能力不达标公司降至5家，不达标公司资产总量占比由2010年底的7%降至0.7%。截至6月末，保险公司资金运用余额5.3万亿元，较年初增长12.6%。保险机构适应外部形势的变化，适度调减基金投资，增加银行存款和长期股权投资，资产配置趋于稳健。

4. 佣金规范和创新业务促进证券行业健康发展

2011年上半年，证券行业（所有106家证券公司，包括未上市证券公司）共实现营业收入751亿元，比2010年同期增长2.7%；累计实现净利润261亿元，比2010年下滑10.9%。从各项业务收入来看，经纪业务收入下滑15.1%，其他业务营业收入均同比增加（见表11－8）。投行业务收入同比增加14.7%，其中，IPO同比下滑，增发增长迅速；自营业务收入受市场震荡走势影响，券商自营业绩分化；资产管理业务增长比较迅速，但是总体规模仍然偏小，目前总规模只有1370亿元，相对于公募基金2.36万亿元的规模，只占其规模的5.8%；“转常规”与“转融通”催化融资融券业务，自2010年3月份运行以来增长迅速，融资融券运行16个月之后突破300亿元。从目前行业的收入结构来看，经纪业务依然是券商业绩表现的关键，收入贡献占比达到60%左右。而随着佣金管理新规的出台，佣金率急剧下降态势有望趋于缓和。另一方面，创业板的开闸成就了2010年券商投行业务的快速发展，部分专注于中小项目的券商，如宏源

表11－8　2009～2011年证券行业的主要经营指标

单位：亿元

	2009	2010	2010H	2011H	2011H同比(%)
总资产	20300	19700	18000	16700	－7.2
净资产	4839	5664	5053	5809	15.0
净资本	3832	4319	3942	4537	15.1
受托管理资金本金	1483	1866	1756	2487	41.6
营业收入	2050	1911	731	751	2.7
经纪业务	1419	1085	483	410	－15.1
投行业务	152	272	116	133	14.7
资产管理业务	16	22	8	9	12.5
自营业务	232	207	4	69	1625.0
累计实现净利润	933	776	293	261	－10.9
ROE(%)	19.3	13.7	5.8	4.5	

资料来源：证券业协会网站。

证券，投行业务市占率大幅提升，对收入贡献跃升至16%，成为重要的收入来源。同时创新业务开闸，未来将成为重要的收入来源。从国外经验来看，股指期货与融资融券业务一直都是券商重要的收入来源，未来随着国内衍生品种类的增加、“转融通”等配套措施的完善，在股指期货以及融资融券业务市场占有率较高的券商将明显受益，部分券商，如海通证券，创新业务对业绩的提升幅度有望达到15%以上，证券行业正在保持稳步健康发展。

5. 依托信托业制度优势，实现业务模式的优化调整

从信托投资领域角度看，信托可以横跨资本市场、货币市场和产业市场，而银行、证券公司、保险公司所能够配置的资源仅限于货币资金。信托公司可以根据项目需要把信托财产配置到包括金融产品、收益权、艺术品在内更广泛的投资领域。由于信托触角极为广泛，信托在满足社会需求方面的广泛适应性与灵活性更是给信托业务赋予了极大的竞争优势，因此通过信托制度可以有效整合社会中不同经济服务供给与经济服务需求，为传统社会金融服务提供有效的补充，提升社会资金使用效率。自2006年以来，凭借信托制度优势、广阔的投资领域和强大的金融平台优势，中国信托行业得到快速发展。信托业管理资产规模高速扩张，规模从2006年的3000多亿元扩张到2010年的3万亿元，增长7.69倍（见图11－10）；信托资产规模占GDP的比重由2006年的1.7%，增长到2010年的7.6%，占比呈现逐年上升之势。在信托产品数量上面，2006年全行业共发行534只信托产品，发行规模达到400亿元；而到2010年全行业发行2566只信托产品，发行规模达到2800亿元。从行业整体赢利情况来看，2006年行业整体净

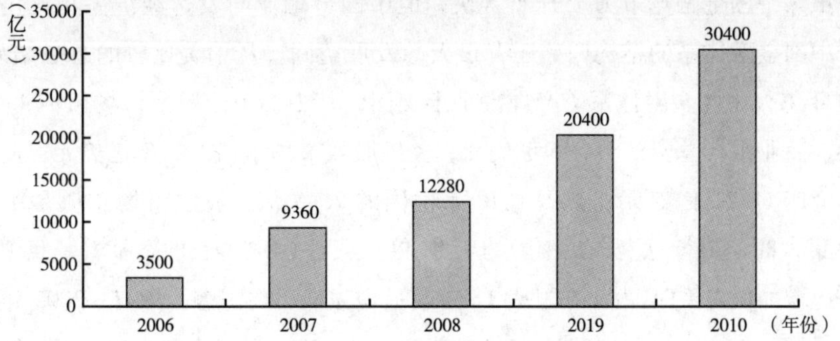

图11－10　2006～2010年信托资产规模

资料来源：中国信托业协会。

利润为42亿元，至2010年行业整体净利润达到162亿元，增长2.9倍；56家信托公司实现赢利，全行业在“十一五”期间累计实现净利润560.80亿元，赢利水平大幅提升。截至2010年底，前10家信托公司信托资产规模占行业总规模的48.78%，净利润超过1亿元的信托公司有43家，净资产超过10亿元的信托公司达42家，行业发展整体向好。

国际金融危机后，信托公司业务模式逐步回归信托主业，积极探索自主管理和业务创新。截至2010年底，全行业信托业务收入占总收入比重上升为58.76%，首次超过固有业务收入，成为主要的收入来源，收入结构日趋合理；2010年，主动管理类信托业务平均规模占信托业务总规模的49.12%，主动管理类信托业务规模增长率105.61%（信托总规模增长率48.01%），增速较快。自2010年银监会发布《信托公司净资本管理办法（征求意见稿）》后，信托行业正式进入净资本管理时代，信托公司无法再无限制做大信托资产规模，在开展信托业务时，必须考虑各种信托资产的风险系数及其收益特征。未来信托行业将主要建立在资产管理信托和主动管理型融资、投资类信托业务上。与之相应，近期信托公司QDII业务顺利起航，REITS业务也正积极参与，在加强对信托公司股指期货、伞形信托、TOF、PE子公司设立等创新产品、创新制度研究的基础上，银监会已批准部分信托公司进行业务创新试点。可以预见，在新形势下，可持续发展的创新业务将决定着信托业的未来。

（三）加大结构调整力度，提高金融业竞争力

虽然中国金融竞争力上升非常快，但中国金融业与发达经济体相比仍较滞后，中国金融体系的结构调整还有很大的发展空间。从中美比较的总量结果看，2010年末，中国金融体系资产规模小于美国，其中，中国股票市场市值4.03亿美元，商业银行总资产10.36亿美元，美国股票市场市值17.28亿美元，商业银行总资产11.71亿美元；美国GDP是中国的2.45倍，股票市场总值是中国的4.29倍，商业银行总资产是中国的1.13倍。从对GDP增长的贡献看，我国金融服务业增加值对GDP占比在过去15年间呈现先低后高态势，1997~2005年间由4.6%降至3.3%；2005~2010年间则回升至5.2%。由于金融业相对于传统产业拥有更高的利润率，发达国家金融业处于优先发展系列，美国等发达国家该比例基本在8%左右，总体来看，我国金融服务行业未来仍有较大发展空间。就金融

业内部结构而言，中国金融体系是银行主导型，银行配置资源占到80%左右，非银行配置资源仅占20%左右，而发达国家的金融体系是一个资本市场主导型。此外，中国金融市场产品结构有待优化，相关制度性、基础性建设亦需尽快完善：在股票市场方面，2010年末，国内股票市场流通市值仅为19.3万亿元，股票市场诸如新股发行市场化等制度性、基础性问题尚未完全破解；在债券市场方面，2010年，国内可转债和公司债发行规模仅为1320亿元，债券市场券种结构不够丰富，且交易所债券市场与银行间债券市场长期分割运行，债券评级体系亟待完善；在证券投资基金方面，2010年末，证券投资基金共704只，资产净值为2.42万亿元，基金市场组织制度不够完善，信息披露制度存在缺陷，缺乏有效基金评估体系；而衍生品市场起步较晚，规模较小，产品种类也不多。

1. 推动金融子行业间的结构调整，构筑多元均衡的金融产业体系

虽然在目前金融模式下，传统的银行业务仍然占据主角，但是金融服务业的发展速度已经远远超过了传统的银行业务，在过去5年间，从行业资产的规模增速来看，银行增速为21%，保险为27%，券商为54%，信托为80%，而租赁达到了243%的增速。政府对于金融服务业发展的松绑是金融服务业近几年能够保持如此快速增长的最核心原因。即便经过了过去几年的快速增长，直接融资在社会融资总量的占比从2002年的4.6%快速上升到2010年的12.5%，占比上升了7.9个百分点，但参考国外成熟市场，社会融资渠道三分天下，信贷、租赁、证券（股票、债券、基金、信托等）分别占50%、30%、20%的比例，而目前国内融资主体仍然主要依靠银行信贷模式，未来，信托、租赁、证券等其他融资模式发展潜力巨大。中国经济增长过于依赖银行间接融资体系这种融资结构已难以为继，伴随着信用体系的继续完善，预计将有更多的大型企业从贷款融资方式转向债权融资方式，进而持续扩大企业债权融资规模。与此同时，尽管大型企业股权融资高峰已过，但是国家对中小型企业的不断扶植也将导致中小型企业股权融资规模不断扩大。目前，“十二五”规划中明确提出要显著提高直接融资比例，所以未来非银行金融的发展应该会远远超过传统金融业。

2. 加快金融创新力度，实现金融资产扩容与结构调整并行

受2006~2007年股票大幅上涨、2009年人民币存款超常规增长的影响，1999~2010年中国基础金融资产（人民币存款、政府债券、企业债券、股票）复合增长率高达20.8%，今后，基础金融资产将难以维持20%以上的增长高度，人民币存款在基础金融资产中的占比将基本保持稳定。未来，衍生金融资产和资产证券化将是金融资产扩容的最主要来源。股指期货、股指期权、备兑权证是近期最有发展潜力的衍生金融资产。从国际经验看，股指期货和股指期权交易量均呈现超过股票交易额的复合增长率。目前，国内仅有一只股指期货品种，随着国内股指期货品种的不断增加，预计股指期货和股指期权的交易量将保持高速增长。作为国际上重要的衍生金融资产，备兑权证也保持着较高的增长速度，受到国内制度限制，目前备兑权证在国内尚未推出，一旦备兑权证制度性障碍扫除，预计备兑权证的规模将出现爆发式增长。资产证券化也拥有巨大发展潜力，资产证券化可把信用风险和流动性转移出银行体系并在金融市场重新分配，同时也为银行发展中间业务开辟了途径，有利于促进银行经营综合化，推动债券市场的发展，保证整个金融体系的稳定。理财产品也是金融创新的重点领域，理财产品规模从 2006 年的 3.3 万亿元大幅提升至 2010 年的 13.3 万亿元，理财产品规模与基础金融资产规模的比例也从 2006 年的 6.5% 快速提升至 2010 年的 11.2%。随着理财产品品种不断丰富和投资者理财需求的不断发现，理财产品规模将保持快速增长。受到中国证监会逐步放松集合理财产品监管政策和引导金融衍生品种发展的正面推动，预计集合理财产品、信托资产规模、银行理财产品有望获得更快的增长速度。

3. 顺应投资体系变革，实现经营结构和赢利模式转变

中国投融资体系的金融脱媒和扩容趋势对金融子行业的影响有所不同。银行业受损程度将较为有限，目前，银行在企业债券承销中的市场份额超过 65%，也是债券市场的最主要投资者，商业银行在大型企业贷款中的损失绝大部分可通过承销债券和购买债券来弥补。此外，银行还可以提升中小企业、零售客户信贷的占比，从客户结构调整中获得银行贷款持续增长的机会；银行将凭借销售渠道在资产管理业务领域获得快速发展。保险业将受益于金融资产扩容，目前，企业债券在基础金融资产中的占比仍然极低，资产证券化亟待发展，企业债券规模扩容和资产证券化扩容有助于保险公司通过资产配置比例调整提升长期投资收益率，进而提升内涵价值和新业务价值。信托公司依托其无可比拟的牌照优势将获得持续规模增长，不同于其他金融机构，信托公司既可以是产品提供者，也可以是通道提供者，这使得信托公司始终可以紧跟投资者需求的变化，使其规模呈现持续增长的趋势。证券业是投融资体系变革的最大受益者，将直接受益于直接融资在融资体系中占比的逐步上升和衍生金融资产的发展，证券业不仅将在企业债券承销和股票承销方面获益，而且将从股指期货、股指期权的交易量增长中获益。在加强趋势分析和研究的基础上，我国金融业应顺应外部形势变化，积极调整经营结构，加快转变发展方向，实现两个转变：一是从高资本占用型业务向低资本占用型业务转变，加快形成资本节约型的业务发展模式，以适应国际国内金融监管改革的挑战；二是从传统的融资中介向全能型服务中介转变，改变信贷占比、存贷款利差收入占比过高的状况，加快形成多元化的赢利增长格局，以适应利率市场化的改革和资本市场直接融资改革加快推进的新趋势。

B.13
文化产业企业竞争力分析

杨维富

2004年，国家统计局发布了《文化及相关产业分类》，并开始作为国家统计标准颁布实施。根据这一标准，文化及相关产业（简称文化产业）被界定为“为社会公众提供文化、娱乐产品和服务的活动，以及与这些活动有关联的活动的集合”。为反映党中央关于文化建设和文化体制改革的要求，《文化产业分类》可以划分为文化产业核心层、文化产业外围层和相关文化产业层。文化产业核心层主要包括：新闻服务，出版发行和版权服务，广播、电视、电影服务，文化艺术服务。

当前我国文化产业已经初具规模，但文化企业弱小，相对于国外大型文化集团竞争力不足的本质并没有根本改变。继2009年出台《文化产业振兴规划》之后，2010年十七届五中全会在中共中央“十二五”规划建议中，首次引人注目地将文化产业定位为“推动文化产业成为国民经济的支柱性产业”，文化产业正式被列入国家战略之中。本文分析了2010年我国文化产业的发展状况和运行态势，以及沪、深证券交易所上市的文化传播类公司的经营情况。

一　2010年文化产业的总体运行态势

（一）2010年我国文化产业总体发展状况

2010年，我国文化产业继续保持平稳快速发展。根据国家统计局数据，2010年我国文化产业法人单位增加值达到11052亿元，比上年增长31.6%。2004年以来，我国文化产业快速发展。2004～2008年间，文化产业法人单位增加值年均增长23.3%，高于同期现价GDP年均增长速度近5个百分点；2008～2010年间，文化产业法人单位增加值年均增长24.2%，继续较大幅度高于同期

GDP 的现价年均增长速度。

从分单位类型看，我国文化服务提供单位增长速度最快。2010 年，文化产品制造单位实现增加值 4391 亿元，比上年增长 23.5%；文化产品销售单位实现增加值 638 亿元，增长 22.2%；文化服务提供单位实现增加值 5937 亿元，增长 27.9%。

我国文化产业增加值在国内生产总值中的比重稳步提高。2010 年，文化产业法人单位增加值占国内生产总值的比重为 2.75%，比上年提高 0.18 个百分点，比 2004 年提高 0.81 个百分点。

我国文化产业的结构不断优化，文化服务业增加值占文化产业法人单位增加值大幅度增加。2010 年，文化服务提供单位的增加值占文化产业法人单位增加值的 53.7%，比 2004 年增加 13.7 个百分点；而文化产品制造单位、文化产品销售单位的增加值占文化产业法人单位增加值的 39.7% 和 5.8%，比 2004 年分别下降 8.0 和 4.8 个百分点。

（二）2010 年我国文化产业主要行业发展情况

“十一五”期间，我国文化产业发展和公共文化服务体系建设进入快速、稳定的重要发展期，文化产业成为新的增长极，文化产业异军突起，部分指标已经位居世界前列。

经营性出版业改革工作进展顺利，出版产业发展规模进一步扩大。2010 年，出版各类报纸 448 亿份，各类期刊 32 亿册，图书 74 亿册（张）。全国出版图书、期刊、报纸总印张为 2935.41 亿印张，折合用纸量 679.11 万吨，与上年相比用纸量增长 8.67%。其中：书籍用纸占总量的 11.62%，课本用纸占总量的 9.36%，图片用纸占总量的 0.01%；期刊用纸占总量的 6.26%；报纸用纸占总量的 72.75%。

版权贸易进一步优化，版权出口量保持增长趋势。2010 年，全国共引进出版物版权 16602 种，其中图书 13724 种，录音制品 439 种，录像制品 356 种，电子出版物 49 种，软件 304 种，电影 284 种，电视节目 1446 种。2010 年，全国共输出出版物版权 5691 种，其中图书 3880 种，录音制品 36 种，录像制品 8 种，电子出版物 187 种，电视节目 1561 种，其他 19 种。

中国电影产业新一轮影院建设出现高潮，国产电影整体品质不断提升。

2010年，全国故事片生产总量526部，创历史新高，增长幅度达到28.5%，产量已经接近美国电影，居全球前三。全国新增影院313家，新增银幕数1533块，平均每天新增4.2块银幕，银幕年均增长率达到32.5%，为近8年最高水平。①

有线电视用户逐步增多，电视剧生产更加满足人们生活要求。2010年，有线电视用户18730万户，有线数字电视用户8798万户，分别增加5858万户和8401万户；年末广播节目综合人口覆盖率为96.8%，提高2.3个百分点；电视节目综合人口覆盖率为97.6%，提高1.8个百分点。2010年，共生产电视剧436部14685集，动画电视221456分钟；生产故事影片526部，科教、纪录、动画和特种影片95部。

文化事业发展迅速，公共服务体系开始逐步完善。2010年底，全国共有公共图书馆2860个，比2005年底增加98个；文化馆3258个，增加479个。

（三）2010年文化类上市公司的总体经营情况

2010年，我国文化类上市公司总体经营情况保持良好，上市公司规模进一步扩大。当年，上年规模最大企业中信国安由于某种原因已经退市，新进入证券文化传播业名录的企业是中文传媒（600373.SH）和中南传媒（601098.SH），文化类上市公司企业数量增加到14个。截至2010年末，我国文化类上市公司总股本达到92.96亿股，比2009年同比增长了17.75%。总市值达到1184.56亿元，比2009年同比增长30.36%。在14家上市公司当中，中南传媒（601098.SH）的市值规模最大，2010年年末达到215.16亿元；皖新传媒（601801.SH）市值规模排名第二，总市值达到137.68亿元。而市值规模最小的S*ST万鸿（600681.SH）总市值仅为9.20亿元。产业中市值规模最大差距相差206亿元，虽然与上年相比企业规模差距处于下降趋势，但我国文化企业的发展差距仍旧较大，产业资源正在逐步向优势企业聚集，企业间良性竞争环境正在形成。

2010年，14家文化类上市公司总资产达到583.76亿元，同比增长9.07%。

① 尹鸿、程文：《2010年中国电影产业备忘》，载于《2010中国文化产业发展报告》，社会科学文献出版社，2010。

资产总规模最大的电广传媒（000917. SZ）年末资产总额为115. 84 亿元，同比增长7. 08%，由上年的排名第二上升为2010年排名第一。而中南传媒（601098. SH）总资产97. 30 亿元，排名第二。S＊ST万鸿（600681. SH）资产总规模仅为0. 41 亿元。产业资产规模最大差距为115. 43 亿元，与上年相比资产规模差距进一步拉大，产业资源分配较为集中。另一方面，14 家上市公司负债总额达到238. 36 亿元。其中，电广传媒（000917. SZ）负债规模最大，达到76. 92 亿元，同比增长18. 88；歌华有线（600037. SH）负债总额排名第二，达到38. 65 亿元，同比下降4%。总体来看，2010 年14 家上市公司资产增长规模略高于负债增长规模，表明产业发展仍旧呈现健康稳健态势。

从经营情况来看，2010 年14 家上市公司总体经营良好。除S＊ST聚友（000693. SZ）和S＊ST万鸿（600681. SH）的年度资产负债率分别为125. 81% 和1199. 64%，存在较大的财务风险外，其他上市公司的资产负债情况较为良好，平均资产负债率为40. 83%，财务经营稳健。2010 年，14 家上市公司经营总收入达到291. 46 亿元，同比增长51. 43%。其中，电广传媒（000917. SZ）经营收入最高，达到61. 91 亿元。从营业利润来看，2010 年产业营业利润总额达到35. 45 亿元，其中，中南传媒（601098. SH）当年营业利润总额最高为6. 01 亿元，占全部上市公司营业利润总额的16. 96%，与上年中信国安所占比重29% 相比，文化产业利润集中度有所下降，产业竞争更趋于合理化。

总体看来，文化产业在资产构成上具有一定的独特性，即实物资产在企业的资产构成中的占比比传统产业要小，而无形资产比重相对较大，表现出一定的轻资产特点。我国文化企业在文化产品的附加价值创造方面明显不足，是造成文化企业竞争力落后于国外大型文化集团的主要原因。

（四）2010 年按行业分企业经营情况分析

按证监会的上市公司行业分类标准，目前我国14 家文化类上市公司分属于出版业，广播电影电视业，书、报、杂志、资料出版业，信息传播服务业和其他传播、文化产业等五类。其中，出版业包括4 家上市公司，所属企业数量最多；其次是广播电影电视业，信息传播服务业和其他传播、文化产业均包括3 家上市公司；书、报、杂志、资料出版业所属上市公司数量最少，仅中南传媒（601098. SH）1 家（见表12－1）。

表 12－1　2010 年按行业分文化类上市公司数量情况

类　型	出版业	广播电影电视业	书、报、杂志、资料出版业	信息传播服务业	其他传播、文化产业
上市公司数量	4	3	1	3	3

从上市公司总股本数量来看，其他传播、文化产业拥有的股本数量最多，2010 年其他传播、文化产业总股本数量达到 24.78 亿股，占整个文化类上市公司股本数量的 26.66%；广播电影电视业上市公司发行的股本数量仅 13.01 亿股，在整个文化类上市公司中数量最少，比重仅为 14.00%。在市值方面，信息传播服务业市值最高达到 267.32 亿元，占文化类上市公司的 22.57%；出版业上市公司市值水平与之相当，达到 265.20 亿元，所占比重为 22.39%；广播电影电视业上市公司所占比重最小，仅为 17.73%。在企业资产负债方面，广播电影电视业总资产数量最多，达到 164.80 亿元，占整个文化类上市公司的 28.23%，与此同时，广播电影电视业上市公司总负债达到 102.36 亿元，所占比重高达 42.94%。在企业营业收入方面，广播电影电视业上市公司 2010 年营业收入达到 85.85 亿元，在整个文化类上市公司中所占比重最高，为 29.45%；信息传播服务业上市公司营业收入比重最小，为 10.66%。在企业利润方面，五个细类行业利润额相差不大，2010 年利润最高的是其他传播、文化产业，利润额达到 7.83 亿元；最低的为书、报、杂志、资料出版业，为 6.01 亿元。

可以看出，与 2009 年度相比，2010 年其他传播、文化产业整体规模有了大的提高，但资产方面仍是广播电影电视行业上市公司所占比重最大，全行业的总体资产负债情况仍处于较好状态（见图 12－1）。

（五）2010 年不同区域文化企业经营情况分析

从各上市公司地区分布来看，目前我国的 14 家文化类上市公司中，安徽省有时代出版和皖新传媒 2 家，北京市有 * ST 传媒、歌华有线 2 家，四川省有 S * ST 聚友、博瑞传播 2 家上市公司，湖南省有电广传媒、中南传媒 2 家，而湖北、海南、上海、陕西、江西以及辽宁各有 1 家。总体来看，我国文化类上市公司分布比较分散，文化产业呈现区域多样化发展格局，产业布局更趋于合理化。

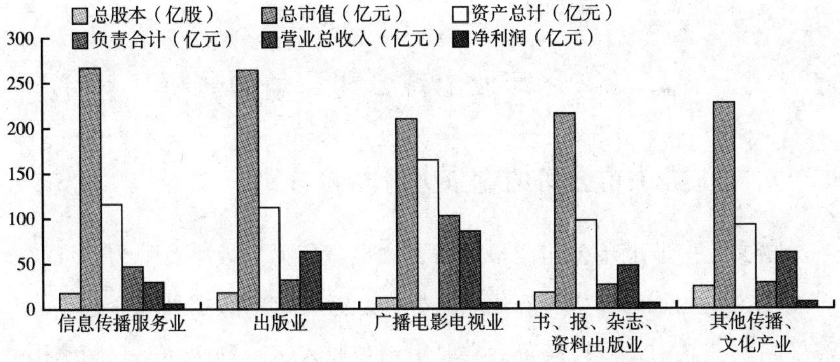

图 12－1　2010 年按行业分文化类上市公司规模类财务指标

从 2010 年各地区文化类上市公司的经营情况来看，当年湖南文化类上市公司经营业绩最好，各项指标优于上年最好的北京市。湖南省上市公司总股本为 22.02 亿股，占全部文化类上市公司股本的 23.69%；当年总市值达到了 314.32 亿元，资产总计达到 213.14 亿元；全年各类负债总计 103.38 亿元；全年经营收入达到 109.53 亿元；而当年净利润为 11.22 亿元（见图 12－2）。

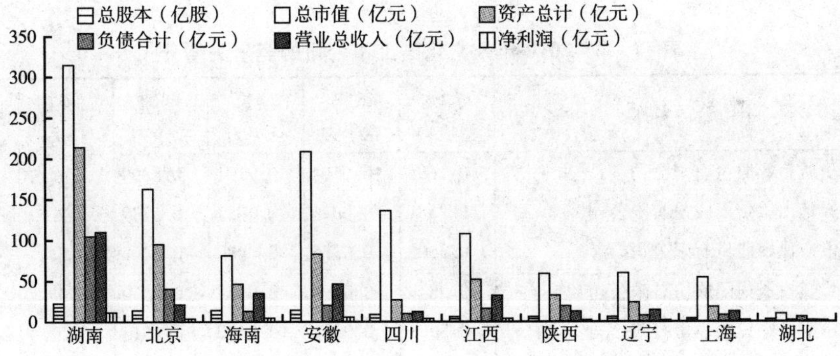

图 12－2　2010 年按区域分文化类上市公司规模类财务指标

从地区分布情况来看，2010 年文化行业的地区发展开始趋于合理化。一方面，文化产业在基础较好的北京、上海和安徽等地发展速度减缓，有关上市公司进行了经营方面的调整。另一方面，其他省份文化产业发展迅猛，特别是湖南省上市公司无论是在企业规模还是在赢利水平方面都有较大幅度提升。行业资源分布结构更趋于合理化，其他地区新上市企业不断出现。

二　文化产业上市公司竞争力分析

（一）文化类上市公司的竞争力分析得分

在分析文化产业上市公司竞争力时，规模竞争力、效率竞争力及增长竞争力三个维度作为企业基础竞争力的代表指标，通过一定的数据处理形成企业基础竞争力测度指数。其中，规模竞争力主要由销售收入、净资产和净利润等构成；效率竞争力主要由净资产利润率、总资产贡献率及全员劳动效率等构成；增长竞争力主要由近3年销售收入增长率和近3年净利润增长率等构成。由此，文化产业类上市公司的基础竞争力指标可以反映出企业的静态竞争能力和动态竞争力的发展方向，从而较全面地评价出此类上市公司的现状和未来发展趋势。根据中国证监会对上市公司的分类以及中国社会科学院产业与企业竞争力研究中心监测资料调整后，在2010年上市公司年报基础上进行计算，2010年末文化类上市公司的竞争力得分如表12－2所示。

表12－2　2010年末文化类上市公司的竞争力得分

上市公司名称	规模竞争力	效率竞争力	增长竞争力	基础竞争力	行业内排名	总排名
时代出版传媒股份有限公司	0.1694	0.0104	0.7101	0.8899	1	19
中文天地出版传媒股份有限公司	0.2581	0.0076	0.4081	0.6739	2	49
湖南电广传媒股份有限公司	0.3608	0.0375	0.0480	0.4463	3	153
华闻传媒投资集团股份有限公司	0.2849	0.0298	－0.0487	0.2660	4	372
中南出版传媒集团股份有限公司	0.3525	－0.0372	－0.0540	0.2613	5	384
成都博瑞传播股份有限公司	0.1503	0.1146	－0.0193	0.2457	6	414
安徽新华传媒股份有限公司	0.2346	－0.0124	－0.0782	0.1440	7	608
中视传媒股份有限公司	0.0145	0.1426	－0.0626	0.0945	8	701
北京歌华有线电视网络股份有限公司	0.2070	－0.0511	－0.0650	0.0908	9	710
北方联合出版传媒（集团）股份有限公司	0.0711	0.0569	－0.0835	0.0445	10	800
陕西广电网络传媒（集团）股份有限公司	0.0488	－0.0652	0.0384	0.0220	11	823
北京赛迪传媒投资股份有限公司	－0.4537	－0.0536	－0.1570	－0.6643	12	1245
万鸿集团股份有限公司	－0.8723	0.0163	－0.4136	－1.2696	13	1343
成都聚友网络股份有限公司	－0.8261	－0.2288	－0.2272	－1.2822	14	1344

时代出版在文化类上市公司中排名第一，而在整个上市公司中总排名为第19名。时代出版基础竞争力得分为0.8899，规模竞争力、效率竞争力、增长竞争力得分分别为0.1694、0.0104、0.7101。与2009年相比，时代出版在行业内首位的位置并没有改变，可是在全部上市公司整体排名中由第294名上升至第19名，从指标对比来看，时代出版规模竞争力和效率竞争力有所下降，该公司排名的大幅度上升主要得益于增长竞争力指标的大幅度增高。

除时代出版排名大幅度上升之外，2010年文化类上市公司整体排名更趋于分散状态（见图12－3）。排名在200名以内的企业数量仍为3家；位居200～400名之间的企业由2009年的6家下降为2家；居400～600名之间的企业数量仍为1家；2010年排名在600～800名的企业数量最多，达到4家；居800～1000名的企业为1家，而2009年800～1000名中没有文化类相关企业；2010年没有排名在1000～1200名之间的企业，排名在1200～1374名之间的企业数量为3家。可以看出，文化类上市公司分布更为广泛，说明一些文化类上市公司在发展的同时另一些文化公司经营发展水平相对下降，分析可能原因是国家政策倾向不同，企业所面对的经营发展环境也不一致。

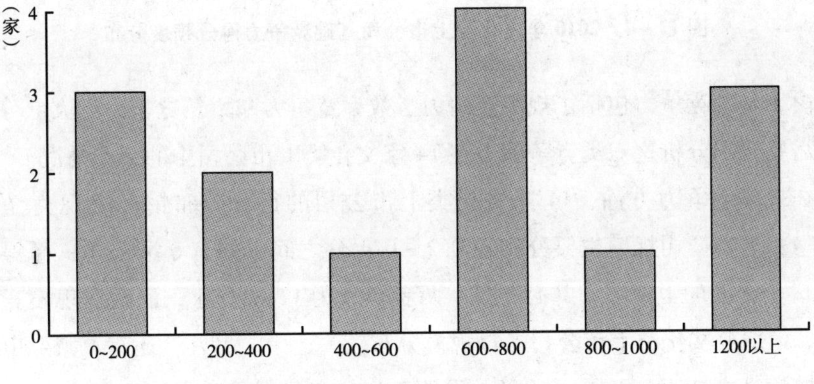

图12－3　2010年文化类上市公司竞争力总排名频度分布

（二）文化类上市公司的基础竞争力分析

我们采用结构分析的视角，利用上市公司自身的基础竞争力和各部分竞争力之间的总体与部分关系来分析不同的竞争力维度对总体上市公司竞争力排名的贡献情况。

将文化类上市公司在2010年的竞争力情况进行分组，可以看到，此类上市公司的基础竞争力得分主要分布在0～0.5分之间，这一分值中的上市公司共有9家，分别是湖南电广、华闻传媒、中南出版、成都博瑞、安徽新华、中视传媒、北京歌华、北方联合、陕西广电；而分布在0.5～1.0之间的上市公司有2家，分别为时代出版、中文天地；还有3家上市公司基础竞争力得分处于－1.5～0之间。表明其竞争能力相对于2009年水平有所上升，但在同行业和全部上市公司中均相对比较落后（见图12－4）。

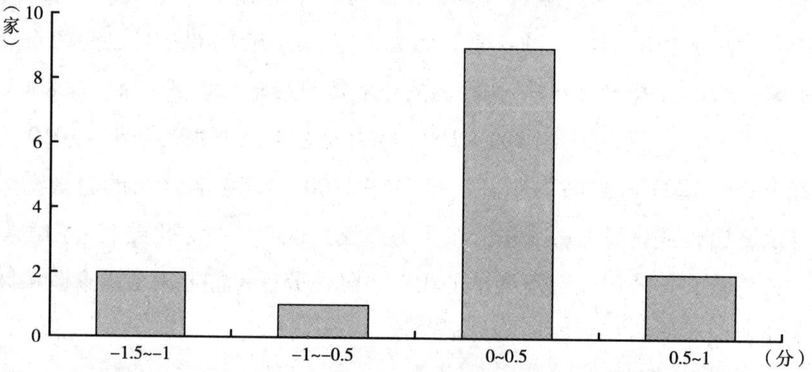

图12－4　2010年文化类上市公司基础竞争力得分频度分布

由于基础竞争力包括了规模竞争力、效率竞争力和增长竞争力三大部分，因此，需要分别分析这三类竞争能力在14家文化类上市公司中的分布情况。

在规模竞争力方面，14家文化类上市公司的得分分布情况表现为（见图12－5）：上市公司规模主要分布在0.2～0.4分之间，共有6家公司；而得分在0～0.2分之间的上市公司共有5家，两者合计为11家企业，说明在规模竞争力方面，大部分文化类上市公司各自规模分布较为适中。另外，还有1家上市公司的规模竞争力处于－0.6～－0.4，另外2家上市公司处于－1～－0.8之间，表明文化类上市公司当中，仍有1/4左右的公司规模严重失衡，偏离行业平均规模水平。规模竞争力反映的是上市公司资产、收益和净利润等规模指标的绝对水平，从经济学上讲，一定的规模是降低生产成本、获取规模收益以及提高抗风险能力的重要因素。2010年，企业面临经营环境的变化、成本趋于上升，只有保持了一定的规模，才能借此维持市场占有率以及较强的议价能力，在市场竞争中保持相对优势，有利于整合更多的资源，提升企业本身的竞争能力。

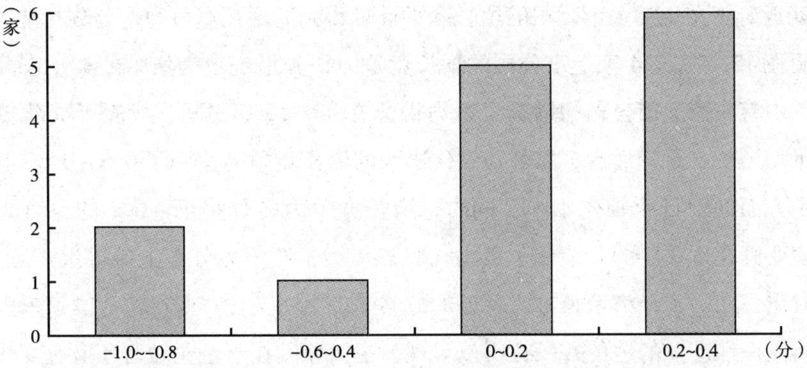

图12－5　2010年文化类上市公司规模竞争力得分频度分布

进一步比较效率竞争力，可以看出（见图12－6），在文化类上市公司当中，其主要的效率得分集中在－0.1～0.1分之间，这一分值的上市公司共有11家。其次为0.1～0.2之间的上市公司，共有2家，－0.3～0.2分值内的上市公司有1家。这一分布水平表明了在利用公司资产、人员和资源创造价值的效率方面，有一半以上的企业有着较好的相对效率，代表了行业的社会平均生产效率，因此也是行业内一般产品的定价基准水平。而另有6家企业效率竞争力得分低于0，其价值创造能力低于行业平均水平；同时有2家上市公司的价值创造效率高于行业平均水平，因此可以获得超额利润，在行业竞争中处于优势地位，其中中视传媒效率竞争力最为突出，达到0.1426，表明其在经营上处于行业领先水平。

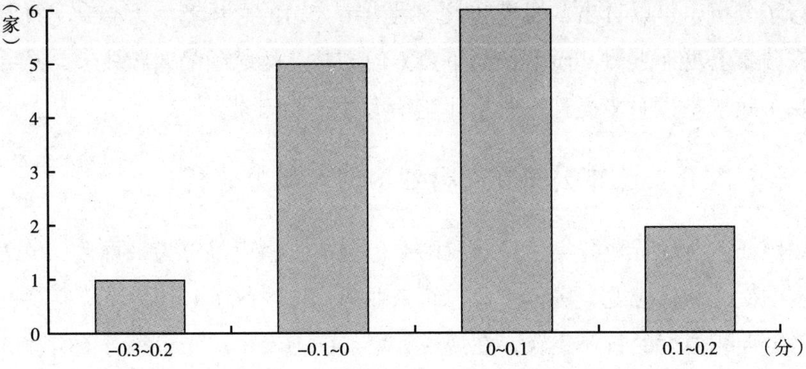

图12－6　2010年文化类上市公司效率竞争力得分频度分布

从近3年文化类上市公司的增长水平计算得到的增长竞争力得分分布情况来分析（见图12－7），14家上市公司的增长竞争力得分呈现较为集中的类正态分布特征，其中有8家上市公司的增长竞争力得分在－0.2～0之间，代表了文化传播行业的平均增长水平。而有1家公司时代出版的增长竞争力达到了0.6～0.8的水平，在增长方面处于行业领先水平。同时，增长竞争力得分小于－0.2的也有2家公司，表明其在近3年的业绩处于负增长状态。增长竞争力分布上更接近正态分布，可以看出，在国家经济增长方式调整的战略前提下，文化产业将作为国家未来发展的战略支柱性产业的地位并没有得以显现，主要原因在于企业经营环境有变化，特别是人力成本上的上升对于文化产业的增长竞争力造成了较大的影响。

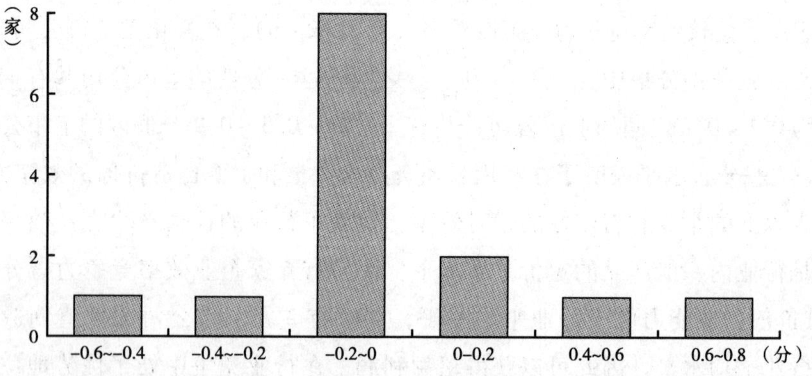

图12－7　2010年文化类上市公司增长竞争力得分频度分布

以上从规模、效率和增长竞争力三个角度对文化类上市公司的基础竞争力排名进行了分析，可以看出，规模和效率对上市公司的总体竞争力起到了加强的作用，在分布上更为近似，而增长竞争力方面则与总体之间的差距较大，从一个侧面反映了效率是进一步提升行业总体竞争力的重要因素。

（三）文化类上市公司在各行业中的竞争力分析

按照证监会的行业分类，目前我国上市公司基本可以分为采掘业、电力、煤气及水的生产和供应业、房地产业、纺织业等20余个行业门类。产业是一类存在着各方面相似性的行业集合，在规模、增长能力及生产组织等方面有着共同特点，按产业比较更能消除不同行业之间的个别差异，发现文化业与其他分属不同产业的行业之间竞争力的根本差距。

在上市公司数量方面，传播文化类上市公司数量最少，仅 14 家（见表 12－3）。传播文化业上市公司整体平均排名为 640.4 名，略高于全部上市公司的整体排名情况。而传播文化类上市公司基础竞争力为负值，为－0.0027。相对于国家关注的电子信息产业，文化产业的基础竞争力相对弱势，从国家政策角度来看，电子信息产业和文化产业同为国家具有战略性产业，但文化产业当前缺乏具体的政策扶持措施，限制了文化产业的发展速度。

表 12－3　2010 年文化行业与其他行业竞争力标准值比较

行业类别	企业数量	规模竞争力	效率竞争力	增长竞争力	基础竞争力	总排名
综合类	55	0.0297	－0.0170	0.0026	0.0153	699.7
制造业	719	0.0182	－0.0024	－0.0008	0.0149	680.5
社会服务业	38	0.0254	－0.0031	－0.0075	0.0148	715.1
信息电子业	77	0.0104	0.0012	－0.0022	0.0094	624.8
交通运输仓储业	69	0.0172	－0.0052	－0.0056	0.0064	746.3
批发零售业	93	0.0193	－0.0110	－0.0042	0.0041	684.6
农林牧渔业	29	0.0187	－0.0048	－0.0116	0.0023	678.0
房地产业	111	0.0230	－0.0122	－0.0098	0.0010	705.7
电煤水生产供应业	69	0.0073	－0.0039	－0.0044	－0.0010	697.1
采掘业	38	0.0074	0.0015	－0.0112	－0.0022	732.7
传播文化业	14	0.0000	－0.0023	－0.0003	－0.0027	640.4
建筑业	27	0.0000	－0.0035	－0.0099	－0.0134	693.4
金融保险业	35	0.0000	－0.0073	－0.0166	－0.0239	709.0
总　计	1374	0.0170	－0.0045	－0.0034	0.0091	687.5

在规模、效率和增长竞争力三个方面来看，传播文化类上市公司规模弱小，与国内主要行业大型企业相比显得主要资产规模不足，与国外大型传媒集团相比，中国文化企业的发展仍旧处于起步状态，在国内经营环境变化的前提下，文化企业应该更好借助于国家对文化产业重视之机，通过兼并、重组来提高自身的规模，发挥出企业的规模效率优势。在效率竞争力方面，传播文化类上市公司竞争力得分为－0.0023分，企业竞争效率并不具有很强优势。在增长竞争力方面，传播文化业上市公司得分为－0.0003 分。可以看出，文化产业在效率和增长竞争力方面均低于全部上市公司的平均水平，国内企业经营环境的变化已经开始对传播文化类上市公司造成了较大的影响，特别是近几年来我国人力成本已经开始上升，文化企业的发展必须要有强大的人才支持，特别在文化艺术领域人才的重要性日益显现。

三　我国文化企业经营环境的变化

当前，中国经济已经发展到了转型升级的关键时期。中国外向型经济发展模式已经受到了金融危机的冲击，以外向型出口为主的行业出现增长速度放缓的态势；同时，产业经济结构调整对劳动密集型企业的稳定发展设置了新的门槛，员工对分配机制质疑已经成为推动企业成本上升的主要因素，企业经营成本上升已经在各行业中普遍存在。如何看待我国未来经营环境的走势，面临成本上升的经营条件，文化企业如何确定新的发展道路和策略，是每一个外向型企业决策者所要关心和面对的问题。

产业结构升级趋势明显。产业结构升级对沿海外向型劳动力密集型企业外迁会产生一定影响。一批劳动密集型企业的外迁，实际上是为较高端产业的发展腾出更大的空间。借此机会，全国大部分省市都将高新技术产业和文化产业作为未来发展的战略产业增长极。这场产业变迁，给文化企业的发展、繁荣创造出良好的机遇。

产业结构调整和升级将导致劳动密集型企业由于成本上升而处于利润下降的状态。一直以来，我国经济发展中稳定的资方强、劳方弱的关系以及劳动力资源价格比较优势，成为各类企业选择在华投资的重要条件。随着劳资关系的变化，以及劳动力价格上升引起的比较优势的下降，我国投资发展环境将发生明显的变化。就文化产业而言，文化产业中人才是文化生产中最重要的资源，无论是产品的创意强弱，还是文化演艺业的艺术表演水平高低，都直接取决于产业人才资源水平的高低。面对人力资本的上升，文化企业要做强做大必要重新审视自己企业的人才发展战略。

四　提升文化企业竞争力的思考

文化产业是文化发展的载体。随着经济全球化的发展，文化产业在我国经济中的作用越来越突出，与此同时涌现出了越来越多的企业。如何发挥我国所拥有的丰富文化资源的优势，是我国发展文化产业应当考虑的问题，特别是文化企业面对当前产业变迁和企业经营环境的变化，应该着力加强自己的人才培养，以人才优势来树立文化企业的核心竞争力。文化企业核心竞争力是指文化企业获取和保持可持续竞争优势所拥有的关键资源与核心能力的最佳组合，是文化企业竞争力当中不具有模仿性和替代性，不可以通过交易获得，只能通过自身的不断学习、创造、积累和市场磨炼来建立和强化的竞争力。① 借助经济危机后世界经济开始回暖之机，将文化产业打造成为国家战略支柱性产业，不仅需要政府的政策支持，而且文化企业自身也应该提高核心竞争力。可以考虑从以下几个方面入手。

1. 完善知识产权保护方面的立法

知识产权保护制度是文化产业发展与保护的重要法律制度。虽然我国已经形成了较为完整的知识产权法律保障体系，但是在立法层面上仍然有许多不足。针对这些情况，我们应当进一步完善知识产权保护立法。首先，应当对我国知识产权法律制度的不完备之处进行立法修改；其次，在立法时要注意发挥我国的优势地位，积极参与甚至主导国际知识产权新制度的建立，以最大限度地保护我国中医药行业、民间艺术、文化遗产等方面的知识产权；最后，制定出更具可操作性的打击侵权盗版的法律规范，以更好地维护创作者创新的原动力和更好地促进文化产业的良性发展。总的来说，在文化产业的知识产权保护立法方面，我们既要考虑现实利益，又要立足长远利益，不断优化知识产权保护的法律法规，从而实现知识产权的利益最大化。

2. 推进文化体制改革，完善文化企业发展的体制机制，营造良好的环境

首先，加快政府职能转变。要进一步推动政企分开、政资分开、政事分开、管办分离、政府与市场中介组织分开，促进文化行政管理部门由办文化为主向管文化为主转变，强化政策调节、市场监管、社会管理和公共服务职能，实现主要以行政手段为主向综合运用法律、经济、行政等手段管理转变，改进文化管理方式，创新文化管理手段，推进文化政务公开，完善文化行政许可，加快行政审批制度改革，努力提高文化行政管理效能。其次，加快经营性文化事业单位转企改制步伐。要按照创新体制、转换机制、面向市场、壮大实力的原则，通过转企改制建立规范的公司制文化企业，完善法人治理结构，确立市场主体地位；有条件的国有文化企业要逐步进行股份制改造，加快产权制度改革，实现投资主体多元化。

① 茂林：《文化企业核心竞争力探析》，《企业经济》2004 年第 7 期，第 70 ~ 71 页。

3. 创新观念，全面提升文化企业的核心竞争力

文化企业核心竞争力是文化企业可持续发展的关键因素，因此，提升文化企业的核心竞争力是非常重要的。提升文化企业核心竞争力的基础就是观念创新。观念创新对于找出政策层面及整体产业链上的不足有着促进作用，可促进我国的文化产业朝着科学化、系统化方面发展。文化企业提升核心竞争能力的关键在于创新。通过内容创新，使得文化企业的核心资源得以熟练掌握；通过技术创新，使得文化企业与国外大型文化集团的网络化管理相接轨，使企业各项资源得以协调发展；通过管理创新，使得文化企业的各种资源和能力得以协调，从而实现企业竞争能力的提升。

4. 建立文化企业知识库，积累和扩大企业的知识资源

在信息知识经济时代，知识资源已经成为文化企业的核心战略资源。文化企业通过这些知识资源的有效组织、整合、共享、开发利用，可以形成具有自身特色的战略性资源，可以增强文化企业的应变能力和创新能力，从而提升文化企业的核心竞争力。知识管理在文化企业中的应用是一种必然趋势，而且是一种富有成效的管理模式。目前，我国具有较强核心竞争力的文化企业还比较少，文化企业的知识管理也处于起步阶段，如何通过知识管理增强文化企业的核心竞争力还需要在实际应用中不断探索。建立企业知识库是文化企业知识管理的基本内容和重要手段。企业知识库是一个集知识获取、组织、传播、共享于一体的智能知识处理系统，是文化企业知识管理系统的核心，它按照一定的知识表示方法，集中存放企业内部知识和与企业有关的外部环境知识，并经过整合提升形成新的知识体系。文化企业知识库不仅为内外部知识资源的交流与共享提供了保障，也为组织员工进行学习和知识交流创造了良好的知识环境。

5. 创建学习型组织，提高企业的学习能力

当前，科学技术日新月异，知识老化与更新速度也在加快。为了能跟上快速变化的市场环境，文化企业必须具有强大的学习能力才能保持长久的核心竞争力。提高文化企业学习能力的方法之一就是将企业建设成学习型组织。学习型组织的建立首先要在文化企业中创建良好的学习环境，构建知识学习交流的平台，并将终身学习的理念根植在员工的思想观念中。其次，要激励员工在较大的范围内进行学习，包括企业内部人与人之间、部门与部门之间，甚至向自己的竞争对手学习，只有这样，才能保持企业的知识体系和创新能力永不落后。

企 业 篇

Enterprise

B.14

徐工集团：从创造到制造

叶文添

“一天就收到几百份大学生的简历，看到手软。”徐工集团负责招聘的人士对记者说。

2011 年 9 月底，徐工启动了一年一度的招聘活动，去年徐工集团招聘了 1000 名大学生，今年是 3000 名以上。如今，徐工的员工已在 2 万人以上，而这个数字还在随着企业的快速扩张不断增加。

对大量工人的需求背后，是徐工快速的扩张。资料显示，徐工目前的产品已销售到世界 147 个国家和地区，“十一五”累计实现出口创汇 26 亿美元，比“十五”增长了 9.1 倍，五大主机出口收入和出口总额持续位居行业第 1 位。2010 年，徐工实现营业收入 660 多亿元，实现利润同比增长 50% 以上，连续 22 年坐拥中国工程机械行业第一、世界工程机械行业第七。

在徐工董事长、党委书记王民看来，徐工的目标非常明晰：在 2012 年实现营业收入超 1000 亿元；2015 年实现营业收入 3000 亿元，进入全球工程机械制造商前三强。目前，仅中国机械工业就有 4 万多家企业激烈竞争，而海外更有卡特彼勒等洋巨头围剿，在一片“内忧外患”中，徐工每年的业绩增长却达50%以上，徐工靠什么？

在徐工多位高管看来，徐工的核心竞争力无非有以下三点，一是，每年都从公司拿出销售收入的5.7%来投入研发，这让公司始终保持了强劲的创造力；二是，公司实行的统一零部件采购策略，极大地降低了公司的成本，增强了市场竞争力；三是，徐工多年海外市场的开拓，如今已到了收获的季节，未来海外市场的销售将为公司贡献更多利润。

一　持续变革　保持创新

历史悠久的徐工曾被称为我国机械行业的黄埔军校，几十年以来徐工培养出了众多人才，一位徐工人士坦言，如今很多国内大机械企业都曾挖过徐工的墙角。不过在10多年前，在汹涌的外资和沉重的历史债务负担面前，徐工也曾屡陷危机之中。

在徐工成立之初，很少有人想到它会有今天的规模。

1989年，由当时的徐州重型机械厂（1943年成立）、徐州工程机械制造厂（1948年成立）、徐州装载机厂（1949年成立）以及徐州工程机械研究所为核心组建了徐工集团，成立之初，规模仅3.8亿元。

一位已退休的徐工人士回忆说，20世纪80年代末，徐州市成立徐工之初的意向很明确，就是把核心优势集中起来，打造一个机械行业的巨无霸，“不过，当初在设备、技术上与世界发达国家水平相去甚远”。

1994年是外资大举进入中国的时期，这一年，各个行业先后成立起数家合资公司。带着“市场换技术”的想法，在当时的对外经济贸易部的牵线下，徐工在北京与全球的工程机械行业巨头卡特彼勒成立了卡特彼勒（徐州）有限公司，当时双方共计投资3800万美元，徐工集团持股比例为40%，而后徐工股权被稀释到15.87%。

也在20世纪90年代中期，在“上规模、做大做强”政策的推动下，徐州政府将当地众多分散的机械行业重组加入徐工，当时徐工还托管着50多家近年来重新进行主辅分离的改制企业，也在这个时候，徐工开始深陷亏损的泥潭。

“与卡特彼勒成立合资公司当初的意愿是好的，但当时外资处于强势阶段，中方没能控股，而且外资方还规定徐工不能生产同类的液压挖掘机，这也限制了徐工的发展。而后来很多濒临倒闭的小工厂陆续重组加入徐工，无疑增加了沉重的负担，拖延了企业发展的脚步。”上述退休人士分析说。

困境之中的徐工迎来一场变革。1999 年，王民就任徐工集团党委书记、副董事长，一年后任徐工集团董事长、党委书记，徐工的改革进入深水区。

18 岁就进入徐工，从工人、技术员、工程师等岗位一步步进入管理层的王民深知徐工的弊端所在。王民曾回忆说，当时沉重的债务让他头疼焦虑不已，“天天头疼，后来习惯了，就感觉不到了”。

王民快刀斩乱麻。在当时，徐工旗下公司大多亏损严重，核心利润仅来自徐工科技股份公司，负债沉重，徐工开始逐步剥离不良资产，先后拿出 13 亿元资金，改制剥离 56 家中小企业，徐工得以轻装上阵。

一位徐工管理层对记者介绍，徐工目前以集团作为投资主体，通过清产核资，对下属 15 个子公司建立起全资、控股和参股的产权关系，明确各个层次的国有资产经营责任，徐工在产业经营上以工程机械为主，实行多元化经营。

他说，徐工集团作为投资中心、子公司作为利润中心、工程作为成本中心，实行集权和适度分权的资产经营管理。“这也是徐工看似庞大，但实则机制灵活、反应迅速的原因所在。”

迄今为止，变革成为了徐工血液中不可缺少的一部分，它后来曾寻求与凯雷合作、计划 H 股上市等，都是如此，这个老牌国企总能敏锐地洞察时代的最新气息，与之结合、发展。

二　突破外资封锁　研发核心技术

在机械行业，技术创新始终是企业最大的竞争力，中国众多本土企业多专注于某一个领域，但徐工的产品线是国内最为繁多的，但在这些众多产品上，徐工几乎都拥有自己的核心技术，这一点让很多企业所无法相比。

一位机械行业人士对记者表示，目前，国内虽然众多企业都宣称在研发上投入巨资，开发了种种新产品，但大多是虚言，有的仅是对外资产品的一种简单模仿，根本无核心技术可言。真正下血本投入研发的企业很少，徐工就是其中之一。

上述业内人士说，徐工最初与卡特彼勒成立合资公司，也曾对这些洋巨头的产品进行模仿，但却并没有停留于此，而是经过吸收和消化，形成了自己的技术，如今已到了自主研发的阶段，有的产品甚至超越了对手。“而国内很多本土企业一直在模仿，从来未超越。”

“与卡特彼勒合作这几年，技术学到多少不好说，关键是学到了管理上的东西，与世界上最强大的机械企业成为合作伙伴，使得徐工看到差距，也看到了追赶超越的目标和方向，完成了自身跨越式发展。”一位徐工人士对记者说。

“外资是不可能把核心技术给你的，这个完全要靠自己。”上述徐工人士表示，经过与外资的多年合作，徐工发现，核心技术的缺失靠市场是换取不来的，只有靠自身研发，此时王民提出，“徐工要立足自主创新，做高科技含量、高可靠性、高附加值、大吨位的产品”。

在近10年中，徐工每年的科研经费都在数亿元以上，2011年，徐工集团投入科研的经费达到销售收入的5.7%，即有10多亿元投入到科技创新里。在2000年，徐工的经营管理层和技术骨干不到500人，而今科研人员已有4000多人。

徐工人士表示，目前徐工技术中心也已成立，这是以江苏徐州工程机械研究院为核心，包括多个产品研发设计中心和多个试验研究中心，技术中心承担着公司新产品、新技术、新工艺和新装备的研发任务。

2011年1月24日，徐工千吨级全地面起重机通过了由中国机械工业联合会在江苏省徐州市组织召开的产品鉴定会，这是我国自主研发的千吨级全地面起重机首次通过鉴定，这也标志着继德国和美国之后，我国成为第三个能研发并生产千吨级全地面起重机的国家。

徐工人士向记者介绍，全地面起重机兼具汽车起重机和越野起重机的特点，广泛应用于能源、交通、石化等重大工程项目的起重安装作业，它具有广阔的市场前景。因此，工程机械行业国际巨头很快便发现这一潜在良机，于20世纪70年代开始生产全地面起重机，而国内21世纪之前在这一领域仍是一片空白。

徐工技术中心的一位技术人员告诉记者，在当时，公司面临着外资的技术封锁，只能依靠自己来研发，该技术人员说，国外对这种千吨级的全地面起重机的研发用了几十年的时间，而徐工只用了8年的时间，可想而知，研发过程之艰辛程度。“在过去那几年中，很多技术人员下班时几乎都没有见过太阳，一直在车间挥汗如雨。”

投入巨资研发也给徐工在市场上带来了丰厚的回报。从 2002 年到 2010 年，徐工完成了 125 吨至 1200 吨级 14 种大型全地面起重机系列大吨位产品的开发，目前，该系列产品在国内市场占有率达 65% 以上。

徐工一位高管对记者透露说，在 2011 年上半年，徐工的销售额就已经达到了 500 亿元，下半年的销售情况可能会更好，“徐工很可能会在今年底就能实现千亿元的目标。”

三　建统一采购平台　降低生产成本

三军未动，粮草先行。零部件采购是机械制造企业的粮草，也是最为核心的部门，因为这往往直接关系着企业的生产成本和利润。

徐工物资供应公司就是其重要的粮草供应部门，这家成立于 2010 年 10 月的公司，到目前为止，已经将徐工下属的重型、科技和建机三家分子公司近 90% 的物资采购职能整合进供应公司。按照计划，以后还将把其他子公司的采购业务逐步纳入，这将成为徐工的战略性物资采购平台。

一位机械行业人士说，很多企业无法统一采购平台背后的原因是其中利益纠葛太多，也牵扯着众多供应商，要做起来可能最大的阻力就来自于内部，而徐工作为一个老牌国企却迈出了集中采购平台的第一步着实不易。

据记者了解，徐工通过集中采购项目，以信息化为支撑，推进采购供应链五个统一：统一基础信息、统一采购平台、统一工作流程、统一供应商生命周期管理、统一准入体系。

这次变革也在国内机械行业引发震动。此前这种集中采购在一些公司也曾推行过，但权力有限，负责采购的部门多是选定供应商和确定价格，而徐工供应公司包括采购、结账、送货等一条龙的职能。

“前几年，公司业务高速发展，在采购方面适度放权也是为了配合它的速度，而今，徐工已近千亿的规模，进入了一个新阶段，再像以前一样分开采购，就会在效率上、管理上出现问题，因此，目前到了把采购集中起来的时候了。”9 月 30 日，徐工集团副总裁、供应公司董事长、进出口公司董事长王岩松对记者表示。

不过，一部产品就有上万个零部件，牵扯几百家供应商，为了对这些零部件的供应商进行有效的管理，徐工邀请了 IBM 顾问团队，帮助徐工集中采购平台的战略落地，2011 年 8 月，徐工集团集中采购平台正式投入使用。

供应公司一位人士说，经过统一平台采购的产品，由于规模大量多，比子公司自己采购要更便宜，一些产品的价格能便宜 20% 以上，“这降低了公司的生产成本，使得产品在市场上更具有竞争力”。

据记者了解，2011 年供应公司的采购资金有 200 亿元，而徐工给供应公司的定位却并非花钱的角色，而是独立预算、利润中心，王岩松说，供应公司将挑选出最优质的供应商，把供应商数量减少下来，把采购的质量提升上去，尽量降低企业生产成本，这就是利润的来源。

王岩松向记者表示，供应公司成立之后，将会挑选优质的供应商，淘汰落后的，为公司挑选物美价廉的零部件，节省成本，同时该公司也将建立起一套公平、公正的供应商准入机制。“在此机制之下，供应公司处于高度透明之下，有利于监管。”

四　耕耘海外，寻找业务新增长点

按照国际化战略，徐工已布局海外多年，而在未来，海外市场将成为徐工业务的另一个重点。

王民曾表示，徐工海外战略分三步走。第一步是产品走出去，产品早在 1992 年就开始出口了，2011 年将达到 10 亿美元。第二步是人走出去，包括提供维修、服务、技术、设计。第三步是企业走出去，在海外办企业。“如今到了第三步。”

巴西是徐工试水的第一站。2011 年 5 月，徐工投资 2 亿美元在巴西建设 80 万平方米的机械工业园区，将为徐工打造一个海外成套的工程机械制造基地，预计到 2015 年该工厂的产值将达 6 亿美元。

“在南美地区，仅巴西去年工程机械市场的消费就达到了 1400 亿美元，在过去十几年中，巴西等南美市场一直被卡特彼勒、小松等企业占据，徐工是个新杀入者，我们希望在未来 3 到 5 年内在巴西能占到 15% 的市场份额。”王岩松表示。

“我们目前在南美地区为客户提供的产品，与洋巨头相比，质量不输于他们，但价格却比对方便宜30%以上，而在巴西的工厂投产，在实现就地生产、就地销售之后，能进一步降低成本，增强我们的竞争力。”王岩松说。

徐工集团在波兰的装配工厂早在2009年就正式投入使用，厂区建筑面积达5000平方米，主要用于徐工装载机、压液机、平铺机等产品，这也是徐工集团扩大欧洲市场份额的战略基地。

2011年徐工海外扩张的最新大手笔是，在德国收购了产业链中上游从事工程机械行业液压阀生产的两家德国企业Fluitronics和Amca，业界人士认为，这场收购可能仍然未结束，下一步徐工在德国可能有更大规模的动作。

来自徐工的统计数据显示，2010年在巴西市场出口额突破1.3亿美元，汽车起重机占有率达到46%；在波兰市场，装载机占有率达到70%；在哈萨克斯坦整体份额已居第1位，在澳大利亚和俄罗斯居前3位。

王岩松说，徐工希望未来3年在巴西的出口额能达到10亿美元，而以收购的两家德国企业为核心将建立起欧洲的研发基地。

这种海外多年的耕耘终于有了收获，徐工近日获得了中国工程机械历史上最大的一笔出口订单。

“7.46亿，美元。”王岩松很轻松地吐出这几个字。这笔大单来自于委内瑞拉，据王岩松透露，这笔业务徐工前后持续跟踪了两年多时间，不断地去该国谈判，2011年3月，徐工高层代表团访问该国，受到了查韦斯总统的亲自接见，徐工也邀请了该国相关负责人来徐州考察，最终以全系列、成套性的工程机械产品优势，击败了卡特彼勒、小松等众多洋巨头，签下了中国工程机械出口第一大单，徐工的这次出口总计6025台工程机械设备。

“目前海外销售只占徐工的15%，我的目标是未来3年内将这一比重提高到30%。”王岩松对记者表示，他分析说，目前在总出口中，南美与亚洲市场各占40%，非洲占剩余的20%，未来南美和非洲市场将成为徐工出口的重要市场。

“全球化将是未来徐工发展的战略核心。”王民表示，徐工将逐步在全球各区域建立海外公司和工厂，徐工东欧基地、印度基地、南非基地、印尼基地等一批海外产业项目即将投入实施。

徐工在海外市场的攻城略地，也撼动了卡特彼勒、小松等老牌机械洋巨头的地位，在近期的交手中，上述外资均败在了徐工的手下，这也让曾经的合作伙伴卡特彼勒欷歔不已。

此前两家早已分手，2010 年 6 月，卡特彼勒中国公司宣布将接手徐工集团转让的卡特彼勒徐州有限公司 15.87% 的股权，至此该合资公司成为卡特彼勒的全资子公司，双方结束了长达 15 年的合作关系。

分手后，卡特彼勒对该公司进行扩产——2014 年，徐州公司产能将扩大 4 倍。同时，卡特彼勒在徐州的另一家新建厂房开业，该厂主要生产小型及中型挖掘机，至此，卡特彼勒在中国市场拥有了大、中、小型挖掘机生产线。同时，徐工也在海外频频布局，从南美、欧洲到非洲等都出现了其身影。

援手变对手，徐工成为了卡特彼勒们最为强劲的竞争者。

B.15

远大集团：价值观驱动

韩言铭

从长沙市一直往东，经过浏阳河约20分钟后，一个米黄色的金字塔式建筑跃入眼帘，这便到了被外界称为“乌托邦”的独立王国远大城。一道铁门分隔出两个世界：外边是尘土飞扬、机车喧嚣的城乡接合部；里边则是葱郁的树木、三三两两的花、工整的草地、风景宜人的生态园。

一个企业能走多远，取决于他的领导者。

张跃无疑是一个有魅力的领导者。

张跃常说，很多人不理解远大和他本人。确实，在中国的企业家中，张跃显得有些另类，他不愿承认自己是企业家，在他带领下的远大集团也显得有些另类。

如今，张跃坚持多年的“三不政策”——“决不多元化、决不借钱、决不上市”也开始松动，加快上市步伐，从坚持多年的非电空调拓展到如今的空气品质、能源管理和可持续建筑等领域已经是可见的变化。

在把远大做成非电空调领域的世界冠军后，张跃想用同样的打法在空气品质和建筑节能领域再次试水。

张跃坚信：只要生产独创的、消费者喜欢的产品，企业肯定就会赢利。

一　另辟蹊径：做好别人做不好的产品

谈远大，离不开非电空调。

远大十五年来一直是目前世界上非电空调最大的供应商，覆盖了70多个国家，占据了欧盟“非电空调市场”40%的份额、印度的50%、澳大利亚将近90%。这个产品如今依旧为远大带来大部分的收入。

然而，非电空调并非张跃取得第一桶金的产品。学美术出身的张跃在下海之前在学校做着美术老师。干了两年个体户。

张跃对媒体说过："创业之初，我主要目的是为赚钱，二为按自己的兴趣工作。后来渐渐领悟到，如果单是为了赚钱就太辛苦了。大概在1989年的年初就开始想，我做的这件事情一定是别人做不了的，这是一条原则。"

这一年，工程师出身的张剑发明了无压力锅炉：如果出现故障，锅炉会瓦解而不是爆炸。张氏兄弟制造了全球第一台浮子式无压热水锅炉，这项获奖的专利在转让给了国内几家工厂后，为张跃带来了事业的第一桶金。

当时，中国中央空调市场处于起步时期，是不折不扣的卖方市场。在谈远大进入非电空调之前，当时的市场背景必须重提。中央空调行业又分为两大子行业，一个是由生产制冷机组的厂家组成，称为中央空调主机行业，当时的远大空调便是其中的一员；一个是由生产空调末端设备的厂家组成，称为中央空调末端设备行业。

按用能源的方式，冷热源机组又可分为两大类：一类为电制冷机，特点是电力驱动压缩机，采用氟利昂进行。另一类为吸收式制冷机，采用溴化锂作吸收剂进行制冷。溴冷机按用能方式不同又可分为蒸汽型溴化锂制冷机和直燃型溴化锂制冷机。由于中国中央空调业发展时间很短，各企业实力又较弱，故往往生产主机的厂家很少做末端设备，而生产末端设备的厂家亦很少做主机。而外资或外资合资企业则有既做主机亦做末端设备的公司。

由于空调是耗电大户，导致很多电力不充裕的地区自然选择用电量很少的溴化锂制冷机。当时有2家民营企业以其灵活的经营机制，异军突起，其生产的蒸汽型溴化锂制冷机曾占有全国市场的60%以上。

然而，这给刚刚进入空调行业的远大带来了机会。张跃发现，蒸汽型溴化锂制冷机效率较低，且在城市繁华地段的使用受到限制，因繁华地段建锅炉房受到安全限制。

远大在1992年发明第一台直燃型溴化锂制冷机。善于营销的远大抓住非电空调不需要用氟利昂（氟利昂破坏大气臭氧层）大做文章，把直燃机描写为"21世纪不需要用氟利昂的空调"，于是便有了远大空调的"为了人类永远微笑"、"地球万岁青春永恒"的广告诉求主题。

1993年到1995年，中央空调产业在中国是个新兴产业。许多企业对企业形象建设都不太注意，而远大则对企业形象有着近乎完美的追求和大胆投入，有过一段时间天天在中央电视台黄金时段播出广告“世界领先水平，远大中央空调”。在一些消费者的心目中，远大空调几乎已成为中央空调的代名词。

从1992年到1997年，远大空调每年都以数倍的速度增长，1992年是200万元左右的营业额，到1997年已增加到20亿元人民币，占据了国内非电空调90%的市场份额，国内中央空调市场的60%。5年的时间远大便扩张到如此规模，远大成为中国企业界的一匹黑马。

此时，有人把远大的成功归因于中国中央空调市场的高速发展、全国性缺电，以及世界性的环保呼声，其实内核当然离不开远大的创新能力。

在远大集团副总裁、远大空调设备有限公司总经理胡灿明看来，远大非电空调取得成功，还有两个重要的因素，一是远大持续地改进技术，远大对于技术的投入力度巨大，根据胡灿明介绍，远大空调每年都会将销售收入的8%投入到技术研发中去。技术研发由张跃本人主抓，由于张对于技术的执著和完美的追求，在十多年的时间里，远大的“非电空调”已经完成了10代产品升级。实际上，在5代之后，远大的产品已经领先于世界，但远大的核心目标是不断提高产品的可靠性和节能性。而且强调技术必须能够做到保证产品长期为客户带来价值，不能只注重短期利益。

研发并没有中断，在遥遥领先于同行的时候，远大仍在寻找更可靠和更节能的解决方案。据说，新一代的产品已经在最后的测试过程中，它的效果较现在的产品有更大幅度的改进。

二　集成创新　经验复制

从表面上来看，远大的核心能力在于其强大的研发能力和高质量产品的制造上，主要是通过对客户提供高性能的产品和优质的服务来支撑持续发展，仔细分析并非如此简单。

远大是否有源源不断的强大研发能力和创造力？产生这种能力的根源在哪里？

以1997年为分水岭，当中央空调市场转为买方市场后，远大空调销售开始出现增长停滞甚至负增长，销售额一直在10亿~20亿元之间徘徊。此前，远大曾提出用五年时间实现年销售收入100亿元的目标。要达到100亿元的规模，只有寻找比非电空调更具有膨胀效果的产品和产业。

在这个过程中，远大找到了一个极具诱惑力的项目，即与日本铃木合资生产远铃“整体浴室”。这时，张氏兄弟出现分歧，张跃继续留下来主管远大空调这块业务，张剑则一心一意扑到了“整体浴室”的项目上，兄弟开始分家。

而这100亿元的目标迄今还没有实现，远大集团目前年营收在40亿元左右。

快速扩张过程中凸显出来的问题已经被张跃清醒地认知到，而远大的管理和员工素质还不足以支撑远大如此快速的成长速度。张跃曾两次邀请国际知名的咨询公司麦肯锡为企业诊断。

寻找其他产品或服务并没有停止。

由于远大很早就确定为客户带来价值，不能只注重短期利益。在1996年初就依托电话网为基础，建立起远大的“全球联网监控中心”，能够实时监控全世界用户机房的运行情况，收集各项营运数据为产品研发、客户运营提供参考。这套系统能够监控设备运行状态，提出预警，可以把问题解决在萌芽状态。

胡灿明说：“正是这些数据的积累，包括从2003年起对每年做的空调运营中的能耗进行统计调查，让我们发现中央空调系统有巨大的节能空间。从开始义务为客户提供咨询服务，到成立专门的服务小组做能源管理业务，再到2009年成立独立的远大能源利用有限公司。”目前，远大能源公司主要提供合同能源管理服务，区域冷热电联产系统投资、建设及运营。

如果说从做非电空调延伸到能源管理是服务链条拉长，那么远大做空气品质也是顺势而为。

在远大一份《张跃生活与事业的小故事》的资料上，记者看到这样一个故事：多年以来张跃一直有个习惯，只要在长沙每晚必回家陪父母用餐。以前，他的家里总是夏天热、冬天冷，原因不是远大的空调不好，而是母亲不准开空调，因为空调一开她就感冒。这件事一直是张跃的心病，直到有一天美国汉斯公司的总工程师莱芮先生告诉他：医学发现，所有风机盘管出风口测出的细菌，比进风口的细菌要多许多。

张跃这才明白，原来风机盘管是滋生细菌的温床。他叫工人来洗家里的风机盘管，但清洗十分费劲，干脆拆开，里面肮脏不堪，甚至还有个鼠窝和几只幼鼠。第二天，他就召集高管开会，提出公司必须开发一种能轻易拆洗的风机盘管。

等到真正动手开发这种产品时，追求完美的张跃和工程师们已不满足于“可拆洗”要求，而是在风机盘管里装了一种能杀灭细菌并过滤比细胞还小的灰尘的过滤装置——静电除尘器。至此，远大空调室内机和空气净化系列产品应运而生。随之诞生的还有远大一个新的口号“我们保护生命”。

远大再次获得创造了企业独特的领先优势：空气污染已经很严重，继18世纪工业革命带来的煤烟污染和19世纪石油和汽车工业带来的光化学烟雾污染之后，室内环境污染已成为自20世纪中叶至今还在继续的第三代污染。

据远大空品科技有限公司副总经理彭继介绍，目前，全球范围除部分发达国家外，空气污染十分严重，中国大气中的可吸入颗粒物数量几十倍于西欧。而室内空气污染比室外更严重，世界卫生组织把室内空气污染列为18类致癌物质之首。

在远大城采访时，彭继用远大“生命手机”测试了他办公室与室外空气的区别。测试显示，新风机的室内每升空气中直径0.3~10微米的颗粒物仅有数千个，而室外超过20万个。彭继骄傲地说，我们在远大城建筑内呼吸的空气比欧洲的都好。在远大做这些产品之前，事实上，已经有一些传统的方法和措施控制室内污染，比如开窗通风、空气过滤、空气消费和物理吸附等。但是这些传统的方法和手段都不尽完美，有弊端。比如，开窗通风会带进室外污染和能源损失，大的公共建筑新风设备通常没有有效过滤室外颗粒物从而带来污染，建筑新风设备没有热回收装置而导致能源浪费；而远大的新风系统具有极好的除尘效果、更低的运行能耗。

远大把应用在电厂等领域的静电除尘技术应用到室内，过去6年，远大生产了装有静电除尘器的空调室内机，生产了全球第一台静电除尘、缺氧监测空气净化机，全球第一台智能化热回收新风机；2010年，生产了全球第一台具备空气品质检测功能的手机。彭继说，远大已经在空品净化方面形成了一些专利，产品具有一定的独创性。

有人指出，远大在空品净化产品方面沿用了非电空调的套路，做集成商。远大在集成创新方面很有经验，在制造工艺方面也积累了经验，远大只做研发和掌控关键工序。彭继表示，在空品净化产品方面会逐渐走OEM道路。

张跃同样希望能把这些经验复制到可持续建筑产品身上。至此，远大集团完成了非电空调、空气品质、可持续建筑、合同能源管理四大板块的布局。

三　阳光营销杜绝商业贿赂

产品无论多好，只有销售出去才有利润。张跃笃信：只要生产独创的、消费者喜欢的产品，肯定就会赢利。他分析，独创的产品价格由自己决定，消费者喜欢的产品才卖得出去，这两条是企业基本的生存之道。

远大的产品都有一个特点就是价格比较贵，但胡灿明认为贵有贵的道理，客户只接受物有所值的东西，远大只赚取良性利润。如果说远大的成功是产品的成功，那么产品的成功则源于张跃的选择和坚持“有所为而有所不为，”虽然条条道路通罗马，但远大成功的道路只是属于远大自己开辟的道路。

多少年以来，远大一直坚持“七不一没有”（不污染环境、不剽窃技术、不蒙骗客户、不恶性竞争、不搞三角债、不偷税、不行贿，没有昧良心行为）的道德底线。这似乎与中国商业的大环境格格不入。在业界眼里，企图将高调的道德理念加诸企业甚至企业的外部各利益方，让张跃颇似与风车作战的堂·吉诃德。他用自己的方式来使得自己的公司更洁净透明，在利润与道德底线之间，他选择了坚守原则。

“不行贿”作为一条重要的道德标准在营销过程中严格执行。为了消除营销人员行贿的可能，远大给营销人员的奖励只有销售额的2%，这2%包括了当事人的差旅开支和招待费用，这样营销人员就没有更多的钱可以去行贿。这是远大“不行贿”政策最核心的措施。张跃坚持，1000个理由不能改变2%。

这样既保护了客户，又保护了员工，更保护企业免于商誉受损以及因“行贿”而导致犯罪。据说，在2000年之前，远大空调快速扩张时期，因缺乏制度上的约束，曾经有远大的营销人员由于类似事件而遭遇到法律风险。为了避免这一点，2005年远大出台了严格的营销奖励制度，砍掉特殊奖励，对员工行贿行为严加控制。

但是，由于“奖励”水准比同行业普遍水平低很多，一些短视的营销人员不接受，在“灰色营销”盛行的中央空调市场当然吸引不了足够的“营销人才”。不过，许多远大老营销人员是十分认同的，因为他们发现，自己做正当营销可以保持很多老客户，并且自己工作得很自信、很开心。

远大空调总经理胡灿明说：“我们宁愿只做这部分认同我们价值观的生意。

因为空调设备使用寿命长，价值链也长，需要有长期的、健康的合作关系才能获得共赢。这决定企业活多久的问题。”实际上，“产品价格公平，成套项目公开，服务收费公道，各国价格统一。绝不设置价格陷阱，制止价格及合同条款蒙骗。”这样的阳光营销基本原则被写入《远大营销方针》。

胡灿明说，远大空调所有产品都是明码标价、公开透明的。张跃认为，最基本的商业秩序就是价格秩序，如果搞价格蒙骗，或互相杀价，恶性竞争，最终后果都是消费者的损失、社会的损失。太多类似这样恶性竞争导致产品质量下降的事例，最后都是害人害己。

在远大城采访期间，见到很多来远大参观考察的团体或个人，远大人把客户带到企业来参观考察，让其体验和感受见证远大的实力和产品。远大空调区域经理常江说，尤其是非电空调都是几百上千万的交易，到企业来看看是很有必要的，可以促进客户的信任。

而胡灿明告诉我们，远大接待的客人当中，有60%是与商务无关的。但这有助于社会更好地认识远大和远大的产品。彭继说，目前空气净化市场还处于培育阶段，大众对空气污染认识还不够深刻。远大不仅向来宾宣传这些知识，还会举办一些论坛来推广这些理念。

远大基于大量老用户的积累，开辟出合同能源管理业务顺其自然。远大在自身节能技术和能源管理基础上做服务延伸，为客户提供整体节能解决方案和增值服务，开始实施从卖产品到卖方案的转变，拓展产业链、挖掘衍生价值。

然而，远大转向个人客户，则需要开疆辟土。远大空品公司副总经理彭继介绍，远大空气品质产品在中国大部分省市都铺设了营销服务网络，与非电空调在国内做直销不同，空品产品采取的是代理商模式。目前已有几百家代理商，产品覆盖到了20多个国家。但是整体规模还不大，目前销售额在5亿元左右。普通民众对空气污染的认识不够，政府层普及也不够，政府不愿意讲空气污染对环境损害有大，本地的空气质量到底怎么样。但是远大看到，空品的潜在需求巨大，今天空品的市场如同20年前纯净水市场启动时一样。

相对处于市场培育阶段的空品来说，远大可持续建筑则处于探索阶段。远大让世人惊艳的是2010年，用24小时建成的可抗九级地震的6层世博园远大馆。

世界气候组织大中华区总裁吴昌华评价，张跃是位有理想主义者，有理念便去实践，他深入德国考察，钻研各种技术。但是，远大是做可持续建筑的集成供应商还是转行做地产商？可持续建筑符合世界潮流，但要在理想与现实之间，走出一条商业化的道路需要更多探索。

在远大城采访期间，记者参观了远大两座正在进行内部装修的可持续建筑，一座面积为540平方米的三层楼房和一座十多层的宾馆楼。在观看可持续建筑安装的视频过程中，没有看到挖掘机、搅拌机和扬尘，没有一层又一层的垒积。如同搭儿童积木，特制的钢材、墙体泡沫板、管材、地板和其他配件按照预先设计的图纸，从组装到封顶，短短几天之内就已经完工。据了解，现在已在湖南、福建、宁夏开建3个工厂，一年后产值就会过百亿元。

张跃还有一个理想，建一个200层的空中城市，这是“混合社区”综合楼，集住宅、办公、商业、餐饮、影剧院、学校、医院等社区功能于一体。大厦设计高度666米，地上200层，建筑面积124万平方米，可容纳7万～11万人。目前正在招标中，远大正在与长沙、天津、武汉、上海及广州洽谈。

值得一说的是，2011年9月底，远大开始了正式的可持续建筑的生产与推广工作，宁夏蓝山投资置业有限公司成为远大可持续建筑的全球第一家合作企业。蓝山投资公司成立宁夏蓝山远大可建科技公司与远大可建科技有限公司进行合作，在宁夏永宁望远地区设立蓝山远大可建低碳科技园，投资约21.68亿元，研发生产综合以上所有优点的可持续建筑产品，建设年产1000万平方米的斜支撑钢结构民用可持续建筑及相关配套设施生产基地。项目建设期限3年，计划一期项目于2012年3月建成投产。

四　价值观驱动

远大预计，可持续建筑是一个更大的产业，将远远超过非电空调主业。

促使张跃下决心搞可持续建筑不是商业上的考量，“张总很多时候认准了就会去做，很少做细致的市场调查。”跟随张跃十多年的胡灿明如是说。

张跃本人跟人谈起过他做可持续建筑的缘由。汶川地震后，他想做一种安全、抗震的建筑捐给灾区。后来又需要建一个世博远大馆。根据规定，博览会结束时临时性场馆需拆除。“能不能在闭馆后将房子完好无损地拆下来，然后异地重建，从而将建筑材料浪费降低到零？”张跃想到这里，就下决心开发新型建筑。他率队参观了德国弗赖堡、曼汉姆等多个城市后，开始了他的可持续建筑事业。

在《4 分钟读懂远大》的资料中，有这么一段话：在城市化快速发展的时代，远大夜以继日开发 9 度抗震、6 倍节材、5 倍节能、20 倍净化、1% 建筑垃圾的工厂化可持续建筑，并倾尽全部资产。把人类的未来看得比自己的未来更重要。

远大无疑是价值观驱动型的企业，这也成为他们独特的竞争力。“我们从上到下都执行，企业的价值观体现在从董事长到普通员工的细节上，价值观是作出来的。”胡灿明说。

早在 1997 年远大就提出一条“农场法则”，核心内容是强调播种、耕耘和收获的逻辑关系“付出先于回报”。在此基础上，2002 年远大进一步将企业价值观明确为 7 条原则，把道德看得比生存更重要、把责任看得比发展更重要、把环保看得比赢利更重要……把爱看得比什么都重要。

“农场法则”、“7 条重要价值观”和前面提到“七不一没有”原则，构成远大一套很独特的价值观体系和经营哲学。

在远大价值观体系中，“环境责任”是一项十分重要的内容。在张跃看来，如果不把环境问题作为企业首要关注点，企业作为产业机器就是一个杀手，它消耗资源、排放污染，对社会危害极大。因此，企业无论如何要把环境问题放在第一位来对待。在 1999 年 9 月的《远大环境方针》中，远大就声明：将竭力运用自己的技术、系统和产品来减轻这些地球环境面临的诸如气候暖化、臭氧层破坏、酸雨等各种威胁，努力开发节能技术、生产节能产品，将能源的高效利用作为自己的产业方向。

然而这些价值观如何让远大员工认同并践行？

目前约有 2000 名员工生活、工作在这 1 平方公里的远大城区域内。然而，加入这座“乌托邦”并不轻松。远大员工入职前必须接受一段时间军训，这个传统已经保持了 20 多年。无论新员工年龄多大，应聘的职位多高，都必须要在长沙郊区一个封闭的军营里，挺军姿、走正步、跑 5000 米，半夜拉练。

在此期间，新员工还要接受企业文化培训，阅读三本小册子：通过《不朽的智慧》，学习如何自我激励；通过《没有借口》学习如何自我管理；通过《克己复礼》学习各种工作场合需要用到的礼仪。更关键的是还需要背诵并能够默写《员工守则》。

在这工作四年的远大空调销售经理常江说，很多人都会在这一轮中被淘汰，有时会达到2/3，很多是自己选择离开。留下来的人则开始慢慢按照远大城里的制度工作、生活。不过，还有半年的试用磨合期。在销售系统有很多工作10年以上的老员工，他们觉得在远大工作很有“尊严”。

在采访期间，看到的是唯美、整洁、有序的远大城。无论白领干部还是工人每天都穿工作服上班，白领干部是一套蓝色制服，工人们穿的则是宝石蓝的工装。周一早上，全体员工在操场上举行升国旗、厂旗仪式。每天早晨上班工作前，员工们要在部门领导的带领下唱《远大人之歌》。

在这里，远大员工的收入比长沙市相同岗位的平均水平要高；吃住全是免费供应；在这里还有自己的农场，吃自己种且不施农药化肥的蔬菜；不出厂区也能找到俱乐部、酒吧、网球场、健身房等休闲场所。

不过，远大的有序是建立在一套完整的制度之上。张跃信奉制度管理，他认为没有规矩不成方圆，用文字的形式固定下来之后，员工执行不易走样。据称远大的制度多达近300份，有100万余字，并且仍在更新增加之中。这些制度从工作规程到生活守则应有尽有。

张跃的秘书朱琳芳说，张总自己也是身体力行，他也是穿制服上班。吃饭也是强调不浪费一粒米。包括信任自己的员工，远大城里所有的商店都是无人值守，员工买东西时采取自助消费、用工牌刷卡的方式。

张跃认为，条条框框规定得多了，才会让处在纪律之中的人有最大的自由度，不会因为不知情而犯错误。远大这种制造型的公司，必须通过制度规范人们的行为，必须做到严格、细腻，才能保证生产按照一定的程序和标准有序进行，才能生产出高品质的产品。“措施做好了，员工的品行高了，他就会忠于职守，公司就会健康发展。”

企业到底是为什么而活着，企业怎么才能活得更好、更长久？企业文化能够解决企业为什么而活着的问题，而商业模式和组织模式能够解决企业活得更好、更久的问题。企业应该因为自己的思想而存在，为自己的愿景而努力。文化与商业之间，文化为纲，商业为目，纲举而目张。

在企业发展道路上，绝对不是一帆风顺的，肯定会出现种种的诱惑和考验，企业经营不是一场百米冲刺赛，而是一场漫长的马拉松。在商业的诱惑和压力面前，一定要清楚自己的存在理由和价值，这是企业存在最重要的因素。

张跃看得很清楚，如果缺乏价值观的指引，企业可能作出不负责任的、导致行业性风险的行为，甚至会导致行业社会遭殃。

附记录观察

“偏执”张跃

韩言铭

偏执是很多人对张跃的印象。换个说法，张跃是个听从内心之人。

是的，他很张狂，很多时候也很执著，钻进去不容易出来。不过，他也能审时度势，顺势而为，把握大势成就理想。学画画的他，很有理想主义色彩，他的远大被一些人称为“乌托邦”式的理想国。

张狂，1997年张跃耗资7000万元购买美国“塞斯那”公务喷气式飞机，成为国内第一个拥有私人飞机及第一个拥有直升机驾驶执照的企业家，让他风光一了把。这成为当时远大最好的名片。

其实，购买私人飞机不仅是满足个人某种欲望的需要，也是商务的需要。它的附加价值还起到了营销的作用，而且可以近距离地学习飞机这种精密大件的制造工艺。这对于做工业制造的远大来说，同样必要。

张跃的副手，远大集团副总裁胡灿明说，张跃这种偏执对企业决策影响很大，远大的发展与此密不可分。比如多年前，有人建议远大也做电空调，这个建议被张跃否决了。他认为中国的电多数是火电，是二次能源，而且是远距离的输配电，使用电空调综合能效并不高。这与远大集团的理念不符。

偏执的张跃还有著名的“三不政策”——决不多元化、决不借钱、决不上市。他给出的理由是资本市场还不完善，上市和借贷可能影响自己对企业的主导。这些政策也减慢了远大做大的步伐。

对于技术，张跃本人也非常喜欢钻研。也有离开远大的人在论坛上称，张跃本人根本不懂技术。他则自信地回应，人的潜能很大，只要全身心、高密度、集中地投入，就能在某一个短时间内聚集一种情绪，产生一种创造力。远大工程师说，由于张跃非科班出身，思维天马行空，往往能跳出固定思维，寻找到解决问题的方案。但这往往也增加了工程师的难度。

很多事，他也认死理，对于管理公司，他信奉制度文化，导致远大制度文件多。按他秘书的话，文件没有规定的事都不知道怎么做。张跃还亲自编很多公司的文件、技术方面的规范。而且他习惯手写，经常写很多页纸，密密麻麻的小字。他还认为电脑可能导致人懒于思考，在2010年，他还真的一次性收掉2/3的办公电脑，为的是推动员工思考力、创造力的建设。

这种较真还表现于，他对于喜欢的东西会全身心地投入。采访时，空品公司副总经理彭继拿出了一张二十几稿的室内空气质量检表，上面被张画得密密麻麻。“他想得很细致，考虑周到。”在远大，任何一个人都可以跟张总讨论技术问题。张跃也常常会带领工程师工作到深夜，一起研究。据说，小时候学画画，他每天唯一想到的事就是画画。

但是这些并不意味着张跃刚愎自用和故步自封。他是善于学习的，而且他的学习力和执行力超强。

事实上，远大集团是一个学习型组织，善于向优秀企业学习，张跃向华为学国际化，与万科王石也探讨过“不行贿”，也认可马云的构建新商业文明理念。在胡灿明办公桌上，记者看到被张批阅过的一篇杂志文章，张指示把文章复印传阅下去让员工学习。

近年来，张跃活跃于各种论坛，他很愿意分享他的环保理念，他很少谈具体的企业策略和产品，更多谈他的理念。气候组织大中华区总裁吴昌华说，张跃很有气场，他能把周围的人调动起来。很愿意去传播他的思想，他是有理想、有信仰、并且采取行动的人。虽然他的“可建”面临着商业化的障碍，但他积极地用自己的行为去推动这件事。世界需要这种人，更需要社会环境土壤和市场土壤。

让张跃作出这种改变的是几年前他看的美国人艾伦·杜宁的著作《多少算够——消费社会与地球未来》，对他影响很大。他非常认同杜宁的观点，人们必须改变生活方式，理性地控制创造财富的力量，创造一个量入为出的社会。在这本书中，杜宁论证了现代炫耀性消费让位于一个对消费有较低期望时代的可能性。

他开始身体力行，他的私人飞机，现在已经很少开了，而且已经卖掉了5架。因为他知道，一棵树平均一年吸收18.3公斤二氧化碳，他的私人飞机从长沙到北京往返3000公里排出的二氧化碳，相当于8棵大树生长60年所吸收的二氧化碳。

鉴于张跃和远大的表现，2011年5月，张跃作为亚洲唯一获奖者获得联合国颁发的“地球卫士奖”，并获得4万美元奖金。据说这是联合国第一次给个人颁发奖金。“地球卫士奖”创立于2004年，是联合国表彰来自世界各地杰出环保人士和组织的最高奖项。联合国环境规划署从2005年开始颁发“地球卫士奖”。

张跃办企业已经超越了赚钱的目的。他说，最初自己跟多数人一样，创业初期源于简单的经济动力和乐趣。但当财富积累到一定程度，慢慢就会发现当你什么都有的时候，会丧失很多乐趣。必须跨越这一步。现在的远大集团是一家以独创技术为理念、以保护生命为信条的企业，远大所有产品和服务，从本质上优化着人类生活和地球环境。

张跃提出通过远大的空调和可持续建筑减少15%的排放，而目前1%即减排3亿吨还没有达到。张跃需要更快和更大的规模化发展。尤其是上海世博会给张跃本人带来巨大的影响，他也认识到要实现理想达成目标，必借力资本市场。

张跃的“三不政策”也开始改变，多元化已经在路上，远大上市工作也已启动。这些抉择是张跃听从了内心的召唤，顺势而为。

B.16

华锐风电：关键点制胜

李桂琴

在风电整机领域，成立于2006年的华锐风电只是个“后来者”。而正是这个后来者，用飞一般的速度实现了跨越式发展，乘着国家风电飞速发展的东风扶摇直上，用了不到三年的时间就迅速超越当时国内风电龙头老大，夺得第一把交椅，自成立以来，由全球第七跃升为全球第二。

在全球还没有一台6兆瓦及以上级风机进入商用阶段的情况下，2011年5月，华锐风电自主研发的中国首台6兆瓦风电机组正式出产。这一6兆瓦风电机组的出产宣示着其国际领先的风机制造水平，并进一步巩固了华锐风电在国内风机制造领域内的龙头地位。

在没有企业敢于挑战海上风电项目之际，四年前华锐风电临危受命，开始建造欧洲之外全球第一个海上风电并网项目——上海东海大桥10万千瓦海上风电项目，在2010年首轮海上风电特许权招标中，华锐风电一举获得全部招标额度的60%，成为最大赢家。

这个后来者，将国际化明确为公司“十二五”的第一战略，全力推进国际化业务，到2011年，签署多项国际业务协议，并斩获国内风电第一大海外订单——与国际新能源开发商 Mainstream Renewable Power 签署合作协议，为将在爱尔兰开发、建设、运营的1000兆瓦的风电项目提供风电机组。

一切都像一盘精心策划的棋局。华锐风电则犹如一名有谋的猛士，在一个个发展的关键时刻作出正确的战略决策：始终坚持国产化和规模化的发展战略，走大型化和国际化道路，并将技术研发作为企业生命的动力，打造最完善的客户服务体系。

“企业目标同国家目标的结合，是华锐风电快速发展的不竭动力。”清华大学公共管理学院教授胡鞍钢预测，华锐风电“五年内挑战全球第一”战略目标的实现指日可待。

一　国产化突围豪赌大风机

2005年，我国的风电市场开始全面爆发，总装机在接下来的5年中实现连续翻番。也正是此时，看准了政策趋势的韩俊良开始为华锐风电的成立四处奔走。

华锐风电前身是大连重工起重集团控股的大连重工机电设备成套有限公司，深厚的制造业背景赋予了其大型设备制造的天然优势。

当时的风机企业不得不面对的一个现实是，国内装机的风电设备中进口设备的比例很高，而且，当时国外企业不提倡中国做兆瓦级以上的风电机组，也不希望中国具有行业领先的技术。国内风机制造企业大都是通过引进国外技术或与外国公司共同研发的现实，使得企业发展受到严重制约。因此，如何摆脱引进国外技术的牵制，同时在国内外多家风机企业中突出重围，成为了摆在时任大连重工机电成套设备有限公司法定代表人、现任华锐风电董事长韩俊良面前的一大难题。

当时，中国的主流机型还是千瓦级风电机组，兆瓦级风机被普遍认为成本偏高而鲜有人问津。韩俊良发现，在欧美等当时已经颇为成熟的风电市场，1.5兆瓦的兆瓦级风机已成为主流机型，甚至3兆瓦等单机容量更大的风电机组也已经开始小批量生产。

韩俊良认定，兆瓦级风机已是大势所趋，他决定跳过千瓦级风电机组。随后，他买下德国Fuhrlander（富兰德）FL1500系列风机的生产许可证，希望以兆瓦级风机为华锐风电在国内风电市场打响旗号、开疆扩土。由于兆瓦级产品投入大、风险高，此举在多数业内人士看来无异于一场铤而走险的技术豪赌。

而事实证明，当时的“兵行险招”如今实为华锐在发展战略上的高瞻远瞩，也为华锐风电赢得了快速增长。2006年，华锐风电首家推出了1.5兆瓦级风电机组，凭借技术优势迅速占领了市场，并借势开发出可适应全球各种风资源条件和环境条件的1.5兆瓦系列化风电机组，打造了完善的兆瓦级风电机组国产化配套产业链，实现国产化兆瓦级风电机组的规模化生产，为在2007~2009年中国市场1.5兆瓦风电机组爆炸式的需求提供了强有力的供应能力。

“华锐坚持国产化和规模化的发展战略，建立和完善了中国第一家，同时也是规模最大的风电零部件产业链，并大力推动大兆瓦级陆地和海上系列风电机组的国产化发展，也奠定了我们取得领先的基础。”华锐风电高级副总裁陶刚如是说。

毫无疑问，国产化的坚持和迅速规模化的制造优势，是成就华锐风电力克群雄以低成本迅速占领市场的制胜秘籍，而更为关键的是，华锐国产化的这步棋走得恰逢其时。

2005年，国家发改委发布《关于风电建设管理有关要求的通知》，规定风电设备国产化率要达到70%以上，不满足设备国产化率要求的风电场不允许建设，这带动了国内风机企业的发展。

对此，一位风电运营商表示，2005年后国家相继出台了一系列利好政策，开启了国内风机企业的美好时代，而华锐在起步阶段踩准了政策节奏，国产化、自主研发的选择正是政策所鼓励的，使其在之后几次国家特许权招标中获取更大份额，同时其实验性的技术开发，也赢得了包括五大电力公司在内的国企客户们的信任。

华锐风电似乎对研发大型风机有着特殊的偏好。当多数企业还在进行1.5兆瓦风机的研发时，2006年下半年，华锐风电已开始了3兆瓦风电机组的研发工作，此后顺利完成了5兆瓦风电机组技术的开发工作，并在2011年推出了全球领先的6兆瓦风电机组。

在中投顾问高级研究员李胜茂看来，国内主要风机制造企业大都奉行“研发生产一代、技术储备一代”的发展战略，华锐风电的这一战略执行得尤为出色。“华锐一方面保持其现实的主打产品始终与当下市场主流的风机型号一致，另一方面又在不遗余力地进行下一代风机产品的技术储备，这也是其此后在国内风机行业牢牢占据市场领导地位的制胜秘籍。”

二　临危受命制胜海上风电

华锐风电在创立短短数年间快速成长为行业内全球第二、国内第一的领军企业，与其从第一台兆瓦级风机的诞生到全球领先的6兆瓦风电机组的诞生期间，在很多关键节点上把准国内风电市场发展脉络紧密相关。华锐风电在上海东海大桥海上风电场招标中“临危受命”，并出奇制胜，依靠自主研发打破国外垄断，为国内海上风电发展积累宝贵经验的同时，也进一步加强了华锐风电自身在中国乃至全球的行业竞争优势。

2007年，中国第一个国家海上风电示范项目——上海东海大桥海上风电场正式启动招标，鉴于国内当时没有海上大兆瓦风机制造和运行维护经验，该项目原计划从国外购进机组，却因国外企业担心领先的技术被复制而遭受冷遇。更有国外企业在应标时提出苛刻的条件，不仅报价大大超出国际上的通常价格，更提出“5年之内不提供基础设施培训”的保护措施，在业界看来，这形同于买了一个电视却不给使用说明，苛刻条件迫使项目方将目光转向了国内的风机制造企业。

这将华锐风电送上了海上风电市场的大舞台。据了解，当时该项目要求必须采用2兆瓦以上的海上风机，但国内一些企业才刚刚开始着手1.5兆瓦的风机设计，企业大多还停留在兆瓦级以下的风机制造水平。因此，在进入产业的初期就已开始着手3兆瓦和5兆瓦的风电机组风机研发与生产的华锐风电成为一枝独秀。此后，华锐风电依靠领先于国内同行的3兆瓦技术迎难而上，建造了采用34台3兆瓦风电机的海上风电场，并一次性顺利通过240小时预验收考核，成功并网运行至今。

也正是这个项目，让国际垄断巨头们开始重新审视中国风电制造企业的实力。

依托上海东海大桥风电场项目，华锐在海上风电机组研发过程中研发出适应我国海上环境的机组，在技术路线、防腐、抗台风、抗盐雾、低成本维护等方面创造了多个先例，同样也成为华锐风电进一步拓展海上版图的一张“王牌”。

在2010年10月首批100万千瓦海上风电第一轮特许权招标中，华锐风电成功获得江苏滨海及射阳两个近海项目，共计60万千瓦，以及大丰C4国家潮间带30万千瓦示范项目，成为首轮海上风电特许权招标中最大的赢家。

“海上风电其实有着天然的开发优势，一个是风资源条件好，风资源相对平稳，中国的可开发利用量又巨大，所以前景是无限的。”对此陶刚强调，特别是中国的海上风电都是在东部的经济发达地区，比如环渤海经济区、长三角经济区、珠三角经济区，所以它的经济发达，电网的容纳能力很强，且不存在远距离输送的问题，所以在未来海上风电大有前途。

据悉，国家能源局第二轮海上风电特许权招标工作将于2011年底启动，招标规模拟为150万~200万千瓦左右，“我们已经在积极筹备第二轮海上风电特许权招标的竞标工作。”陶刚直言，目前华锐已经出产的5兆瓦、6兆瓦风电机组，不但表明自身在风机大型化方面已处于国际领先地位，同时也契合了市场对大型海上风电机组的需求，而此外，我们一直备受肯定的风机服务体系和与国际接轨的技术标准，也都是进一步拓展海上版图的优势所在。

三　结合国家目标　押注行业新增长点

2011 年 1 月 13 日，华锐风电在上海证券交易所 A 股以 90 元/股的高价格成功上市，创下上证 A 股"最贵股票"纪录，使其成为中国资本市场的焦点。而开盘首日即跌破发行价，则再次引起了业界的一片哗然，华锐风电能否借助资本市场之力再度创造企业新的辉煌？业内人士喜忧参半。

"没有人能准确预测出华锐风电今后的股价，但我们有充分的理由相信，华锐风电是一只值得长期持有的优质股票，必将为投资者带来长远、丰厚的回报。"面对业界的质疑，华锐风电如是答复。

阴晴不定的股价走势谁也不能预判，但一向善于"踩点"的华锐风电，却已经提前嗅到国内风电市场"山雨欲来风满楼"的气息。

根据招股说明书，华锐风电计划募集资金 35 亿元人民币，投向兆瓦级以上风力发电机组研发项目、3 兆瓦海上和陆地风电机组产能建设项目以及海上风电机组装运基地建设项目。而华锐此举的判断依据是，从行业发展趋势上看，风电机组将从 1.5 兆瓦向 3 兆瓦、5 兆瓦发展，在风电技术从陆地向海洋迈进的同时，风电市场也将从国内渐渐延伸向国际，或将成为行业新的利润增长点。

进入 2011 年，国内的风电市场因并网难题而陷入僵局，同时大规模风机脱网事故频发，使得新项目审批几乎停滞；另一方面，风机企业竞争加剧，主流 1.5 兆瓦风机已跌至 3500 元/千瓦的超低价，较 3 年前几乎腰斩，逼近各大厂家的"最后防线"，多数企业游走在盈亏之间，命悬一线。

毫无疑问，当前我国风电行业进入转型期。在中国可再生能源学会风能专业委员会主任贺德馨看来，国内风电企业需要积蓄力量，完成从风电大国向风电强国、由中国制造向中国创造、从国内单一市场向国内国际两个市场的华丽转身。

而凭借在技术创新、国产化、规模化、大型化、国际化、服务一体化的一贯坚持和多年积淀，使得并网问题带来的行业挑战，或将成为华锐风电逆市彰显研发实力、提升行业领先地位的新机遇。

重金压注行业新增长点，以及在大风机、海上风电以及海外市场的提前布局，已经让华锐尝到了甜头。

据介绍，截至2011年6月，华锐风电中标订单结构已经发生明显改变，其中1.5兆瓦占比下降至42.4%，3兆瓦占比上升至47.7%，未来订单结构向大容量产品侧重趋势明显。随着国内主要风电机组制造企业1.5兆瓦机型实现量产，行业竞争日益加剧，1.5兆瓦风机的毛利率逐步走低。但2010年以来3兆瓦风机的毛利率略有上升，成为企业提高赢利能力的救命稻草。

“我们未来将大力发展3兆瓦及以上大型风电机组，维持和扩大国内市场占有率，维持行业领先优势。随着5兆瓦、6兆瓦的商业化运行，我们有信心继续保持并进一步提高毛利率。”陶刚如是说。

走出国门的华锐风电，在海外市场上同样颇有收获。2010年，国家开发银行与华锐风电签署《开发性金融规划发展与战略合作协议》，为华锐风电开发国际市场提供良好的资金保障。而初出国门的华锐风电，在美国、加拿大、西班牙、澳大利亚、南美等多个国家建立子公司的同时，签署了多项国际业务协议，并于2011年7月同国际新能源开发商Mainstream Renewable Power签署合作协议，收获了令人艳羡的“国内风电第一大海外订单”。

“2011年7月15日，我们同国际新能源开发商Mainstream Renewable Power签署合作协议，计划未来5年在爱尔兰共同开发、建设、运营1000兆瓦的风电项目，并由华锐提供风电机组。”陶刚表示，该合作协议的签署是华锐风电同Mainstream在美国、加拿大、非洲、南美等地展开全面合作的一部分，而国际化作为“十二五”期间公司的第一战略，预计到2015年海外业务将占到举足轻重的地位，届时华锐将晋升成为一家真正的国际公司。

“由于市场竞争加剧和国家政策调整，风电行业增速正在回归理性，行业在持续调整中向着更为合理、规范、可持续发展的方向迈进。”对此，陶刚表示，在市场竞争层面，华锐风电将大力发展3兆瓦及以上大型风电机组，实现5兆瓦、6兆瓦的商业化运行，维持和扩大国内市场占有率；不断提升技术水平，引领市场走向，保持行业领先优势。同时，积极推进国际化战略，在全球范围内参与竞争，使国际市场成为华锐风电今后重要的利润增长点，同时采取多种措施，积极降低生产成本，严控费用开支，使企业利润最大化。

专 题 篇

Special Topics

B.17

中国工业的转型升级

金 碚

"十一五"时期（2006~2010 年）以来，其实还可以再往前追溯 5~10 年，中国工业结构调整和升级就一直是个备受关注、多次写入政府文件的问题。工业化本身就是一个经济结构剧烈变动，往往发生显著的结构不平衡甚至严重失衡现象，因而人们在主观上特别渴望实现平衡的发展时期。所以，在现实的不平衡条件下追求合意的平衡，是整个工业化时期的一个显著时代特征。不过，在"十一五"和"十二五"时期之交的历史关头，经济失衡以至社会失衡的现象，以及对于克服严重不平衡、不协调现象的强烈愿望，尤为凸显，转变发展方式成为全社会最重大的问题。由于中国仍然处于工业化时代，所以，作为转变经济发展方式最重要内容之一的工业转型升级，具有极为关键的意义。

一 工业转型升级是转变经济发展方式的关键

作为 13 亿人口的超大型国家，中国从 20 世纪 70 年代末以来的 30 多年加速工业化，不仅彻底改变了中国的面貌，而且极大地改变了世界经济和地缘政治的基本格局。这30多年来，中国以极大的勇气和“血拼”的方式，不仅全面接受世界市场的竞争规则，实行全方位对外开放，并且主动融入经济全球化体系，从而实现了令世界惊叹甚至“不可思议”的巨大成就。

但是，天下没有免费的午餐。当我们享有了经济发展成就的同时，也不能不看到，饥不择食地沿着西方早期工业化技术路线和竞争方式推进的中国工业化进程，也付出了极大的代价。那种导致严重的不平衡和对资源环境过度消耗和损害的传统工业化道路是不可持续的，因此，必须实现经济增长方式和发展方式的转变。

转变发展方式是一个涉及经济、社会、政治、文化以至全体人民的思维方式和生活方式的深刻变化过程，而工业转型升级则是其关键。因为，中国目前和相当长一段时期将处于工业化时代。实际上，全世界在总体上也将长期处于工业化时代。由西方工业化先行国家所“锁定”的工业生产技术路线的优点和缺陷，以及与此直接相关的生活方式，将继续向世界其他国家扩散。工业生产和工业社会的基因和“中轴原理”，仍然是我们所处时代的经济机理的决定性力量，并决定着社会上层建筑的基本性质和主要特征。因此，从一定意义上可以说，所谓发展方式的转变，其核心就是工业化技术路线的优化和运行体制机制的转变。

到“十一五”时期末，中国工业化进程显著地达到了一个阶段性转折点，并面临着下一阶段新的战略机遇期。“十二五”时期，贯彻科学发展观是主题，转变发展方式是主线。而能否实现工业转型升级，则在很大程度上决定着能否实现发展方式的转变。

“十一五”时期，中国（除了很少数欠发达地区外）在总体上进入了工业化中期阶段，并跨入了“中等收入”国家行列。特别是，由于中国巨大的经济规模和人口数量，这一时期，在许多总量指标上中国“轻而易举”地一跃而占据世界前列：成为世界第一大出口国、以GDP计算的世界第二大（仅次于美国的）经济体、大多数主要工业品产量居世界第一等等。不仅如此，中国经济的结构性质也发生了极大的变化。完全是一个今非昔比的新时代。

在工业化初期，中国具有许多同大多数不发达国家相同的现象：资金和外汇短缺、人口二元结构下的劳动力无限供应、技术落后因而模仿空间巨大、基础设施和工业配套能力较弱等等；同时，中国也有一些自己的国情特点，例如，从计划经济过渡而来的短缺经济特征以及与此相关的市场宽容。这一时期，中国工业的最大特点就是各行业生产能力和生产规模的快速扩张。20 世纪 80 年代以来，实现了从轻型加工业的率先快速增长，到重化工业的更快增长。“十一五”时期，重工业加速增长的势头更加强劲，直到这一时期的最后一年 2010 年，轻工业增长 13.6%，重工业增长 16.5%。而且，重工业快速增长的趋势将至少继续延续到“十二五”时期。总之，工业化初期向中期转变的重要特征之一就是工业结构的显著重型化和高度复杂化（如经济学家所说的“具有更大的迂回性”）。

一般发展中国家进入工业化中期后都会表现为资金和外汇短缺现象的缓解，而我国经济进入工业化中期后更突出地表现为资金供应和外汇储备的异常充裕。同时，由于工业技术水平的迅速提高而日趋接近国际先进水平，技术模仿的差距空间显著收敛；大规模投资建设使得基础设施显著改善，工业生产的配套能力明显增强，这一切都使中国工业不仅在规模上，而且在结构上和技术素质上都越来越具有“成熟”特征。这种成熟特征甚至表现为，“产能过剩”成为突出并具有普遍性的结构现象。而在工业品市场供需关系上则形成了绝大多数传统工业品市场日趋饱和的格局。如果说从 20 世纪 90 年代后期开始中国从卖方市场转变为买方市场，那么，直到经历本次国际金融危机，中国最终全面摆脱短缺经济特征，并实现了市场供需关系从短缺向供应全面过剩的转变。在这一意义上可以说，到“十一五”和“十二五”时期之交，我国工业在总体上进入了趋向成熟的工业化中期阶段。

工业化中期的显著特征之一是国民经济达到中等收入阶段。2010 年，中国国内生产总值 397983 亿元人民币（见图 16－1）；如果按照购买力平价计算，中国的 GDP 甚至已经越来越接近美国，有专家①和国际组织（IMF）估计，到 2015～2016 年前后，中国的 GDP 将超过美国；即使是较保守的预测，在 10～20 年之内中国的 GDP 也一定会超过美国。即使是按现行美元汇率计算，中国人均国内生产总值也已达 4000 美元；而如果按购买力平价计算，则已超过 8000 美元甚至更高。无论按何种计算方法，按照世界银行的标准，中国都已经达到中等收入国家（地区）的水平。在这一阶段，尽管我国人口数量巨大，劳动资源丰富，

① 参见〔英〕安格斯·麦迪森《中国经济的长期表现——公元 960～2030 年》，上海人民出版社，2008。

但也明显地出现了进入中等收入阶段所具有的劳动供需特征。“十一五”和“十二五”时期之交，中国劳动市场结构性转换的突出表现似乎有点“突如其来”和“出人意料”（例如，出现引人注目的“民工荒”和“招工难”现象）。其实，这正是进入中等收入阶段的必然表现。因为，同低收入阶段不同，中等收入阶段的劳动者将越来越不再“饥不择食”地接受就业岗位和工作条件，而越来越会“挑挑拣拣”，甚至“挑肥拣瘦”。农村生活条件的改善和农民收入的提高，也显著增加了民工到工业企业就业的机会成本。于是，单方挑选和单方出价的劳动市场，逐渐转变为双方选择和双方协商的劳动市场。其市场信号反映就是：劳动工资水平的明显提升，不仅劳工自身，而且全社会对劳工权益的关注更高。

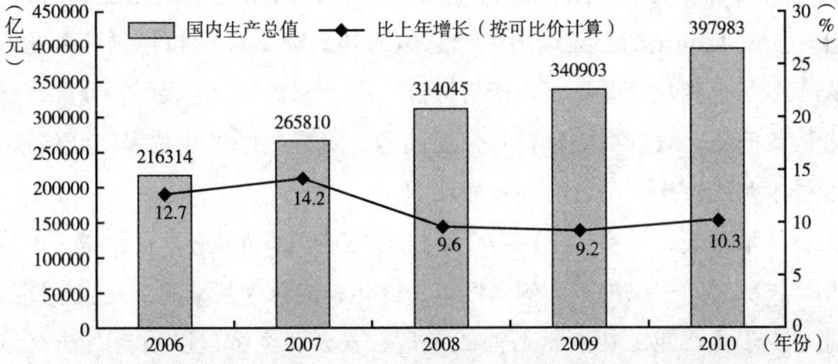

图 16－1　2006～2010 年国内生产总值及其增长速度

资料来源：国家统计局《中华人民共和国 2010 年国民经济和社会发展统计公报》（2011 年 2 月 28 日）。

总之，中国工业化进入中期阶段，2010 年，全部工业增加值达 160030 亿元。进入这一新的工业化阶段，工业生产能力、技术水平、劳动工资状况、基础设施条件，以及市场供求关系等的一系列显著变化，促使工业结构在向重化工业倾斜的基础上，进一步向制造业的更复杂部门以及产业链的更高环节转型升级。从这一角度观察，中国工业发展既有继续追赶发达工业国的内容，又越来越具有必须走向更加依赖自主创新道路的表现；既有继续完成工业化不可逾越阶段的历史过程的内容，又越来越具有成为世界制造业领先者的表现。简言之，中国工业已经从幼稚时期，进入成年时期，转型升级是成长的必然，必须从工业化初期的工业结构体系向适应工业化中后期的工业结构体系转变。

二　资源环境约束下的技术路线转换

“十一五”时期，中国工业发展的一个突出特点是资源环境约束的压力越来越大。这种压力不仅来自市场供求关系和资源价格的不断上升，来自社会舆论和民众呼吁，而且也来自国际社会对中国的抱怨。实际上，中国工业发展自身也要求向着更节约和更有效利用资源特别是化石能源，更重视环境价值和更快地提高环境保护标准的方向转型升级。“十一五”规划的一个约束性指标是全国万元国内生产总值能耗下降20%，确定这一目标表明政府节能减排的决心。五年来，尽管作出了很大努力，个别地区甚至采用了“拉闸断电”的不适当行政手段，但“十一五”期间全国万元国内生产总值能耗下降20%的目标仍然未能圆满完成（与规划目标相比还差不足1个百分点，即19.1%）。这表明，节能环保不仅是企业决策问题、政府决心和管制强度问题，更是一个工业技术路线转换过程。而工业技术路线转换是不可能一蹴而就的。

工业技术路线的转换，不仅需要新技术的突破，而且必须付出很大的成本和经历相当长的时间。以汽车为例，汽车是以化石能源为基础的工业技术路线的典型产业。由于化石能源特别是石油的丰富、安全和经济，以消耗石油（汽油或者柴油）为燃料的汽车发动机是汽车制造的技术路线的核心。于是，围绕这一工业技术路线，汽车工业不仅形成庞大的汽车制造业，而且形成了采油、炼油、输油、加油等庞大的基础工业和基础设施网络（加油站、公路、桥梁等）。现在，由于资源环境约束的增强，除了最大限度地生产节油型汽车之外，还要研制生产新能源汽车。而新能源汽车意味着汽车生产技术路线的重大转换。为此，需要付出怎样的代价，经历怎样的过程呢？在考察一家在新能源汽车研制方面具有相当优势的制造企业时我们看到：生产一辆石油燃料的汽车出厂价不足10万元人民币，即使是相当漂亮的SUV型汽车价格也仅在10万~15万元之间。而一种投入城市出租汽车市场的双动力（电动和汽油动力）车，售价高达30万元。为推广这种汽车，尽管中央财政补贴6万元，省财政补贴6万元，客户也得支出18万元，大大高于相同等级的汽油或柴油动力车的价格。可见，为了实现技术路线的转换，不仅生产企业要付出极大努力，政府（实际上是广大纳税人）和使用者也必须承担很大的代价。只有当技术进一步成熟，在政府和购车者及消费者持续付出代价的基础上不断扩大生产和销售规模，从而逐步降低售价；同时，建立起新能源汽车的基础设施（充电、蓄电），才能真正实现汽车生产的技术路线转换。这是一个巨大的历史变迁。当前，整个世界仍然处于化石能源时代的巅峰时期，化石能源的经济优势仍然非常强大。其实，在我们上述例子中，汽油车转为双电力（或混合电力），还只是以电力部分替代燃油，而作为二次能源的电力，其一次能源仍然主要是化石能源——燃煤。所以，即使双动力或混合动力发动机替代了燃油动力发动机，汽车工业技术路线转换也只是完成了一半。可见，尽管向以替代化石能源的新能源为基础的工业技术路线创新正在上路，但未来的道路仍然漫长，目的地还很遥远。

要更大程度实现工业技术路线的动力转换，就得实现一次能源结构的转换，即用非化石能源替代化石能源。这一过程将取决于更具决定性的技术进步。例如，太阳能技术目前只能达到15%～17%的转化率，风能的更大利用仍然存在一系列技术难点，核能利用在我国短期内难以达到较高比重，而且，2011年3月11日的日本大地震对核电站的安全再次提出疑虑和更高要求。中国的自然资源条件决定了，在当前和相当长的时期内，煤炭仍是最主要的能源。与“十五”时期相比，“十一五”期间煤炭消费的比重并没有下降，非化石能源的比重也无明显提高（见表16－1）。这些都表明，我国仍然处于化石能源时代的巅峰时期。确保化石能源的供应安全、节能和化石能源的清洁化，是现阶段我国能源战略的重要内容之一。

表16－1　2001～2010年我国能源消费总量及构成

年份	能源消费总量（万吨标准煤）	占能源消费总量的比重（%）			
		煤炭	石油	天然气	水电、核电、风电
2001	150406	68.3	21.8	2.4	7.5
2002	159431	68.0	22.3	2.4	7.3
2003	183792	69.8	21.2	2.5	6.5
2004	213456	69.5	21.3	2.5	6.7
2005	235997	70.8	19.8	2.6	6.8
2006	258676	71.1	19.3	2.9	6.7
2007	280508	71.1	18.8	3.3	6.8
2008	291448	70.3	18.3	3.7	7.7
2009	306647	70.4	17.9	3.9	7.8
2010	324739	68.9	18.7	4.3	8.1

资料来源：《中国统计年鉴（2010）》，中国统计出版社，2010。2010年的数据根据《2010年国民经济和社会发展统计公报》数据估算。

当然，尽管工业技术路线转换是一个相当艰难并且必须付出很大代价的过程，但这毕竟是一个面对资源环境约束条件越来越严酷的现实挑战而必须完成的过程。人类没有别的选择！

在当前，除了探索资源替代的新出路之外，更为现实的是，还要作出极大的努力实现从以资源比较优势和以化石能源为基础的技术路线，向更符合节能环保要求的工业技术路线转换。在这方面，各工业部门都有很大的技术创新空间。例如，原为高耗水、高耗电的钢铁工业生产技术变为节水、节电的钢铁工业生产技术，不仅在技术上是完全可行的，而且在经济上也是可以全面推广采用的。“十一五”期间，我国工业生产的自然资源及能源节约技术有了显著提高。2010 年，全国万元国内生产总值用水量 190.6 立方米，比上年下降 9.1%。万元工业增加值用水量 105.0 立方米，下降 9.6%（“十一五”时期，单位工业增加值用水量累计下降 36.7%）。万元国内生产总值能耗下降 4.01%。

从“十一五”时期看，我国单位国内生产总值及单位工业增加值的能源消耗量都在持续下降（见表 16－2、图 16－2）。而且，其下降速度明显快于“十五”时期。工业是最大的商品能源消费部门，“十一五”时期规模以上企业单位工业增加值能耗下降了 26%（显著高于全国单位 GDP 能耗的下降幅度），对全国单位 GDP 能耗下降作出了很大贡献（见表 16－3、图 16－3）。这表明，尽管节能减排的任务仍然非常艰巨，但我国工业的能源利用效率正在显著提高，转型升级步伐正在加快。

表 16－2　2001～2010 年我国单位 GDP 能耗

年份	能源消费总量（万吨标准煤）	GDP（亿元）	万元 GDP 能耗
2001	150406	109655	1.371629201
2002	159431	120333	1.324915027
2003	183792	135823	1.353172879
2004	213456	159878	1.335118027
2005	235997	184937	1.276094021
2006	258676	216314	1.195835683
2007	280508	265810	1.055295136
2008	291448	314045	0.928045344
2009	306647	340903	0.899513938
2010	325000	397983	0.816617795

资料来源：《中国统计年鉴（2010）》，中国统计出版社，2010；2010 年的数据根据《2010 年国民经济和社会发展统计公报》计算。

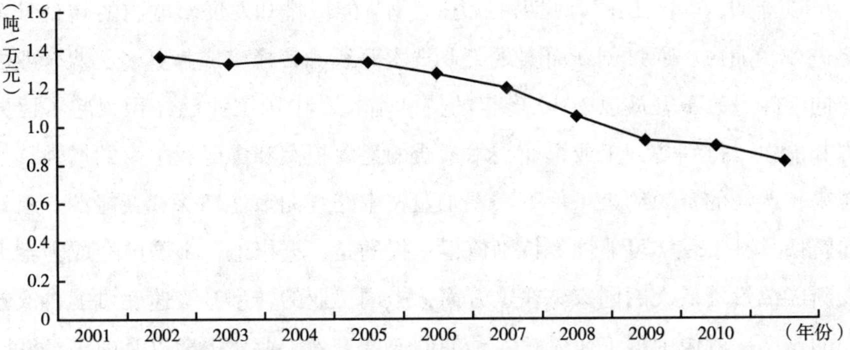

图 16－2　2001～2010 年我国单位 GDP 能源消耗的变化

表 16－3　2001～2010 年我国单位工业增加值能耗

年份	工业能源消费总量(万吨标准煤)	工业增加值(亿元)	万元工业增加值能耗(吨/万元)
2001	92346.68	43581	2.118966522
2002	102181.18	47431	2.154312159
2003	119626.63	54946	2.177167219
2004	143244.0162	65210	2.196657203
2005	158058.37	77231	2.046566405
2006	175136.642	91311	1.91802348
2007	190167.2949	110535	1.720426063
2008	209302.15	130260	1.606802933
2009	218639.311①	135240	1.616676361
2010	249114.918②	160030	1.556676361

资料来源：①2002～2010 年《中国统计年鉴》，中国统计出版社，2002～2010。

②2009 年数据根据《我国高耗能行业能耗约占工业能耗 80%》（新华网）中关于“2009 年，我国工业能耗占全国一次能源消费的 71.3%”的结论计算。

③2010 年数据根据《辉煌“十一五”：节能减排攻坚初战告捷》一文中关于“2010 年全年单位工业增加值能耗比 2009 年下降 6% 左右”的预测结论计算。

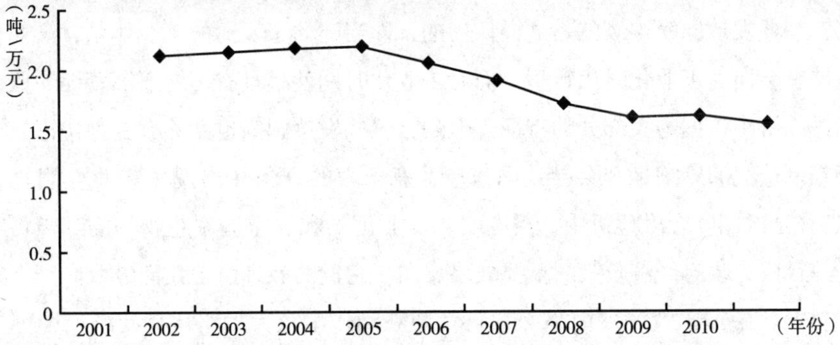

图 16－3　2001～2010 年我国单位工业增加值能源消耗的变化

可以预期，“十二五”时期，我国工业节能减排和发展新能源的转型升级速度将进一步加快。通过创新而实现工业技术路线的转换将成为更多工业企业的努力方向。经过改革开放以来30多年的持续增长，中国工业已经积累起了巨大的实力和能力，特别是，工业企业技术素质的显著提高和国际竞争力的增强，使得在越来越严峻的资源约束条件下实现工业技术路线向节能环保和新能源、新材料方向转换具有了现实可能性。特别值得一提的是，据报道，中国已经成为全世界开发新能源投资最大的国家。在这方面，中国工业的转型升级速度可能再次超过人们的预期，就像中国工业以超人预期的速度进入工业化中期以及中国经济以超人预期的速度进入中等收入阶段一样。总之，资源约束尽管对中国工业发展造成了一定的困难，但也可以成为促进中国工业转型升级的动力，而不会成为阻止中国工业继续快速增长的不可逾越的障碍。

三　现代工业经济体系的艰难变革

工业历来具有革命性转变的特点，即在连续发展一定时间后发生突变，在新的科学发现和技术发明的基础上，整个工业技术性质特征和工业结构随即发生巨大变化，史称第一次、第二次、第三次“工业革命”。所谓工业革命实际上是传统工业（包括工业化之前的工业和工业化发生过程中的工业）技术发展到巅峰时期，新的工业技术全面采用，成为新的经济增长点和国民经济新的主导产业和支柱产业。那么，我们当前是否处于又一次新的产业变革的历史时期呢？更尖锐的问题是，工业发展到今天，是否还有前途？中国越来越多的工业部门或者工业制造环节将成为“夕阳产业”而不得不转移到其他国家，走向“去工业化”的方向吗？一些发达国家曾经就是这样认为的，即当建立了发达的工业体系，产业体系的发展就会向后工业化时代转型。而后工业化时期就是具有工业逐渐萎缩、服务业在国民经济中占据绝大部分的特征。但是，这些发达国家也始终有一种忧虑，工业特别是制造业的萎缩是否会导致国家产业竞争力的衰弱（出现“产业空洞化”现象）？在这次国际金融危机中，美国“再工业化”和“重振制造业”的呼声再次强烈，并且成为政府经济政策的重要战略意向。它们的教训值得我们汲取。

对此，中国工业发展面临必须科学判断和作出重大战略抉择问题：中国工业已经发展到一些工业部门成为“夕阳产业”的阶段了吗？当建立了庞大而完整的工业经济体系后，下一步的方向是放弃工业（去工业化）还是继续发展新兴工业？

所有的统计数据和可以观察到的经济现象都表明，就全国而言，目前，中国工业没有成为“夕阳产业”，从最传统的工业部门到先进制造业的各个部门，所有的工业部门在中国都仍然有很大的发展空间。统计数据显示，2010年，我国全年规模以上工业中，农副食品加工业增加值比上年增长15.0%；纺织业增长11.6%；通用设备制造业增长21.7%；专用设备制造业增长20.6%；交通运输设备制造业增长22.4%，其中汽车制造增长24.8%，铁路运输设备制造增长25.4%；通信设备、计算机及其他电子设备制造业增长16.9%；电气机械及器材制造业增长18.7%。六大高耗能行业比上年增长13.5%，其中，非金属矿物制品业增长20.3%，化学原料及化学制品制造业增长15.5%，有色金属冶炼及压延加工业增长13.2%，黑色金属冶炼及压延加工业增长11.6%，电力、热力的生产和供应业增长11.0%，石油加工、炼焦及核燃料加工业增长9.6%。高技术制造业增加值比上年增长16.6%。几乎所有工业行业的增长率都高于国内生产总值10.3%的增长率。这表明，工业在国民经济中的比重即使不提高也不会显著下降（当然，由于服务业的价格上涨较快，所以在以现价计算的三次产业结构中服务业的比重可能上升）。当然，由于土地资源稀缺和要素价格上升等原因，有些地区可能已经没有一般加工制造业的扩张空间，必须“腾笼换鸟”。但是，这些制造业正是其他地区极为需要和欢迎的产业。例如，作为代工企业的富士康，在深圳地区没有进一步发展的空间，却受到中西部地区的极大欢迎。可见，现在谈论中国的“夕阳产业”，制造业向其他国家大规模转移，还为时过早。所以，中国工业转型升级的意义决不在于“放弃”，而在于“强化”。向更加发达的工业体系发展，使各工业部门（包括传统产业和高技术产业）都进入世界先进水平，是中国工业体系变革的迫切要务。

放弃工业意味着放弃技术创新的产业载体和工业技术路线极点延伸的前景（我国最发达的地区也不应放弃工业作为），所以，当传统工业发展到发达水平，市场需求扩张空间有限，特别是当经济增长缺乏新的主导和支柱产业时，战略性新兴产业的发展就成为尤其重要的任务。这实际上是各个发达国家也正在面临的难题。当工业扩张到较大规模、工业制造成为高度发达的产业时，必然进入现代服务业加快发展的阶段。但即使那样，作为一个大国，也不能走上“去制造业”

的道路，制造业是一个大国永远不能消亡也不该衰落的产业，否则，将失去技术创新的载体，必然会导致整个国家失去竞争力。

所以，向现代产业体系转型升级，绝不是放弃传统工业而另搞一个标新立异的产业体系。在现阶段，发展现代产业体系实质上是要在基本完成初期工业化之后，建立向工业化中后期推进所要求的更先进和发达的产业体系，其中，传统工业的各个部门都有很大的技术升级空间。我们看到，在“十一五”期间，人们所说的传统工业特别是传统重化工业增长强劲，成为中国经济增长的主要推动力。而进入“十二五”时期，中国工业化必须在此基础上继续推进。当然，如前所述，中国工业化的技术路线也必须适时转换。总之，“十二五”时期相对于“十一五”时期，中国工业转型升级既有连续性，也有非连续性。连续性主要体现为工业化将继续快速推进，各工业部门将实现全面技术升级，非连续性则主要表现为将走向新型工业化的道路，并寻求重大核心技术创新基础上的工业技术路线优化。所以，所谓建立现代产业体系，也就是走新型工业化道路，形成体现新型工业化性质的产业体系。

首先，实施资源战略的重大调整。①能源战略。必须实现能源生产结构和消费结构的调整，即推动能源生产和利用方式变革，构建安全、稳定、经济、清洁的现代能源产业体系。一方面，在确保能源安全供应的基础上推进传统能源清洁高效利用；另一方面，加快新能源开发，逐步推进可再生清洁能源对化石能源的替代。②土地和矿物资源战略。更有效和有节制地发挥“土地是财富之母”作用，做到土地资源的科学规划、集约开发、兼顾各方、合理利用。同时，更科学和合理地开发利用战略性矿物资源，使现代产业体系具有长期稳固的物质资源基础。③发展海洋经济，为工业化拓展更广阔的地理空间和资源条件。坚持陆海统筹，制定和实施海洋发展战略，提高海洋开发、控制、综合管理能力。科学规划和合理开发利用海洋资源，发展海洋油气、运输、渔业等产业，保护海岛、海岸带和海洋生态环境。保障海上通道安全，维护我国海洋权益。

其次，形成更加合理的三次产业结构和实现三次产业之间的有效互动。①提升和优化工业特别是制造业结构。加强制造业的集约化、清洁化和精致化程度，并且形成大、中、小型制造业企业的有效竞争、分工和合作的产业组织结构。②加快发展服务业，包括生产性服务业和生活性服务业。在建立发达制造业的基础上，逐步提高服务业在三次产业中的比重，提高现代服务业在整个服务业中的比重，提高生产性服务业在现代服务业中的比重。推动特大城市形成以服务经济为主要比重，以高端制造业特别是高端制造业的核心技术创新实体为精髓的产业结构。③形成一、二、三次产业之间的合理分工和有效互动。第一产业是第二、三产业发展的重要物质基础，而且第一产业的现代化也是第二、第三产业现代化的前提。第二产业要为第一、第三产业提供技术支持，同时也是第一、第三产业市场需求的重要来源之一。第三产业不仅是第一、第二产业的基础条件，而且要为第一、第三产业提供高效率的综合运输体系和信息传送系统，更要为第一、第二产业的高效化、品牌化和延伸化提供必要的支持条件。

最后，培育发展战略性新兴产业。重点培育发展新一代信息技术、节能环保、新能源、生物、高端装备制造、新材料、新能源汽车等产业，加快形成先导性、支柱性产业，拓展产业发展的更大空间和更广阔前景。目前，不仅中国这样的新兴工业化国家需要培育发展战略性新兴产业，而且美国等发达国家也迫切需要发展新兴产业。可以说，全世界都在盼望着一个关系到能否实现持续经济增长的最关键问题的答案：哪些新兴产业，而且是在多大程度上，可以接替传统产业成为未来的主导产业和支柱产业？在应对这一战略问题的严峻挑战上，中国和发达国家站在十分接近的起跑点上。因此，中国工业通过转型升级，将向着世界最先进的工业高地迈进。这正是“十一五”、“十二五”时期之交，中国工业转型升级的重大历史意义，有可能成为中国工业化历程中又一个具有标志意义的里程碑。

四　向高附加值产业端攀升的企业战略转移

工业转型升级不仅仅表现在工业结构和工业体系的总体特征的变化上，更深刻地发生和体现在所有工业企业的战略抉择和战略走势上。在如前所述的经济发展阶段、资源环境条件和产业结构体系发生重大变迁的大背景下，所有工业企业的生产经营条件都正在和将要发生极大的变化。其直接表现就是，工业生产的要素成本不断上升，各类工业品市场更趋饱和，越来越多工业领域的利润空间被严重挤压。工业企业普遍感觉实业经营越来越艰难，除非实现向高附加值的产业领域或者产业链环节转移。

观察企业转型升级同讨论整个工业的转型升级不尽相同。当我们讨论整个工业的转型升级时，主要是在整体意义上关注其结构变化和总体演变方向，可以描述出一个大体一致的基本特征。而企业是多种多样的，遍布于各行各业、各个不同的地区。所以，企业群体转型升级的战略转移是多方位的，而不可能是所有企业“齐步转”。企业类型的多样化和经营战略选择的各具特色，决定了它们的转型升级只能是“八仙过海，各显神通”，而“绝没有两个完全相同的成功企业”。如果一定要说所有工业企业会有什么共同的行动方向，那么，向产业链的高附加值端攀升可能是其群体行为的共性之一。至于产业链的哪个附加值端更高，各个企业通过转型升级可以或应该进入哪个具体的产业链环节，则是各有各的选择，各有各的招数。当然，节约能源资源、更高标准地保护环境，是所有工业企业在作出战略选择时的“必选项”或“必答题”。

观察“十一五”期间的工业企业转型升级战略，预见其“十二五”时期的新动向，各工业企业至少可以有以下几种转型升级的可选择方向。

第一，一些企业将生产能力在区域间转移，例如，加工制造业从东部沿海地区向中西部地区转移，采矿业向新探明储量地区转移。典型的案例包括富士康、华能集团等。这些企业的战略基本上体现了以寻求区际比较优势为基础的规模扩张方向。它们是中国现阶段工业化地区梯度推进的顺势而进者，也可以说是一种“顺势而进”的企业经营战略。而在向中西部地区推进的过程中，技术水平特别是环保技术必须有显著提高，以适应中西部地区生态环境的要求和不断提高的产品和环境质量标准。这种企业转型升级方式可以称为“基于比较优势的空间转移战略”。

中国社会科学院工业经济研究所工业运行课题组的一份报告表明,① 工业企业向中西部地区转移的速度正在明显加快。当前，适合于中国国情的产业结构应当具有高度多样性和区域梯度性，并且能够解决大量低层次劳动力就业问题。在不会造成严重环境损害和大量资源消耗的基础上，几乎任何一种技术水平的产业在中国都能够找到适合其存在的地区空间。在东部，很多发达地区已经进入工业化中后期，一些劳动密集型产业会因为生产要素价格的上升而失去竞争优势。而中西部地区，工业化刚刚进入中期，甚至还是在初期，承接东部的产业转移有利于自身资本的积累、完善产业基础、提高经济发展速度。许多劳动密集型产业对于解决就业有着十分重要的意义，而且在未来很长的一段时间里，劳动密集型产

① 中国社会科学院工业经济研究所工业运行课题组：《2011 年中国工业经济运行形势展望》，《中国工业经济》2011 年第 3 期。

业将仍然是中国在全球市场中十分具有国际竞争力的产业。一些低技术，但并非高污染、高耗能的劳动密集型产业的长期存在具有客观必然性。

国际金融危机发生以前，受人民币升值、出口退税下调、土地资源紧缺、劳动力成本上升、资源环境约束趋紧等因素的影响，东部地区向中西部地区的产业转移速度已经开始加快，大量的东部企业到中西部地区投资，将企业的加工制造环节转移到中西部地区。国际金融危机后，即2010年以后，东部地区生产要素成本上升的问题更加凸显出来，“民工荒”、“招工难”成为困扰东部企业的突出问题。一些劳动密集型产业由东部地区向中西部地区转移的速度将会进一步加快。

除了劳动密集型工业企业加快向中西部地区转移之外，由于中西部一些地区进入以资源开发为重要特点之一的工业化阶段，资源勘探的速度加快，探明储量增加，在我国经济发展对能源资源的需求十分旺盛的条件下，许多能源和矿业企业也大举向中西部地区转移。

第二，不断将主业产品的整个制造产业链做强，将技术、工艺、质量和售后服务做精，成为业内最具竞争力的专业化生产企业，例如湖南的三一重工、中联中科等。再如比亚迪汽车，其升级战略的方向是力图实现汽车制造全产业链在集团内的一体化，即力图掌握汽车制造全产业链的技术，以此形成本企业汽车制造的更强竞争力。企业转型升级的这种方式可以称为“基于全制造产业链技术优势的一体化战略”。

第三，在产业链的各细分环节中成为持续保持分工优势的专业化制造企业。例如，许多中小型制造企业发展为专业化和工艺水平很高的优秀企业，成为各行业中的“隐形冠军”。在经济全球化条件下，一个产品的生产分工体系中涉及许多合作厂商，甚至形成“世界制造”（部件制造分布于多个国家）的格局。一个企业只要能在分工体系中稳固地占据一个或数个环节，就可以成为行业中的佼佼者。目前，在许多制造业产业特别是在高技术产业体系中，中国企业还处于相当弱势的地位，只是由于产品最后在中国组装而打着“中国制造”的标记。例如美国从“中国进口”的iPhone手机，中国企业在其总价值中的比重不足4%，产品却标注“中国制造”（同时标注“苹果公司设计”）。这同时也表明，在制造业的各个部门以至各种产品的生产领域中都存在着中国工业企业发展的巨大延伸扩展空间。当然，中国工业企业要进入这些制造空间绝非轻而易举，而是必须以技术、效率以及管理的更强竞争力为前提。所以，对于许多中国制造业企业，通过不断增强竞争力而进入全球分工体系中具有更高附加值的产业分工环节，是转型升级的可行途径之一。这样的企业转型升级方式可以称为“向全球制造体系渗透的精致制造战略”。这种转型升级对于中国工业的强大具有决定性的意义，它体现了一个国家制造业在国际竞争中的“基本功”。

第四，通过跨行业投资而实现企业主营业务的全面转型。通常是，当企业在某一行业中发展到一定程度，积累了较强或一定的资金、技术、人才和管理能力，而在本行业中继续发展空间有限，或者发现了更有利的发展机会时，通过向其他产业投资而实现跨行业的战略转移，往往是（或者理想地是）进入技术和资本密集度更高的行业。其中，有的制造企业转型成为制造业和产业投资混合型企业，例如联想集团，在电脑制造和产业投资两方面都取得良好业绩，已经不是一个单纯的电脑制造企业。再如，江苏的远东集团，主业生产电缆，同时以投资方式进入其他新兴产业。值得注意的是，也有的企业从工业进入农业领域，发展生态种植业或生态饲养业。因为，这些企业看到在生活水平提高，但食品安全形势却十分严峻的条件下，人们将更关心食品安全和有益健康，所以，生态农业将有很大的发展前景和市场空间。可见，企业转型升级战略的产业方向可以是多方位的。这样的企业转型升级方式可以称为“跨业转型战略”，其中又可分为“跨业经营转型战略”和“跨业投资转型战略”两种类型。

第五，工业企业实现以核心实体产业为基础的服务业化。例如，一些汽车制造企业发展与汽车制造相关的金融服务业（汽车信贷），一些工业企业进入银行、证券、物流等服务业，还有一些工业企业进入文化产业。这样的工业企业转型升级方式可称为“向服务业延伸的二、三产业互融战略”。

第六，顺应中国工业化进入重化工业强劲增长阶段的需要，向装备制造业特别是高端制造业领域推进。中国工业尽管已经具有相当大的生产能力，但装备制造业特别是高端制造仍然同发达工业国有很大的差距。因此，中国要真正成为工业强国，必须在装备制造业和高端制造业的发展上有大的作为。这也就意味着，中国工业企业的转型升级在这一广阔领域中有很大的发展空间。这种企业转型升级方式可称为“向重型高端制造领域的顺势攀进战略”。

第七，在高技术和新兴产业中进入世界高端制造业竞争领域。例如华为、比亚迪等，还有众多太阳能、风能、核电、高端电子、生物工程等企业。这类企业又可采取从专业化分工的制造端进入、从组装端进入、从研发领域进入、基于某种制造优势而进入新兴产业等不同的策略。向这一方向转型升级的关键是核心技术上的创新。这一企业转型升级方式可称为“进入高端、新兴产业的新技术突进战略”。

可见，中国工业企业的转型升级具有全方位、宽领域的特点。从总体来说，中国工业企业的转型升级体现了中国工业化的推进和从要素推动向资本推动和技术创新转变的进步过程。各类企业转型升级的共同特点是更加依靠技术创新，尤其是基于自主知识产权的自主创新。当然，工业企业的战略选择中也有一些值得研究并引起很大争议的现象。

例如，不少工业企业进入了并非是“更先进”而是“更赚钱”的产业，成为这些企业重要的“非主营业务”，甚至成为一些工业企业主要的收入和利润的主要来源，对利润微薄甚至亏损的主营业务（制造业产品）进行交叉补贴。在一个高端论坛上，一位著名的制造业企业家被问及这样的问题：“由于您的企业进行了大量的投资业务，您认为现在您的企业是制造业企业还是投资企业？您现在仍然是企业家还是已经成为投资家?”他未作明确回答，而是说：“我们可以用丰厚的投资收益来支持制造业的发展。”我们看到这样的客观事实：由于中国改革和发展路径的特殊性（渐进式改革和级差式发展），导致各行业的利润率差距极大，暴利和微利产业共存，所以，一些制造业企业为追求更大利润而进入了高利润的（往往是具有垄断性的或政府管制较强的）传统产业，这成为一种很普遍的现象。甚至像奇瑞这样以发展自主品牌为理想的汽车制造企业也要投资鄂尔多斯的煤矿。专家分析：奇瑞生产一辆车的净利润只有132元，而挖一吨煤的利润就有数百元。有报道称，在2010年9月的青岛住房交易会上，知名家电企业海尔带来了遍布全国的14个楼盘项目，包括住宅、别墅等多种类型；海信推出了13个新楼盘项目。还有众多家电业的优秀企业，例如格力、康佳、美的、TCL等也都进入了房地产业。原因是，家电业的利润只有3%~5%，而房地产业的毛利润率超过50%！（中国社科院发布的《中国住房发展报告（2010~2011)》称，2009年，中国房地产行业的平均毛利润率为55.72%）在沪、深两证券交易所上市的除房地产、金融保险之外的全部18个行业中，都有业内公司涉及房地产业务。通过股权投资和关联企业直接涉足房地产业务的上市公司达802家，占1300多家A股上市公司的60.53%。[①] 这样的普遍现象是否可以称得

① 宋厚亮：《民营企业：左右摇摆中疯长》，《领先》2011年第3期，总第44期。

上是制造企业的“去实业化”或者“逆升级”？这是一个非常值得观察和研究的现象。

这一现象的普遍存在至少表明，在现实条件下，一些传统产业仍然具有很明显的优势，或者较强的可获利性；工业企业的转型升级决不像是在笔直而畅通的大道上行车，而是常常会曲折绕行，或者因受诱惑而改变方向，也不排除误入歧途的可能。但是，无论如何，企业在竞争中实现转型升级，寻求更高附加值产业和更高附加值产业链环节，是竞争所迫使的方向，而不是简单地走向理想方向的坦途。企业转型升级没有平坦的大道，只有在崎岖道路上攀登，才能成为真正具有竞争力的强者。

五　寻求国际竞争力的新源泉

实现工业转型升级，发展现代产业体系，就是要在新的更先进的技术基础上全面提升各个产业的自主发展能力和国际竞争力。在经济全球化竞争格局下，国际竞争力是最具决定性的因素——生存、发展、安全，甚至国家统一和领土完整，都必须以产业国际竞争力为基础。如果缺乏国际竞争力，一切都无从谈起，也没有任何“战略”可言。当前，中国产业经济最迫切的问题就是，必须从主要依靠低价格的资源投入、低标准的环境保护和低水平的劳动报酬社会保障等为依赖的竞争力源泉，转变为主要依靠技术创新和制度优势为特征的新的国际竞争力源泉。也就是说，寻求和拓展产业国际竞争力的新源泉，是中国发展现代产业体系最根本的战略方向。

在寻求提升产业国际竞争力新源泉的过程中，必须坚持发挥市场基础性作用与政府引导推动相结合的基本原则。中国的产业经济具有政府深度参与，可以“集中力量办大事”的优势。实行指向性很强的产业政策是中国发展产业经济的惯常做法。因此，在发展现代产业体系的过程中，政府应发挥规划、引导和扶持的重要作用，但也决不能忽视市场公平竞争而实施过度行政干预。发展现代产业体系归根结底必须以更完善的市场经济体制为基础。市场经济的基本性质决定了，发展现代产业体系必须以市场调节为基础，以公平竞争为原则，以有限政府为特征，以尊崇法制为规范。

提升产业国际竞争力离不开发挥比较优势，而比较优势的基础是比较成本。

产业竞争的主题永远是成本竞争，即看谁能够以更低的成本生产和提供同样或更好的产品或服务。如前所述，中国已经越来越不能主要依靠低价格的资源、低标准的环保和低水平的工资福利来维持产业竞争力。那么，中国产业国际竞争力的新源泉在哪里呢？第一，近 30 年来的投资建设大大加强了产业的基础设施条件，可以形成更发达的综合运输体系，如果能显著降低物流成本（目前，中国的物流成本远高于发达国家），则显然可以增强中国产业的国际竞争力。第二，如《中共中央关于制定国民经济和社会发展第十二个五年规划的建议》中所提出的，要“全面提高信息化水平。推动信息化和工业化深度融合，加快经济社会各领域信息化”。这也是提升中国产业成本优势的一个重要途径。第三，将传统劳动密集型产业发展为新型劳动密集型产业，即在高新技术产业中以高素质劳动密集为要素特征的产业环节。第四，加快产业内结构升级，提高各产业的工艺技术水平，优化产业链效率。第五，进一步提高政府行政效率，改善实体产业的企业经营环境，降低企业的管制性交易成本。总之，形成中国产业新的成本优势是发展现代产业体系，提高产业核心竞争力的重要战略路径之一。

中国工业的转型升级是一个深刻的系统性变革过程，涉及技术、体制、利益、观念等各个方面。而其中最关键的因素是要形成自主创新，特别是有利于实现核心技术创新的体制机制。从一定意义上可以说，工业转型升级的实质就是要从资源驱动、资本驱动的工业增长方式，转变为创新驱动的增长方式。这是工业化初期与工业化中后期的重要区别之一。进入工业化中后期，中国的工业技术水平越来越接近国际先进水平。特别是，现代工业产品的生命周期显著缩短，即使是高技术产品甚至产业链的高端环节，也越来越成为具有充分竞争的领域。这就使得成本价格竞争与技术创新突破的关系密切相连，技术创新不仅是为了进入高附加值的产业，获取更高的收益率，而且也是为了实现低成本和低价格优势。工业生产的本质就是通过技术创新，使科学发明成为大众产品：即昨天的奢侈品，成为今天的高端产品，今天的高端产品成为明天的大众消费品。汽车的普及，电视的普及，电脑的普及，手机的普及……这就是现代工业发展的逻辑。而支撑这一逻辑的关键就是不断的创新：以不断的创新进入新的生产领域，并且以不断的创新获得生产成本优势。总之，以不断的创新寻求增强国际竞争力的新源泉。

本文主要参考文献：

厉以宁：《工业化和制度调整——西欧经济史研究》，商务印书馆，2010。

金碚等：《资源与增长》，经济管理出版社，2009。

巫云仙：《美国政府发展新兴产业的历史审视》，《政治经济学评论》2011 年第 2 期。

中国 21 世纪议程管理中心可持续发展战略研究组：《发展的格局——中国资源、环境与经济社会的时空演变》，社会科学文献出版社，2011。

刘世锦：《增长速度下台阶与发展方式转变》，《经济学动态》2011 年第 5 期。

B.18

中国产业升级的方向与路径

李 钢 廖建辉 向奕霓

一 引言

2007年党的十七大报告提出，加快转变经济发展方式，是关系国民经济全面紧迫而重大的战略任务。经济发展方式转变的本质就是经济结构调整，更加健康的经济结构能保证中国经济可持续的快速增长。经济结构包括供给结构（产业结构）、需要结构（投资、消费、净出口的比例）、分配结构（资本、劳动、政府所得）等；其中产业结构的调整是最具可操作性的经济调整内容。很多学者认为产业结构调整内容要从主要依靠第二产业带动向依靠第一、第二、第三产业协同带动转变；特别是要提高第三产业在整个国民经济中的比重，提高现代服务行业对经济增长的贡献。

对产业结构合意性的定理或定律并非是经济学基本原理演绎的结论，而是基于发达国家产业结构变迁事实的归纳总结。例如配第和克拉克经过研究发现：随着人均国民收入的提高，劳动力首先由第一产业向第二产业转移，当国民收入有了进一步提高时，劳动力会由第二产业向第三产业转移。库兹涅茨在配第和克拉克研究的基础上，进一步提出产业结构变动受人均收入变动的影响。日本学者也提出产业结构出现服务化、信息化等软化趋势，软产业主要是指第三产业。由于目前发达国家产业结构特点与上述理论相一致，而发达国家产业演化的轨迹又被当做发展中国家经济发展的必然路径，因而前述的产业结构变化的经济理论也就被神化为定理与定律，进而变化为指导各国产业升级的“真理”。所以，往往在谈到产业升级时，提高中国第三产业（服务业）的比例被当做产业升级的方向，认为中国可以制定相关政策鼓励服务业的发展，甚至抑制工业特别是重化工业的发展。当然产业结构的升级争论不仅限于第二、三产业发展优先次序，而且目前也有很多争论涉及第二产业（特别是工业）内部产业升级的方向。目前的一些研究认为，中国应加速从劳动密集型产业升级到资本与技术密集型产业。

本文从发达国家产业结构“高级化”的现象入手，首先对发达国家第三产业占比快速提高进行了分析，然后对中国第二产业所占比例是否偏高用新的数据进行了分析，最后对中国第二产业结构演化的方向进行了分析。

二 发达国家第三产业比例提高并非表明第三产业比第二产业高级

（一）发达国家第二产业的劳动生产率仍旧高于其他产业

目前发达国家，特别是美国等老牌资本主义国家第三产业比重要远高于第二产业。例如，美国 2008 年第三产业产值的比重已经达到 77.5%，2007 年就业的比重达到 78%。2008 年英国、法国等国家的第三产业比重也在 75% 以上。但这些发达国家就劳动生产率（以人均产出衡量）而言，第二产业仍旧高于第三产业。图 17－1 显示了主要发达国家从 1980 年以来第二产业与第三产业劳动生产率的比值。从图中可以看出，除法国以外，其他国家第二产业劳动生产率仍旧高于第三产业；特别需要关注图中 4 个国家劳动生产率变化情况。

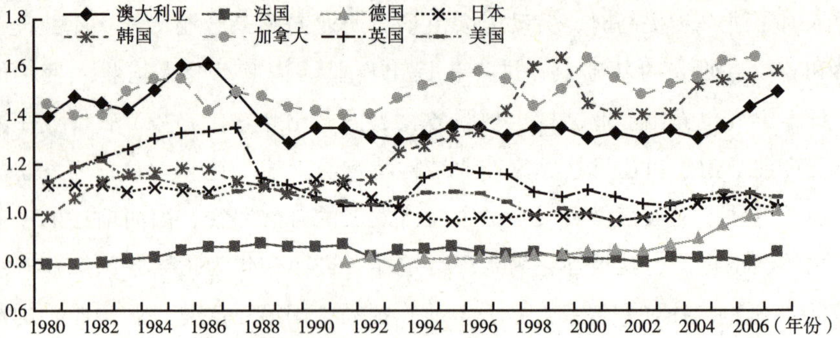

图 17－1 主要发达国家第二产业与第三产业劳动生产率的比值

资料来源：《国际统计年鉴》（1995～2010）。

一是日本。日本在20世纪90年代以前第二产业的劳动生产率始终高于第三产业，从20世纪日本“失去的10年”开始（也就是20世纪最后10年），日本第二产业与第三产业劳动生产率开始接近，从1994年起第三产业的劳动生产率开始高于第二产业。自2001年4月小泉内阁执政以来，改变以往靠主要通过增加公共投资刺激经济增长的做法，开始对经济结构进行“没有禁区”的改革，取得了一定的成果。2002年度日本经济实现了正增长，2003年度经济出现缓慢回升的势头。2004年日本经济增长率为2.6%，2005年为2.8%，为5年来最高。2006年为2.3%，2007年为2%。与此同时，从2004年开始，第二产业劳动生产率也开始高于第三产业。

二是德国。德国1991年以后第二产业劳动生产率提高速度高于第三产业，2007年德国的第二产业劳动生产率开始高于第三产业。德国的情况在发达国家中有些特别，由于两德合并发生在1990年，两德的统计数据在1990年以前只有第二、三产业产出比例数据，没有就业数据；两德合并后德国经济仍旧萧条，特别是原东德地区的制造业基本被冲垮。随着德国经济逐步复苏，德国第二产业劳动生产率开始高于第三产业。

三是美国。美国作为世界头号强国，虽然金融业、咨询服务等现代服务业可以说是独步全球，但第二产业的劳动生产率仍旧始终高于第三产业（1998年、2001年、2002年除外）。

四是法国。法国第三产业劳动生产率始终高于第二产业；与此相伴的是法国从1980年以后制造业国际竞争力不断下降，在全球经济中的地位不断下降。1974年法国占世界GDP的比例为4.97%，到2007年下降到3.81%，34年间下降了1.16个百分点。

（二）发达国家第二产业产品需求的下降并非导致第二产业比重下降的主要因素

1980年以来，主要发达国家第三产业占GDP的比例呈现不断上升的趋势，到2007年主要发达国家第三产业占GDP的比例均达到60%以上。生产的最终目的是为了消费，发达国家产业结构演化趋势是发达国家消费结构变化的结果吗？表17-1是主要发达国家最终消费支出构成。从表17-1中可以看出主要发达国家在最终消费构成中第二产业产品所占比例下降的幅度并没有像产业结构下降的这么大。

表 17－1　各国居民最终消费支出构成

单位：%

		1992	1996	2000	2006
加拿大	工业产品	33.3	33.7	30.2①	29.6②
	服务产品	31.1	35.2	34.9①	39.3②
英　国	工业产品	25.9	26.2	24.5	25.6
	服务产品	28.6	29.5	39.0	44.8②
美　国	工业产品	24.2	24.0	22.2①	22.3②
	服务产品	41.3	43.2	47.1①	49.9
法　国	工业产品	27.7	29.3	30.1	30.8
	服务产品	33.5	34.0	37.8	36.9
荷　兰	工业产品	25.5	27.5	28.2①	29.5
	服务产品	36.6	35.7	37.2①	34.9
日　本	工业产品	26.3	28.3	29.7①	28.3②
	服务产品	31.1	35.2	34.9①	39.3②

注：工业品指住房、水、电、天然气和其他燃料、家具、家用设备及住房日常维护支出等几大类，服务产品指医疗保健、交通、通信、休闲与文化、教育及饭店和旅馆类等几大类；①为1999年数据；②为2005年数据。

资料来源：原始数据来源于《国际统计年鉴》（1995～2010）。转引自纪明、梁东黎《后工业化时代经济大国低经济增长率之谜：结构变迁视角》，《经济管理》2011年第3期。

表17－2对上述问题进行了详细的分析说明。从表17－2中可以看出，1992～2006年表中所列5个发达国家的C值始终大于1，这说明发达国家产业结构中第二产业比重的下降、第三产业比重的上升并非主要由于最终需求结构的变化所导致。表17－2中特别要注意的是法国，2006年法国的C值明显高于其他国家，图17－1中数据也显示法国是第三产业生产率始终高于第二产业的国家。2006年，法国第三产业的增加值是第二产业的3.8倍，但法国消费者最终需求结构第三产业仅是第二产业的1.2倍。

表 17－2　主要发达国家产业结构与需求结构的比较

	1992			1996			2000			2006		
	A	B	C	A	B	C	A	B	C	A	B	C
法　国	1.21	2.7	2.2	1.16	3.1	2.6	1.26	3.2	2.6	1.20	3.8	3.2
日　本	1.18	1.6	1.3	1.24	1.9	1.5	1.18	2.0	1.7	1.39	2.3	1.6
加拿大	0.93	2.4	2.6	1.04	2.1	2.0	1.16	1.9	1.7	1.33	2.1	1.6
英　国	1.10	2.2	2.0	1.13	2.2	2.0	1.59	2.6	1.6	1.75	3.2	1.8
美　国	1.71	2.8	1.6	1.80	2.8	1.6	2.12	3.2	1.5	2.24	3.5	1.5

注：表中A表示在需求结构中第三产业与第二产业的比例，B表示在产业结构中第三产业与第二产业的比例，C等于B除以A。

资料来源：作者计算。

（三）商品贸易高于服务业贸易是发达国家第二产业比重下降的主要因素

发达国家产业结构与需求结构的差异主要源于经济全球化，特别是由于货物的可贸易性高于服务业所导致的。目前在世界贸易中服务贸易比例仅为21.1%，远低于货物贸易的比例。表17－3是世界主要贸易大国分品种的进出口情况，从表中可以看出美国、英国、法国等国商品贸易均为净进口。这进一步说明，发达国家第三产业的高比例是由全球发达的商品贸易所支撑的，并非是最终需求结构变化所致。

表17－3　2009年世界及主要国家贸易结构

单位：亿美元

		中国	美国	日本	英国	法国	德国	世界
进　口	农产品	766	1007	677	583	582	953	11688
	制成品	6753	11215	2857	3377	4144	6737	83547
	原材料	2505	3114	1875	631	840	1378	22629
	服　务	1581	3343	1470	1575	1260	2525	31450
出　口	农产品	409	1196	79	260	638	773	11688
	制成品	11248	8001	5079	2576	3831	530	83547
	原材料	343	883	257	509	283	9645	22629
	服　务	1286	4760	1259	2283	1420	2258	33500
净出口	农产品	－357	189	－598	－323	56	－180	
	制成品	4495	－3214	2222	－801	－313	－6207	
	原材料	－2162	－2231	－1618	－122	－557	8267	
	服　务	－295	1417	－211	708	160	－267	

资料来源：http：//www. wto. org/english/res_ e/statis_ e/statis_ e. htm。

（四）发达国家产业结构与服务品价格高估有关

GDP的本质是用来衡量一国的总产出。由于各类商品物理量量纲繁多，难以直接相加，因而只能汇总各种商品的价值量。而价值量的计算要通过价格这一中间量；特别是计算产业结构时，各种产业商品价格的相对变动会极大影响产业的比例。许召元①的研究表明，韩国1995～2007年按不变价计算的工业占GDP的比例提高了5.2个百分点，而按现价计算的工业占GDP的比例却降低了5.1个百分点。

① 许召元：《中国产业结构变化的因素分解及国际比较》，国务院发展研究中心，2010。

日本1970～2005年按不变价计算的工业占GDP的比例提高了3.8个百分点，而按现价计算的工业占GDP的比例却降低了16个百分点。法国1972～1990年按不变价计算的工业占GDP的比例仅下降了3.7个百分点，而按现价计算的工业占GDP的比例却降低了10.7个百分点。其他发达国家，如美国、德国等其工业占GDP的比例按现价计算下降的幅度均小于按不变价计算的幅度。在现行国际秩序下，劳动力不能自由流动，而商品可以自由流动；由于劳动力不能自由流动，相对而言是减少了发达国家服务商品供给量，从而抬高了发达国家第三产业商品的价格，降低了发达国家第二产业商品的价格，这也是发达国家第三产业比例较高的重要原因；服务业与制成品的价格剪刀差已经成为发达国家剥削发展中国家的新形式。

三　中国第二产业比重过高了吗?

（一）中国三次产业结构与发达国家相比有较大差异

具体到中国第二产业高比重的问题，学者们的观点大体可归为三种：第一种观点认为，我国产业结构不合理，第二产业比重过大。马晓河①认为我国第二产业比重过大，第三产业比重不足，为实现由中等收入国家向高收入国家迈进，我国第三产业比重应在60%以上。汪海波②也认为中国工业比重过高，金融危机有利于遏制工业的过快增长，推动产业结构的调整；在此基础上，他还提出了自己的设想："十二五"期间，在保持经济增长率在9%左右的前提下，如果第一产业的年增长率达到5.5%左右，第二产业控制在9%左右，第三产业达到9.5%左右，那么，第一产业的比重就有可能稳定在10%左右，第二产业的比重会下降到40%以下，而第三产业的比重则会上升到45%以上。同样持第一种观点的还有周叔莲等③、黄志钢④等。第二种观点则认为第二产业的比例是符合产业结构演变规律的，其虽然大但并没有超出界限，但是其已经达到了应有的最高点。在

① 马晓河：《加快体制改革推动我国服务业大发展》，《中国发展观察》2011年第6期。

② 汪海波：《对新中国产业结构演进的历史考察——兼及产业结构调整的对策思考》，《中共党史研究》2010年第6期。

③ 周叔莲、吕铁、贺俊：《新时期我国高增长行业的产业政策分析》《中国工业经济》2008年第9期。

④ 黄志钢：《产业结构调整、经济结构优化与经济增长方式转变》，《经济界》2008年第6期。

今后的发展中，第二产业应该让位于第三产业，逐步降低第二产业的比重，把第三产业调整到最重要的位置。前两种观点最终结论是一致的，即第二产业比重已没有了上升空间，为了促进经济的进一步发展，我们必须调整产业结构，降低第二产业比重，提高第三产业比重。第三种观点认为中国制造业尚有提升的空间。李钢、金碚[①]认为工业特别是制造业是国民经济的基础和支柱。对于大多数发达国家和发展中国家，制造业的主导地位和基础作用是其他产业所无法替代的。当前，中国尚未进入工业化发达经济阶段，制造业在国内经济结构中所占比重还有很大的提升空间，应加速发展。持前两种观点的学者的主要依据是我国产业结构与其他国家的差异。统计数据显示，与其他国家相比，我国第一、第二产业的比重似乎显得过高，而第三产业比重又显得过低。由此，降低第二产业比重便成了理所应当的事。可我国第二产业比重难道真没有上升空间了吗?

（二）按购买力平价计算的产业结构

下面我们将利用购买力平价（PPP 法）计算的行业数据来重新估算中国产业结构；对于 PPP 法大部分学者不陌生，但有些学者可能不太清楚，就一国而言 PPP 法不仅有对应于 GDP 的汇率，也有分行业对应的汇率。一国不同产品的 PPP 有较大差异。世界银行于 2008 年 2 月底公布的 2005 年全球 ICP 项目最终数据显示，中国购买力平价为 1 美元等于 3. 45 元人民币；但中国“卫生、社会保障和社会福利业”的 PPP 法汇率仅为 0. 69，而“通用设备制造业”的 PPP 法汇率却为 8. 79。也就是说，对于中国有些行业的汇率存在严重低估，而有些行品的汇率却存在高估。

本文采用《中国统计年鉴 2006》中行业增加值数据和《世界银行推算的中国 GDP 及其支出构成的购买力平价 2005》中 PPP 分行业数据对中国产业结构重新进行估算。由于二者行业分类存在差异，因而在计算时，首先将二者的行业一一对应（如表 17 – 4 所示）。本文计算的总体思路是，先算出各行业按购买力平价计算的行业增加值，然后以此为基数计算产业结构。在计算第一、第三产业以及建筑业的 PPP 法增加值时，只需用行业增加值除以行业 PPP 即可。由于工业各行业只有规模以上企业的增加值，所以在计算工业的 PPP 法增加值时，在第一、第三产业的基础上还需多一步，即用规模以上企业的 PPP 法增加值估算全

① 李钢、金碚:《中国制造业发展现状的基本判断》,《经济研究参考》2009 年第 41 期。

行业的 PPP 法增加值，具体做法是，用规模以上企业的 PPP 法增加值除以用传统方法统计的规模以上企业增加值，然后再乘以全行业的传统法增加值（如表 17－5 所示）。将数据汇总整理即可得按购买力平价计算的 2005 年的产业结构；重复上述步骤，可得到 2000～2009 年按购买力平价计算的产业结构，结果如表 17－6 所示，为方便比较，表 17－6 也列出了按传统方法计算的产业结构。

表 17－4　按购买力平价计算的第一、第三产业以及建筑业的增加值（2005）

行　业 中国行业分类标准	对应行业 世行分类	PPP （人民币/美元）	传统法增 加值（亿元）	PPP 法增加 值（亿美元）
第一产业	食品和非酒精饮料	5.52	22420.00	4061.59
交通运输、仓储和邮政业	交通	5.98	10835.67	1811.99
信息传输、计算机服务和软件业	其他商品和服务	4.13	4768.00	1154.48
批发和零售业	其他商品和服务	4.13	13534.54	3277.13
住宿和餐饮业	餐饮、旅馆业	6.78	4193.43	618.50
金融业	其他商品和服务	4.13	6307.23	1527.18
房地产业	居住、水电气、其他燃料	3.37	8243.84	2446.24
租赁和商务服务业	其他商品和服务	4.13	2912.43	705.19
科学研究、技术服务和地质勘查业	其他商品和服务	4.13	2050.56	496.50
水利、环境和公共设施管理业	政府公共消费支出	1.53	849.93	555.51
居民服务和其他服务业	其他商品和服务	4.13	3129.43	757.73
教育	教育	1.02	5656.32	5545.41
卫生、社会保障和社会福利业	医疗卫生	0.69	2934.49	4252.89
文化、体育和娱乐业	文化娱乐	3.47	1188.23	342.43
公共管理和社会组织	政府用于居民的支出	0.83	6828.75	8227.42
第三产业小计				31718.60
建筑业	建筑	1.93	10367.31	5371.67

资料来源：根据世界银行数据并经作者分类。

表 17－5　按购买力平价计算的工业各行业规模以上企业的增加值（2005）

行　业	对应行业	PPP（人民币/美元）	传统法增加值（亿元）	PPP 法增加值（亿美元）
煤炭开采和洗选业	其他产品	4.43	2888.25	651.98
石油和天然气开采业	其他产品	4.43	4813.96	1086.67
黑色金属矿采选业	其他产品	4.43	426.50	96.28
有色金属矿采选业	其他产品	4.43	427.60	96.52
非金属矿采选业	其他产品	4.43	280.51	63.32
其他采矿业	其他产品	4.43	2.70	0.61
采矿业小计				1995.38

续表

行　业	对应行业	PPP(人民币/美元)	传统法增加值(亿元)	PPP法增加值(亿美元)
农副食品加工业	食品和非酒精饮料	5.52	2745.96	497.46
食品制造业	食品和非酒精饮料	5.52	1168.32	211.65
饮料制造业	食品和非酒精饮料	5.52	1164.73	211.00
烟草制品业	酒精饮料、烟草	5.75	2059.99	358.26
纺织业	服装和鞋类	6.86	3240.19	472.33
纺织服装、鞋、帽制造业	服装和鞋类	6.86	1419.86	206.98
皮革、毛皮、羽毛(绒)及其制品业	服装和鞋类	6.86	944.38	137.66
木材加工及木、竹、藤、棕、草制品业	其他商品和服务	4.13	510.86	123.69
家具制造业	家具、家庭设备品及服务	5.27	384.87	73.03
造纸及纸制品业	其他商品和服务	4.13	1146.40	277.58
印刷业和记录媒介的复制	文化娱乐	3.47	463.06	133.45
文教体育用品制造业	其他商品和服务	4.13	379.71	91.94
石油加工、炼焦及核燃料加工业	居住、水电气、其他燃料	3.37	1981.64	588.02
化学原料及化学制品制造业	其他商品和服务	4.13	4391.92	1063.42
医药制造业	医疗卫生	0.69	1529.80	2217.10
化学纤维制造业	其他商品和服务	4.13	485.31	117.51
橡胶制品业	其他商品和服务	4.13	595.36	144.15
塑料制品业	其他商品和服务	4.13	1272.05	308.00
非金属矿物制品业	其他产品	4.43	2807.92	633.84
黑色金属冶炼及压延加工业	其他产品	4.43	5776.90	1304.04
有色金属冶炼及压延加工业	其他产品	4.43	1929.65	435.59
金属制品业	其他产品	4.43	1693.38	382.25
通用设备制造业	机械和设备	8.79	2966.96	337.54
专用设备制造业	机械和设备	8.79	1681.56	191.30
交通运输设备制造业	机械和设备	8.79	3830.52	435.78
电气机械及器材制造业	机械和设备	8.79	3574.13	406.61
通信设备、计算机及其他电子设备制造业	机械和设备	8.79	5722.11	650.98
仪器仪表及文化、办公用机械制造业	机械和设备	8.79	733.19	83.41
工艺品及其他制造业	其他商品和服务	4.13	570.83	138.22
废弃资源和废旧材料回收加工业	其他商品和服务	4.13	59.93	14.51
制造业小计				12247.30
电力、热力的生产和供应业	居住、水电气、其他燃料	3.37	5719.79	1697.27
燃气生产和供应业	居住、水电气、其他燃料	3.37	134.52	39.92
水的生产和供应业	居住、水电气、其他燃料	3.37	261.64	77.64
电力、燃气以及水的生产和供应业小计				1814.83

资料来源：作者计算。

表 17-6　按购买力平价计算的产业结构

单位：%

年份	第一产业		第二产业		第三产业	
	传统法	PPP 法	传统法	PPP 法	传统法	PPP 法
2000	15.06	10.34	45.92	46.00	39.02	43.66
2001	14.39	9.98	45.05	45.62	40.46	44.40
2002	13.74	9.66	44.79	45.65	41.47	44.69
2003	12.80	9.26	45.97	46.51	41.23	44.23
2004	13.39	7.63	46.23	37.27	40.38	55.11
2005	12.12	6.96	47.37	38.69	40.51	54.35
2006	11.11	6.52	47.95	39.81	40.94	53.67
2007	10.77	6.44	47.34	40.15	41.89	53.41
2008	10.73	6.05	47.45	37.72	41.82	56.23
2009	10.35	5.04	46.30	32.53	43.36	62.43

说明：在计算 2008 年、2009 年的结构时，所采用的传统法增加值是根据以往数据得出的估算值。
资料来源：作者计算。

（三）中国第二产业占 GDP 的比重仍有提高空间

根据以上数据，我国第二产业比重并没有平时大家认为的那么高，2000～2009年，第二产业比重总体上呈下降趋势，到了 2009 年，甚至下降到 32.53%。陈佳贵等的研究也表明：我国正处在工业化的中后期，在这一阶段，农业比重会进一步降低，第二产业仍有较大发展空间。另外，联合国工业发展组织的统计报告显示，2009 年我国工业在世界工业生产总值中的份额为 15.6%，位居世界第二；但是，我国的人口却占了世界总人口的 19.5%。进行国际对比和深入分析也可以得出类似的结论。虽然，目前中国第二产业占比高于发达国家，但已经与日本、德国 2000 年第二产业比例接近。而 2000 年日本人均 GDP 接近4 万美元，德国为2.6 万美元（均为2005 年美元不变价计算）；而中国2010 年人均 GDP 仅为4254 美元（按现行汇率）；按购买力平价计算也仅为8000 美元左右，仅为2000 年日本的20%、德国的30%。日本第二产业占 GDP 比例最高的年份为 1970 年，占比为 45.3%；德国 1970 年第二产业占比更高达 48.1%。

如果考虑到产业结构与人均 GDP 的关系，中国制造业占 GDP 的比例不是高了，而是低了。中国目前应担忧的是实体经济是否有可持续增长力，在新的形势下如何保持进而提升中国第二产业（特别是制造业）的国际竞争力。基于以上事实，我们可以得出以下结论：我国第二产业比重仍有上升空间。若上述判断是正确的，第二产业内部产业升级方向的判断就变成一个十分重要的问题。

四　中国产业结构变化反映了比较优势吗？

（一）劳动力的比较优势仍将长期存在

中国人均资本大幅提升，但中国有比较优势的要素仍旧是劳动力。新中国成立以来，中国储蓄率一直保持较高的水平，特别是改革开放后，一方面中国人口增长速度被控制住，另一方面中国经济快速增长，上述两个因素导致中国人均资本存量大幅提升。我们在其他学者研究的基础上估算了改革开始以来中国资本存量的变化，结果表明2008年中国资本存量是1978年的28.25倍①（已经考虑了物价变化因素），而中国劳动力数量2008年仅为1978年的1.93倍，因而2008年中国人均资本存量是1978年的14.6倍。根据OECD的数据，美国2007年资本存量是1978年的2.1倍（已经考虑了物价变化因素），2007年人均净资本存量是1978年的1.4倍。也就是说，相对于美国，中国人均资本提高的速度十分迅速，大体相当于美国速度的10倍。有学者分析了中国1980年以来主要生产要素占全球的份额变化（如表17－7示）。从表17－7中可以看出中国投资额及研发投入近20多年来的确有较大的提高，但若从全球的视角来看中国目前最丰富的生产要素仍旧是劳动力。

表17－7　中国主要生产要素占全球的份额变化

单位：%

年份	劳动力	耕地和水	石油天然气	投资额	研发投入
1980	22	7	3	1	0.5
2004	22	7	3	8	3.5
2011	22	7	3	22	12.9

资料来源：1980年、2004年数据来源于江小涓等《中国经济的开放与增长1980～2005》，人民出版社，2007。2011年数据是作者的估算数据，其中研究投入根据美国巴特尔研究所的数据。

① 不同学者的估算会有所不同，大体在20～30倍之间，我们的估算是以郝枫、郝红红、赵慧卿（2009）研究的结果为基础进行的估算。虽然不同学者的估算会有一定的差异，但仅是数量上的差异而不会改变本文的结论。

中国人均资本存量的不断积累，必将不断改变中国的比较优势，虽然中国目前就全球而言，最具比较优势的行业仍旧是劳动密集型产业，但中国劳动密集型产业的比较优势在不断下降，而资本密集型产业的比较优势在不断提升。中国社会科学院工业经济研究所从1996年开始持续进行中国产业国际竞争力的研究。工经所利用最新的统计数据对中国产业国际竞争力进行了新的研究；研究结果表明虽然中国目前正在进行产业结构升级，优势产业正从传统的劳动密集型产业向资本密集型产业转变，但目前中国最具国际竞争力的仍旧是能充分发挥自己比较优势的劳动密集型产业。

还需要特别说明的是，在社会经济生活中，发挥作用的是资本的存量，而不是资本的流量（每年的净投资额）。虽然2011年中国人均投资额已经与世界水平相当，但中国人均资本存量低于世界平均水平的状况仍将持续较长的时间。我们估算，2015年中国人均资本存量将是2009年的2~2.5倍，到时由于人均资本大幅提升，中国劳动密集型产业的比较优势会进一步降低，资本密集型产业的比较优势会进一步提升。但从国际上来看，中国比较优势仍旧是劳动密集型产业；中国的产业升级必须要考虑中国在劳动密集型产业的比较优势，充分利用并发挥自己在劳动密集型产业的比较优势。

（二）中国产业结构变化更加遵循比较优势原理

在过去30年发展过程中，中国是否遵循了比较优势理论，其中最重要的一个判断是中国过去30年发展历程中是劳动密集型产业发展得更快，还是资本密集型产业发展得更快。为了说明这一问题，我们重新定义了衡量一国产业劳动密集型程度的指标，即：

一国的劳动密集型程度 = 1/ 各产业产出比例 × 该行业人均资产

每个产业人均资产按2008年经济普查数据确定，研究采用2008年各行业的人均资产而没有采取每年各行业的人均资产，是为剔除每年由于经济发展所导致各行业人均资产普遍提高的因素。为了进一步便于对不同年份劳动密集型程度进行比较，我们将不同年份的劳动密集型程度基于2009年进行指数化。

一国每年产业的劳动密集型指数 = 一国的每年劳动密集型程度 /
一国2009年劳动密集型程度 × 100 （1）

本文构造的劳动密集型指数相比传统的将产业分为劳动密集型与资本密集型后，再计算劳动密集型程度有以下两个优点。

一是避免了划分劳动密集型产业标准的判断。在划分劳动密集型产业时虽然可以采取一个行业的人均固定资产（江小涓，2007）[①] 或人均资产（李钢，2009）[②] 等指标，但将哪个值作为分界点划分劳动密集型与资本密集型多少带有主观的判断。一般的方法是将行业的平均值作为分界点（金碚等，2011）[③]；也有学者在假设数据服从某种分布（常用的是正态分布）的假设下对劳动密集型产业进行划分（李钢，2009）[④]。

二是可以更加灵敏地反映产业劳动密集度的变化。我们定义的方法不仅可以反映劳动密集型产业或资本密集型产业比例的变化，也可以反映劳动密集型产业或资本密集型产业内部产业的变化。例如，A、B 两个产业均为劳动密集型产业，且 A 产业比 B 产业的人均资产更少（即 A 比 B 产业更加偏向劳动密集型产业）。假设在两个年份中 A、B 两个产业合计的比例在全部产业中的比例不变，但 A 产业的比例提高，而 B 产业的比例下降。若按原有的方法，则两年中国产业的劳动密集型程度不会变化；但按本文构造的劳动密集型指数，劳动密集型指数将下降，则能更加灵敏地反映中国产业的变化趋势。

劳动密集型指数下降表明中国产业劳动密集型程度下降，相反，劳动密集型指数上升表明劳动密集型程度在上升。从数据上来看（见图 17－2），总体而言从 1986 年以来中国产业劳动密集型程度在不断下降。从 1986 年的 109，下降到 2009 年的 100。当然，由于统计口径的变化及数据的质量，可能计算得不够准确，但应能反映出中国劳动密集型产业的变化趋势。从数据上可以看出，1986～2009 年可以分为两段，一段是 1986～2005 年，另一段是 2005～2009 年；前一段中国工业的劳动密集型程度在下降，而第二段中国工业的劳动密集型程度在上升。

---

① 江小涓：《我国出口商品结构的决定因素和变化趋势》，《经济研究》2007 年第 5 期。

② 李钢：《新二元经济结构下的中国工业升级路线》，《经济体制改革》2009 年第 5 期。

③ 金碚、吕铁、邓洲：《中国工业结构转型升级：进展、问题与趋势》，《中国工业经济》2011 年第 2 期。

④ 李钢：《新二元经济结构下的中国工业升级路线》，《经济体制改革》2009 年第 5 期。

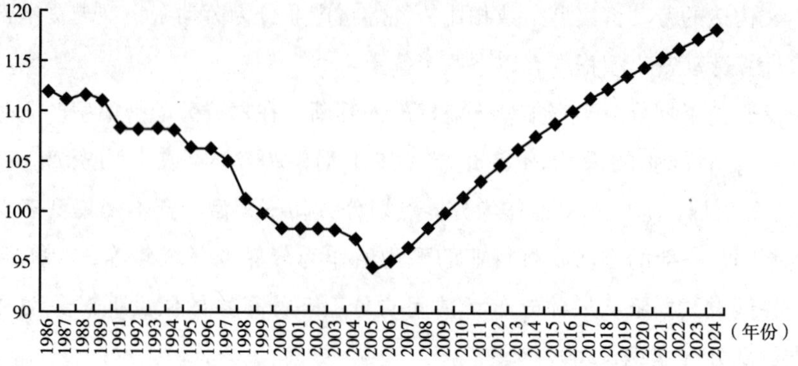

图 17－2　1986～2024 年中国工业劳动密集型指数变化

说明：2009 年以前数据来源于按公式（1）的计算数据；2009 年以后的数据来源于下文所述的预测数据。

资料来源：作者计算。

可以说，从 2005 年以来中国劳动密集型产业在不断下降是符合经济理论的。但 2005 年以前为什么工业的劳动密集型程度在不断下降？一个可能的解释是中国资本市场的管制导致中国利率长期低于均衡利率水平，因而导致中国资本密集型产业发展快于劳动密集型产业。而 2005 年以后，随着中国市场化加快，也随着中国加入 WTO 效应显现，中国产业结构变化更加符合比较优势，劳动密集型产业发展速度快于资本密集型产业。

（三）中国经济的发展仍将遵循比较优势理论

可以说从 2005 年开始中国产业的发展遵循了比较优势原理，中国今后产业的发展还会遵循比较优势原理吗？课题组于 2010 年 8 月对 1386 家企业进行了问卷调查；这些企业在全国各个行业和区域都有分布，因而具有较强的代表性。根据调查数据，我们利用马尔科夫转移矩阵法对中国的产业结构进行了预测。从行业间的产业转移情况来看下降的行业较多为资源密集型行业，而劳动密集型产业反而有所上升。按本文前述方法及产业结构的预测数据，计算了 2010～2024 年中国工业劳动密集型指数（见图 17－2），到 2024 年工业行业劳动密集型指数为 118。劳动密集型行业占比有所上升，这与前面的判断，即中国今后相当长时间内劳动力密集型行业依旧是具有比较优势的行业相一致。

五　结论与政策建议

一国的产业结构总是在不断发展变化，可以说产业结构分分秒秒都在发生着变化；但另一方面，产业结构又是保持相对稳定的，至少要5~10年才能发生明显的变化。对历史上各国产业结构演化进行横向比较来看，各国的产业结构演化有一定的相似性，但由于一国工业化的国情与世界经济格局有较大差异，因而并不存在放之四海而皆准的真理，特别是不能盲目根据发达国家的产业结构就简单地判断产业结构演化的方向，更不能出现超越一国发展状况的产业政策。本文得出的基本结论如下。

第一，虽然发达国家第三产业增加值比重高于第二产业，但发达国家的普遍现象是第二产业的劳动生产率高于第三产业。经济发展缓慢时，往往是第二产业劳动生产率下降速度要快于第三产业，甚至表现为第二产业劳动生产率低于第三产业；而经济快速发展时，往往是第二产业劳动生产率上升速度快于第三产业，进而第二产业劳动生产率会高于第三产业。第二产业劳动生产率长期低于第三产业，往往是一国衰落的先兆。

第二，发达国家第三产业比例的不断提高，并非反映了第三产业是产业升级的方向，也绝非说明了第三产业比第二产业高级。发达国家第三产业比例不断提高的同时，最终消费中第二产业提供商品的比例并没有大幅下降。发达国家第三产业比例不断提高，是以发达的国际贸易为基础，以发展中国家第二产业的快速发展为前提，因而在现有技术经济条件下，不具有全球第三产业所占比例大幅提高的基础。发达国家第三产业比例的不断提高也是以发达国家的第三产业与第二产业价格扭曲为基础的，如果第二产业产品价格大幅上升，第二产业的比例也会大幅上升。

第三，利用购买力平价重新计算的中国产业结构显示我国第二产业的比重并不算高，目前为32.53%，我们判断中国第二产业比重仍有上升空间，中国仍需要积极发展第二产业。许召元[①]的研究表明中国1990~2005年虽然按现价计算的服务业占GDP的比例提高了8.5个百分点，但按不变价计算的比例却下降了5

① 许召元：《中国产业结构变化的因素分解及国际比较》，国务院发展研究中心，2010。

个百分点；而同期按现价计算的中国工业占 GDP 的比例提高了 5.5 个百分点，但按不变价计算的比例却上升了 25.2 个百分点。而本文的研究表明中国工业的比例若按购买力平价计算会有一定程度的下降。这看似矛盾的结论都说明中国工业仍旧有很大的发展前景。工经所最近利用 CGE 模型对中国产业结构进行了预测，结果显示若采取不变价计算 2050 年第三产业比例仅为 46%（2005 年不变价），但若考虑价格因素则会提高到 62%；也就是说第三产业比重提高很大程度上是价格因素变化的结果，而不是第三产业以更快速度增长的结果。中国经济的增长仍旧主要依靠第二产业。

第四，虽然经过 30 年快速的经济发展，中国人均资本存量有了较大提升，中国经济的要素禀赋在不断发生量变，中国劳动密集型产业的比较优势在下降，而资本密集型产业的比较优势在上升，但到目前为止中国要素禀赋的质变尚未发生，中国人均资本低于世界平均水平的状况仍旧将长期存在。可以判断，在“十二五”期间中国最具比较优势的产业仍旧是劳动密集型产业，中国在全球最具竞争优势的产业仍旧是劳动密集型产业。改革开放以来，中国经济发展并未完全遵循比较优势原理，但我们注意到从 2005 年开始中国经济的发展开始明显遵循了比较优势原理。我们通过调查数据及马尔科夫转移矩阵法对中国产业结构进行了预测，预测结果表明到 2024 年以前，中国经济的发展将遵循比较优势原理，中国劳动密集型产业将得到更快的发展。

本文主要参考文献：

金碚：《中国工业改革开放 30 年》，《中国工业经济》2008 年第 5 期。

金碚：《中国工业化的资源路线与资源供求》，《中国工业经济》2008 年第 2 期。

金碚、吕铁、李晓华：《关于产业结构调整几个问题的探讨》，《经济学动态》2010 年第 8 期。

吕铁：《中国工业技术创新及韩国经验借鉴》，《中共中央党校学报》2007 年第 6 期。

张其仔：《比较优势的演化与中国产业升级路径的选择》，《中国工业经济》2008 年第 9 期。

何德旭、姚战琪：《中国产业结构调整的效应、优化升级目标和政策措施》，《中国工业经济》2008 年第 5 期。

李平、随洪光：《三种自主创新能力与技术进步：基于 DEA 方法的经验分析》，《世界经济》2008 年第 2 期。

李钢、沈可挺、郭朝先：《中国劳动密集型产业竞争力提升出路何在?》，《中国工业经济》2009 年第 10 期。

李钢、梁泳梅：《什么是经济发展方式的转变》，《经贸导刊》2010 年第 4 期。

李钢、董敏杰、金碚：《比较优势与竞争优势是对立的吗？——基于中国制造业的实证研究》，《财贸经济》2009 年第 9 期。

李钢、董敏杰：《中国与印度国际竞争力的比较与解释》，《亚太研究》2009 年第 5 期。

李钢、廖建辉：《中国省域工业结构的聚类与时空演化研究》，《经济管理》2011 年第 7 期。

刘楷：《1999 ~ 2005 年中国地区工业结构调整和增长活力实证分析》，《中国工业经济》2007 年第 9 期。

王业强、魏后凯：《产业特征、空间竞争与制造业地理集中》，《管理世界》2007 年第 4 期。

姚洋、郑东雅：《重工业与经济发展：计划经济时代再考察》，《经济研究》2008 年第 4 期。

中国社会科学院经济学部课题组：《我国进入工业化中期后半阶段：1995 ~ 2005 年中国工业化水平评价与分析》，《中国社会科学院院报》2007 年第 9 期。

B.19

要素价格上涨与中国工业成本结构变迁

李颖 李钢

2008年《中国企业竞争力报告》的主题是探讨企业成本上涨对企业竞争力的影响；2011年企业竞争力报告的主题是探讨产业变迁对企业竞争力的影响。在产业变迁中，要素价格的变化及其所导致的成本结构变化是产业变迁的重要驱动因素；因而本文沿用原有的分析框架，利用最新数据对中国要素价格上涨及中国工业结构变迁进行分析。

当讨论我国工业企业的成本上涨问题时，首先要明确的问题是何谓企业成本上涨。对于某一行业或者某一企业而言，该问题比较简单，无论是企业员工工资、原材料、燃料动力、销售费用、管理费用、财务费用、税收成本任何一项上涨，都可以说企业成本在上涨。但对于全部行业及企业而言，上述的判断不够准确。如不考虑进出口的影响，或者将全部企业作为一个整体来考虑，除去员工工资及税收成本以外，一个企业成本就是另一个企业的收入，因而对于全部企业而言，企业成本的上涨主要表现为工资、资金等要素成本以及税赋成本上涨。对于开放的经济体系而言，如果该国大量进口原材料，而出口制成品（中国目前就是如此的进出口结构），原材料价格的上涨也可以表现为企业成本的上涨。

对于如何衡量企业的成本结构的问题，大部分研究是以企业各项成本占销售收入的比例来测算企业的成本结构，但本文认为上述方法不够准确。按照权责发生制的会计制度，本期发生的成本都应计入本期，而无论该成本对应的产品是否已经销售（例如，企业为生产一种产品支出了员工工资1000万元，即便仅有60%的产品被销售出去，1000万元的人员工资也将被全部计入当期成本）。另外，由于本期销售的产品中有可能是上期生产的，因而企业的生产成本与销售收入实际上是不匹配的，特别是当企业的产品形成大量库存而未形成销售收入时，用企业成本占销售收入的比例来衡量企业成本结构就会产生较大的误差。当然，如果企业所生产的产品绝大部分能够在当期被销售出去，上述方法的误差就很小，但是现实中大多数工业企业都无法做到这一点。因此，本文在研究企业成本结构时，采用各项成本占总产值的比例来测算和分析企业的成本结构。

企业的成本结构从支出的角度看，由以下三部分构成：企业的生产成本（主要包括原材料、燃动力、生产工人工资、生产设备折旧）、各项费用（包括销售费用、管理费用、财务费用等）和各种税费（包括各种流转税及附加）等。从最终分配的角度看，则包括员工工资、税收、折旧、支付给其他企业的费用等。

一 生产成本占工业总产值比例的变化情况

（一）生产成本占工业总产值比例的变化情况

由于仅能获得1991年以来工业企业生产成本数据，因此只计算1991～2009年的生产成本占工业总产值比例的变化情况。由于我国从1998年起①统计口径有变化，因而统计数据有一定的不可比性。进行简单的同口径调整后，生产成本占工业总产值的比例如图18－1中所示，其中1998年以后与原曲线重合，而1997

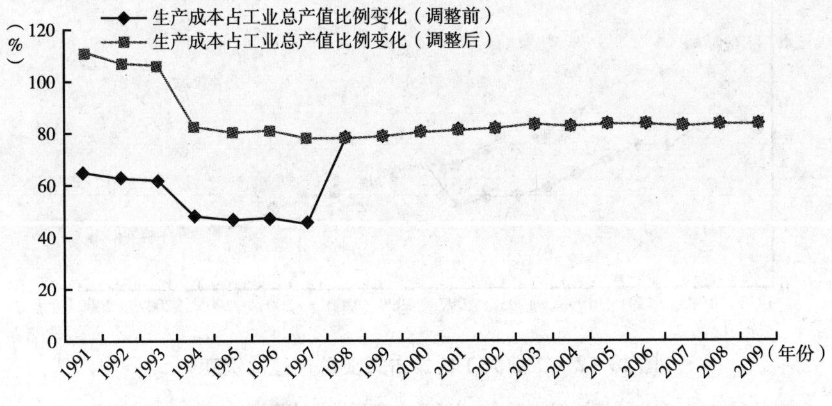

图18－1 工业生产成本占工业总产值比例变化

资料来源：《新中国50年统计资料汇编》，华通数据库。

① 1998年之前（不包括1998年）为乡及乡以上工业企业，1998年以后为国有及规模以上非国有工业企业。

年以前则位于原曲线上方。生产成本占工业总产值比例的变化可以分为两个阶段：第一阶段 1991～1997 年是下降阶段，第二阶段 1998～2009 年是上升阶段，但上升幅度较小，2009 年生产成本占工业总产值的比例为 83.44%。由于生产成本占工业总产值的比例大体上可以反映工业领域内的竞争激烈程度，因此可以判断从 1998 年以来中国工业领域竞争性不断加强。

生产成本主要由人工成本、折旧、原材料成本构成。以下将分别对工业企业若干项成本的变化情况进行分析。

（二）人工成本①占工业总产值比例的变化情况

1978～2009 年制造业职工工资总额占工业总产值比例的变化如图 18－2 所示。从图中可以看出，在调整前，我国工业工资成本占工业总产值的比例1980～1997 年不断下降；1998～2009 年也处于不断下降的趋势。进行简单的同口径调整后，工资成本占工业总产值的比例在 1998 年以后与原曲线重合，而 1997 年以前则位于原曲线上方。从图 18－2 中可以明显地看出，1978 年以来工资成本占工业总产值的比例不断下降。

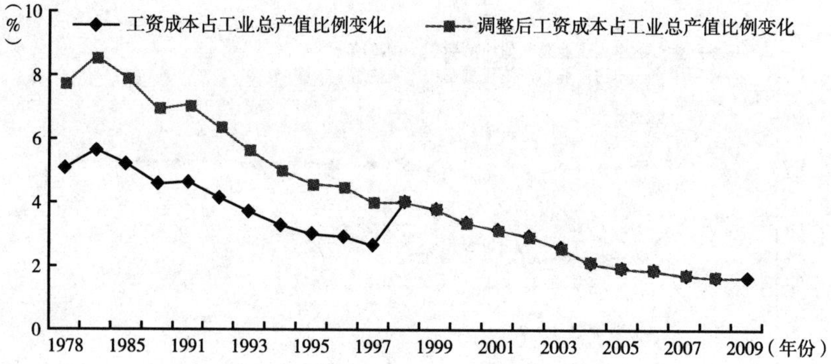

图 18－2　工业人工成本占工业总产值比例变化

资料来源：《中国统计年鉴 2003，2010》，华通数据库。

---

① 工资总额中既包括支付给工人的工资（计入到生产成本中），也包括支付给管理人员的工资（计入管理费用），因而工资总额中不完全是生产成本。但一方面由于无法取得更详细的工资结构数据，另一方面工资总额中主体应计入到生产成本中，因而本文将人工成本放在生产成本中分析。

由于工资/利润总额比值大体相当于劳动者报酬/营业余额，因此我们也测算了工资/利润总额比值的变化（见图 18－3）。2000～2007 年工资/利润总额比值不断下降，该项比例从 65.6% 下降到 25.5%；从 2008 年开始该项比例略有上升，2009 年提高到 25.9%。从总体上讲，人工成本对于工业企业利润的影响日益减弱。

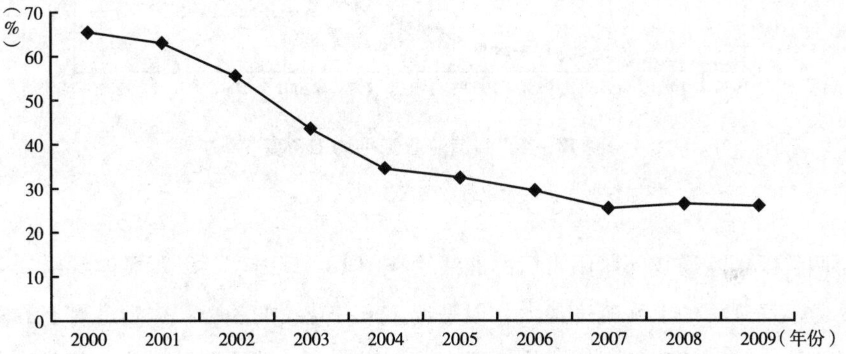

图 18－3　工业人工成本与利润总额比值变化

资料来源：《中国统计年鉴 2003，2010》，华通数据库。

1980～2010 年，制造业职工的平均工资水平持续上升，并且 2005～2010 年这一时期的上升幅度最大。由于统计资料中的平均工资数据是以当年价格计算的，尚未剔除通货膨胀因素，因此实际的工资涨幅小于统计数据显示的涨幅。使用世界银行公布的中国 1980～2010 年的 GDP 平减指数对制造业职工平均工资指数①进行调整，计算出在剔除通货膨胀因素后我国制造业职工平均工资的实际增长情况（见图 18－4）。在剔除了通货膨胀因素后，我国制造业城镇职工的平均工资指数大都在 100 以上，说明实际工资水平呈现逐年上升的趋势，同时在 1998～2010 这段时期内我国制造业职工的实际工资上涨都超过或接近 10%，与 1980～1998 年这一时期相比，实际工资水平的上涨速度较快。

将中国、美国、韩国的劳动力平均工资指数进行比较，将用 GDP 平减指数

① 制造业职工平均工资指数以上年的制造业平均工资为 100，用上年的制造业职工平均工资去除本年的制造业职工平均工资，即可得到制造业职工平均工资指数。

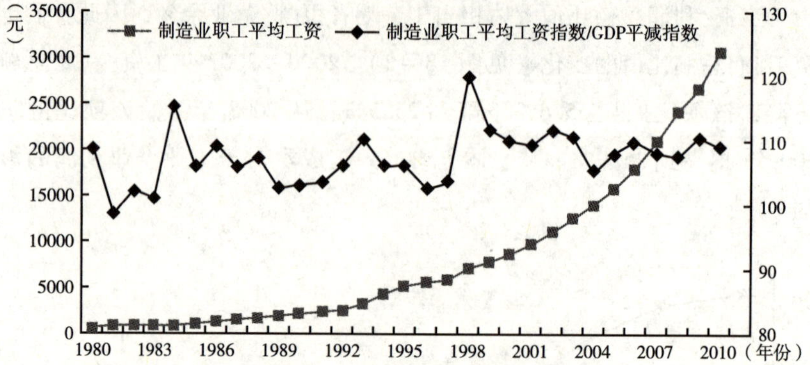

图 18－4　制造业职工平均工资变化

资料来源：华通数据库，世界银行数据库。

进行调整以剔除通货膨胀因素后的曲线绘在图 18－5 中。可以明显地看出，中国劳动力平均工资的上涨幅度最大，但是近年来有减缓的趋势；作为世界上最发达的经济体，美国的劳动力年平均工资变化幅度较小；韩国相对于美国其劳动力平均工资上升幅度较大，但小于中国。说明相对于发达国家，中国的企业面临着更大的人力成本上涨压力。

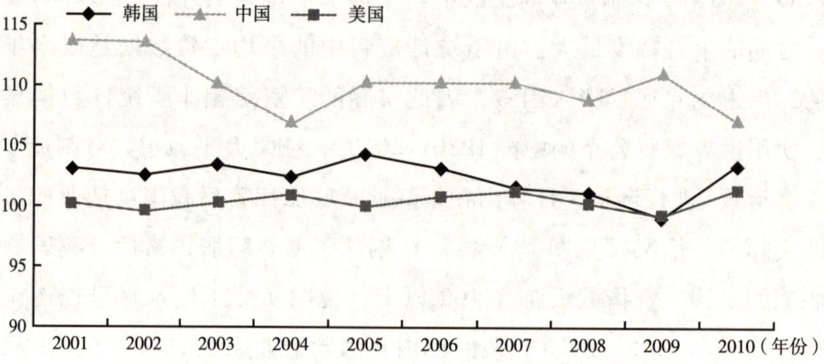

图 18－5　中国、美国、韩国劳动力平均工资指数变化

资料来源：OECD 数据库，世界银行数据库，华通数据库。

（三）固定资产折旧占工业总产值比例的变化情况

1978～2008 年折旧占工业总产值比例的变化如图 18－6 所示，我国工业折旧占工业总产值的比例1978~1997年不断下降，1998~2008年也处于不断下降的趋势。进行简单的同口径调整后，折旧占工业总产值的比例在1998年以后与原曲线重合，而1997年前位于原曲线上方。从图18-6中可以明显地看出，1978年以来折旧占工业总产值的比例处于不断下降的趋势。2008年规模以上工业企业折旧占工业总产值的比例为3.44%。

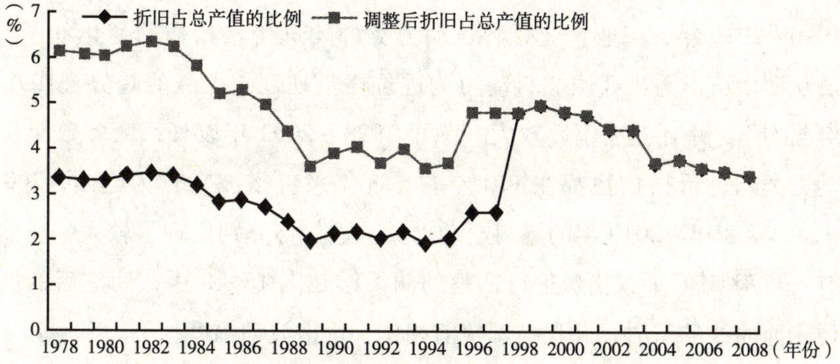

图18-6　工业折旧占工业总产值比例变化

资料来源：《新中国50年统计资料汇编》，华通数据库。

（四）燃料动力费占工业总产值比例的变化情况

1977~2009年，工业企业燃料动力费占工业总产值比例的变化如图18-7

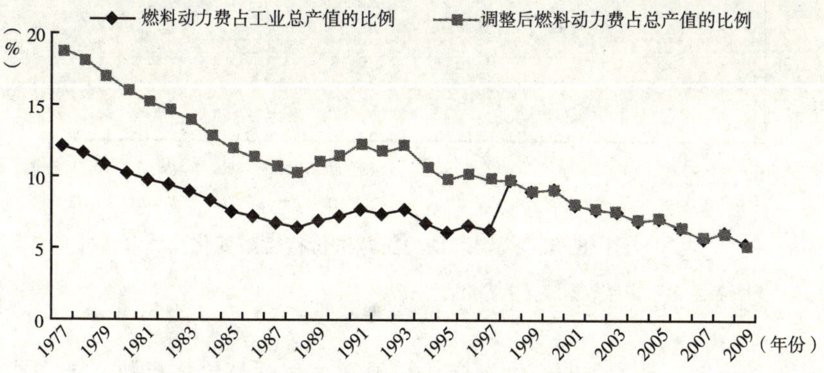

图18-7　工业燃料动力费占工业总产值比例变化

资料来源：《新中国50年统计资料汇编》，《中国统计年鉴2007~2010》。

所示。从图中可以看出，我国工业中燃料动力费占工业总产值的比例1977～1997年不断下降，1998～2009年也呈现下降趋势。进行简单的同口径调整后，燃料动力费占工业总产值的比例变化曲线在1998年以后与原曲线重合，而1997年前位于原曲线上方。从图18－7中可以明显地看出，1977年以来燃料动力费占工业总产值的比例处于不断下降的趋势，2009年工业企业燃料动力费仅占总产值的5.34%。

1990～2010年，工业企业燃料、动力类的购进价格指数的变化如图18－8所示。从图中可以看出我国燃料动力购进价格呈现逐年上涨的趋势（1998年和2009年除外），并且上涨幅度较大，除了1998～2002年以外，大多数年份的燃料、动力类购进价格指数都在110左右。近年来价格波动较为剧烈，2007年、2009年和2008年、2010年的燃料、动力类购进价格分别出现了较大幅度的下降和上升。将用GDP平减指数进行调整的曲线绘在图18－8中，调整后的曲线大体上位于原曲线的下方，并且与调整前相比，价格波动幅度减小。在剔除了通货膨胀因素后，1990年以来燃料动力价格仍然呈现明显的上升趋势，大多数年份的指数都在100以上。

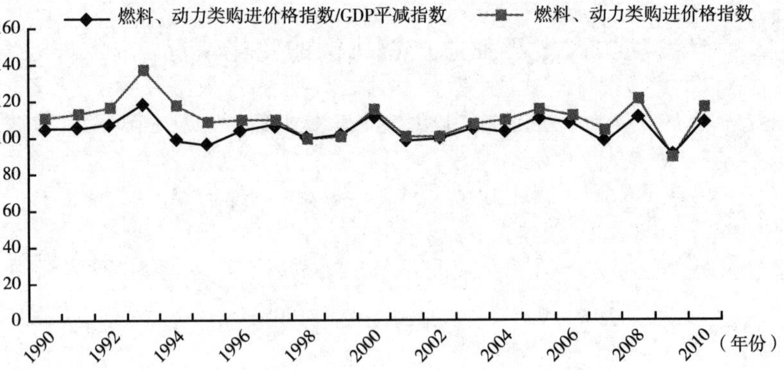

图18－8　燃料、动力类购进价格指数变化

资料来源：华通数据库，世界银行数据库。

中国的燃料、动力类购进价格指数与国际大宗商品价格指数（能源类）变化的比较如图18－9所示。中国工业企业的燃料动力类购进价格指数大多位于国际大宗商品价格（能源类）的价格指数之下，并且变动幅度较小。但是近年来国际能源类大宗商品的价格变动幅度较大，同一时期中国的能源类价格波动幅度也随之提高，对于工业企业而言，能源价格的大幅波动是一个严峻的挑战。

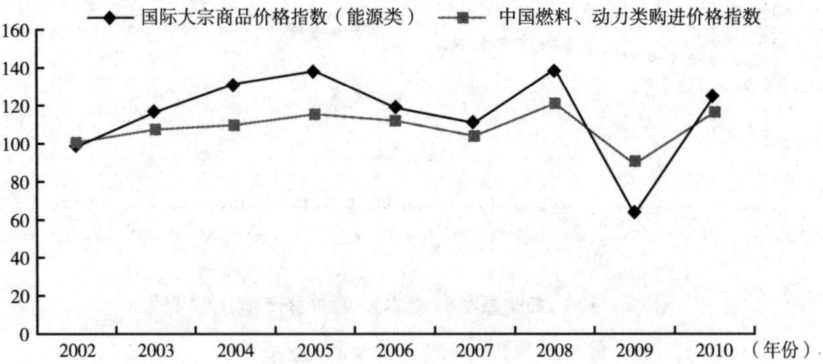

图 18－9　中国燃料、动力类购进价格指数与国际大宗商品价格指数（能源类）变化比较

资料来源：华通数据库，世界银行数据库。

（五）中间投入成本占工业总产值比例的变化情况

1977～2010 年工业企业原材料等中间投入占工业总产值比例的变化如图 18－10 所示。从图中可以看出，我国 1977～1989 年原材料占总产值的比重呈现不断上升的趋势，1989～1997 年呈现下降的趋势，而 1997～2010 年呈现不断升高的趋势。进行简单的同口径调整后，原材料占工业总产值的比例变化曲线在 1998 年以后与原曲线重合，而 1997 年前位于原曲线上方。从图 18－10 中可以明显地看出，原材料占总产值的比例呈现不断波动的趋势，但从 1997 年以来原材料占工业总产值的比例呈现不断上升的趋势，2006 年原材料占工业总产值的比例达到 65.6%。

尽管无法获取 2007 年以后数据，但从理论上可以从当年累计增值税与销售收入比例来估计原材料占总产值的比例。我们计算了 2003～2006 年累计增值税与销售收入的比例，发现累计增值税与销售收入每年变化率与原材料占销售收入比例高度相关；因而本文用 2007～2010 年累计增值税与销售收入比例的变化来替代 2007～2010 年原材料占工业总产值比例的变化，计算结果也显示在了图 18－10 中。从图 18－10 中可以看出，从 1997 年以来原材料等中间投入占总产值的比例不断提高。

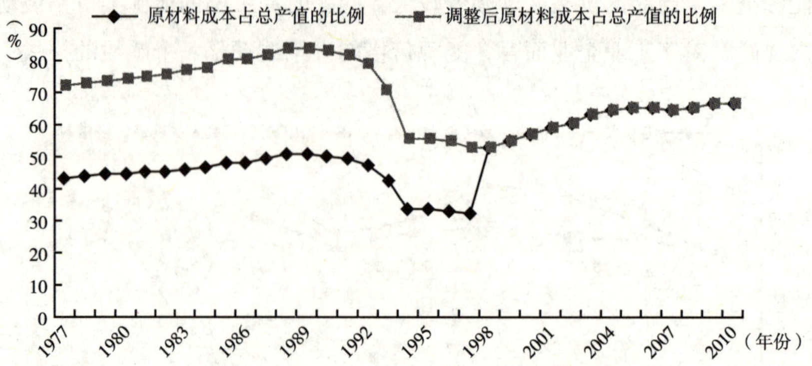

图 18－10 工业原材料成本占工业总产值比例变化

资料来源：《新中国 50 年统计资料汇编》，华通数据库。

中间投入的价格可以用工业品出厂价格指数近似替代，1990～2010 年中间投入价格变化如图 18－11 所示。从图中可以看出我国中间投入价格在经历了 1993～1998 年的大幅下降后总体平稳，略有上升，基本维持在 100～110 的水平上。但是 2008～2010 年价格波动较为剧烈。用 GDP 平减指数进行调整后的曲线绘在图 18－11 中，新的曲线位于原曲线的下方，可以明显地看出，在剔除了通货膨胀因素后，中间投入价格呈现明显的下降趋势，大多数年份的指数在 100 以下，2007 年和 2009 年的下降幅度最大，调整后指数分别为 95. 82 和 95. 16。

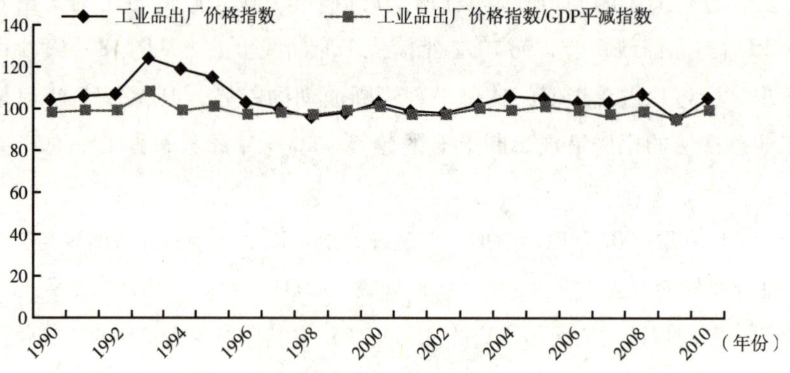

图 18－11 工业品出厂价格指数变化

资料来源：华通数据库，世界银行数据库。

（六）环境成本占工业总产值比例的变化情况

中国社会科学院工业经济研究所最近针对工业企业的环境成本①进行估测，研究结果表明，从绝对值来看，工业企业环境成本在不断提高，从1991年的255亿元提高到2009年的2568亿元。但环境成本占工业总产值的比重在2001年前处于不断波动和调整状态，2001～2009年一直处于下降趋势，在2009年下降到占工业总产值0.47%的新低点。该项研究还表明，环境成本占工业总产值比重的降低伴随着工业环境治理强度不断加大，说明中国工业正在变得越来越“清洁”。

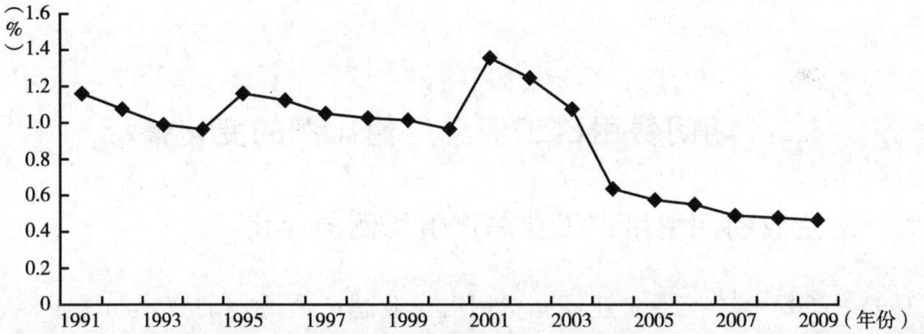

图18－12　环境成本占工业总产值比例变化

资料来源：《中国环境统计年鉴》，华通数据库。

小结：自1998年以来，中国工业总产值中，生产成本所占比例总体上处于不断上升的趋势，近年来略有下降。但人工成本、折旧、环境成本、燃料动力成本均处于不断下降的趋势，唯有原材料成本处于不断升高的趋势。造成上述变化的原因可能是工业企业的“真实”成本结构发生了较大的变化，也可能仅是产业组织结构垂直解体的结果。如果是由后者所致，必然会使工业企业的增加值率下降。我们计算了从1978年以来工业企业的增加值率（如图18－13所示）。从图中可以看出，1998年以来工业企业的增加值率小幅波动，总体稳定，因而可以判断，工业企业的成本结构的确是发生了显著的变化。

① 本文将环境成本单独列示仅是为分析使用方便。实际上，在企业的人工费、折旧、燃料动力费及原材料费中均包括了环境治理成本。

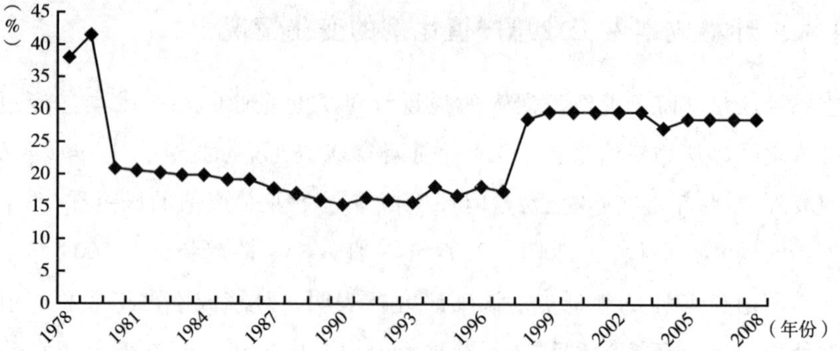

图 18 - 13　工业企业的增加值率变化

资料来源:《新中国50年统计资料汇编》,华通数据库,《中国统计年鉴》。

二　期间费用占工业总产值比例的变化情况

(一) 企业期间费用占工业总产值比例的变化

1995~2009年,工业企业期间费用占工业总产值比例的变化如图18-14所示,进行简单的同口径调整后的工业企业期间费用占工业总产值的比例也绘在图18-14中。其中,1998年以后与原曲线重合,而1997年前位于原曲线上方。从图18-14中可以明显地看出,工业企业期间费用占总产值的比例呈现不断下降的趋势,2009年占工业总产值的比例达到7%。

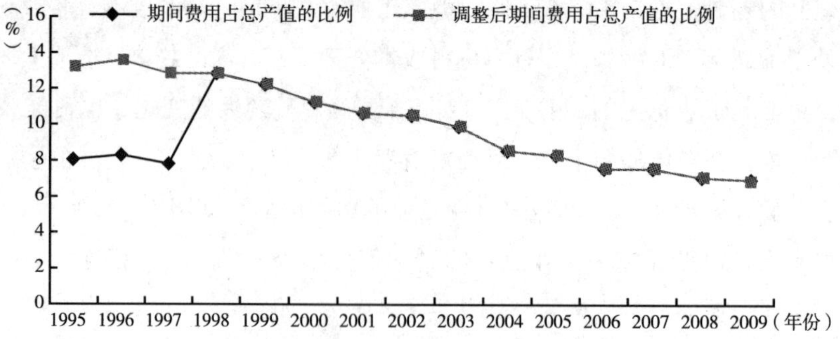

图 18 - 14　工业期间费用占工业总产值比例变化

资料来源:《新中国50年统计资料汇编》,华通数据库。

（二）利息支出占工业总产值比例的变化

1995 年以来，中国工业企业的利息支出占工业总产值的比例总体上处于不断下降的趋势（见图 18－15）。工业企业利息支出所占比例的下降一方面是由于贷款利率的下降（见图 18－16），但更重要的原因是企业融资渠道不断拓宽，企业的资产负债率不断下降（见图 18－17）。1991～2011 年利率调整的各月利率水平情况如图 18－16 所示。从 1991 年至 1997 年 10 月，我国的利率水平较高，而在 1998 年 3 月以后，我国的一年短期贷款利率都在 8% 以下，一直维持着比较低的利率水平。自 1996 年 5 月开始至 2002 年 2 月连续 7 次下调短期贷款利率。2004～2007 年是利率水平缓慢上升时期，2007 年 12 月短期贷款利率达到 7.47%。但随着国际金融危机的到来，利率上升的趋势被打断，2008 年 9 月至 2010 年 10 月利率水平不断下降，而从 2010 年 10 月开始利率水平又缓慢上升，2011 年 7 月的短期贷款利率为 6.56%。从调整频率上看，自 2007 年开始我国利率的调整频率上升同时调整幅度较以往减小，仅 2007 年就有 6 次利率微调，2008 年至 2011 年 7 月共有 9 次调整，而 1991～2006 年这 16 年间只有 13 次调整。相对较低的贷款利率水平成为我国工业企业利息支出占工业总产值比例不断下降的重要原因之一。

（三）管理费用占工业总产值比例的变化情况

从图 18－18 中可以看出，从 1999 年以来，管理费用占工业总产值比例处于不断下降的趋势，但近 3 年占工业总产值的比例略有提高。2009 年管理费用占工业总产值的比例为 4.04%。

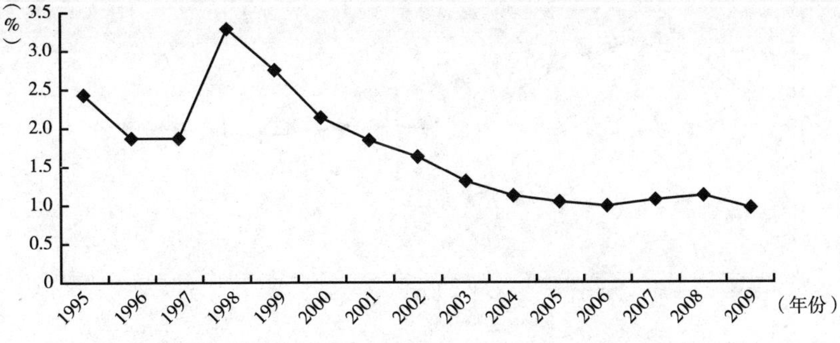

图 18－15　工业企业利息支出占工业总产值比例变化

资料来源：《新中国 50 年统计资料汇编》，华通数据库。

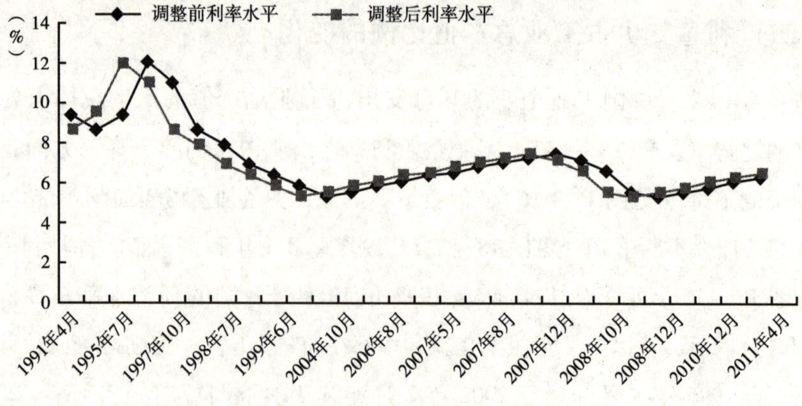

图 18－16　一年短期贷款利率变化

资料来源：CCER 数据库。

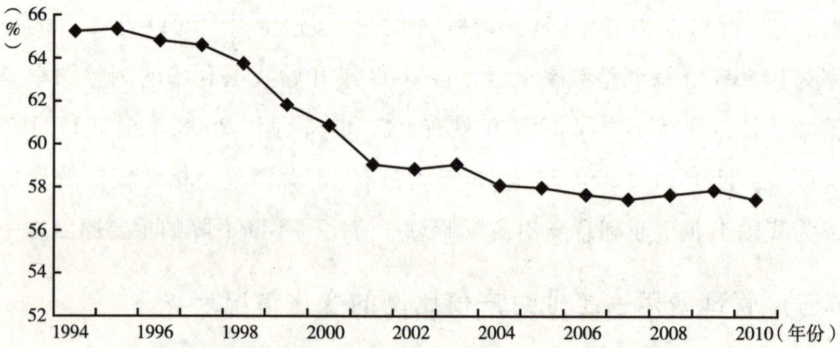

图 18－17　工业企业资产负债率变化

资料来源：《新中国 50 年统计资料汇编》，华通数据库。

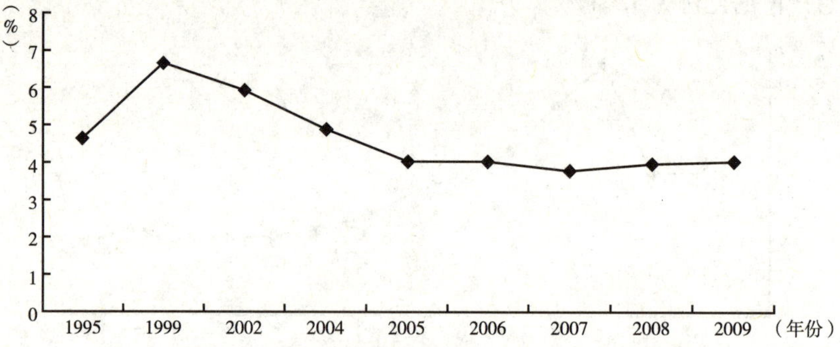

图 18－18　工业企业管理费用占总产值的比例变化

资料来源：《新中国 50 年统计资料汇编》，华通数据库。

（四）销售费用占工业总产值比例的变化情况

1995年以来，销售费用占工业总产值的比例波动较大，但2004年以来销售费用占工业总产值的比例基本稳定。2009年销售费用占工业总产值的比例为2.58%。

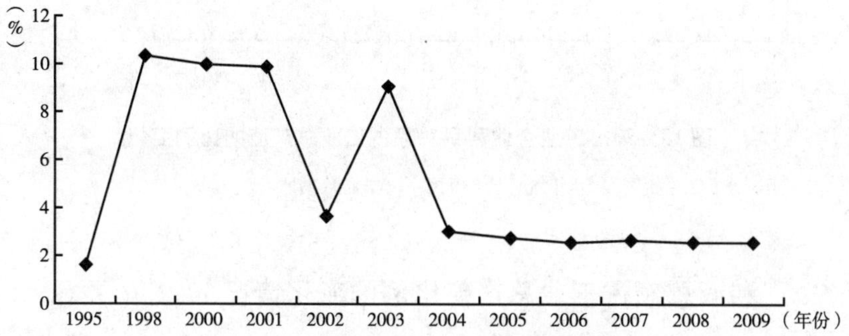

图18－19　工业企业销售费用占总产值的比例变化

资料来源：《新中国50年统计资料汇编》，华通数据库。

小结：从1998年以来，期间费用占工业产值的比例处于不断下降趋势，而且构成期间费用的重要组成部分，即利息支出、销售费用占工业总产值的比例也处于不断下降的趋势，管理费用占工业总产值的比例近年来有小幅上升。

三　企业利税占工业总产值比例的变化情况

（一）利税总额[①]占工业总产值比例的变化情况

1977年以来利税总额占工业总产值的比例的变化可以分为两个阶段，1977～1997年总体上处于不断下降的趋势，1998～2009年总体上处于不断上升的趋势。2009年利税总额占工业总产值的比例为11.13%。

① 按中国的统计制度，工业总产值中不包括增值税，而工业企业的利税总额包括增值税。因而准确地说，我们仅能计算出增值税相当于工业总产值的比例，但下面为叙述方便也称为利税总额占工业总产值的比例。

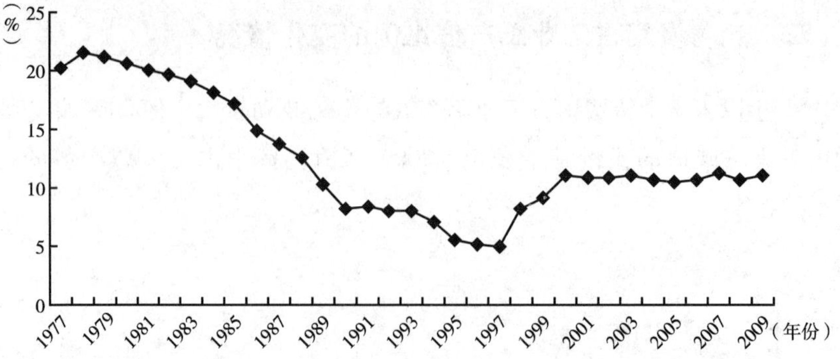

图 18－20　工业企业利税总额占工业总产值的比例变化

资料来源：《新中国 50 年统计资料汇编》，华通数据库。

（二）利润总额占工业总产值比例的变化情况

1977 年以来工业企业利润总额占工业总产值的比例的变化可以分为两个阶段，即1977～1997 年的下降阶段和 1998～2009 年的上升阶段。金融危机时期的 2008 年利润总额占工业总产值的比例有较大幅度的下降，2009 年开始回升，达到 6.30%（见图 18－21）。

利润总额占工业总产值的比例的变化从一个方面反映了中国工业改革 30 年的历程。改革初期，企业在计划经济体制下能稳定地取得高利润，但这种高利润并不是企业竞争力强的表现；从计划经济向市场经济转轨过程中的企业不适应市场竞争，利润很低，竞争力不强；随着市场越来越成为资源配置的主要方式以及中国市场化进程的加速，工业企业已经适应了市场竞争的要求，赢利能力不断提高，此时较高的赢利能力伴随较高的市场竞争程度，成为企业竞争力不断提升的标志。

（三）流转税占工业总产值比例的变化情况

1977～2009 年工业企业流转税（包括营业税及附加、增值税）占工业总产值比例的变化如图 18－22 所示，从图中可以看出，我国工业企业中流转税占工业总产值的比例 1977～1997 年不断下降；1998～2007 年也处于不断下降的趋势，自 2008 年起略有上升。进行简单的同口径调整后，流转税占工业总产值的比例也绘在图 18－22 中，其中，1998 年以后与原曲线重合，而 1997 年前位于原曲线上方。从图 18－22 中可以看出，1977 年以来流转税占工业总产值的比例处于不断下降的趋势，2009 年规模以上工业企业流转税仅占总产值的 4.83%。

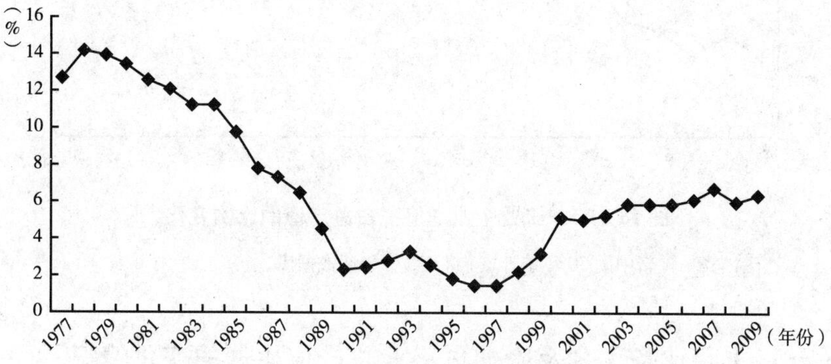

图 18－21　工业企业利润总额占总产值的比例变化

资料来源：《新中国 50 年统计资料汇编》，华通数据库。

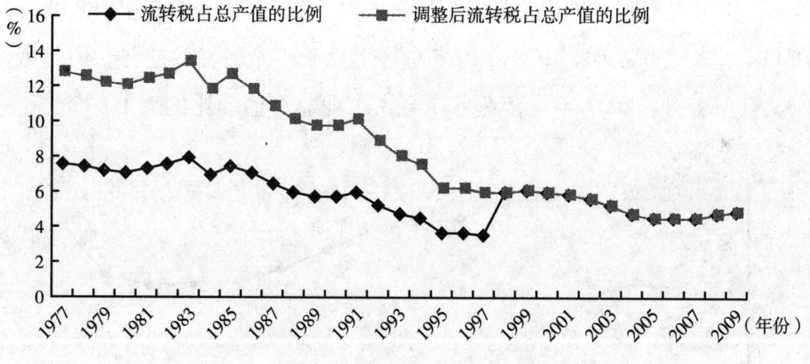

图 18－22　工业企业流转税占总产值的比例变化

资料来源：《新中国 50 年统计资料汇编》，华通数据库。

（四）增值税占工业总产值比例的变化情况

总体而言，1985～2009 年增值税占工业总产值的比例提高较大，这与中国增值税改革及征管力度加大有关。2000 年后，增值税占工业总产值的比例呈下降趋势，在经历了 2007～2008 年的略微上升后又开始下降。2009 年增值税占工业总产值的比例为 3.19%（见图 18－23）。

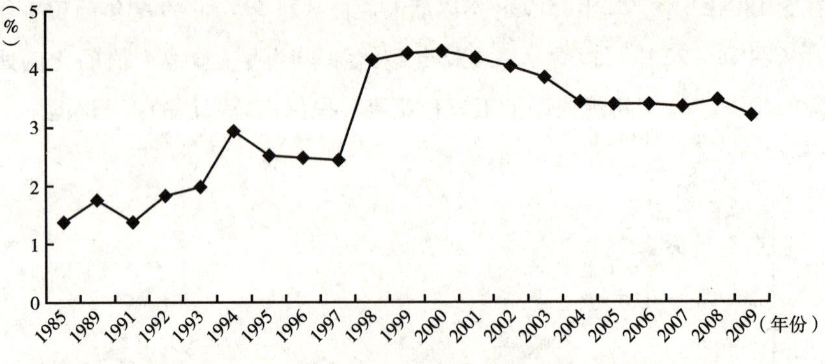

图 18－23　工业企业增值税占总产值的比例变化

资料来源：《新中国 50 年统计资料汇编》，华通数据库。

（五）主营业务税金及附加占工业总产值比例的变化情况

自 1977 年以来，中国税制变化较大，因此本文只计算了 1994 年以来的主营业务税金及附加（不包括增值税及所得税）占工业总产值比例的变化情况，如图 18－24 所示。从图中可以看出，主营业务税金及附加占工业总产值比例的变化幅度不大，大体上在 1%～2% 之间波动。1998 年以来总体上处于不断下降的趋势，但是近两年这一比例又有所上升，2009 年主营业务税金占工业总产值的比例为 1.64%。

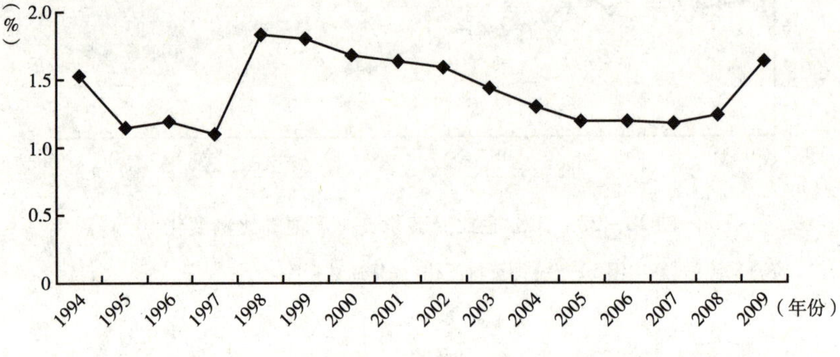

图 18－24　工业企业主营业务税金及附加占总产值的比例变化

资料来源：《新中国 50 年统计资料汇编》，华通数据库。

小结：总体而言，1998 年以来，利税总额占工业企业总产值的比例在不断提高，其中，利润总额占工业企业总产值的比例不断提高，而税收占工业企业总产值的比例在 2007 年以前却是不断下降的，但是近年来呈现上升趋势。

四 结论

本文已经分析了工业企业各项目成本及利润占工业总产值比例的变化情况，并将2009年企业各项成本占总产值的数据列在表18－1中。从表中可以看出，工业企业的各项成本占总产值的比例相差较大，最大的为原材料成本，占工业总产值的66.72%；其次为利润总额，占工业总产值的6.30%；再次为燃动力费，占工业总产值的5.34%。各项成本占总产值比例最小的是环境成本，占工业总产值的0.47%；其次为利息支出，占工业总产值的0.97%；再次为主营业务税金及附加，占工业总产值的1.64%。与2006年相比，2009年工资、折旧、燃动力费、环境成本、各项期间费用以及增值税占工业总产值的比例下降，但是原材料和利润总额、流转税、主营业务税金及附加占工业总产值的比例上升，说明企业成本的上升主要源于原材料成本和税收负担的增加。

表18－1　2006年与2009年企业各项目成本占工业总产值的比例

	名　　称	2009年占工业总产值的比例（%）	2009年占工业总产值的比例排名	2006年占工业总产值的比例（%）	2006年占工业总产值的比例排名
一	生产成本	83.44		83.61	
1	工资	1.63	9	1.82	9
2	折旧	3.44	6	3.57	6
3	燃动力费	5.34	3	6.49	2
4	原材料	66.72	1	65.60	1
5	环境成本	0.47	12	0.55	12
二	期间费用	7.00		7.59	
6	利息	0.97	11	1.00	11
7	管理费用	4.04	5	4.05	5
8	销售费用	2.58	8	2.60	8
三	利税总额	11.13		10.73	
9	利润总额	6.30	2	6.16	3
10	流转税	4.83	4	4.56	4
11	增值税	3.19	7	3.38	7
12	主营业务税金及附加	1.64	10	1.18	10

说明：各项支出工业总产值的比例排名不包括生产成本、期间费用、利润总额等合成项目。

资料来源：《新中国50年统计资料汇编》，华通数据库。

最近，一些地区出现了中小企业的倒闭潮，很多人认为是企业成本的上涨导致中小企业倒闭；但从本研究来看，至少就平均数据而言，“高涨”的成本并没有影响企业的赢利能力。从总体上讲，中国企业已经迅速走出了金融危机的阴影，2009 年的赢利能力已经超过了 2007 年。据国家统计局 2011 年 8 月 27 日发布的数据显示，2011 年 1 ~7 月份，全国规模以上工业[①]增加值同比增长 14.3%；实现利润28004 亿元，同比增长28.3%。该数据佐证了本研究对于目前中国工业企业运行情况及发展趋势的判断，即中国工业企业总体运行情况良好，竞争力不断提升。

① 从2011 年起，规模以上工业企业起点标准由原来的年主营业务收入500 万元提高到年主营业务收入2000 万元。

B.20

竞争力理论与实证研究最新进展

张航燕

一　文献发表情况概述

本研究利用中国知网作为研究文献来源数据库。在中国知网中国学术期刊网络出版总库中，以“篇名”作为内容检索条件，在“篇名”条件下输入“竞争力”与“实证”作为具体检索要求，利用精确检索，最终获得自1994年以来的1065篇符合条件的期刊文献。文献发表的具体时间分布如表19－1所示。

表19－1　1994年以来竞争力实证研究文献发表的时间分布

单位：篇

时　间	1994	1995	1996	1997	1998	1999	2000	2001	2002
文献数量	1	0	0	4	0	6	7	5	28
时　间	2003	2004	2005	2006	2007	2008	2009	2010	2011
文献数量	27	50	72	100	126	175	169	176	119

从表19－1数据看，2000年以前，我国对竞争力的实证研究并不关注，其中1995年、1996年与1998年的文献数量均为0。进入21世纪以来，我国在竞争力实证研究方面有了显著的变化。虽然2001年的文献也只有5篇，但自此以后，我国学者对竞争力实证研究的关注度快速上升。2008年以来，竞争力实证研究方面的文献数量每年基本上稳定在170篇左右。截至2011年9月24日，数据库中已经收录到当年的竞争力实证研究文献119篇。

从所发表文献研究的具体内容看，1065篇文献主要是集中在产业竞争力研究、企业竞争力研究、区域竞争力研究、国际竞争力研究、竞争力影响因素研究这五个方面。本文将分别对产业竞争力研究、企业竞争力研究、区域竞争力研究、国际竞争力研究方面的文献进行回顾与总结；而在竞争力影响因素方面，则主要选择就环境规制对竞争力的影响这一主题来进行相关文献的回顾与总结。由于文献数量过多，时间跨度过长，无法对所有文献进行回顾总结，因此，本文实际上只是对2009年以来上述五个领域的最新文献进行了回顾。

二　产业竞争力实证研究

从文献分布看，对整体产业竞争力进行实证研究的文献，明显少于对某一地区具体产业竞争力的研究。本文在回顾文献时，只是针对整体产业方面的实证研究文献，而忽略了那些过于具体的、针对特定地区特定产业的实证研究文献。

刘伊凡①对我国汽车产业竞争力的实证研究表明，我国汽车制造业的产业环境竞争力与产业国际化竞争力在不断提高，但是我国大部分汽车制造企业还未达到规模经济；要想使我国汽车产业的核心竞争力增强、企业生产规模增大，必须要加大企业研发经费在总投资中的比重、引进优秀人才、提高企业自主创新能力，加强国际交流与合作，积极有效地总结经验教训，加强行业协会和商会的作用，国家、地方和企业三方共同协作创建合理的、科学的、有战略眼光的汽车生产基地。

李莉、史焰青②对我国高新技术产业竞争力的实证研究表明，我国东部地区的高技术产业竞争力较强，中部和西部地区较弱。尤其是东部沿海地区，地理位置优越、政府支持、经济发展快，吸引大量人才与资金，自改革开放以来，高技术产业快速发展。袁城③运用基本份额偏离法分解了2000年和2005年京津冀、长三角、珠三角的高技术产业竞争力结构的差异，并运用两段最小二乘法分析了

---

① 刘伊凡：《我国汽车产业竞争力的实证分析》，《商场现代化》2009年第1b期，第253～254页。

② 李莉、史焰青：《中国高技术产业竞争力实证探究》，《河北企业》2009年第8期，第49～50页。

③ 袁城：《我国高技术产业竞争力分析——基于京津塘、长三角、珠三角三大经济带的实证研究》，《技术经济与管理研究》2009年第4期，第24～27页。

高级人力资本对高技术产业竞争力的贡献程度来阐释这些内部差异；研究表明，高级人力资本要素是衡量区域竞争力强弱的重要变量之一。

王晓枫、熊海芳[①]运用非结构性方法 PR 模型，对我国商业银行业的市场结构特点进行实证分析，研究指出，优化银行业市场结构，改革传统的经营模式，不断创新金融产品，仍是银行业提高竞争力的关键；降低资金成本，提高资金的使用效率是目前银行业提高竞争力的重要内容。

王小平[②]运用因子分析法和聚类分析法，对 2007 年我国 15 个建筑陶瓷主产区的产业竞争力进行了比较分析和评价；从建筑陶瓷产业竞争力因子综合得分来看，位居前列的地区为佛山、潮州、晋江；建筑陶瓷产业竞争力的地区差异十分明显，全国 15 个建筑陶瓷主产区聚类结果是，第一类仅包括佛山市，第二类只有潮州市，第三类包括晋江市，其余的 12 个地区都被归入第四类。

陈红川、刘斌[③]分别从产业投入能力、产业产出能力、技术创新能力、产业支持环境四个角度对我国医药制造业进行了竞争力评价，计算了我国 26 个地区医药制造业的产业竞争力值，并利用 K—均值聚类法，对 26 个地区进行了聚类分析。

刘炳胜、王雪青、李冰[④]基于结构方程模型对我国建筑产业竞争力形成机理进行了实证研究，研究显示，区域环境、生产要素、产业组织三个变量对当地建筑产业的竞争力具有直接影响；辅助产业对当地建筑产业竞争力的提升具有促进作用。

三　企业竞争力实证研究

在本文所确定的文献主题中针对企业竞争力开展实证研究的文献相对较少，

---

① 王晓枫、熊海芳：《基于市场结构的银行竞争力实证分析》，《大连海事大学学报（社会科学版）》2010 年第 5 期，第 10～14 页。

② 王小平：《建筑陶瓷产业竞争力实证分析》，《内江师范学院学报》2010 年第 10 期，第 66～70 页。

③ 陈红川、刘斌：《基于 K－均值聚类算法的医药制造业竞争力评价实证研究》，《科技管理研究》2011 年第 16 期，第 87～90 页。

④ 刘炳胜、王雪青、李冰：《中国建筑产业竞争力形成机理分析——基于 PLS 结构方程模型的实证研究》，《数统计与管理》2011 年第 1 期，第 12～23 页。

论文对2009年以来的企业竞争力相关文献进行了较全面的回顾。总体上看，对企业竞争力的实证研究，学者们倾向于以上市公司作为研究对象。

刘海波、陈龙①对上市公司治理结构与企业竞争力的相关性进行了实证分析，研究指出，董事会规模大小直接影响着公司运营和成长，股权过度集中或者股权过度分散对公司的成长都是不利的，高管薪酬与流动资产周转率存在正相关关系。朱永华、王燕燕、张培②通过对中小企业治理结构与企业竞争力关系的实证分析，认为中小企业治理结构第一典范对企业竞争力绩效第一典范变异有一定预测作用，得出股权适度集中、董事和高管持股比例、独董人数、独董津贴、对董事的激励等指标与企业治理结构绩效水平有正相关的结论。臧卫国③选取上市公司2004~2009年面板数据，以因子分析为基础，针对股权集中度、股权制衡度对上市公司竞争力的影响进行实证分析，研究表明，股权高度集中公司的竞争力明显强于其他公司，股权制衡度对上市公司竞争力的影响存在区间效应，股权集中度适中的公司表现出更好的竞争力。韩晓舟、李刚④实证分析了民营企业公司治理与竞争力之间的关系，研究指出，民营企业要获得长远发展的能力、提高企业的竞争力，关键要素之一就是要拥有良好的企业治理结构；良好的股权结构是民营企业治理结构特征之一，股权的过于集中和分散都不利于企业形成良好的竞争力，适当地提高前五大股东的持股比例可以提高企业的竞争力水平；具有竞争力的民营企业治理结构特征还应该具有良好的董事会规模，中小企业的董事不宜过多，适当地调整董事会人数及会议次数，也可以相应提高企业竞争力。戚文举、汪志成⑤也对上市公司股权结构、董事会与企业竞争力之间的关系进行了实证研究，认为董事会持股有利于提高上市公司竞争力。

---

① 刘海波、陈龙：《上市公司治理结构与企业竞争力的相关性实证研究》，《商业经济》2009年第8期，第81~82页。

② 朱永华、王燕燕、张培：《中小企业治理结构与企业竞争力相关性实证研究》，《武汉工业大学学报》2009年第2期，第1~5页。

③ 臧卫国：《股权集中度、制衡度与上市公司竞争力——基于因子分析法的实证检验》，《财会月刊》2011年第7b期，第9~13页。

④ 韩晓舟、李刚：《民营企业公司治理与竞争力关系实证分析》，《财会通讯》2011年第8b期，第40~41页。

⑤ 戚文举、汪志成：《我国上市公司治理结构对企业竞争力影响的实证研究》，《中国集体经济》2011年第7期。

李显君、谢南香、徐可①采用层次分析法、熵权系数法、德尔斐法和回归分析方法对我国自主品牌汽车企业的竞争力进行研究，指出本土汽车企业技术竞争力发展不均衡，差距较大，传统企业表现差强人意。杨之强②从我国汽车制造企业综合竞争力角度出发，构建了以技术创新力、企业规模、赢利能力、营运能力和发展能力为准则层的汽车企业综合竞争力指标体系，并以此指标体系为基础，通过运用熵权 TOPSIS 方法对我国沪深上市的 10 家汽车制造企业的综合竞争力进行了评价，研究指出，上海汽车的综合竞争力最强，其次是北汽福田和长安汽车。

史竹琴、薛耀文③通过对自主创新与企业核心竞争力关系的实证研究，指出技术创新是提升我国大中型工业企业核心竞争力的关键；企业的核心竞争力在很大程度上取决于自身的技术创新能力，而企业的技术创新能力又在很大程度上取决于自身的自主创新能力，因此，营造一种有利于自主创新的良好环境和氛围对企业核心竞争力的提升有着不可忽视的关键作用。马宁、吴威④实证研究了我国民营企业人力资本与企业竞争力的关系，研究结果表明，民营企业大多数人力资本特征变均与企业竞争力呈现一定程度的正相关，但作用不显著；不同规模的民营企业，人力资本对企业竞争力的影响存在不同差异；人力资本对民营企业竞争力的提升作用仍受到其他一些因素的制约。周湘峰、郭艳⑤以江西省 146 家制造企业为调查对象，采用结构方程模型对企业资源能力、供应链管理、竞争优势与企业绩效之间的关系进行了实证研究，结果表明，企业资源能力与供应链管理的实施对竞争优势均有显著的正向影响。阳长征、李慧敏⑥基于上市公司数据库对

① 李显君、谢南香、徐可：《我国自主品牌汽车企业技术竞争力实证分析》，《企业管理》2009 年第 5 期，第 125～134 页。

② 杨之强：《基于熵权 TOPSIS 方法的汽车制造企业竞争力实证分析》，《经济论坛》2010 年第 7 期，第 110～113 页。

③ 史竹琴、薛耀文：《自主创新与企业核心竞争力关系的实证研究》，《科学学研究》2009 年第 S2 期，第 471～477 页。

④ 马宁、吴威：《人力资本与企业竞争力实证研究——以中国民营企业为例》，《北京工业大学学报（社会科学版）》2009 年第 3 期，第 24～27 页。

⑤ 周湘峰、郭艳：《供应链管理对企业竞争力及绩效影响的实证分析》，《企业经济》2011 年第 7 期，第 48～50 页。

⑥ 阳长征、李慧敏：《企业规模、多元化战略与市场竞争力——基于中国上市公司数据的实证分析》，《商业时代》2011 年第 16 期，第 71～72 页。

企业规模、多元化与市场竞争力关系的实证研究显示，在开始扩大企业的规模时能提高企业的市场竞争力，但该影响会在一定时期之后保持稳定不再表现出太大变化；在采取多元化战略时，开始会表现为短期的降低市场竞争力，其后逐渐随着对市场运行的适应，慢慢变为对市场竞争力的提高，最后该影响正向趋于平衡稳定。

徐和清[①]据四个竞争性行业上市公司的实证研究发现，董事薪酬和经营者薪酬都主要由规模竞争力决定，而几乎不受赢利竞争力、现金竞争力、成长竞争力、偿债竞争力的影响；研究指出，高管薪酬与企业竞争力之间的这种关系不符合企业可持续发展和科学发展观的内在要求，不利于企业竞争力的长期稳定与提升，应当引导高管经营行为与企业竞争力发展要求相适应，促进企业竞争力的形成和发展。

姜昭[②]以40家农业上市公司为例，利用因子分析方法对样本公司的竞争力进行了综合评价和分层评价；综合评价的结果显示了双汇、新五丰、赣南、光明、登海、新希望等企业具有较强的综合竞争力；除了排名前5位的企业竞争力综合得分差距较为明显外，其余大部分企业的综合竞争力得分差距不大，变化趋势较为平稳，我国农业上市公司综合竞争力的整体差距不大；分层评价的结果表明，综合竞争力排名处于前面的企业，其生存能力和发展能力两个层面的排名却不一定都靠前；40家样本公司在生存能力上的差距不大，而在发展能力上的差距却较为明显。

四　区域竞争力实证研究

区域竞争力的实证研究主要集中在三个大的方面：从整理角度对地理区域竞争力比较分析，从特定经济区域进行的竞争力比较分析，针对区域产业竞争力的比较分析。

金福子、崔松虎[③]根据世界银行2007年发布的构建和谐社会相关指标，对

---

① 徐和清：《高管薪酬与企业竞争力关系的实证研究——以我国上市公司为例》，《华东经济管理》2009年第9期，第122~126页。

② 姜昭：《农业上市公司竞争力评价的实证研究》，《经济经纬》2011年第2期，第123~127页。

③ 金福子、崔松虎：《和谐社会对城市竞争力影响的实证检验》，《生产力研究》2009年第21期，第131~132页。

我国城市竞争力影响进行了实证分析，研究发现城市的富裕程度、教育水平、环境质量、医疗健康质量等对城市竞争力的排名起着至关重要的作用和影响。刘莉芳[①]利用主成分分析法对中原城市群9个城市的城市竞争力进行实证分析的结果显示，中原城市群各城市经济的发达程度和开放程度存在较大的地区差异，由此产生的竞争力差异也非常显著，而且大城市竞争力显著强于小城市。高志刚[②]从资源环境、经济实力、产业市场、对外开放、基础设施、人力资本、科技创新和管理服务八方面构建包括40个二级指标的区域竞争力评价指标体系，并采用了基于主成分分析、层次分析等两种方法的组合评价法进行了中国区域竞争力状况研究，通过计算中国30个省区的区域竞争力组合指数，分析了中国区域竞争力的地域差异性；总体上看，全国各省市区区域竞争力的差异性较大，指数最高的上海是最低的宁夏的5.9倍；各省市区之间的区域竞争力差异小于对外开放竞争力、科技创新竞争力、人力资本竞争力、经济实力竞争力差异，与基础设施竞争力差异基本持平，但高于管理服务竞争力、产业市场竞争力、资源环境竞争力差异。靖学青[③]运用偏离份额分析法研究了我国4个直辖市的竞争力，结果表明，京津沪三市工业结构良好，其工业增长缓慢主要是由于部门竞争力低下造成的；重庆工业增长缓慢不仅由于部门竞争力低下，而且工业结构不佳也是重要原因，是二者共同作用的结果。北京市工业发展状况基本良好，天津市工业发展略显不足，重庆市工业发展严重不足，上海市工业地位仍然偏高，存在较大下降空间。张林泉[④]利用中国城市统计年鉴2008年的数据，运用因子分析法研究了泛珠三角城市竞争力，分析结果显示，泛珠三角城市竞争力地区差异显著，城市竞争力由东部沿海地区向中西部内陆地区由高到低呈梯次分布；产业结构是区域经济质量好坏的标志，是区域核心竞争力的关键组成部分。谭艳华、陈兆荣[⑤]对安徽省

---

① 刘莉芳：《城市竞争力评价指标体系及实证研究》，《中国商贸》2009年第8b期，第178～179页。

② 高志刚：《基于组合评价的中国区域竞争力实证分析》，《综合竞争力》2010年第3期，第58～64页。

③ 靖学青：《京津沪渝四直辖市工业结构与竞争力评析——基于偏离份额分析的实证研究》，《学习与实践》2010年第2期，第5～11页。

④ 张林泉：《泛珠三角区域城市竞争力实证分析》，《经济研究导刊》2010年第4期，第93～95页。

⑤ 谭艳华、陈兆荣：《基于科学发展观的安徽县域经济竞争力实证研究》，《铜陵学院学报》2011年第3期，第17～19页。

县域经济进行了实证分析，因子分析结果表明，安徽省县域之间经济综合竞争力差距较大，皖南实力明显强于皖北，地理区域分布对县域经济的影响非常明显；全面发展竞争力、持续发展竞争力和协调发展竞争力的差异从不同方向反映出县域经济综合竞争力的差异。

王育新、刘晓冰、曹志诚[①]运用主观赋权的 G1 法和客观赋权的离差最大化法组合确定指标权重，建立了基于 G1—离差最大化组合赋权的竞争力评价模型，并对中国 17 个典型高新区的截面数据进行实证分析。研究结果表明，深圳、上海、武汉等高新区技术创新竞争力很强，成都、重庆、沈阳等高新区具有很强的集群竞争优势，厦门、长春、上海等高新区在可持续发展方面表现出很强的竞争力，广州、济南、大连等高新区创业环境竞争力很强。从综合竞争力看，北京虽然依旧高居榜首，但其领先优势正逐渐减小；厦门和成都异军突起，分别列第 2 位、第 3 位，表现出了很强的竞争力和发展潜力；天津和重庆作为直辖市其高新区并没有表现出很强的竞争力，分别排在第 13 位和第 15 位。周小柯、吉生保[②]对我国区域科技竞争力进行了实证研究。研究指出，我国区域科技竞争力整体上呈现“东强、中平、西弱”的格局；东部地区内部“过度聚集”和“协调发展”并存；产业主导科技发展的模式更易于促进区域科技竞争力的协调发展。

陈基纯、陈忠暖[③]依据突变级数法建立了城市房地产业竞争力评价指标体系，以 2008 年中国 35 个大中城市为样本进行了实证分析，从竞争力整体得分看，中国 35 个大中城市房地产业竞争力存在着严重的地区发展不平衡现象，从东部地区到西部地区（除重庆、成都）城市房地产业竞争力呈逐步递减趋势。汤景霞等[④]基于因子分析对我国省域中成药产业竞争力进行了实证研究，指出省域中成药产业综合竞争力受规模因子、赢利因子、运营因子和成长因子四因素共同影响，得出了我国省域中成药产业竞争力得分及排名；研究将指标区分为强势

---

① 王育新、刘晓冰、曹志诚：《基于产业集群的高新区竞争力评价及实证研究》，《科学学与科学技术管理》2009 年第 11 期，第 6 ~ 14 页。

② 周小柯、吉生保：《中国区域科技竞争力实证研究——基于灰色关联投影模型》，《中国科技论坛》2011 年第 1 期，第 98 ~ 103 页。

③ 陈基纯、陈忠暖：《基于突变级数法的中国城市房地产业竞争力评价——来自 35 个大中城市面板数据的实证》，《特区经济》2011 年第 8 期，第 254 ~ 256 页。

④ 汤景霞、李野、高晓伟、许晶：《基于因子分析的我国省域中成药产业竞争力实证研究》，《中国新药杂志》2011 年第 12 期，第 1065 ~ 1069 页。

指标、中势指标与劣势指标，其中强势指标促进省域综合竞争力在全国排名的提高，劣势指标影响省域综合竞争力在全国的排名。张世龙、刘琳琳、任佳希①也对我国区域医药制造业的竞争力进行了实证研究，结果表明，医药制造业竞争力主要依靠技术创新能力的提升，目前产业自主技术创新能力不足，创新效率尚未能充分体现；产业竞争力与政府直接支持力度呈负相关，但政府的有形之手对新型产业的支持在成长初期是很有效的；各省经济区域医药制造业各具特点和优势，极具区域合作的价值和动力。王玉、许俊斌、南洋②使用我国2007年省级制造业面板数据分析各地区制造业的竞争力，研究发现，我国各地区的制造业竞争力差别很大，总体上东部地区要高于中西部和东北地区；地区间壁垒和产业间壁垒使得我国各地区制造业内部存在明显的效率差别；对竞争力影响因素的回归分析显示，产业赢利能力、产业增长能力和产业基础能力与地区竞争力存在显著的正相关性，其中产业增长能力对地区竞争力的影响最大；产业发展能力与地区竞争力存在负相关性。

五　国际竞争力实证研究

对国际竞争力的实证研究，主要集中在两个方面：其一是对国际竞争力的影响因素进行实证检验，其二是对我国具体产业的国际竞争力情况进行测量与分析。总体而言，对我国具体产业国际竞争力进行实证研究的文献数量众多，很难对其进行全面回顾，本文只是有选择性地回顾了其中的部分文献。

潘百翔③、杜庆华④、杨丹萍与毛江楠⑤研究了产业集群对国际竞争力的影响；潘百翔利用Eviews软件的合成数据模型研究了产业集群对杭州、宁波、湖

① 张世龙、刘琳琳、任佳希：《我国区域医药制造业竞争力评价与分析——基于大陆省经济区域数据的实证研究》，《杭州电子科技大学学报（社会科学版）》2011年第1期，第1~5页。

② 王玉、许俊斌、南洋：《中国各地区制造业竞争力及其影响因素的实证研究》，《财经研究》2011年第2期，第93~103页。

③ 潘百翔：《产业集群与纺织业国际竞争力——基于浙江省五地市的实证》，《浙江学刊》2009年第4期，第204~208页。

④ 杜庆华：《产业集聚与国际竞争力的实证分析——基于中国制造业的面板数据研究》，《国际贸易问题》2010年第6期，第87~93页。

⑤ 杨丹萍、毛江楠：《产业集聚与对外贸易国际竞争力的相关性研究——基于中国15个制造业变系数面板数据的实证分析》，《国际贸易问题》2011年第1期，第20~28页。

州、嘉兴、绍兴纺织服装产业国际竞争力的影响，结果表明，产业集群国际竞争力的提升较大程度受到了产业集群发展水平的影响；杜庆华基于中国制造业的面板数据，运用附加显性比较优势指数分析结果表明，产业集聚显著地提升了国际竞争力，但这种提升存在行业结构上的差异；杨丹萍与毛江楠以我国 15 个制造业 1999～2008 年的数据为对象，研究表明，对近 90% 的制造行业而言，产业聚集与国际竞争力存在着显著的正相关关系。涂远芬、许统生①利用 1987～2007 年的统计数据，实证检验了自主创新、技术引进对我国产品国际竞争力的不同影响；检验结果表明，自主创新、技术引进对产品国际竞争力的提高都有促进作用，但自主创新的作用明显大于技术引进。陈永志、张习宁②基于中国省际面板数据的实证分析表明，政府行为对产业国际竞争力的提升有着显著影响，是发展和提升产业国际竞争力的重要途径；研究指出，我国与发达国家在经济发展上的差距，使得我国产业国际竞争力的提升具有了后发性，我国政府应从贸易政策选择、产业发展环境优化、支持技术创新等方面采取切实可行的措施来稳步提升我国产业的国际竞争力。宋玉华、江振林③利用我国 11 大类主要行业数据进行实证分析，结果显示，行业标准是除了行业劳动力投入之外对行业出口竞争力最显著的正向影响因素，尤其是信息产业、机械工业和轻工行业的行业标准在提高行业出口贸易中发挥了重要的推动作用。马颖、陈金锟④利用我国 21 个产业 1998～2006 年的面板数据对理论模型进行了经验检验，结果显示，动态规模经济、技术溢出水平和市场结构相互作用决定一国的产业国际竞争力；扩大技术引进规模并不一定提高产业国际竞争力；一个国家的劳动力供给越充裕，相对工资越低，暂时的保护越有利于更快地培育一个产业的竞争优势。

孙娜⑤选择 16 个影响计算机与信息服务贸易竞争力的因素作为解释变量，

---

① 涂远芬、许统生：《术创新对我国出口产品竞争力影响的实证研究——基于协整分析》，《科技管理研究》2009 年第 11 期，第 148～150 页。

② 陈永志、张习宁：《政府行为与产业国际竞争力——基于中国省际面板数据的实证分析》，《求索》2010 年第 3 期，第 1～4 页。

③ 宋玉华、江振林：《行业标准与制造业出口竞争力——基于中国 11 大行业面板数据的实证研究》，《国际贸易问题》2010 年第 1 期，第 10～17 页。

④ 马颖、陈金锟：《规模经济、市场结构与中国产业国际竞争力——基于 21 个子产业的理论与实证分析》，《综合竞争力》2011 年第 3 期，第 30～37 页。

⑤ 孙娜：《对我国计算机与信息服务贸易竞争力的实证分析》，《中国商贸》2010 年第 11b 期，第208～209 页。

利用SPSS软件构建了我国计算机与信息服务贸易竞争力的计量经济模型，回归结果显示影响我国计算机与信息服务贸易竞争力快速提升的因素主要是人才素质结构的优化以及制造业的拉动效应。郭娜、张海峰①利用SAS软件对我国大型商业银行国际竞争力进行因子分析，认为得益于高利差的经营环境、稳定的宏观经济及监管环境，金融危机期间，中国银行业表现出领先于国际同业的赢利能力和风险管理能力；但在公司治理结构方面，我国银行显著落后于欧美银行。李智②利用中国、德国、意大利等7个国家（地区）2005～2009年数据，对毛纱线产业国际竞争力进行实证分析，指出我国毛纱线产业的国际综合竞争优势与意大利相比仍有较大差距；传统具有技术优势的国家（地区）并不必然占有优势地位，技术先进国家（地区）并不一定在全世界范围内最具有竞争力。陈虹、章国荣③对我国服务贸易国际竞争力的实证研究表明，我国服务贸易整体竞争力较低，但近年来国际竞争力呈上升趋势；我国在劳动密集型、资源密集型行业具有一定的国际竞争力，但在多数资本技术密集型行业的出口国际竞争力较弱。张军生、范黎波④对我国机电产业国际竞争力实证研究结果表明，我国机电产业国际竞争力正在经历由外生性增长到内生性增长的发展历程；国内市场竞争对产业国际竞争力呈正向影响，规模经济对机电产业国际竞争力具有显著的负向影响，技术创新是机电产业国际竞争力内生性增长的核心要求。

六　环境规制对竞争力影响的实证研究

环境规制对竞争力影响的实证研究，都是针对我国产业的国际竞争力来进行的；这些研究也主要集中在两个方面：其一是针对环境规制对我国具体产业的国

---

① 郭娜、张海峰：《大型商业银行国际竞争力实证研究》，《中央财经大学学报》2011年第8期，第35～41页。

② 李智：《后配额时代中国毛纱线产业国际竞争力实证分析》，《经济研究》2011年第4期，第31～34页。

③ 陈虹、章国荣：《中国服务贸易国际竞争力的实证研究》，《管理世界》2010年第10期，第13～23页。

④ 张军生、范黎波：《我国机电产业国际竞争力的内生演进：基于1993～2008年面板数据的实证分析》，《国际贸易问题》2010年第10期，第91～100页。

际竞争力影响进行实证分析，其二是从整体上分析环境规制对我国竞争力的影响。

俞林、徐立[1]对我国纺织业的实证研究表明，纺织行业的竞争力与环境成本负相关，环境成本每增加10亿元，显性竞争力指数就下降21.1；无论是环境成本总量还是环境成本的分类指标都是与国际贸易竞争力负相关的，我国纺织行业的出口竞争力是以环境破坏为代价的，在考虑了环境成本以后，短期内中国的贸易竞争力是下降的。宗科、袁媛[2]通过对环境管制强度及造纸业国际竞争力的综合指标体系进行相关性分析和回归分析后指出，环境管制虽然提高了生产成本，对企业竞争优势起到负面作用，但同时也促进了企业创新活动，提高了产业集中度，并且这两个方面的正面影响效果抵消并超过成本增加带来的负面作用，整体上促进了造纸行业国际竞争力的提高。傅京燕、李丽莎[3]利用1996~2004年我国制造业面板数据对环境规制、要素禀赋与产业国际竞争力进行了实证分析，结果表明，我国污染密集行业并不具备绝对比较优势；环境规制对比较优势具有负面影响，而且其影响呈U形变化，也就是说，跨过拐点以后，环境规制的加强将有利于促进比较优势的形成。臧传琴、刘岩[4]以中国电力产业为例，采用协整分析和格兰杰因果检验法，结果发现，环境规制与中国电力产业的竞争力之间存在着稳定的正相关关系；虽然环境规制不是引起中国电力产业竞争力变化的格兰杰原因，但中国电力产业的竞争力水平是引起环境规制变化的格兰杰原因。安丰恩、曹智红[5]基于1999~2007年我国钢铁工业数据的分析表明，加强环境规制长期看将有利于我国钢铁国际竞争力的提升；我国钢铁行业加强环境规制不仅不会降低国际贸易竞争力，反而会在一定程度上提升中国钢铁行业的整体国际竞争力。

---

① 俞林、徐立：《环境成本内在化对国际贸易竞争力影响的实证分析——基于纺织行业》，《江南大学学报（人文社会科学版）》2010年第2期，第83~89页。

② 宗科、袁媛：《环境管制对造纸业的国际竞争力实证分析》，《商场现代化》2010年第24期，第142页。

③ 傅京燕、李丽莎：《环境规制、要素禀赋与产业国际竞争力的实证研究——基于中国制造业的面板数据》，《管理世界》2010年第10期，第87~98页。

④ 臧传琴、刘岩：《环境规制对中国电力产业竞争力影响的实证分析》，《山东财政学院学报》2011年第2期，第62~66页。

⑤ 安丰恩、曹智红：《环境规制对中国钢铁国际竞争力指标影响实证分析》，《武钢技术》2011年第1期，第55~58页。

高凤林[1]基于中美贸易对碳排放与国际贸易竞争力关系实证研究的结果表明，我国出口贸易竞争力指标和碳排放之间存在稳定的线性关系，并且互为格兰杰原因；我国出口贸易竞争力的提高伴随着环境的恶化，即带来了大量的二氧化碳排放；同时我国宽松的环境管制，即碳排放的加剧，也促进了贸易竞争力的提高。周军梅[2]以广东省为例，对环境规制与国际竞争力的关系进行实证分析，通过对地区国民生产总值、职工年平均工资和排污收费额几个指标的回归分析，结果表明，实施严厉的环境规制对国际竞争力只存在较弱的积极影响。

---

① 高凤林：《碳排放与出口贸易竞争力关系的实证分析——以中美贸易为例》，《西南政法大学学报》2010 年第 5 期，第 45 ~ 49 页。

② 周军梅：《环境规制对国际竞争力影响的实证分析——以广东省为例》，《中国新技术新产品》2010 年第 9 期，第 165 页。

附录篇

Appendices

B.21

2011年沪深两市主板上市公司基础竞争力监测标准值

公司代码	企业全称	基础竞争力	规模竞争力	效率竞争力	增长竞争力	总排名
601558. SH	华锐风电科技(集团)股份有限公司	1. 4719	0. 3970	0. 3562	0. 7188	1
000425. SZ	徐工集团工程机械股份有限公司	1. 4252	0. 4363	0. 1189	0. 8700	2
000066. SZ	中国长城计算机深圳股份有限公司	1. 3510	0. 3605	0. 3443	0. 6462	3
600546. SH	山煤国际能源集团股份有限公司	1. 2363	0. 1571	0. 2092	0. 8700	4
600873. SH	梅花生物科技集团股份有限公司	1. 1426	0. 2182	0. 0870	0. 8374	5
600115. SH	中国东方航空股份有限公司	1. 1105	0. 5859	0. 3000	0. 2247	6
600028. SH	中国石油化工股份有限公司	1. 0915	0. 8841	0. 3347	-0. 1272	7
600031. SH	三一重工股份有限公司	1. 0887	0. 4805	0. 2689	0. 3393	8
601111. SH	中国国际航空股份有限公司	1. 0612	0. 6373	0. 3338	0. 0902	9
000536. SZ	华映科技(集团)股份有限公司	1. 0328	0. 1474	0. 1486	0. 7369	10
600869. SH	三普药业股份有限公司	1. 0260	0. 2186	-0. 0203	0. 8277	11
600104. SH	上海汽车集团股份有限公司	0. 9766	0. 5938	0. 1690	0. 2138	12
000883. SZ	湖北能源集团股份有限公司	0. 9717	0. 3185	0. 0942	0. 5590	13
601857. SH	中国石油天然气股份有限公司	0. 9716	0. 9191	0. 1684	-0. 1159	14

续表

公司代码	企业全称	基础竞争力	规模竞争力	效率竞争力	增长竞争力	总排名
600741. SH	华域汽车系统股份有限公司	0. 9650	0. 4046	0. 0441	0. 5163	15
600658. SH	北京电子城投资开发股份有限公司	0. 9368	0. 1624	0. 2530	0. 5214	16
000776. SZ	广发证券股份有限公司	0. 9250	-0. 0598	0. 1149	0. 8700	17
601668. SH	中国建筑股份有限公司	0. 9224	0. 8373	0. 1042	-0. 0191	18
600551. SH	时代出版传媒股份有限公司	0. 8899	0. 1694	0. 0104	0. 7101	19
000685. SZ	中山公用事业集团股份有限公司	0. 8854	-0. 0444	0. 1550	0. 7749	20
000527. SZ	广东美的电器股份有限公司	0. 8831	0. 5709	0. 1545	0. 1577	21
000157. SZ	长沙中联重工科技发展股份有限公司	0. 8604	0. 4832	0. 0459	0. 3313	22
000059. SZ	辽宁华锦通达化工股份有限公司	0. 8384	0. 2910	0. 0094	0. 5380	23
600011. SH	华能国际电力股份有限公司	0. 8368	0. 6686	0. 1232	0. 0450	24
600648. SH	上海外高桥保税区开发股份有限公司	0. 8317	0. 2716	0. 1692	0. 3909	25
600690. SH	青岛海尔股份有限公司	0. 8236	0. 5337	0. 1301	0. 1597	26
600704. SH	浙江中大集团股份有限公司	0. 8228	0. 3682	0. 0162	0. 4383	27
600029. SH	中国南方航空股份有限公司	0. 8161	0. 6057	0. 1413	0. 0691	28
601006. SH	大秦铁路股份有限公司	0. 8005	0. 5554	0. 1926	0. 0525	29
000738. SZ	中航动力控制股份有限公司	0. 7981	0. 0477	-0. 0313	0. 7817	30
601390. SH	中国中铁股份有限公司	0. 7817	0. 8001	-0. 0358	0. 0174	31
000069. SZ	深圳华侨城股份有限公司	0. 7812	0. 3686	0. 1102	0. 3024	32
000921. SZ	海信科龙电器股份有限公司	0. 7585	0. 3347	0. 2905	0. 1334	33
000732. SZ	福建三农集团股份有限公司	0. 7447	0. 1507	0. 0290	0. 5650	34
000651. SZ	珠海格力电器股份有限公司	0. 7442	0. 5450	0. 1182	0. 0811	35
601766. SH	中国南车股份有限公司	0. 7390	0. 5576	-0. 0069	0. 1883	36
600277. SH	内蒙古亿利能源股份有限公司	0. 7329	0. 2283	-0. 0323	0. 5369	37
600900. SH	中国长江电力股份有限公司	0. 7201	0. 4720	0. 0990	0. 1491	38
600970. SH	中国中材国际工程股份有限公司	0. 7147	0. 2085	0. 4988	0. 0074	39
601988. SH	中国银行股份有限公司	0. 7096	0. 6378	0. 0878	-0. 0160	40
000768. SZ	西安飞机国际航空制造股份有限公司	0. 7080	0. 3051	-0. 0496	0. 4526	41
600153. SH	厦门建发股份有限公司	0. 6989	0. 4907	0. 0896	0. 1186	42
600150. SH	中国船舶工业股份有限公司	0. 6907	0. 4603	0. 2111	0. 0193	43
000887. SZ	安徽中鼎密封件股份有限公司	0. 6905	0. 1415	0. 1305	0. 4185	44
601398. SH	中国工商银行股份有限公司	0. 6889	0. 7048	-0. 0042	-0. 0118	45
601299. SH	中国北车股份有限公司	0. 6844	0. 5466	-0. 0310	0. 1688	46
000680. SZ	山推工程机械股份有限公司	0. 6830	0. 3327	0. 1357	0. 2146	47
601607. SH	上海医药集团股份有限公司	0. 6747	0. 3735	-0. 0253	0. 3266	48
600373. SH	中文天地出版传媒股份有限公司	0. 6739	0. 2581	0. 0076	0. 4081	49

续表

公司代码	企业全称	基础竞争力	规模竞争力	效率竞争力	增长竞争力	总排名
600743. SH	华远地产股份有限公司	0. 6653	0. 1313	0. 0531	0. 4809	50
000063. SZ	中兴通讯股份有限公司	0. 6650	0. 3769	0. 1386	0. 1494	51
601866. SH	中海集装箱运输股份有限公司	0. 6636	0. 4920	0. 2243	-0. 0527	52
600893. SH	西安航空动力股份有限公司	0. 6612	0. 2199	0. 0016	0. 4397	53
000818. SZ	方大锦化化工科技股份有限公司	0. 6605	0. 1442	0. 2053	0. 3110	54
600688. SH	中国石化上海石油化工股份有限公司	0. 6591	0. 3929	0. 1809	0. 0853	55
600221. SH	海南航空股份有限公司	0. 6582	0. 4090	0. 1259	0. 1233	56
601258. SH	庞大汽贸集团股份有限公司	0. 6553	0. 4415	0. 0511	0. 1627	57
601088. SH	中国神华能源股份有限公司	0. 6495	0. 5918	0. 1296	-0. 0720	58
601919. SH	中国远洋控股股份有限公司	0. 6474	0. 6307	0. 1470	-0. 1303	59
600871. SH	中国石化仪征化纤股份有限公司	0. 6446	0. 2863	0. 0228	0. 3355	60
000418. SZ	无锡小天鹅股份有限公司	0. 6423	0. 3026	0. 1991	0. 1405	61
601628. SH	中国人寿保险股份有限公司	0. 6414	0. 5213	0. 1599	-0. 0398	62
600729. SH	重庆百货大楼股份有限公司	0. 6412	0. 3131	0. 0323	0. 2958	63
600216. SH	浙江医药股份有限公司	0. 6397	0. 1931	0. 1508	0. 2957	64
601939. SH	中国建设银行股份有限公司	0. 6396	0. 6679	-0. 0136	-0. 0147	65
600490. SH	上海中科合臣股份有限公司	0. 6382	0. 0108	0. 1742	0. 4532	66
600266. SH	北京城建投资发展股份有限公司	0. 6304	0. 0800	0. 4572	0. 0932	67
600795. SH	国电电力发展股份有限公司	0. 6271	0. 5315	-0. 0221	0. 1178	68
601186. SH	中国铁建股份有限公司	0. 6271	0. 7394	-0. 0913	-0. 0210	69
600067. SH	冠城大通股份有限公司	0. 6226	0. 2638	0. 2596	0. 0992	70
000671. SZ	阳光城集团股份有限公司	0. 6177	0. 1819	0. 2264	0. 2095	71
601991. SH	大唐国际发电股份有限公司	0. 6165	0. 5874	-0. 0011	0. 0302	72
001896. SZ	河南豫能控股股份有限公司	0. 6102	0. 0946	-0. 0397	0. 5553	73
000639. SZ	西王食品股份有限公司	0. 6086	0. 0366	-0. 0274	0. 5994	74
000800. SZ	一汽轿车股份有限公司	0. 6057	0. 3705	0. 0520	0. 1833	75
601117. SH	中国化学工程股份有限公司	0. 6031	0. 3845	0. 1578	0. 0609	76
000517. SZ	荣安地产股份有限公司	0. 6006	0. 0934	-0. 0276	0. 5348	77
000592. SZ	福建中福实业股份有限公司	0. 5980	0. 0868	0. 0203	0. 4909	78
000528. SZ	广西柳工机械股份有限公司	0. 5923	0. 3651	0. 0919	0. 1353	79
600248. SH	陕西延长石油化建股份有限公司	0. 5910	-0. 2391	0. 0623	0. 7678	80
600089. SH	特变电工股份有限公司	0. 5898	0. 3890	0. 0706	0. 1302	81
000521. SZ	合肥美菱股份有限公司	0. 5846	0. 2548	0. 0231	0. 3066	82
000338. SZ	潍柴动力股份有限公司	0. 5830	0. 4423	0. 0075	0. 1331	83
600019. SH	宝山钢铁股份有限公司	0. 5791	0. 5574	0. 0444	-0. 0227	84

续表

公司代码	企业全称	基础竞争力	规模竞争力	效率竞争力	增长竞争力	总排名
601717. SH	郑州煤矿机械集团股份有限公司	0. 5753	0. 2549	0. 0557	0. 2647	85
000901. SZ	航天科技控股集团股份有限公司	0. 5743	-0. 0265	-0. 0238	0. 6246	86
600642. SH	申能股份有限公司	0. 5662	0. 4147	0. 0609	0. 0905	87
000540. SZ	中天城投集团股份有限公司	0. 5614	0. 1978	-0. 0374	0. 4010	88
600782. SH	新余钢铁股份有限公司	0. 5592	0. 3441	-0. 0135	0. 2286	89
600875. SH	东方电气股份有限公司	0. 5581	0. 4825	0. 0591	0. 0165	90
600582. SH	天地科技股份有限公司	0. 5559	0. 2811	0. 0960	0. 1788	91
000422. SZ	湖北宜化化工股份有限公司	0. 5477	0. 2588	0. 0791	0. 2098	92
000709. SZ	河北钢铁股份有限公司	0. 5463	0. 4699	-0. 0269	0. 1033	93
000893. SZ	广州东凌粮油股份有限公司	0. 5454	0. 1584	0. 0946	0. 2925	94
000581. SZ	无锡威孚高科技集团股份有限公司	0. 5435	0. 2317	0. 1792	0. 1327	95
600721. SH	新疆百花村股份有限公司	0. 5432	-0. 1149	-0. 0564	0. 7145	96
600667. SH	无锡市太极实业股份有限公司	0. 5427	0. 1350	0. 1370	0. 2707	97
600252. SH	广西梧州中恒集团股份有限公司	0. 5421	0. 1337	-0. 0253	0. 4337	98
600362. SH	江西铜业股份有限公司	0. 5340	0. 4552	0. 0166	0. 0621	99
600018. SH	上海国际港务(集团)股份有限公司	0. 5332	0. 4368	0. 1208	-0. 0244	100
000937. SZ	冀中能源股份有限公司	0. 5321	0. 1922	0. 0120	0. 3278	101
601727. SH	上海电气集团股份有限公司	0. 5307	0. 5626	0. 0425	-0. 0743	102
601288. SH	中国农业银行股份有限公司	0. 5263	0. 6201	-0. 0912	-0. 0025	103
600755. SH	厦门国贸集团股份有限公司	0. 5262	0. 3816	0. 0969	0. 0477	104
000038. SZ	深圳大通实业股份有限公司	0. 5255	-0. 0881	0. 1038	0. 5098	105
600166. SH	北汽福田汽车股份有限公司	0. 5228	0. 3947	-0. 0118	0. 1399	106
600703. SH	三安光电股份有限公司	0. 5225	0. 0563	-0. 0402	0. 5064	107
600048. SH	保利房地产(集团)股份有限公司	0. 5219	0. 4406	-0. 0138	0. 0950	108
000625. SZ	重庆长安汽车股份有限公司	0. 5151	0. 3642	-0. 0061	0. 1570	109
601992. SH	北京金隅股份有限公司	0. 5141	0. 3492	-0. 0364	0. 2014	110
600822. SH	上海物资贸易股份有限公司	0. 5119	0. 3836	0. 0857	0. 0426	111
000778. SZ	新兴铸管股份有限公司	0. 5089	0. 3722	-0. 0110	0. 1477	112
600458. SH	株洲时代新材料科技股份有限公司	0. 5081	0. 1332	-0. 0096	0. 3845	113
000027. SZ	深圳能源集团股份有限公司	0. 5076	0. 3486	0. 2344	-0. 0754	114
600815. SH	厦门厦工机械股份有限公司	0. 5068	0. 2922	0. 0737	0. 1409	115
600745. SH	中茵股份有限公司	0. 5056	0. 0108	-0. 0277	0. 5225	116
600100. SH	同方股份有限公司	0. 5029	0. 2931	0. 1804	0. 0293	117
600714. SH	青海金瑞矿业发展股份有限公司	0. 4949	-0. 0733	-0. 0421	0. 6104	118
000652. SZ	天津泰达股份有限公司	0. 4919	0. 2516	-0. 0246	0. 2649	119

续表

公司代码	企业全称	基础竞争力	规模竞争力	效率竞争力	增长竞争力	总排名
600547. SH	山东黄金矿业股份有限公司	0. 4917	0. 1345	0. 2041	0. 1530	120
601118. SH	海南天然橡胶产业集团股份有限公司	0. 4907	0. 4469	0. 0080	0. 0358	121
601618. SH	中国冶金科工股份有限公司	0. 4900	0. 6742	-0. 0722	-0. 1120	122
600585. SH	安徽海螺水泥股份有限公司	0. 4876	0. 3984	-0. 0071	0. 0963	123
601011. SH	七台河宝泰隆煤化工股份有限公司	0. 4851	0. 1282	0. 0086	0. 3483	124
600522. SH	江苏中天科技股份有限公司	0. 4847	0. 2169	0. 0663	0. 2015	125
600141. SH	湖北兴发化工集团股份有限公司	0. 4826	0. 1750	0. 0337	0. 2739	126
600418. SH	安徽江淮汽车股份有限公司	0. 4812	0. 3406	-0. 0002	0. 1408	127
600794. SH	张家港保税科技股份有限公司	0. 4810	-0. 1871	0. 3239	0. 3442	128
000021. SZ	深圳长城开发科技股份有限公司	0. 4808	0. 2853	0. 1530	0. 0425	129
600550. SH	保定天威保变电气股份有限公司	0. 4780	0. 2650	0. 0618	0. 1511	130
600528. SH	中铁二局股份有限公司	0. 4763	0. 2951	0. 1237	0. 0576	131
600673. SH	广东东阳光铝业股份有限公司	0. 4762	0. 1582	0. 0462	0. 2717	132
601519. SH	上海大智慧股份有限公司	0. 4748	0. 1119	0. 0689	0. 2940	133
000002. SZ	万科企业股份有限公司	0. 4740	0. 4835	-0. 0039	-0. 0055	134
600223. SH	鲁商置业股份有限公司	0. 4737	0. 1577	0. 0464	0. 2696	135
000861. SZ	广东海印集团股份有限公司	0. 4716	-0. 0230	0. 2014	0. 2932	136
000529. SZ	广东广弘控股股份有限公司	0. 4713	0. 0329	-0. 0223	0. 4608	137
600184. SH	北方光电股份有限公司	0. 4676	0. 0719	-0. 0003	0. 3961	138
000100. SZ	TCL 集团股份有限公司	0. 4668	0. 3857	0. 0572	0. 0238	139
000939. SZ	武汉凯迪电力股份有限公司	0. 4667	0. 1252	0. 2803	0. 0613	140
600271. SH	航天信息股份有限公司	0. 4637	0. 2670	0. 0634	0. 1334	141
000049. SZ	深圳市德赛电池科技股份有限公司	0. 4613	-0. 0099	0. 2234	0. 2479	142
000858. SZ	宜宾五粮液股份有限公司	0. 4607	0. 3249	0. 0009	0. 1349	143
000788. SZ	北大国际医院集团西南合成制药股份有限公司	0. 4602	0. 0589	0. 0848	0. 3165	144
600739. SH	辽宁成大股份有限公司	0. 4582	0. 2035	0. 3772	-0. 1225	145
000961. SZ	江苏中南建设集团股份有限公司	0. 4576	0. 0991	0. 0237	0. 3348	146
000860. SZ	北京顺鑫农业股份有限公司	0. 4550	0. 3145	0. 0834	0. 0572	147
000895. SZ	河南双汇投资发展股份有限公司	0. 4550	0. 3553	0. 0252	0. 0745	148
600759. SH	海南正和实业集团股份有限公司	0. 4533	0. 0678	-0. 0069	0. 3924	149
600612. SH	老凤祥股份有限公司	0. 4510	0. 2578	0. 0660	0. 1273	150
000679. SZ	大连友谊(集团)股份有限公司	0. 4500	0. 1037	0. 1144	0. 2319	151
601989. SH	中国船舶重工股份有限公司	0. 4476	0. 4142	-0. 0460	0. 0794	152
000917. SZ	湖南电广传媒股份有限公司	0. 4463	0. 3608	0. 0375	0. 0480	153
600105. SH	江苏永鼎股份有限公司	0. 4442	0. 1845	0. 0703	0. 1894	154

续表

公司代码	企业全称	基础竞争力	规模竞争力	效率竞争力	增长竞争力	总排名
600983. SH	合肥荣事达三洋电器股份有限公司	0. 4429	0. 1281	0. 0064	0. 3084	155
600498. SH	烽火通信科技股份有限公司	0. 4391	0. 2334	0. 0119	0. 1937	156
000898. SZ	鞍钢股份有限公司	0. 4386	0. 4630	0. 0060	-0. 0305	157
600886. SH	国投华靖电力控股股份有限公司	0. 4360	0. 3757	-0. 0604	0. 1206	158
600406. SH	国电南瑞科技股份有限公司	0. 4350	0. 1945	0. 0524	0. 1881	159
000401. SZ	唐山冀东水泥股份有限公司	0. 4350	0. 2760	-0. 0382	0. 1972	160
000880. SZ	潍柴重机股份有限公司	0. 4334	0. 1019	0. 0614	0. 2701	161
600352. SH	浙江龙盛集团股份有限公司	0. 4320	0. 2288	0. 0178	0. 1854	162
601216. SH	内蒙古君正能源化工股份有限公司	0. 4316	0. 1555	0. 0213	0. 2548	163
600050. SH	中国联合网络通信股份有限公司	0. 4287	0. 4333	-0. 0553	0. 0508	164
600060. SH	青岛海信电器股份有限公司	0. 4279	0. 3113	0. 0244	0. 0922	165
000930. SZ	中粮生物化学(安徽)股份有限公司	0. 4277	0. 1909	0. 0157	0. 2211	166
600309. SH	烟台万华聚氨酯股份有限公司	0. 4271	0. 2581	0. 1392	0. 0299	167
600500. SH	中化国际(控股)股份有限公司	0. 4256	0. 4166	-0. 0365	0. 0455	168
600653. SH	上海申华控股股份有限公司	0. 4246	0. 2095	0. 1228	0. 0923	169
600742. SH	长春一汽富维汽车零部件股份有限公司	0. 4240	0. 2027	-0. 0064	0. 2277	170
000629. SZ	攀钢集团钢铁钒钛股份有限公司	0. 4216	0. 3816	-0. 0331	0. 0731	171
600170. SH	上海建工集团股份有限公司	0. 4214	0. 3411	0. 0209	0. 0594	172
600891. SH	哈尔滨秋林集团股份有限公司	0. 4212	-0. 2305	0. 2825	0. 3692	173
600510. SH	黑牡丹(集团)股份有限公司	0. 4209	0. 1901	-0. 0104	0. 2412	174
600157. SH	永泰能源股份有限公司	0. 4206	0. 1454	-0. 0491	0. 3243	175
600118. SH	中国东方红卫星股份有限公司	0. 4197	0. 1932	0. 0015	0. 2250	176
600383. SH	金地(集团)股份有限公司	0. 4189	0. 3795	-0. 0036	0. 0430	177
600169. SH	太原重工股份有限公司	0. 4188	0. 2928	-0. 0020	0. 1280	178
600748. SH	上海实业发展股份有限公司	0. 4188	0. 1877	0. 1954	0. 0358	179
601002. SH	晋亿实业股份有限公司	0. 4180	0. 1301	0. 0414	0. 2465	180
000626. SZ	连云港如意集团股份有限公司	0. 4161	0. 2577	0. 1529	0. 0055	181
000407. SZ	山东胜利股份有限公司	0. 4160	0. 1354	0. 0058	0. 2748	182
000979. SZ	中弘地产股份有限公司	0. 4160	0. 1918	0. 3886	-0. 1645	183
600177. SH	雅戈尔集团股份有限公司	0. 4152	0. 3113	0. 0274	0. 0765	184
000792. SZ	青海盐湖工业股份有限公司	0. 4109	0. 2209	0. 0942	0. 0959	185
600720. SH	甘肃祁连山水泥集团股份有限公司	0. 4103	0. 1467	-0. 0352	0. 2988	186
600718. SH	东软集团股份有限公司	0. 4092	0. 2297	0. 0615	0. 1179	187
600722. SH	河北金牛化工股份有限公司	0. 4077	-0. 2018	0. 1529	0. 4566	188
000716. SZ	广西南方食品集团股份有限公司	0. 4073	-0. 0484	0. 1341	0. 3216	189

续表

公司代码	企业全称	基础竞争力	规模竞争力	效率竞争力	增长竞争力	总排名
000925. SZ	浙江众合机电股份有限公司	0. 4072	-0. 0308	0. 0152	0. 4227	190
000801. SZ	四川九洲电器股份有限公司	0. 4065	0. 1081	0. 1168	0. 1816	191
600208. SH	新湖中宝股份有限公司	0. 4050	0. 2904	0. 0423	0. 0723	192
600225. SH	天津松江股份有限公司	0. 4050	0. 1059	-0. 0065	0. 3056	193
600307. SH	甘肃酒钢集团宏兴钢铁股份有限公司	0. 4025	0. 3686	-0. 0229	0. 0567	194
600519. SH	贵州茅台酒股份有限公司	0. 4020	0. 3051	0. 0350	0. 0620	195
600812. SH	华北制药股份有限公司	0. 4018	0. 2202	0. 0166	0. 1651	196
000538. SZ	云南白药集团股份有限公司	0. 4016	0. 2523	0. 0032	0. 1462	197
600438. SH	通威股份有限公司	0. 4014	0. 2472	0. 1240	0. 0302	198
600377. SH	江苏宁沪高速公路股份有限公司	0. 4013	0. 2610	0. 1445	-0. 0042	199
000851. SZ	大唐高鸿数据网络技术股份有限公司	0. 4011	0. 1547	-0. 0377	0. 2842	200
600188. SH	兖州煤业股份有限公司	0. 4007	0. 3141	0. 0866	0. 0000	201
600086. SH	东方金钰股份有限公司	0. 3995	0. 0506	0. 0024	0. 3465	202
000568. SZ	泸州老窖股份有限公司	0. 3983	0. 2195	0. 0692	0. 1095	203
601933. SH	永辉超市股份有限公司	0. 3975	0. 2499	-0. 0489	0. 1965	204
600839. SH	四川长虹电器股份有限公司	0. 3971	0. 3666	-0. 0247	0. 0552	205
600327. SH	无锡商业大厦大东方股份有限公司	0. 3967	0. 1580	0. 1504	0. 0882	206
000550. SZ	江铃汽车股份有限公司	0. 3959	0. 2993	0. 0004	0. 0961	207
000789. SZ	江西万年青水泥股份有限公司	0. 3932	0. 1554	-0. 0370	0. 2748	208
600416. SH	湘潭电机股份有限公司	0. 3928	0. 2293	-0. 0472	0. 2106	209
600111. SH	内蒙古包钢稀土(集团)高科技股份有限公司	0. 3919	0. 2077	0. 0446	0. 1395	210
600339. SH	新疆独山子天利高新技术股份有限公司	0. 3917	0. 1305	-0. 0008	0. 2620	211
601003. SH	柳州钢铁股份有限公司	0. 3905	0. 3486	0. 0095	0. 0323	212
600323. SH	南海发展股份有限公司	0. 3902	-0. 1162	0. 4049	0. 1015	213
600835. SH	上海机电股份有限公司	0. 3900	0. 3412	0. 0479	0. 0009	214
601600. SH	中国铝业股份有限公司	0. 3898	0. 4745	-0. 0453	-0. 0393	215
000885. SZ	河南同力水泥股份有限公司	0. 3889	0. 1198	-0. 0290	0. 2981	216
000012. SZ	中国南玻集团股份有限公司	0. 3878	0. 2450	0. 0350	0. 1077	217
600763. SH	通策医疗投资股份有限公司	0. 3875	0. 0038	0. 2282	0. 1555	218
600660. SH	福耀玻璃工业集团股份有限公司	0. 3864	0. 2519	0. 0649	0. 0697	219
600810. SH	神马实业股份有限公司	0. 3864	0. 2108	-0. 0258	0. 2014	220
601328. SH	交通银行股份有限公司	0. 3855	0. 4238	-0. 0323	-0. 0060	221
600649. SH	上海城投控股股份有限公司	0. 3853	0. 1807	-0. 0271	0. 2317	222
000761. SZ	本钢板材股份有限公司	0. 3839	0. 3829	0. 0018	-0. 0008	223
600685. SH	广州广船国际股份有限公司	0. 3837	0. 2515	0. 2028	-0. 0706	224

续表

公司代码	企业全称	基础竞争力	规模竞争力	效率竞争力	增长竞争力	总排名
600635. SH	上海大众公用事业(集团)股份有限公司	0. 3833	0. 2052	0. 1296	0. 0485	225
600122. SH	江苏宏图高科技股份有限公司	0. 3833	0. 2562	-0. 0240	0. 1510	226
000024. SZ	招商局地产控股股份有限公司	0. 3829	0. 3503	-0. 0198	0. 0523	227
600027. SH	华电国际电力股份有限公司	0. 3822	0. 4913	-0. 1091	0. 0000	228
600173. SH	卧龙地产集团股份有限公司	0. 3816	0. 1387	0. 1832	0. 0598	229
600581. SH	新疆八一钢铁股份有限公司	0. 3810	0. 3063	0. 0073	0. 0675	230
000963. SZ	华东医药股份有限公司	0. 3810	0. 2033	0. 1293	0. 0484	231
600005. SH	武汉钢铁股份有限公司	0. 3805	0. 4374	-0. 0252	-0. 0317	232
600410. SH	北京华胜天成科技股份有限公司	0. 3804	0. 2048	0. 0748	0. 1008	233
000630. SZ	铜陵有色金属集团股份有限公司	0. 3804	0. 3852	-0. 0093	0. 0044	234
600600. SH	青岛啤酒股份有限公司	0. 3795	0. 3213	-0. 0106	0. 0688	235
000726. SZ	鲁泰纺织股份有限公司	0. 3790	0. 1986	0. 1496	0. 0308	236
600480. SH	凌云工业股份有限公司	0. 3786	0. 1701	-0. 0014	0. 2099	237
000951. SZ	中国重汽集团济南卡车股份有限公司	0. 3777	0. 3305	0. 0100	0. 0372	238
000825. SZ	山西太钢不锈钢股份有限公司	0. 3762	0. 4427	-0. 0052	-0. 0612	239
601888. SH	中国国旅股份有限公司	0. 3742	0. 2820	0. 0510	0. 0411	240
000014. SZ	沙河实业股份有限公司	0. 3732	0. 0128	0. 0796	0. 2807	241
600198. SH	大唐电信科技股份有限公司	0. 3729	0. 1917	0. 0480	0. 1332	242
600081. SH	东风电子科技股份有限公司	0. 3710	0. 0965	-0. 0206	0. 2952	243
601233. SH	桐昆集团股份有限公司	0. 3710	0. 2670	0. 1149	-0. 0109	244
600176. SH	中国玻纤股份有限公司	0. 3689	0. 1923	0. 1139	0. 0627	245
600036. SH	招商银行股份有限公司	0. 3682	0. 3352	0. 0408	-0. 0077	246
600598. SH	黑龙江北大荒农业股份有限公司	0. 3665	0. 4181	-0. 0699	0. 0183	247
600765. SH	中航重机股份有限公司	0. 3664	0. 1765	-0. 0483	0. 2382	248
000039. SZ	中国国际海运集装箱(集团)股份有限公司	0. 3663	0. 4106	-0. 0161	-0. 0283	249
600655. SH	上海豫园旅游商城股份有限公司	0. 3659	0. 2708	0. 0544	0. 0407	250
600058. SH	五矿发展股份有限公司	0. 3651	0. 5133	-0. 0544	-0. 0938	251
600143. SH	金发科技股份有限公司	0. 3647	0. 2408	0. 0155	0. 1085	252
600066. SH	郑州宇通客车股份有限公司	0. 3634	0. 2661	0. 0215	0. 0757	253
000713. SZ	合肥丰乐种业股份有限公司	0. 3633	0. 1282	0. 1530	0. 0821	254
000938. SZ	紫光股份有限公司	0. 3629	0. 1809	0. 1487	0. 0333	255
600348. SH	山西国阳新能股份有限公司	0. 3602	0. 1816	0. 0770	0. 1016	256
600823. SH	上海世茂股份有限公司	0. 3596	0. 2421	-0. 0120	0. 1295	257
000998. SZ	袁隆平农业高科技股份有限公司	0. 3595	0. 1366	0. 1297	0. 0932	258
600626. SH	上海申达股份有限公司	0. 3590	0. 1821	0. 1725	0. 0045	259

续表

公司代码	企业全称	基础竞争力	规模竞争力	效率竞争力	增长竞争力	总排名
600808. SH	马鞍山钢铁股份有限公司	0. 3577	0. 4209	-0. 0371	-0. 0261	260
600717. SH	天津港股份有限公司	0. 3538	0. 2960	-0. 0684	0. 1262	261
600620. SH	上海市天宸股份有限公司	0. 3533	0. 1039	0. 0102	0. 2392	262
000877. SZ	新疆天山水泥股份有限公司	0. 3524	0. 2044	-0. 0124	0. 1604	263
600068. SH	中国葛洲坝集团股份有限公司	0. 3481	0. 3361	-0. 0266	0. 0387	264
600030. SH	中信证券股份有限公司	0. 3467	0. 1682	0. 2589	-0. 0803	265
600734. SH	福建实达集团股份有限公司	0. 3465	0. 1351	0. 0652	0. 1462	266
601139. SH	深圳市燃气集团股份有限公司	0. 3457	0. 2085	0. 1837	-0. 0465	267
600183. SH	广东生益科技股份有限公司	0. 3444	0. 1943	0. 1404	0. 0096	268
601877. SH	浙江正泰电器股份有限公司	0. 3440	0. 2417	0. 0691	0. 0332	269
600467. SH	山东好当家海洋发展股份有限公司	0. 3435	0. 1310	0. 2034	0. 0091	270
600021. SH	上海电力股份有限公司	0. 3430	0. 3508	-0. 0500	0. 0422	271
601158. SH	重庆水务集团股份有限公司	0. 3421	0. 1590	0. 1523	0. 0308	272
600295. SH	内蒙古鄂尔多斯羊绒制品股份有限公司	0. 3417	0. 2785	-0. 0106	0. 0737	273
600760. SH	中航黑豹股份有限公司	0. 3412	0. 1098	-0. 0396	0. 2710	274
600282. SH	南京钢铁股份有限公司	0. 3406	0. 3459	-0. 0118	0. 0065	275
600258. SH	北京首都旅游股份有限公司	0. 3401	0. 1746	0. 1670	-0. 0015	276
600571. SH	信雅达系统工程股份有限公司	0. 3395	0. 0955	0. 0025	0. 2415	277
601678. SH	滨化集团股份有限公司	0. 3386	0. 1745	0. 0255	0. 1386	278
000608. SZ	阳光新业地产股份有限公司	0. 3380	0. 1753	0. 1286	0. 0341	279
600487. SH	江苏亨通光电股份有限公司	0. 3378	0. 1741	0. 0346	0. 1291	280
600518. SH	康美药业股份有限公司	0. 3368	0. 1655	-0. 0251	0. 1963	281
600121. SH	郑州煤电股份有限公司	0. 3361	0. 2406	-0. 0296	0. 1251	282
600187. SH	黑龙江国中水务股份有限公司	0. 3355	-0. 0193	-0. 0288	0. 3836	283
601998. SH	中信银行股份有限公司	0. 3322	0. 2984	0. 0098	0. 0241	284
000869. SZ	烟台张裕葡萄酿酒股份有限公司	0. 3312	0. 2036	0. 0342	0. 0934	285
600375. SH	安徽星马汽车股份有限公司	0. 3308	0. 1435	0. 0160	0. 1714	286
000159. SZ	新疆国际实业股份有限公司	0. 3306	0. 0869	0. 1405	0. 1031	287
600182. SH	佳通轮胎股份有限公司	0. 3294	0. 1470	0. 1521	0. 0302	288
600998. SH	九州通医药集团股份有限公司	0. 3244	0. 3145	-0. 0311	0. 0411	289
000876. SZ	四川新希望农业股份有限公司	0. 3240	0. 2328	0. 0198	0. 0714	290
000050. SZ	天马微电子股份有限公司	0. 3224	0. 1382	0. 0935	0. 0906	291
600770. SH	江苏综艺股份有限公司	0. 3198	0. 1253	0. 0534	0. 1411	292
000417. SZ	合肥百货大楼集团股份有限公司	0. 3193	0. 1787	0. 0725	0. 0680	293
601718. SH	际华集团股份有限公司	0. 3192	0. 2866	-0. 0505	0. 0831	294

续表

公司代码	企业全称	基础竞争力	规模竞争力	效率竞争力	增长竞争力	总排名
600298. SH	安琪酵母股份有限公司	0. 3185	0. 1061	0. 0952	0. 1172	295
600350. SH	山东高速公路股份有限公司	0. 3176	0. 2639	0. 0741	-0. 0203	296
600588. SH	用友软件股份有限公司	0. 3167	0. 1994	-0. 0030	0. 1202	297
600664. SH	哈药集团股份有限公司	0. 3164	0. 2766	-0. 0166	0. 0563	298
600990. SH	安徽四创电子股份有限公司	0. 3158	0. 0978	-0. 0042	0. 2223	299
600881. SH	吉林亚泰(集团)股份有限公司	0. 3158	0. 2779	-0. 0714	0. 1092	300
000718. SZ	苏宁环球股份有限公司	0. 3149	0. 2013	0. 0427	0. 0709	301
000070. SZ	深圳市特发信息股份有限公司	0. 3146	0. 1276	-0. 0118	0. 1988	302
600677. SH	航天通信控股集团股份有限公司	0. 3130	0. 1545	0. 1882	-0. 0297	303
600231. SH	凌源钢铁股份有限公司	0. 3122	0. 2628	-0. 0152	0. 0647	304
600138. SH	中青旅控股股份有限公司	0. 3111	0. 2482	0. 0471	0. 0158	305
600827. SH	上海友谊集团股份有限公司	0. 3104	0. 3792	-0. 0458	-0. 0231	306
600725. SH	云南云维股份有限公司	0. 3103	0. 2034	-0. 0405	0. 1473	307
600016. SH	中国民生银行股份有限公司	0. 3102	0. 2731	0. 0032	0. 0339	308
600241. SH	辽宁时代万恒股份有限公司	0. 3093	0. 0532	0. 2687	-0. 0125	309
600511. SH	国药集团药业股份有限公司	0. 3081	0. 1522	0. 1073	0. 0486	310
000488. SZ	山东晨鸣纸业集团股份有限公司	0. 3067	0. 3133	0. 0040	-0. 0106	311
601899. SH	紫金矿业集团股份有限公司	0. 3061	0. 2578	0. 1210	-0. 0728	312
000589. SZ	贵州轮胎股份有限公司	0. 3047	0. 1833	0. 0208	0. 1005	313
600863. SH	内蒙古蒙电华能热电股份有限公司	0. 3046	0. 2440	0. 1014	-0. 0407	314
000829. SZ	天音通信控股股份有限公司	0. 3022	0. 3118	0. 0188	-0. 0284	315
601166. SH	兴业银行股份有限公司	0. 3020	0. 2500	0. 0387	0. 0133	316
600006. SH	东风汽车股份有限公司	0. 3020	0. 3043	-0. 0261	0. 0239	317
000501. SZ	武汉武商集团股份有限公司	0. 3017	0. 2253	0. 0147	0. 0617	318
000402. SZ	金融街控股股份有限公司	0. 3015	0. 3031	-0. 0298	0. 0282	319
600449. SH	宁夏赛马实业股份有限公司	0. 3014	0. 1320	-0. 0293	0. 1988	320
600584. SH	江苏长电科技股份有限公司	0. 3010	0. 1487	0. 1014	0. 0509	321
601318. SH	中国平安保险(集团)股份有限公司	0. 2996	0. 3844	-0. 0299	-0. 0549	322
600845. SH	上海宝信软件股份有限公司	0. 2988	0. 1819	0. 0455	0. 0713	323
600376. SH	北京首都开发股份有限公司	0. 2974	0. 2860	-0. 0118	0. 0232	324
600805. SH	江苏悦达投资股份有限公司	0. 2969	0. 1854	-0. 0353	0. 1468	325
000028. SZ	深圳一致药业股份有限公司	0. 2969	0. 2325	0. 0051	0. 0592	326
600000. SH	上海浦东发展银行股份有限公司	0. 2953	0. 2792	-0. 0193	0. 0354	327
600210. SH	上海紫江企业集团股份有限公司	0. 2941	0. 2191	-0. 0014	0. 0765	328
600580. SH	卧龙电气集团股份有限公司	0. 2939	0. 1294	0. 0515	0. 1130	329

续表

公司代码	企业全称	基础竞争力	规模竞争力	效率竞争力	增长竞争力	总排名
600160. SH	浙江巨化股份有限公司	0. 2909	0. 2023	0. 0362	0. 0524	330
000707. SZ	湖北双环科技股份有限公司	0. 2905	0. 1495	-0. 0604	0. 2014	331
001696. SZ	重庆宗申动力机械股份有限公司	0. 2892	0. 1678	0. 1372	-0. 0159	332
000690. SZ	广东宝丽华新能源股份有限公司	0. 2886	0. 1093	0. 0663	0. 1130	333
000701. SZ	厦门信达股份有限公司	0. 2879	0. 2194	-0. 0333	0. 1017	334
600859. SH	北京王府井百货(集团)股份有限公司	0. 2877	0. 2714	0. 0066	0. 0097	335
000596. SZ	安徽古井贡酒股份有限公司	0. 2867	0. 0918	0. 0239	0. 1710	336
600079. SH	武汉人福医药集团股份有限公司	0. 2862	0. 1136	-0. 0321	0. 2047	337
600516. SH	方大炭素新材料科技股份有限公司	0. 2857	0. 1506	0. 0105	0. 1246	338
601777. SH	力帆实业(集团)股份有限公司	0. 2840	0. 2111	0. 0798	-0. 0069	339
600674. SH	四川川投能源股份有限公司	0. 2839	-0. 0151	-0. 0056	0. 3046	340
600631. SH	上海百联集团股份有限公司	0. 2836	0. 2869	-0. 0130	0. 0096	341
600098. SH	广州发展实业控股集团股份有限公司	0. 2829	0. 2912	0. 0642	-0. 0724	342
600761. SH	安徽合力股份有限公司	0. 2814	0. 2011	0. 0732	0. 0072	343
600686. SH	厦门金龙汽车集团股份有限公司	0. 2813	0. 2750	0. 0029	0. 0034	344
000909. SZ	数源科技股份有限公司	0. 2807	0. 1046	0. 0032	0. 1730	345
600315. SH	上海家化联合股份有限公司	0. 2804	0. 1524	0. 0476	0. 0804	346
000708. SZ	大冶特殊钢股份有限公司	0. 2784	0. 2200	0. 0243	0. 0341	347
600303. SH	辽宁曙光汽车集团股份有限公司	0. 2784	0. 1873	0. 0290	0. 0621	348
000537. SZ	天津广宇发展股份有限公司	0. 2784	0. 0891	0. 1713	0. 0180	349
600469. SH	风神轮胎股份有限公司	0. 2781	0. 2003	0. 0517	0. 0260	350
600054. SH	黄山旅游发展股份有限公司	0. 2780	0. 1527	0. 1175	0. 0078	351
600801. SH	华新水泥股份有限公司	0. 2772	0. 2377	-0. 0411	0. 0807	352
600549. SH	厦门钨业股份有限公司	0. 2757	0. 1980	0. 0593	0. 0185	353
000729. SZ	北京燕京啤酒股份有限公司	0. 2755	0. 2628	-0. 0270	0. 0397	354
000616. SZ	亿城集团股份有限公司	0. 2754	0. 1828	0. 0918	0. 0008	355
000526. SZ	厦门旭飞投资股份有限公司	0. 2754	-0. 1979	-0. 0685	0. 5418	356
600218. SH	安徽全柴动力股份有限公司	0. 2750	0. 0930	-0. 0334	0. 2154	357
600325. SH	珠海华发实业股份有限公司	0. 2749	0. 2471	-0. 0125	0. 0403	358
600486. SH	江苏扬农化工股份有限公司	0. 2744	0. 1085	0. 1391	0. 0268	359
600126. SH	杭州钢铁股份有限公司	0. 2743	0. 2877	-0. 0052	-0. 0082	360
600236. SH	广西桂冠电力股份有限公司	0. 2741	0. 1709	0. 1272	-0. 0239	361
600563. SH	厦门法拉电子股份有限公司	0. 2730	0. 0575	0. 1094	0. 1062	362
600846. SH	上海同济科技实业股份有限公司	0. 2725	0. 1324	-0. 0446	0. 1847	363
600754. SH	上海锦江国际酒店发展股份有限公司	0. 2701	0. 1950	0. 0180	0. 0571	364

续表

公司代码	企业全称	基础竞争力	规模竞争力	效率竞争力	增长竞争力	总排名
600257. SH	大湖水殖股份有限公司	0. 2694	0. 0006	0. 1503	0. 1185	365
600075. SH	新疆天业股份有限公司	0. 2692	0. 2453	0. 0402	-0. 0162	366
600527. SH	江苏江南高纤股份有限公司	0. 2685	0. 0936	0. 0197	0. 1552	367
600623. SH	双钱集团股份有限公司	0. 2677	0. 2175	0. 0216	0. 0285	368
600010. SH	内蒙古包钢钢联股份有限公司	0. 2671	0. 3507	-0. 0433	-0. 0403	369
600461. SH	江西洪城水业股份有限公司	0. 2669	-0. 0936	-0. 0380	0. 3985	370
600586. SH	山东金晶科技股份有限公司	0. 2661	0. 1457	0. 0138	0. 1066	371
000793. SZ	华闻传媒投资集团股份有限公司	0. 2660	0. 2849	0. 0298	-0. 0487	372
000555. SZ	深圳市太光电信股份有限公司	0. 2658	-0. 3332	0. 1066	0. 4924	373
000006. SZ	深圳市振业(集团)股份有限公司	0. 2657	0. 1559	0. 0822	0. 0275	374
000959. SZ	北京首钢股份有限公司	0. 2656	0. 3193	0. 0081	-0. 0619	375
600577. SH	铜陵精达特种电磁线股份有限公司	0. 2649	0. 2226	0. 0495	-0. 0072	376
000868. SZ	安徽安凯汽车股份有限公司	0. 2649	0. 1085	-0. 0296	0. 1860	377
600460. SH	杭州士兰微电子股份有限公司	0. 2646	0. 0787	-0. 0089	0. 1948	378
600570. SH	恒生电子股份有限公司	0. 2640	0. 1357	0. 0435	0. 0848	379
600595. SH	河南中孚实业股份有限公司	0. 2631	0. 2355	-0. 0189	0. 0466	380
000782. SZ	广东新会美达锦纶股份有限公司	0. 2629	0. 1478	-0. 0037	0. 1187	381
000698. SZ	沈阳化工股份有限公司	0. 2628	0. 2080	-0. 0151	0. 0700	382
601107. SH	四川成渝高速公路股份有限公司	0. 2621	0. 1086	0. 0884	0. 0651	383
601098. SH	中南出版传媒集团股份有限公司	0. 2613	0. 3525	-0. 0372	-0. 0540	384
600973. SH	宝胜科技创新股份有限公司	0. 2613	0. 2044	0. 0152	0. 0417	385
600985. SH	安徽雷鸣科化股份有限公司	0. 2605	0. 0156	0. 0085	0. 2364	386
600740. SH	山西焦化股份有限公司	0. 2604	0. 1736	-0. 0602	0. 1470	387
000988. SZ	华工科技产业股份有限公司	0. 2602	0. 1033	-0. 0158	0. 1727	388
600785. SH	银川新华百货商店股份有限公司	0. 2599	0. 0987	0. 1090	0. 0521	389
000826. SZ	桑德环境资源股份有限公司	0. 2585	0. 1282	0. 0257	0. 1046	390
600433. SH	广东冠豪高新技术股份有限公司	0. 2576	0. 0019	-0. 0249	0. 2805	391
600246. SH	北京万通地产股份有限公司	0. 2567	0. 1947	0. 0523	0. 0097	392
600276. SH	江苏恒瑞医药股份有限公司	0. 2565	0. 1712	-0. 0026	0. 0879	393
600125. SH	中铁铁龙集装箱物流股份有限公司	0. 2561	0. 0348	0. 2101	0. 0112	394
000982. SZ	宁夏中银绒业股份有限公司	0. 2560	0. 0253	0. 1053	0. 1253	395
000016. SZ	康佳集团股份有限公司	0. 2551	0. 2622	0. 0055	-0. 0126	396
000539. SZ	广东电力发展股份有限公司	0. 2544	0. 3367	-0. 0161	-0. 0662	397
600978. SH	广东省宜华木业股份有限公司	0. 2538	0. 1253	0. 1382	-0. 0097	398
601179. SH	中国西电电气股份有限公司	0. 2536	0. 3420	-0. 0425	-0. 0459	399

续表

公司代码	企业全称	基础竞争力	规模竞争力	效率竞争力	增长竞争力	总排名
600219. SH	山东南山铝业股份有限公司	0. 2533	0. 2621	-0. 0099	0. 0011	400
000881. SZ	中国大连国际合作(集团)股份有限公司	0. 2526	0. 1445	0. 1130	-0. 0049	401
600567. SH	安徽山鹰纸业股份有限公司	0. 2526	0. 1450	-0. 0170	0. 1246	402
000878. SZ	云南铜业股份有限公司	0. 2526	0. 3355	-0. 0212	-0. 0617	403
600267. SH	浙江海正药业股份有限公司	0. 2526	0. 1735	-0. 0030	0. 0821	404
600426. SH	山东华鲁恒升化工股份有限公司	0. 2525	0. 1906	-0. 0305	0. 0924	405
000830. SZ	鲁西化工集团股份有限公司	0. 2522	0. 2076	-0. 0371	0. 0816	406
600439. SH	河南瑞贝卡发制品股份有限公司	0. 2512	0. 0972	0. 1351	0. 0189	407
600535. SH	天津天士力制药股份有限公司	0. 2497	0. 1809	-0. 0232	0. 0921	408
000559. SZ	万向钱潮股份有限公司	0. 2492	0. 2228	-0. 0376	0. 0640	409
601699. SH	山西潞安环保能源开发股份有限公司	0. 2491	0. 1812	0. 0607	0. 0072	410
600288. SH	大恒新纪元科技股份有限公司	0. 2486	0. 1998	0. 0037	0. 0451	411
000798. SZ	中水集团远洋股份有限公司	0. 2481	-0. 0032	0. 1509	0. 1005	412
600102. SH	莱芜钢铁股份有限公司	0. 2478	0. 3345	-0. 0163	-0. 0704	413
600880. SH	成都博瑞传播股份有限公司	0. 2457	0. 1503	0. 1146	-0. 0193	414
000987. SZ	广州友谊集团股份有限公司	0. 2448	0. 1004	0. 1292	0. 0153	415
600676. SH	上海交运股份有限公司	0. 2447	0. 1818	-0. 0340	0. 0970	416
000060. SZ	深圳市中金岭南有色金属股份有限公司	0. 2432	0. 2522	0. 0100	-0. 0190	417
600757. SH	上海华源企业发展股份有限公司	0. 2428	-0. 2433	0. 3921	0. 0939	418
600622. SH	上海嘉宝实业(集团)股份有限公司	0. 2417	0. 1042	0. 1128	0. 0248	419
600108. SH	甘肃亚盛实业(集团)股份有限公司	0. 2416	0. 2258	-0. 0477	0. 0635	420
000823. SZ	广东汕头超声电子股份有限公司	0. 2415	0. 1284	0. 0928	0. 0203	421
601333. SH	广深铁路股份有限公司	0. 2413	0. 3381	-0. 0666	-0. 0302	422
600619. SH	上海海立(集团)股份有限公司	0. 2410	0. 2163	0. 0403	-0. 0157	423
600536. SH	中国软件与技术服务股份有限公司	0. 2398	0. 1850	-0. 0183	0. 0730	424
600425. SH	新疆青松建材化工(集团)股份有限公司	0. 2388	0. 0984	-0. 0393	0. 1797	425
000906. SZ	南方建材股份有限公司	0. 2376	0. 2217	-0. 0271	0. 0431	426
600409. SH	唐山三友化工股份有限公司	0. 2357	0. 1931	-0. 0056	0. 0482	427
000683. SZ	内蒙古远兴能源股份有限公司	0. 2354	0. 1412	-0. 0258	0. 1200	428
600278. SH	东方国际创业股份有限公司	0. 2352	0. 1356	0. 2040	-0. 1044	429
000888. SZ	峨眉山旅游股份有限公司	0. 2348	0. 0916	0. 0939	0. 0493	430
600151. SH	上海航天汽车机电股份有限公司	0. 2347	0. 1173	0. 0210	0. 0964	431
000411. SZ	浙江英特集团股份有限公司	0. 2337	0. 1175	0. 0216	0. 0946	432
000962. SZ	宁夏东方钽业股份有限公司	0. 2337	0. 0655	0. 1112	0. 0569	433
600531. SH	河南豫光金铅股份有限公司	0. 2329	0. 2019	0. 0435	-0. 0125	434

续表

公司代码	企业全称	基础竞争力	规模竞争力	效率竞争力	增长竞争力	总排名
000900. SZ	现代投资股份有限公司	0. 2327	0. 0340	0. 2236	-0. 0249	435
600639. SH	上海金桥出口加工区开发股份有限公司	0. 2324	0. 1336	0. 0755	0. 0234	436
600663. SH	上海陆家嘴金融贸易区开发股份有限公司	0. 2320	0. 2114	0. 0358	-0. 0151	437
600809. SH	山西杏花村汾酒厂股份有限公司	0. 2316	0. 1451	0. 0331	0. 0535	438
000759. SZ	中百控股集团股份有限公司	0. 2316	0. 2342	-0. 0435	0. 0409	439
600226. SH	浙江升华拜克生物股份有限公司	0. 2314	0. 1118	0. 1440	-0. 0244	440
601369. SH	西安陕鼓动力股份有限公司	0. 2307	0. 1993	0. 0016	0. 0298	441
000949. SZ	新乡化纤股份有限公司	0. 2306	0. 1561	0. 0414	0. 0331	442
000404. SZ	华意压缩机股份有限公司	0. 2306	0. 1515	0. 0206	0. 0585	443
000999. SZ	华润三九医药股份有限公司	0. 2291	0. 1878	-0. 0139	0. 0552	444
600981. SH	江苏开元股份有限公司	0. 2288	0. 1097	0. 1792	-0. 0600	445
600711. SH	厦门雄震矿业集团股份有限公司	0. 2287	-0. 0399	-0. 0635	0. 3321	446
600310. SH	广西桂东电力股份有限公司	0. 2273	0. 0276	0. 0914	0. 1083	447
600056. SH	中国医药保健品股份有限公司	0. 2271	0. 1563	-0. 0073	0. 0781	448
000009. SZ	中国宝安集团股份有限公司	0. 2262	0. 2021	-0. 0615	0. 0856	449
600750. SH	江中药业股份有限公司	0. 2249	0. 1196	-0. 0272	0. 1325	450
600789. SH	山东鲁抗医药股份有限公司	0. 2243	0. 0981	0. 0092	0. 1171	451
000020. SZ	深圳中恒华发股份有限公司	0. 2242	-0. 0435	0. 1183	0. 1494	452
600097. SH	上海开创国际海洋资源股份有限公司	0. 2239	-0. 0004	0. 0895	0. 1349	453
600724. SH	宁波富达股份有限公司	0. 2224	0. 1799	-0. 0292	0. 0718	454
000659. SZ	珠海中富实业股份有限公司	0. 2213	0. 1627	0. 0005	0. 0581	455
600597. SH	光明乳业股份有限公司	0. 2209	0. 2232	0. 0021	-0. 0044	456
000970. SZ	北京中科三环高技术股份有限公司	0. 2198	0. 1120	0. 1111	-0. 0033	457
000423. SZ	山东东阿阿胶股份有限公司	0. 2197	0. 1335	-0. 0162	0. 1024	458
600728. SH	新太科技股份有限公司	0. 2197	0. 1062	0. 2469	-0. 1335	459
600133. SH	武汉东湖高新集团股份有限公司	0. 2188	0. 0572	-0. 0620	0. 2236	460
600242. SH	中昌海运股份有限公司	0. 2188	-0. 3357	-0. 0564	0. 6109	461
600380. SH	健康元药业集团股份有限公司	0. 2186	0. 1940	-0. 0246	0. 0492	462
600971. SH	安徽恒源煤电股份有限公司	0. 2171	-0. 0273	-0. 0694	0. 3137	463
600601. SH	方正科技集团股份有限公司	0. 2167	0. 2411	-0. 0277	0. 0033	464
000756. SZ	山东新华制药股份有限公司	0. 2164	0. 1081	0. 0451	0. 0633	465
600523. SH	贵州贵航汽车零部件股份有限公司	0. 2160	0. 1025	-0. 0332	0. 1468	466
601898. SH	中国中煤能源股份有限公司	0. 2160	0. 3814	-0. 0884	-0. 0769	467
601700. SH	常熟风范电力设备股份有限公司	0. 2154	0. 0473	0. 0007	0. 1674	468
600345. SH	武汉长江通信产业集团股份有限公司	0. 2154	0. 1249	-0. 0220	0. 1125	469

续表

公司代码	企业全称	基础竞争力	规模竞争力	效率竞争力	增长竞争力	总排名
600683. SH	京投银泰股份有限公司	0. 2150	0. 0017	-0. 0455	0. 2589	470
000948. SZ	云南南天电子信息产业股份有限公司	0. 2150	0. 1654	-0. 0316	0. 0812	471
000927. SZ	天津一汽夏利汽车股份有限公司	0. 2144	0. 2333	-0. 0286	0. 0096	472
000926. SZ	湖北福星科技股份有限公司	0. 2137	0. 2336	-0. 0200	0. 0001	473
600256. SH	新疆广汇实业股份有限公司	0. 2135	0. 2089	-0. 0063	0. 0110	474
600096. SH	云南云天化股份有限公司	0. 2132	0. 2204	0. 0030	-0. 0102	475
000034. SZ	深圳市深信泰丰(集团)股份有限公司	0. 2130	0. 0111	0. 4628	-0. 2609	476
600300. SH	维维食品饮料股份有限公司	0. 2116	0. 1695	-0. 0229	0. 0651	477
601000. SH	唐山港集团股份有限公司	0. 2116	0. 0492	0. 0273	0. 1351	478
600744. SH	大唐华银电力股份有限公司	0. 2114	0. 1912	-0. 0767	0. 0970	479
000786. SZ	北新集团建材股份有限公司	0. 2112	0. 1791	-0. 0249	0. 0570	480
600897. SH	厦门国际航空港股份有限公司	0. 2104	-0. 1110	0. 2771	0. 0442	481
601018. SH	宁波港股份有限公司	0. 2100	0. 2472	-0. 0326	-0. 0046	482
600196. SH	上海复星医药(集团)股份有限公司	0. 2098	0. 2025	-0. 0071	0. 0144	483
600120. SH	浙江东方集团股份有限公司	0. 2092	0. 1419	0. 1601	-0. 0927	484
600446. SH	深圳市金证科技股份有限公司	0. 2090	0. 1368	-0. 0102	0. 0824	485
600415. SH	浙江中国小商品城集团股份有限公司	0. 2089	0. 2257	-0. 0608	0. 0440	486
600858. SH	银座集团股份有限公司	0. 2082	0. 1849	-0. 0834	0. 1067	487
600596. SH	浙江新安化工集团股份有限公司	0. 2081	0. 1791	0. 0528	-0. 0238	488
600488. SH	天津天药药业股份有限公司	0. 2080	0. 0421	0. 0684	0. 0975	489
601106. SH	中国第一重型机械股份公司	0. 2058	0. 2992	-0. 0399	-0. 0535	490
000950. SZ	重庆建峰化工股份有限公司	0. 2058	0. 1276	-0. 0566	0. 1348	491
600269. SH	江西赣粤高速公路股份有限公司	0. 2056	0. 1639	0. 0452	-0. 0035	492
600233. SH	大连大杨创世股份有限公司	0. 2043	0. 0421	0. 1428	0. 0194	493
600395. SH	贵州盘江精煤股份有限公司	0. 2040	-0. 0237	0. 0707	0. 1571	494
000733. SZ	中国振华(集团)科技股份有限公司	0. 2037	0. 1091	0. 0623	0. 0323	495
600199. SH	安徽金种子酒业股份有限公司	0. 2025	0. 0633	-0. 0170	0. 1562	496
600085. SH	北京同仁堂股份有限公司	0. 2024	0. 1689	-0. 0014	0. 0349	497
601808. SH	中海油田服务股份有限公司	0. 2023	0. 1903	0. 0702	-0. 0582	498
600895. SH	上海张江高科技园区开发股份有限公司	0. 2022	0. 1629	0. 0186	0. 0207	499
600716. SH	江苏凤凰置业投资股份有限公司	0. 2022	0. 0760	0. 0092	0. 1170	500
000973. SZ	佛山佛塑科技集团股份有限公司	0. 2012	0. 1641	-0. 0236	0. 0608	501
600217. SH	陕西秦岭水泥(集团)股份有限公司	0. 2007	0. 0122	-0. 0140	0. 2025	502
600712. SH	南宁百货大楼股份有限公司	0. 2005	-0. 0257	0. 0892	0. 1370	503
600230. SH	沧州大化股份有限公司	0. 2003	0. 1271	-0. 0436	0. 1168	504

续表

公司代码	企业全称	基础竞争力	规模竞争力	效率竞争力	增长竞争力	总排名
600841. SH	上海柴油机股份有限公司	0. 1996	0. 1730	-0. 0473	0. 0739	505
600832. SH	上海东方明珠(集团)股份有限公司	0. 1988	0. 2097	-0. 0601	0. 0493	506
600787. SH	中储发展股份有限公司	0. 1985	0. 2907	-0. 1110	0. 0188	507
600337. SH	美克国际家具股份有限公司	0. 1977	0. 1081	0. 0953	-0. 0057	508
600499. SH	广东科达机电股份有限公司	0. 1972	0. 0838	0. 0470	0. 0663	509
601890. SH	江苏亚星锚链股份有限公司	0. 1971	0. 0917	0. 0890	0. 0164	510
600489. SH	中金黄金股份有限公司	0. 1964	0. 1181	0. 0902	-0. 0119	511
000650. SZ	仁和药业股份有限公司	0. 1962	0. 0613	-0. 0136	0. 1485	512
000599. SZ	青岛双星股份有限公司	0. 1951	0. 1626	0. 0153	0. 0172	513
600017. SH	日照港股份有限公司	0. 1944	0. 0875	-0. 0194	0. 1263	514
601601. SH	中国太平洋保险(集团)股份有限公司	0. 1939	0. 2886	-0. 0633	-0. 0314	515
600008. SH	北京首创股份有限公司	0. 1936	0. 2294	-0. 0548	0. 0190	516
600240. SH	北京华业地产股份有限公司	0. 1924	0. 1419	0. 0029	0. 0476	517
600026. SH	中海发展股份有限公司	0. 1924	0. 3194	0. 0004	-0. 1274	518
000572. SZ	海马汽车集团股份有限公司	0. 1912	0. 2526	-0. 0345	-0. 0268	519
600736. SH	苏州新区高新技术产业股份有限公司	0. 1907	0. 2086	-0. 0180	0. 0001	520
600290. SH	华仪电气股份有限公司	0. 1905	0. 0436	-0. 0020	0. 1490	521
000410. SZ	沈阳机床股份有限公司	0. 1903	0. 2322	-0. 0452	0. 0033	522
000960. SZ	云南锡业股份有限公司	0. 1898	0. 2340	-0. 0069	-0. 0374	523
000969. SZ	安泰科技股份有限公司	0. 1897	0. 1520	0. 0128	0. 0248	524
000666. SZ	经纬纺织机械股份有限公司	0. 1889	0. 2376	-0. 0432	-0. 0055	525
600967. SH	包头北方创业股份有限公司	0. 1888	0. 1054	-0. 0172	0. 1006	526
600078. SH	江苏澄星磷化工股份有限公司	0. 1882	0. 1261	0. 0567	0. 0054	527
000797. SZ	中国武夷实业股份有限公司	0. 1880	0. 1052	0. 1217	-0. 0390	528
600976. SH	武汉健民药业集团股份有限公司	0. 1878	0. 0550	-0. 0189	0. 1517	529
000022. SZ	深圳赤湾港航股份有限公司	0. 1875	0. 0267	0. 2455	-0. 0846	530
000531. SZ	广州恒运企业集团股份有限公司	0. 1874	0. 0986	0. 0739	0. 0149	531
600618. SH	上海氯碱化工股份有限公司	0. 1873	0. 1818	-0. 0352	0. 0406	532
600388. SH	福建龙净环保股份有限公司	0. 1863	0. 1418	0. 0213	0. 0232	533
600636. SH	上海三爱富新材料股份有限公司	0. 1858	0. 1395	0. 0109	0. 0355	534
600804. SH	成都鹏博士电信传媒集团股份有限公司	0. 1847	0. 1730	-0. 0365	0. 0483	535
600152. SH	宁波维科精华集团股份有限公司	0. 1846	0. 1293	0. 0406	0. 0147	536
600565. SH	重庆市迪马实业股份有限公司	0. 1843	0. 0740	0. 0241	0. 0862	537
601208. SH	四川东材科技集团股份有限公司	0. 1842	0. 0732	0. 1219	-0. 0109	538
600575. SH	芜湖港储运股份有限公司	0. 1827	0. 0082	-0. 2707	0. 4452	539

续表

公司代码	企业全称	基础竞争力	规模竞争力	效率竞争力	增长竞争力	总排名
000597. SZ	东北制药集团股份有限公司	0. 1825	0. 1493	0. 0197	0. 0136	540
600405. SH	北京动力源科技股份有限公司	0. 1817	-0. 0099	-0. 0253	0. 2169	541
600429. SH	北京三元食品股份有限公司	0. 1812	0. 0955	-0. 0562	0. 1419	542
600507. SH	方大特钢科技股份有限公司	0. 1803	0. 2436	-0. 0271	-0. 0361	543
000910. SZ	大亚科技股份有限公司	0. 1796	0. 2038	-0. 0189	-0. 0053	544
000936. SZ	江苏华西村股份有限公司	0. 1794	0. 1557	-0. 0097	0. 0335	545
600675. SH	中华企业股份有限公司	0. 1787	0. 1954	0. 0140	-0. 0308	546
601818. SH	中国光大银行股份有限公司	0. 1784	0. 1999	-0. 0337	0. 0122	547
000661. SZ	长春高新技术产业(集团)股份有限公司	0. 1775	0. 0398	-0. 0321	0. 1697	548
600420. SH	上海现代制药股份有限公司	0. 1762	0. 0562	0. 0248	0. 0952	549
600963. SH	岳阳纸业股份有限公司	0. 1749	0. 1720	-0. 0463	0. 0493	550
600517. SH	上海置信电气股份有限公司	0. 1746	0. 0509	0. 1460	-0. 0223	551
600195. SH	中牧实业股份有限公司	0. 1742	0. 1258	-0. 0125	0. 0609	552
600587. SH	山东新华医疗器械股份有限公司	0. 1724	0. 0040	-0. 0359	0. 2043	553
000558. SZ	莱茵达置业股份有限公司	0. 1724	0. 0998	0. 0721	0. 0004	554
600779. SH	四川水井坊股份有限公司	0. 1715	0. 0893	0. 0247	0. 0574	555
000637. SZ	茂名石化实华股份有限公司	0. 1711	0. 1401	0. 0363	-0. 0054	556
600609. SH	金杯汽车股份有限公司	0. 1710	0. 1513	-0. 0393	0. 0590	557
600521. SH	浙江华海药业股份有限公司	0. 1709	0. 0321	0. 1335	0. 0054	558
600238. SH	海南椰岛(集团)股份有限公司	0. 1704	0. 0689	0. 0196	0. 0820	559
600022. SH	济南钢铁股份有限公司	0. 1703	0. 3114	-0. 0236	-0. 1175	560
600710. SH	常林股份有限公司	0. 1702	0. 0844	0. 0984	-0. 0126	561
600481. SH	双良节能系统股份有限公司	0. 1700	0. 1711	-0. 0012	0. 0001	562
600991. SH	广汽长丰汽车股份有限公司	0. 1698	0. 1833	-0. 0143	0. 0008	563
000635. SZ	宁夏英力特化工股份有限公司	0. 1698	0. 1256	-0. 0290	0. 0731	564
600569. SH	安阳钢铁股份有限公司	0. 1694	0. 3086	-0. 0470	-0. 0922	565
600063. SH	安徽皖维高新材料股份有限公司	0. 1692	0. 1274	-0. 0104	0. 0522	566
000043. SZ	中航地产股份有限公司	0. 1687	0. 1829	-0. 0020	-0. 0123	567
600652. SH	上海爱使股份有限公司	0. 1687	0. 1200	-0. 0724	0. 1211	568
600502. SH	安徽水利开发股份有限公司	0. 1683	-0. 1771	0. 2181	0. 1273	569
600071. SH	凤凰光学股份有限公司	0. 1680	0. 0174	0. 1643	-0. 0137	570
000606. SZ	青海明胶股份有限公司	0. 1671	0. 0242	-0. 0729	0. 2158	571
000045. SZ	深圳市纺织(集团)股份有限公司	0. 1662	-0. 0148	0. 1117	0. 0693	572
600012. SH	安徽皖通高速公路股份有限公司	0. 1661	0. 0608	0. 1179	-0. 0127	573
000816. SZ	江苏江淮动力股份有限公司	0. 1655	0. 0853	0. 1100	-0. 0299	574

续表

公司代码	企业全称	基础竞争力	规模竞争力	效率竞争力	增长竞争力	总排名
600328. SH	内蒙古兰太实业股份有限公司	0. 1651	0. 0905	-0. 0215	0. 0961	575
000850. SZ	安徽华茂纺织股份有限公司	0. 1647	0. 1138	-0. 0049	0. 0558	576
600888. SH	新疆众和股份有限公司	0. 1646	0. 0880	0. 0059	0. 0707	577
000976. SZ	广东开平春晖股份有限公司	0. 1636	0. 1047	-0. 0050	0. 0639	578
600611. SH	大众交通(集团)股份有限公司	0. 1635	0. 2330	-0. 0060	-0. 0635	579
000400. SZ	许继电气股份有限公司	0. 1631	0. 1634	-0. 0334	0. 0330	580
600062. SH	北京双鹤药业股份有限公司	0. 1615	0. 1955	-0. 0321	-0. 0019	581
601137. SH	宁波博威合金材料股份有限公司	0. 1605	0. 0700	0. 0584	0. 0322	582
600862. SH	南通科技投资集团股份有限公司	0. 1580	0. 0122	-0. 0338	0. 1795	583
000506. SZ	山东中润投资控股集团股份有限公司	0. 1571	0. 0803	0. 0554	0. 0215	584
000977. SZ	浪潮电子信息产业股份有限公司	0. 1562	0. 1229	-0. 0447	0. 0780	585
600113. SH	浙江东日股份有限公司	0. 1537	-0. 0548	0. 1382	0. 0703	586
000682. SZ	东方电子股份有限公司	0. 1534	0. 1243	-0. 0339	0. 0631	587
600797. SH	浙大网新科技股份有限公司	0. 1532	0. 2044	-0. 0249	-0. 0263	588
000731. SZ	四川美丰化工股份有限公司	0. 1523	0. 1470	-0. 0515	0. 0568	589
600261. SH	浙江阳光照明电器集团股份有限公司	0. 1522	0. 0969	0. 0395	0. 0158	590
600784. SH	鲁银投资集团股份有限公司	0. 1521	0. 1338	-0. 0273	0. 0455	591
601116. SH	三江购物俱乐部股份有限公司	0. 1518	0. 0965	0. 0501	0. 0051	592
600811. SH	东方集团股份有限公司	0. 1508	0. 1835	-0. 0780	0. 0454	593
000078. SZ	深圳市海王生物工程股份有限公司	0. 1504	0. 1239	-0. 0405	0. 0670	594
600697. SH	长春欧亚集团股份有限公司	0. 1498	0. 1220	-0. 0357	0. 0635	595
600287. SH	江苏舜天股份有限公司	0. 1489	0. 1075	0. 1581	-0. 1167	596
600533. SH	南京栖霞建设股份有限公司	0. 1488	0. 1850	-0. 0020	-0. 0342	597
600694. SH	大商股份有限公司	0. 1485	0. 2971	-0. 0893	-0. 0593	598
600117. SH	西宁特殊钢股份有限公司	0. 1484	0. 2068	-0. 0401	-0. 0183	599
600299. SH	蓝星化工新材料股份有限公司	0. 1478	0. 2097	-0. 0399	-0. 0220	600
600505. SH	四川西昌电力股份有限公司	0. 1474	-0. 1705	0. 2520	0. 0659	601
600819. SH	上海耀华皮尔金顿玻璃股份有限公司	0. 1468	0. 1256	-0. 0051	0. 0263	602
000156. SZ	湖南嘉瑞新材料集团股份有限公司	0. 1460	-0. 2908	0. 1248	0. 3120	603
000862. SZ	宁夏银星能源股份有限公司	0. 1451	-0. 0393	-0. 0506	0. 2351	604
601218. SH	江苏吉鑫风能科技股份有限公司	0. 1451	0. 0760	0. 1657	-0. 0966	605
600559. SH	河北衡水老白干酒业股份有限公司	0. 1445	0. 0169	-0. 0206	0. 1482	606
600009. SH	上海国际机场股份有限公司	0. 1444	0. 1783	0. 0123	-0. 0462	607
601801. SH	安徽新华传媒股份有限公司	0. 1440	0. 2346	-0. 0124	-0. 0782	608
000619. SZ	芜湖海螺型材科技股份有限公司	0. 1423	0. 1666	-0. 0066	-0. 0177	609

续表

公司代码	企业全称	基础竞争力	规模竞争力	效率竞争力	增长竞争力	总排名
600525. SH	长园集团股份有限公司	0. 1417	0. 0849	-0. 0147	0. 0715	610
600435. SH	中兵光电科技股份有限公司	0. 1416	0. 0707	-0. 0308	0. 1017	611
600966. SH	山东博汇纸业股份有限公司	0. 1407	0. 1675	-0. 0427	0. 0159	612
600850. SH	上海华东电脑股份有限公司	0. 1405	0. 1263	-0. 0167	0. 0310	613
000965. SZ	天津天保基建股份有限公司	0. 1400	0. 0906	0. 0087	0. 0406	614
000042. SZ	深圳市长城投资控股股份有限公司	0. 1387	0. 1146	0. 0299	-0. 0058	615
600162. SH	深圳香江控股股份有限公司	0. 1386	0. 1226	-0. 0078	0. 0237	616
600501. SH	航天晨光股份有限公司	0. 1379	0. 1015	-0. 0388	0. 0753	617
600874. SH	天津创业环保集团股份有限公司	0. 1378	0. 1647	-0. 0388	0. 0120	618
600637. SH	上海广电信息产业股份有限公司	0. 1374	0. 0901	0. 0782	-0. 0308	619
000983. SZ	山西西山煤电股份有限公司	0. 1373	0. 1474	0. 0001	-0. 0102	620
600132. SH	重庆啤酒股份有限公司	0. 1371	0. 1158	-0. 0113	0. 0326	621
000859. SZ	安徽国风塑业股份有限公司	0. 1368	0. 0817	0. 0034	0. 0518	622
600064. SH	南京新港高科技股份有限公司	0. 1364	0. 1726	-0. 0703	0. 0341	623
600262. SH	内蒙古北方重型汽车股份有限公司	0. 1355	0. 0443	0. 0324	0. 0588	624
600051. SH	宁波联合集团股份有限公司	0. 1355	0. 1724	-0. 0530	0. 0162	625
000513. SZ	丽珠医药集团股份有限公司	0. 1352	0. 1367	-0. 0254	0. 0239	626
600478. SH	湖南科力远新能源股份有限公司	0. 1348	0. 0409	0. 0595	0. 0344	627
600215. SH	长春经开(集团)股份有限公司	0. 1346	-0. 0100	-0. 1033	0. 2479	628
600268. SH	国电南京自动化股份有限公司	0. 1340	0. 0938	-0. 0484	0. 0886	629
000541. SZ	佛山电器照明股份有限公司	0. 1338	0. 0863	0. 0985	-0. 0510	630
601177. SH	杭州前进齿轮箱集团股份有限公司	0. 1333	0. 0850	-0. 0049	0. 0533	631
000594. SZ	天津国恒铁路控股股份有限公司	0. 1327	-0. 0778	-0. 1637	0. 3741	632
000902. SZ	中国服装股份有限公司	0. 1318	0. 0514	0. 1018	-0. 0213	633
600708. SH	上海海博股份有限公司	0. 1309	0. 1465	-0. 0591	0. 0436	634
600423. SH	柳州化工股份有限公司	0. 1309	0. 1113	-0. 0582	0. 0778	635
600250. SH	南京纺织品进出口股份有限公司	0. 1308	0. 0857	0. 1790	-0. 1340	636
600829. SH	哈药集团三精制药股份有限公司	0. 1289	0. 1349	-0. 0230	0. 0170	637
600061. SH	中纺投资发展股份有限公司	0. 1285	0. 0804	-0. 0259	0. 0741	638
000918. SZ	嘉凯城集团股份有限公司	0. 1285	0. 2859	0. 0648	-0. 2222	639
000553. SZ	湖北沙隆达股份有限公司	0. 1278	0. 0810	0. 0802	-0. 0333	640
600161. SH	北京天坛生物制品股份有限公司	0. 1271	0. 0543	-0. 0327	0. 1055	641
600987. SH	浙江航民股份有限公司	0. 1264	0. 1090	-0. 0229	0. 0403	642
600422. SH	昆明制药集团股份有限公司	0. 1255	0. 0705	-0. 0208	0. 0758	643
600529. SH	山东省药用玻璃股份有限公司	0. 1253	0. 0736	0. 0078	0. 0438	644

续表

公司代码	企业全称	基础竞争力	规模竞争力	效率竞争力	增长竞争力	总排名
000717. SZ	广东韶钢松山股份有限公司	0. 1248	0. 2523	-0. 0376	-0. 0900	645
000665. SZ	武汉塑料工业集团股份有限公司	0. 1239	0. 0419	-0. 0251	0. 1070	646
000089. SZ	深圳市机场股份有限公司	0. 1227	0. 0417	0. 0967	-0. 0158	647
601268. SH	二重集团(德阳)重型装备股份有限公司	0. 1227	0. 2405	-0. 0548	-0. 0630	648
600077. SH	辽宁百科集团(控股)股份有限公司	0. 1225	0. 0548	0. 1327	-0. 0649	649
000510. SZ	四川金路集团股份有限公司	0. 1225	0. 1278	-0. 0378	0. 0325	650
600391. SH	四川成发航空科技股份有限公司	0. 1223	-0. 0219	0. 1222	0. 0221	651
600493. SH	福建凤竹纺织科技股份有限公司	0. 1218	0. 0150	0. 0483	0. 0585	652
600684. SH	广州珠江实业开发股份有限公司	0. 1212	0. 0216	0. 0442	0. 0554	653
000428. SZ	华天酒店集团股份有限公司	0. 1209	0. 1371	-0. 0312	0. 0150	654
600644. SH	乐山电力股份有限公司	0. 1207	-0. 0051	-0. 0265	0. 1523	655
000721. SZ	西安饮食股份有限公司	0. 1206	0. 0469	0. 0294	0. 0443	656
600485. SH	北京中创信测科技股份有限公司	0. 1205	0. 0614	-0. 0110	0. 0700	657
600322. SH	天津市房地产发展(集团)股份有限公司	0. 1193	0. 1447	-0. 0576	0. 0323	658
600621. SH	上海金陵股份有限公司	0. 1186	0. 1484	-0. 0227	-0. 0071	659
601616. SH	上海广电电气(集团)股份有限公司	0. 1183	-0. 0001	0. 1318	-0. 0134	660
600220. SH	江苏阳光股份有限公司	0. 1177	0. 1225	0. 0628	-0. 0676	661
601599. SH	江苏鹿港科技股份有限公司	0. 1175	0. 0499	0. 0969	-0. 0294	662
000571. SZ	新大洲控股股份有限公司	0. 1170	0. 0291	-0. 0369	0. 1248	663
601169. SH	北京银行股份有限公司	0. 1158	0. 0514	0. 0504	0. 0139	664
000031. SZ	中粮地产(集团)股份有限公司	0. 1154	0. 1666	-0. 0637	0. 0125	665
600960. SH	山东滨州渤海活塞股份有限公司	0. 1147	0. 0711	-0. 0283	0. 0719	666
000911. SZ	南宁糖业股份有限公司	0. 1146	0. 1441	-0. 0397	0. 0102	667
600824. SH	上海益民商业集团股份有限公司	0. 1141	0. 0043	0. 0218	0. 0881	668
600470. SH	安徽六国化工股份有限公司	0. 1119	0. 1363	-0. 0358	0. 0113	669
000848. SZ	河北承德露露股份有限公司	0. 1117	0. 0776	-0. 0025	0. 0367	670
000561. SZ	陕西烽火电子股份有限公司	0. 1113	0. 1222	-0. 0046	-0. 0063	671
600889. SH	南京化纤股份有限公司	0. 1098	0. 0722	-0. 0388	0. 0763	672
601005. SH	重庆钢铁股份有限公司	0. 1089	0. 2326	-0. 0444	-0. 0793	673
000598. SZ	成都市兴蓉投资股份有限公司	0. 1089	0. 1080	0. 0532	-0. 0524	674
600004. SH	广州白云国际机场股份有限公司	0. 1087	0. 1289	-0. 0304	0. 0102	675
600436. SH	漳州片仔癀药业股份有限公司	0. 1078	0. 0269	0. 0264	0. 0545	676
000153. SZ	安徽丰原药业股份有限公司	0. 1077	0. 0174	-0. 0517	0. 1420	677
000700. SZ	江南模塑科技股份有限公司	0. 1074	0. 0719	-0. 0393	0. 0747	678
600961. SH	株洲冶炼集团股份有限公司	0. 1072	0. 2073	-0. 0102	-0. 0899	679

续表

公司代码	企业全称	基础竞争力	规模竞争力	效率竞争力	增长竞争力	总排名
600289. SH	亿阳信通股份有限公司	0. 1072	0. 1359	-0. 0388	0. 0101	680
000897. SZ	天津津滨发展股份有限公司	0. 1070	0. 1550	-0. 0464	-0. 0016	681
000522. SZ	广州白云山制药股份有限公司	0. 1049	0. 1315	-0. 0345	0. 0079	682
600400. SH	江苏红豆实业股份有限公司	0. 1039	0. 0879	-0. 0366	0. 0525	683
600319. SH	潍坊亚星化学股份有限公司	0. 1022	0. 0932	0. 0259	-0. 0169	684
000582. SZ	北海港股份有限公司	0. 1019	-0. 2962	-0. 0181	0. 4162	685
000158. SZ	石家庄常山纺织股份有限公司	0. 1016	0. 1302	-0. 0338	0. 0052	686
600273. SH	华芳纺织股份有限公司	0. 1002	0. 0838	-0. 0157	0. 0321	687
600540. SH	新疆赛里木现代农业股份有限公司	0. 0998	0. 1130	-0. 0969	0. 0837	688
600572. SH	浙江康恩贝制药股份有限公司	0. 0988	0. 0887	-0. 0369	0. 0471	689
000631. SZ	顺发恒业股份公司	0. 0981	0. 1307	0. 0117	-0. 0443	690
000636. SZ	广东风华高新科技股份有限公司	0. 0981	0. 1037	0. 0072	-0. 0128	691
600630. SH	上海龙头(集团)股份有限公司	0. 0979	0. 1208	-0. 0442	0. 0212	692
600689. SH	上海三毛企业(集团)股份有限公司	0. 0977	0. 0301	0. 1523	-0. 0847	693
600606. SH	上海金丰投资股份有限公司	0. 0976	0. 0990	0. 0229	-0. 0242	694
601799. SH	常州星宇车灯股份有限公司	0. 0976	0. 0105	-0. 0164	0. 1034	695
600807. SH	山东天业恒基股份有限公司	0. 0975	0. 0091	0. 0700	0. 0184	696
601001. SH	大同煤业股份有限公司	0. 0971	0. 0790	0. 0201	-0. 0020	697
600857. SH	哈工大首创科技股份有限公司	0. 0959	0. 1040	0. 0185	-0. 0266	698
601588. SH	北京北辰实业股份有限公司	0. 0953	0. 2341	-0. 0946	-0. 0442	699
000748. SZ	长城信息产业股份有限公司	0. 0947	0. 1240	-0. 0524	0. 0231	700
600088. SH	中视传媒股份有限公司	0. 0945	0. 0145	0. 1426	-0. 0626	701
600594. SH	贵州益佰制药股份有限公司	0. 0935	0. 0644	-0. 0269	0. 0560	702
600791. SH	京能置业股份有限公司	0. 0933	0. 0709	0. 0633	-0. 0410	703
000957. SZ	中通客车控股股份有限公司	0. 0927	0. 0615	-0. 0043	0. 0355	704
600283. SH	钱江水利开发股份有限公司	0. 0920	-0. 1375	0. 1146	0. 1149	705
600175. SH	美都控股股份有限公司	0. 0917	0. 1444	-0. 0412	-0. 0115	706
600783. SH	鲁信创业投资集团股份有限公司	0. 0914	-0. 0599	0. 0118	0. 1395	707
000627. SZ	天茂实业集团股份有限公司	0. 0912	0. 0759	-0. 0252	0. 0404	708
600590. SH	泰豪科技股份有限公司	0. 0911	0. 1136	-0. 0164	-0. 0060	709
600037. SH	北京歌华有线电视网络股份有限公司	0. 0908	0. 2070	-0. 0511	-0. 0650	710
601007. SH	金陵饭店股份有限公司	0. 0904	0. 0815	-0. 0110	0. 0198	711
600249. SH	柳州两面针股份有限公司	0. 0898	0. 0461	-0. 0323	0. 0760	712
600629. SH	上海棱光实业股份有限公司	0. 0898	-0. 0019	-0. 0313	0. 1229	713
600308. SH	山东华泰纸业股份有限公司	0. 0897	0. 1992	-0. 0451	-0. 0643	714

续表

公司代码	企业全称	基础竞争力	规模竞争力	效率竞争力	增长竞争力	总排名
000810. SZ	华润锦华股份有限公司	0. 0896	0. 0287	0. 0320	0. 0289	715
600641. SH	上海万业企业股份有限公司	0. 0882	0. 1134	0. 0134	-0. 0386	716
600399. SH	抚顺特殊钢股份有限公司	0. 0879	0. 1451	-0. 0509	-0. 0062	717
600260. SH	湖北凯乐科技股份有限公司	0. 0871	0. 0956	-0. 0507	0. 0422	718
600578. SH	北京京能热电股份有限公司	0. 0868	0. 0852	-0. 0183	0. 0199	719
000997. SZ	福建新大陆电脑股份有限公司	0. 0866	0. 1242	-0. 0275	-0. 0100	720
600515. SH	海南筑信投资股份有限公司	0. 0857	-0. 2149	0. 3257	-0. 0251	721
000523. SZ	广州市浪奇实业股份有限公司	0. 0841	0. 0531	-0. 0543	0. 0853	722
600693. SH	福建东百集团股份有限公司	0. 0836	-0. 0097	0. 0633	0. 0301	723
600070. SH	浙江富润股份有限公司	0. 0836	0. 0252	-0. 0157	0. 0741	724
600589. SH	广东榕泰实业股份有限公司	0. 0833	0. 0749	-0. 0184	0. 0268	725
600726. SH	华电能源股份有限公司	0. 0826	0. 1881	-0. 1127	0. 0072	726
600665. SH	天地源股份有限公司	0. 0826	0. 1251	-0. 0708	0. 0282	727
600993. SH	马应龙药业集团股份有限公司	0. 0821	0. 0442	-0. 0311	0. 0690	728
600197. SH	新疆伊力特实业股份有限公司	0. 0819	0. 0389	-0. 0085	0. 0516	729
600624. SH	上海复旦复华科技股份有限公司	0. 0814	0. 0083	0. 0552	0. 0179	730
000055. SZ	方大集团股份有限公司	0. 0812	0. 0305	-0. 0362	0. 0869	731
600820. SH	上海隧道工程股份有限公司	0. 0809	0. 1133	-0. 0081	-0. 0243	732
600229. SH	青岛碱业股份有限公司	0. 0800	0. 1054	-0. 0111	-0. 0143	733
000419. SZ	长沙通程控股股份有限公司	0. 0787	0. 0544	-0. 0419	0. 0662	734
600459. SH	贵研铂业股份有限公司	0. 0772	0. 0629	0. 0038	0. 0104	735
600103. SH	福建省青山纸业股份有限公司	0. 0766	0. 0850	-0. 0411	0. 0327	736
600015. SH	华夏银行股份有限公司	0. 0764	0. 0707	-0. 0097	0. 0153	737
600828. SH	成商集团股份有限公司	0. 0761	-0. 0161	0. 1086	-0. 0164	738
000632. SZ	福建三木集团股份有限公司	0. 0753	0. 1128	-0. 0398	0. 0024	739
000799. SZ	酒鬼酒股份有限公司	0. 0741	-0. 0231	-0. 0265	0. 1237	740
600884. SH	宁波杉杉股份有限公司	0. 0728	0. 1261	-0. 0492	-0. 0041	741
000785. SZ	武汉中商集团股份有限公司	0. 0726	0. 0584	-0. 0532	0. 0674	742
600293. SH	湖北三峡新型建材股份有限公司	0. 0726	0. 0089	-0. 0466	0. 1104	743
600558. SH	四川大西洋焊接材料股份有限公司	0. 0724	0. 0849	-0. 0209	0. 0084	744
000839. SZ	中信国安信息产业股份有限公司	0. 0718	0. 1718	-0. 0730	-0. 0270	745
000822. SZ	山东海化股份有限公司	0. 0709	0. 1899	-0. 0064	-0. 1125	746
601113. SH	义乌华鼎锦纶股份有限公司	0. 0701	0. 0698	0. 0112	-0. 0109	747
600775. SH	南京熊猫电子股份有限公司	0. 0698	0. 1262	-0. 0603	0. 0039	748
600189. SH	吉林森林工业股份有限公司	0. 0698	0. 1415	-0. 0951	0. 0233	749

续表

公司代码	企业全称	基础竞争力	规模竞争力	效率竞争力	增长竞争力	总排名
000920. SZ	南方汇通股份有限公司	0. 0692	0. 0529	-0. 0447	0. 0609	750
000919. SZ	金陵药业股份有限公司	0. 0692	0. 1077	-0. 0358	-0. 0028	751
600557. SH	江苏康缘药业股份有限公司	0. 0691	0. 0620	-0. 0335	0. 0406	752
600330. SH	天通控股股份有限公司	0. 0686	0. 0477	0. 0527	-0. 0318	753
600778. SH	新疆友好(集团)股份有限公司	0. 0683	0. 0466	-0. 0583	0. 0801	754
000811. SZ	烟台冰轮股份有限公司	0. 0682	-0. 0003	0. 0751	-0. 0066	755
600408. SH	山西安泰集团股份有限公司	0. 0682	0. 1568	-0. 0633	-0. 0253	756
601666. SH	平顶山天安煤业股份有限公司	0. 0670	0. 1400	-0. 0235	-0. 0495	757
000807. SZ	云南铝业股份有限公司	0. 0660	0. 1888	-0. 0270	-0. 0958	758
600389. SH	南通江山农药化工股份有限公司	0. 0644	0. 0972	0. 0790	-0. 1118	759
600872. SH	中炬高新技术实业(集团)股份有限公司	0. 0640	0. 1038	-0. 0729	0. 0331	760
600403. SH	河南大有能源股份有限公司	0. 0621	0. 0352	0. 0346	-0. 0077	761
600222. SH	河南太龙药业股份有限公司	0. 0620	-0. 0027	-0. 0479	0. 1126	762
000584. SZ	四川友利投资控股股份有限公司	0. 0619	0. 1053	-0. 0383	-0. 0051	763
600354. SH	甘肃省敦煌种业股份有限公司	0. 0617	0. 1425	0. 3279	-0. 4087	764
600235. SH	民丰特种纸股份有限公司	0. 0617	0. 0455	-0. 0364	0. 0526	765
000544. SZ	中原环保股份有限公司	0. 0611	0. 0356	0. 0230	0. 0024	766
600599. SH	熊猫烟花集团股份有限公司	0. 0609	-0. 0558	0. 0914	0. 0252	767
600475. SH	无锡华光锅炉股份有限公司	0. 0595	0. 1237	-0. 0061	-0. 0581	768
600995. SH	云南文山电力股份有限公司	0. 0590	-0. 0358	0. 1000	-0. 0051	769
000001. SZ	深圳发展银行股份有限公司	0. 0585	0. 0454	0. 0092	0. 0040	770
600628. SH	上海新世界股份有限公司	0. 0582	0. 0751	-0. 0182	0. 0013	771
000990. SZ	诚志股份有限公司	0. 0581	0. 0976	-0. 0349	-0. 0046	772
600367. SH	贵州红星发展股份有限公司	0. 0567	0. 0605	0. 0196	-0. 0234	773
000623. SZ	吉林敖东药业集团股份有限公司	0. 0562	0. 0951	-0. 0269	-0. 0120	774
601872. SH	招商局能源运输股份有限公司	0. 0558	0. 0867	0. 0442	-0. 0752	775
000547. SZ	神州学人集团股份有限公司	0. 0550	0. 0928	-0. 0504	0. 0126	776
600650. SH	上海锦江国际实业投资股份有限公司	0. 0549	-0. 0043	0. 1152	-0. 0559	777
000612. SZ	焦作万方铝业股份有限公司	0. 0547	0. 1697	-0. 0381	-0. 0769	778
600336. SH	青岛澳柯玛股份有限公司	0. 0545	0. 1172	0. 0137	-0. 0763	779
000837. SZ	陕西秦川机械发展股份有限公司	0. 0543	0. 0232	-0. 0212	0. 0522	780
600178. SH	哈尔滨东安汽车动力股份有限公司	0. 0532	0. 1066	-0. 0490	-0. 0045	781
601880. SH	大连港股份有限公司	0. 0530	0. 1315	-0. 1214	0. 0429	782
600879. SH	航天时代电子技术股份有限公司	0. 0529	0. 1284	-0. 0722	-0. 0033	783
600356. SH	牡丹江恒丰纸业股份有限公司	0. 0518	0. 0401	-0. 0395	0. 0513	784

续表

公司代码	企业全称	基础竞争力	规模竞争力	效率竞争力	增长竞争力	总排名
601566. SH	九牧王股份有限公司	0. 0518	0. 0840	-0. 0028	-0. 0294	785
000610. SZ	西安旅游股份有限公司	0. 0510	0. 0395	-0. 0669	0. 0785	786
000586. SZ	四川汇源光通信股份有限公司	0. 0510	0. 0727	0. 2639	-0. 2856	787
600069. SH	河南银鸽实业投资股份有限公司	0. 0508	0. 1109	-0. 0471	-0. 0129	788
000551. SZ	创元科技股份有限公司	0. 0503	0. 0825	-0. 0123	-0. 0198	789
600351. SH	亚宝药业集团股份有限公司	0. 0494	0. 0450	-0. 0438	0. 0483	790
600561. SH	江西长运股份有限公司	0. 0491	-0. 1043	0. 1003	0. 0531	791
600255. SH	安徽鑫科新材料股份有限公司	0. 0490	0. 1206	-0. 0120	-0. 0596	792
600668. SH	浙江尖峰集团股份有限公司	0. 0489	0. 0575	-0. 0357	0. 0270	793
600227. SH	贵州赤天化股份有限公司	0. 0472	0. 1091	-0. 0738	0. 0119	794
000985. SZ	大庆华科股份有限公司	0. 0471	0. 0486	-0. 0225	0. 0210	795
000687. SZ	保定天鹅股份有限公司	0. 0470	0. 0580	0. 0073	-0. 0184	796
000570. SZ	常柴股份有限公司	0. 0458	0. 1146	-0. 0387	-0. 0301	797
600776. SH	东方通信股份有限公司	0. 0456	0. 1876	0. 0268	-0. 1688	798
600119. SH	长发集团长江投资实业股份有限公司	0. 0450	0. 0491	-0. 0650	0. 0609	799
601999. SH	北方联合出版传媒(集团)股份有限公司	0. 0445	0. 0711	0. 0569	-0. 0835	800
600386. SH	北京巴士传媒股份有限公司	0. 0441	-0. 0331	0. 0446	0. 0325	801
600114. SH	东睦新材料集团股份有限公司	0. 0438	0. 0084	-0. 0134	0. 0489	802
000915. SZ	山东山大华特科技股份有限公司	0. 0437	-0. 0180	0. 0044	0. 0572	803
000516. SZ	西安开元控股集团股份有限公司	0. 0436	0. 0382	0. 0072	-0. 0019	804
600110. SH	中科英华高技术股份有限公司	0. 0394	0. 0326	-0. 0027	0. 0095	805
600359. SH	新疆塔里木农业综合开发股份有限公司	0. 0392	0. 1281	-0. 1252	0. 0363	806
600605. SH	上海汇通能源股份有限公司	0. 0389	-0. 0264	0. 1012	-0. 0359	807
600397. SH	安源实业股份有限公司	0. 0383	-0. 0157	-0. 0452	0. 0992	808
600128. SH	江苏弘业股份有限公司	0. 0379	0. 0534	-0. 0197	0. 0043	809
000543. SZ	安徽省皖能股份有限公司	0. 0347	0. 1381	-0. 1017	-0. 0017	810
600509. SH	新疆天富热电股份有限公司	0. 0336	0. 0255	-0. 0399	0. 0481	811
600179. SH	黑龙江黑化股份有限公司	0. 0331	0. 0694	-0. 0742	0. 0379	812
600508. SH	上海大屯能源股份有限公司	0. 0327	0. 0219	0. 0847	-0. 0738	813
600662. SH	上海强生控股股份有限公司	0. 0306	0. 1416	-0. 0250	-0. 0861	814
600059. SH	浙江古越龙山绍兴酒股份有限公司	0. 0305	0. 0462	-0. 0319	0. 0162	815
000739. SZ	普洛股份有限公司	0. 0286	0. 0353	-0. 0140	0. 0073	816
600825. SH	上海新华传媒股份有限公司	0. 0264	0. 0483	-0. 0527	0. 0309	817
600163. SH	福建省南纸股份有限公司	0. 0247	0. 0654	-0. 0442	0. 0035	818
600171. SH	上海贝岭股份有限公司	0. 0234	-0. 0269	0. 0552	-0. 0048	819

续表

公司代码	企业全称	基础竞争力	规模竞争力	效率竞争力	增长竞争力	总排名
600975. SH	湖南新五丰股份有限公司	0. 0231	-0. 0202	0. 0102	0. 0330	820
600695. SH	上海大江(集团)股份有限公司	0. 0230	-0. 0422	0. 1591	-0. 0939	821
000667. SZ	名流置业集团股份有限公司	0. 0223	0. 1401	-0. 0827	-0. 0350	822
600831. SH	陕西广电网络传媒(集团)股份有限公司	0. 0220	0. 0488	-0. 0652	0. 0384	823
600651. SH	上海飞乐音响股份有限公司	0. 0215	0. 0289	0. 0528	-0. 0602	824
000852. SZ	江汉石油钻头股份有限公司	0. 0210	0. 0185	0. 0531	-0. 0506	825
600867. SH	通化东宝药业股份有限公司	0. 0203	0. 0079	-0. 0387	0. 0511	826
600318. SH	安徽巢东水泥股份有限公司	0. 0180	-0. 0020	-0. 0459	0. 0659	827
000564. SZ	西安民生集团股份有限公司	0. 0178	0. 0037	-0. 1145	0. 1286	828
000929. SZ	兰州黄河企业股份有限公司	0. 0173	0. 0108	-0. 0260	0. 0325	829
600292. SH	重庆九龙电力股份有限公司	0. 0172	0. 0731	0. 0131	-0. 0690	830
000029. SZ	深圳经济特区房地产(集团)股份有限公司	0. 0168	0. 0536	-0. 0352	-0. 0016	831
000928. SZ	中钢集团吉林炭素股份有限公司	0. 0165	0. 0208	0. 0305	-0. 0348	832
600370. SH	江苏三房巷实业股份有限公司	0. 0158	0. 0464	0. 0027	-0. 0333	833
000889. SZ	秦皇岛渤海物流控股股份有限公司	0. 0147	-0. 0698	-0. 0953	0. 1798	834
600864. SH	哈尔滨哈投投资股份有限公司	0. 0141	-0. 0815	0. 1215	-0. 0258	835
000507. SZ	珠海港股份有限公司	0. 0140	0. 0405	0. 0303	-0. 0568	836
600272. SH	上海开开实业股份有限公司	0. 0133	-0. 0146	-0. 0328	0. 0607	837
000032. SZ	深圳市桑达实业股份有限公司	0. 0132	0. 0457	0. 0514	-0. 0838	838
000978. SZ	桂林旅游股份有限公司	0. 0131	0. 0667	-0. 0583	0. 0048	839
000040. SZ	宝安鸿基地产集团股份有限公司	0. 0105	0. 0276	-0. 0038	-0. 0133	840
600207. SH	河南安彩高科股份有限公司	0. 0074	0. 0230	-0. 0107	-0. 0049	841
600052. SH	浙江广厦股份有限公司	0. 0065	0. 1260	-0. 0576	-0. 0619	842
000989. SZ	九芝堂股份有限公司	0. 0063	0. 0472	-0. 0338	-0. 0071	843
600615. SH	上海丰华(集团)股份有限公司	0. 0055	-0. 0744	-0. 0395	0. 1195	844
600148. SH	长春一东离合器股份有限公司	0. 0049	-0. 0273	-0. 0450	0. 0772	845
000026. SZ	飞亚达(集团)股份有限公司	0. 0028	-0. 0080	-0. 0651	0. 0760	846
000533. SZ	广东万家乐股份有限公司	0. 0010	0. 1045	0. 0115	-0. 1150	847
600756. SH	山东浪潮齐鲁软件产业股份有限公司	0. 0007	0. 0817	-0. 0486	-0. 0324	848
000913. SZ	浙江钱江摩托股份有限公司	-0. 0003	0. 1312	0. 0092	-0. 1408	849
600090. SH	新疆啤酒花股份有限公司	-0. 0005	0. 0214	-0. 0130	-0. 0090	850
000755. SZ	山西三维集团股份有限公司	-0. 0006	0. 1258	-0. 0540	-0. 0723	851
000833. SZ	广西贵糖(集团)股份有限公司	-0. 0007	0. 0470	-0. 0392	-0. 0084	852
600366. SH	宁波韵升股份有限公司	-0. 0009	0. 0770	0. 1674	-0. 2453	853
600843. SH	上工申贝(集团)股份有限公司	-0. 0020	0. 0257	0. 1332	-0. 1610	854

续表

公司代码	企业全称	基础竞争力	规模竞争力	效率竞争力	增长竞争力	总排名
600332. SH	广州药业股份有限公司	-0. 0030	0. 1719	-0. 0299	-0. 1450	855
600548. SH	深圳高速公路股份有限公司	-0. 0030	0. 0742	-0. 0977	0. 0205	856
600466. SH	四川迪康科技药业股份有限公司	-0. 0042	-0. 0823	-0. 0483	0. 1264	857
000835. SZ	四川圣达实业股份有限公司	-0. 0042	0. 0467	-0. 0240	-0. 0269	858
000736. SZ	重庆国际实业投资股份有限公司	-0. 0057	0. 0008	-0. 0264	0. 0199	859
600666. SH	西南药业股份有限公司	-0. 0059	-0. 0066	-0. 0458	0. 0465	860
600803. SH	河北威远生物化工股份有限公司	-0. 0074	0. 0041	0. 0423	-0. 0537	861
601126. SH	北京四方继保自动化股份有限公司	-0. 0077	0. 0338	-0. 0500	0. 0086	862
600156. SH	湖南华升股份有限公司	-0. 0082	-0. 0442	0. 1203	-0. 0844	863
600969. SH	湖南郴电国际发展股份有限公司	-0. 0102	-0. 0054	0. 0398	-0. 0445	864
600378. SH	四川天一科技股份有限公司	-0. 0102	0. 0151	-0. 0370	0. 0118	865
600101. SH	四川明星电力股份有限公司	-0. 0106	-0. 0911	0. 0461	0. 0344	866
600360. SH	吉林华微电子股份有限公司	-0. 0122	0. 0419	0. 0000	-0. 0541	867
600562. SH	江苏高淳陶瓷股份有限公司	-0. 0123	-0. 1080	0. 1245	-0. 0288	868
600836. SH	上海界龙实业集团股份有限公司	-0. 0131	0. 0294	-0. 0258	-0. 0168	869
600479. SH	株洲千金药业股份有限公司	-0. 0131	0. 0250	-0. 0340	-0. 0042	870
000993. SZ	福建闽东电力股份有限公司	-0. 0138	-0. 1598	-0. 0149	0. 1609	871
600158. SH	中体产业集团股份有限公司	-0. 0153	0. 0662	-0. 0037	-0. 0778	872
600145. SH	贵州四维国创控股(集团)股份有限公司	-0. 0155	-0. 1069	0. 0180	0. 0735	873
600172. SH	河南黄河旋风股份有限公司	-0. 0175	0. 0089	-0. 0255	-0. 0009	874
600773. SH	西藏城市发展投资股份有限公司	-0. 0176	0. 0403	-0. 0296	-0. 0283	875
600313. SH	中垦农业资源开发股份有限公司	-0. 0182	-0. 0165	0. 2409	-0. 2427	876
600495. SH	晋西车轴股份有限公司	-0. 0187	0. 0380	-0. 0661	0. 0094	877
600107. SH	湖北美尔雅股份有限公司	-0. 0187	-0. 0757	0. 0121	0. 0449	878
600997. SH	开滦能源化工股份有限公司	-0. 0206	0. 0433	-0. 0817	0. 0178	879
600806. SH	沈机集团昆明机床股份有限公司	-0. 0224	0. 0466	-0. 0056	-0. 0635	880
600305. SH	江苏恒顺醋业股份有限公司	-0. 0226	0. 0147	-0. 0444	0. 0071	881
600201. SH	内蒙古金宇集团股份有限公司	-0. 0233	-0. 0030	0. 0071	-0. 0275	882
000890. SZ	江苏法尔胜股份有限公司	-0. 0235	0. 0471	-0. 0082	-0. 0623	883
600353. SH	成都旭光电子股份有限公司	-0. 0236	-0. 0724	-0. 0226	0. 0714	884
600137. SH	四川浪莎控股股份有限公司	-0. 0236	-0. 0769	0. 0064	0. 0469	885
600398. SH	凯诺科技股份有限公司	-0. 0243	0. 0446	0. 0000	-0. 0688	886
000514. SZ	重庆渝开发股份有限公司	-0. 0250	0. 0573	-0. 0682	-0. 0141	887
600679. SH	金山开发建设股份有限公司	-0. 0254	-0. 0173	0. 1184	-0. 1266	888
600291. SH	内蒙古西水创业股份有限公司	-0. 0270	0. 0045	-0. 0519	0. 0204	889

续表

公司代码	企业全称	基础竞争力	规模竞争力	效率竞争力	增长竞争力	总排名
600702. SH	四川沱牌曲酒股份有限公司	-0.0275	0.0235	-0.0499	-0.0011	890
600731. SH	湖南海利化工股份有限公司	-0.0277	0.0206	0.0596	-0.1079	891
600432. SH	吉林吉恩镍业股份有限公司	-0.0277	0.1037	-0.0117	-0.1197	892
000903. SZ	昆明云内动力股份有限公司	-0.0290	0.0971	-0.0580	-0.0681	893
600239. SH	云南城投置业股份有限公司	-0.0324	0.0140	-0.0949	0.0485	894
600746. SH	江苏索普化工股份有限公司	-0.0326	0.0246	-0.0603	0.0031	895
600038. SH	哈飞航空工业股份有限公司	-0.0343	0.0824	-0.0423	-0.0744	896
600796. SH	浙江钱江生物化学股份有限公司	-0.0345	-0.0516	0.0206	-0.0035	897
000752. SZ	西藏银河科技发展股份有限公司	-0.0354	-0.0486	-0.0405	0.0536	898
600193. SH	上海创兴置业股份有限公司	-0.0371	-0.1275	0.0837	0.0068	899
600482. SH	风帆股份有限公司	-0.0380	0.1086	-0.0683	-0.0783	900
000421. SZ	南京中北(集团)股份有限公司	-0.0401	0.1150	-0.0654	-0.0897	901
600363. SH	江西联创光电科技股份有限公司	-0.0418	0.0350	0.0200	-0.0968	902
600007. SH	中国国际贸易中心股份有限公司	-0.0423	0.1279	-0.0994	-0.0708	903
600984. SH	陕西建设机械股份有限公司	-0.0426	-0.1344	-0.0627	0.1545	904
601101. SH	北京昊华能源股份有限公司	-0.0429	-0.0828	0.1291	-0.0892	905
600826. SH	上海兰生股份有限公司	-0.0432	-0.0299	-0.0434	0.0302	906
600476. SH	湖南湘邮科技股份有限公司	-0.0435	0.0367	-0.0541	-0.0261	907
600382. SH	广东明珠集团股份有限公司	-0.0446	-0.0702	0.1235	-0.0979	908
600814. SH	杭州解百集团股份有限公司	-0.0456	-0.0156	0.0161	-0.0462	909
600428. SH	中远航运股份有限公司	-0.0458	0.1188	-0.0205	-0.1440	910
600159. SH	北京市大龙伟业房地产开发股份有限公司	-0.0463	0.0236	-0.0679	-0.0019	911
600200. SH	江苏吴中实业股份有限公司	-0.0469	0.1267	-0.0120	-0.1617	912
600361. SH	北京华联综合超市股份有限公司	-0.0475	0.1789	-0.1340	-0.0924	913
000796. SZ	易食集团股份有限公司	-0.0479	-0.0578	-0.0464	0.0563	914
600723. SH	北京市西单商场股份有限公司	-0.0480	0.0321	-0.0964	0.0163	915
600317. SH	营口港务股份有限公司	-0.0482	0.0229	-0.1063	0.0352	916
600135. SH	乐凯胶片股份有限公司	-0.0485	0.0190	0.0342	-0.1017	917
600982. SH	宁波热电股份有限公司	-0.0497	-0.1108	0.1178	-0.0566	918
600456. SH	宝鸡钛业股份有限公司	-0.0501	0.0882	-0.0307	-0.1075	919
600552. SH	安徽方兴科技股份有限公司	-0.0506	-0.0365	-0.0087	-0.0055	920
600316. SH	江西洪都航空工业股份有限公司	-0.0523	0.0708	-0.0281	-0.0949	921
600390. SH	金瑞新材料科技股份有限公司	-0.0528	0.0298	-0.0265	-0.0561	922
000678. SZ	襄阳汽车轴承股份有限公司	-0.0531	-0.0769	-0.0506	0.0744	923
000638. SZ	万方地产股份有限公司	-0.0542	-0.0656	0.0774	-0.0660	924

续表

公司代码	企业全称	基础竞争力	规模竞争力	效率竞争力	增长竞争力	总排名
600573. SH	福建省燕京惠泉啤酒股份有限公司	-0. 0556	0. 0131	-0. 0307	-0. 0380	925
600035. SH	湖北楚天高速公路股份有限公司	-0. 0558	-0. 0729	0. 0197	-0. 0026	926
600463. SH	北京空港科技园区股份有限公司	-0. 0575	0. 0230	-0. 0499	-0. 0306	927
601168. SH	西部矿业股份有限公司	-0. 0595	0. 0803	-0. 0436	-0. 0962	928
000590. SZ	紫光古汉集团股份有限公司	-0. 0598	-0. 0873	-0. 0377	0. 0651	929
600393. SH	广州东华实业股份有限公司	-0. 0605	0. 0523	-0. 0587	-0. 0541	930
000812. SZ	陕西金叶科教集团股份有限公司	-0. 0625	-0. 0400	-0. 0380	0. 0155	931
600764. SH	中电广通股份有限公司	-0. 0626	0. 1052	-0. 0215	-0. 1463	932
600082. SH	天津海泰科技发展股份有限公司	-0. 0645	0. 0404	-0. 0503	-0. 0546	933
600084. SH	中信国安葡萄酒业股份有限公司	-0. 0664	-0. 1545	-0. 0370	0. 1251	934
600130. SH	宁波波导股份有限公司	-0. 0712	0. 1192	0. 1421	-0. 3324	935
000505. SZ	海南珠江控股股份有限公司	-0. 0715	-0. 0065	0. 1116	-0. 1766	936
000735. SZ	海口农工贸(罗牛山)股份有限公司	-0. 0720	0. 1283	-0. 1503	-0. 0500	937
000875. SZ	吉林电力股份有限公司	-0. 0729	0. 0505	-0. 1367	0. 0132	938
600638. SH	上海新黄浦置业股份有限公司	-0. 0730	0. 0353	-0. 0711	-0. 0372	939
000600. SZ	河北建投能源投资股份有限公司	-0. 0733	0. 1611	-0. 0729	-0. 1615	940
600167. SH	联美控股股份有限公司	-0. 0743	-0. 0549	-0. 0680	0. 0486	941
600168. SH	武汉三镇实业控股股份有限公司	-0. 0760	-0. 1612	0. 0044	0. 0807	942
600127. SH	湖南金健米业股份有限公司	-0. 0777	0. 0013	-0. 0492	-0. 0297	943
000780. SZ	内蒙古平庄能源股份有限公司	-0. 0794	-0. 1345	-0. 0169	0. 0720	944
600333. SH	长春燃气股份有限公司	-0. 0796	0. 0027	-0. 0471	-0. 0353	945
600280. SH	南京中央商场(集团)股份有限公司	-0. 0806	0. 0764	-0. 1241	-0. 0329	946
600887. SH	内蒙古伊利实业集团股份有限公司	-0. 0813	0. 3327	-0. 0345	-0. 3796	947
600834. SH	上海申通地铁股份有限公司	-0. 0824	-0. 1565	0. 1558	-0. 0816	948
600033. SH	福建发展高速公路股份有限公司	-0. 0834	0. 0508	-0. 0734	-0. 0609	949
000828. SZ	东莞发展控股股份有限公司	-0. 0864	-0. 1305	0. 0382	0. 0059	950
000655. SZ	山东金岭矿业股份有限公司	-0. 0864	-0. 2320	0. 1668	-0. 0211	951
600513. SH	江苏联环药业股份有限公司	-0. 0874	-0. 1030	-0. 0418	0. 0574	952
600297. SH	美罗药业股份有限公司	-0. 0879	0. 0011	-0. 0451	-0. 0438	953
000503. SZ	海虹企业(控股)股份有限公司	-0. 0884	-0. 0628	-0. 0852	0. 0596	954
600093. SH	四川禾嘉股份有限公司	-0. 0886	-0. 1337	0. 0545	-0. 0093	955
600979. SH	四川广安爱众股份有限公司	-0. 0897	-0. 1196	-0. 0645	0. 0944	956
000795. SZ	太原双塔刚玉股份有限公司	-0. 0898	-0. 0428	-0. 0577	0. 0107	957
600232. SH	浙江金鹰股份有限公司	-0. 0917	-0. 0046	0. 0566	-0. 1438	958
000301. SZ	江苏吴江中国东方丝绸市场股份有限公司	-0. 0918	0. 0813	-0. 0100	-0. 1631	959

续表

公司代码	企业全称	基础竞争力	规模竞争力	效率竞争力	增长竞争力	总排名
600885. SH	武汉力诺太阳能集团股份有限公司	-0. 0920	-0. 0391	-0. 0185	-0. 0344	960
600614. SH	上海鼎立科技发展(集团)股份有限公司	-0. 0921	0. 0203	-0. 0585	-0. 0540	961
000791. SZ	西北永新化工股份有限公司	-0. 0924	-0. 0467	-0. 0775	0. 0318	962
600020. SH	河南中原高速公路股份有限公司	-0. 0935	0. 0610	-0. 1117	-0. 0428	963
600592. SH	福建龙溪轴承(集团)股份有限公司	-0. 0935	-0. 0648	0. 0354	-0. 0641	964
600645. SH	中源协和干细胞生物工程股份公司	-0. 0939	-0. 0064	-0. 0399	-0. 0475	965
000931. SZ	北京中关村科技发展(控股)股份有限公司	-0. 0979	0. 0861	-0. 1022	-0. 0817	966
000532. SZ	力合股份有限公司	-0. 0982	-0. 0353	-0. 0561	-0. 0069	967
000615. SZ	湖北金环股份有限公司	-0. 0984	0. 0050	-0. 0054	-0. 0980	968
000036. SZ	华联控股股份有限公司	-0. 0994	0. 0911	0. 0927	-0. 2833	969
600526. SH	浙江菲达环保科技股份有限公司	-0. 1002	-0. 0072	-0. 0214	-0. 0716	970
600311. SH	甘肃荣华实业(集团)股份有限公司	-0. 1048	-0. 0944	-0. 0581	0. 0477	971
600202. SH	哈尔滨空调股份有限公司	-0. 1051	0. 0185	-0. 0226	-0. 1010	972
600358. SH	国旅联合股份有限公司	-0. 1062	-0. 0222	-0. 0865	0. 0024	973
600654. SH	上海飞乐股份有限公司	-0. 1065	0. 1403	0. 0094	-0. 2562	974
600206. SH	有研半导体材料股份有限公司	-0. 1075	-0. 0452	0. 0395	-0. 1019	975
600213. SH	扬州亚星客车股份有限公司	-0. 1075	-0. 0589	-0. 0475	-0. 0011	976
600444. SH	安徽国通高新管业股份有限公司	-0. 1076	-0. 0654	-0. 0592	0. 0171	977
000408. SZ	金谷源控股股份有限公司	-0. 1076	-0. 1244	0. 0025	0. 0143	978
600072. SH	中船江南重工股份有限公司	-0. 1079	0. 0126	-0. 0530	-0. 0675	979
000573. SZ	东莞宏远工业区股份有限公司	-0. 1098	-0. 0023	-0. 0864	-0. 0211	980
600802. SH	福建水泥股份有限公司	-0. 1099	0. 0186	-0. 0512	-0. 0773	981
000967. SZ	浙江上风实业股份有限公司	-0. 1106	0. 0037	-0. 0162	-0. 0982	982
600738. SH	兰州民百(集团)股份有限公司	-0. 1153	-0. 1224	-0. 0455	0. 0526	983
601918. SH	国投新集能源股份有限公司	-0. 1162	-0. 0040	-0. 0821	-0. 0301	984
000980. SZ	黄山金马股份有限公司	-0. 1169	-0. 0544	-0. 0696	0. 0071	985
600371. SH	万向德农股份有限公司	-0. 1172	-0. 0357	-0. 0339	-0. 0476	986
600647. SH	上海同达创业投资股份有限公司	-0. 1174	-0. 0285	0. 0620	-0. 1508	987
000692. SZ	沈阳惠天热电股份有限公司	-0. 1185	-0. 0533	-0. 0843	0. 0192	988
000933. SZ	河南神火煤电股份有限公司	-0. 1200	0. 0628	-0. 0911	-0. 0916	989
000676. SZ	河南思达高科技股份有限公司	-0. 1210	-0. 0787	0. 1022	-0. 1446	990
600543. SH	甘肃莫高实业发展股份有限公司	-0. 1214	-0. 0593	-0. 0538	-0. 0083	991
600749. SH	西藏旅游股份有限公司	-0. 1255	-0. 0511	-0. 0627	-0. 0117	992
000046. SZ	泛海建设集团股份有限公司	-0. 1267	0. 1272	-0. 1316	-0. 1223	993
600186. SH	河南莲花味精股份有限公司	-0. 1270	0. 0864	-0. 0176	-0. 1958	994

续表

公司代码	企业全称	基础竞争力	规模竞争力	效率竞争力	增长竞争力	总排名
600379. SH	陕西宝光真空电器股份有限公司	-0. 1277	-0. 1197	-0. 0630	0. 0549	995
600830. SH	香溢融通控股集团股份有限公司	-0. 1292	-0. 0515	0. 0672	-0. 1449	996
600491. SH	龙元建设集团股份有限公司	-0. 1313	-0. 0350	0. 0376	-0. 1338	997
000813. SZ	新疆天山毛纺织股份有限公司	-0. 1316	-0. 1147	0. 0680	-0. 0850	998
600866. SH	广东肇庆星湖生物科技股份有限公司	-0. 1319	0. 0721	0. 0354	-0. 2395	999
600321. SH	四川国栋建设股份有限公司	-0. 1327	-0. 0335	-0. 0571	-0. 0421	1000
600253. SH	河南天方药业股份有限公司	-0. 1327	0. 0893	-0. 0183	-0. 2036	1001
600270. SH	中外运空运发展股份有限公司	-0. 1334	0. 0973	-0. 0758	-0. 1550	1002
600560. SH	北京金自天正智能控制股份有限公司	-0. 1342	-0. 0795	-0. 0449	-0. 0098	1003
000617. SZ	济南柴油机股份有限公司	-0. 1349	-0. 0062	-0. 0549	-0. 0738	1004
000886. SZ	海南高速公路股份有限公司	-0. 1375	-0. 1763	-0. 1160	0. 1548	1005
600080. SH	金花企业(集团)股份有限公司	-0. 1377	-0. 0761	-0. 0401	-0. 0215	1006
000591. SZ	重庆桐君阁股份有限公司	-0. 1378	0. 0381	-0. 1291	-0. 0468	1007
000062. SZ	深圳华强实业股份有限公司	-0. 1384	0. 0534	-0. 0638	-0. 1279	1008
600530. SH	上海交大昂立股份有限公司	-0. 1389	-0. 0634	-0. 0454	-0. 0301	1009
000923. SZ	河北宣化工程机械股份有限公司	-0. 1397	-0. 0879	-0. 0378	-0. 0141	1010
600302. SH	西安标准工业股份有限公司	-0. 1399	-0. 0351	0. 0944	-0. 1993	1011
600190. SH	锦州港股份有限公司	-0. 1405	-0. 1018	-0. 1349	0. 0962	1012
600657. SH	信达地产股份有限公司	-0. 1407	0. 2119	-0. 0444	-0. 3081	1013
000530. SZ	大连冷冻机股份有限公司	-0. 1420	0. 0365	-0. 0487	-0. 1298	1014
000705. SZ	浙江震元股份有限公司	-0. 1453	-0. 0726	-0. 1187	0. 0460	1015
600661. SH	上海新南洋股份有限公司	-0. 1460	-0. 0250	-0. 0772	-0. 0438	1016
000952. SZ	湖北广济药业股份有限公司	-0. 1460	-0. 0616	0. 0830	-0. 1674	1017
600123. SH	山西兰花科技创业股份有限公司	-0. 1464	-0. 0224	-0. 0349	-0. 0891	1018
000601. SZ	广东韶能集团股份有限公司	-0. 1497	0. 0390	-0. 0798	-0. 1089	1019
000715. SZ	中兴-沈阳商业大厦(集团)股份有限公司	-0. 1522	0. 0147	-0. 0791	-0. 0879	1020
600192. SH	兰州长城电工股份有限公司	-0. 1532	0. 0150	-0. 0578	-0. 1105	1021
600355. SH	精伦电子股份有限公司	-0. 1536	-0. 1086	-0. 0551	0. 0101	1022
000722. SZ	湖南发展集团股份有限公司	-0. 1538	0. 0265	-0. 0248	-0. 1554	1023
600326. SH	西藏天路股份有限公司	-0. 1548	-0. 1130	-0. 0665	0. 0247	1024
600992. SH	贵州钢绳股份有限公司	-0. 1549	0. 0321	-0. 1747	-0. 0123	1025
600790. SH	浙江中国轻纺城集团股份有限公司	-0. 1566	-0. 0040	0. 0024	-0. 1550	1026
600768. SH	宁波富邦精业集团股份有限公司	-0. 1577	-0. 2382	-0. 0113	0. 0918	1027
600568. SH	中珠控股股份有限公司	-0. 1585	-0. 0181	-0. 0653	-0. 0750	1028
600837. SH	海通证券股份有限公司	-0. 1592	-0. 0256	-0. 0424	-0. 0911	1029

续表

公司代码	企业全称	基础竞争力	规模竞争力	效率竞争力	增长竞争力	总排名
600883. SH	云南博闻科技实业股份有限公司	-0. 1624	-0. 1191	-0. 0476	0. 0043	1030
000567. SZ	海南海德实业股份有限公司	-0. 1626	-0. 1813	0. 0905	-0. 0718	1031
000058. SZ	深圳赛格股份有限公司	-0. 1635	-0. 0475	-0. 0183	-0. 0977	1032
600251. SH	新疆冠农果茸集团股份有限公司	-0. 1643	0. 0147	-0. 1543	-0. 0246	1033
600039. SH	四川路桥建设股份有限公司	-0. 1684	-0. 1663	-0. 1019	0. 0998	1034
600730. SH	中国高科集团股份有限公司	-0. 1691	0. 0521	-0. 0713	-0. 1500	1035
600116. SH	重庆三峡水利电力(集团)股份有限公司	-0. 1743	-0. 1258	-0. 0442	-0. 0043	1036
600496. SH	长江精工钢结构(集团)股份有限公司	-0. 1754	-0. 1126	0. 0083	-0. 0712	1037
000033. SZ	深圳新都酒店股份有限公司	-0. 1784	-0. 1208	-0. 0677	0. 0102	1038
000836. SZ	天津鑫茂科技股份有限公司	-0. 1810	-0. 0693	-0. 0943	-0. 0174	1039
601009. SH	南京银行股份有限公司	-0. 1813	-0. 1594	-0. 0733	0. 0514	1040
600343. SH	陕西航天动力高科技股份有限公司	-0. 1856	-0. 0926	-0. 0925	-0. 0005	1041
000061. SZ	深圳市农产品股份有限公司	-0. 1881	0. 0063	-0. 1025	-0. 0919	1042
600095. SH	哈尔滨高科技(集团)股份有限公司	-0. 1899	-0. 0630	-0. 0310	-0. 0960	1043
600861. SH	北京城乡贸易中心股份有限公司	-0. 1904	-0. 0032	-0. 1221	-0. 0651	1044
601199. SH	江苏江南水务股份有限公司	-0. 1908	-0. 2040	0. 1209	-0. 1077	1045
600781. SH	上海辅仁实业(集团)股份有限公司	-0. 1916	-0. 1039	-0. 0471	-0. 0406	1046
600285. SH	河南羚锐制药股份有限公司	-0. 1924	-0. 0598	-0. 0508	-0. 0819	1047
000534. SZ	广东万泽实业股份有限公司	-0. 1946	-0. 0582	-0. 0401	-0. 0964	1048
600055. SH	北京万东医疗装备股份有限公司	-0. 1949	-0. 0985	-0. 0481	-0. 0483	1049
600243. SH	青海华鼎实业股份有限公司	-0. 1975	-0. 0398	-0. 0885	-0. 0691	1050
000777. SZ	中核苏阀科技实业股份有限公司	-0. 2003	-0. 0907	-0. 0359	-0. 0736	1051
000760. SZ	湖北博盈投资股份有限公司	-0. 2004	-0. 0764	-0. 0478	-0. 0763	1052
600701. SH	哈尔滨工大高新技术产业开发股份有限公司	-0. 2006	0. 0226	-0. 0755	-0. 1478	1053
000099. SZ	中信海洋直升机股份有限公司	-0. 2006	-0. 1336	-0. 0858	0. 0187	1054
000953. SZ	广西河池化工股份有限公司	-0. 2019	-0. 0166	-0. 0694	-0. 1159	1055
600131. SH	四川岷江水利电力股份有限公司	-0. 2036	-0. 1653	0. 1416	-0. 1799	1056
600999. SH	招商证券股份有限公司	-0. 2054	-0. 1064	0. 0128	-0. 1118	1057
000702. SZ	湖南正虹科技发展股份有限公司	-0. 2073	0. 0279	-0. 0453	-0. 1899	1058
000802. SZ	北京京西风光旅游开发股份有限公司	-0. 2088	-0. 0764	-0. 0964	-0. 0361	1059
600833. SH	上海第一医药股份有限公司	-0. 2095	-0. 1005	-0. 0776	-0. 0314	1060
000821. SZ	湖北京山轻工机械股份有限公司	-0. 2109	-0. 1088	0. 0009	-0. 1030	1061
600539. SH	太原狮头水泥股份有限公司	-0. 2126	-0. 0951	-0. 0649	-0. 0526	1062
000011. SZ	深圳市物业发展(集团)股份有限公司	-0. 2126	0. 0566	0. 0188	-0. 2880	1063
000779. SZ	兰州三毛实业股份有限公司	-0. 2172	-0. 1410	0. 0447	-0. 1209	1064

续表

公司代码	企业全称	基础竞争力	规模竞争力	效率竞争力	增长竞争力	总排名
600682. SH	南京新街口百货商店股份有限公司	−0. 2176	−0. 0330	−0. 0956	−0. 0889	1065
600613. SH	上海永生投资管理股份有限公司	−0. 2186	−0. 0942	−0. 0796	−0. 0448	1066
600312. SH	河南平高电气股份有限公司	−0. 2198	0. 0370	−0. 1067	−0. 1501	1067
601008. SH	江苏连云港港口股份有限公司	−0. 2199	−0. 0946	−0. 1073	−0. 0179	1068
600209. SH	罗顿发展股份有限公司	−0. 2235	−0. 0722	−0. 0826	−0. 0688	1069
600329. SH	天津中新药业集团股份有限公司	−0. 2265	0. 1475	−0. 0305	−0. 3435	1070
000429. SZ	广东省高速公路发展股份有限公司	−0. 2269	−0. 0576	−0. 0804	−0. 0889	1071
000668. SZ	荣丰控股集团股份有限公司	−0. 2276	−0. 0916	−0. 0104	−0. 1256	1072
600448. SH	华纺股份有限公司	−0. 2280	0. 0482	−0. 0482	−0. 2280	1073
000566. SZ	海南海药股份有限公司	−0. 2282	−0. 0317	−0. 0372	−0. 1594	1074
000916. SZ	华北高速公路股份有限公司	−0. 2300	−0. 0861	−0. 0841	−0. 0597	1075
600545. SH	新疆城建(集团)股份有限公司	−0. 2300	−0. 2201	−0. 0177	0. 0078	1076
600211. SH	西藏诺迪康药业股份有限公司	−0. 2305	0. 0023	−0. 0418	−0. 1910	1077
000695. SZ	天津滨海能源发展股份有限公司	−0. 2315	−0. 1871	−0. 0803	0. 0360	1078
600707. SH	彩虹显示器件股份有限公司	−0. 2339	0. 0192	0. 0248	−0. 2779	1079
600800. SH	天津环球磁卡股份有限公司	−0. 2340	−0. 1466	−0. 0625	−0. 0249	1080
000663. SZ	福建省永安林业(集团)股份有限公司	−0. 2366	−0. 0891	−0. 1269	−0. 0206	1081
000766. SZ	通化金马药业集团股份有限公司	−0. 2368	−0. 1424	−0. 0614	−0. 0330	1082
600112. SH	贵州长征电气股份有限公司	−0. 2378	−0. 1303	−0. 0422	−0. 0654	1083
000611. SZ	内蒙古时代科技股份有限公司	−0. 2410	−0. 1619	−0. 0279	−0. 0512	1084
000019. SZ	深圳市深宝实业股份有限公司	−0. 2435	−0. 1291	−0. 0549	−0. 0595	1085
600633. SH	上海白猫股份有限公司	−0. 2462	−0. 0476	0. 0181	−0. 2166	1086
600263. SH	路桥集团国际建设股份有限公司	−0. 2465	−0. 0217	−0. 1912	−0. 0337	1087
600868. SH	广东梅雁水电股份有限公司	−0. 2467	0. 0848	−0. 0561	−0. 2754	1088
601958. SH	金堆城钼业股份有限公司	−0. 2471	−0. 0227	0. 0311	−0. 2555	1089
000151. SZ	中成进出口股份有限公司	−0. 2497	−0. 1421	0. 0083	−0. 1160	1090
000524. SZ	广州市东方宾馆股份有限公司	−0. 2499	−0. 0331	−0. 1063	−0. 1105	1091
600279. SH	重庆港九股份有限公司	−0. 2502	−0. 1229	−0. 1926	0. 0652	1092
600538. SH	北海国发海洋生物产业股份有限公司	−0. 2534	−0. 0920	−0. 0436	−0. 1177	1093
000511. SZ	沈阳银基发展股份有限公司	−0. 2537	−0. 0232	−0. 1155	−0. 1150	1094
600616. SH	上海金枫酒业股份有限公司	−0. 2542	−0. 0689	0. 1413	−0. 3266	1095
600099. SH	林海股份有限公司	−0. 2549	−0. 1364	0. 0219	−0. 1404	1096
600401. SH	江苏申龙高科集团股份有限公司	−0. 2565	−0. 0371	−0. 0478	−0. 1715	1097
600275. SH	湖北武昌鱼股份有限公司	−0. 2584	−0. 1498	−0. 0243	−0. 0844	1098
600860. SH	北人印刷机械股份有限公司	−0. 2588	−0. 0692	−0. 0706	−0. 1191	1099

续表

公司代码	企业全称	基础竞争力	规模竞争力	效率竞争力	增长竞争力	总排名
600780. SH	山西通宝能源股份有限公司	-0. 2607	0. 0161	-0. 0965	-0. 1804	1100
000809. SZ	四川中汇医药(集团)股份有限公司	-0. 2627	-0. 1947	-0. 0529	-0. 0151	1101
600848. SH	上海自动化仪表股份有限公司	-0. 2630	-0. 0885	-0. 0510	-0. 1234	1102
000710. SZ	成都天兴仪表股份有限公司	-0. 2644	-0. 0921	-0. 0451	-0. 1273	1103
600087. SH	中国长江航运集团南京油运股份有限公司	-0. 2664	-0. 0327	-0. 0836	-0. 1501	1104
000905. SZ	厦门港务发展股份有限公司	-0. 2689	-0. 0585	-0. 0969	-0. 1135	1105
000519. SZ	湖南江南红箭股份有限公司	-0. 2691	-0. 1872	-0. 0847	0. 0028	1106
600372. SH	中航航空电子设备股份有限公司	-0. 2728	0. 0218	-0. 0132	-0. 2814	1107
600346. SH	大连橡胶塑料机械股份有限公司	-0. 2728	-0. 1434	-0. 0808	-0. 0485	1108
000935. SZ	四川双马水泥股份有限公司	-0. 2779	-0. 0251	-0. 0450	-0. 2077	1109
000628. SZ	成都高新发展股份有限公司	-0. 2804	-0. 0226	-0. 1113	-0. 1466	1110
600185. SH	西安格力地产股份有限公司	-0. 2830	0. 0775	-0. 0906	-0. 2698	1111
600793. SH	宜宾纸业股份有限公司	-0. 2844	-0. 0775	-0. 0331	-0. 1737	1112
600844. SH	丹化化工科技股份有限公司	-0. 2867	-0. 0276	-0. 0936	-0. 1655	1113
600503. SH	华丽家族股份有限公司	-0. 2871	0. 0382	0. 0358	-0. 3611	1114
600265. SH	云南景谷林业股份有限公司	-0. 2889	-0. 1565	-0. 0938	-0. 0387	1115
000703. SZ	恒逸石化股份有限公司	-0. 2897	-0. 0781	-0. 0753	-0. 1364	1116
000657. SZ	中钨高新材料股份有限公司	-0. 2913	-0. 0099	-0. 0506	-0. 2308	1117
601688. SH	华泰证券股份有限公司	-0. 2918	-0. 0574	-0. 1219	-0. 1125	1118
600865. SH	百大集团股份有限公司	-0. 2921	-0. 0605	-0. 1002	-0. 1314	1119
600851. SH	上海海欣集团股份有限公司	-0. 2970	0. 0322	-0. 0487	-0. 2806	1120
600387. SH	浙江海越股份有限公司	-0. 3005	-0. 1028	-0. 1084	-0. 0893	1121
000430. SZ	张家界旅游开发股份有限公司	-0. 3030	-0. 3841	-0. 1584	0. 2396	1122
000088. SZ	深圳市盐田港股份有限公司	-0. 3046	-0. 1664	-0. 0047	-0. 1334	1123
600870. SH	厦门华侨电子股份有限公司	-0. 3058	-0. 1839	0. 1533	-0. 2752	1124
600368. SH	广西五洲交通股份有限公司	-0. 3060	-0. 2220	-0. 1330	0. 0490	1125
600468. SH	天津百利特精电气股份有限公司	-0. 3104	-0. 1058	-0. 0346	-0. 1700	1126
000096. SZ	深圳市广聚能源股份有限公司	-0. 3170	-0. 0328	-0. 0889	-0. 1953	1127
600818. SH	中路股份有限公司	-0. 3180	-0. 1094	-0. 0160	-0. 1926	1128
000560. SZ	昆明百货大楼(集团)股份有限公司	-0. 3208	-0. 0768	-0. 1269	-0. 1171	1129
600139. SH	四川西部资源控股股份有限公司	-0. 3221	-0. 5350	0. 1577	0. 0552	1130
000017. SZ	深圳中华自行车(集团)股份有限公司	-0. 3227	-0. 4766	0. 1920	-0. 0381	1131
000562. SZ	宏源证券股份有限公司	-0. 3247	-0. 2901	0. 0686	-0. 1032	1132
600259. SH	广晟有色金属股份有限公司	-0. 3252	-0. 4440	-0. 0477	0. 1665	1133
000554. SZ	中国石化山东泰山石油股份有限公司	-0. 3267	-0. 0114	-0. 1576	-0. 1577	1134

续表

公司代码	企业全称	基础竞争力	规模竞争力	效率竞争力	增长竞争力	总排名
600980. SH	北矿磁材科技股份有限公司	−0. 3304	−0. 1145	−0. 0193	−0. 1965	1135
600284. SH	上海浦东路桥建设股份有限公司	−0. 3326	−0. 1866	−0. 0668	−0. 0791	1136
600396. SH	沈阳金山能源股份有限公司	−0. 3348	−0. 0393	−0. 1084	−0. 1872	1137
000004. SZ	深圳中国农大科技股份有限公司	−0. 3371	−0. 1742	−0. 0229	−0. 1400	1138
600876. SH	洛阳玻璃股份有限公司	−0. 3421	0. 0015	−0. 0420	−0. 3017	1139
600732. SH	上海新梅置业股份有限公司	−0. 3430	−0. 1967	−0. 1184	−0. 0279	1140
000609. SZ	北京绵世投资集团股份有限公司	−0. 3443	−0. 1418	−0. 0818	−0. 1208	1141
000670. SZ	舜元地产发展股份有限公司	−0. 3472	−0. 1800	−0. 0142	−0. 1530	1142
600719. SH	大连热电股份有限公司	−0. 3516	−0. 1658	−0. 0804	−0. 1054	1143
600896. SH	中海(海南)海盛船务股份有限公司	−0. 3583	−0. 0996	−0. 1411	−0. 1176	1144
600853. SH	龙建路桥股份有限公司	−0. 3590	−0. 2685	−0. 1629	0. 0724	1145
000005. SZ	深圳世纪星源股份有限公司	−0. 3659	−0. 1127	−0. 0844	−0. 1688	1146
600477. SH	浙江杭萧钢构股份有限公司	−0. 3668	−0. 2173	−0. 0672	−0. 0823	1147
000971. SZ	湖北迈亚股份有限公司	−0. 3708	−0. 1399	−0. 0090	−0. 2219	1148
000751. SZ	葫芦岛锌业股份有限公司	−0. 3753	−0. 3114	−0. 0465	−0. 0173	1149
000819. SZ	岳阳兴长石化股份有限公司	−0. 3762	0. 0777	0. 0041	−0. 4581	1150
600483. SH	福建南纺股份有限公司	−0. 3788	0. 0182	−0. 0525	−0. 3445	1151
600053. SH	江西中江地产股份有限公司	−0. 3882	−0. 0970	−0. 1391	−0. 1520	1152
600602. SH	上海广电电子股份有限公司	−0. 3903	−0. 0051	0. 0135	−0. 3987	1153
000932. SZ	湖南华菱钢铁股份有限公司	−0. 3915	−0. 1246	−0. 0115	−0. 2554	1154
600988. SH	广东东方兄弟投资股份有限公司	−0. 3918	−0. 5235	0. 0058	0. 1259	1155
000955. SZ	欣龙控股(集团)股份有限公司	−0. 3930	−0. 1663	−0. 0568	−0. 1698	1156
600713. SH	南京医药股份有限公司	−0. 4039	−0. 2211	−0. 0354	−0. 1473	1157
600237. SH	安徽铜峰电子股份有限公司	−0. 4056	−0. 0730	−0. 0687	−0. 2640	1158
600419. SH	新疆天宏纸业股份有限公司	−0. 4064	−0. 1095	−0. 0517	−0. 2452	1159
600203. SH	福建福日电子股份有限公司	−0. 4071	−0. 4544	0. 1156	−0. 0683	1160
000958. SZ	石家庄东方热电股份有限公司	−0. 4106	−0. 3514	−0. 0745	0. 0153	1161
600566. SH	湖北洪城通用机械股份有限公司	−0. 4112	−0. 2299	−0. 0932	−0. 0881	1162
000007. SZ	深圳市零七股份有限公司	−0. 4123	−0. 3591	−0. 0542	0. 0009	1163
600696. SH	上海多伦实业股份有限公司	−0. 4144	−0. 2225	−0. 0883	−0. 1036	1164
600320. SH	上海振华重工(集团)股份有限公司	−0. 4151	−0. 1468	0. 0926	−0. 3609	1165
600106. SH	重庆路桥股份有限公司	−0. 4182	−0. 2497	−0. 0814	−0. 0870	1166
000711. SZ	黑龙江天伦置业股份有限公司	−0. 4182	−0. 2111	−0. 1044	−0. 1027	1167
600774. SH	武汉市汉商集团股份有限公司	−0. 4192	−0. 1766	−0. 1372	−0. 1054	1168
000518. SZ	江苏四环生物股份有限公司	−0. 4231	−0. 1252	−0. 0576	−0. 2402	1169

续表

公司代码	企业全称	基础竞争力	规模竞争力	效率竞争力	增长竞争力	总排名
601788. SH	光大证券股份有限公司	-0. 4278	-0. 1555	-0. 1391	-0. 1332	1170
600769. SH	武汉祥龙电业股份有限公司	-0. 4335	-0. 1460	-0. 1271	-0. 1603	1171
000908. SZ	湖南天一科技股份有限公司	-0. 4405	-0. 2877	-0. 0645	-0. 0883	1172
601518. SH	吉林高速公路股份有限公司	-0. 4496	-0. 1997	-0. 1610	-0. 0890	1173
600687. SH	浙江刚泰控股(集团)股份有限公司	-0. 4497	-0. 1861	-0. 1474	-0. 1162	1174
000882. SZ	北京华联商厦股份有限公司	-0. 4498	-0. 1292	-0. 1505	-0. 1701	1175
000697. SZ	咸阳偏转股份有限公司	-0. 4557	-0. 5003	0. 0986	-0. 0540	1176
000150. SZ	宜华地产股份有限公司	-0. 4617	-0. 1781	-0. 1413	-0. 1422	1177
000712. SZ	广东锦龙发展股份有限公司	-0. 4625	-0. 3999	0. 2059	-0. 2685	1178
600074. SH	江苏中达新材料集团股份有限公司	-0. 4641	-0. 3742	-0. 1253	0. 0354	1179
000413. SZ	石家庄宝石电子玻璃股份有限公司	-0. 4666	-0. 2273	-0. 0621	-0. 1772	1180
600758. SH	辽宁红阳能源投资股份有限公司	-0. 4704	-0. 3361	-0. 0394	-0. 0948	1181
000790. SZ	成都华神集团股份有限公司	-0. 4764	-0. 0650	-0. 0532	-0. 3582	1182
000090. SZ	深圳市天健(集团)股份有限公司	-0. 4771	-0. 1329	-0. 1748	-0. 1694	1183
600136. SH	武汉道博股份有限公司	-0. 4773	-0. 2119	-0. 0615	-0. 2039	1184
000753. SZ	福建漳州发展股份有限公司	-0. 4774	-0. 0954	-0. 0542	-0. 3279	1185
600155. SH	河北宝硕股份有限公司	-0. 4794	-0. 2830	-0. 0810	-0. 1154	1186
000509. SZ	华塑控股股份有限公司	-0. 4796	-0. 3298	-0. 0779	-0. 0720	1187
600821. SH	天津劝业场(集团)股份有限公司	-0. 4801	-0. 2030	-0. 1540	-0. 1231	1188
000546. SZ	吉林光华控股集团股份有限公司	-0. 4804	-0. 2351	-0. 1276	-0. 1176	1189
600608. SH	上海宽频科技股份有限公司	-0. 4807	-0. 2535	-0. 1749	-0. 0523	1190
000520. SZ	长航凤凰股份有限公司	-0. 4830	-0. 0937	-0. 1827	-0. 2065	1191
600798. SH	宁波海运股份有限公司	-0. 4861	-0. 1323	-0. 1988	-0. 1551	1192
000548. SZ	湖南投资集团股份有限公司	-0. 4887	-0. 2640	-0. 0916	-0. 1330	1193
000981. SZ	甘肃兰光科技股份有限公司	-0. 4901	-0. 0894	-0. 0712	-0. 3294	1194
601188. SH	黑龙江交通发展股份有限公司	-0. 4912	-0. 2735	-0. 1544	-0. 0633	1195
600727. SH	山东鲁北化工股份有限公司	-0. 4936	0. 0054	-0. 0852	-0. 4139	1196
000783. SZ	长江证券股份有限公司	-0. 4944	-0. 2804	-0. 0970	-0. 1169	1197
000613. SZ	海南大东海旅游中心股份有限公司	-0. 4951	-0. 2143	-0. 1271	-0. 1537	1198
000633. SZ	沈阳合金投资股份有限公司	-0. 4977	-0. 1996	-0. 0810	-0. 2171	1199
600699. SH	辽源得亨股份有限公司	-0. 5042	-0. 3504	-0. 1448	-0. 0090	1200
600146. SH	宁夏大元化工股份有限公司	-0. 5062	-0. 1302	-0. 0847	-0. 2913	1201
600838. SH	上海九百股份有限公司	-0. 5062	-0. 3198	-0. 0993	-0. 0871	1202
600247. SH	吉林成城集团股份有限公司	-0. 5076	-0. 2805	-0. 1555	-0. 0716	1203
000593. SZ	四川大通燃气开发股份有限公司	-0. 5124	-0. 3083	-0. 0965	-0. 1076	1204

续表

公司代码	企业全称	基础竞争力	规模竞争力	效率竞争力	增长竞争力	总排名
600306. SH	沈阳商业城股份有限公司	-0. 5135	-0. 1410	-0. 1399	-0. 2326	1205
000758. SZ	中国有色金属建设股份有限公司	-0. 5150	-0. 1289	-0. 1221	-0. 2640	1206
000065. SZ	北方国际合作股份有限公司	-0. 5236	-0. 3805	0. 2907	-0. 4338	1207
000922. SZ	阿城继电器股份有限公司	-0. 5298	-0. 3358	-0. 0969	-0. 0971	1208
000525. SZ	南京红太阳股份有限公司	-0. 5320	-0. 2921	-0. 0591	-0. 1808	1209
600369. SH	西南证券股份有限公司	-0. 5372	-0. 3486	-0. 1979	0. 0093	1210
600737. SH	中粮屯河股份有限公司	-0. 5405	-0. 3670	0. 0639	-0. 2374	1211
000010. SZ	北京深华新股份有限公司	-0. 5453	-0. 3197	0. 0323	-0. 2579	1212
600506. SH	新疆库尔勒香梨股份有限公司	-0. 5488	-0. 2308	-0. 1561	-0. 1620	1213
600073. SH	上海梅林正广和股份有限公司	-0. 5523	-0. 3788	-0. 0093	-0. 1642	1214
600640. SH	中卫国脉通信股份有限公司	-0. 5526	-0. 3220	-0. 0321	-0. 1985	1215
000728. SZ	国元证券股份有限公司	-0. 5566	-0. 3108	-0. 1115	-0. 1344	1216
000552. SZ	甘肃靖远煤电股份有限公司	-0. 5573	-0. 4762	-0. 0759	-0. 0052	1217
600816. SH	安信信托投资股份有限公司	-0. 5642	-0. 9715	0. 3945	0. 0129	1218
601377. SH	兴业证券股份有限公司	-0. 5719	-0. 3218	-0. 1203	-0. 1297	1219
000068. SZ	深圳赛格三星股份有限公司	-0. 5719	-0. 2069	0. 1123	-0. 4772	1220
000677. SZ	山东海龙股份有限公司	-0. 5767	-0. 3215	-0. 0725	-0. 1827	1221
000727. SZ	南京华东电子信息科技股份有限公司	-0. 5806	-0. 4960	0. 0248	-0. 1094	1222
000968. SZ	太原煤气化股份有限公司	-0. 5820	-0. 1776	-0. 1711	-0. 2333	1223
000725. SZ	京东方科技集团股份有限公司	-0. 5857	-0. 2675	0. 0517	-0. 3699	1224
600109. SH	国金证券股份有限公司	-0. 5874	-0. 4735	-0. 0329	-0. 0811	1225
000602. SZ	广东金马旅游集团股份有限公司	-0. 5899	-0. 2866	-0. 1155	-0. 1878	1226
600497. SH	云南驰宏锌锗股份有限公司	-0. 5900	-0. 1163	-0. 1412	-0. 3326	1227
600735. SH	山东新华锦国际股份有限公司	-0. 5901	-0. 4437	0. 1227	-0. 2692	1228
600462. SH	延边石岘白麓纸业股份有限公司	-0. 5912	-0. 3838	-0. 0598	-0. 1476	1229
600455. SH	西安交大博通资讯股份有限公司	-0. 6038	-0. 3355	-0. 0532	-0. 2152	1230
600610. SH	中国纺织机械股份有限公司	-0. 6043	-0. 3259	-0. 0833	-0. 1951	1231
000720. SZ	山东新能泰山发电股份有限公司	-0. 6074	-0. 4082	-0. 1108	-0. 0884	1232
600593. SH	大连圣亚旅游控股股份有限公司	-0. 6133	-0. 0956	-0. 0979	-0. 4197	1233
000856. SZ	唐山陶瓷股份有限公司	-0. 6203	-0. 6057	0. 0802	-0. 0948	1234
000035. SZ	中国科健股份有限公司	-0. 6239	-0. 4288	-0. 0797	-0. 1154	1235
000420. SZ	吉林化纤股份有限公司	-0. 6326	-0. 3445	-0. 0351	-0. 2530	1236
600520. SH	铜陵三佳科技股份有限公司	-0. 6342	-0. 2508	-0. 0157	-0. 3676	1237
600129. SH	重庆太极实业(集团)股份有限公司	-0. 6391	-0. 3275	-0. 0586	-0. 2530	1238
000576. SZ	江门甘蔗化工厂(集团)股份有限公司	-0. 6462	-0. 4784	-0. 1124	-0. 0554	1239

续表

公司代码	企业全称	基础竞争力	规模竞争力	效率竞争力	增长竞争力	总排名
000899. SZ	江西赣能股份有限公司	-0. 6489	-0. 4436	-0. 1059	-0. 0994	1240
600894. SH	广州钢铁股份有限公司	-0. 6551	-0. 3354	0. 0025	-0. 3222	1241
600340. SH	浙江国祥制冷工业股份有限公司	-0. 6565	-0. 2502	-0. 0856	-0. 3207	1242
000620. SZ	黑龙江圣方科技股份有限公司	-0. 6604	-0. 6237	-0. 0277	-0. 0090	1243
600733. SH	成都前锋电子股份有限公司	-0. 6632	-0. 3428	-0. 0599	-0. 2605	1244
000504. SZ	北京赛迪传媒投资股份有限公司	-0. 6643	-0. 4537	-0. 0536	-0. 1570	1245
600705. SH	北亚实业(集团)股份有限公司	-0. 6651	-0. 4842	0. 1906	-0. 3715	1246
000686. SZ	东北证券股份有限公司	-0. 6654	-0. 4502	-0. 0964	-0. 1188	1247
600777. SH	烟台新潮实业股份有限公司	-0. 6677	-0. 5057	-0. 0678	-0. 0942	1248
600680. SH	上海普天邮通科技股份有限公司	-0. 6753	-0. 3014	-0. 0884	-0. 2856	1249
600331. SH	四川宏达股份有限公司	-0. 6755	-0. 3165	-0. 0913	-0. 2677	1250
000565. SZ	重庆三峡油漆股份有限公司	-0. 6812	-0. 4177	-0. 0679	-0. 1956	1251
000416. SZ	民生投资管理股份有限公司	-0. 6864	-0. 1448	-0. 0524	-0. 4893	1252
000025. SZ	深圳市特力(集团)股份有限公司	-0. 6869	-0. 2800	-0. 1503	-0. 2566	1253
000585. SZ	东北电气发展股份有限公司	-0. 6974	-0. 2210	-0. 1078	-0. 3686	1254
600537. SH	海通食品集团股份有限公司	-0. 7004	-0. 5217	0. 1039	-0. 2827	1255
000672. SZ	白银铜城商厦(集团)股份有限公司	-0. 7017	-0. 6361	-0. 0426	-0. 0230	1256
000656. SZ	重庆东源产业发展股份有限公司	-0. 7066	-0. 5170	-0. 0841	-0. 1055	1257
600583. SH	海洋石油工程股份有限公司	-0. 7076	-0. 1867	-0. 2297	-0. 2911	1258
600771. SH	东盛科技股份有限公司	-0. 7210	-0. 3912	0. 0002	-0. 3301	1259
600091. SH	包头明天科技股份有限公司	-0. 7241	-0. 2225	-0. 0695	-0. 4321	1260
600617. SH	上海联华合纤股份有限公司	-0. 7304	-0. 5402	0. 1941	-0. 3842	1261
600212. SH	山东江泉实业股份有限公司	-0. 7311	-0. 2061	-0. 0734	-0. 4517	1262
000603. SZ	威达医用科技股份有限公司	-0. 7405	-0. 5684	-0. 0778	-0. 0943	1263
000912. SZ	四川泸天化股份有限公司	-0. 7408	-0. 3191	-0. 0972	-0. 3245	1264
600301. SH	南宁化工股份有限公司	-0. 7555	-0. 3651	-0. 0845	-0. 3059	1265
600898. SH	三联商社股份有限公司	-0. 7586	-0. 1495	-0. 0631	-0. 5460	1266
600962. SH	国投中鲁果汁股份有限公司	-0. 7609	-0. 4043	-0. 1306	-0. 2260	1267
000975. SZ	南方科学城发展股份有限公司	-0. 7663	-0. 4521	0. 0201	-0. 3343	1268
000996. SZ	中国中期投资股份有限公司	-0. 7666	-0. 5236	-0. 2066	-0. 0363	1269
000972. SZ	新疆中基实业股份有限公司	-0. 7691	-0. 4353	0. 1117	-0. 4455	1270
000831. SZ	山西关铝股份有限公司	-0. 7759	-0. 4477	-0. 0616	-0. 2666	1271
600076. SH	潍坊北大青鸟华光科技股份有限公司	-0. 7807	-0. 4914	-0. 1640	-0. 1252	1272
000155. SZ	川化股份有限公司	-0. 7809	-0. 3569	-0. 1423	-0. 2818	1273
600691. SH	东新电碳股份有限公司	-0. 7849	-0. 6020	-0. 0562	-0. 1267	1274

续表

公司代码	企业全称	基础竞争力	规模竞争力	效率竞争力	增长竞争力	总排名
000750. SZ	桂林集琦药业股份有限公司	−0. 7888	−0. 6196	−0. 0738	−0. 0954	1275
000403. SZ	振兴生化股份有限公司	−0. 7931	−0. 5017	−0. 0470	−0. 2445	1276
600281. SH	太原化工股份有限公司	−0. 7973	−0. 3424	−0. 1202	−0. 3347	1277
000563. SZ	陕西省国际信托股份有限公司	−0. 8000	−0. 8374	0. 0475	−0. 0101	1278
000691. SZ	海南亚太实业发展股份有限公司	−0. 8068	−0. 2811	−0. 0730	−0. 4527	1279
000018. SZ	深圳中冠纺织印染股份有限公司	−0. 8117	−0. 4029	−0. 0127	−0. 3961	1280
000815. SZ	中冶美利纸业股份有限公司	−0. 8237	−0. 4611	−0. 0629	−0. 2998	1281
600747. SH	大连大显控股股份有限公司	−0. 8268	−0. 5049	0. 0184	−0. 3404	1282
600512. SH	腾达建设集团股份有限公司	−0. 8350	−0. 4153	−0. 1999	−0. 2198	1283
600365. SH	通化葡萄酒股份有限公司	−0. 8414	−0. 6642	−0. 0783	−0. 0990	1284
000023. SZ	深圳市天地(集团)股份有限公司	−0. 8419	−0. 5749	−0. 1352	−0. 1318	1285
600338. SH	西藏珠峰工业股份有限公司	−0. 8460	−0. 7395	−0. 0468	−0. 0596	1286
000995. SZ	甘肃皇台酒业股份有限公司	−0. 8500	−0. 6930	−0. 0915	−0. 0655	1287
600882. SH	山东大成农药股份有限公司	−0. 8517	−0. 4143	−0. 0841	−0. 3534	1288
600392. SH	太原理工天成科技股份有限公司	−0. 8518	−0. 3470	−0. 1769	−0. 3279	1289
600698. SH	济南轻骑摩托车股份有限公司	−0. 8520	−0. 4950	−0. 1643	−0. 1926	1290
000662. SZ	索芙特股份有限公司	−0. 8571	−0. 4361	−0. 1337	−0. 2873	1291
600165. SH	宁夏恒力钢丝绳股份有限公司	−0. 8669	−0. 4327	−0. 0617	−0. 3725	1292
000737. SZ	南风化工集团股份有限公司	−0. 8734	−0. 3643	−0. 1474	−0. 3617	1293
600792. SH	云南马龙产业集团股份有限公司	−0. 8773	−0. 7753	−0. 0658	−0. 0362	1294
601099. SH	太平洋证券股份有限公司	−0. 8891	−0. 6265	−0. 1324	−0. 1302	1295
600855. SH	北京航天长峰股份有限公司	−0. 8990	−0. 5455	−0. 1031	−0. 2503	1296
600555. SH	上海九龙山股份有限公司	−0. 9107	−0. 3562	−0. 0651	−0. 4894	1297
600817. SH	西安宏盛科技发展股份有限公司	−0. 9154	−0. 4649	0. 1123	−0. 5628	1298
600671. SH	杭州天目山药业股份有限公司	−0. 9165	−0. 5715	−0. 0642	−0. 2808	1299
000966. SZ	国电长源电力股份有限公司	−0. 9287	−0. 2956	−0. 2394	−0. 3937	1300
600532. SH	山东华阳科技股份有限公司	−0. 9310	−0. 4417	−0. 0655	−0. 4238	1301
600576. SH	浙江万好万家实业股份有限公司	−0. 9329	−0. 5208	−0. 1595	−0. 2526	1302
600094. SH	上海华源股份有限公司	−0. 9357	−0. 3318	−0. 0195	−0. 5844	1303
000863. SZ	深圳和光现代商务股份有限公司	−0. 9444	−0. 4962	−0. 0661	−0. 3822	1304
600892. SH	宝诚投资股份有限公司	−0. 9497	−0. 9763	0. 0623	−0. 0356	1305
000048. SZ	深圳市康达尔(集团)股份有限公司	−0. 9543	−0. 7625	0. 0680	−0. 2598	1306
000723. SZ	山西美锦能源股份有限公司	−0. 9566	−0. 5498	−0. 2059	−0. 2009	1307
600579. SH	青岛黄海橡胶股份有限公司	−0. 9625	−0. 6913	0. 0715	−0. 3427	1308
600228. SH	江西昌九生物化工股份有限公司	−0. 9705	−0. 4210	−0. 1566	−0. 3928	1309

续表

公司代码	企业全称	基础竞争力	规模竞争力	效率竞争力	增长竞争力	总排名
600643. SH	上海爱建股份有限公司	-0. 9745	-0. 7449	-0. 0916	-0. 1380	1310
000008. SZ	广东宝利来投资股份有限公司	-0. 9855	-0. 6821	-0. 1883	-0. 1151	1311
600335. SH	鼎盛天工工程机械股份有限公司	-0. 9917	-0. 5982	-0. 1110	-0. 2824	1312
600986. SH	科达集团股份有限公司	-0. 9938	-0. 5664	-0. 2729	-0. 1546	1313
000669. SZ	吉林领先科技发展股份有限公司	-1. 0165	-0. 4400	-0. 2104	-0. 3661	1314
600854. SH	江苏春兰制冷设备股份有限公司	-1. 0241	-0. 5032	-0. 2962	-0. 2247	1315
000803. SZ	四川金宇汽车城(集团)股份有限公司	-1. 0395	-0. 5992	-0. 1157	-0. 3245	1316
600751. SH	天津市海运股份有限公司	-1. 0395	-0. 6582	0. 0647	-0. 4459	1317
000719. SZ	焦作鑫安科技股份有限公司	-1. 0397	-0. 6586	0. 2067	-0. 5878	1318
600634. SH	上海海鸟企业发展股份有限公司	-1. 0608	-0. 7701	-0. 1619	-0. 1288	1319
000607. SZ	重庆华智控股股份有限公司	-1. 0637	-0. 5096	-0. 2873	-0. 2669	1320
600381. SH	青海贤成矿业股份有限公司	-1. 0822	-0. 9931	-0. 3706	0. 2815	1321
600191. SH	包头华资实业股份有限公司	-1. 0902	-0. 6048	-0. 0729	-0. 4125	1322
000605. SZ	四环药业股份有限公司	-1. 0928	-0. 7266	-0. 0749	-0. 2912	1323
600753. SH	河南东方银星投资股份有限公司	-1. 1043	-0. 5907	-0. 0947	-0. 4189	1324
600767. SH	运盛(上海)实业股份有限公司	-1. 1302	-0. 6506	-0. 2255	-0. 2542	1325
000892. SZ	星美联合股份有限公司	-1. 1404	-0. 8770	-0. 2203	-0. 0431	1326
000806. SZ	北海银河高科技产业股份有限公司	-1. 1476	-0. 5055	-0. 1295	-0. 5126	1327
000681. SZ	远东实业股份有限公司	-1. 1594	-0. 5979	-0. 0672	-0. 4943	1328
600656. SH	东莞市方达再生资源产业股份有限公司	-1. 1685	-0. 9268	0. 1282	-0. 3699	1329
600877. SH	中国嘉陵工业股份有限公司(集团)	-1. 1797	-0. 3879	-0. 2480	-0. 5437	1330
600180. SH	山东九发食用菌股份有限公司	-1. 1821	-0. 7813	-0. 2077	-0. 1931	1331
000762. SZ	西藏矿业发展股份有限公司	-1. 1868	-0. 6388	-0. 2710	-0. 2770	1332
600890. SH	中房置业股份有限公司	-1. 1901	-0. 8085	-0. 0749	-0. 3067	1333
000767. SZ	山西漳泽电力股份有限公司	-1. 1917	-0. 3708	-0. 4118	-0. 4091	1334
000673. SZ	山西当代投资股份有限公司	-1. 2170	-0. 8150	-0. 0592	-0. 3427	1335
600766. SH	烟台园城企业集团股份有限公司	-1. 2203	-0. 9122	-0. 0305	-0. 2776	1336
600057. SH	夏新电子股份有限公司	-1. 2223	-0. 6277	-0. 0243	-0. 5702	1337
600604. SH	上海二纺机股份有限公司	-1. 2295	-0. 6254	-0. 3294	-0. 2747	1338
600965. SH	河北福成五丰食品股份有限公司	-1. 2389	-0. 5220	-0. 4474	-0. 2695	1339
000037. SZ	深圳南山热电股份有限公司	-1. 2451	-0. 4863	-0. 1768	-0. 5820	1340
000030. SZ	广东盛润集团股份有限公司	-1. 2620	-0. 7526	-0. 0494	-0. 4600	1341
600706. SH	长安信息产业(集团)股份有限公司	-1. 2629	-0. 7363	0. 0014	-0. 5281	1342
600681. SH	万鸿集团股份有限公司	-1. 2696	-0. 8723	0. 0163	-0. 4136	1343
000693. SZ	成都聚友网络股份有限公司	-1. 2822	-0. 8261	-0. 2288	-0. 2272	1344

续表

公司代码	企业全称	基础竞争力	规模竞争力	效率竞争力	增长竞争力	总排名
000498. SZ	丹东化学纤维股份有限公司	-1. 2840	-0. 6123	-0. 0891	-0. 5826	1345
000502. SZ	绿景地产股份有限公司	-1. 3069	-0. 6438	-0. 2819	-0. 3812	1346
600421. SH	武汉国药科技股份有限公司	-1. 3176	-1. 0840	-0. 0899	-0. 1437	1347
600847. SH	重庆万里控股(集团)股份有限公司	-1. 3542	-0. 8076	-0. 2797	-0. 2669	1348
000409. SZ	泰复实业股份有限公司	-1. 3698	-0. 9828	-0. 2389	-0. 1480	1349
000757. SZ	四川方向光电股份有限公司	-1. 3704	-0. 8710	-0. 0865	-0. 4128	1350
000838. SZ	国兴融达地产股份有限公司	-1. 3736	-0. 9412	-0. 0906	-0. 3418	1351
600083. SH	广东博信投资控股股份有限公司	-1. 3748	-0. 8885	-0. 0807	-0. 4057	1352
000415. SZ	新疆汇通(集团)股份有限公司	-1. 3908	-0. 8101	-0. 3165	-0. 2642	1353
600556. SH	广西北生药业股份有限公司	-1. 4157	-0. 8624	-0. 0355	-0. 5178	1354
600678. SH	四川金顶(集团)股份有限公司	-1. 4171	-0. 8451	-0. 1506	-0. 4215	1355
600385. SH	山东金泰集团股份有限公司	-1. 4181	-1. 1523	-0. 0236	-0. 2422	1356
000545. SZ	吉林制药股份有限公司	-1. 4264	-0. 9557	-0. 1075	-0. 3632	1357
000426. SZ	赤峰富龙热电股份有限公司	-1. 4599	-0. 6713	-0. 2113	-0. 5773	1358
000805. SZ	江苏炎黄在线物流股份有限公司	-1. 4653	-0. 7996	-0. 2302	-0. 4355	1359
000622. SZ	岳阳恒立冷气设备股份有限公司	-1. 5128	-1. 0473	-0. 0235	-0. 4420	1360
600452. SH	重庆涪陵电力实业股份有限公司	-1. 5141	-0. 5979	-0. 5080	-0. 4082	1361
000595. SZ	西北轴承股份有限公司	-1. 5444	-0. 6527	-0. 3991	-0. 4925	1362
000820. SZ	金城造纸股份有限公司	-1. 5650	-0. 8640	-0. 1812	-0. 5198	1363
000787. SZ	创智信息科技股份有限公司	-1. 5732	-0. 8864	-0. 1176	-0. 5693	1364
000587. SZ	光明集团家具股份有限公司	-1. 6092	-0. 9445	-0. 2577	-0. 4070	1365
600856. SH	长春百货大楼集团股份有限公司	-1. 6355	-0. 7114	-0. 4757	-0. 4484	1366
600234. SH	太原天龙集团股份有限公司	-1. 6731	-1. 2210	-0. 1317	-0. 3205	1367
600692. SH	上海亚通股份有限公司	-1. 7338	-0. 7562	-0. 4819	-0. 4957	1368
600715. SH	松辽汽车股份有限公司	-1. 8192	-1. 0438	-0. 1251	-0. 6504	1369
000056. SZ	深圳市国际企业股份有限公司	-1. 9436	-1. 3038	-0. 0470	-0. 5928	1370
600603. SH	上海兴业能源控股股份有限公司	-1. 9464	-1. 3200	-0. 3062	-0. 3202	1371
000688. SZ	朝华科技(集团)股份有限公司	-1. 9520	-1. 2037	-0. 1875	-0. 5608	1372
000557. SZ	广夏(银川)实业股份有限公司	-2. 2898	-1. 3172	-0. 2223	-0. 7502	1373
600149. SH	华夏建通科技开发股份有限公司	-2. 3163	-1. 0298	-0. 5353	-0. 7512	1374

B.22

2011 年中小板公司基础竞争力监测标准值

公司代码	企业全称	基础竞争力	规模竞争力	效率竞争力	增长竞争力	行业内排名
002399. SZ	深圳市海普瑞药业股份有限公司	1. 7901	0. 6598	0. 2761	0. 8542	1
002202. SZ	新疆金风科技股份有限公司	1. 7482	0. 9835	0. 1784	0. 5864	2
002493. SZ	荣盛石化股份有限公司	1. 5846	0. 9409	0. 2943	0. 3494	3
002304. SZ	江苏洋河酒厂股份有限公司	1. 5428	0. 8010	0. 2120	0. 5297	4
002563. SZ	浙江森马服饰股份有限公司	1. 4042	0. 5707	0. 3904	0. 4432	5
002024. SZ	苏宁电器股份有限公司	1. 3085	0. 9986	0. 2252	0. 0846	6
002416. SZ	深圳市爱施德股份有限公司	1. 2274	0. 7584	0. 1935	0. 2754	7
002482. SZ	深圳广田装饰集团股份有限公司	1. 2156	0. 4779	0. 2143	0. 5234	8
002051. SZ	中工国际工程股份有限公司	1. 1517	0. 5108	0. 1870	0. 4539	9
002146. SZ	荣盛房地产发展股份有限公司	1. 1271	0. 7054	0. 0326	0. 3891	10
002570. SZ	浙江贝因美科工贸股份有限公司	1. 1175	0. 3818	0. 1555	0. 5802	11
002001. SZ	浙江新和成股份有限公司	1. 1016	0. 5711	0. 1535	0. 3770	12
002244. SZ	杭州滨江房产集团股份有限公司	1. 0974	0. 7206	0. 1907	0. 1861	13
002128. SZ	内蒙古霍林河露天煤业股份有限公司	1. 0283	0. 6495	0. 2248	0. 1540	14
002039. SZ	贵州黔源电力股份有限公司	0. 9772	0. 2809	0. 0335	0. 6628	15
002310. SZ	北京东方园林股份有限公司	0. 9758	0. 1881	0. 1401	0. 6476	16
002415. SZ	杭州海康威视数字技术股份有限公司	0. 9697	0. 5971	0. 0981	0. 2744	17
002007. SZ	华兰生物工程股份有限公司	0. 9673	0. 2684	0. 2564	0. 4425	18
002050. SZ	浙江三花股份有限公司	0. 9667	0. 4449	0. 0066	0. 5152	19
002269. SZ	上海美特斯邦威服饰股份有限公司	0. 9390	0. 6637	0. 1351	0. 1401	20
002142. SZ	宁波银行股份有限公司	0. 9243	0. 7816	-0. 0545	0. 1972	21
002375. SZ	浙江亚厦装饰股份有限公司	0. 9086	0. 4913	0. 0725	0. 3448	22
002075. SZ	江苏沙钢股份有限公司	0. 9079	0. 7822	0. 1968	-0. 0711	23
002242. SZ	九阳股份有限公司	0. 8991	0. 5816	0. 1327	0. 1848	24
002408. SZ	淄博齐翔腾达化工股份有限公司	0. 8750	0. 3878	0. 2681	0. 2190	25
002157. SZ	江西正邦科技股份有限公司	0. 8464	0. 4688	-0. 0266	0. 4042	26
002311. SZ	广东海大集团股份有限公司	0. 8146	0. 5853	0. 0271	0. 2022	27

续表

公司代码	企业全称	基础竞争力	规模竞争力	效率竞争力	增长竞争力	行业内排名
002081. SZ	苏州金螳螂建筑装饰股份有限公司	0. 8067	0. 4946	0. 1608	0. 1512	28
002241. SZ	歌尔声学股份有限公司	0. 7967	0. 3459	0. 0234	0. 4274	29
002122. SZ	浙江天马轴承股份有限公司	0. 7926	0. 5606	0. 0226	0. 2094	30
002237. SZ	山东恒邦冶炼股份有限公司	0. 7736	0. 4280	0. 0024	0. 3432	31
002506. SZ	上海超日太阳能科技股份有限公司	0. 7732	0. 4166	0. 0078	0. 3488	32
002082. SZ	浙江栋梁新材股份有限公司	0. 7552	0. 4689	0. 2607	0. 0256	33
002062. SZ	宏润建设集团股份有限公司	0. 7533	0. 5334	0. 1652	0. 0547	34
002294. SZ	深圳信立泰药业股份有限公司	0. 7465	0. 2223	0. 0972	0. 4270	35
002419. SZ	天虹商场股份有限公司	0. 7352	0. 7105	0. 0073	0. 0174	36
002422. SZ	四川科伦药业股份有限公司	0. 7349	0. 6349	-0. 0192	0. 1192	37
002385. SZ	北京大北农科技集团股份有限公司	0. 7202	0. 5631	-0. 0082	0. 1654	38
002041. SZ	山东登海种业股份有限公司	0. 7192	0. 1138	0. 1548	0. 4506	39
002078. SZ	山东太阳纸业股份有限公司	0. 7148	0. 7079	0. 0376	-0. 0306	40
002069. SZ	大连獐子岛渔业集团股份有限公司	0. 7120	0. 3234	0. 0694	0. 3193	41
002550. SZ	常州千红生化制药股份有限公司	0. 7073	-0. 0218	0. 3205	0. 4086	42
002503. SZ	东莞市搜于特服装股份有限公司	0. 7011	0. 0304	-0. 0143	0. 6850	43
002080. SZ	中材科技股份有限公司	0. 6840	0. 3821	0. 0129	0. 2890	44
002183. SZ	深圳市怡亚通供应链股份有限公司	0. 6787	0. 4654	-0. 0305	0. 2438	45
002032. SZ	浙江苏泊尔股份有限公司	0. 6678	0. 5666	0. 0405	0. 0607	46
002491. SZ	江苏通鼎光电股份有限公司	0. 6644	0. 1678	0. 0079	0. 4886	47
002210. SZ	深圳市飞马国际供应链股份有限公司	0. 6485	0. 1490	0. 1092	0. 3902	48
002236. SZ	浙江大华技术股份有限公司	0. 6425	0. 1841	0. 0910	0. 3674	49
002470. SZ	山东金正大生态工程股份有限公司	0. 6310	0. 5511	0. 0149	0. 0649	50
002362. SZ	汉王科技股份有限公司	0. 6260	0. 1387	-0. 0480	0. 5353	51
002123. SZ	荣信电力电子股份有限公司	0. 6259	0. 2093	0. 0410	0. 3756	52
002353. SZ	烟台杰瑞石油服务集团股份有限公司	0. 6161	0. 1778	0. 0579	0. 3803	53
002309. SZ	中利科技集团股份有限公司	0. 6094	0. 3932	0. 1440	0. 0723	54
002042. SZ	华孚色纺股份有限公司	0. 6007	0. 5253	-0. 0146	0. 0900	55
002108. SZ	沧州明珠塑料股份有限公司	0. 5889	0. 0611	0. 0913	0. 4365	56
002431. SZ	棕榈园林股份有限公司	0. 5840	0. 1856	0. 0247	0. 3737	57
002271. SZ	北京东方雨虹防水技术股份有限公司	0. 5741	0. 1955	-0. 0218	0. 4005	58
002336. SZ	人人乐连锁商业集团股份有限公司	0. 5641	0. 6986	-0. 0609	-0. 0736	59
002008. SZ	深圳市大族激光科技股份有限公司	0. 5608	0. 4506	0. 0066	0. 1037	60
002277. SZ	湖南友谊阿波罗商业股份有限公司	0. 5587	0. 3994	0. 0359	0. 1234	61
002100. SZ	新疆天康畜牧生物技术股份有限公司	0. 5555	0. 2324	0. 0167	0. 3064	62

续表

公司代码	企业全称	基础竞争力	规模竞争力	效率竞争力	增长竞争力	行业内排名
002152. SZ	广州广电运通金融电子股份有限公司	0.5538	0.2970	0.1455	0.1113	63
002029. SZ	福建七匹狼实业股份有限公司	0.5510	0.3054	0.0491	0.1965	64
002073. SZ	软控股份有限公司	0.5490	0.2839	0.0105	0.2546	65
002091. SZ	江苏国泰国际集团国贸股份有限公司	0.5477	0.3425	0.2613	-0.0562	66
002187. SZ	广州市广百股份有限公司	0.5425	0.4502	0.0327	0.0596	67
002110. SZ	福建三钢闽光股份有限公司	0.5362	0.7324	0.0153	-0.2116	68
002065. SZ	东华软件股份公司	0.5305	0.2689	0.0711	0.1905	69
002092. SZ	新疆中泰化学(集团)股份有限公司	0.5247	0.6066	-0.0558	-0.0261	70
002498. SZ	青岛汉缆股份有限公司	0.5138	0.4702	0.0815	-0.0379	71
002056. SZ	横店集团东磁股份有限公司	0.5079	0.4383	0.0065	0.0632	72
002441. SZ	众业达电气股份有限公司	0.5059	0.4146	0.0743	0.0171	73
002478. SZ	江苏常宝钢管股份有限公司	0.4993	0.3975	0.1107	-0.0088	74
002543. SZ	广东万和新电气股份有限公司	0.4948	0.1715	0.1135	0.2098	75
002541. SZ	安徽鸿路钢结构(集团)股份有限公司	0.4937	0.1501	0.0313	0.3123	76
002267. SZ	陕西省天然气股份有限公司	0.4921	0.3902	0.1362	-0.0342	77
002429. SZ	深圳市兆驰股份有限公司	0.4818	0.4335	0.0579	-0.0097	78
002048. SZ	宁波华翔电子股份有限公司	0.4816	0.4789	0.0527	-0.0501	79
002233. SZ	广东塔牌集团股份有限公司	0.4772	0.4201	0.0325	0.0247	80
002405. SZ	北京四维图新科技股份有限公司	0.4770	0.1015	0.0174	0.3582	81
002203. SZ	浙江海亮股份有限公司	0.4766	0.5703	0.0066	-0.1003	82
002537. SZ	青岛海立美达股份有限公司	0.4692	0.0370	0.1355	0.2966	83
002285. SZ	深圳世联地产顾问股份有限公司	0.4663	0.1527	0.1387	0.1749	84
002010. SZ	浙江传化股份有限公司	0.4655	0.2854	0.0848	0.0953	85
002483. SZ	江苏润邦重工股份有限公司	0.4652	0.2024	0.0102	0.2525	86
002293. SZ	罗莱家纺股份有限公司	0.4561	0.2412	0.0500	0.1649	87
002067. SZ	浙江景兴纸业股份有限公司	0.4551	0.3385	0.0092	0.1074	88
002154. SZ	浙江报喜鸟服饰股份有限公司	0.4518	0.2055	0.0205	0.2259	89
002028. SZ	思源电气股份有限公司	0.4495	0.3782	0.0843	-0.0131	90
002054. SZ	广东德美精细化工股份有限公司	0.4417	0.1471	0.2265	0.0681	91
002477. SZ	河南雏鹰农牧股份有限公司	0.4359	0.0445	-0.0051	0.3965	92
002556. SZ	安徽辉隆农资集团股份有限公司	0.4351	0.3217	0.1821	-0.0686	93
002223. SZ	江苏鱼跃医疗设备股份有限公司	0.4341	0.0272	0.0834	0.3236	94
002097. SZ	湖南山河智能机械股份有限公司	0.4336	0.3381	-0.0153	0.1108	95
002133. SZ	广宇集团股份有限公司	0.4336	0.3133	0.1729	-0.0525	96
002106. SZ	深圳莱宝高科技股份有限公司	0.4332	0.2219	0.1356	0.0757	97

续表

公司代码	企业全称	基础竞争力	规模竞争力	效率竞争力	增长竞争力	行业内排名
002251. SZ	步步高商业连锁股份有限公司	0. 4315	0. 5042	−0. 0350	−0. 0377	98
002487. SZ	辽宁大金重工股份有限公司	0. 4261	0. 0032	−0. 0085	0. 4313	99
002118. SZ	吉林紫鑫药业股份有限公司	0. 4212	0. 0434	−0. 0145	0. 3923	100
002155. SZ	湖南辰州矿业股份有限公司	0. 4148	0. 3738	0. 0019	0. 0391	101
002250. SZ	联化科技股份有限公司	0. 4079	0. 1921	0. 0786	0. 1372	102
002430. SZ	杭州杭氧股份有限公司	0. 3997	0. 4346	0. 0072	−0. 0422	103
002299. SZ	福建圣农发展股份有限公司	0. 3953	0. 3015	−0. 0115	0. 1053	104
002534. SZ	杭州锅炉集团股份有限公司	0. 3942	0. 3761	0. 0633	−0. 0451	105
002394. SZ	江苏联发纺织股份有限公司	0. 3881	0. 3189	0. 0350	0. 0342	106
002480. SZ	成都市新筑路桥机械股份有限公司	0. 3839	0. 2115	−0. 0498	0. 2222	107
002005. SZ	广东德豪润达电气股份有限公司	0. 3817	0. 3746	−0. 0514	0. 0585	108
002444. SZ	杭州巨星科技股份有限公司	0. 3785	0. 3334	0. 0395	0. 0056	109
002400. SZ	广东省广告股份有限公司	0. 3744	0. 2679	0. 0447	0. 0617	110
002140. SZ	东华工程科技股份有限公司	0. 3735	0. 1761	0. 0834	0. 1140	111
002006. SZ	浙江精功科技股份有限公司	0. 3703	−0. 0677	0. 0134	0. 4247	112
002475. SZ	深圳立讯精密工业股份有限公司	0. 3662	0. 1336	−0. 0513	0. 2839	113
002302. SZ	新疆西部建设股份有限公司	0. 3627	0. 1275	0. 0221	0. 2131	114
002574. SZ	浙江明牌珠宝股份有限公司	0. 3618	0. 3017	0. 2731	−0. 2129	115
002083. SZ	孚日集团股份有限公司	0. 3617	0. 4865	−0. 0538	−0. 0710	116
002115. SZ	三维通信股份有限公司	0. 3577	0. 0280	−0. 0089	0. 3387	117
002386. SZ	宜宾天原集团股份有限公司	0. 3559	0. 5697	−0. 0726	−0. 1412	118
002437. SZ	哈尔滨誉衡药业股份有限公司	0. 3432	0. 0558	−0. 0081	0. 2955	119
002490. SZ	山东墨龙石油机械股份有限公司	0. 3432	0. 4098	−0. 0028	−0. 0638	120
002011. SZ	浙江盾安人工环境股份有限公司	0. 3428	0. 4292	−0. 0307	−0. 0557	121
002489. SZ	浙江永强集团股份有限公司	0. 3405	0. 3982	−0. 0250	−0. 0327	122
002037. SZ	贵州久联民爆器材发展股份有限公司	0. 3324	0. 1247	0. 0303	0. 1774	123
002440. SZ	浙江闰土股份有限公司	0. 3322	0. 4291	0. 0172	−0. 1141	124
002463. SZ	沪士电子股份有限公司	0. 3292	0. 4474	−0. 0115	−0. 1068	125
002060. SZ	广东水电二局股份有限公司	0. 3276	0. 3722	−0. 0263	−0. 0183	126
002567. SZ	唐人神集团股份有限公司	0. 3273	0. 2709	0. 0168	0. 0396	127
002191. SZ	深圳劲嘉彩印集团股份有限公司	0. 3244	0. 3550	0. 0359	−0. 0665	128
002212. SZ	广东南洋电缆集团股份有限公司	0. 3229	0. 2534	0. 1043	−0. 0348	129
002063. SZ	远光软件股份有限公司	0. 3210	−0. 1127	0. 1335	0. 3002	130
002283. SZ	天润曲轴股份有限公司	0. 3163	0. 2172	0. 0255	0. 0735	131
002204. SZ	大连华锐重工铸钢股份有限公司	0. 3145	0. 1542	0. 0974	0. 0628	132

续表

公司代码	企业全称	基础竞争力	规模竞争力	效率竞争力	增长竞争力	行业内排名
002003. SZ	浙江伟星实业发展股份有限公司	0. 3131	0. 2239	0. 0965	-0. 0073	133
002264. SZ	福建新华都购物广场股份有限公司	0. 3127	0. 2600	-0. 0499	0. 1026	134
002501. SZ	吉林利源铝业股份有限公司	0. 3102	0. 0748	0. 0062	0. 2291	135
002228. SZ	厦门合兴包装印刷股份有限公司	0. 3084	0. 1043	-0. 0513	0. 2554	136
002163. SZ	中航三鑫股份有限公司	0. 3081	0. 2779	-0. 0658	0. 0959	137
002545. SZ	青岛东方铁塔股份有限公司	0. 2924	0. 1293	0. 0840	0. 0791	138
002179. SZ	中航光电科技股份有限公司	0. 2861	0. 1918	-0. 0372	0. 1315	139
002208. SZ	合肥城建发展股份有限公司	0. 2848	0. 0276	0. 1895	0. 0678	140
002220. SZ	大连天宝绿色食品股份有限公司	0. 2810	0. 0433	0. 0238	0. 2138	141
002245. SZ	江苏澳洋顺昌金属材料股份有限公司	0. 2748	0. 0396	0. 1589	0. 0762	142
002497. SZ	四川雅化实业集团股份有限公司	0. 2745	0. 0837	-0. 0046	0. 1954	143
002396. SZ	福建星网锐捷通讯股份有限公司	0. 2715	0. 2792	-0. 0136	0. 0059	144
002459. SZ	秦皇岛天业通联重工股份有限公司	0. 2709	0. 1083	-0. 0355	0. 1981	145
002420. SZ	广州毅昌科技股份有限公司	0. 2704	0. 2504	-0. 0346	0. 0545	146
002089. SZ	苏州新海宜通信科技股份有限公司	0. 2698	-0. 0573	0. 0197	0. 3073	147
002521. SZ	山东齐峰特种纸业股份有限公司	0. 2679	0. 2131	-0. 0084	0. 0632	148
002045. SZ	国光电器股份有限公司	0. 2644	0. 2115	-0. 0024	0. 0553	149
002022. SZ	上海科华生物工程股份有限公司	0. 2629	0. 0209	0. 1831	0. 0589	150
002561. SZ	上海徐家汇商城股份有限公司	0. 2623	0. 2192	0. 1972	-0. 1541	151
002206. SZ	浙江海利得新材料股份有限公司	0. 2622	0. 1746	0. 0382	0. 0494	152
002344. SZ	海宁中国皮革城股份有限公司	0. 2579	0. 1729	0. 0458	0. 0392	153
002132. SZ	河南恒星科技股份有限公司	0. 2572	0. 1981	-0. 0201	0. 0793	154
002290. SZ	苏州禾盛新型材料股份有限公司	0. 2569	0. 0533	0. 0632	0. 1403	155
002172. SZ	江苏澳洋科技股份有限公司	0. 2568	0. 3954	-0. 0313	-0. 1073	156
002121. SZ	深圳市科陆电子科技股份有限公司	0. 2518	0. 0655	-0. 0237	0. 2099	157
002035. SZ	中山华帝燃具股份有限公司	0. 2480	0. 0619	0. 0719	0. 1143	158
002153. SZ	北京中长石基信息技术股份有限公司	0. 2477	-0. 0322	0. 1623	0. 1175	159
002406. SZ	许昌远东传动轴股份有限公司	0. 2476	0. 1531	0. 0114	0. 0831	160
002577. SZ	深圳雷柏科技股份有限公司	0. 2451	-0. 2254	0. 2495	0. 2210	161
002454. SZ	上海加冷松芝汽车空调股份有限公司	0. 2450	0. 2067	0. 0521	-0. 0138	162
002276. SZ	浙江万马电缆股份有限公司	0. 2416	0. 2136	0. 0075	0. 0205	163
002450. SZ	北京康得新复合材料股份有限公司	0. 2412	-0. 0972	-0. 0010	0. 3394	164
002135. SZ	浙江东南网架股份有限公司	0. 2405	0. 2802	-0. 0331	-0. 0065	165
002225. SZ	濮阳濮耐高温材料(集团)股份有限公司	0. 2384	0. 1869	-0. 0069	0. 0584	166
002479. SZ	浙江富春江环保热电股份有限公司	0. 2269	0. 1233	0. 0808	0. 0229	167

续表

公司代码	企业全称	基础竞争力	规模竞争力	效率竞争力	增长竞争力	行业内排名
002533. SZ	金杯电工股份有限公司	0. 2268	0. 2563	0. 0055	-0. 0350	168
002016. SZ	广东世荣兆业股份有限公司	0. 2256	0. 0084	0. 1272	0. 0900	169
002284. SZ	浙江亚太机电股份有限公司	0. 2223	0. 1729	-0. 0076	0. 0571	170
002307. SZ	新疆北新路桥建设股份有限公司	0. 2199	0. 1814	0. 0094	0. 0291	171
002126. SZ	浙江银轮机械股份有限公司	0. 2190	0. 0905	0. 0188	0. 1098	172
002372. SZ	浙江伟星新型建材股份有限公司	0. 2162	0. 1722	0. 0142	0. 0299	173
002249. SZ	中山大洋电机股份有限公司	0. 2152	0. 2720	0. 0183	-0. 0751	174
002038. SZ	北京双鹭药业股份有限公司	0. 2136	-0. 0457	0. 1969	0. 0624	175
002221. SZ	东华能源股份有限公司	0. 2114	0. 1277	0. 1335	-0. 0499	176
002192. SZ	路翔股份有限公司	0. 2096	-0. 0940	0. 0072	0. 2964	177
002313. SZ	深圳日海通讯技术股份有限公司	0. 2079	0. 0250	-0. 0325	0. 2154	178
002367. SZ	康力电梯股份有限公司	0. 2079	0. 1072	-0. 0166	0. 1173	179
002324. SZ	上海普利特复合材料股份有限公司	0. 2044	0. 0199	0. 0422	0. 1422	180
002511. SZ	中顺洁柔纸业股份有限公司	0. 2043	0. 2629	-0. 0573	-0. 0013	181
002456. SZ	深圳欧菲光科技股份有限公司	0. 2042	-0. 0622	-0. 0700	0. 3363	182
002325. SZ	深圳市洪涛装饰股份有限公司	0. 2005	0. 1488	0. 0848	-0. 0332	183
002457. SZ	宁夏青龙管业股份有限公司	0. 2001	0. 0794	-0. 0190	0. 1397	184
002535. SZ	林州重机集团股份有限公司	0. 1974	-0. 0802	0. 0471	0. 2304	185
002064. SZ	浙江华峰氨纶股份有限公司	0. 1969	0. 2489	0. 1386	-0. 1906	186
002087. SZ	河南新野纺织股份有限公司	0. 1915	0. 2903	-0. 0598	-0. 0389	187
002127. SZ	江苏新民纺织科技股份有限公司	0. 1909	0. 2066	0. 0171	-0. 0328	188
002070. SZ	福建众和股份有限公司	0. 1903	0. 0732	0. 0068	0. 1104	189
002526. SZ	山东矿机集团股份有限公司	0. 1873	0. 1978	-0. 0330	0. 0225	190
002156. SZ	南通富士通微电子股份有限公司	0. 1866	0. 2698	-0. 0575	-0. 0257	191
002449. SZ	佛山市国星光电股份有限公司	0. 1844	0. 1340	-0. 0334	0. 0838	192
002068. SZ	江西黑猫炭黑股份有限公司	0. 1843	0. 2077	-0. 0267	0. 0033	193
002215. SZ	深圳诺普信农化股份有限公司	0. 1836	0. 1643	-0. 0330	0. 0523	194
002116. SZ	中国海诚工程科技股份有限公司	0. 1835	0. 1619	-0. 0158	0. 0374	195
002345. SZ	广东潮宏基实业股份有限公司	0. 1831	0. 0591	-0. 0364	0. 1603	196
002093. SZ	国脉科技股份有限公司	0. 1829	0. 0018	-0. 0077	0. 1888	197
002232. SZ	启明信息技术股份有限公司	0. 1817	0. 1215	0. 0004	0. 0598	198
002096. SZ	湖南南岭民用爆破器材股份有限公司	0. 1812	-0. 1211	0. 1607	0. 1415	199
002505. SZ	湖南大康牧业股份有限公司	0. 1778	-0. 1893	-0. 0183	0. 3855	200
002334. SZ	深圳市英威腾电气股份有限公司	0. 1752	-0. 0715	0. 0057	0. 2410	201
002539. SZ	成都市新都化工股份有限公司	0. 1750	0. 1680	0. 0435	-0. 0365	202

续表

公司代码	企业全称	基础竞争力	规模竞争力	效率竞争力	增长竞争力	行业内排名
002165. SZ	南京红宝丽股份有限公司	0. 1727	0. 0551	0. 0859	0. 0318	203
002409. SZ	江苏雅克科技股份有限公司	0. 1726	0. 0317	0. 0147	0. 1262	204
002300. SZ	福建南平太阳电缆股份有限公司	0. 1701	0. 2405	0. 0460	-0. 1165	205
002410. SZ	广联达软件股份有限公司	0. 1685	-0. 0172	-0. 0201	0. 2059	206
002393. SZ	天津力生制药股份有限公司	0. 1681	0. 1434	-0. 0065	0. 0312	207
002314. SZ	雅致集成房屋股份有限公司	0. 1629	0. 3206	-0. 0432	-0. 1146	208
002508. SZ	杭州老板电器股份有限公司	0. 1615	0. 1450	-0. 0056	0. 0221	209
002471. SZ	江苏中超电缆股份有限公司	0. 1597	0. 0661	-0. 0058	0. 0993	210
002009. SZ	江苏天奇物流系统工程股份有限公司	0. 1579	0. 0206	-0. 0180	0. 1553	211
002424. SZ	贵州百灵企业集团制药股份有限公司	0. 1546	0. 1184	-0. 0352	0. 0715	212
002368. SZ	太极计算机股份有限公司	0. 1521	0. 1832	-0. 0060	-0. 0251	213
002085. SZ	浙江万丰奥威汽轮股份有限公司	0. 1488	0. 2019	0. 0456	-0. 0987	214
002066. SZ	瑞泰科技股份有限公司	0. 1481	-0. 0280	-0. 0492	0. 2254	215
002149. SZ	西部金属材料股份有限公司	0. 1427	0. 0939	-0. 0402	0. 0891	216
002332. SZ	浙江仙琚制药股份有限公司	0. 1404	0. 1534	0. 0076	-0. 0206	217
002216. SZ	郑州三全食品股份有限公司	0. 1374	0. 1921	-0. 0231	-0. 0316	218
002158. SZ	上海汉钟精机股份有限公司	0. 1363	-0. 0588	0. 1251	0. 0700	219
002384. SZ	苏州东山精密制造股份有限公司	0. 1355	0. 0705	-0. 0421	0. 1072	220
002436. SZ	深圳市兴森快捷电路科技股份有限公司	0. 1354	0. 0605	-0. 0090	0. 0839	221
002327. SZ	深圳市富安娜家居用品股份有限公司	0. 1324	0. 0890	-0. 0039	0. 0473	222
002355. SZ	山东兴民钢圈股份有限公司	0. 1304	0. 1326	-0. 0172	0. 0149	223
002557. SZ	洽洽食品股份有限公司	0. 1283	0. 1461	0. 0712	-0. 0891	224
002472. SZ	浙江双环传动机械股份有限公司	0. 1280	0. 0553	0. 0160	0. 0568	226
002295. SZ	广东精艺金属股份有限公司	0. 1234	0. 2089	0. 0521	-0. 1376	227
002548. SZ	深圳市金新农饲料股份有限公司	0. 1175	-0. 1309	0. 1466	0. 1018	228
002540. SZ	江苏亚太轻合金科技股份有限公司	0. 1145	0. 0119	0. 1123	-0. 0097	229
002426. SZ	苏州胜利精密制造科技股份有限公司	0. 1134	0. 1505	0. 0286	-0. 0656	230
002369. SZ	深圳市卓翼科技股份有限公司	0. 1121	-0. 0199	-0. 0428	0. 1748	231
002434. SZ	浙江万里扬变速器股份有限公司	0. 1118	0. 1039	-0. 0258	0. 0337	232
002266. SZ	浙江富春江水电设备股份有限公司	0. 1112	0. 0638	0. 0061	0. 0413	233
002182. SZ	南京云海特种金属股份有限公司	0. 1103	0. 2301	-0. 0196	-0. 1001	234
002496. SZ	江苏辉丰农化股份有限公司	0. 1076	0. 0710	-0. 0421	0. 0787	235
002308. SZ	广东威创视讯科技股份有限公司	0. 1010	0. 0816	0. 0214	-0. 0020	236
002252. SZ	上海莱士血液制品股份有限公司	0. 1007	-0. 0950	0. 1938	0. 0019	237
002391. SZ	江苏长青农化股份有限公司	0. 0981	0. 0610	-0. 0196	0. 0567	238

续表

公司代码	企业全称	基础竞争力	规模竞争力	效率竞争力	增长竞争力	行业内排名
002494. SZ	华斯农业开发股份有限公司	0. 0958	-0. 1570	-0. 0302	0. 2830	239
002129. SZ	天津中环半导体股份有限公司	0. 0934	0. 1797	-0. 0543	-0. 0320	240
002291. SZ	佛山星期六鞋业股份有限公司	0. 0904	0. 1306	-0. 0397	-0. 0005	241
002186. SZ	中国全聚德(集团)股份有限公司	0. 0899	0. 0894	0. 0581	-0. 0576	242
002335. SZ	厦门科华恒盛股份有限公司	0. 0887	-0. 0559	-0. 0122	0. 1568	243
002171. SZ	安徽精诚铜业股份有限公司	0. 0876	0. 2157	0. 0377	-0. 1659	244
002418. SZ	浙江康盛股份有限公司	0. 0869	0. 0743	-0. 0441	0. 0566	245
002131. SZ	浙江利欧股份有限公司	0. 0864	0. 0423	0. 0409	0. 0032	246
002376. SZ	山东新北洋信息技术股份有限公司	0. 0858	-0. 0642	-0. 0170	0. 1670	247
002281. SZ	武汉光迅科技股份有限公司	0. 0857	0. 0481	-0. 0052	0. 0427	248
002468. SZ	浙江艾迪西流体控制股份有限公司	0. 0845	0. 0470	0. 0096	0. 0278	249
002455. SZ	无锡百川化工股份有限公司	0. 0823	0. 0997	0. 1124	-0. 1298	250
002218. SZ	深圳市拓日新能源科技股份有限公司	0. 0816	-0. 0813	-0. 0092	0. 1722	251
002378. SZ	崇义章源钨业股份有限公司	0. 0810	0. 1584	-0. 0059	-0. 0715	252
002340. SZ	深圳市格林美高新技术股份有限公司	0. 0800	-0. 0531	-0. 0507	0. 1838	253
002077. SZ	江苏大港股份有限公司	0. 0797	0. 1371	0. 0285	-0. 0858	254
002255. SZ	苏州海陆重工股份有限公司	0. 0722	0. 1034	-0. 0263	-0. 0049	255
002343. SZ	浙江禾欣实业集团股份有限公司	0. 0718	0. 1582	-0. 0018	-0. 0845	256
002564. SZ	张家港化工机械股份有限公司	0. 0710	0. 0032	-0. 0206	0. 0885	257
002342. SZ	巨力索具股份有限公司	0. 0699	0. 2448	-0. 0340	-0. 1410	258
002443. SZ	浙江金洲管道科技股份有限公司	0. 0692	0. 2573	-0. 0064	-0. 1816	259
002320. SZ	海南海峡航运股份有限公司	0. 0673	0. 0472	0. 0346	-0. 0145	260
002315. SZ	焦点科技股份有限公司	0. 0673	-0. 0925	-0. 0341	0. 1939	261
002275. SZ	桂林三金药业股份有限公司	0. 0666	0. 1541	0. 0951	-0. 1826	262
002461. SZ	广州珠江啤酒股份有限公司	0. 0635	0. 4226	-0. 0239	-0. 3352	263
002403. SZ	浙江爱仕达电器股份有限公司	0. 0634	0. 2431	-0. 0656	-0. 1141	264
002262. SZ	江苏恩华药业股份有限公司	0. 0597	-0. 0015	0. 0211	0. 0401	265
002500. SZ	山西证券股份有限公司	0. 0580	0. 4188	-0. 0567	-0. 3041	266
002014. SZ	黄山永新股份有限公司	0. 0574	0. 0746	0. 0628	-0. 0800	267
002516. SZ	江苏旷达汽车织物集团股份有限公司	0. 0572	0. 0598	-0. 0050	0. 0024	268
002025. SZ	贵州航天电器股份有限公司	0. 0568	0. 0448	-0. 0208	0. 0329	269
002139. SZ	深圳拓邦股份有限公司	0. 0497	-0. 0925	0. 0215	0. 1207	270
002413. SZ	江苏常发制冷股份有限公司	0. 0463	0. 1561	-0. 0248	-0. 0850	271
002101. SZ	广东鸿图科技股份有限公司	0. 0432	0. 0054	-0. 0330	0. 0708	272
002317. SZ	广东众生药业股份有限公司	0. 0413	0. 0173	-0. 0120	0. 0361	273

续表

公司代码	企业全称	基础竞争力	规模竞争力	效率竞争力	增长竞争力	行业内排名
002263. SZ	浙江大东南包装股份有限公司	0. 0403	0. 1932	-0. 0002	-0. 1527	274
002513. SZ	江苏蓝丰生物化工股份有限公司	0. 0385	0. 0396	-0. 0369	0. 0359	275
002303. SZ	深圳市美盈森环保科技股份有限公司	0. 0366	0. 0674	-0. 0285	-0. 0023	276
002138. SZ	深圳顺络电子股份有限公司	0. 0360	-0. 1622	0. 0114	0. 1868	277
002292. SZ	广东奥飞动漫文化股份有限公司	0. 0360	0. 0829	-0. 0173	-0. 0297	278
002185. SZ	天水华天科技股份有限公司	0. 0348	0. 0900	-0. 0358	-0. 0195	279
002254. SZ	烟台氨纶股份有限公司	0. 0332	0. 2431	0. 0779	-0. 2878	280
002328. SZ	上海新朋实业股份有限公司	0. 0328	0. 2182	-0. 0305	-0. 1549	281
002377. SZ	湖北国创高新材料股份有限公司	0. 0326	-0. 0698	0. 1309	-0. 0284	282
002495. SZ	广东佳隆食品股份有限公司	0. 0322	-0. 2146	-0. 0384	0. 2853	283
002442. SZ	龙星化工股份有限公司	0. 1282	0. 1100	0. 0181	0. 0001	225
002104. SZ	恒宝股份有限公司	0. 0297	-0. 0837	0. 0827	0. 0306	284
002484. SZ	南通江海电容器股份有限公司	0. 0295	0. 0424	-0. 0376	0. 0247	285
002465. SZ	广州海格通信集团股份有限公司	0. 0229	0. 2619	-0. 0465	-0. 1925	286
002397. SZ	湖南梦洁家纺股份有限公司	0. 0171	0. 0250	-0. 0258	0. 0178	287
002392. SZ	北京利尔高温材料股份有限公司	0. 0123	0. 0657	-0. 0578	0. 0043	288
002510. SZ	天津汽车模具股份有限公司	0. 0113	0. 0463	-0. 0548	0. 0198	289
002453. SZ	苏州天马精细化学品股份有限公司	0. 0087	-0. 0822	-0. 0108	0. 1017	290
002387. SZ	黑牛食品股份有限公司	0. 0078	-0. 0125	-0. 0340	0. 0543	291
002411. SZ	江苏九九久科技股份有限公司	0. 0064	-0. 0188	-0. 0235	0. 0487	292
002576. SZ	江苏通达动力科技股份有限公司	0. 0036	-0. 1661	0. 0691	0. 1006	293
002160. SZ	江苏常铝铝业股份有限公司	0. 0032	0. 1101	0. 0610	-0. 1678	294
002485. SZ	希努尔男装股份有限公司	-0. 0027	0. 1460	-0. 0382	-0. 1105	295
002306. SZ	北京湘鄂情股份有限公司	-0. 0050	0. 0463	-0. 0162	-0. 0351	296
002538. SZ	安徽省司尔特肥业股份有限公司	-0. 0077	-0. 0294	0. 0634	-0. 0417	297
002226. SZ	安徽江南化工股份有限公司	-0. 0099	-0. 2789	0. 1089	0. 1601	298
002079. SZ	苏州固锝电子股份有限公司	-0. 0116	-0. 0679	0. 0063	0. 0501	299
002211. SZ	江苏宏达新材料股份有限公司	-0. 0145	0. 1131	-0. 0397	-0. 0878	300
002566. SZ	吉林省集安益盛药业股份有限公司	-0. 0149	-0. 2118	0. 1159	0. 0810	301
002536. SZ	河南省西峡汽车水泵股份有限公司	-0. 0155	-0. 0902	0. 0309	0. 0437	302
002531. SZ	天顺风能(苏州)股份有限公司	-0. 0158	-0. 0208	-0. 0611	0. 0662	303
002462. SZ	嘉事堂药业股份有限公司	-0. 0163	0. 0960	-0. 0327	-0. 0795	304
002170. SZ	深圳市芭田生态工程股份有限公司	-0. 0202	0. 0908	0. 0712	-0. 1823	305
002488. SZ	浙江金固股份有限公司	-0. 0222	-0. 0795	-0. 0349	0. 0922	306
002164. SZ	宁波东力传动设备股份有限公司	-0. 0236	0. 0047	-0. 0367	0. 0085	307

续表

公司代码	企业全称	基础竞争力	规模竞争力	效率竞争力	增长竞争力	行业内排名
002417. SZ	福建三元达通讯股份有限公司	-0. 0262	-0. 1248	-0. 0458	0. 1444	308
002486. SZ	上海嘉麟杰纺织品股份有限公司	-0. 0262	-0. 0456	-0. 0312	0. 0505	309
002528. SZ	深圳英飞拓科技股份有限公司	-0. 0269	0. 0206	-0. 0601	0. 0126	310
002240. SZ	广东威华股份有限公司	-0. 0277	0. 1628	-0. 0749	-0. 1156	311
002248. SZ	威海华东数控股份有限公司	-0. 0296	-0. 0097	-0. 0432	0. 0233	312
002125. SZ	湘潭电化科技股份有限公司	-0. 0297	-0. 2152	-0. 0185	0. 2039	313
002109. SZ	陕西兴化化学股份有限公司	-0. 0313	0. 0697	-0. 0196	-0. 0814	314
002177. SZ	广州御银科技股份有限公司	-0. 0314	-0. 0682	0. 0037	0. 0331	315
002124. SZ	宁波天邦股份有限公司	-0. 0318	-0. 0515	-0. 0273	0. 0471	316
002341. SZ	深圳市新纶科技股份有限公司	-0. 0359	-0. 1578	-0. 0416	0. 1636	317
002274. SZ	江苏华昌化工股份有限公司	-0. 0402	0. 2611	-0. 0458	-0. 2556	318
002230. SZ	安徽科大讯飞信息科技股份有限公司	-0. 0427	-0. 1618	0. 0318	0. 0873	319
002246. SZ	四川北方硝化棉股份有限公司	-0. 0433	0. 0062	-0. 0548	0. 0054	320
002565. SZ	上海绿新包装材料科技股份有限公司	-0. 0440	-0. 0954	0. 0959	-0. 0445	321
002518. SZ	深圳科士达科技股份有限公司	-0. 0475	-0. 0090	-0. 0490	0. 0106	322
002371. SZ	北京七星华创电子股份有限公司	-0. 0517	0. 0073	-0. 0527	-0. 0064	323
002243. SZ	深圳市通产丽星股份有限公司	-0. 0527	-0. 0808	0. 0414	-0. 0133	324
002119. SZ	宁波康强电子股份有限公司	-0. 0545	0. 0038	0. 0157	-0. 0740	325
002305. SZ	武汉南国置业股份有限公司	-0. 0551	0. 0430	0. 0641	-0. 1622	326
002287. SZ	西藏奇正藏药股份有限公司	-0. 0553	-0. 0329	0. 0241	-0. 0464	327
002015. SZ	江苏霞客环保色纺股份有限公司	-0. 0572	0. 0294	-0. 0614	-0. 0253	328
002423. SZ	中原特钢股份有限公司	-0. 0573	0. 1995	-0. 0739	-0. 1829	329
002448. SZ	河南省中原内配股份有限公司	-0. 0576	0. 0023	0. 0083	-0. 0682	330
002088. SZ	山东鲁阳股份有限公司	-0. 0621	0. 0783	-0. 0122	-0. 1281	331
002404. SZ	浙江嘉欣丝绸股份有限公司	-0. 0623	0. 1723	-0. 0169	-0. 2177	332
002217. SZ	山东联合化工股份有限公司	-0. 0627	0. 0020	-0. 0261	-0. 0386	333
002330. SZ	山东得利斯食品股份有限公司	-0. 0637	0. 1384	-0. 0640	-0. 1380	334
002194. SZ	武汉凡谷电子技术股份有限公司	-0. 0685	0. 1674	-0. 0053	-0. 2305	335
002238. SZ	深圳市天威视讯股份有限公司	-0. 0686	0. 0445	0. 0194	-0. 1326	336
002542. SZ	中化岩土工程股份有限公司	-0. 0765	-0. 5354	0. 2488	0. 2101	337
002099. SZ	浙江海翔药业股份有限公司	-0. 0814	0. 0064	0. 0132	-0. 1010	338
002559. SZ	江苏亚威机床股份有限公司	-0. 0820	-0. 2252	0. 0559	0. 0873	339
002427. SZ	浙江尤夫高新纤维股份有限公司	-0. 0851	-0. 0724	0. 0066	-0. 0193	340
002318. SZ	浙江久立特材科技股份有限公司	-0. 0867	0. 2106	-0. 0350	-0. 2622	341
002031. SZ	广东巨轮模具股份有限公司	-0. 0882	-0. 0522	-0. 0233	-0. 0126	342

续表

公司代码	企业全称	基础竞争力	规模竞争力	效率竞争力	增长竞争力	行业内排名
002273. SZ	浙江水晶光电科技股份有限公司	-0. 0908	-0. 2601	0. 0961	0. 0732	343
002117. SZ	东港安全印刷股份有限公司	-0. 0916	-0. 0144	-0. 0200	-0. 0572	344
002523. SZ	株洲天桥起重机股份有限公司	-0. 0950	-0. 0451	-0. 0295	-0. 0204	345
002184. SZ	上海海得控制系统股份有限公司	-0. 0965	0. 0628	-0. 0255	-0. 1338	346
002358. SZ	河南森源电气股份有限公司	-0. 1025	-0. 1135	-0. 0123	0. 0232	347
002571. SZ	安徽德力日用玻璃股份有限公司	-0. 1045	-0. 2690	0. 0305	0. 1340	348
002481. SZ	烟台双塔食品股份有限公司	-0. 1079	-0. 1951	-0. 0169	0. 1042	349
002546. SZ	南京新联电子股份有限公司	-0. 1080	-0. 3583	0. 1626	0. 0878	350
002286. SZ	保龄宝生物股份有限公司	-0. 1080	-0. 0789	-0. 0096	-0. 0195	351
002046. SZ	洛阳轴研科技股份有限公司	-0. 1104	-0. 1718	-0. 0275	0. 0889	352
002301. SZ	深圳市齐心文具股份有限公司	-0. 1106	0. 0143	-0. 0831	-0. 0418	353
002205. SZ	新疆国统管道股份有限公司	-0. 1122	-0. 0871	-0. 0236	-0. 0015	354
002474. SZ	福建榕基软件股份有限公司	-0. 1168	-0. 1628	-0. 0307	0. 0767	355
002321. SZ	河南华英农业发展股份有限公司	-0. 1178	0. 0927	-0. 0591	-0. 1514	356
002272. SZ	四川川润股份有限公司	-0. 1254	-0. 1191	-0. 0557	0. 0494	357
002560. SZ	河南通达电缆股份有限公司	-0. 1261	-0. 1880	0. 1439	-0. 0820	358
002363. SZ	山东隆基机械股份有限公司	-0. 1276	0. 0052	-0. 0465	-0. 0863	359
002333. SZ	苏州罗普斯金铝业股份有限公司	-0. 1292	0. 0582	-0. 0541	-0. 1333	360
002509. SZ	福建天广消防科技股份有限公司	-0. 1323	-0. 2759	-0. 0378	0. 1815	361
002161. SZ	深圳市远望谷信息技术股份有限公司	-0. 1336	-0. 2541	0. 0582	0. 0623	362
002234. SZ	山东民和牧业股份有限公司	-0. 1395	-0. 0236	-0. 0361	-0. 0798	363
002086. SZ	山东东方海洋科技股份有限公司	-0. 1420	-0. 0237	-0. 0546	-0. 0637	364
002224. SZ	浙江三力士橡胶股份有限公司	-0. 1428	-0. 1267	0. 0278	-0. 0439	365
002167. SZ	广东东方锆业科技股份有限公司	-0. 1435	-0. 2287	-0. 0486	0. 1337	366
002581. SZ	淄博万昌科技股份有限公司	-0. 1455	-0. 4545	0. 2949	0. 0141	367
002168. SZ	深圳市惠程电气股份有限公司	-0. 1470	-0. 1536	-0. 0401	0. 0467	368
002147. SZ	马鞍山方圆回转支承股份有限公司	-0. 1473	-0. 1256	-0. 0016	-0. 0201	369
002351. SZ	深圳市漫步者科技股份有限公司	-0. 1489	0. 0440	-0. 0478	-0. 1451	370
002296. SZ	河南辉煌科技股份有限公司	-0. 1489	-0. 2826	0. 0292	0. 1045	371
002532. SZ	浙江新界泵业股份有限公司	-0. 1490	-0. 1038	-0. 0422	-0. 0030	372
002524. SZ	光正钢结构股份有限公司	-0. 1500	-0. 2749	-0. 0197	0. 1446	373
002084. SZ	广州海鸥卫浴用品股份有限公司	-0. 1500	0. 1258	-0. 0215	-0. 2543	374
002547. SZ	苏州春兴精工股份有限公司	-0. 1509	-0. 2372	0. 0119	0. 0743	375
002544. SZ	广州杰赛科技股份有限公司	-0. 1514	-0. 1215	0. 0065	-0. 0363	376
002090. SZ	江苏金智科技股份有限公司	-0. 1519	-0. 1251	-0. 0125	-0. 0143	377

续表

公司代码	企业全称	基础竞争力	规模竞争力	效率竞争力	增长竞争力	行业内排名
002329. SZ	广西皇氏甲天下乳业股份有限公司	-0. 1541	-0. 1743	-0. 0363	0. 0566	378
002130. SZ	深圳市沃尔核材股份有限公司	-0. 1548	-0. 1734	0. 0101	0. 0085	379
002326. SZ	浙江永太科技股份有限公司	-0. 1559	-0. 1086	-0. 0431	-0. 0042	380
002150. SZ	江苏通润装备科技股份有限公司	-0. 1563	-0. 1161	0. 0102	-0. 0505	381
002435. SZ	长江润发机械股份有限公司	-0. 1575	-0. 0450	-0. 0077	-0. 1047	382
002379. SZ	山东鲁丰铝箔股份有限公司	-0. 1616	0. 0126	-0. 0350	-0. 1392	383
002289. SZ	深圳市宇顺电子股份有限公司	-0. 1624	-0. 1390	-0. 0737	0. 0503	384
002554. SZ	华油惠博普科技股份有限公司	-0. 1624	-0. 3624	0. 1015	0. 0985	385
002522. SZ	浙江众成包装材料股份有限公司	-0. 1658	-0. 1360	-0. 0010	-0. 0288	386
002412. SZ	湖南汉森制药股份有限公司	-0. 1660	-0. 1826	-0. 0403	0. 0569	387
002268. SZ	成都卫士通信息产业股份有限公司	-0. 1724	-0. 2370	0. 0212	0. 0435	388
002414. SZ	武汉高德红外股份有限公司	-0. 1751	-0. 0113	-0. 0460	-0. 1178	389
002381. SZ	浙江双箭橡胶股份有限公司	-0. 1751	-0. 0248	-0. 0536	-0. 0967	390
002197. SZ	深圳市证通电子股份有限公司	-0. 1778	-0. 1935	-0. 0225	0. 0382	391
002061. SZ	浙江江山化工股份有限公司	-0. 1788	0. 0292	-0. 0151	-0. 1930	392
002361. SZ	安徽神剑新材料股份有限公司	-0. 1791	-0. 1888	0. 0787	-0. 0690	393
002261. SZ	拓维信息系统股份有限公司	-0. 1849	-0. 1818	0. 0465	-0. 0496	394
002103. SZ	广博集团股份有限公司	-0. 1866	0. 0171	-0. 0451	-0. 1586	395
002105. SZ	深圳信隆实业股份有限公司	-0. 1894	0. 0141	-0. 0631	-0. 1404	396
002476. SZ	山东宝莫生物化工股份有限公司	-0. 1958	-0. 1104	0. 0101	-0. 0955	397
002013. SZ	湖北中航精机科技股份有限公司	-0. 1959	-0. 1957	-0. 0306	0. 0304	398
002382. SZ	山东蓝帆塑胶股份有限公司	-0. 2009	-0. 0771	-0. 0642	-0. 0595	399
002502. SZ	广东骅威玩具工艺股份有限公司	-0. 2080	-0. 1412	-0. 0308	-0. 0361	400
002433. SZ	广东太安堂药业股份有限公司	-0. 2100	-0. 1926	-0. 0296	0. 0122	401
002350. SZ	北京科锐配电自动化股份有限公司	-0. 2113	-0. 0868	-0. 0482	-0. 0763	402
002507. SZ	重庆市涪陵榨菜集团股份有限公司	-0. 2125	-0. 1037	-0. 0256	-0. 0831	403
002425. SZ	凯撒(中国)股份有限公司	-0. 2139	-0. 1643	-0. 0272	-0. 0224	404
002527. SZ	上海新时达电气股份有限公司	-0. 2151	-0. 0657	-0. 0261	-0. 1233	405
002402. SZ	深圳和而泰智能控制股份有限公司	-0. 2154	-0. 1724	-0. 0668	0. 0238	406
002312. SZ	成都三泰电子实业股份有限公司	-0. 2158	-0. 2155	-0. 0510	0. 0507	407
002020. SZ	浙江京新药业股份有限公司	-0. 2178	-0. 2404	-0. 0691	0. 0917	408
002339. SZ	积成电子股份有限公司	-0. 2196	-0. 1709	-0. 0412	-0. 0076	409
002030. SZ	中山大学达安基因股份有限公司	-0. 2197	-0. 2504	0. 0139	0. 0168	410
002401. SZ	上海交技发展股份有限公司	-0. 2207	-0. 2249	0. 0299	-0. 0257	411
002298. SZ	安徽鑫龙电器股份有限公司	-0. 2228	-0. 1581	-0. 0595	-0. 0052	412

续表

公司代码	企业全称	基础竞争力	规模竞争力	效率竞争力	增长竞争力	行业内排名
002555. SZ	芜湖顺荣汽车部件股份有限公司	-0. 2241	-0. 4120	0. 0719	0. 1160	413
002551. SZ	深圳市尚荣医疗股份有限公司	-0. 2280	-0. 3910	0. 0301	0. 1328	414
002055. SZ	深圳市得润电子股份有限公司	-0. 2298	-0. 0799	-0. 0434	-0. 1066	415
002572. SZ	广州市宁基装饰实业股份有限公司	-0. 2302	-0. 2668	0. 2495	-0. 2129	416
002407. SZ	多氟多化工股份有限公司	-0. 2322	0. 0413	-0. 0588	-0. 2147	417
002583. SZ	海能达通信股份有限公司	-0. 2361	-0. 0663	0. 0431	-0. 2129	418
002094. SZ	青岛金王应用化学股份有限公司	-0. 2367	-0. 1167	-0. 0275	-0. 0926	419
002151. SZ	北京北斗星通导航技术股份有限公司	-0. 2375	-0. 2369	-0. 0475	0. 0469	420
002259. SZ	四川升达林业产业股份有限公司	-0. 2409	-0. 0695	-0. 0623	-0. 1091	421
002514. SZ	苏州宝馨科技实业股份有限公司	-0. 2417	-0. 3144	-0. 0214	0. 0942	422
002098. SZ	福建浔兴拉链科技股份有限公司	-0. 2421	-0. 0150	-0. 0449	-0. 1822	423
002136. SZ	安徽安纳达钛业股份有限公司	-0. 2429	-0. 2952	0. 0124	0. 0399	424
002519. SZ	江苏银河电子股份有限公司	-0. 2432	0. 0152	-0. 0352	-0. 2233	425
002348. SZ	广东高乐玩具股份有限公司	-0. 2442	-0. 1620	-0. 0481	-0. 0341	426
002366. SZ	四川丹甫制冷压缩机股份有限公司	-0. 2442	-0. 0836	-0. 0265	-0. 1341	427
002439. SZ	北京启明星辰信息技术股份有限公司	-0. 2476	-0. 1565	-0. 0543	-0. 0368	428
002352. SZ	马鞍山鼎泰稀土新材料股份有限公司	-0. 2502	-0. 1758	-0. 0678	-0. 0066	429
002552. SZ	宝鼎重工股份有限公司	-0. 2552	-0. 2983	0. 1332	-0. 0901	430
002004. SZ	重庆华邦制药股份有限公司	-0. 2557	-0. 0530	0. 0221	-0. 2248	431
002331. SZ	安徽皖通科技股份有限公司	-0. 2559	-0. 3102	0. 0025	0. 0519	432
002209. SZ	广州达意隆包装机械股份有限公司	-0. 2565	-0. 1611	-0. 0506	-0. 0448	433
002111. SZ	威海广泰空港设备股份有限公司	-0. 2581	-0. 1663	-0. 0218	-0. 0700	434
002512. SZ	中山达华智能科技股份有限公司	-0. 2590	-0. 2450	-0. 0630	0. 0491	435
002021. SZ	中捷缝纫机股份有限公司	-0. 2610	0. 0119	-0. 0671	-0. 2058	436
002460. SZ	江西赣锋锂业股份有限公司	-0. 2628	-0. 2129	-0. 0355	-0. 0144	437
002398. SZ	厦门市建筑科学研究院集团股份有限公司	-0. 2673	-0. 0467	-0. 0538	-0. 1669	438
002195. SZ	上海海隆软件股份有限公司	-0. 2685	-0. 3540	0. 0385	0. 0471	439
002219. SZ	甘肃独一味生物制药股份有限公司	-0. 2768	-0. 3085	0. 0567	-0. 0250	440
002458. SZ	山东益生种畜禽股份有限公司	-0. 2771	-0. 1347	-0. 0696	-0. 0728	441
002012. SZ	浙江凯恩特种材料股份有限公司	-0. 2780	-0. 0598	0. 0675	-0. 2856	442
002517. SZ	泰亚鞋业股份有限公司	-0. 2789	-0. 2453	-0. 0276	-0. 0059	443
002159. SZ	武汉三特索道集团股份有限公司	-0. 2795	-0. 2944	-0. 0155	0. 0304	444
002148. SZ	北京北纬通信科技股份有限公司	-0. 2796	-0. 3691	0. 0276	0. 0619	445
002169. SZ	广州智光电气股份有限公司	-0. 2806	-0. 1954	-0. 0465	-0. 0387	446
002421. SZ	深圳达实智能股份有限公司	-0. 2809	-0. 2390	-0. 0380	-0. 0039	447

续表

公司代码	企业全称	基础竞争力	规模竞争力	效率竞争力	增长竞争力	行业内排名
002319. SZ	珠海市乐通化工股份有限公司	-0. 2883	-0. 2055	-0. 0458	-0. 0369	448
002162. SZ	上海斯米克建筑陶瓷股份有限公司	-0. 2906	0. 0108	-0. 0729	-0. 2285	449
002034. SZ	浙江美欣达印染集团股份有限公司	-0. 2984	-0. 0312	-0. 0733	-0. 1939	450
002388. SZ	深圳市新亚电子制程股份有限公司	-0. 3012	-0. 1865	-0. 0417	-0. 0731	451
002360. SZ	山西同德化工股份有限公司	-0. 3021	-0. 2643	-0. 0036	-0. 0342	452
002395. SZ	无锡双象超纤材料股份有限公司	-0. 3052	-0. 1347	-0. 0363	-0. 1342	453
002053. SZ	云南盐化股份有限公司	-0. 3076	0. 0983	-0. 0774	-0. 3284	454
002112. SZ	三变科技股份有限公司	-0. 3083	-0. 0911	-0. 0286	-0. 1885	455
002258. SZ	利尔化学股份有限公司	-0. 3083	-0. 1356	-0. 0426	-0. 1300	456
002469. SZ	山东三维石化工程股份有限公司	-0. 3093	-0. 3477	-0. 0135	0. 0518	457
002190. SZ	四川成飞集成科技股份有限公司	-0. 3094	-0. 2598	-0. 0393	-0. 0102	458
002043. SZ	德华兔宝宝装饰新材股份有限公司	-0. 3103	-0. 0601	-0. 0449	-0. 2052	459
002446. SZ	广东盛路通信科技股份有限公司	-0. 3110	-0. 1988	-0. 0448	-0. 0674	460
002141. SZ	广东蓉胜超微线材股份有限公司	-0. 3120	-0. 1412	-0. 0419	-0. 1289	461
002499. SZ	科林环保装备股份有限公司	-0. 3133	-0. 2553	-0. 0316	-0. 0264	462
002247. SZ	浙江帝龙新材料股份有限公司	-0. 3146	-0. 2694	-0. 0294	-0. 0158	463
002229. SZ	福建鸿博印刷股份有限公司	-0. 3246	-0. 2906	-0. 0169	-0. 0170	464
002017. SZ	东信和平智能卡股份有限公司	-0. 3248	-0. 0571	-0. 0656	-0. 2021	465
002373. SZ	北京联信永益科技股份有限公司	-0. 3252	-0. 1119	-0. 0397	-0. 1735	466
002213. SZ	深圳市特尔佳科技股份有限公司	-0. 3304	-0. 4045	0. 0380	0. 0361	467
002447. SZ	大连壹桥海洋苗业股份有限公司	-0. 3337	-0. 3246	-0. 0308	0. 0217	468
002278. SZ	上海神开石油化工装备股份有限公司	-0. 3369	-0. 0987	-0. 0358	-0. 2025	469
002445. SZ	江阴中南重工股份有限公司	-0. 3404	-0. 1612	-0. 0347	-0. 1446	470
002178. SZ	上海延华智能科技股份有限公司	-0. 3418	-0. 3272	0. 0312	-0. 0459	471
002530. SZ	江苏丰东热技术股份有限公司	-0. 3425	-0. 2757	-0. 0472	-0. 0196	472
002144. SZ	宏达高科控股股份有限公司	-0. 3436	-0. 1942	-0. 0421	-0. 1072	473
002582. SZ	好想你枣业股份有限公司	-0. 3443	-0. 1952	0. 0638	-0. 2129	474
002137. SZ	深圳市实益达科技股份有限公司	-0. 3506	-0. 0176	-0. 0906	-0. 2425	475
002282. SZ	博深工具股份有限公司	-0. 3525	-0. 1624	-0. 0241	-0. 1659	476
002095. SZ	浙江网盛生意宝股份有限公司	-0. 3525	-0. 4169	0. 0052	0. 0592	477
002347. SZ	安徽泰尔重工股份有限公司	-0. 3536	-0. 2417	-0. 0488	-0. 0631	478
002529. SZ	福建海源自动化机械股份有限公司	-0. 3542	-0. 1636	-0. 0521	-0. 1385	479
002390. SZ	贵州信邦制药股份有限公司	-0. 3553	-0. 2027	-0. 0741	-0. 0785	480
002026. SZ	山东威达机械股份有限公司	-0. 3562	-0. 1857	-0. 0514	-0. 1191	481
002374. SZ	山东丽鹏股份有限公司	-0. 3585	-0. 2362	-0. 0437	-0. 0786	482

续表

公司代码	企业全称	基础竞争力	规模竞争力	效率竞争力	增长竞争力	行业内排名
002176. SZ	江西特种电机股份有限公司	-0. 3586	-0. 2269	-0. 0485	-0. 0832	483
002071. SZ	江苏宏宝五金股份有限公司	-0. 3590	-0. 2720	-0. 0738	-0. 0132	484
002569. SZ	浙江步森服饰股份有限公司	-0. 3621	-0. 2965	0. 0317	-0. 0973	485
002370. SZ	浙江亚太药业股份有限公司	-0. 3636	-0. 1755	-0. 0516	-0. 1365	486
002464. SZ	昆山金利表面材料应用科技股份有限公司	-0. 3637	-0. 2024	-0. 0159	-0. 1454	487
002316. SZ	深圳键桥通讯技术股份有限公司	-0. 3654	-0. 2497	-0. 0433	-0. 0724	488
002049. SZ	唐山晶源裕丰电子股份有限公司	-0. 3679	-0. 2831	-0. 0129	-0. 0719	489
002280. SZ	杭州新世纪信息技术股份有限公司	-0. 3690	-0. 3391	-0. 0137	-0. 0162	490
002356. SZ	深圳浩宁达仪表股份有限公司	-0. 3697	-0. 1892	-0. 0959	-0. 0846	491
002562. SZ	兄弟科技股份有限公司	-0. 3712	-0. 2300	0. 0717	-0. 2129	492
002438. SZ	江苏神通阀门股份有限公司	-0. 3724	-0. 2421	-0. 0492	-0. 0811	493
002389. SZ	浙江南洋科技股份有限公司	-0. 3809	-0. 2669	-0. 0118	-0. 1021	494
002057. SZ	中钢集团安徽天源科技股份有限公司	-0. 3809	-0. 3034	-0. 0548	-0. 0227	495
002322. SZ	宁波理工监测科技股份有限公司	-0. 3810	-0. 3085	-0. 0328	-0. 0397	496
002575. SZ	广东群兴玩具股份有限公司	-0. 3893	-0. 3278	0. 1514	-0. 2129	497
002074. SZ	江苏东源电器集团股份有限公司	-0. 3911	-0. 2215	-0. 0457	-0. 1239	498
002578. SZ	福建省闽发铝业股份有限公司	-0. 3913	-0. 2417	0. 0633	-0. 2129	499
002515. SZ	金字火腿股份有限公司	-0. 3941	-0. 3540	-0. 0470	0. 0069	500
002380. SZ	南京科远自动化集团股份有限公司	-0. 3954	-0. 2736	-0. 0475	-0. 0743	501
002120. SZ	宁波新海电气股份有限公司	-0. 3987	-0. 1271	-0. 0600	-0. 2116	502
002504. SZ	江苏东光微电子股份有限公司	-0. 4025	-0. 3359	-0. 0608	-0. 0058	503
002492. SZ	珠海恒基达鑫国际化工仓储股份有限公司	-0. 4044	-0. 3439	-0. 0184	-0. 0422	504
002193. SZ	山东济宁如意毛纺织股份有限公司	-0. 4067	-0. 1522	-0. 0526	-0. 2019	505
002580. SZ	山东圣阳电源股份有限公司	-0. 4127	-0. 2167	0. 0168	-0. 2129	506
002214. SZ	浙江大立科技股份有限公司	-0. 4160	-0. 3436	0. 0042	-0. 0766	507
002451. SZ	上海摩恩电气股份有限公司	-0. 4191	-0. 2423	-0. 0214	-0. 1554	508
002337. SZ	天津赛象科技股份有限公司	-0. 4249	-0. 0486	-0. 0479	-0. 3283	509
002027. SZ	七喜控股股份有限公司	-0. 4272	0. 0349	0. 0153	-0. 4774	510
002558. SZ	重庆新世纪游轮股份有限公司	-0. 4295	-0. 4916	0. 1048	-0. 0427	511
002473. SZ	宁波圣莱达电器股份有限公司	-0. 4328	-0. 3687	-0. 0333	-0. 0307	512
002349. SZ	南通精华制药股份有限公司	-0. 4428	-0. 3022	-0. 0265	-0. 1140	513
002520. SZ	浙江日发数码精密机械股份有限公司	-0. 4453	-0. 2681	-0. 0310	-0. 1462	514
002359. SZ	山东齐星铁塔科技股份有限公司	-0. 4469	-0. 2191	-0. 0649	-0. 1629	515
002467. SZ	二六三网络通信股份有限公司	-0. 4497	-0. 1901	-0. 0265	-0. 2330	516
002199. SZ	浙江东晶电子股份有限公司	-0. 4546	-0. 3822	-0. 0197	-0. 0526	517

续表

公司代码	企业全称	基础竞争力	规模竞争力	效率竞争力	增长竞争力	行业内排名
002235. SZ	厦门安妮股份有限公司	-0.4686	-0.1950	-0.0842	-0.1894	518
002338. SZ	长春奥普光电技术股份有限公司	-0.4853	-0.3443	-0.0425	-0.0985	519
002383. SZ	北京合众思壮科技股份有限公司	-0.4867	-0.0905	-0.0740	-0.3222	520
002023. SZ	四川海特高新技术股份有限公司	-0.4873	-0.2771	-0.0532	-0.1569	521
002365. SZ	潜江永安药业股份有限公司	-0.4875	-0.1891	-0.0578	-0.2406	522
002279. SZ	北京久其软件股份有限公司	-0.4897	-0.3555	-0.0465	-0.0877	523
002323. SZ	江苏中联电气股份有限公司	-0.5005	-0.2711	-0.0277	-0.2017	524
002428. SZ	云南临沧鑫圆锗业股份有限公司	-0.5006	-0.2660	-0.0457	-0.1888	525
002549. SZ	湖南凯美特气体股份有限公司	-0.5015	-0.5712	0.0739	-0.0041	526
002044. SZ	江苏三友集团股份有限公司	-0.5061	-0.2376	-0.0413	-0.2271	527
002256. SZ	深圳市彩虹精细化工股份有限公司	-0.5071	-0.2503	-0.0793	-0.1775	528
002357. SZ	四川富临运业集团股份有限公司	-0.5126	-0.3845	-0.0347	-0.0933	529
002452. SZ	湖南长高高压开关集团股份公司 .	-0.5140	-0.2038	-0.0573	-0.2529	530
002196. SZ	浙江方正电机股份有限公司	-0.5140	-0.2873	-0.0509	-0.1759	531
002200. SZ	云南绿大地生物科技股份有限公司	-0.5151	-0.2745	-0.0264	-0.2142	532
002265. SZ	云南西仪工业股份有限公司	-0.5175	-0.2076	-0.1022	-0.2077	533
002432. SZ	天津九安医疗电子股份有限公司	-0.5187	-0.2551	-0.0985	-0.1650	534
002231. SZ	奥维通信股份有限公司	-0.5268	-0.3488	-0.0514	-0.1266	535
002222. SZ	福建福晶科技股份有限公司	-0.5336	-0.3564	-0.0075	-0.1698	536
002201. SZ	江苏九鼎新材料股份有限公司	-0.5344	-0.2436	-0.0752	-0.2156	537
002466. SZ	四川天齐锂业股份有限公司	-0.5526	-0.2182	-0.0720	-0.2624	538
002553. SZ	江苏南方轴承股份有限公司	-0.5534	-0.5164	0.0644	-0.1014	539
002189. SZ	利达光电股份有限公司	-0.5579	-0.2498	-0.0922	-0.2159	540
002297. SZ	湖南博云新材料股份有限公司	-0.5586	-0.3461	-0.0736	-0.1390	541
002346. SZ	上海柘中建设股份有限公司	-0.5690	-0.2362	-0.0647	-0.2682	542
002364. SZ	杭州中恒电气股份有限公司	-0.5696	-0.3351	-0.0457	-0.1887	543
002270. SZ	山东法因数控机械股份有限公司	-0.5742	-0.2878	-0.0785	-0.2079	544
002579. SZ	惠州中京电子科技股份有限公司	-0.5839	-0.3988	0.0278	-0.2129	545
002260. SZ	广东伊立浦电器股份有限公司	-0.5890	-0.2054	-0.0769	-0.3067	546
002253. SZ	四川川大智胜软件股份有限公司	-0.5892	-0.4671	-0.0218	-0.1004	547
002173. SZ	浙江山下湖珍珠集团股份有限公司	-0.5913	-0.3279	-0.0303	-0.2331	548
002036. SZ	宁波宜科科技实业股份有限公司	-0.5997	-0.2928	-0.0813	-0.2256	549
002072. SZ	山东德棉股份有限公司	-0.6232	-0.2115	-0.0743	-0.3374	550
002181. SZ	广东九州阳光传媒股份有限公司	-0.6314	-0.1834	-0.1020	-0.3460	551
002354. SZ	大连科冕木业股份有限公司	-0.6405	-0.3358	-0.0709	-0.2337	552

续表

公司代码	企业全称	基础竞争力	规模竞争力	效率竞争力	增长竞争力	行业内排名
002573. SZ	北京国电清新环保技术股份有限公司	-0. 6631	-0. 3113	0. 0285	-0. 3803	553
002568. SZ	上海百润香精香料股份有限公司	-0. 6752	-0. 6818	0. 2195	-0. 2129	554
002040. SZ	南京港股份有限公司	-0. 6866	-0. 4284	-0. 0769	-0. 1813	555
002174. SZ	梅花伞业股份有限公司	-0. 6878	-0. 4023	-0. 0796	-0. 2059	556
002033. SZ	丽江玉龙旅游股份有限公司	-0. 6921	-0. 3783	-0. 0753	-0. 2385	557
002180. SZ	珠海万力达电气股份有限公司	-0. 7009	-0. 4972	-0. 0398	-0. 1640	558
002288. SZ	广东超华科技股份有限公司	-0. 7096	-0. 3877	-0. 0932	-0. 2287	559
002076. SZ	广东雪莱特光电科技股份有限公司	-0. 7099	-0. 3273	-0. 0884	-0. 2942	560
002227. SZ	深圳奥特迅电力设备股份有限公司	-0. 7281	-0. 3827	-0. 0713	-0. 2741	561
002188. SZ	浙江新嘉联电子股份有限公司	-0. 7282	-0. 3752	-0. 0937	-0. 2594	562
002145. SZ	中核华原钛白股份有限公司	-0. 7703	-0. 3736	-0. 0685	-0. 3283	563
002239. SZ	江苏金飞达服装股份有限公司	-0. 8351	-0. 2620	-0. 1000	-0. 4730	564
002059. SZ	云南旅游股份有限公司	-0. 8426	-0. 3087	-0. 0522	-0. 4817	565
002058. SZ	上海威尔泰工业自动化股份有限公司	-0. 8509	-0. 6371	-0. 0341	-0. 1797	566
002198. SZ	广东嘉应制药股份有限公司	-0. 8570	-0. 6680	-0. 0231	-0. 1659	567
002052. SZ	深圳市同洲电子股份有限公司	-0. 8784	-0. 2406	-0. 1369	-0. 5008	568
002175. SZ	桂林广陆数字测控股份有限公司	-1. 0057	-0. 5966	-0. 0888	-0. 3203	569
002143. SZ	四川高金食品股份有限公司	-1. 0273	-0. 3560	-0. 1189	-0. 5524	570
002047. SZ	深圳成霖洁具股份有限公司	-1. 1213	-0. 3631	-0. 1362	-0. 6220	571
002114. SZ	云南罗平锌电股份有限公司	-1. 1366	-0. 4793	-0. 0824	-0. 5749	572
002102. SZ	福建冠福现代家用股份有限公司	-1. 1495	-0. 5651	-0. 1708	-0. 4137	573
002134. SZ	天津普林电路股份有限公司	-1. 1968	-0. 5815	-0. 1422	-0. 4731	574
002018. SZ	安徽华星化工股份有限公司	-1. 2603	-0. 5097	-0. 1860	-0. 5645	575
002207. SZ	新疆准东石油技术股份有限公司	-1. 2838	-0. 7555	-0. 0949	-0. 4335	576
002002. SZ	江苏琼花高科技股份有限公司	-1. 6175	-1. 0444	-0. 3096	-0. 2635	577
002019. SZ	浙江杭州鑫富药业股份有限公司	-1. 6951	-0. 6566	-0. 2945	-0. 7440	578
002107. SZ	山东沃华医药科技股份有限公司	-1. 9135	-0. 9607	-0. 2907	-0. 6621	579
002166. SZ	桂林莱茵生物科技股份有限公司	-1. 9264	-1. 0950	-0. 1690	-0. 6625	580
002113. SZ	湖南天润实业控股股份有限公司	-2. 3663	-1. 0582	-0. 5710	-0. 7371	581

B.23 2011 年创业板公司基础竞争力监测标准值

公司代码	企业全称	基础竞争力	规模竞争力	效率竞争力	增长竞争力	行业内排名
300111. SZ	浙江向日葵光能科技股份有限公司	2. 0831	1. 0753	0. 3033	0. 7045	1
300118. SZ	东方日升新能源股份有限公司	2. 0198	1. 1478	0. 1973	0. 6746	2
300082. SZ	辽宁奥克化学股份有限公司	1. 3138	1. 0248	0. 0486	0. 2404	3
300022. SZ	吉峰农机连锁股份有限公司	1. 2732	0. 7243	0. 0038	0. 5451	4
300194. SZ	重庆福安药业(集团)股份有限公司	1. 2564	0. 2183	0. 4456	0. 5925	5
300203. SZ	聚光科技(杭州)股份有限公司	1. 1591	0. 4787	0. 1361	0. 5443	6
300125. SZ	大连易世达新能源发展股份有限公司	1. 1158	0. 2931	0. 0216	0. 8012	7
300080. SZ	河南新大新材料股份有限公司	1. 0829	0. 7709	-0. 0931	0. 4050	8
300077. SZ	国民技术股份有限公司	1. 0639	0. 7031	-0. 0968	0. 4575	9
300003. SZ	乐普(北京)医疗器械股份有限公司	0. 9831	0. 8607	0. 1225	-0. 0002	10
300050. SZ	珠海世纪鼎利通信科技股份有限公司	0. 9557	0. 5387	-0. 0498	0. 4669	11
300027. SZ	华谊兄弟传媒股份有限公司	0. 9382	0. 7152	0. 0686	0. 1544	12
300134. SZ	深圳市大富科技股份有限公司	0. 9360	0. 8391	-0. 0663	0. 1633	13
300214. SZ	山东日科化学股份有限公司	0. 8584	0. 2539	0. 4511	0. 1534	14
300124. SZ	深圳市汇川技术股份有限公司	0. 8544	0. 7290	-0. 0709	0. 1962	15
300190. SZ	江苏维尔利环保科技股份有限公司	0. 8358	-0. 3762	0. 3420	0. 8700	16
300002. SZ	北京神州泰岳软件股份有限公司	0. 8149	0. 9063	-0. 0606	-0. 0307	17
300142. SZ	云南沃森生物技术股份有限公司	0. 7340	0. 4686	-0. 1565	0. 4218	18
300154. SZ	深圳市瑞凌实业股份有限公司	0. 6784	0. 3911	-0. 0832	0. 3705	19
300171. SZ	上海东富龙科技股份有限公司	0. 6512	0. 2835	0. 3212	0. 0465	20
300197. SZ	深圳市铁汉生态环境股份有限公司	0. 6508	-0. 0074	0. 3350	0. 3231	21
300185. SZ	通裕重工股份有限公司	0. 6336	0. 7571	0. 0097	-0. 1332	22
300122. SZ	重庆智飞生物制品股份有限公司	0. 6175	0. 7845	0. 0244	-0. 1915	23
300001. SZ	青岛特锐德电气股份有限公司	0. 6024	0. 3949	-0. 0661	0. 2736	24
300144. SZ	杭州宋城旅游发展股份有限公司	0. 5896	0. 5437	-0. 0943	0. 1403	25
300135. SZ	江苏宝利沥青股份有限公司	0. 5802	0. 4792	0. 0842	0. 0168	26
300183. SZ	青岛东软载波科技股份有限公司	0. 5800	-0. 0768	0. 5045	0. 1523	27

续表

公司代码	企业全称	基础竞争力	规模竞争力	效率竞争力	增长竞争力	行业内排名
300055. SZ	北京万邦达环保技术股份有限公司	0. 5783	0. 0897	-0. 2055	0. 6940	28
300133. SZ	浙江华策影视股份有限公司	0. 5667	0. 1843	0. 1261	0. 2563	29
300138. SZ	晨光生物科技集团股份有限公司	0. 5431	0. 2776	0. 0677	0. 1978	30
300128. SZ	苏州锦富新材料股份有限公司	0. 5405	0. 4665	0. 0281	0. 0459	31
300156. SZ	天立环保工程股份有限公司	0. 5334	0. 2541	0. 0126	0. 2668	32
300015. SZ	爱尔眼科医院集团股份有限公司	0. 5276	0. 5829	-0. 1060	0. 0508	33
300102. SZ	厦门乾照光电股份有限公司	0. 5031	0. 3295	-0. 0961	0. 2697	34
300193. SZ	深圳市佳士科技股份有限公司	0. 5014	0. 2234	0. 1893	0. 0888	35
300146. SZ	广东汤臣倍健生物科技股份有限公司	0. 4852	0. 2701	-0. 1585	0. 3736	36
300157. SZ	恒泰艾普石油天然气技术服务股份有限公司	0. 4772	0. 0479	-0. 0537	0. 4830	37
300070. SZ	北京碧水源科技股份有限公司	0. 4481	0. 6205	-0. 1459	-0. 0265	38
300113. SZ	杭州顺网科技股份有限公司	0. 4316	-0. 2732	-0. 1522	0. 8571	39
300048. SZ	北京合康亿盛变频科技股份有限公司	0. 4283	0. 3021	-0. 1105	0. 2367	40
300186. SZ	广东大华农动物保健品股份有限公司	0. 4211	0. 4082	0. 1715	-0. 1586	41
300158. SZ	山西振东制药股份有限公司	0. 4182	0. 5649	-0. 1618	0. 0151	42
300068. SZ	浙江南都电源动力股份有限公司	0. 4163	0. 7051	-0. 1156	-0. 1732	43
300129. SZ	上海泰胜风能装备股份有限公司	0. 4033	0. 4292	-0. 0305	0. 0045	44
300182. SZ	北京捷成世纪科技股份有限公司	0. 4018	-0. 1191	0. 2530	0. 2678	45
300204. SZ	舒泰神(北京)生物制药股份有限公司	0. 3998	-0. 4134	0. 2754	0. 5378	46
300100. SZ	宁波双林汽车部件股份有限公司	0. 3884	0. 4590	-0. 0332	-0. 0374	47
300039. SZ	上海凯宝药业股份有限公司	0. 3847	0. 4720	-0. 0634	-0. 0239	48
300083. SZ	东莞劲胜精密组件股份有限公司	0. 3791	0. 4699	-0. 1563	0. 0655	49
300020. SZ	银江股份有限公司	0. 3786	0. 2699	-0. 0199	0. 1286	50
300094. SZ	湛江国联水产开发股份有限公司	0. 3782	0. 5920	0. 0039	-0. 2178	51
300086. SZ	海南康芝药业股份有限公司	0. 3581	0. 3637	-0. 1298	0. 1242	52
300088. SZ	芜湖长信科技股份有限公司	0. 3481	0. 3869	-0. 0614	0. 0226	53
300136. SZ	深圳市信维通信股份有限公司	0. 3274	-0. 2732	-0. 0679	0. 6685	54
300198. SZ	福建纳川管材科技股份有限公司	0. 3193	-0. 2858	0. 2360	0. 3691	55
300026. SZ	天津红日药业股份有限公司	0. 2973	0. 3055	-0. 0769	0. 0687	56
300104. SZ	乐视网信息技术(北京)股份有限公司	0. 2809	0. 0260	-0. 1087	0. 3636	57
300024. SZ	沈阳新松机器人自动化股份有限公司	0. 2708	0. 4103	-0. 0718	-0. 0677	58
300037. SZ	深圳新宙邦科技股份有限公司	0. 2667	0. 3070	-0. 0485	0. 0082	59
300189. SZ	海南神农大丰种业科技股份有限公司	0. 2599	0. 0253	0. 0661	0. 1686	60
300145. SZ	杭州南方特种泵业股份有限公司	0. 2228	0. 3066	-0. 0717	-0. 0120	61
300005. SZ	北京探路者户外用品股份有限公司	0. 2100	0. 0529	-0. 0280	0. 1851	62
300196. SZ	江苏长海复合材料股份有限公司	0. 2048	-0. 0811	0. 1823	0. 1035	63
300043. SZ	广东星辉车模股份有限公司	0. 1911	0. 0195	0. 0200	0. 1516	64
300132. SZ	福建青松股份有限公司	0. 1873	0. 0310	0. 0939	0. 0624	65
300155. SZ	广东安居宝数码科技股份有限公司	0. 1804	0. 0152	-0. 1522	0. 3174	66

续表

公司代码	企业全称	基础竞争力	规模竞争力	效率竞争力	增长竞争力	行业内排名
300079. SZ	北京数码视讯科技股份有限公司	0. 1678	0. 4313	-0. 1269	-0. 1365	67
300115. SZ	深圳市长盈精密技术股份有限公司	0. 1617	0. 3222	-0. 1468	-0. 0137	68
300160. SZ	江苏秀强玻璃工艺股份有限公司	0. 1585	0. 0884	0. 1333	-0. 0631	69
300041. SZ	湖北回天胶业股份有限公司	0. 1500	0. 2291	-0. 0409	-0. 0382	70
300159. SZ	新疆机械研究院股份有限公司	0. 1481	-0. 0511	-0. 1127	0. 3119	71
300072. SZ	北京三聚环保新材料股份有限公司	0. 1354	0. 1590	-0. 1114	0. 0877	72
300166. SZ	北京东方国信科技股份有限公司	0. 1347	-0. 5639	0. 3661	0. 3324	73
300029. SZ	江苏华盛天龙光电设备股份有限公司	0. 1306	0. 3041	-0. 0337	-0. 1399	74
300218. SZ	安徽安利合成革股份有限公司	0. 1283	0. 2658	0. 1930	-0. 3305	75
300078. SZ	杭州中瑞思创科技股份有限公司	0. 1207	0. 1789	0. 0342	-0. 0925	76
300195. SZ	天津长荣印刷设备股份有限公司	0. 1161	-0. 0205	0. 2741	-0. 1374	77
300165. SZ	江苏天瑞仪器股份有限公司	0. 1024	-0. 0808	0. 2501	-0. 0668	78
300057. SZ	汕头万顺包装材料股份有限公司	0. 0849	0. 3829	-0. 0865	-0. 2116	79
300011. SZ	北京鼎汉技术股份有限公司	0. 0813	0. 0458	-0. 0832	0. 1187	80
300105. SZ	烟台龙源电力技术股份有限公司	0. 0738	0. 3922	-0. 1130	-0. 2055	81
300175. SZ	朗源股份有限公司	0. 0653	-0. 0901	0. 3211	-0. 1658	82
300217. SZ	镇江东方电热科技股份有限公司	0. 0642	0. 2315	0. 1633	-0. 3305	83
300073. SZ	北京当升材料科技股份有限公司	0. 0629	0. 1944	-0. 0325	-0. 0990	84
300147. SZ	广州市香雪制药股份有限公司	0. 0623	0. 3107	-0. 1645	-0. 0840	85
300180. SZ	上海华峰超纤材料股份有限公司	0. 0538	0. 1171	0. 1773	-0. 2407	86
300119. SZ	天津瑞普生物技术股份有限公司	0. 0419	0. 2762	-0. 1583	-0. 0759	87
300170. SZ	上海汉得信息技术股份有限公司	0. 0417	-0. 0569	0. 2424	-0. 1438	88
300117. SZ	北京嘉寓门窗幕墙股份有限公司	0. 0213	0. 3742	-0. 1322	-0. 2207	89
300058. SZ	北京蓝色光标品牌管理顾问股份有限公司	0. 0158	0. 1999	-0. 0783	-0. 1057	90
300091. SZ	江苏金通灵流体机械科技股份有限公司	0. 0136	0. 2281	-0. 1080	-0. 1064	91
300010. SZ	北京立思辰科技股份有限公司	0. 0102	0. 1626	-0. 0908	-0. 0615	92
300012. SZ	深圳市华测检测技术股份有限公司	-0. 0090	0. 1020	-0. 0841	-0. 0270	93
300064. SZ	郑州华晶金刚石股份有限公司	-0. 0243	0. 0904	-0. 1462	0. 0316	94
300205. SZ	武汉天喻信息产业股份有限公司	-0. 0292	0. 0060	0. 0692	-0. 1044	95
300206. SZ	深圳市理邦精密仪器股份有限公司	-0. 0295	-0. 0855	0. 3866	-0. 3305	96
300153. SZ	上海科泰电源股份有限公司	-0. 0342	0. 1147	-0. 0190	-0. 1299	97
300126. SZ	上海锐奇工具股份有限公司	-0. 0353	0. 1145	-0. 0995	-0. 0503	98
300090. SZ	安徽盛运机械股份有限公司	-0. 0383	0. 1123	-0. 1817	0. 0312	99
300004. SZ	南方风机股份有限公司	-0. 0421	0. 0672	-0. 1119	0. 0027	100
300101. SZ	成都国腾电子技术股份有限公司	-0. 0464	-0. 0602	-0. 1045	0. 1183	101
300110. SZ	青岛华仁药业股份有限公司	-0. 0488	0. 1681	-0. 1378	-0. 0791	102
300207. SZ	欣旺达电子股份有限公司	-0. 0496	0. 1963	0. 0847	-0. 3305	103
300191. SZ	潜能恒信能源技术股份有限公司	-0. 0508	-0. 4170	0. 4700	-0. 1038	104
300150. SZ	北京世纪瑞尔技术股份有限公司	-0. 0546	0. 0409	-0. 1349	0. 0394	105

续表

公司代码	企业全称	基础竞争力	规模竞争力	效率竞争力	增长竞争力	行业内排名
300178. SZ	深圳市腾邦国际票务股份有限公司	-0. 0557	-0. 1596	0. 1695	-0. 0657	106
300107. SZ	河北建新化工股份有限公司	-0. 0719	-0. 0017	-0. 0463	-0. 0239	107
300120. SZ	天津经纬电材股份有限公司	-0. 0749	-0. 0225	0. 0913	-0. 1437	108
300164. SZ	西安通源石油科技股份有限公司	-0. 0822	-0. 0815	0. 1055	-0. 1062	109
300220. SZ	武汉金运激光股份有限公司	-0. 0981	-0. 7441	0. 3806	0. 2654	110
300168. SZ	万达信息股份有限公司	-0. 1003	0. 0114	0. 0558	-0. 1675	111
300177. SZ	广州中海达卫星导航技术股份有限公司	-0. 1019	-0. 2914	0. 1885	0. 0010	112
300219. SZ	广州市鸿利光电股份有限公司	-0. 1033	-0. 0217	0. 2490	-0. 3305	113
300151. SZ	深圳市昌红模具科技股份有限公司	-0. 1073	-0. 0967	-0. 0106	0. 0000	114
300106. SZ	新疆西部牧业股份有限公司	-0. 1098	-0. 1675	-0. 1456	0. 2033	115
300221. SZ	广东银禧科技股份有限公司	-0. 1162	0. 0847	0. 1296	-0. 3305	116
300033. SZ	浙江核新同花顺网络信息股份有限公司	-0. 1182	0. 0815	-0. 1455	-0. 0542	117
300046. SZ	湖北台基半导体股份有限公司	-0. 1296	0. 0795	-0. 1054	-0. 1037	118
300127. SZ	成都银河磁体股份有限公司	-0. 1323	0. 0491	0. 0106	-0. 1920	119
300131. SZ	深圳市英唐智能控制股份有限公司	-0. 1331	-0. 1364	-0. 0521	0. 0554	120
300071. SZ	北京华谊嘉信整合营销顾问股份有限公司	-0. 1381	-0. 0213	-0. 0328	-0. 0839	121
300188. SZ	厦门市美亚柏科信息股份有限公司	-0. 1397	-0. 4402	0. 2612	0. 0392	122
300162. SZ	深圳雷曼光电科技股份有限公司	-0. 1440	-0. 4353	0. 2855	0. 0058	123
300040. SZ	哈尔滨九洲电气股份有限公司	-0. 1440	0. 1378	-0. 1630	-0. 1188	124
300152. SZ	徐州燃控科技股份有限公司	-0. 1517	0. 0057	-0. 1388	-0. 0186	125
300066. SZ	江西三川水表股份有限公司	-0. 1535	0. 1379	-0. 1284	-0. 1630	126
300025. SZ	杭州华星创业通信技术股份有限公司	-0. 1602	-0. 2170	-0. 0174	0. 0741	127
300192. SZ	苏州科斯伍德油墨股份有限公司	-0. 1673	-0. 3713	0. 2030	0. 0010	128
300014. SZ	惠州亿纬锂能股份有限公司	-0. 1686	-0. 0162	-0. 0416	-0. 1109	129
300216. SZ	湖南千山制药机械股份有限公司	-0. 1715	-0. 3282	0. 1585	-0. 0018	130
300184. SZ	武汉力源信息技术股份有限公司	-0. 1806	-0. 4498	0. 3069	-0. 0377	131
300008. SZ	上海佳豪船舶工程设计股份有限公司	-0. 1846	-0. 1300	-0. 0417	-0. 0129	132
300176. SZ	广东鸿特精密技术股份有限公司	-0. 1850	-0. 1853	0. 1080	-0. 1077	133
300213. SZ	北京佳讯飞鸿电气股份有限公司	-0. 2036	-0. 1975	0. 1296	-0. 1358	134
300199. SZ	深圳翰宇药业股份有限公司	-0. 2046	-0. 4394	0. 2439	-0. 0091	135
300187. SZ	湖南永清环保股份有限公司	-0. 2154	-0. 3009	0. 2102	-0. 1247	136
300130. SZ	深圳市新国都技术股份有限公司	-0. 2154	-0. 0704	-0. 1609	0. 0159	137
300017. SZ	网宿科技股份有限公司	-0. 2210	-0. 0394	-0. 1473	-0. 0343	138
300137. SZ	河北先河环保科技股份有限公司	-0. 2213	-0. 1893	-0. 1545	0. 1225	139
300169. SZ	常州天晟新材料股份有限公司	-0. 2296	-0. 1068	0. 0496	-0. 1724	140
300114. SZ	中航电测仪器股份有限公司	-0. 2377	-0. 0122	-0. 0893	-0. 1362	141
300059. SZ	东方财富信息股份有限公司	-0. 2405	0. 0070	-0. 2166	-0. 0309	142
300089. SZ	广东长城集团股份有限公司	-0. 2417	-0. 0852	-0. 0033	-0. 1532	143
300140. SZ	西安启源机电装备股份有限公司	-0. 2444	-0. 0183	-0. 1084	-0. 1177	144

续表

公司代码	企业全称	基础竞争力	规模竞争力	效率竞争力	增长竞争力	行业内排名
300139. SZ	北京福星晓程电子科技股份有限公司	-0. 2529	-0. 0125	-0. 1118	-0. 1286	145
300054. SZ	湖北鼎龙化学股份有限公司	-0. 2583	-0. 1393	0. 1098	-0. 2288	146
300062. SZ	福建中能电气股份有限公司	-0. 2616	-0. 0600	-0. 1421	-0. 0595	147
300181. SZ	浙江佐力药业股份有限公司	-0. 2709	-0. 2655	0. 0367	-0. 0421	148
300045. SZ	北京华力创通科技股份有限公司	-0. 2742	-0. 1350	-0. 1011	-0. 0381	149
300161. SZ	武汉华中数控股份有限公司	-0. 2753	-0. 0566	0. 0338	-0. 2525	150
300006. SZ	重庆莱美药业股份有限公司	-0. 2781	-0. 0258	-0. 1641	-0. 0882	151
300123. SZ	太阳鸟游艇股份有限公司	-0. 2812	-0. 1916	-0. 1929	0. 1033	152
300167. SZ	深圳市迪威视讯股份有限公司	-0. 2833	-0. 3749	0. 1314	-0. 0398	153
300163. SZ	宁波先锋新材料股份有限公司	-0. 2880	-0. 5464	0. 0698	0. 1886	154
300148. SZ	湖南天舟科教文化股份有限公司	-0. 3003	-0. 2883	-0. 0958	0. 0838	155
300031. SZ	无锡宝通带业股份有限公司	-0. 3038	-0. 0426	-0. 0900	-0. 1712	156
300172. SZ	南京中电环保股份有限公司	-0. 3051	-0. 2292	0. 1556	-0. 2315	157
300093. SZ	广东金刚玻璃科技股份有限公司	-0. 3110	-0. 0545	-0. 1018	-0. 1547	158
300009. SZ	安徽安科生物工程(集团)股份有限公司	-0. 3252	-0. 1369	-0. 0838	-0. 1045	159
300143. SZ	广东星河生物科技股份有限公司	-0. 3327	-0. 2360	-0. 1821	0. 0854	160
300099. SZ	山东省尤洛卡自动化装备股份有限公司	-0. 3396	-0. 2608	-0. 1057	0. 0269	161
300047. SZ	深圳天源迪科信息技术股份有限公司	-0. 3425	0. 0247	-0. 1851	-0. 1821	162
300179. SZ	河南四方达超硬材料股份有限公司	-0. 3533	-0. 5632	0. 2665	-0. 0566	163
300034. SZ	北京钢研高纳科技股份有限公司	-0. 3554	0. 0011	-0. 1287	-0. 2278	164
300200. SZ	北京高盟新材料股份有限公司	-0. 3561	-0. 2554	0. 2299	-0. 3305	165
300076. SZ	宁波 GQY 视讯股份有限公司	-0. 3573	-0. 0296	-0. 1645	-0. 1632	166
300173. SZ	中山市松德包装机械股份有限公司	-0. 3742	-0. 3026	0. 0480	-0. 1196	167
300019. SZ	成都硅宝科技股份有限公司	-0. 3749	-0. 2455	-0. 0647	-0. 0646	168
300007. SZ	河南汉威电子股份有限公司	-0. 3752	-0. 2554	-0. 1007	-0. 0190	169
300036. SZ	北京超图软件股份有限公司	-0. 3761	-0. 2043	-0. 1503	-0. 0215	170
300087. SZ	安徽荃银高科种业股份有限公司	-0. 3894	-0. 2957	-0. 0208	-0. 0729	171
300211. SZ	江苏亿通高科技股份有限公司	-0. 3907	-0. 4227	0. 1444	-0. 1124	172
300222. SZ	上海科大智能科技股份有限公司	-0. 3924	-0. 4980	0. 4362	-0. 3305	173
300095. SZ	江西华伍制动器股份有限公司	-0. 3931	-0. 1348	-0. 1705	-0. 0878	174
300081. SZ	恒信移动商务股份有限公司	-0. 3931	0. 1399	-0. 2265	-0. 3064	175
300121. SZ	山东阳谷华泰化工股份有限公司	-0. 4019	-0. 1923	-0. 0404	-0. 1693	176
300032. SZ	金龙机电股份有限公司	-0. 4039	-0. 1204	-0. 1068	-0. 1767	177
300038. SZ	北京梅泰诺通信技术股份有限公司	-0. 4062	-0. 2567	-0. 1844	0. 0348	178
300174. SZ	福建元力活性炭股份有限公司	-0. 4092	-0. 6391	0. 2823	-0. 0524	179
300049. SZ	内蒙古福瑞中蒙药科技股份有限公司	-0. 4131	-0. 1510	-0. 1225	-0. 1396	180
300065. SZ	北京海兰信数据科技股份有限公司	-0. 4242	-0. 2965	-0. 0999	-0. 0278	181
300103. SZ	西安达刚路面机械股份有限公司	-0. 4455	-0. 2225	-0. 0866	-0. 1365	182
300028. SZ	成都金亚科技股份有限公司	-0. 4460	-0. 1110	-0. 1473	-0. 1876	183

续表

公司代码	企业全称	基础竞争力	规模竞争力	效率竞争力	增长竞争力	行业内排名
300021. SZ	甘肃大禹节水集团股份有限公司	-0. 4547	-0. 2091	-0. 1695	-0. 0761	184
300035. SZ	湖南中科电气股份有限公司	-0. 4577	-0. 2047	-0. 1628	-0. 0903	185
300052. SZ	深圳中青宝互动网络股份有限公司	-0. 4750	-0. 4757	-0. 2423	0. 2430	186
300141. SZ	苏州工业园区和顺电气股份有限公司	-0. 4885	-0. 3427	-0. 0560	-0. 0898	187
300209. SZ	江苏天泽信息产业股份有限公司	-0. 5189	-0. 4175	0. 2292	-0. 3305	188
300053. SZ	珠海欧比特控制工程股份有限公司	-0. 5281	-0. 3405	-0. 0676	-0. 1200	189
300030. SZ	广州阳普医疗科技股份有限公司	-0. 5348	-0. 3610	-0. 1143	-0. 0595	190
300109. SZ	博爱新开源制药股份有限公司	-0. 5385	-0. 4952	-0. 0184	-0. 0249	191
300112. SZ	深圳万讯自控股份有限公司	-0. 5390	-0. 3919	0. 0432	-0. 1903	192
300075. SZ	北京数字政通科技股份有限公司	-0. 5428	-0. 3255	-0. 1786	-0. 0387	193
300098. SZ	广东高新兴通信股份有限公司	-0. 5511	-0. 2100	-0. 1986	-0. 1425	194
300215. SZ	苏州电器科学研究院股份有限公司	-0. 5620	-0. 2487	0. 0173	-0. 3305	195
300096. SZ	易联众信息技术股份有限公司	-0. 5843	-0. 3040	-0. 1693	-0. 1111	196
300212. SZ	北京易华录信息技术股份有限公司	-0. 5861	-0. 3399	0. 0843	-0. 3305	197
300201. SZ	徐州海伦哲专用车辆股份有限公司	-0. 6096	-0. 3003	0. 0212	-0. 3305	198
300149. SZ	江门量子高科生物股份有限公司	-0. 6159	-0. 4102	-0. 1348	-0. 0708	199
300056. SZ	厦门三维丝环保股份有限公司	-0. 6249	-0. 4963	-0. 1129	-0. 0157	200
300208. SZ	青岛市恒顺电气股份有限公司	-0. 6257	-0. 3919	0. 0968	-0. 3305	201
300044. SZ	深圳市赛为智能股份有限公司	-0. 6408	-0. 3815	-0. 1445	-0. 1148	202
300051. SZ	厦门三五互联科技股份有限公司	-0. 6411	-0. 2974	-0. 1709	-0. 1727	203
300202. SZ	辽宁聚龙金融设备股份有限公司	-0. 6581	-0. 5026	0. 1751	-0. 3305	204
300016. SZ	北京北陆药业股份有限公司	-0. 6648	-0. 2633	-0. 0741	-0. 3274	205
300092. SZ	四川科新机电股份有限公司	-0. 6672	-0. 2998	-0. 1789	-0. 1885	206
300074. SZ	上海华平信息技术股份有限公司	-0. 6897	-0. 3250	-0. 1807	-0. 1840	207
300097. SZ	大连智云自动化装备股份有限公司	-0. 6943	-0. 4542	-0. 1480	-0. 0922	208
300063. SZ	广东天龙油墨集团股份有限公司	-0. 7018	-0. 2452	-0. 2126	-0. 2439	209
300013. SZ	江苏新宁现代物流股份有限公司	-0. 7098	-0. 4414	-0. 0941	-0. 1743	210
300210. SZ	鞍山森远路桥股份有限公司	-0. 7290	-0. 5143	0. 1158	-0. 3305	211
300018. SZ	武汉中元华电科技股份有限公司	-0. 7817	-0. 3113	-0. 1565	-0. 3139	212
300067. SZ	上海安诺其纺织化工股份有限公司	-0. 7866	-0. 3136	-0. 1877	-0. 2854	213
300108. SZ	通化双龙化工股份有限公司	-0. 7891	-0. 5843	-0. 1385	-0. 0663	214
300069. SZ	浙江金利华电气股份有限公司	-0. 8251	-0. 4751	-0. 1551	-0. 1949	215
300061. SZ	上海康耐特光学股份有限公司	-0. 8406	-0. 5651	-0. 0443	-0. 2311	216
300085. SZ	深圳市银之杰科技股份有限公司	-0. 8808	-0. 5021	-0. 1749	-0. 2039	217
300116. SZ	陕西坚瑞消防股份有限公司	-0. 8874	-0. 5291	-0. 1768	-0. 1815	218
300042. SZ	深圳市朗科科技股份有限公司	-0. 9294	-0. 3313	-0. 1557	-0. 4425	219
300084. SZ	兰州海默科技股份有限公司	-1. 0572	-0. 6468	-0. 1102	-0. 3002	220
300023. SZ	西安宝德自动化股份有限公司	-1. 5040	-0. 9001	-0. 2134	-0. 3905	221

图书在版编目(CIP)数据

中国企业竞争力报告. 2011，产业变迁与企业竞争力/金碚主编.
—北京：社会科学文献出版社，2011.11
（企业蓝皮书）
ISBN 978-7-5097-2859-8

Ⅰ.①中… Ⅱ.①金… Ⅲ.①企业竞争-研究报告-中国-2011
Ⅳ.①F279.2

中国版本图书馆CIP数据核字（2011）第223382号

企业蓝皮书
中国企业竞争力报告（2011）
——产业变迁与企业竞争力

主　　编／金　碚

出 版 人／谢寿光
出 版 者／社会科学文献出版社
地　　址／北京市西城区北三环中路甲29号院3号楼华龙大厦
邮政编码／100029

责任部门／皮书出版中心（010）59367127　　责任编辑／陈　颖
电子信箱／pishubu@ssap.cn　　责任校对／程　霞
项目统筹／邓泳红　　责任印制／岳　阳
总 经 销／社会科学文献出版社发行部（010）59367081　59367089
读者服务／读者服务中心（010）59367028

印　　装／北京季蜂印刷有限公司
开　　本／787mm×1092mm　1/16　　印　　张／27.25
版　　次／2011年11月第1版　　字　　数／471千字
印　　次／2011年11月第1次印刷
书　　号／ISBN 978-7-5097-2859-8
定　　价／79.00元